明代藩王陵墓的考古学研究

刘 毅 著

科 学 出 版 社
北 京

内 容 简 介

本书是作者从考古学的角度对明代藩王陵墓展开的研究专著。明朝实行皇子分封建藩制，除储君外的皇帝诸子年长后依制封亲王并辟藩府于外省，而后世代驻锡。由于子孙繁衍，支派众多，因而在各地遗留下大量的明代宗室成员墓葬，其中亲王陵墓的规模最大，相应的历史、文物价值也最高。明代宗藩墓葬是比较特殊的一类墓葬，在明代考古工作中属于常见的对象。这些明代藩王墓具有比较高的考古学价值和文化遗产价值，在中国古代晚时段考古学研究中还具有进行方法论尝试和探索的标本意义，因而值得特别关注。

本书可供从事文物考古、历史学及相关学科的研究者和大专院校相关专业师生阅读、参考。

图书在版编目（CIP）数据

明代藩王陵墓的考古学研究 / 刘毅著. —北京：科学出版社，2021.10
ISBN 978-7-03-067543-9

Ⅰ.①明…　Ⅱ.①刘…　Ⅲ.①墓葬（考古）-研究-中国-明代　Ⅳ.①K878.84

中国版本图书馆CIP数据核字（2020）第258846号

责任编辑：张亚娜　闫广宇 / 责任校对：王晓茜
责任印制：肖　兴 / 封面设计：北京图阅盛世文化传媒有限公司

科学出版社 出版
北京东黄城根北街 16 号
邮政编码：100717
http://www.sciencep.com

中国科学院印刷厂 印刷

科学出版社发行　各地新华书店经销

*

2021年10月第　一　版　开本：787 × 1092　1/16
2021年10月第一次印刷　印张：37 1/2
字数：886 000

定价：298.00元

（如有印装质量问题，我社负责调换）

序

前不久，刘毅教授将其大作《明代藩王陵墓的考古学研究》的校对稿清样快递给我，嘱我作序，使我联想到十几年前（2006年）他在人民出版社出版的《明代帝王陵墓制度研究》。这两部书均将帝王陵墓的“制度”作为其学术研究的重中之重，似乎与社会上在帝王陵墓考古发现与研究方面更多关注陵墓出土“金玉珠宝”的“视角”大不相同。

中国古代帝王陵墓考古发现与研究，是中国考古学的重要内容，历来为学术界与社会所关注。早在两千多年前古人就已提出“陵墓若都邑”（《吕氏春秋》），而近代著名历史学家王国维先生则认为“都邑者，政治与文化之标征也”（王国维：《观堂集林》，中华书局1959年版，第二册，第451页）。在中国古代历史上，帝王陵墓与都城均为“国家文化”的“物化载体”，其历史重要性可以从国家的文物保护工作中反映出来：1961年3月4日，国务院公布了第一批全国重点文物保护单位，共180处，包括古遗址26处、古墓葬19处、石窟寺14处、石刻及其他11处，可谓是中国古代文物中最具代表性、历史与科学价值最为重要的文化遗产。而在19处古墓葬中，有“黄帝陵”、“秦始皇陵”、汉武帝“茂陵”、唐太宗“昭陵”、唐高宗与武则天“乾陵”、武则天之母杨氏“顺陵”、松赞干布等“藏王陵”、明太祖“明孝陵”、“明十三陵”、“清东陵”和“清西陵”11处帝王陵墓。帝王陵墓在第一批全国重点文物保护单位中所占的比例之大，充分显示了其重要性。此外，中国是世界文化遗产大国，而在中国的世界文化遗产中，中国古代帝王陵墓亦占有相当比例，其中尤以“明清皇家陵寝”（包括其“扩展项目”）的数量最为突出，亦彰显了中国古代帝王陵墓“历史地位”之重要。

尽管中国古代帝王陵墓在中国考古学中有着如此重要的学术地位，但这方面的考古学研究却是不够的，社会上关注更多的是帝王陵墓出土什么“值钱”的“宝贝”，甚至学术界也有不少人对墓葬出土“金银财宝”之类的文物十分重视，相较而言，对陵墓制度的考古学研究则关注不够，这种现象曾长期影响着中国古代帝王陵墓考古学研究。虽然近年来这种情况有所好转，但是以“甘坐冷板凳”“十年磨一剑”的治学精神从事中国古代帝王陵墓考古学研究的学者仍不多，而刘毅教授在20世纪90年代末至今的二十多年间相继出版了《明代帝王陵墓制度研究》、《中国古代物质文化史·陵墓卷》和《明代藩王陵墓的考古学研究》等大作，可以说，他就是当今那些“不多”之中突出的一位。

纵观中国古代帝王陵墓发展史，自西汉时代开始兼有“帝陵”与“王陵”，此前，先秦时代有“王陵”而无“帝陵”，秦始皇称“帝”后仅有“帝陵”而未见“王陵”。从西汉至元明清王朝，“帝王陵墓”考古学文化内容最丰富、考古发现最多、相关研究的学者与学术成果也数量众多。然而，在对两千多年的帝国时代“帝王陵墓”进行考古学研究之学者中，能够对同一王朝的帝陵与王陵这两个方面均作以深入而系统的考古学研究的学者却寥寥无几，而刘毅教授又是当今那些“寥寥无几”之中突出的一位。

在刘毅教授十多年前出版的《明代帝王陵墓制度研究》一书中，共设五章，其中只有第三章“明代王陵制度研究”是专门研究明代王陵的，其余各章则以“帝陵”研究内容为主体。出现这样的情况，主要是因为明代王陵的田野考古工作不多，涉及明代王陵考古的基础资料薄弱。据刘毅教授的统计，当时它们的数量仅相当于文献记载王陵（含太子墓）数量的十分之一。这也是当时作者认为《明代帝王陵墓制度研究》中的王陵研究今后需要进一步拓展、深化的原因。经过十几年来明代王陵田野考古调查、发掘与整理工作的开展，出现了许多新的明代王陵考古资料与相关学术研究成果。需要特别提出的是，在明代王陵的考古新材料中，有一大批都是刘毅教授亲自调查发现的，2006年以后刘毅教授亲自考古调查明代王陵约80座，以及明代王府遗址20余处，其中半数以上为学术界首次调查，这是十分难得的！诚如王国维先生所言：“古来新学问之起，大都由于新发现。”刘毅教授的《明代藩王陵墓的考古学研究》正是以他对明代藩王陵墓及王府遗址进行考古调查发现的新材料为支撑，使明代藩王陵墓研究形成“新学问”，这种“新学问”不但“新”，更为重要的是其学术成果的科学性也更为坚实。

我注意到《明代藩王陵墓的考古学研究》一书在学术研究的方法论上多有创新。就“历史考古”（有历史文献记载时期的考古学）成果而言，相较于以往同类学术研究，本书在将“文献史学”与考古学有机结合方面十分突出。近年来在考古学界似乎形成这样一种看法，考古学研究要尽量突出其“自身特色”，一般来说就是在考古学研究中要把“地层学”“类型学”视为最重要的方法与研究内容。我认为“地层学”与“类型学”作为考古学学科的基本“方法”，主要是承担解读考古发现遗存的时空问题，而考古学的“终极”科学学术目的是探索“历史规律”，这不是“地层学”“类型学”所能解决的。考古学要研究“历史规律”就必须采取多学科、跨学科结合的研究方法。目前考古学界一般把这种“多学科”与“跨学科”理解为与“科技考古”的“结合”，也就是严格意义上的自然科学技术在考古学的应用。诚然，今天的考古学需要运用先进的自然科学技术，以获得更多“信息”和更为“精确”的时空数据等，从而提高考古资料的精细化、科学化。但是被纳入“人文科学领域”的考古学实质上属于历史科学，因此，2020年5月11日下午，习近平总书记在山西省大同市云冈石窟考察历史文化遗产保护情况时强调：“要吸收最新史学研究成果，及时对我国古代历史部分内容进行完善，以完整准确讲述我国古代历史，更好发挥以史育人作用。”2020年9月28日，习近平总书记在十九届中央政治局第二十三次集体学习的讲话中指出：“考古学界要会同经济、法律、政治、文化、社会、生态、科技、医学等领域研究人员，做好出土文物和遗址的研究阐释工作，把我国文明起源和发展以及对人类的重大贡献更加清晰、更加全面地呈现出来。”刘毅教授的《明代藩王陵墓的考古学研究》反映出作者对明代藩王陵墓所涉及的政治、礼制（法律）、文化、社会、环境等相关学术领域研究成果的重视与有机“结合”，对明代藩王陵墓同时代前后相关“文集”“笔记”“地方志”及各种历史资料的充分利用。

本书另一个特点是突出帝王陵墓学术研究的重点。从安阳殷墟商王陵到明清帝王陵墓，作为“国家文化”物化载体的帝王陵墓，在不同时期有着不同特点，这是由不同“历史时期”的社会发展历史所决定的。《明代藩王陵墓的考古学研究》特别关注“空间”研究，通过对藩王陵墓的选址、陵墓区域规划、陵园与地宫形制等陵墓关键节点的深入研究，填补了长期以来明代藩王陵墓的关键性学术空白。刘毅教授关于明代藩王陵墓的研究，也为从秦汉至明清时代不同王朝“王陵”的考古学研究，作出了一个很好的、成功的学术研究范例。

刘庆柱

2021年1月27日

目　录

绪　论

明朝实行皇子分封建藩制，除储君外的皇帝诸子年长后依制封亲王并辟藩府于外省，而后世代驻锡。由于子孙繁衍，支派众多，各地遗留下大量的明代宗室成员墓葬，其中亲王陵墓的规模最大，相应地，历史、文物价值也最高。明代宗藩墓葬是比较特殊的一类墓葬，也是明代考古工作中的常见对象，它们具有比较高的考古学价值和文化遗产价值，在中国古代晚时段考古学研究中还具有进行方法论探索的标本意义，因而值得特别关注。

一、研究缘起

十余年前，笔者曾出版过《明代帝王陵墓制度研究》（人民出版社，2006年）一书，在1999年6月通过答辩的博士学位论文的基础上加工修改而成，以明代皇帝、亲王陵墓为研究对象，以考古调查发掘资料和明清以来的历史文献记载为依据，分析了明代帝王陵墓的基本制度和突出特征，并对若干相关问题进行了探索。该书付梓后，很快发现了一个尴尬的问题，就是明代藩王墓可能比帝陵更适合做考古学研究，拙著显然把它们的地位看得过轻了。笔者博士论文最初的研究主体是皇陵，在墓室（玄宫）资料不充分的背景下，明代亲王陵墓只是以皇陵研究参照物的形式、作为陪衬角色出现，后来在修改过程中虽然有了一定的把明代王陵作为独立研究对象的意识，但重视的程度和研究深度明显不够。现在回过头去看，《明代帝王陵墓制度研究》中关于明代藩王陵墓研究的不足，具体表现在以下三个方面。

第一，资料缺陷。当时已知的明代亲王陵墓的考古调查和发掘资料还十分有限，相对于根据文献记载推算的大约320座两京皇子墓和各地亲王墓的总数而言，只占不到五分之一，而这其中又只有约二分之一的墓葬有比较完整的勘查测绘数据。这种近乎“采样”式的资料来源极容易导致认识盲区和分析疏漏，况且还是被动的采样，这种先天不足在很大程度上会对研究结论的准确性产生直接的影响。

第二，总体把握不充分。明代藩王陵墓具有比较突出的以藩府为单位的地方性特点，这在《明代帝王陵墓制度研究》中已经注意到了，但明代藩王陵墓作为一个朝代特定人群（阶层）的墓葬，对其共性、特性的分别归纳，以及相应成因的解释等问题，都还缺乏充分的探讨。特别是基本没有进行主体视角的分析，对于明代藩王陵墓的共性的归纳及其内涵的解读，也大体上停留在初始阶段。简单地说，该书更多地强调了差异性，对共性阐释明显不足。

第三，个人学术背景所限。笔者并非正宗考古学专业出身，攻读博士学位时所在的专业又是中国古代史，以学位论文为基础的《明代帝王陵墓制度研究》出发点是历史学，而讨论的核心问题却是考古学的研究对象；因此，其最终的归结究竟是一种考古学解说，抑或是历史学解说，立场比较模糊。这是现在回顾而给出的一个评估。尽管考古学研究在广义上也属于历史学门类，并且以最大限度地复原历史真实场景为目的，但二者在方法论、核心资料来源、分析问题视角、技术手段、归结点等方面还是存在着很大的区别。

上述这些不足，是笔者继而进行明代藩王陵墓独立专题研究的主要动因。2006年以后，这项工作一直在断断续续地进行，而其最终能够独立成卷，主要是基于以下两个基础。

第一，得益于十余年来明代藩王陵墓引起了学术界更多的关注，无论是考古调查或发掘的基础性资料的刊布，还是相关研究成果的发表，都远远超过了以往，这些具体内容将在本书后面的章节中提到，甚至会多次使用，此不赘述。仅以2006年以后出版发行的考古发掘报告而言，有些是最新发现的资料公布，如《梁庄王墓》①、《桂林靖江昭和王陵考古发掘清理报告》②、《郢靖王墓》③、《桂林靖江王陵考古发掘清理报告集》④等；也有一些是对早年发掘资料的重新整理和详细信息的公布，如《江西明代藩王墓》⑤、《鲁荒王墓》⑥等。而笔者在2006年春天以后，先后调查过的明代藩王陵墓个体80余个，涉及20余个藩府⑦，其中半数以上是首次调查。这些新见资料不仅是对以往认知积累的重要补充，有些还修正了早先一些不甚准确的观点，为明代藩王陵

① 湖北省文物考古研究所、钟祥市博物馆：《梁庄王墓》，文物出版社2007年版。

② 广西文物保护与考古研究所、桂林市靖江王陵文物管理处、桂林市文物工作队：《桂林靖江昭和王陵考古发掘清理报告》，科学出版社2014年版。

③ 湖北省文物考古研究所、荆门市博物馆、钟祥市博物馆：《郢靖王墓》，文物出版社2016年版。

④ 广西文物保护与考古研究所、桂林市靖江王陵文物管理处：《桂林靖江王陵考古发掘清理报告集》，科学出版社2017年版。

⑤ 江西省博物馆、南城县博物馆、新建县博物馆，等：《江西明代藩王墓》，文物出版社2010年版。

⑥ 山东省博物馆、山东省文物考古研究所：《鲁荒王墓》，文物出版社2014年版。

⑦ 具体包括秦、晋、楚、周、鲁、蜀、代、肃、庆、韩、安、唐、伊、赵、郑、襄、吉、徽、益、衡、荣、潞等藩府，以及湖北钟祥明显陵、南京的部分明初开国功臣墓和渤泥王墓、北京的部分皇子墓等。

墓的进一步深入探索奠定了基础。

第二，得益于十余年来中国考古学在理论、分析方法等方面的长足进步；不断开拓的研究领域和学术视野，同样推动了宋元明考古学研究走向深入。在《明代藩王陵墓的考古学研究》项目进行过程中，笔者对于明代藩王陵墓制度的规律性、某些表象的时空还原等一些宏观或微观的问题，有了不少新的思考和认识，有必要进行更加深入、具体和全面的综合研究。

综上所述，本书是在拙著《明代帝王陵墓制度研究》的基础上，关于明代藩王陵墓考古学研究的再创作，有些内容甚至是推翻重来。本书的基本内容和创新点主要体现在以下几个方面。

（1）再次对已知明代藩王陵墓的考古资料进行了全面收集和重新加工整理；对与明代藩王陵墓有关的历史文献资料进行了分类、整理和分析，特别是汇集了与明代藩王墓有关的地方志资料并做了编排。其中有相当一部分内容只是本项目研究的基础性工作，在后面几章中并没有更多的直接利用。这些素材可以成为其他相关研究的基础。

（2）公布了2006年以来本人所调查的、对后续研究工作有参考价值的明代藩王陵墓的考古资料，许多数据等细节信息是首次披露。

（3）明代藩王陵墓的陵园形态、玄宫制度、埋葬方式、随葬品及其意义解读，是本项研究的4个主要着力点，各部分都有一些具体的创新之见。在对陵园形态和玄宫制度研究中既注意抓住共性，又充分注意了诸多个性化的资料；在看似无规则中寻求制度等级的共性，对立统一，找出明代藩王陵墓横向上的互相影响和纵向上的发展变化规律。对明代藩王陵墓的排列规则、陵园布局及玄宫结构特点等内容也提出了一些新的认识。就明代藩王陵墓所反映的墓葬制度进行分析，探讨其时代特征和历史地位，并对明代藩王陵墓的若干相关问题进行了专门的探讨。

（4）明代藩王陵墓数量多，分布广，时代跨度长，本书对墓室（玄宫）形制及部分出土遗物进行了考古类型学分析和研究，并以此为切入点，尝试进行中国考古学晚期段（宋辽以后）具体研究方法的探索。在整个研究进行过程中，特别注意了对于适合本期段考古学研究的方法的试验和归纳。

（5）墓葬不仅是古人人生的最后归宿，更是其生活方式和社会观念的重要物化载体，本书通过对明代藩王陵墓的不同内涵进行分析，探索它们所反映的社会历史真相。明代藩王陵墓是介于皇帝陵墓与官员墓葬、普通人墓葬之间一种特殊的墓葬，本项研究也涉及相应的制度、身份等级方面的分析。

（6）在归纳实地勘查资料的基础上，就明代藩王陵墓的保护和开放等合理利用，以及后续研究等问题提出了相应的认识和建议。

二、研究资料

本书的基本研究资料分为两大类，其一是关于明代藩王陵墓考古调查和发掘的实物资料，其二是各种直接或相关的历史文献记录。

自明崇祯（1627—1644）末至今不到四百年时间，但明代藩王陵墓的整体保存状况却极差，完全无法比肩南京紫金山孝陵和北京昌平十三陵等同期皇陵。藩王墓葬自然或人为的破坏至少在明代中期就已经零星出现，到了明末社会大动荡时期，农民军所过之地，不仅宗藩墓葬受到了较大的威胁，一些皇陵也难幸免。崇祯八年（1635年）正月，张献忠攻陷凤阳，“焚皇陵，烧享殿，燔松三十万株”[①]，凤阳皇陵及祔葬的明初的皇亲国戚墓被大规模破坏。崇祯十六年（1643年）正月，李自成攻克承天府（今湖北钟祥），试图盗掘兴献王朱祐杬（明世宗生父，追尊睿宗献皇帝）之显陵，因风雷骤然大作，“闯大惧，遂不敢动”[②]。又有记载说“贼陷楚、豫诸省，每决陵求宝”[③]，所掘大多是明代各藩府亲、郡王的陵墓，甚至有新葬不久者。其间，潞藩王妃冢亦被盗发，嗣潞王朱常淓因奏请：“贼延蔓渐及江北，凤、泗陵寝可虞，宜早行剿灭。”[④]经过易代之际的扫荡，原驻守各地藩王的土地财产失去了庇护，那些盗掘之余的王墓继续遭到大规模甚至是毁灭性的破坏。虽然清朝皇帝多次明令保护江宁明孝陵和昌平十三陵，但对于散处全国各地的明藩王陵墓，却缺乏统一的政令和实际有效的保护，加之“更名田”等政策的推行，坟田易主，各藩王墓早已无人祭扫，更遑论日常看护。除遭到大规模盗掘破坏外，还有不少明代藩王墓的地面建筑被拆毁或改作他用。曾经炫目一时的诸多明代藩王陵墓从此衰败，为百姓田亩所侵蚀，渐次湮没无闻。由于明代藩王墓（特别是陵园地面建筑）绝大部分已经荡然无存，相应研究主要依赖于考古调查和发掘资料。

明代藩王陵墓的正式考古发掘工作始于20世纪50年代，其中有考古发掘简报、报告，或在相应文字报道中有比较详细数据者，按照资料公布的先后，依次有晋裕

---

① 清·计六奇：《明季北略》卷一一，“贼陷凤阳”，魏得良等点校本，中华书局1984年版，第173页。

② 清·计六奇：《明季北略》卷一九，“李自成陷承天”，魏得良等标点本，中华书局1984年版，第354页。

③ 清·计六奇：《明季北略》卷一九，“附记二异”，魏得良等标点本，中华书局1984年版，第354页。

④ 清·张廷玉等：《明史》卷一二〇，《诸王传·潞简王翊镠》，郑天挺等标点本，中华书局1974年版，第12册，第3649页。本书所用《明史》皆为此版本，为省篇幅，以下仅简单注出卷、册、页码等信息。

王墓[①]、益庄王墓[②]、宁献王墓[③]、鲁荒王墓[④]、益端王墓[⑤]、蜀悼庄世子墓[⑥]、潞简王墓[⑦]、益宣王墓[⑧]、益定王墓[⑨]、庆康王墓[⑩]、蜀僖王墓[⑪]、蜀昭王墓[⑫]、辽简王墓[⑬]、德庄王及德藩诸王墓[⑭]、成都锦江区琉璃乡潘家沟蜀某王（可能是蜀端王）墓[⑮]、楚昭王墓[⑯]、梁庄王墓[⑰]、蜀怀王墓[⑱]、郢靖王墓[⑲]、肃庄王墓[⑳]、成都双流黄龙溪镇蜀某王

---

① 郭勇等：《明晋裕王墓的清理工作》，《文物考古资料》1956年第6期；安瑞军等：《山西榆次明代晋裕王墓清理简报》，《中国国家博物馆馆刊》2018年第2期。

② 江西省文物管理委员会：《江西南城明益庄王墓出土文物》，《文物》1959年第1期；陈文华：《江西南城明代朱厚烨墓发掘简报》，见江西省博物馆编《江西考古资料汇编·封建社会部分（下）》，内部刊印，1977年版。

③ 陈文华：《江西新建明朱权墓发掘》，《考古》1962年第4期。

④ 山东省博物馆：《发掘明朱檀墓纪实》，《文物》1972年第5期；山东省博物馆等：《鲁荒王墓》，文物出版社2014年版。

⑤ 江西省博物馆：《江西南城明益王朱祐槟墓发掘报告》，《文物》1973年第3期。

⑥ 中国社会科学院考古研究所、四川省博物馆成都明墓发掘队：《成都凤凰山明墓》，《考古》1978年第5期。

⑦ 河南省博物馆等：《新乡市郊明潞简王墓及其石刻》，《文物》1979年第5期。

⑧ 江西省文物工作队：《江西南城明益宣王朱翊鈏夫妇合葬墓》，《文物》1982年第8期。

⑨ 江西省文物工作队：《江西南城明益定王朱由木墓发掘简报》，《文物》1983年第2期。

⑩ 许成等：《同心县任庄村明代王陵》，《中国考古学年鉴1984》，文物出版社1984年版，第175—176页。

⑪ 薛文：《明僖王陵及明蜀藩王墓群简介》，《成都文物》1986年第4期；成都市文物考古研究所：《成都明代蜀僖王陵发掘简报》，《文物》2002年第4期。

⑫ 成都市博物馆考古队：《1991年成都市田野考古工作纪要》，《成都文物》1992年第1期；薛登等：《明蜀王和明蜀王陵》，《四川文物》2000年第5期。

⑬ 荆州地区博物馆等：《江陵八岭山明代辽简王墓发掘简报》，《考古》1995年第8期。

⑭ 鲁波：《济南市五峰山发现明德王墓》，《文物》1994年第5期；济南市文化局文物处等：《山东长清县明德王墓群发掘简报》，《考古学集刊》第11辑，中国大百科全书出版社1997年版。

⑮ 谢涛：《成都发掘锦江区琉璃乡潘家沟村明蜀王及王妃墓》，《中国文物报》1998年2月22日第1版；谢涛：《成都市潘家沟村明蜀王、王妃墓》，《中国考古学年鉴1998》，文物出版社2000年版，第224—225页。

⑯ 湖北省文物考古研究所等：《武昌龙泉山明代楚昭王墓发掘简报》，《文物》2003年第2期。

⑰ 湖北省文物考古研究所等：《湖北钟祥明代梁庄王墓发掘简报》，《文物》2003年第5期；湖北省文物考古研究所等：《梁庄王墓》，文物出版社2007年版。

⑱ 成都文物考古研究所：《成都市三圣乡明蜀“怀王”墓》，见成都文物考古研究所编《成都考古发现2005》，科学出版社2007年版，第382—428页。

⑲ 院文清等：《湖北省钟祥市明代郢靖王墓发掘收获重大》，《江汉考古》2007年第3期；湖北省文物考古研究所等：《郢靖王墓》，文物出版社2016年版。

⑳ 施连山：《明肃王墓考略》，《西北史地》1997年第4期；刘毅：《甘肃榆中明肃庄王陵墓调查》，《中原文物》2012年第3期。

（可能是蜀和王、蜀定王）墓[①]、周懿王墓[②]、焦作沁阳车站郑王墓和韩恭王墓[③]等。此外，秦藩诸王墓公布过若干地面遗存调查资料[④]，襄藩诸王墓公布过比较系统的考古调查资料[⑤]，山东邹城、泗水、平邑、滕州等地的历代鲁王和鲁藩宗室墓做过部分地面遗存调查[⑥]，江西省博物馆等单位把开府江西的宁、淮、益三藩已清理发掘的墓葬资料和墓志等重新进行了系统整理并公布[⑦]，湖南长沙的吉藩陵墓群做了初步调查[⑧]，常德的部分荣王墓（追封荣怀王、荣定王等）经过清理发掘和调查[⑨]，散处于河南禹州、郑州、荥阳等地的周藩亲郡王墓葬也经过系统的考古调查[⑩]。

各地明代郡王墓葬考古发掘资料总体上少于亲王，考古学资料价值比较高的主要有：秦藩兴平安僖王墓[⑪]、兰州上西园肃藩某王墓[⑫]、晋藩广昌悼平王墓[⑬]、益藩罗川瑞懿王墓[⑭]、周藩原武温穆王墓[⑮]、靖江诸王墓（多批次调查、清理发掘）[⑯]、宁藩乐

① 成都市文物考古研究所等：《双流县黄龙溪镇明蜀藩王墓调查与试掘报告》，见成都市文物考古研究所编《成都考古发现2011》，科学出版社2013年版，第521—561页。

② 河南省文物考古研究院等：《河南荥阳明代周懿王墓发掘简报》，《华夏考古》2019年第2期。

③ 刘毅等：《明代郑韩两座藩王墓遗存的调查》，《中原文物》2020年第3期。

④ 王翰章：《明秦藩王墓群调查记》，《陕西历史博物馆馆刊》第二辑，三秦出版社1995年版。

⑤ 叶植等：《襄樊市文物史迹普查实录》，今日中国出版社1995年版；襄樊市考古队等：《明襄阳王墓调查》，《江汉考古》1999年第4期。

⑥ 韩善琪等：《明历代鲁王墓葬综述》，见南京大学文化与自然遗产研究所等编《世界遗产论坛（二）世界遗产与城市发展之互动》，科学出版社2006年版；山东省博物馆等：《鲁荒王墓》，文物出版社2014年版，第213—252页。

⑦ 江西省博物馆等：《江西明代藩王墓》，文物出版社2010年版。

⑧ 长沙市文物考古研究所等：《湖南长沙明代吉王墓群调查报告》，《湖南考古辑刊》第9集，岳麓书社2011年版，第165—182页。

⑨ 龙朝彬等：《湖南常德明荣藩怀穆王陵考古调查与探索》，《湖南省博物馆馆刊》总第13辑，岳麓书社2017年版，第132—139页。

⑩ 孙凯：《明代周藩王陵调查与研究》，中州古籍出版社2014年版。

⑪ 陕西省文物管理委员会：《长安四府井明安僖王墓清理简报》，《考古通讯》1956年第5期。

⑫ 甘肃省博物馆：《兰州市上西园明墓清理简报》，《考古》1960年第3期。

⑬ 戴尊德：《山西太原七府坟明墓清理简报》，《考古》1961年第2期。

⑭ 薛尧：《江西南城明墓出土文物》，《考古》1965年第6期。

⑮ 郑州市博物馆：《荥阳二十里铺明代原武温穆王壁画墓》，《中原文物》1984年第4期。

⑯ 罗标元等：《靖江王墓群简介》，《广西文物》1987年第1期；桂林市文物工作队：《明靖江王十一陵述略》，《广西文物》1987年第2期；广西文物保护与考古研究所等：《桂林靖江昭和王陵考古发掘清理报告》，科学出版社2014年版；广西文物保护与考古研究所等：《桂林靖江王陵考古发掘清理报告集》，科学出版社2017年版。

安昭定王墓[①]、楚藩某郡王或王妃墓（1998年发掘的武汉江夏区流芳岭寺王村明墓，有研究者认为是江夏王墓）[②]、秦藩汧阳端懿王墓[③]、秦藩郃阳惠恭王墓和安僖王等墓[④]、楚藩景陵顺靖王墓[⑤]、楚藩某郡王墓（1995年发掘的流芳岭四股山明墓，推测葬于崇祯十六年，1643年）[⑥]、唐潘承休荣和王墓[⑦]、楚藩通城王朱英熔家族墓[⑧]、秦藩永兴恭定王墓[⑨]、赵藩汝源端僖王墓[⑩]、周藩南陵庄裕王墓[⑪]等。此外，还有一些藩府将军、中尉和女性宗室成员的墓葬也经过考古发掘，并有相应的资料公布，此处不再列举。

明代藩王陵墓的考古发掘报告、简报及若干调查资料为明代王墓制度的研究提供了最重要的实证性基础，也是本书立论的核心依据。

中国古代有重视文史的学术传统，历史文献汗牛充栋，宿白先生认为，“秦汉以后的考古学是不能离开古代文献的，……古代文献记载往往成为这个阶段考古学研究的重要依据”，考古学研究者对于古文献，“甚至比历史系的同学还要重视”[⑫]。文献对于历史时期考古学的意义，不仅仅是一种材料佐证，有时还是发现问题的最初线索，也是解释考古材料的重要依据；时代晚近的明朝考古学研究尤其要重视文献资料。明清两代关于明朝藩王陵墓的各类记载颇不少见，但大多零散，依据这些文献自身的基本属性，可以简单划分为以下几类。

（1）官、私所修史书类：如明朝历代皇帝的《实录》和数度修纂而成的《大明会典》，以及《皇明大政纪》《名山藏》《国朝典汇》《皇明史概》《宪章类编》《嘉

① 徐兴万等：《明乐安昭定王墓清理纪实》，《南方文物》1993年第3期。

② 武汉市文物考古研究所等：《武汉市江夏区流芳岭明墓发掘简报》，《江汉考古》2000年第3期；祁金刚：《江夏明代楚藩郡王墓群》，《武汉文史资料》2016年第9期。

③ 西安市文物保护考古所：《西安南郊皇明宗室汧阳端懿王朱公镨墓清理简报》，《考古与文物》2001年第6期。

④ 西安市文物保护考古所：《西安财政管理干部培训中心明墓发掘简报》，《文博》2002年第6期。

⑤ 武汉市文物考古研究所等：《武汉江夏二妃山明景陵王朱孟炤夫妻墓发掘简报》，《江汉考古》2010年第2期。

⑥ 武汉市文物考古研究所等：《武汉江夏流芳四股山明墓发掘简报》，《武汉文博》2010年第4期。

⑦ 南阳市文物考古研究所：《唐府承休王墓》，《南阳明墓》，大象出版社2010年版，第89—93页。

⑧ 武汉市文物考古研究所：《武汉市明通城王朱英熔家族墓地发掘简报》，《江汉考古》2014年第6期。

⑨ 辛龙：《陕西西安明永兴恭定王墓》，《大众考古》2015年第12期。

⑩ 中国社会科学院考古研究所安阳工作队：《河南安阳市明代墓葬发掘简报》，《考古》2016年第5期。

⑪ 郭磊等：《郑州明代南陵庄裕王墓石刻调查简报》，《中原文物》2020年第3期。

⑫ 宿白：《汉唐宋元考古——中国考古学（下）》（宿白未刊讲稿系列），文物出版社2010年版，第5页。

靖大政类编》《王国典礼》《宗藩条例》《太常续考》《罪惟录》《国榷》《明史》《钦定续文献通考》《明会要》等。其中明代十五朝《实录》（含《崇祯长编》等）对于部分藩王陵墓的营建及应用礼仪等相关事项有不少记载，资料最为翔实，但该书总计将近3000卷，有关王墓的记录分系于不同的年月日之下，查找的工作量极大；《大明会典》对于明代亲王等的陵墓规制、营造等内容有粗略但却条理清晰的记载；其余诸书或辟专条，或散见于相关的纪、传、志、编年等诸条目中。

（2）文集与笔记类：如《皇明经世文编》《国朝典故》《今言》《弇山堂别集》《万历野获编》《长安客话》《帝京景物略》《昌平山水记》《北游录》等，这类书目中与藩王陵墓制度相关的记载基本是以条目的形式出现，比较散乱，且大多是只言片语；但有些是当事人的记述或实地祭祀察勘的记录，史料价值很高。

（3）地方史志类：如《大明一统志》《中都志》《帝乡纪略》《钦定日下旧闻考》《顺天府志》，以及各地省府县之地方志如《四川通志》《宁夏新志》《西安府志》《兖州府志》《太原县志》《南阳县志》等。其中清代乾隆朝于敏中等奉敕编纂的《钦定日下旧闻考》著录了金山陵区若干皇子墓的重要资料，摘引该书编纂以前诸家诗文集和笔记，内容比较详赅。各地方志中关于明代藩王陵墓的记载一般在“陵墓”“古迹”“山川”“金石”等门类中。其中“陵墓”“古迹”“山川”所记多为各地藩王陵墓的方位、世次等，遗憾的是大多语焉不详，而且关于陵墓制度的具体记录资料极少。“金石”门类著录碑文、圹志文，可供皇族史研究参考，一般来说对于陵墓制度研究的价值并不特别大。但无论如何，这些方志资料都为各地明代藩王陵墓的考古调查和指认提供了最初步的依据。

三、学术史回顾与本书的基本思路

明代藩王陵墓的正式考古发掘工作开始于20世纪50年代，相应的研究起步更晚。徐苹芳在《新中国的考古发现和研究》（文物出版社，1984年）中有所探讨，对明代藩王陵墓研究起了推动作用，具有开拓意义。但当时所知资料只是一些个案，因而其结论的可商讨空间也比较大。20世纪80年代对于明代藩王陵墓的著录与研究中，有些是用于旅游参观的概况介绍，如路秀闽《明鲁荒王陵——地下宫殿》（山东友谊书社，1988年）、杜彤华《潞王与潞王墓》（中州古籍出版社，1990年）、袁家新《楚天名胜龙泉山》（武汉出版社，1995年）等，这些图书虽然文字普遍浅显，但均具有一定的资料价值。与上述书目性质相似的还有少量的对明代藩王陵墓的介绍性文章，分别发表于文物、旅游等类期刊杂志上。1986年，国家文物局开始组织《中国文物地图集》的编纂工作，此后二三十年间，河南、湖南、陕西、湖北、山西、山东、江苏、北京、四川、甘肃、江西等有明代藩封省份的分卷相继出版，提供了不少明代王墓的简明资料，成为考古调查和进一步研究的基础性线索。近年来，一些省份的“第三次全国文物普查”资料先后付梓，同样具有重要的资料价值。

20世纪90年代以后，明代王墓的考古资料公布增多，其中多附有研究性的内容；还有一些相关著作或论文对部分明代王墓做了相应介绍或研究。相比其他时期的帝王陵墓研究，明代藩王陵墓的研究不但起步晚，而且成果不多，特别是专题性研究比较少，综合性研究还很欠缺。关于明代藩王陵墓综合性研究的专著至今未见，仅在拙著《明代帝王陵墓的制度研究》（人民出版社，2006年）一书中辟有专章。孙凯的《明代周藩王陵调查与研究》（中州古籍出版社，2014年），在对周藩亲、郡王墓进行系统调查的基础上，对周藩一系的墓葬制度做了深入的研究。专题论文方面，先后有霍巍《论江西明代后期藩王墓葬形制演变》（1991年）、刘毅《明代帝王陵墓选址规则研究》（2000年）、薛登等《明蜀王和明蜀王陵》（2000年）、王纪潮《明代亲王葬制的几个问题》（2003年）、董新林《明代诸侯王陵墓初步研究》（2003年）、许智范《江西明代藩王墓的考古收获》（2003年）、金来恩等《明朝赣地藩王及其墓葬》（2004年）、肖健一《明秦藩家族谱系及墓葬分布初探》（2007年）、刘毅《明代亲王陵墓玄宫制度研究》（2010年）、袁胜文《江西明墓的类型和分期》（2015年）、张南金《明代蜀藩亲王墓葬的分布及相关问题试析》（2020年）等。另外，还有一些与明代陵墓制度相关的研究性文章，如孔繁峙《试谈明墓随葬梅瓶的使用制度》（1985年）、任新建《明蜀僖王陵藏式石刻考释》（1995年）等[①]。在此期间，还有一些介绍、考释明代藩王墓志，以及利用这些墓志进行皇族史、宫廷生活史研究的论文等，大多与藩王陵墓制度研究没有直接关系，但有些间接提供了有价值的参考资料。

总体看来，除了少量的考古调查和发掘简报中相对简单的论述外，关于明代藩王陵墓的研究性论文并不多见，更少见深入的制度性探讨，对全国范围内明代王墓进行综合研究的专著迄今未见。归纳起来，历年来关于明代藩王陵墓的考古学研究成果具有以下几个特点。

第一，数量少。这一方面体现在研究性论文的数量及其与资料性著述、发表资料的对比上；另一方面也体现在与其他历史时期诸侯王墓，主要是性质相近的汉代诸侯王墓研究的对比上。

第二，综合性研究很少。概括来看，关于明代藩王陵墓的研究中仅有少量为综合性成果，更多的是就某一地区、某一藩府墓葬等进行的专门研究，全面、综合性成果还很欠缺。

第三，研究中还存在很多缺环。这与关注者相对比较少有很大关系，早年发表的考古资料过于简单、一些墓葬没有公布详细信息等也是重要影响因素。

---

① 这些论文在后文中都会专门涉及，为省篇幅，此处不再一一注明刊载信息。

墓葬是典型的考古学研究对象，因此本书从考古学立场出发，以考古资料为基础，结合历史文献记载对明代藩王陵墓进行综合研究。目的是总结明代藩王陵墓的发展历史和基本变化规律，探究相应的丧葬制度和时代特征，对与明代藩王陵墓相关的若干社会历史现象进行分析解读；通过考古语言叙事，构建明代王墓的历史。本书的重点，是对明代藩王陵墓的选址规则、分布排列方式、陵园结构、玄宫形制、合葬及祔葬形式、陵寝建筑规制及布局、具有葬仪葬俗意义的随葬品内涵等内容进行分析，在此基础上，对明代藩王陵墓所反映的丧葬制度、以藩府为单位的区域性特征及其历史地位等问题进行探讨，最后得出概括性的结论。

上述整体研究思路，在具体操作中分为若干步骤，体现为不同的章节。

第一，对明代藩王陵墓的考古调查发掘资料、地方志类文献资料进行全面收集和分类筛选编排。包括典型方志文献资料的选择辑录（第一章第三节），考古资料的整理汇总和以地区、藩府为单位的汇编，并对这些资料进行初步的分析归纳（第二章）。

第二，重点进行以陵园、玄宫为核心的藩王陵墓本体研究，探讨明代藩王陵墓的基本制度和突出特点。通过对明代藩王陵墓的选址、分布、合葬与祔葬形式等内容的揭示，结合明代的分封制度、等级制度，分析墓葬所体现的政治和社会内涵，分析明代藩王的陵墓制度在明代丧葬制度发展过程中的作用与影响等（第三章、第四章、第五章第六节）。

第三，对于上述研究中不便展开的一些较为重要的综合性问题进行专题分析。如明代藩王陵墓的营造，部分标志性随葬品的内涵，谋反和被废藩王的葬制，明代藩王葬制、葬俗的特点及其所体现的社会背景分析等（第一章部分内容、第五章部分内容）。

具体的研究板块包括基础资料整理分析、陵园制度研究、玄宫制度研究、葬制研究、葬俗与随葬品研究等；基本路径是从具体考古材料出发，从不同侧面分别研究不同内容，再到最后的归纳总结。早年的墓葬考古学研究，不同程度地存在着墓葬与随葬品分离的倾向，特别是在对于随葬品的后期研究中，不同材质、类型的器物往往会被分在不同的领域，脱离了墓葬内部的关系，这显然不是考古学探索的初衷。关于随葬品与墓葬内部空间的分析，近年开始渐受重视，笔者也曾经从礼制探索的角度分析过明代藩王谥册、谥宝之制及其在墓葬中的准确位置，但总体来看，对于明代王墓的空间分析还远远不够。本书尝试最大限度地复原明代王墓设计、营造和使用的初始面貌，特别是最初营葬完成时的情形，同时也注意到了一些以往未曾关注的细节问题，进而分析它们所反映的当时的礼制、观念、信仰、习俗等。

拆解分析有助于看清细节真相，也是深入研究之必须，但也容易见木不见林。因此，在分解研究的基础上还应该有一个最后的总结。同时，作为具有重要价值的历史文化遗产，明代王墓的研究目的还在于推进其保护和合理的利用，俾其文化信息长久传递下去。这些内容构成本书的结语。

四、关于研究方法

本书的基本研究对象属于考古学领域，因此，基本研究方法理所当然应该是考古学的理论和方法，其核心是通过若干实证分析，归纳出一般性的发展变化规律，继而总结其制度层面的特征。此外，还有一个如何充分有效地利用历史文献，以及结合其他学科领域的研究方法和利用相关领域的知识，对明代宗藩墓葬进行多维度探索的问题。简言之，就是从实证性的考古资料出发，充分利用多种不同性质的资料和研究方法，在最大的程度上还原明代藩王陵墓的历史原貌，阐释其制度特征。

1. 关于考古学研究方法的应用

在中国考古学中，研究古代墓葬通常都是运用最基本的分析方法——地层学与类型学，明代藩王陵墓研究也应该遵循同样的规则。但因为时代晚近，遗迹地层浅薄，还有不少已经被破坏殆尽；并且明代王墓大多经过认真选址，叠压（而不破坏）前代遗迹的可能性也很小，单靠地层叠压关系来认定明墓年代的机会并不多。包括普通明代墓葬在内，其年代更多的是通过墓志等文字资料或随葬品的大致年代来确定的。明代藩王墓葬的认定则有更多的其他佐证，可能主要依赖于墓葬形制、结构、装饰，以及埋葬方式、随葬品组合与特征等；其中谥册、谥宝、圹志、买地券等直接关乎墓主身份的文字记载更具有关键性的意义。所以地层学在明代藩王陵墓研究中有很大的局限性，更多的可能是用来研究建筑物修缮、改造的叠压关系，以及通过墓道填土等分析墓葬是一次葬还是多次葬。

关于类型学应用的问题，笔者曾经尝试过对明代藩王的墓室（玄宫）结构进行型式分析，归纳出一个发展变化的大致规律①。但很明显地，这只是一个相对正确的结论，而且研究资料越丰富、精细、准确，不符合这个发展变化规律的案例也就越多。周藩亲、郡王墓葬的形式多变，不完全按“规律”发展就是其中一个典型；而楚藩玄宫结构前后基本没有变化，则是另外一边的极端例证。那么对于明代王墓进行类型学分析还有没有意义？这个问题曾经长期困扰笔者。对于明代藩王墓这种已知墓主身份和具体埋葬年代的墓葬（有些连造墓年代都历历可考）的研究，与早期墓葬考古学研究相比确实存在着比较大的区别，通过型式分析排列早晚有时颇嫌画蛇添足。这个问题或许可以换一个角度来思考。还原为普通方法论，考古类型学就是一种归纳分析

① 刘毅：《明代亲王陵墓玄宫制度研究》，《华夏考古》2010年第3期。

法，通过资料整理、分类，排出演变序列，得出相应结论。类型学的功用，除了按分析对象的型式特点分类，根据其发展变化的规律排列前后顺序外，还能够通过排列已知前后顺序的研究对象，反过来观察、阐释其发展演化的规律。对于明代藩王墓（玄宫部分）这种基本都能够知道具体年代的例证，这一方法依然有其便捷利用之处。这颇像某些自然科学领域的实验环节，可能已经预估到了结论，实验只不过是以符合本学科规范的手段和过程加以证明而已。所以本书第四章仍然使用了型式分析的方法来论述明代亲王陵墓玄宫制度的发展变化。当然和10年前一样，所得出的仍然是相对准确的结论，一些已知例证明显不符合后面所附《分期表》给出的规律。作为一种补救，笔者在第二章中将尽可能全面地罗列各种不同的田野资料，以存明代各地王墓之真实性和复杂性。

2. 关于文献资料的使用和文献价值的认识

前文已经说过，中国古代有着强烈的重视史学的学术传统，文献类史料汗牛充栋，历史时期的考古学研究，特别是宋以后的考古学研究工作中必须正视古代文献的地位。宿白先生认为："秦汉以后的考古学是不能离开古代文献的，因此它和以前文献记载较少，甚至没有文献记载的阶段的考古学，在研究方法上多少就要有些不同。"[①]这个表述实际上已经把历史时期考古学研究中文献的利用问题提升到了方法论的视角。由于文化传统的影响，文献资料的价值历来为我国文史研究者所重视，20世纪20年代王观堂在清华国学研究院任导师时，即以自己以往的治学实践为基础，正式阐述了"二重证据法"，主张以"地下（出土）之新材料"来"补证纸上之材料（历史文献）"[②]。"二重证据法"的最初提出，主要是指利用当时已见的甲骨文、金文等出土文字资料来研治中国上古史。这种"方法"显然并不是通常意义上的、带有哲学或逻辑学思维的史学方法论，它只是提供了两种不同性质史料互证、互补的方法，王静安自己在《古史新证》中甚至还特别强调"吾侪当以事实决事实，不当以后世之理

---

① 宿白：《汉唐宋元考古——中国考古学（下）》（宿白未刊讲稿系列），文物出版社2010年版，第5页。

② 来薰阁影印王国维《古史新证》（清华研究院讲义）"总论"中有一段话："吾辈生于今日，幸于纸上材料之外，更得地下之新材料，由此种新材料，我辈固得据以补证纸上之材料，亦得证明古书之某部分全为实录，即百家不雅驯之言亦不无表示一面之事实。此二重证据法，惟在今日始得为之。虽古书之未得证明者，不能加以否定，而其已得证明者，不能不加以肯定，可断言也。"一般认为这是王国维对于"二重证据法"最简单明了的阐释。见王氏《古史新证》第一章，"总论"，据北京来熏阁1935年之影印本影印，清华大学出版社1994年版，第2—3页。

论决事实”[①]。尽管如此，“二重证据法”却提出了一个十分正确的导向式治史方法，即研究中国上古史应该利用出土资料。在历史时期考古学，特别是宋以后考古学研究中，我们可以把先贤“二重证据”的内涵扩充理解为以考古资料为主体的一切有价值的实物资料和所有有价值的古代文献资料，而“二重证据法”的适用范围也应该从上古史研究扩大到整个中国古代史研究和历史时期的考古学研究中[②]。就明代藩王陵墓这个具体的研究对象而言，同期文献资料之多远超以往，甚至有许多细节的记载也有幸保存了下来。这些文献资料不仅可以为考古学研究提供佐证，其中明清以来地方志中关于各地藩王陵墓方位的记载还往往是这些墓葬勘查、指认或确认的最初线索，那些与陵墓营造、制度设计等重要事件有关的当事人的记录等原始资料（文字或图样文件），其价值也绝不亚于考古资料；如果陵墓本身业已消失无存，则这类文献的资料价值会相应变得更高。

文献记载提供了考古学研究的佐证，但同时也增加了考古材料分析解读的难度。如果考古材料的释读与文献记载相吻合，则文献提供了另外一重证据，增强了研究结论的可信度，这是一种皆大欢喜的结果。问题在于如果二者不一致应该怎么处理，是不是一定要以考古资料否定文献记载？从本项研究的实践来看，考古发现的事实，并不必然具有普遍意义，如果都以之为绝对正确的标尺，很容易出现以偏概全的疏漏。在这方面，可能暂时并存备考更好。也就是说，除那些“小说家言”或者存在明显谬误的道听途说传闻等以外的正规文献记载，似都不宜轻易否定。当然文献史料的利用也会涉及互勘互校和辨别真伪的问题，这些已经属于历史文献学的范畴，不在本书讨论范围内。

明代考古学研究中的古代文献价值既已无可争议，但二者如何平衡仍颇有可讨论的余地。因为有清晰的文献记载，汉唐间的主要考古学研究领域有不少也是从历史出发，更遑论宋元明，那么中国这种“历史考古学”的意义何在？是不是仍然走在金石学“证史”“补史”的旧路上？如果不是，那么他们之间的本质差别是什么？就宋元以后的考古学研究而言，无论具体研究对象是否有直接文献记载，实际上都有强大的文献背景存在，这显然与石器时代考古、夏商考古，甚至秦汉考古迥然有别。考古学研究显然并不是为考古而考古，它是要从实物证据的立场出发，利用特定的研究方法去揭示历史真相。考古学属于广义的历史学科，以考古材料为核心，参考历史文献记载，构建出来的应该是一种不同于传统文献记载的新的“历史”。在广义的历史研究

① 王国维：《古史新证》第一章，“总论”，据北京来熏阁1935年之影印本影印，清华大学出版社1994年版，第3页。

② 刘毅：《“二重证据法”新论》，《南方文物》1997年第3期；刘毅：《“二重证据法”与历史学、考古学研究》，见中国史学会编《世纪之交的中国史学——青年学者论坛》，中国社会科学出版社1999年版，第36—47页。

范畴内，考古学固然可以继续看作是一种“补史”，但它显然已经不再是狭义的以文献为核心的历史研究的补充或附庸；学科出发点不同、技术路线不同，追求的学术目标也不同。考古学不仅要考未知，也有责任证已知。

具体到本书的记述方式，是以《明实录》《大明会典》《明史》等文献记载为基础，首先厘清明代皇子分封制度、祭葬规则、王墓分布概况等（第一章），这些属于“历史叙事”，尤其注重相应的礼制内容表述，因为在中国古代社会中“礼”是头等大事，是朝廷治理天下的重要手段甚至法宝。以本章梳理出的若干礼制规范为视角基础，去分析后面诸多的考古材料，可能更有助于准确认识明代宗藩社会的历史生态。本书的核心部分是以各种不同层次的考古资料为基础，分析明代王墓的基本史实面貌和相应的规律性特征，进而努力构建出明代藩王墓葬发展史与制度规范（第二、三、四章），这三章内容属于常见的“考古叙事”。第五章是考古、历史二者兼有，试图通过对考古事实的描述，实现部分回归历史本相。

3. 其他具体研究方法的应用

本书的研究对象是明代藩王陵墓，以驻锡各地的亲王的墓葬为主干，兼及南北两京的太子墓、皇子墓，以及仅有少量资料的郡王及其等级以下的其他明代宗室成员（含公主、郡主等女性）墓葬。由于墓主身份等级普遍高、随葬品丰厚，这些墓葬的内涵十分丰富，要全面准确地揭示其历史真谛，考察的角度也应该多样化。因此，借鉴其他学科或研究领域的方法论和相关知识，对明代宗藩墓葬进行多维度的探索不仅可能，还十分必要。有些考古学的核心问题，也完全可以借鉴其他学科或学术领域的研究方法。比如明代各地的藩王玄宫结构有很强的特异性，这种差异与距离都城远近不是正比或反比的关系，但可能与不同藩府受中央政府控制或影响的力度有关，这显然并不符合一般的考古学的传播规律。同时，作为身份等级一致者的最后归宿，明代王墓也存在着明显的共性，如何归纳这些共性，进而确立明代王墓的认定标准，除了出土物的佐证和对墓葬形式一般性的归纳总结外，还可以借用符号学的视角，通过共同的表现符号，找到当时社会对王墓内涵的理解和认知。另外，对于明代王墓陵园、玄宫的营造方式、装饰内容等，可以借鉴图像学的方法来辅助解读，随着时代的变迁，有些建筑布局或装饰意义已经不为后人所理解，需要分析其表现的最初驱动力，从具象到抽象，再到象征物，找出明代王陵的共同标志物。在一些具体问题的研究中，可以交叉使用多学科不同的方法，如随葬品研究中利用文化（宗教）因素分析法、玄宫结构与地域特征分析可以借鉴文化传播理论等。

五、明代藩王陵墓考古学研究的意义

古代帝王陵墓的调查和发掘，长期以来一直是中国商周至元明时期田野考古工作的重点之一，相应的研究成果往往也是中国考古学展示的闪光点。刘庆柱先生认为，“半个世纪来的秦汉至宋明时代帝王陵墓考古在社会上和学术界产生了重大影响”，“使人们对秦汉以来的中国古代陵墓制度发展史有了较清楚的认识”[①]。作为重要的历史文化遗产，明代藩王陵墓的研究、开发和合理利用问题越来越为世人所关注。因此，本书的研究具有重要的现实意义和理论意义，其主要价值归纳如下。

第一，作为目前已知第一部关于明代藩王陵墓考古学综合研究的专著，填补了中国古代墓葬制度研究、明代历史研究，特别是传统社会晚期帝王陵墓制度研究领域中的一个空白点。同一朝代的诸侯王陵墓因分封制而散布于全国，秦统一以来唯汉、明二代最为典型，相比于汉代诸侯王陵而言，明代藩王陵墓的研究显然极其欠缺。因此，本书具有重要的学术价值，并且带有明显的开拓性。

第二，明代藩王陵墓蕴含着十分丰富的历史信息，这项研究及相应成果的公布，有助于拓宽宋辽金元明清考古学和明清史的研究领域，有助于促进明代宫廷史、皇族史、上层社会生活史及中国古代建筑史等相关领域的研究进一步走向深入。

第三，目前全国各地明代藩王陵墓的保存程度和保护力度不一，分别属于国家级、省级、县市级文物保护单位，还有不少尚未被列为文物保护单位，只是文物点。明代藩王陵墓的全面调查和研究，将为这批特殊的历史文化遗产的保护工作提供最核心的基础性参考资料和工作依据，也将最终推动这种保护工作落到实处。现在明代绝大多数皇帝陵墓已经被列入世界文化遗产或其扩展项目，以此为基础，保存状况和保护条件相对比较好的明代藩王陵墓，经过进一步有针对性的提升工作，完全有可能进入“明清皇家陵寝”世界文化遗产扩展项目，从而使其保护与利用找到更好的契合点，形成一个更高的展示和发展平台。由考古学研究转化为文化遗产保护，这是本项研究工作最重要的社会现实意义。

---

① 刘庆柱：《古代都城与帝陵考古学研究》，科学出版社2000年版，第6页。

第一章　明代的藩王与藩王墓

明朝处于中国传统社会的晚期，许多典章制度已经完全成熟乃至开始显现出僵化的趋势，但其皇子制度却一反唐宋等朝虽多封王爵却有名无实的模式，复古制分封建藩[1]，以诸皇子驻守于边塞和冲要之地。特别是明代早期，亲王守土典兵、位压百官，权势极大，直追两汉。受封皇子成年后出就藩府，其子孙后裔大多即生于封地、葬于封地，世代因之，因而明代的藩王及王族成员墓葬遍及多省。

第一节　明代皇子的分封制度

明朝立国276年，如果加上南明，则前后将近300年，分封之制贯穿始终，在一定程度上影响了明王朝的历史发展轨迹。

一、明代皇子的分封与爵位继承

明代之制，皇帝嫡长子立为皇太子，以备储君之位；若皇后无出，则以庶出长子为皇太子。其余宗室成员分为八等：皇帝众子封为亲王；亲王嫡长子立为王世子，其余众子封为郡王；郡王嫡长子封为长子（也有些记载中称为“郡王世子”），其余众子封镇国将军。郡王之孙封辅国将军，曾孙封奉国将军，四世孙封镇国中尉，五世孙封辅国中尉，六世孙及以下诸世皆封奉国中尉。其中亲王、郡王是皇室高级贵族，

---

① 两汉以后，历代王朝的皇子大多仍封以王爵，但其实际权力却与两汉有霄壤之别。早先部分王朝开创者的后代也驻锡郡县，拥有比较大的军政势力，如事涉“八王之乱”的西晋诸王等。唐宋皇子封王，有些虽还兼有“刺史”“节度使”一类名衔，但真正典兵临民者并不多，如《宋史·宗室列传》所谓：“昔周之初兴，大封建宗室，及其东迁，晋、郑有同奖之功。然其衰也，干弱而枝强。后世于是有矫其失者，而封建不复古矣。宋承唐制，宗王襁褓即裂土而爵之。然名存实亡，无补于事。”（元·脱脱等：《宋史》卷二四四，邓广铭等点校本，中华书局1977年版，第25册，第8665页）。元代皇子宗王不乏实守藩封者，“四大汗国”之外，元朝直接统治区域内也有相似例证，但并不是普遍现象。明初的分封制应该是直接借鉴自元朝并扩大化。

他们所享受的政治、经济待遇也最高：凡亲王受封，“授金册、金宝，岁禄万石，府置官署。护卫甲士少者三千人，多者至万九千人，隶籍兵部。冕服、车旗、邸第下天子一等，公侯大臣伏而拜谒，无敢钧礼”①。明代亲王封号一般都用古国名或地名，如“秦”“晋”“楚”等，例用一字，万历（1573—1620年）以后亦偶用吉祥字，如“福”“瑞”等；死后谥一字，如“简”“定”“宪”等。亲王嫡长子年至十岁，册立为王世子，授以金册、金宝；嫡长孙年及十岁立为世孙，冠服仪制如一品官员。世子、世孙是亲王爵禄的继承人，一般称谓加系国名，如“周世子”“鲁世孙”等。亲王世子或世孙若早卒，例谥两字，待其子孙承袭王位后，有些追晋封为亲王，即如亲王制改谥一字，而且通常取用前谥中的一字。如宁府世子朱盘烒初谥庄惠世子，其子靖王袭爵后改谥惠王；又如鲁府世子朱当漇初谥怀简，其孙端王袭位后改谥怀王。也有些先卒世子并不改谥尊王，如蜀悼庄世子朱悦燫之子靖王、僖王相继嗣立，悼庄世子本人并未追谥蜀王。亲王其余诸子年及十岁封为郡王，身份次亲王一等，授以涂金的银册、银宝。郡王封号一般用古州郡名或府县名，例用两字，如“兴平”“宁化”“乐陵”等；死后谥两字，如“懿简”“恭惠”“靖僖”等。郡王嫡长子年至十岁立为长子，嫡长孙立为长孙，冠服等仪仗制度同二品官。长子、长孙是郡王爵禄的继承人。

同为皇子，例皆得受封亲王，但其实际待遇还是有所区别。明人有一种说法认为：“皇子之国，皇后子其仪制用上十王礼，妃所生子用中十王礼，嫔所生子用下十王礼；降杀以母为差，此不知出何令甲。孝陵（太祖）封诸王不然。”②事实上，由于生母身份地位差别、本人贤愚之异、与当朝皇帝关系亲疏不同等因素的影响，这种差别在有明一代始终存在，具体反映在封地自然环境善恶、府邸等制规模（有些只是利用原有官署改建，始终未能加覆琉璃瓦）、禄米数额及米钞折率（有的相差10倍以上）、王庄及其他赏赐多少等许多方面。

尽管明朝宗室子弟“贤愚杂出”，但从生到死一概由朝廷负责包养，“其生也请名，其长也请婚，禄之终身，丧葬予费”③。明太祖共有26个儿子，他担心后世子孙繁衍会出现起名重复的尴尬，于是规定孙辈以下皆用复名，并赐太子及诸王每府20字为行辈用字，每辈依序取其中一字用作为名上一字，下一字则循环使用五行偏旁字，取五行相生（水生木、木生火、火生土、土生金、金生水）之意，世代传递。因太祖诸子之名皆从木旁，如樉、椿、棣等，故孙辈名下一字皆从火旁，如尚炳、济熺、孟烷等，曾孙辈名下一字皆从土旁，如泰墱、友壎、豪墭等，玄孙辈名下一字皆从金旁，

---

① 清·张廷玉等：《明史》卷一一六，《诸王传·序》，标点本，第12册，第3557页。
② 明·郑晓：《今言》卷四，三百三十三条，李致忠点校本，中华书局1984年版，第190页。
③ 清·张廷玉等：《明史》卷一一六，《诸王传·序》，标点本，第12册，第3557页。

如同镳、贡錝、祁鋐等，来孙辈名下一字皆从水旁，如见淑、彦汰、宇温等，以此类推。据《明太祖实录》记载，洪武二十八年（1395年）十月，“上以子孙蕃众，命名之际虑有重复，乃于东宫、诸王世系各拟二十字，每一字为一世，以某字为命名之首，其下一字则临时取义，以为二名，编入玉牒，至二十世后复拟续增”①，这是说洪武二十八年始定各府辈分用字。实际上明太祖诸孙命名早已循此规律，查序于洪武六年（1373年）的《祖训录》中已有太子至鲁王位下20辈分字，还有备用3组，当时没有归属，后来用于蜀、湘、代三府。可见明太祖所拟诸子20辈分字是逐渐形成、分批公布的。洪武末《皇明祖训》中已开列至伊王，并附3组备用，但去掉了自焚除国的潭王一支。各王府20个行辈用字分别是：

东宫：允文遵祖训，钦武大君胜，顺道宜逢吉，师良善用晟。
秦王：尚志公诚秉，惟怀敬谊存，辅嗣资廉直，匡时永信惇。
晋王：济美钟奇表，知新慎敏求，审心咸景慕，述学继前修。
燕王：高瞻祁见祐，厚载翊常由，慈和怡伯仲，简靖迪先猷。
周王：有子同安睦，勤朝在肃恭，绍伦敷惠润，昭格广登庸。
楚王：孟季均荣显，英华蕴盛容，宏才升博衍，茂士立全功。
齐王：贤能长可庆，睿智实堪宗，养性期渊雅，寅思复会通。
潭王：福昌忻保定，嘉应必兴隆，启处询从式，尊闻汝贵中。
鲁王：肇泰阳当健，观颐寿以弘，振举希兼达，康庄遇本宁。
蜀王：悦友申宾让，承宣奉至平，懋进深滋益，端居务穆清。
湘王：久镇开芳岳，扬威谨礼仪，刚毅循超卓，权衡素自持。
代王：逊仕成聪俊，充廷鼐鼎彝，传贻连秀郁，炳耀壮洪基。
肃王：瞻禄贡真弼，缙绅识烈忠，曦晖跻富运，凯谏处恒隆。
辽王：贵豪恩宠致，宪术俨尊儒，云仍祺保合，操翰丽龙舆。
庆王：秩邃寘台鼐，倪伸帅倬奇，适完因巨衎，鹭眷发需昆。
宁王：磐奠觐宸拱，多谋统议中，总添支庶阔，作哲向亲衷。
岷王：徽音膺彦誉，定幹企禋雍，崇理原谘访，宽镕喜贲从。
谷王：赋质信雄敞，丛兴阐福昌，笃谐恂怿豫，扩霁昱祯祥。
韩王：冲范徵偕旭，融谟朗璟逵，亶韶愉颢慥，令绪价蕃维。

---

① 明·胡广等：《明太祖实录》卷二四二，洪武二十八年十月癸巳，据国立北平图书馆红格钞本《明实录》缩微卷校印本《明实录》，台北“中央研究院”历史语言研究所，1962年，第5册，第3519页。本书所引用明代历朝《实录》皆为此版本，为省篇幅，以下仅简单注出书名、卷、册、页等。

沈王：佶幼诠勋胤，恬理效回湟，湜源譕晢暐，圭璧澈澄昂。

安王：斐序斌廷赏，凝覃濬祉襄，恢严颇辑矩，缜密廓程纲。

唐王：琼芝弥宇宙，硕器聿琳琚，启龄蒙颂体，嘉曆协铭图。

郢王：伟闻参望奭，箴诲洎皋夔，麒麟余积兆，奎颖晔璿玑。

伊王：颙勉諟訏典，褒珂采凤琛，应畴颁胄选，昆玉冠泉金。

太祖从孙靖江王朱守谦后裔也赐20字为行辈用字，但其名下一字不拘五行偏旁。其辈分字为：

赞佐相规约，经邦任履亨，若依纯一行，远得袭芳名。①

明初对女性宗室的封爵也作了规定：皇帝之姑母封大长公主，皇帝之姊妹封长公主，皇帝之女封公主。公主俱授金册，其婿皆称驸马都尉。亲王之女封郡主，郡王之女封县主，郡王孙女封郡君，曾孙女封县君，玄孙女封乡君，其婿皆称仪宾。明代官方文献及后来据以修成的《明史》对于公主、郡主等人的记载甚少，至于驸马、仪宾，除了有时被皇帝或王府差遣应承皇陵、王府陵墓祭祀等事务外，很少有人能得到重要的差委，大多数只是坐拥俸禄，但他们身后也依例享受国家赐祭葬。

二、明代王府经济与王族祭葬

明代皇族（包括女性宗室成员）完全由国家奉养，洪武九年（1376年）规定亲王、公主人等的岁供之数为："亲王，米五万石、钞二万五千贯、锦四十匹、纻丝三百匹、纱罗各百匹、绢五百匹、冬夏布各千匹、绵二千两、盐二百引、茶千斤，皆岁支；马料草，月支五十匹；其缎匹，岁给匠料，付王府自造。"已受封之公主，"赐庄田一所，岁收粮千五百石，钞二千贯"。旁枝靖江王位下，每年"米二万石、钞万贯，余物半亲王，马料草二十匹"②。除宗禄外，许多亲王还拥有大量的皇帝御赐庄田，另外可以请得若许"无主"的"荒地"。洪武初年，明太祖感念宗族势力

① 明·李东阳等奉敕修，申时行等奉敕重修：《大明会典》卷一，《宗人府》，影印明万历十五年刊本，第1册，江苏广陵古籍刻印社1989年版，第57—59页。本书所用《大明会典》皆为此版本，以下仅简单注出卷、册、页码等信息。按：《会典》中附载有潭王位下20行辈字，但注明"以国除，《祖训》不载"。又，张廷玉等《明史》卷一一〇《诸王世表·序》（标点本，第9册，第2504页）所载者同，惟周府第17字"恪"作"格"、肃府第14字"富"作"當"、韩府第14字"顥"作"灝"。

② 清·张廷玉等：《明史》卷八二，《食货志·俸饷》，标点本，第7册，第1999页。

单薄，因而有意识地扶持子侄，以期壮大羽翼，屏藩朝廷。他总共生育有26个儿子，除长子朱标立为皇太子、二十六子朱楠夭折无封外，其余24子皆封亲王，长成者都出守藩封。明初诸王位高权重，特别是沿边诸王，如“广宁（今辽宁北镇）辽王、大宁（今内蒙古宁城西）宁王、宣府（今河北宣化）谷王、大同代王、宁夏（今宁夏银川）庆王、甘州（今甘肃张掖）肃王，皆得专制率师御虏。而长陵（明成祖）时在北平为燕王，尤英武。稍内则西安秦王、太原晋王，亦时时出兵，与诸藩镇将表里防守”[①]。明初诸王在藩可统兵征伐，在朝则位列公侯大臣之上，有时还可代替皇帝处理朝政，如洪武二十五年（1392年）冬，“命肃王（太祖第十四子朱楧）于奉天门设座听朝政”[②]。

明太祖恢复皇子分封制，并且在礼仪、经济，甚至军事等诸多方面强化藩王权势的初衷，是希望本强枝茂，巩固新兴的大明王朝，但皇室人口的快速繁衍，不久即给朝廷财政造成了严重的负担，却是他始料未及的。于是洪武二十八年（1395年）不得不“量减诸王岁给，以资军国之用”。新的岁禄制度规定：“亲王万石，郡王二千石，镇国将军千石，辅国将军、奉国将军、镇国中尉以两百石递减，辅国中尉、奉国中尉以百石递减；公主及驸马二千石，郡王［主］及仪宾八百石，县主、郡君及仪宾以两百石递减，县君、乡君及仪宾以百石递减；自后为永制。”[③]即使这样，以洪武末朝廷最高粮米岁入为底数计算，诸王府禄米也要占到其中的四分之一以上。此后，不断呈几何级数增长的宗室人口给明朝中央政府带来了巨大的财政压力，到了一二百年后的嘉靖（1522—1566年）、万历（1573—1620年）时期，宗室人口已经多至几十万，他们的俸给彻底成为国家财政不堪的重负。根据明人统计，嘉靖八年（1529年）五月时，“宗室载属籍者八千二百三人”，其中有“亲王三十位，郡王二百三位，世子五位，长子四十一位，镇国将军四百三十八位，辅国将军一千七十位，奉国将军一千一百三十七位，镇国中尉三百二十七位，辅国中尉一百八位，奉国中尉二百八十位，未名封四千三百位，庶人二百七十五位”。其人口繁衍之迹如周藩，“洪武十一年，封周王于河南开封，一郡惟一王府。今则郡王三十九府，辅国将军二百一十二位，奉国将军二百四十四位，中尉而下不计矣”；而各藩府“宗室王二等、将军三等、中尉三等、主君五等，及疏庶人、罪庶人，凡五万余”[④]。嘉靖时人陆楫称：“我太祖高皇帝生二十四子，传至今百八十年矣。除以事削籍外，尚存

① 明·郑晓：《今言》卷一，八十八条，李致忠点校本，中华书局1984年版，第46页。

② 明·谢缙（？）：《天潢玉牒》，见明·邓士龙辑《国朝典故》卷一，许大龄等点校本，北京大学出版社1993年版，第9页。

③ 清·张廷玉等：《明史》卷八二，《食货志·俸饷》，标点本，第7册，第2000页。

④ 明·郑晓：《今言》卷四，二百七十六条，第159页；卷二，一百四十条，第83页；卷二，一百六十五条，第94页，李致忠点校本，中华书局1984年版。

十五府及列圣所封，亲支星布海内，共三十三府，今玉牒几十万口。”[①]嘉靖四十一年（1562年）御史林润上奏说：“天下之事，极弊而大可虑者，莫甚于宗藩禄廪。天下岁供京师粮四百万石，而诸府禄米凡八百五十三万石”，山西、河南二省存留之粮“借令全输，不足供禄米之半，况吏禄、军饷皆出其中乎”[②]。嘉靖末年宗藩供养已成朝廷沉重负担，隆庆三年（1569年）五月，礼部仪制司郎中戚元佐上疏指出：当时“宗支入《玉牒》见存者二万八千四百九十二位，视国初不啻千倍，即尽今岁供之输，犹不能给其半”，“昔高皇帝众建诸臣，皆拥重兵据要地，以为国家屏翰，此固一时也；迨靖难以后，防范滋密，兵权尽解，朝堂无懿亲之迹，府僚无内补之阶，此又一时也；嗣是而后，骄侈渐盈，间作不典，法多圜上之收，辟有勒尽之惨，此又一时也。合则人多禄寡，支用不敷，乃有共室而居，分饼而膳，四十而未婚，廿载而不空［窆？］，强者劫夺于郊衢，弱者窜入于舆皂，此又一时也”[③]。而另一项止于隆庆（1567—1572年）、万历之际的统计则说，当时共有亲王25位，“郡王二百五十一位，将军七千一百位，中尉八千九百五十一位，郡主、县主、郡君、县君共七千七十三位。庶人六百二十，未封未名者与齐府高墙之庶皆不与焉”[④]。万历二十三年（1595年）时，《玉牒》收录的宗室人口已经达到十五万七千多人，倾尽天下岁入不足以养赡诸王；而诸王又被朝廷严格约束，既不能效力国家，甚至不能设法自养，明代宗藩之制，至此已成死结。

从建文朝开始，明朝皇帝先后采取了多种手段或措施，包括以不同罪名削夺亲王藩封、借各种机会降封诸王后裔，多次重定规则、减少禄米等，试图解决宗藩养赡这个棘手的难题。

建文帝初立，采纳黄子澄等人之议，厉行削藩，一年之间，周、齐、代、岷诸王相继被废为庶人，湘王柏自焚；随即燕王朱棣以“尊祖训、靖国难、索奸臣、清君侧”为借口起兵反叛朝廷。靖难成功，成祖即位，建文帝所废诸王尽复旧爵，但永乐朝在实际操作中依然执行了削夺藩王权力的政策，齐、谷二藩被废，晋藩废兄立弟，周、代、宁、岷等王多被训诫压制，诸王领兵出征等事例从此不再出现。此后，宣德元年（1426年）明宣宗以谋反罪废太宗所封汉王，正德十五年（1520年）明武宗以谋反罪废太祖所封宁王，嘉靖三十五年（1556年）和四十三年（1564年）明世宗先后废英宗所封徽王、太祖所封伊王，隆庆二年（1568年）明穆宗废太祖所封辽王，崇祯时

① 明·陆楫：《蒹葭堂杂著摘抄》，中华书局1985年版，第20页。

② 清·张廷玉等：《明史》卷八二，《食货志·俸饷》，标点本，第7册，第2001页。

③ 明·张居正等：《明穆宗实录》卷三二，隆庆三年五月辛酉，校印本《明实录》，第50册，第843—844页。

④ 明·徐学聚：《国朝典汇》卷一三，《朝端大政·宗藩》，影印明天启刊本，北京大学出版社1993年版，第2册，第1209页。

思宗废仁宗所封郑王、太祖所封唐王（改封其弟）；前后两百年间，被废的郡王更多。明代分封制在早期还有防守边疆等积极意义，以宣德元年（1426年）皇帝亲征乐安，平定高煦之乱为标志，诸王尾大不掉之势被彻底清除，宗藩已经完全被置于朝廷的监控之下，寄生属性日渐突出。明人认为："嗣是（平定乐安），天子揽权结网，收阿藏器，诸王分封后不得再入朝，出其王城必请护卫，不置亡繇臣，一切吏民为左官者，不得复任天子吏，诸王衣食租税，比君有卑。"①削夺藩王，在明朝早期更多的是考虑政治收益，到了中晚期则成为减轻宗藩经济压力的主要手段之一。

亲王世子人数少于亲王，但也要支出一份不菲的俸禄；郡王的宗禄低于亲王，但人数众多。设定条件限制这些人的册立和继承，同样也是朝廷减少支出的一个重要手段。正德四年（1509年）岁末，礼部稽核更定条例："王与正妃年五十无嫡子，始立庶长子为王世子；郡王年老，正妃已没无出，乞封庶子为长子者，请自上裁。"②嘉靖四十二年（1563年）十月，"礼部言：王世子已故追封王爵者，其次嫡、庶子止封镇国将军，不得有王封，此弘治间例也。至武庙时，则有晋世子奇源之子表槺、表榈者，俱夤缘封郡王。自是遂成两例，奏请纷纭，行止靡一。请酌示所宜，著之令甲，以便遵守。上命照弘治间例行"③。万历七年（1579年）再次确定：亲王之子封郡王，若以支属嗣封亲王者，自后除嫡长子袭封亲王外，其余子孙仍照原封爵世次递降，不得冒封郡王；倘郡王无子，王之兄弟及兄弟之子不得请求袭封，违者以"冒封"治罪。在此基础上，万历十年（1582年）对宗亲禄米数额作了重新规定："亲王米一万石，郡王米二千石，镇国将军米一千石，辅国将军米八百石，奉国将军米六百石，镇国中尉米四百石，辅国中尉米三百石，奉国中尉米二百石；公主及驸马米二千石，郡主及仪宾米八百石，县主及仪宾米六百石，郡君及仪宾米四百石，县君及仪宾米三百石，乡君及仪宾米二百石。"并且特别补充规定："郡王嫡长子袭封郡王者，其岁赐比初封郡王减半支给。"④也就是说，除始受封者外，明代晚期诸多的嗣封郡王实际是与镇国将军同禄。

明初定制：宗室岁禄全给本色粮米，后来改为部分藩府以折色即宝钞（纸币）支付，本折比例不一，有些是米钞各半，有些是米多于钞，一般是封爵等级越低、与皇

---

① 明·何乔远：《名山藏》卷三六，《分藩记一》，影印明崇祯刊本，北京大学出版社1993年版，第3册，第1968—1969页。

② 明·费宏等：《明武宗实录》卷五八，正德四年十二月庚戌，校印本《明实录》，第34册，第1296页。

③ 明·徐阶等：《明世宗实录》卷五二六，嘉靖四十二年十月己未，校印本《明实录》，第48册，第8577—8578页。

④ 明·申时行等：《大明会典》卷三八，《户部·廪禄一·宗藩禄米》，影印本，第2册，第701页。

帝关系越疏远，折钞部分也就越多。这些在万历十五年（1587年）最后修成的《大明会典》中有明文记载。“秦王岁支禄米一万石，米钞中半兼支。嘉靖四十四年（1565年）奏辞本色一千石，岁支九千石，本色四千石、折色五千石。晋王岁支本色禄米一万石，嘉靖四十四年奏辞一千石，岁支九千石。周王岁支本色禄米二万石，袭封支一万二千石。弘治十六年（1503年）支一万石，隆庆二年（1568年）奏辞一千石，岁支九千石。楚王岁支本色禄米一万石，隆庆三年（1569年）奏辞一千石，岁支九千石。鲁王岁支禄米一万石，米钞中半兼支。隆庆二年奏辞折色二千石，岁支八千石，本色五千石、折色三千石。蜀王岁支本色禄米一万石，嘉靖四十五年（1566年）奏辞一千石，岁支九千石。代王岁支禄米六千石，米钞中半兼支。肃王岁支禄米一千石，本色七百石，折色三百石。隆庆四年（1570年）本府辅国将军承袭王爵，仍支辅国将军禄米，岁八百石，本色三分，折色七分。辽王岁支禄米二千石，国除。庆王岁支禄米一万石，本色七千五百石，折色二千五百石。嘉靖四十四年奏辞一千石，岁支九千石，本色七千石、折色二千石。宁王岁支禄米一万石，米钞中半兼支，国除。岷王岁支本色禄米一千五百石。韩王岁支禄米三千石，本色二千石、折色一千石。沈王岁支禄米一万石，本色六千石、折色四千石。嘉靖四十四年奏辞一千石，岁支九千石，本色五千五百石、折色三千五百石。唐王岁支本色禄米五千石，嘉靖五年（1526年）奏准，本色粟米三千石，外再给粳米一千石，其余折色，共岁支六千石，本色四千石、折色二千石。伊王岁支本色禄米二千石，国除。赵王岁支禄米一万石，米钞中半兼支。弘治十六年（1503年）定拟，本色八千石，折色二千石。隆庆三年奏辞本色一千石，岁支九千石，本色七千石、折色二千石。郑王岁支本色禄米一万石，隆庆元年（1567年）加增四百石，岁支一万四百石。襄王岁支本色禄米一万石。荆王岁支本色禄米一万石，嘉靖四十五年奏辞五百石，岁支九千五百石。淮王岁支禄米一万石，米钞中半兼支。德王岁支本色禄米一万石，隆庆二年奏辞一千石，岁支九千石。秀王岁支禄米一万石，国绝。崇王岁支本色禄米一万石，嘉靖四十四年奏辞五百石，岁支九千五百石。吉王岁支本色禄米一万石，嘉靖四十四年（1565年）奏辞一千石，岁支九千石。徽王岁支本色禄米一万石，国除。岐王岁支本色禄米一万石，国绝。益王岁支本色禄米一万石，嘉靖四十四年奏辞二千石，岁支八千石。衡王岁支本色禄米一万石，嘉靖四十四年奏辞二千石，岁支八千石。雍王岁支本色禄米一万石，国绝。寿王岁支本色禄米一万石，国绝。汝王岁支本色禄米一万石，国绝。泾王岁支本色禄米一万石，国绝。荣王岁支本色禄米一万石，嘉靖四十四年奏辞一千石，岁支九千石。景王岁支本色禄米一万石，国绝。靖江王岁支本色禄米一千石，弘治十六年改本折中半兼支”[①]。郡王及以下也是同样规则，甚至有些是钞多于米。如“秦府郡王，初封岁

① 明·申时行等：《大明会典》卷三八，《户部·廪禄一·宗藩禄米》，影印本，第2册，第701—703页。

支禄米二千石，本色五百石，折色一千五百石；袭封一千石，米钞中半兼支”。又如“吉、益、衡、荣四府郡王，初封岁支禄米一千石，三分本色，七分折钞”[①]。米钞的折算标准，宣德八年（1433年）奏准，每石米折钞十五贯；正统七年（1442年）依文武官员薪俸例改为“每一石折钞二十五贯”，正统十二年（1447年）复改回十五贯[②]。随着皇族人口的大量繁衍，宗室身份的认定也越来越规范严格，开始支取禄米的时间往往要等到赐名、封爵，甚至要到婚嫁。至于那些因罪革爵的罪宗庶人，英宗时曾明确规定也按月给支禄米，嘉靖时限定为每月六石，万历时减至二石。

明朝规定，宗室成员由宗人府管理，既不能参加科举考试，不能做官，更不能从事士、农、工、商诸业。在屡减宗禄之后，亲王、郡王尚可维持优裕的生活，将军以下诸宗室的岁禄往往入不敷出，支派远者甚至难于自存。宣德（1426—1435年）以后，诸王子孙“生齿日繁，邸禄岁窘，尚尔浮系一城，仰口待哺，于是裨王莫知南面之愉，支子更起齐民之慕”[③]。有人记述了万历时期（1573—1620年）河南诸藩宗室的窘状：“通省建藩已至六国，尚有废府诸郡，两河民力疲于禄米之输甚矣，而诸藩供亿尚尔不足。诸藩惟周府最称蕃衍，郡王至四十八位，宗室几五千人，以故贫无禄者不得不杂为贱役，或作为非僻；稍食禄而无力以请名封者，至年六七十犹称乳名终其身。故诸无禄庶人，八口之饥馑既不免，四民之生理又无望，虽生于皇家，适以囚禁之，反不如小民之得以自活也。”[④]低级皇族成员如果没钱贿赂礼部和宗人府官吏，甚至不能被“赐名”，有些人因而到老不能婚嫁。礼部仪制司为宗室起名，五行偏旁字不敷用，“年久人多，不胜重复。至创为不雅之字，而以金木水火土附之，最为可笑，至有读其名而令人捧腹绝倒者”[⑤]。

明太祖诸子中，懿文皇太子一支在靖难之役后绝嗣，燕王一支升为帝系，其余23位亲王，本身获罪削封或无子国绝者7人，又有后来所废诸藩，其余13府亲王传至明末。到明朝中晚期，列帝后裔在藩亲王总数大体上维持在30位左右，按照明初的规定，皇帝之子、孙，以及其他宗室成员无论身份高低，死后都由国家负责丧葬，其中亲王、郡王，以及王妃、公主等人不但由皇帝“赐祭葬”、由官府负责造坟，而且一

① 明·申时行等：《大明会典》卷三八，《户部·廪禄一·宗藩禄米》，影印本，第2册，第703页。

② 明·申时行等：《大明会典》卷三八，《户部·廪禄一·宗藩禄米》，影印本，第2册，第704页。

③ 明·何乔远：《名山藏》卷三六，《分藩记一》，影印明崇祯刊本，北京大学出版社1993年版，第3册，第1969页。

④ 明·王士性：《广志绎》卷三，“江北四省”，吕景琳点校本，中华书局1981年版，第37页。

⑤ 明·沈德符：《万历野获编》卷四，“宗室名”，谢兴尧标点本，中华书局1959年版，第126页。

应葬仪用品和明器等物亦皆由工部制造送用。关于这方面的记载在明历朝《实录》中随处可见，如永乐四年（1406年）八月，沈王（太祖第二十一子朱模）妃张氏薨，“讣闻，上辍朝一日，遣官赐祭，命工部给明器仪仗，有司营葬”[①]。从《明实录》和清修《明史》中的《诸王传》《诸王世表》等记载，结合相关地方志资料来看，明代已经分封之国、并且传之子孙的皇子，以及成化（1465—1487年）以前已赴藩封但无嗣绝封的皇子，都葬在各王府所在地附近。有明一代，自太祖至思宗凡16位皇帝，共生育皇子107位，除皇太子外，其余长成者皆得封亲王，子孙世袭；早夭者往往也会追加以“某某太子”“某某王”一类的封谥，祭葬如制。诸藩王殇子亦然。永乐四年（1406年）二月，辽藩“宜都王贵㸅薨。讣闻，礼部言：‘王四岁而薨，为下殇，无辍朝、赐祭、加谥之礼。’上曰：‘免辍朝、加谥，仍遣官赐祭。’贵㸅，辽简王第六子也”[②]。此后，凡遇宗藩子孙幼殇者皆依此例，皆得赐祭葬。如同年九月，“临汾王冲㷜薨。遣祭如宜都王礼。冲㷜，韩宪王第三子，时年四岁云”[③]。随着宗室人口的不断增多，各地藩王宗室建府、造坟也同样成为地方财政的巨大压力。

明朝中期的一份奏章云：“江西公私匮竭，人民滋困，盗贼未息，此何时也。意者引钱无与于民，不知存积仅二万七千余两，益府宫殿蚁蠹，益殿下见移东寝，万分惊虞，责将谁任？修盖之费约三万余两，此不可已者也。淮府造坟，顺昌王、崇安王、镇国将军起第，已支五千三百余两，后来未计，此不可已者也。”[④]面对越来越大的经济支出的压力，正统（1436—1449年）、天顺（1457—1464年）以后，朝廷不断颁布新条令，试图从压缩亲王、郡王等人的坟茔规模入手，尽可能减少营造开支。“天顺二年（1458年）奏准：亲王以下依文武大臣例，或王或妃有先故者，并造其圹，后葬者止令所在官司起倩夫匠开圹安葬。继妃则附葬其旁，同一享堂，不许另造。成化十三年（1477年）令：亲王并妃照旧差官开圹，郡王以下止令所在官司量备工料开圹。弘治五年（1492年）令：亲王、郡王镇国将军各于始封父祖茔序昭穆葬，郡县等主于仪宾父祖茔安葬。”[⑤]各府丧葬所用谥宝、谥册、铭旌、明器等物原本由工部统一制造，后来因为需求量大，朝廷应付不过来，只好奏请皇帝采用变通之制。成

---

① 明·张辅等：《明太宗实录》卷五八，永乐四年八月己酉，校印本《明实录》，第7册，第851页。

② 明·张辅等：《明太宗实录》卷五一，永乐四年二月壬午，校印本《明实录》，第7册，第767页。

③ 明·张辅等：《明太宗实录》卷五九，永乐四年九月辛酉，校印本《明实录》，第7册，第856页。

④ 明·林俊：《林贞肃公集》，《论宁府用琉璃疏》，见明陈子龙等辑《皇明经世文编》卷八七，影印明末刊本，中华书局1962年版，第1册，第776页。

⑤ 明·申时行等：《大明会典》卷二〇三，《工部·王府坟茔》，影印本，第5册，第2731页。

化五年（1469年）六月礼部上奏："宗室本支蕃衍，每有丧礼，所用谥宝册、铭旌、明器俱下工部委所司制造，累月不成。比成，遣官赍送或已不及葬期，虚糜工料，有孤恩典"，建议采纳右佥都御史李侃"凡亲王、郡王谥宝册仍下工部所司促办，付掌行丧礼等官赍去；其明器宜令工部具例品式，下所在有司就彼制造给用"[①]的建议，以减少虚耗浪费，并节省道路供亿之费，减轻对民间的烦扰。

关于各王府造坟工价，"成化十八年（1482年）定：郡王并妃三百五十两，镇国将军并夫人二百四十五两，辅国将军并夫人、郡主各二百二十五两。……十九年（1483年）定：……郡王并妃冥器八十两，郡王六十两。二十一年（1485年）定：郡王并妃开圹价银一百两，镇国将军并夫人八十两，辅国将军并夫人七十两，自开安葬。弘治六年（1493年）令：郡王以下造坟并开圹悉照修府事例，价银减半送用。十四年（1501年）奏准：郡王开圹价银五十两，止送四十两，余皆递减。……亲王及世子、郡王、镇国将军至郡王长子，斋粮麻布俱革免"[②]。嘉靖以后，各王府和宗室的造坟开支进一步压缩。"（嘉靖）二十八年（1549年）题准：亲王并妃造坟开圹，行该省都、布二司派办夫匠，木石砖灰等料、合用冥器丧仪，一并造完送用。其铭旌纻丝、金箔龙凤钩，工部行文思院等衙门成造，候便领送。"嘉靖四十四年（1565年）题准："郡王、将军、中尉，郡县主君，坟价一概免给"；郡王及郡主等"合用冥器、丧仪等项，行该省照依递减事例，给银自造"[③]；"镇国将军以下及主君仪宾，例有冠服、房屋、坟价，俱皆停给，以备补禄粮不足之数"[④]。万历十年（1582年）议准："郡王初封系帝孙者，身后坟价照例全给，其余郡王量给一半；开圹合葬者免给，世子坟价与郡王同，将军以下一概停免。"[⑤]至此，朝廷明令完全不再负担中低层宗室的丧葬费用。万历之制较嘉靖"一概免给"的政策有所反弹，亲王、始封郡王（皇帝之孙）等高级皇室贵族仍由朝廷赐祭葬如制。此后偶尔还有非帝孙身份的郡王请赐造坟并明器等项的事例。崇祯四年（1631年）四月，郑王载玺［壐］转奏称，郑府繁昌王载墱"感患水肿病症，医治不可"，于崇祯三年十月二十日病故，乞给赐"所有谕祭、铭旌、冥［明］器、造圹等项"。五月十一日，礼部官员依"见行事例"及《宗藩要例》拟议题请：给坟价一半，赐祭如例，并且由"翰林院撰祭文圹

① 明·刘吉等：《明宪宗实录》卷六八，成化五年六月乙卯，校印本《明实录》，第23册，第1351—1352页。

② 明·申时行等：《大明会典》卷二〇三，《工部·王府坟茔》，影印本，第5册，第2731—2732页。

③ 明·申时行等：《大明会典》卷二〇三，《工部二十三·坟茔》，影印本，第5册，第2732页。

④ 明·申时行等：《大明会典》卷三八，《户部·廪禄一·宗藩禄米》，影印本，第2册，第707页。

⑤ 明·申时行等：《大明会典》卷二〇三，《工部·王府坟茔》，影印本，第5册，第2732页。

志文”；“工部造办铭旌及行河南布政司委官一员前去造坟，合用冥［明］器丧仪等项，照例行彼处各衙门成造送用”。题上请旨定夺，十四日皇帝谕旨“是”①。此例执行标准基本符合万历之制，但铭旌、明器等项似稍从宽厚。

为了减少王府造坟开支，对一些相应的礼仪规范也做了严格的限定。除前文已涉及的对亲王世子、郡王等人册立和承袭的限制外，对于庶出亲王为母妃请封号也有了越来越严格的限制。嘉靖三十二年（1553年）十二月，尚书欧阳德议：“亲王之妾有子者许请封夫人；其子已袭封亲王而嫡妃不存者，许请封为次妃。仍照例请敕知会，不给诰命冠服，及裁减身后祭葬。”万历四十三年（1615年），蜀王宣圻为已封次妃的本生母林氏请封继妃，部议准行，但同时说明林氏受封后，“仪仗相传应用，冠服令其自备，身后祭葬，照例裁减”。礼部因此事奏定条例，著为令甲：“亲王生母封为继妃，郡王生母封为次妃，止于请敕知会，俱不给诰命冠服，裁革祭葬，情制两尽，无容议矣。今后请封生母者俱照此例，养母、庶母不得一概奏乞。如违，俱听本部参奏治罪。”②皇帝依议。

不难看出，朝廷经济能力对于明代藩王陵墓的营造规模具有根本性的影响，从各府造坟经费由政府全包，到亲王陵园规模缩小、郡王坟价免给或减半、将军以下坟价一概免给，这种政策的变化是造成明代宗藩墓葬规制由繁到简的一个决定性因素。于是，明代中晚期就出现了这样一种似乎是悖反的现象：一方面是正德、嘉靖以来整个社会的生活习俗日益奢华，另一方面则是各地宗藩墓葬的更趋简易。到了明末，国家财政捉襟见肘，皇亲国戚们的祭葬费时常无限期拖欠。崇祯三年（1630年）三月，“驸马万炜奏请瑞安大长公主（神宗同母妹）造坟工价。帝以费烦时诎，命于发引前先给一半，余续给竣事”③。崇祯五年（1632年）九月，“驸马万炜以瑞安大长公主于崇祯二年薨逝，坟价至今不给，具疏恳请。帝切责所司玩视，仍令于岁内全完，以称轸念懿亲至意”④。皇帝至亲尚且如此，其他疏远宗藩人等的葬事待遇可想而知。

明代的分封建藩和从优养赡宗藩之制，直接导致了亲王郡王陵墓和其他宗藩成员墓葬在各地的大量出现。

---

① 中国第一历史档案馆等编：《中国明朝档案总汇》，崇祯四年五月十一日《礼部为繁昌王载墱病故其丧礼等项照例事题稿》，影印本，广西师范大学出版社2001年版，第10册，第55—62页。

② 明·李春芳等：《宗藩条例》卷上，“请封生母”，影印明嘉靖刻本，《北京图书馆古籍珍善本丛刊》，书目文献出版社1988年版，第59册，第376—377页。

③ 清·不著撰人：《崇祯长编》卷三二，崇祯三年三月庚寅，校印本《明实录》（附录三），第93册，第1846页。

④ 清·不著撰人：《崇祯长编》卷六三，崇祯五年九月辛丑，校印本《明实录》（附录三），第95册，第3632页。

第二节　明代的王墓

明代皇子受封并已赴封地者一般都葬在封国（王府所在）附近，子孙承袭亦因之，这些藩王园寝因藩府所在而散布于今陕西、山西、河南、湖北、湖南、山东、四川、江西、宁夏、甘肃、广西等省区，它们是本书研究的重点。亲王已出藩但无后者，早期也葬在封国（如郢靖王、安惠王等），成化以后则多归葬京师。至于夭折皇子（包括皇太子），永乐十八年（1420年）迁都北京以前基本上是葬于南京，迁都以后一般都葬在北京西、北郊区。

一、两京皇子墓和各地藩王墓

1. 南京皇子墓

有案可稽的葬于南京的皇子有2人，即太祖长子懿文皇太子朱标、第二十子韩宪王朱松。

懿文皇太子朱标于洪武二十五年（1392年）四月卒于皇太子之位，享年三十八岁。同年八月，“庚申，祔葬皇太子于孝陵之东，谥曰懿文”①。洪武三十一年（1398年）五月，明太祖驾崩，懿文皇太子之子、皇太孙朱允炆即位，改元建文，即明惠帝，也称为“建文帝”②。建文帝为乃父追上谥曰“孝康皇帝”，庙号“兴宗”，并曾依皇帝规制荐上陵号。明成祖即位后概予削夺，洪武三十五年（即建文四年，1402年）六月，“戊寅，遣安王楹告懿文太子，迁其主于陵园，除兴宗孝康皇帝尊号”③，其墓也复称“懿文皇太子园寝”如故。据明朝遗民查继佐记载：“懿文皇太子园，在孝陵之左，懿敬皇太子妃常氏合葬（按，《明太祖实录》等明代官书记载，常妃谥曰

---

① 明·朱国桢：《皇明史概》“大政记”卷五，洪武二十五年八月庚申，影印明崇祯原刊本（浔溪朱府藏版），台北文海出版社有限公司1984年版，第323页。

② 燕师“靖难”成功入京，建文帝遁去，不知所终。明官方称其自焚死，“建文”年号被革除，但明成祖在《大明孝陵神功圣德碑》中仍称之为“建文君允炆”。万历二十三年（1595年）九月，以准备修国史，明神宗下诏恢复“建文”年号。崇祯十七年（1644年），嗣福王朱由崧在南京即皇帝位（南明弘光帝），下诏恢复朱允炆的皇帝身份，追上尊谥曰“嗣天章道诚懿渊恭觐文扬武克纯笃孝让皇帝”，庙号“惠宗”。清朝不承认南明政权的合法性，乃于乾隆元年（1736年）追谥朱允炆曰“恭闵惠皇帝”，并以此号入《明史》，因而此后也多以“明惠帝”称之。

③ 清·谈迁：《国榷》卷一二，惠宗建文四年壬午，张宗祥点校本，中华书局1958年版，第863页。

“敬懿”，此处“懿敬”当为笔误），以时祔孝陵行祭。初称陵，永乐三年（1405年）立碑孝陵，削陵号，而俗犹称‘东陵’云。……缪恭请封建庶人后，以主太子祀，不果。”[①]懿文皇太子陵逢忌辰、四季之首日、清明、中元、冬至、岁暮，一年之中凡九次大祭，祭文填写嗣皇帝御名，一如祭祀诸帝，甚至每年的祭祀次数也远远超过了太祖孝陵的三次，明人推测这是因为“建文追谥兴宗时，加隆祢庙，有此缛礼，其后因循不及改正”[②]。但是“靖难”以后懿文太子陵园主祭官员的品秩较低，例遣南京太常寺属道官奉祀行礼，“至万历十八年（1590年）五月，太常少卿谢杰始抗章议其非礼，上（明神宗）下部详议，始改遣南京五府佥书官行礼”[③]。明代东陵的建筑规制也很低，万历二十四年（1596年）九月，南京太常寺卿杨时乔等人奏称：“朝廷典礼，自山陵至于藩封坟茔享堂，其高深、广阔、亩间皆有定数，又皆用红丹涂饰。今东陵殿浅隘、卑狭，仅能展安祭器品物，又以黑饰，与众庶同”[④]，因建议如制增饰。但迄于明末，东陵始终未能依礼修缮，“至弘光（1645年）中，始以礼臣议，崇尊号，易黄瓦、改故殿”[⑤]，但随着弘光政权的快速覆亡，东陵的“升格”成为昙花一现。

1999年，南京市文物研究所在明孝陵陵宫后部东墙以东60余米的地方“勘探确认了明东陵寝殿遗址，……基本查清了陵寝布局”，尘封了300余年的东陵陵园重见天日[⑥]（图1-1）。但也有人认为此“东陵”仍有可疑之处，或为明太祖未从殉之妃墓[⑦]。

明太祖二十子韩宪王朱松，卒于永乐五年（1407年），“以未之国，命葬（南京）安德门外”[⑧]。安德门是明代南京外城南侧城门之一，分为大安德门和小安德门，

---

① 清·查继佐：《罪惟录》卷一六，《陵志》，点校本，浙江古籍出版社1986年版，第806页。文中提到的缪恭是台州籍布衣，弘治（1488—1505年）时曾到北京伏阙上书，请恢复建文年号、并续封其后裔。明孝宗未纳其议，但也未加罪于他。“建庶人”指明建文帝的次子朱文圭，明成祖夺位后，年仅两岁的朱文圭被囚禁于凤阳中都城广安宫，号“建庶人”；建文帝之长子即皇太子朱文奎则不知所终，一说亦被囚于凤阳。朱文圭等人直到天顺元年（1457年）才被明英宗诏令放出，“尚不识牛马”，不久即死去。

② 明·沈德符：《万历野获编》卷一，《列朝·陵寝之祭》，点校本，中华书局1959年版，第8页。

③ 明·沈德符：《万历野获编》卷一，《列朝·园庙缺典》，点校本，中华书局1959年版，第8页。

④ 清·徐乾学：《读礼通考》卷九三，“兴宗东陵”引《南京太常寺志》，影印文渊阁《四库全书》本，台湾商务印书馆1983年版，第114册，第242页。

⑤ 清·查继佐：《罪惟录》卷一六，《陵志》，点校本，浙江古籍出版社1986年版，第806页。

⑥ 贺云翱等：《南京明孝陵及东陵考古获多项发现》，《中国文物报》2000年2月27日第1版；贺云翱等：《明东陵考古纪实》，见中山陵园管理局等编：《〈明孝陵志〉新编》，黑龙江人民出版社2002年版，第230—249页。

⑦ 刘毅：《明“东陵”考索》，《紫禁城》2014年“学术增刊”，2014年8月。

⑧ 清·张廷玉等：《明史》卷一一八，《诸王传·韩宪王松》，标点本，第12册，第3604页。

图1-1 南京明“东陵”中门、享殿基址

韩宪王墓址位于今南京城南安德门大街东南的韩府山，已被破坏。

此外，明太祖之第九子赵王朱杞、未封第二十六子朱楠，成祖未封之第四子朱高爔等早夭皇子亦应葬于南京附近，但均以幼殇而无祭享，其墓址史传中亦缺载。

2. 北京皇子墓

永乐十九年（1421年），皇太子（明仁宗）之第四子静乐王朱瞻埈卒，年十七，“葬昌平宜山”[①]，仁宗即位后追封朱瞻埈为蕲王，谥曰“献”。蕲献王是第一位葬在北京的夭折皇子。此后，仁宗第八子滕怀王瞻垲（卒于洪熙元年，1425年）、第十子卫恭王瞻埏及妃杨氏（卒于正统三年，1438年）、第三子越靖王瞻墉及妃吴氏（卒于正统四年，1439年）等人相继葬于昌平绵山、宛平石景山等地。景泰（1450—1456年）、天顺（1457—1464年）以后，京西海淀金山一带逐渐成为最集中的夭殇皇子女的墓葬区，“凡诸王、公主夭殇者并葬金山口，其地与景（皇帝）皇陵相属，又诸妃亦多葬此”[②]。这期间也有一些皇子仍然葬于石景山等处，如弘治十六年（1503年）八月，“命造申王坟于京西兰山”[③]。此外，北京西郊的翠微山在明末也成为妃嫔和夭折

① 明·张辅等：《明太宗实录》卷二四二，永乐十九年十月壬寅，校印本《明实录》，第9册，第2292页。

② 明·蒋一葵：《长安客话》卷四，《郊坰杂记·诸王公主坟》，点校本，北京古籍出版社1980年版，第86页。

③ 明·李东阳等：《明孝宗实录》卷二〇二，弘治十六年八月己未，校印本《明实录》，第32册，第3765页。

皇子女的墓葬区：崇祯三年（1630年）五月庚寅，明熹宗之“德陵择是日兴工。怀隐王（思宗次子朱慈烜）坟卜于翠微山麓，亦以是日兴工”①。翠微山位于金山以南、石景山以北，这又是一处集中的皇子墓葬区。

明朝葬于京畿的夭折皇子分为有封谥和无封谥两种，其中无封号或无追加封谥者通常都是幼殇皇子，丧葬之仪相对简单，葬后一般不再见诸记载，前述明太祖之子朱杞、朱楠皆为此例；有封谥者不仅丧葬如制，而且每年还例有数次祭享。万历十五年（1587年）重修《大明会典》记载葬在北京有封谥的25位皇子之葬地云：“怀献世子（景帝长子，原追封怀献太子）、悼恭太子（宪宗次子）俱葬金山；哀冲太子（世宗长子）、庄敬太子（世宗次子）初俱葬金山，后迁袄儿峪，祔其母妃墓旁（引者按，袄儿峪在昌平天寿山西南，即明世宗“四妃二太子坟”）（图1-2）；宪怀太子（穆宗长子）葬金山。……蕲献王，越靖王、贞惠妃吴氏，滕怀王，卫恭王、贞烈妃杨氏，许悼王（英宗第四子），秀怀王（英宗第五子）、妃黄氏，忻穆王（英宗第八子），歧惠王（宪宗第五子）、妃王氏，雍靖王（宪宗第八子）、妃吴氏，寿定王（宪宗第九子）、妃徐氏、继妃吴氏，汝安王（宪宗第十一子）、妃李氏、次妃晋氏，泾简王（宪宗第十二子）、妃曹氏，申懿王（宪宗第十四子）、妃项氏，蔚悼王（孝宗次子），景恭王（世宗第四子），颖殇王（世宗第五子），戚怀王（世宗第六子），蓟哀王（世宗第七子），均思王（世宗第八子），靖悼王（穆宗次子），惟蕲、滕二王

图1-2 明世宗“四妃二太子坟”宫门、照壁遗存

① 清·不著撰人：《崇祯长编》（《明实录》附录三）卷三四，崇祯三年庚午五月庚寅，校印本《明实录》，第93册，第1989页。又据《崇祯长编》卷三一记载：怀隐王慈烜薨于当年二月戊辰，当时曾“命礼部会官往金山等处相地营葬”。见校印本《明实录》，第93册，第1767页。

葬绵山，雍、申二王葬兰山，余俱葬金山。”[①]

以上有封谥的25位皇子，其身世经历具体又可以分为三种情况。

第一种是幼殇而追加封谥，有悼恭、哀冲、庄敬、宪怀4位皇太子和蕲、蔚、颖、戚、蓟、均、靖7王，共计11人；属于这种情况的在万历十五年《大明会典》修成以后还有神宗之子邠哀王、沅怀王、永思王，光宗之子简怀王、齐思王、怀惠王、湘怀王、惠昭王，熹宗之子怀冲太子、悼怀太子、献怀太子，思宗之子怀隐王、悼灵王、悼怀王和悼良王共15人。

第二种是已受封、甚至已成婚但尚未赴封国而夭亡者，有怀献世子和越、腾、卫、许、忻、申6王，共7人。

第三种是已受封、已成婚并且已经赴封国，但因无子封除而还葬北京者，有秀怀王之藩汝宁（今河南汝南）、岐惠王之藩德安（今湖北安陆）、雍靖王之藩衡州（今湖南衡阳）、寿定王先后之藩保宁（今四川阆中）和德安（今湖北安陆）、汝安王之藩卫辉（曾改名汲县）、泾简王之藩沂州（今山东临沂）、景恭王之藩德安（今湖北安陆），共7人。其中汝安王朱祐梈有子女先卒于封国，泾简王朱祐橓有一子厚烇亦前卒。明初之制，皇子既已出就藩封，虽殁而无后者，亦葬于藩府所在，如太祖之子湘献王朱柏、安惠王朱楹、郢靖王朱栋，仁宗之子梁庄王朱瞻垍等即是。成化八年（1472年）九月，英宗第五子秀王朱见澍卒于封国汝宁，“讣闻，上（明宪宗）甚哀悼之，辍朝三日，赐祭葬如礼。上念王乏嗣，不忍遐弃，遣中官奉迎灵柩归葬于京城之西山”[②]，由此开启了亲王无后者归葬京师之例。此后，皇子之藩后卒而无子者皆依制归葬京师，宫眷还居京邸，成为定例。如汝安王卒于封国卫辉，嘉靖三十七年（1558年）十月，“诏修汝王府第于京师，以居宫眷。遣侍郎茅瓒、卢勋督、钦天监副杨绘往西山卜择葬所”[③]。嘉靖四十四年（1565年）正月，“景王薨。……遣中官王臻往经理其府事，迎枢归葬西山。处其宫眷于京邸”[④]。

以上总计皇子40人，以太子或亲王的名义葬于北京。

3. 各地藩王墓

已分封之国并且传之子孙的皇子，以及明早期已赴藩封但绝嗣的皇子，一般都葬在各王府所在地附近。拙著《明代帝王陵墓制度研究》中曾列一表，简明扼要，现略做修改征引如下（表1-1）。

① 明·申时行等：《大明会典》卷九〇，《礼部·陵坟等祀》，影印本，第3册，第1424—1425页。

② 明·刘吉等：《明宪宗实录》卷一〇八，成化八年九月乙卯，校印本《明实录》，第24册，第2111页。

③ 明·徐阶等：《明世宗实录》卷四六五，嘉靖三十七年十月乙卯，校印本《明实录》，第47册，第7848页。

④ 明·徐阶等：《明世宗实录》卷五四二，嘉靖四十四年正月丁未，校印本《明实录》，第48册，第8762—8763页。

表1-1 明代亲王传袭概况表（据《明代帝王陵墓制度研究》修订）

世系	始封王	齿序	王位传袭情况	封国	墓地
太祖子	秦愍王	次	11世15王，追封王5，世子1	陕西西安	陕西长安
	晋恭王	三	12世11王，追封王5，废王1	山西太原	山西太原
	周定王	五	12世11王，追封王2	河南开封	河南禹州
	楚昭王	六	8世9王	湖北武昌	湖北武汉
	鲁荒王	十	10世11王，追封王2	山东兖州	山东邹城
	蜀献王	十一	10世13王，世子1	四川成都	四川成都
	湘献王	十二	1世1王	荆州（今湖北江陵）	湖北江陵
	代简王	十三	12世11王，追封王2	山西大同	山西大同
	肃庄王	十四	9世9王，追封王3	甘肃兰州	甘肃榆中
	辽简王	十五	7世8王，废王1	荆州（今湖北江陵）	湖北江陵
	庆靖王	十六	10世11王，世子1	宁夏（今宁夏银川）	宁夏同心
	宁献王	十七	5世4王，追封王1	江西南昌	江西新建
	岷庄王	十八	11世11王，世子1、世孙1	湖南武冈	湖南武冈
	韩宪王	二十	12世11王，追封王1，世子1、世孙1	甘肃平凉	甘肃平凉
	沈简王	二十一	9世8王，追封王4	潞州（今山西长治）	山西长治
	安惠王	二十二	1世1王	甘肃平凉	甘肃平凉
	唐定王	二十三	9世12王，追封王2	河南南阳	河南南阳
	郢靖王	二十四	1世1王	安陆（今湖北钟祥）	湖北钟祥
	伊厉王	二十五	6世7王，追封王1	河南（今河南洛阳）	河南洛阳
成祖子	赵简王	三	11世9王，追封王2，世子1	彰德（今河南安阳）	河南安阳
仁宗子	郑靖王	次	7世7王，追封王1，世子1、世孙1	怀庆（今河南沁阳）	河南沁阳
	襄宪王	五	8世9王，追封王2	湖北襄阳	湖北谷城
	荆宪王	六	11世11王，追封王1，废王1	蕲州（今湖北蕲春）	湖北蕲春
	淮靖王	七	8世9王，追封王1	饶州（今江西鄱阳）	江西鄱阳
	梁庄王	九	1世1王	安陆（今湖北钟祥）	湖北钟祥
英宗子	德庄王	次	7世7王，追封王1，世子1	山东济南	山东长清
	崇简王	六	7世6王，世子2	汝宁（今河南汝南）	河南汝南
	吉简王	七	8世7王，追封王1，世子1	湖南长沙	湖南长沙
	徽庄王	九	4世4王	钧州（今河南禹县）	河南禹州
宪宗子	益端王	六	7世7王，追封王1	建昌（今江西南城）	江西南城
	衡恭王	七	6世7王	山东青州	山东青州
	荣庄王	十三	7世6王，追封王1	湖南常德	湖南常德

续表

世系	始封王	齿序	王位传袭情况	封国	墓地
穆宗子	潞简王	四	2世2王	河南卫辉	河南新乡
神宗子	福忠王	三	2世2王	河南（今河南洛阳）	河南孟津
	瑞□王	五	1世1王	陕西汉中	被杀于重庆
	惠□王	六	1世1王	荆州（今湖北江陵）	被杀于广州
	桂端王	七	2世3王，世子1	衡州（今湖南衡阳）	广西苍梧

关于《明代亲王传袭概况表》，说明如下。

第一，表中所列始封王之封、谥号及王位传袭情况均以《明史》中的《诸王传》和《诸王世表》为准，唯其中晋、德、益、衡、福诸藩条目与该书中的有关记载有异，系笔者根据出土诸王墓志及其他文献资料订正①。此外，秦、庆、岷、韩等府亦有类似的后续校补情况。

第二，诸皇子受封后因过削封除国或因其他原因未得以王礼祭葬者，如太祖第七子齐王朱榑、第八子潭王朱梓、第十九子谷王朱橞，成祖次子汉王朱高煦等，表中不列；未受封而殇、未得以王礼葬者不列，如太祖第二十六子朱楠、英宗第三子朱见湜等；曾受封但归葬北京者已记述于前，不重复列出。

第三，“王位传袭情况”一栏中“废王”是指废旧王而另立新王者，本身被废而得复立者、废藩除国之末代王不计入“废王”中；各藩末代王，不论结局如何，皆按正常袭封者统计；“世子”或“世孙”指的是本身终于世子、世孙之位且未有追封亲王之号者；“墓地”一栏所记为始封王墓之所在（如周定王）或该藩的集中墓葬地（如韩藩）。

第四，表中涉及南明时期的情况比较复杂，南明诸帝和藩王的事迹，史籍所载不一，但普遍未能如制建造王陵或对应身份等级的墓葬，因与本书关系不大，故略而不计。唯桂王一支情况特殊，须做扼要说明：明神宗第七子桂端王朱常瀛，天启七年（1627年）出藩衡州（今湖南衡阳），崇祯十六年（1643年）因张献忠陷衡州而南逃避乱，后寄居苍梧（今广西梧州），卒于次年十一月，以王礼葬于梧州。其世子早夭，嫡三子朱由楥，原封安仁王，受隆武帝命嗣封桂王，隆武二年（1646年）卒于苍梧，无嗣。朱常瀛第四子朱由榔原封永明王，以序嗣立为桂王。不久，隆武帝败亡，朱由榔被拥戴即位于肇庆，是为南明永历帝。永历十五年（清顺治十八年，1661年）十二月，永历帝被缅甸王执献于吴三桂军前，次年（清康熙元年）四月十五日和皇太

① 刘毅：《〈明史·诸王传〉补正》，《南开学报》1997年第2期；刘毅：《明清皇室》，第二章，紫禁城出版社1997年版。

子慈烜等人同被缢杀于昆明，温睿临《南疆逸史》谓“丛葬于云南郡城北门外”①，但具体墓址已经失考（图1-3）。

图1-3　云南昆明篦子坡明永历帝殉国处

根据这份表格，可知明朝自太祖至神宗总共有37位皇子先后开府京外，其中31位皆曾传之子孙，加上后裔袭封诸王，明朝在藩亲王前后共有264位。在这264位亲王中，除去各府的袭封末代王（他们或因过被废黜而葬以庶人之礼，或被李自成、张献

① 清·温睿临：《南疆逸史》纪略卷五，“永明王下”，影印清道光刊本，成文出版社1968年版，第307页。又，萧一山：《清代通史》卷上，第三篇第十七章，吴三桂“得撤藩诏时，谕其属，将行，须谒永历陵。……至日，各具汉官威仪，集陵下。三桂易方巾，素服，酹酒山呼，再拜恸哭，伏地不能起”。影印台湾商务印书馆1980年第五版，中华书局1986年版，第455页。上述两说均可证永历帝葬在昆明附近。另说谓吴三桂弑杀永历帝后，焚尸弃灰，“吴三桂缢杀永历及其子于昆明。爱星阿等议送永历京师，三桂奏以道远不便，请就云南处分。旨下，爱星阿问当如何？三桂曰‘骈首’。爱星阿曰：‘如此未免太惨。’三桂以上命对。时卓罗在坐，厉声曰：‘彼亦曾为君，全其首领可也，此事我自当之。’三桂色赧，乃遣固山扬珅、章京夏国相等缢永历及其子于篦子坡，焚其尸，扬之。家属送京”（清·范承勋、张毓碧修，谢俨纂：《云南府志》卷五，“沿革”，清康熙三十五年刊本，页四十二）。此外还有“焚尸取灰，分赐诸将”等说，因相传永历帝部分遗骸葬于贵州都匀市郊大坪镇，见李居一：《都匀发现南明永历帝遗骸墓》，《中国文物报》1996年11月17日第1版。

忠以及清廷所掳杀，均未得以亲王之礼殡葬）和南明颠沛流离诸王共计37位[①]，再减去3位废王，算来明代实际上应该有亲王陵墓224座。另外，各藩府还共有39位追封亲王和15位世子、世孙，按道理也应该按亲王或相应的身份规制修建或增饰补修园寝。因此，理论上明代两京以外应该有亲王等级的陵墓接近280座。

二、明代王墓的营造

明代由朝廷负责各地藩王及宗室成员的祭葬，一般来说，大都是在其身故之后才遣官修墓，而且通常是先从墓室等最紧要的部分做起，这些内容在明历朝《实录》里不乏记载，也有些见于地方志。如洪武二十三年（1390年）四月，“武定侯郭英奏：鲁王坟茔成。惟享堂、周垣未备，请筑之”。明太祖以其夺农时而“遂止之”[②]。类似这种暂停未完的工程有时拖的时间很长，如秦愍王朱樉薨于洪武二十八年（1395年），其享堂直到永乐八年（1410年）才仿晋恭王之制修建。又如伊厉王朱㰘薨于永乐十二年（1414年），宣德元年（1426年）四月，伊王颙炔奏“父厉王坟园享堂未建”[③]，前后也是过了10多年。有时亲王在世而营造陵墓是与王妃先故有关，如宣德九年（1434年）二月，“鲁王肇煇奏：‘今造坟及享堂，请免护卫军士运粮屯田者以助役。’从之”[④]。此次工役是因为2个月前即宣德八年十二月鲁王妃严氏薨逝。这时虽然还没有强令推行王与王妃合葬，但鲁藩亲王与王妃墓位通常相距很近，鲁靖王朱肇煇（薨于成化二年，1466年）的园寝在邹县城东北云山阳坡，因严妃之卒而建的园寝，实际也是鲁靖王的寿域。

从明历朝《实录》来看，各藩王生前营造寿墓的例证并不多，宁献王朱权是其中一例。正统三年（1438年）二月，“宁王权请豫造坟茔，上许其请，命江西三司经

---

① 崇祯十七年（1644年）以前数年被杀诸王，如鲁王朱以派、唐王朱聿镆、福王朱常洵等人应当仍然是按照亲王之礼下葬，故不计入未建王陵诸王中。其中福王墓志于1924年在河南孟津被盗出土，内有“讣闻，上辍朝三日，特遣戚监科诸臣诣府察勘，予祭葬从优，一切丧礼视诸藩倍厚，赐谥曰忠。更为之立庙，建坊赐额，以表其烈，竖碑以纪其事。东宫及在京文武官皆为致祭，以崇祯十六年正月初八日葬于邙山之原”等语，可知福王常洵虽被虐杀，但最终能够祭葬如制。墓志全文见李献奇等：《明福王朱常洵圹志》，《中原文物》1987年第3期。

② 明·胡广等：《明太祖实录》卷二〇一，洪武二十三年四月庚子，校印本《明实录》，第5册，第3008页。

③ 明·张辅等：《明宣宗实录》卷一六，宣德元年四月辛未，校印本《明实录》，第10册，第427页。

④ 明·张辅等：《明宣宗实录》卷一〇八，宣德九年月甲子，校印本《明实录》，第12册，第2426页。

营之”[①]。宁献王薨于造墓十年后的正统十三年（1448年）九月十五日，据其墓中出土圹志记载，朱权“豫营坟园于其国西山之原。比薨，以正统拾肆年贰月贰拾壹日葬焉”[②]。襄宪王朱瞻墡薨于成化十四年（1478年），其墓址在景泰中就已经预先选定。景泰四年（1453年）四月，“先是，襄王瞻墡欲营寿藏于封内五朵山，奏乞听其预载松柏，令军余看守，待四方宁谧之时修造，户部请移文勘实。至是，湖广都、布、按三司官覆奏：此山与军民田土俱无相干。诏从王所请”[③]。后来天顺元年（1457年）襄王瞻墡第一次入朝时，英宗乃“命有司为王营寿藏”[④]（图1-4）。但有明一代，更多的亲王预造寿茔之请被皇帝直接驳回，如正统十一年（1446年）八月，“岷王楩奏：欲预造生坟，乞工匠、物料。上以湖广累遭旱涝，百姓艰窘，不允”[⑤]。又如嘉靖七年

图1-4　明襄宪王陵园宫门遗迹

① 明·孙继宗等：《明英宗实录》卷三九，正统三年二月己未，校印本《明实录》，第14册，第751页。

② 陈文华：《江西新建明朱权墓发掘》，《考古》1962年第4期。

③ 明·孙继宗等：《明英宗实录》卷二二八，《废帝郕戾王附录》第四十六，景泰四年四月丙申，校印本《明实录》，第19册，第4979—4980页。

④ 清·张廷玉等：《明史》卷一一九，《诸王传·襄宪王瞻墡》，标点本，第12册，第3629页。

⑤ 明·孙继宗等：《明英宗实录》卷一四四，正统十一年八月戊午，校印本《明实录》，第16册，第2845页。

（1528年）闰十月，“衡王祐楎奏求预择葬地。礼部覆：无故事，报罢”[①]。宁、襄等成案具在，对于礼部或工部官员而言，所谓“无故事”之说，不过是为了节省人力物力的借口罢了。

在制度层面上，明代王墓的修造通常是由朝廷委派工部等衙门的中低级官员主持，但实际工作大多是王府所在布政司或州府等地方官员的兼差，有时王府官员也参与其间。明弘治修《黄州府志》对于荆府造坟官员记载甚详：“蕲州：荆宪王陵墓，在安平下乡策山，去州北七十里，景泰五年（1454年）主事李福督造。荆靖王陵墓，在安平上乡大泉山，去州东一十里，天顺五年（1461年）主事周正督造。都昌王长子墓，在安平上乡大泉山，去州东一十五里，成化七年（1471年）本州同知周仁广督造。都昌惠靖王陵墓，在安平上乡大泉山，去州东一十五里，成化十六年（1480年）进士郭秩督造。广济县：都梁惠悼王陵墓，在县灵泉西乡迎山西，去州十里。成化十四年（1478年）办事官扬华督工修造。”[②]为保证工程质量，荆宪王造坟时其世子甚至亲往督视，景泰五年四月，“荆世子祁镐奏：‘欲亲往蕲州看视盖造父坟，庶尽人子之心。’从之”[③]。有些官员对于所负责的王墓工程颇为尽心，据“明张龟穀修撰《王妃尚氏墓纪》：正德丁丑秋，徽王妃尚氏薨。讣闻诸上，上为哀悼。既谕祭，乃敕工部修其墓。于时司务刘志实承命督役事。比至，王乃遣承奉王礼偕焉，度地若干亩，鸠工聚材，功命日乃事事，又明年落成。筑重垣若干堵，门三间，甃以砖石，计经久也。仪门如门数焉，覆以琉璃，壮观也。香殿五楹，奠厥中，阔七丈，深半之，亦如仪门之覆焉。廉陛槛级，森然有条，东西序十楹，翼如也。其他习仪有所，宰牲有堂，碑刻有楼，盖表里乎！南门开也坊□□□崇□□，旁适当神道，后先掩映，金辉碧煌。盘盘□□□□□□□也已。既而，王乃遣官加币命□记之，用昭后□□□□□不文辞，乃辞币而记之。按，墓去郡西九十里许，左襟琥珀岭，右带保安山，后枕摘星，前凭马鞍，中名石峡峪者，墓之所在也。远眺则蜣蟥扶舆，磅礴而郁积，所谓中州清淑之气于是焉穷者，墓之葱佳也。即之则回围碧护，万木云翠，若俯若迓，若剑若戟；其下涧清流□，映带左右，听之淙淙然，若琴若瑟，墓之形

① 明·徐阶等：《明世宗实录》卷九四，嘉靖七年闰十月甲申，校印本《明实录》，第40册，第2190页。

② 明·卢希哲纂修：《黄州府志》卷二，“陵墓”，《天一阁藏明代方志丛刊》影印弘治十三年刻本，第81—82页。

③ 明·孙继宗等：《明英宗实录》卷二四〇《废帝郕戾王附录》第五十八，景泰五年四月丙申，校印本《明实录》，第19册，第5232页。

胜也”[①]。朝廷官员奉钦命督修王墓理应尽心尽力，地方官守土有责，处理好与王府的关系也是一种自处之道。但也有一些官员对于王墓营造之差敷衍了事，如成化七年（1471年）四月，进士李浚即被代府宣宁靖庄王长子朱仕瀛怒而状告：“靖庄王薨，蒙朝廷遣进士李浚造坟，不择风土时月，督并造完，未经数月俱各倒塌，乞再行修理。”“上怒浚不用心，虚费工料，命法司治其罪，仍命工部亟差人修葺之。”[②]据明朝列帝《实录》记载，亲王或王妃、郡王等薨逝，朝廷例皆遣官赐祭葬，但在各种地方志中真正由朝廷委派礼部、工部等中央官吏直接督造王墓的事例并不多，或许如前揭《禹县志》所载，实际主其事的是各王府官员，这也是各地王墓面貌差异很大的一个主要成因。

各府造坟的地点，按规则通常都卜选在封地附近。明代早期有个别亲王或王妃一方在出藩前先卒因而葬于南京者，既赴藩封，后殁者往往不得合葬。如前述韩宪王朱松永乐五年（1407年）葬于南京安德门外向山，景泰二年（1451年）二月，其妃冯氏薨于封国平凉，嗣韩王徵钋（惠王）奏：“臣曾祖考韩宪王坟园，见在南京向山之原。今曾祖母妃冯氏薨，乞量赐人力送彼附葬，且免西土军民造坟之扰。”“帝以路远人难，命蹔［暂］于彼处安厝，俟边境宁靖、丰稔之年再议。”[③]但嗣后再无下文。类似之例亦见于岷府。明太祖第十八子朱楩，洪武二十四年（1391年）封岷王，洪武二十八年（1395年）以云南地方新定，遂改封于云南（今云南昆明）。建文时朱楩因过被废为庶人，成祖即位后复其王爵。朱楩在封地沉湎酒色，擅自收缴地方官员印信，无故杀害吏民，皇帝终念其在建文中久被幽禁，只是削护卫、罢官属以示惩戒。仁宗即位，令其徙居武冈州（今湖南武冈），并且指令寄居州治，不给如制建王府。其妃袁氏先卒而葬于南京，正统六年（1441年）十一月，明英宗“书复岷王楩曰：承喻：故妃袁氏坟墓在南京太平门外蒋山下，府中欲岁时遣人往祭，于礼为宜。专此以复”[④]。景泰元年（1450年）三月，朱楩死，景泰帝虽然如例“遣官谕祭、命有司营葬”，但却坚决不准其舍武冈异地而葬。景泰二年（1451年）五月，“镇南王徽煣奏：‘父岷王薨逝，蒙遣官营葬，然所择山地，实苗贼出没之处，乞赐葬于腹里

① 车云修，王棽林纂：《禹县志》，卷三，“山志”，《中国地方志丛书》影印民国二十年刻本，台北成文出版社有限公司1976年版，第330页。

② 明·刘吉等：《明宪宗实录》卷九〇，成化七年夏四月癸卯，校印本《明实录》，第24册，第1752页。

③ 明·孙继宗等：《明英宗实录》卷二〇一《废帝郕戾王附录》第十九，景泰二年二月戊子，校印本《明实录》，第18册，第4301页。

④ 明·孙继宗等：《明英宗实录》卷八五，正统六年十一月己酉，校印本《明实录》，第15册，第1707页。

郡邑，或旧封云南故地。’诏就本地安葬”[①]。后来，朱徽煣嗣立为岷王（恭王），多次以父母墓之祭扫、奉守为言，希冀引起皇帝关注，景泰三年（1452年）十二月，“岷王徽煣奏：‘父岷庄王葬城外东山之原，臣自袭爵以来，未尝躬诣祭扫，虽遣人代祭，中心歉然。请于岁时节日，亲临祭扫，以殚追慕之诚。’从之”[②]。景泰六年（1455年）十月，“岷王徽煣奏：‘母坟在南京，岁久享堂墙垣倾圮，乞守以内使一人。’从之”[③]。天顺七年（1463年）四月，朱徽煣索性请求自己身后不葬武冈，“岷王徽煣言：‘臣年老疾多，不久于世。没后必蒙皇上闵念，命有司营葬。然武冈水土浅薄，乞于衡州或长沙赐地，令有司预为之。’上以无例，不允”[④]。此后，岷藩诸王因例皆即武冈而葬。

各地王墓修成以后，都会有自然损耗甚至人为破坏的现象，其中人为对于王墓的局部破坏至少在明代中期就已经零星出现。天顺三年（1459年）十月，“代王仕壥奏：景泰元年（1450年）盗发祖妣徐氏坟，又盗山阴王、怀仁王、昌化王府中财，当时边事方殷，道阻未及奏闻。今盗又发乡宁郡主坟，破其棺、弃其尸，窃金银器”[⑤]。成化二十二年（1486年）七月，“河南诸王坟多被盗发。至是，复发平乡荣顺王坟”[⑥]。这些盗掘有不少是因为边患、民变所致，但也有些是守陵人监守自盗，如晋藩永和郡王朱济烺（晋恭王第六子），“令总旗贾旺守母妃坟，旺数有侵盗”[⑦]。《大明律》中对于盗墓行为设有严刑：“凡发掘坟冢见棺椁者，杖一百，流三千里。已开棺椁见尸者，绞。发而未至棺椁者，杖一百，徒三年（招魂而葬亦是）。若冢先穿陷及未殡埋而盗尸柩者，杖九十，徒二年半；开棺椁见尸者，亦绞。其盗取器物砖石者，计赃准凡盗论，免刺。”并且特别规定：“凡发掘王府将军、夫人、郡主、县主

---

① 明·孙继宗等：《明英宗实录》卷二〇四《废帝郕戾王附录》第二十二，景泰二年五月戊申，校印本《明实录》，第18册，第4363页。

② 明·孙继宗等：《明英宗实录》卷二二四《废帝郕戾王附录》第四十二，景泰三年十二月戊戌，校印本《明实录》，第19册，第4865页。

③ 明·孙继宗等：《明英宗实录》卷二五九《废帝郕戾王附录》第七十七，景泰六年十月丙辰，校印本《明实录》，第20册，第5556页。

④ 明·孙继宗等：《明英宗实录》卷三五一，天顺七年四月丁丑，校印本《明实录》，第21册，第7053页。

⑤ 明·孙继宗等：《明英宗实录》卷三〇八，天顺三年十月己酉，校印本《明实录》，第21册，第6488页。

⑥ 明·刘吉等：《明宪宗实录》卷二八〇，成化二十二年七月甲辰，校印本《明实录》，第27册，第4727页。

⑦ 明·孙继宗等：《明英宗实录》卷八一，正统六年七月乙未，校印本《明实录》，第15册，第1613页。

及历代帝王名臣先贤坟冢，开棺为从及发见棺椁者，不分首从，俱发边卫；发而未至棺椁，为首者发附近各充军。”[①]但在具体操作中，官府对于这些盗掘本朝皇族墓葬的行为有时也是束手无策，弘治十七年（1504年）闰四月，“盗发唐府新野悼怀王墓。唐王因言：近年以来，新城王母妃，河南、上蔡二郡主，及承休王长子等坟墓数见发掘，终不得盗”[②]。

随着宗藩人口的不断增多，明朝中期以后王墓营造成为中央政府的严重经济负担，因此朝廷对于各王府重修先王坟茔的请求基本都予以拒绝，即使非其自身原因造成的损毁也不例外。成化十三年（1477年）三月，“代王成鍊奏：曾祖简王坟于正统十四年被虏烧毁，今二十余年，未能修造。已鸠合郡王已下出银买木，乞于附近军卫、有司量拨工匠人夫。事下工部议，以为大同极边，难于差拨，宜从王府自行佣工修造。从之”[③]。这是代惠王组织本藩各府郡王自行筹资，准备重建28年前被蒙古也先部烧毁的代简王墓，只是请求朝廷酌情调拨军士、人夫支援，但依然不准。成化十八年（1482年）二月，“荆府都昌惠靖王妃沈氏卒，启攒合葬，穴中有蚁。荆王为奏乞迁葬，工部言无重造坟茔例，宜令自备工料，易地迁葬。从之”[④]。此后，王府自备工料修缮祖坟成为常制。同在成化十八年，朝廷明文规定：“王府擅奏重修坟茔者，先将辅导官参奏。”[⑤]同年，又限定王府造坟工价：“亲王坟价三千八百两，郡王并妃三百五十两。”[⑥]成化二十一年（1485年）三月，“工部言：荆王见潚奏祖荆宪王（薨于景泰四年，1453年）坟茔被水冲塌，开圹修理，而棺为蚁蛀，已换易新棺，奏请遣阴阳人自择地迁葬。今祖母周氏薨，又乞如近例，造坟合葬。缘王先奏迁祖坟，已准自备工料，今止宜差官择地，行令所司造故妃周氏穴圹，合葬。从之”[⑦]。这一事关荆府迁葬的奏请表明，在成化时王府因外力破坏而请求重修先茔或迁葬，自备工料已成

① 明·刘惟谦等：《大明律》卷十八，《刑律·盗贼·发冢》，影印北京图书馆藏明嘉靖范永銮刻本，见《续修四库全书》，上海古籍出版社1995年版，第862册，第552、553页。

② 明·刘健等：《明孝宗实录》卷二一一，弘治十七年闰四月辛酉，校印本《明实录》，第32册，第3928页。

③ 明·刘吉等：《明宪宗实录》卷一六四，成化十三年三月戊辰，校印本《明实录》，第25册，第2978—2979页。

④ 明·刘吉等：《明宪宗实录》卷二二四，成化十八年二月丁巳，校印本《明实录》，第26册，第3852页。

⑤ 明·申时行等：《大明会典》卷二〇三，《工部·王府坟茔》，影印本第5册，第2731页。

⑥ 明·朱勤美：《王国典礼》卷六，《丧礼附谕祭、坟茔》，影印北京图书馆藏明万历四十三年周府刻、天启增修本，见《续修四库全书》，上海古籍出版社1995年版，第824册，第446页。

⑦ 明·刘吉等：《明宪宗实录》卷二六三，成化二十一年三月丁未，校印本《明实录》，第27册，第4468页。

为定例，各王府也已不得不承认这一事实。荆府为宪王另择墓地之际，恰逢其妃周氏身故，遂依制与周妃合葬，但朝廷只负担周妃墓穴部分的营造，宪王合葬的工料仍由荆府自筹，这几乎已经到了斤斤计较的地步。

明朝那些因过被废或畏罪自裁的藩王和宗室成员，普遍葬不如礼。明朝第一位自尽的皇子是“聪敏好学、善属文”的潭王朱梓，事在洪武二十三年（1390年）四月，“其妃于氏家坐事，王不自安。上遣使慰谕，且召之。王不谕旨，即与妃自焚死。无子，国除”①。明太祖对于朱梓自焚既没再做追究，也没给予例行的赐谥祭葬，但从一年后的相关处理来看，他对于这个敢于以自戕相抗争的儿子似乎也没有太强烈的敌意。洪武二十四年（1391年）四月，“湖广布政使司奏：故潭王府宫门栋宇损坏。上命工部遣官阅视，撤之。唯宗庙、社稷及斋房，有损漏者修葺之”②。从后来的一些记载来分析，潭王应该有一定规模的坟园，180余年后的万历二年（1574年）礼部曾建议“地方量与修葺（潭王）坟墓，仍置人防守”③。这种自焚而死者，事后不一定都能够收到残骸或者无人敢收葬，如建文元年（1399年）四月，湘王朱柏阖宫自焚，明成祖即位后虽为其改谥、立碑，但也只能修建衣冠冢。

同样是死于火，明成祖次子汉王朱高煦的末路至为惨烈。宣德元年（1426年）八月，朱高煦揭旗反于乐安（今山东惠民），明宣宗随即御驾亲征，毫无悬念地大获全胜。高煦父子被押解到北京，废为庶人，囚禁于西内，号“逍遥城”。据宫廷宦官透露，宣德四年（1429年），“一日，宣庙欲往观，左右止之，不听。及至，熟视久之，庶人出其不意，伸一足勾上扑地，左右急扶起，久而神思乃宁，始自悔。亟命壮士舁铜缸至，覆之。缸约重三百斤，犹觉顶负而动，积炭缸上如山。然炭逾时，火炽铜熔，庶人亦不知其处矣”④。此后，宗室犯恶逆罪至死者，通常都是死后“焚而弃之”。正德十四年（1519年），嗣宁王朱宸濠兴师谋反，初起军威甚壮，但仅43天，即被汀赣巡抚佥都御史王守仁等平定。正德十五年（1520年），朱宸濠被“亲征”的明武宗由南京带回北京，同年十二月在通州赐自尽，“仍焚弃其尸”⑤，从乱的郡王等

① 明·胡广等：《明太祖实录》卷二〇一，洪武二十三年四月丙申，校印本《明实录》，第5册，第3007页。

② 明·胡广等：《明太祖实录》卷二〇八，洪武二十四年四月癸未，校印本《明实录》，第5册，第3102页。

③ 明·顾秉谦等：《明神宗实录》卷二二，万历二年二月丁巳，校印本《明实录》，第51册，第584页。

④ 明·陆容：《菽园杂记》卷九，点校本，中华书局1985年版，第115页。

⑤ 明·费宏等：《明武宗实录》卷一九四，正德十五年十二月己丑，校印本《明实录》，第37册，第3633页。

人被依例处决。宸濠妃娄氏在其起兵前曾屡次劝诫，不听，兵败时“赴水死”[①]。“娄妃墓在新建德胜门外，新建、上饶两县漕仓盈字廒下”[②]，至清代仍在。嘉靖二十四年（1545年）正月，楚世子朱英燿弑杀其父愍王显榕，当年九月罪恶勘实，被“斩之于市，焚弃其尸，不许收葬”[③]。除情况特殊的宁藩娄妃外，明代其他谋反诸王及其近亲属皆不能依原封爵之礼而葬，甚至连葬身之地都没有，这与西汉谋反诸王的饰终之典相比乃云泥之别。

皇族中那些虽然有过恶、但罪不至死者，大多是在凤阳或同省最大藩府（其始封一般都是太祖诸子）所在的州府等地囚禁终生，其身后事一般缺载。按常理推断，他们死后应该就近葬于凤阳或其他囚禁地，而且是普通的墓葬，谈不到制度规范。其中有些人得以归葬故封，但要经过皇帝钦准，这种情况通常见诸文献记载。如嗣辽王朱宪㸅，隆庆二年（1568年）被废为庶人，圈禁凤阳高墙。据乾隆《江陵县志》记载：明历代辽王“墓俱在八岭山。……辽庶人宪㸅墓，未详所在。万历二年，国除，谪死凤阳。后以庶人母妃请，葬于荆”[④]。嗣伊王朱典楧，嘉靖四十三年（1564年）被废为庶人，安置于周王驻守的开封。万历十七年（1589年）十二月朱典楧死于囚室，经其侄奏请，明神宗恩准，得以还葬洛阳故国。“伊庶人典楧卒于高墙。妻方氏卒于途，其子安乐王褒𤈞奉铃束，卒于周邸。万安王褒炝言其两世三丧，乞赐归葬，许之。”[⑤]辽、伊二废王虽得以归葬故封地，但应该都是庶人葬制。死于禁所未经皇帝恩准而擅自归葬者，要冒犯禁的风险。代藩宗室朱仕堹，“坐罪幽凤阳，病死。（其子）成鉷微服走凤阳视丧，上疏自劾越禁，乞负父骨归葬泽州，即不得，愿为庶人，止墓侧，岁时省视。诏许归葬”[⑥]。

① 明·费宏等：《明武宗实录》卷一七六，正德十四年七月丁巳，校印本《明实录》，第37册，第3436页。

② 清·谢旻等监修：《江西通志》卷一一〇，“邱墓”，影印文渊阁《四库全书》本，台湾商务印书馆1984年版，第516册，第627页。

③ 明·徐阶等：《明世宗实录》卷三〇三，嘉靖二十四年九月丁丑，校印本《明实录》，第45册，第5749页。

④ 清·崔龙见等修，黄义尊纂：《江陵县志》卷二十六，“冢墓”，国家图书馆藏清乾隆五十九年尊经阁刻本，第6页。

⑤ 明·顾秉谦等：《明神宗实录》卷二一八，万历十七年十二月丙申，校印本《明实录》，第56册，第4089页。

⑥ 清·张廷玉等：《明史》卷一一七，《诸王传·代简王桂》，标点本，第12册，第3584页。

三、明代王墓的祭祀

明代王墓的祭祀，按其所在地的不同而分为两种管理形式，其在京师者，由朝廷负责；在藩封者，由各王府自行奉祭。

明初皇子葬于南京者，有太祖之子懿文皇太子朱标、韩宪王朱松、赵王朱杞、未封第二十六子朱楠，成祖未封第四子朱高爔。懿文皇太子墓俗称“东陵”，由于特殊的历史背景而祭祀如皇陵之制，已详述于前节。韩宪王之子后来出藩平凉府，其子孙因而皆葬于平凉，韩宪王之墓则由韩府仪宾奉守，并有南京衙门照料，“南京韩宪王、张顺妃、李丽妃坟咸以时祀，牲醴庶馐各有差”[①]。其余幼殇诸皇子均无祭享。

迁都北京以后得到朝廷封谥的夭殇皇子，其园寝每年例有数次祭享；从成化八年（1472年）开始，曾经出藩但无嗣而终的成年皇子及其王妃等人亦归葬北京皇子墓区，其坟园也由朝廷一体祭祀。《大明会典》记载万历十五年（1587年）以前的受祭者和祭祀规格分别为：“怀献世子、悼恭太子俱葬金山；哀冲太子、庄敬太子初俱葬金山，后迁袄儿峪，祔其母妃墓旁；宪怀太子葬金山，俱祭以牲醴，遣内官行礼，惟悼恭用素羞，哀冲、庄敬遣皇亲行礼。蕲献王，越靖王、贞惠妃吴氏，滕怀王，卫恭王、贞烈妃杨氏，许悼王，秀怀王、妃黄氏，忻穆王，歧惠王、妃王氏，雍靖王、妃吴氏，寿定王、妃徐氏、继妃吴氏，汝安王、妃李氏、次妃晋氏，泾简王、妃曹氏，申懿王、妃项氏，蔚悼王，景恭王，颍殇王，戚怀王，蓟哀王，均思王，靖悼王；惟蕲、滕二王葬绵山，雍、申二王葬兰山，余俱葬金山，祭以牲醴，遣内官行礼。”[②]各园寝的具体祭祀日期缺载，如随皇陵之例，则每年至少有春秋两祭，嘉靖以后确定日期为清明和霜降。

明太祖即位后追封伯叔、诸兄等皆为王。前者包括“十王：本朝寿春、霍丘、安丰、蒙城、下蔡、六安、宝应、来安、都梁、英山也。四妃：寿春王妃刘氏、霍丘王妃翟氏、安丰王妃赵氏、蒙城王妃田氏也。洪武间修建祠祭署，世掌祀事”[③]。而太祖诸兄侄，“南昌王、妃王氏，盱眙王、妃唐氏，临淮王、妃刘氏；山阳王（南昌王之

---

① 明·劳堪：《宪章类编》卷三，“西山陵坟”，《北京图书馆古籍珍善本丛刊》影印万历六年自刻本，书目文献出版社1988年版，第46册，第482页。

② 明·申时行等：《大明会典》卷九〇，《礼部·陵坟等祀》，影印本，第3册，第1424—1425页。

③ 明·李贤：《大明一统志》卷七，第16页，“中都·陵墓·十王四妃坟”，杨氏海源阁旧藏本。按，此本现藏日本东京大学东洋文化研究所，目录中有“兴都”“承天府”等字样，明显晚于李贤等奏进此书的天顺五年，但正文中并没有相应内容，或系据其他版本后加。杨氏海源阁本总体上优于文渊阁《四库全书》本，本书所引《大明一统志》多用此本。

子）、招信王（盱眙王之子），以上坟附葬凤阳皇陵。有司岁时祭祀，皆与享”[①]，实际上是祔祭于凤阳明太祖父母的皇陵。

散建于各地的藩王墓，数量远多于前述三地集中墓葬区，“其分封诸王葬于本封之国者，其子孙自主祭祀”，《大明会典》“不见列”[②]；《宗藩条例》《王国典礼》《礼部志稿》等其他内容相近的典籍所载也大多语焉不详。明代对宗藩成员的丧祭按等级有比较明确的规定：“亲王丧，辍朝三日。礼部奏遣官掌行丧葬礼，翰林院撰祭文、谥册文、圹志文，工部造铭旌，遣官造坟，钦天监官卜葬，国子监监生八名报讣各王府。御祭一，皇太后、皇后、东宫各一，在京文武官各一。自初丧至除服，御祭凡十三坛，封内文武祭一。其服制，王妃、世子、众子，及郡王、郡主，下至宫人，斩衰三年，封内文武官齐衰三日，哭临五日而除。在城军民素服五日。郡王众子、郡君，为兄及伯叔父齐衰期年，郡王妃小功。凡亲王妃丧，御祭一坛，皇太后、中宫、东宫、公主各祭一坛；布政司委官开圹合葬。继妃、次妃祭礼同，其夫人则止御祭一；俱造圹祔葬。郡王丧，辍朝一日。行人司遣官掌行丧葬礼，余多与亲王同，无皇太后、皇后祭。郡王妃与亲王妃同，无公主祭。合葬郡王继妃、次妃丧礼，俱与正妃同。凡世子丧，御祭一，东宫祭一，遇七及百日、下葬、期年、除服，御祭各一。凡世孙丧礼，如世子，减七七及大祥祭。凡镇国将军，止闻丧、百日、下葬三祭，奉国将军以下，御祭一。”[③]三年丧期之后亲王陵墓的祭祀情况在《大明会典》中没有详细规定，但英宗早期有一个可参照的个案。正统元年（1436年）五月，因韩府襄陵王朱冲炢曾奏“安惠王坟园守坟典仗王隆，遇清明节本府祭毕，私敛校尉银钞，重办祭祀”事，皇帝命礼部讨论祭祀礼仪和祭品，由官家出钱备办。礼部因而奏上安王墓园奉祀之例：“每岁六祭，每祭羊豕各一，香四两、烛十二对，帛一束，果五品、酒二瓶，永为定例。”[④]这虽然只是针对安惠王园寝的处理意见，但估计和当时各王府通行的陵园祭祀之制相同或相差不多；明代后期各藩王墓每年的祭祀次数可能有所减少。

各藩王陵园日常的奉守者应该是王府校尉、太监等人，有时人员不敷用还会从郡王府抽调。正统十二年（1447年）九月，“（代藩）山阴王逊煁奏：‘父代简王坟园

---

① 明·申时行等：《大明会典》卷九〇，《礼部·国初追封诸王坟》，影印本，第3册，第1431页。

② 明·申时行等：《大明会典》卷九〇，《礼部·国初追封诸王坟》，影印本，第3册，第1431页。

③ 清·张廷玉等：《明史》卷五九，《礼志十三·凶礼二·诸王及妃公主丧葬诸仪》，标点本，第5册，第1467页。

④ 明·孙继宗等：《明英宗实录》卷一七，正统元年五月丁丑，校印本《明实录》，第13册，第333页。

缺人奉祀，欲令本府内使二人看守。’从之”[①]。一些犯有过错的亲王、郡王偶尔也被罚守先王坟园，如晋藩二代亲王朱济熺被其庶弟济熿构陷，于永乐十二年（1414年）与世子朱美圭俱被废为庶人，出守晋恭王园寝；正统四年（1439年），辽藩二代王朱贵烚因“淫秽黩伦、凶暴不法”等过被废为庶人，居守辽简王墓。这种守墓是惩罚性措施，受罚者形同软禁，与王墓正常奉祭无关。明代早期的王墓祭祀有时是由嗣王亲行之，宣德以后，对藩王管控渐严，出城省墓也须请旨，有时还不予批准。成化十四年（1478年）四月，礼部上言：“往岁代王成鍊奏欲率郡王将军出城祭墓，有旨许亲王郡王一行，而王与妃等偕行，已赐敕切责。今王又奏：‘欲于清明、中元每岁二祭，辰出未入，以尽尊祖敬宗之义’。未敢定拟”。得旨：“亲王出城祭墓，祖□初无是典，王何以再三渎奏？！不允。”[②]不惟亲王，郡王多人同出祭墓，往往也不被允许。成化十八年（1482年）三月，赵府“汤阴王祁鏻、洛川王祁鋹、南乐王祁鉷，各奏欲因时序出城祭先茔。礼部以三王兄弟，岂宜同日远出，请止令汤阴王岁一往。制可”[③]。从成化间这两个事例来看，到此时亲王、郡王出城祭祀先王陵墓被批准的概率已不高。此后，嗣王亲临园寝奉祭更日渐减少，嘉靖二十五年（1546年）十月，“韩王融燧请自修先祖韩恭王坟茔，亲诣祭祀一次，以展孝思。许之”[④]；允许出城祭墓似乎成了恩典。

明代早期亲王出藩后虽无继嗣之子亦葬于封地，除前述情况特殊的潭、湘二王外，稍后还有郢靖王、安惠王、梁庄王3例。三王陵墓由原王府官员主持奉祀，后来改由同驻地的后封藩府奉祭。安惠王朱楹，永乐六年（1408年）驻藩平凉，十五年卒。永乐二十二年（1424年）韩恭王（韩府二代亲王）改封于平凉，安惠王坟园此后即由韩府负责祭扫。郢靖王朱栋，永乐六年（1408年）驻藩安陆（今湖北钟祥），十二年无子而薨。宣德四年（1429年），梁庄王朱瞻垍之藩安陆，正统六年（1441年），亦无子而薨。“梁故得郢田宅园湖，后皆赐襄王”[⑤]；二代襄王曾试图插手二王奉祭，被

---

① 明·孙继宗等：《明英宗实录》卷一五八，正统十二年九月戊戌，校印本《明实录》，第16册，第3074页。

② 明·刘吉等：《明宪宗实录》卷一七七，成化十四年四月戊午，校印本《明实录》，第25册，第3201页。

③ 明·刘吉等：《明宪宗实录》卷二二五，成化十八年三月甲申，校印本《明实录》，第26册，第3866页。

④ 明·徐阶等：《明世宗实录》卷三一六，嘉靖二十五年十月壬子，校印本《明实录》，第45册，第5911页。

⑤ 清·张廷玉等：《明史》卷一一九，《列传七·诸王四·梁庄王瞻垍》，标点本，第12册，第3634页。

明宪宗制止。成化二十一年（1485年）九月，“襄王祁镛奏：‘郢、梁二王，宣德、正统间薨逝，无嗣，其寝园唯奉祠及军校等守之。乞命本府长史司带领，庶得以时修其祀事。’上曰：‘二府奉祠及军校，皆祖宗设立，与长史无预，不可从’”①。此后，“睿宗封安陆，尽得郢、梁邸田，供二王祠祀”②。明睿宗即明宪宗第四子兴王祐杬，弘治七年（1494年）之藩安陆，正德十四年（1519年）薨，谥曰献。两年后，其子朱厚熜被迎立为皇帝（明世宗），兴献王后来也被追尊为皇帝，庙号睿宗，安陆亦改名承天府。从嘉靖朝开始，原在承天的郢靖王、梁庄王园寝，以及岳怀王（兴献王殇子）墓，遇祭“则奉祀官行礼”③。因为兴献王继承了郢、梁二府的产业，所以兴府依礼依例奉祭二王；又因为兴献王之子入继大统，兴府无人继承，郢、梁园寝之祭遂成为载在《会典》之例。

韩府负责奉祀安惠王园寝前后颇有曲折。洪熙元年（1425年）九月，韩王冲𤊍奏：“今之国平凉，上有母，下有诸子，比安王眷属稍众，而旧府湫隘，不足容，请增造居室。襄陵、乐平二弟，今居平凉府卫，乞因以为居。”又奏：“府中火者但有十人，不足于用，及请给驿符验，并安王所遣［遗］田地、房屋等物。”明宣宗“命行在工部遣官驰驿往同陕西都司、布政司官相度，府第随宜增造，令襄陵、乐平二王同居平凉府署，有损坏者为修理，令平凉府暂拨民夫一百人于王府供役，先给符验三道，火者俟后遣去。凡安府遗下田地、草场、水磨、房屋诸物，悉与韩府”④。韩府继承了安王的产业，安惠王园寝的奉祀最初是由韩恭王之弟襄陵王朱冲炑负责，因而在其府中保留了亲王乐户和部分校尉。朱冲炑曾亲自督修安王陵园，景泰五年（1454年）八月，“襄宁［陵］王冲炑奏：‘叔安惠王葬于西城三十余里，无子祭扫，虽有守坟人等，苟且怠忽，臣欲亲往修治坟茔，严督祭事，少伸追慕之情。’从之”⑤。此后，安惠王坟园一直由襄陵郡王府主祀，直到100年后的嘉靖三十三年（1554年），时任韩王与襄陵王长孙为安王乐户等事争执不下，皇帝裁决安惠王坟园改由韩王奉祭。《明世宗实录》记其事前因后果甚详：嘉靖三十三年二月癸酉，“诏革韩府襄陵王奉

---

① 明·刘吉等：《明宪宗实录》卷二七〇，成化二十一年九月壬子，校印本《明实录》，第27册，第4555页。

② 清·张廷玉等：《明史》卷一一九，《列传七·诸王四·梁庄王瞻垍》，标点本，第12册，第3634页。

③ 明·申时行等：《大明会典》卷九〇，《礼部·陵坟等祀》，影印本，第3册，第1425页。

④ 明·张辅等：《明宣宗实录》卷九，洪熙元年九月戊午，校印本《明实录》，第10册，第248—249页。

⑤ 明·孙继宗等：《明英宗实录》卷二四四，《废帝郕戾王附录》第六十二，景泰五年八月甲申，校印本《明实录》，第19册，第5296页。

祀安惠王乐户。初，安惠王分封平凉，王薨，无子，国除。韩宪王（引者按，应为宪王之子恭王）徙居平凉，乞以次子（引者按，应为宪王次子、恭王二弟）襄陵庄穆王冲烌奉惠王祀。英庙许之，给守园官校。至冲烌孙安穆王徵钤，复请得供祀乐户。徵钤薨，韩王融燧以乐户非郡王所宜用，议请裁革。上以惠王故，不许。既而徵钤长孙旭橦与韩王相奏讦不已，部议：旗校乐户，本出一时特恩，不可为例。请以校尉附入平凉卫，专司惠园扫除，不得听襄陵王私役；乐工量留十二户，供事余，悉罢革。每岁时惠园祭享，韩王自遣仪宾一员行礼"[①]。至此，无后藩王之坟园在故封国由后继之藩府负责奉祀者仅存安惠王一例，直到明末。万历二年（1574年）二月，礼部议覆吏科左给事中张楚城题请四事，其中有一条："亲王故绝国除，查无附享别府事例，间有嗣封其地者，为之疏请供祀，如平凉安王，安陆梁、郢二王，皆出一时特恩。潭王乃高皇帝之子，分封后坐事自尽国除，今欲附主于岷，既于理未妥，欲比安王等，则坐事自尽之王，岂宜与无罪不幸无子国除者相同？合行地方量与修葺坟墓，仍置人防守。"[②]到万历初年，无后藩王墓在封国而无祭享者，实际只有潭王朱梓一人，但礼部杜绝了可能的仿效，其议为皇帝所采纳。姑且不论潭王死因，朝廷之所以厚待安王，其实还与其在靖难中的立场有关。建文四年（1402年）六月初三，燕师渡江，兵临南京城下。十一日建文帝"复遣谷王橞、安王楹等诣燕庶人营"议和，两天后，谷王橞、曹国公李景隆开金川门纳燕兵，安王楹、兵部尚书茹瑺等"出城迎降"[③]；这些人都曾经颇得新君之心。

明代各王国供奉先人的最正规场所是王国宗庙，其次是陵园，陵园中的主要祭祀场所就是享堂。此外，有些王府还有供奉先人画像的"祠堂"。正统九年（1444年）九月，"广昌王美坚奏：'臣祖晋恭王、父广昌悼平王遗留绘容，未有祠堂，欲如伯父宁化王启建，而物料工匠皆无从出，乞以命有司。'上曰：'山西民力疲敝，岂宜重困，其令王自造之'"[④]。根据这段文字分析，晋府的这种"祠堂"与王国宗庙及民

---

① 明·徐阶等：《明世宗实录》卷四〇七，嘉靖三十三年二月癸酉，校印本《明实录》，第46册，第7106—7107页。

② 明·顾秉谦等：《明神宗实录》卷二二，万历二年二月丁巳，校印本《明实录》，第51册，第583—584页。

③ 清·谈迁：《国榷》卷一二，惠宗建文四年壬午，张宗祥点校本，中华书局1958年版，第836、845页。

④ 明·孙继宗等：《明英宗实录》卷一二一，正统九年九月庚寅，校印本《明实录》，第16册，第2438页。

间家庙不尽相同，和明代以前帝王陵墓上的“寝”可能有些类似。这种建筑和相应的祭祀活动在国家典章中无载，因而广昌王所请被明英宗坚决回绝。

第三节　地方志记载的明代王墓

和明孝陵、十三陵等两京皇陵不同，明代藩王陵墓的保存状况整体上并不好；明代的文献记录保存至今者虽然很多，但除了《明实录》《大明会典》等官书外，关于明代藩王陵墓的直接记载却是量少而零散。值得庆幸的是，因为藩王墓分散于多个省区，明朝中期以来各王府所在地的地方志中，有时会有若干条关于明代王陵的文字，一般在“陵墓”“古迹”“山川”“金石”“艺文”等门类中，其中“陵墓”“古迹”“山川”门类所记多为各藩陵墓的方位、道里、世次等，而“金石”“艺文”门类则著录部分碑文、圹志文和祭谒诗文等。各地方志中关于明代藩王陵墓地理方位的记载，虽然不一定都准确无误（事实上舛错不少），但却是进行田野考古调查的最初资料来源和主要线索，具有重要的史料价值，故而笔者将这些方志中有价值的记载单列一节。在本书后面章节中，除十分必要外，一般不再重复征引本节所录方志的原文；必须引证方志时，尽量择取其他年代、版本者，以存异同。

本节著录相关方志中藩王陵墓资料，遵循以下几条原则。

（1）主要摘录有关藩王墓地理方位的文字，为进行考古调查等工作时按图索骥之用；个别事关陵墓制度、建制沿革者一般也照录，为综合性研究之用；各种碑文、志文、诗文等一概不录。

（2）不同修撰年代的方志，如文字内容相同或基本相同，择其编纂年代最早者录（笔者所能找到的），其他不录。各地府州县志经多次重修，按照明清时期的通例，其中不少内容系照抄自前志，因此，对于修纂年代相近的同一个地方的志书尽量依所述内容择善而从。

（3）在不同年代的地方志中，事项相同而具体内容不同者，如前志繁、后志简，则仅录前志；如前志简、后志繁，则择要兼录。

下面以各藩受封先后为序，著录所在地方志中关于亲、郡王陵墓的有关资料。凡人名等错字均照录，在其后加“［ ］”标出正字；遗漏或谬误以“（ ）”标出；原文缺字或漫漶不清者以“□”标出。

一、秦　藩

秦藩始封为明太祖第二子朱樉，洪武十一年（1378年）出藩陕西西安，洪武二十八年（1395年）薨，谥愍王。按照《明史》中《诸王世表》和《诸王传》的记载，秦府亲王封爵传袭十一世，先后有十四王（不含追封），依次为：愍王樉、隐王尚炳、僖王志堩、怀王志均、康王志𡐤、惠王公锡、简王诚泳、昭王秉欆、定王惟焯、宣王怀埢、靖王敬镕、敬王谊漶、□（谥号缺，据清修《咸宁县志》谥曰肃）王谊漶、末王存枢。但据《咸宁县志》和《西安府志》记载（详下），在肃王和末王之间尚有一王存机嗣位，“崇祯十年（1637年）袭封，薨，谥景王，无子，王弟存极（《明史》“极”作“枢”）崇祯十四年袭封”[①]。因此，秦藩亲王爵共传十一世，前后总计应有十五位亲王（不含追封），其世系如下。

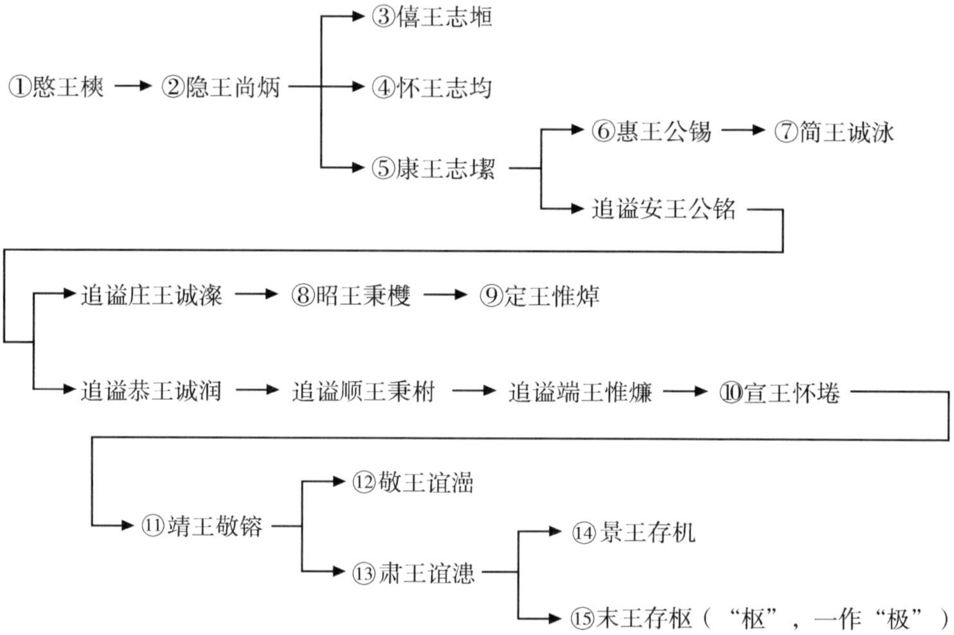

明李贤《大明一统志》：“秦愍王墓、隐王墓、怀工墓、僖工墓，俱在府城南三十里鸿固原。永兴懿简王墓、恭宪王墓，保安怀僖王墓、悼顺王墓，俱在府城南三十里高望原。永寿怀简王墓，在鸿固原。兴平恭靖王墓、宜川庄靖王墓，俱在府城

---

① 清·舒其绅等修，严长明等纂：《西安府志》卷三三，《人物志》，《中国方志丛书》（华北地方·313），影印清乾隆四十四年刊本，台北成文出版社有限公司1970年版，第3册，第1660页。

南三十里凤栖原。以上各王，俱本朝宗室。”①

明何景明《雍大记》：“国朝秦愍王墓、秦隐王墓、秦僖王墓、秦怀王墓，俱在西安府城南三十里鸿固原；秦康王墓，在西安府城南；秦惠王墓，在西安府城南四十里少陵原；秦简王墓，在陕城南三十里鸿固原；秦昭王墓，在陕城南三十里鸿固原。永兴懿简王墓、永兴恭宪王墓，俱在陕城南三十里高望原。保安怀僖王墓，在陕城南三十里高望原；保安悼顺王墓，在陕城南高望原，怀僖王陵园之东。永寿怀简王墓、永寿庄惠王墓，俱在咸宁县鲍陂里。宜川庄靖王墓，在咸宁县三赵里。郃阳惠恭王墓，在陕城南一十五里韦曲原上。汧阳端懿王墓，在陕城南二十里韦曲原上。兴平恭靖王墓、兴平庄惠王墓、兴平安僖王墓，俱在咸宁县凤栖原。”②

清乾隆《西安府志》：“秦愍王朱樉墓，《冯志》：在鸿固原，妃邓氏、王氏祔；又隐王尚炳、僖王志堩、怀王志均、昭王秉欆墓俱在左右。已下咸宁。秦康王志埭［墶］墓，《冯志》：在少陵原，子惠三［王］公锡墓祔。秦简王诚泳墓，《通志》：在韦曲原，定王惟焯墓祔。秦宣王怀埢墓，《通志》：在高望原，靖王敬镕、敬王宜［谊］漶、肃王宜［谊］漶、景王存机墓俱在焉。”“临潼惠简王公铭墓，《通志》：在韦曲原，《贾志》：后以孙昭王进袭，追封秦王，改谥曰安。”③

清嘉庆《咸宁县志》：“明秦愍王樉墓在洪固原上，妃邓氏、烈妃王氏祔；隐王尚炳、妃刘氏、夫人唐氏，僖王志堩，怀王志均，昭王秉欆墓俱在左右。《府志》、《旧志》又有安王、庄王墓。秦康王志埭墓在府城南四十里少陵原，子惠王公锡墓祔（《府志》），惠王妃王氏合祔（《碑记》）。秦简王诚泳墓在韦曲原，定王惟焯墓祔（《通志》）。秦宣王怀埢墓在高望原，靖王敬镕、敬王宜［谊］漶、肃王宜［谊］漶、景王存机墓俱在焉（《通志》）。永兴懿简王尚烈墓、恭宪王志璞［墣］墓并在高望原，昭僖王公铭［鉊］、荣惠王诚澜、庄定王秉榉墓并在乐游原（《旧志》）。保安怀僖王尚煜墓在凤栖原，庄简王公鍊、荣穆王诚演、昭和王、靖和（王）诚渌墓俱在高望原（《旧志》）。兴平恭敬王尚炌、庄惠王志埠［壈］墓俱在凤栖原（《旧志》）。永寿怀简王尚灴墓在洪固原，安惠王志埴、康定王公锭、庄僖王诚淋、恭和王秉欓、荣靖王怀墡、昭宪王敬镛墓并祔，怀顺王墓在慈恩寺北（《旧志》）。宜川庄靖王志埰墓在三兆里，荣顺王公鋺、康僖王诚灌、思裕王秉栎俱祔（《旧志》）。

---

① 明·李贤等：《大明一统志》卷三十二，“陕西布政司·西安府上·陵墓”，杨氏海源阁旧藏本，第24页。

② 明·何景明：《雍大记》卷十三，“考迹”，燕京大学图书馆藏明嘉靖元年刻本，第12—14页。

③ 清·舒其绅等修，严长明等纂：《西安府志》卷六五，《古迹志下·陵墓》，《中国方志丛书》（华北地方·313）影印清乾隆四十四年刊本，台北成文出版社有限公司1970年版，第5册，第3305、3306页。

临潼惠简王公铭墓在北里王村（《采访册》），后以孙昭王进袭，追封秦王，改谥曰安（《通志》）。郃阳恭惠王公堂（引者按，‘堂’为衍字）镗墓在三爻村北（《采访册》）。汧阳端懿王公鐕墓在珍珠原，安裕王诚洌墓在洪固原（《旧志》）。”[①]

民国《咸宁长安两县续志》：“秦康王妃陈氏合祔墓在康王井东村，妃潘氏墓在西村（《墓碑》）；秦藩辅国将军朱秉樾墓在三爻村南（《墓碑》）”；“已上前志不载，今补入”[②]。

二、晋　　藩

晋藩始封为明太祖第三子朱棡，洪武三年（1370年）封晋王，十一年（1378年）就藩太原。洪武三十一年（1798年）三月，朱棡死，谥曰恭王。《明史·诸王传》记载，晋藩传十一世，十王。晋国末代王名求桂，为李自成所执，与秦王存枢同被胁至北京，不知所终。1955年11月，山西榆次发现了朱求桂的墓[③]，从出土墓志得知，晋王朱求桂已先卒于崇祯三年（1630年）十一月，谥裕王。同年八月，其子审烜封晋世子。另据《清世祖实录》记载，顺治元年（1644年）八月壬戌，清“摄政和硕睿亲王赏故明周后父嘉定侯周奎缎百匹、银百两，晋王朱审煊［烜］及妃嫔范氏等银两有差”；九月，“摄政和硕睿亲王赏故明晋王朱审煊［烜］貂褂一领，貂蟒袍一袭”[④]。顺治二年五月，“赐故明晋王朱审烜银一千两，郡王、公主各五百两”，数日后，又“给故明晋王朱审烜家口月粮”[⑤]。《清实录》在顺治元年内将朱审烜之“烜”写作“煊”，属字形相近之误写，二名应系同一人。因此，明晋藩末王并非朱求桂，而应为其子朱审烜。审烜明末袭封，死于清顺治五年（1648年），是年“四月己丑，晋王

---

① 清·高廷法修，陆耀遹等纂：《咸宁县志》卷一四，《陵墓志》，《中国方志丛书》（华北地方·228），影印清嘉庆二十四年修、民国二十五年重印本，台北成文出版社有限公司1969年版，第1册，第695—697页。

② 翁柽修，宋联奎纂：《咸宁长安两县续志》卷一〇，《陵墓考》，《中国方志丛书》（华北地方·229），影印民国二十五年铅印本，台北成文出版社有限公司1969年版，第1册，第458、459页。

③ 郭勇等：《明晋裕王墓的清理工作》，《文物参考资料》1956年第6期。

④ 清·巴泰等：《清世祖实录》卷七，顺治元年八月壬戌；卷八，顺治元年九月戊戌；影印皇史宬等处旧藏清抄本《清实录》，中华书局1985年版，第3册，第76、86页。

⑤ 清·巴泰等：《清世祖实录》卷一六，顺治二年五月己丑、丁酉，影印皇史宬等处旧藏清抄本《清实录》，中华书局1985年版，第3册，第143—145页。

□□、周王绍□、德王□□同遇害”[①]。因此，晋藩王爵实传十二世，共十一王，其世系如下。

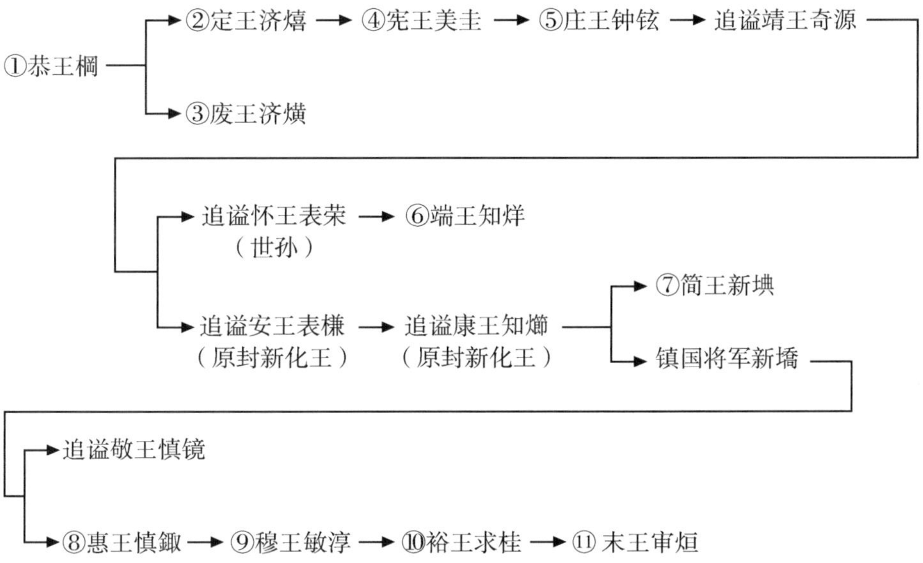

明李贤《大明一统志》：“晋恭王墓，在太原东驼山之阳。恭王，本朝宗室，洪武二［三］十一年葬。”[②]

明成化《山西通志》：“晋宪王墓，在太原府城西北三十里刘庄村，正统六年葬，定王子也。”“晋恭王墓，在太原县东北三十五里驼山之阳，洪武三十一年葬，使［始］封王也。”“晋定王墓，在平阳府城西北三十里田村，宣德十年葬，恭王子也。”“广昌悼平王墓，在太原府城北十二里尹家沟，宣德三年葬，始封王也。宁化懿简王墓，在太原府西北四十五里宇文村，景泰三年葬，始封王也。临泉庄简王墓，在太原府城东南十里狄村，成化六年葬，始封王也。广昌安僖王墓，在太原府东北十里白杨村，天顺五年葬，悼平王子也。宁化僖顺王墓，在太原府城南十五里马庄，成化七年葬，懿简王子也。”“西河靖恭王墓，在平阳府城东二十里，天顺元年葬，始分封王也。”“高平怀简王墓，在襄陵县东三十里，永乐五年葬，始分封王也。”“永和昭定王墓，在汾州北十五里太平村，正统八年葬，庄惠王子也（引者按，应为晋恭王庶六子，始封永和郡王）。庆成恭禧［僖］王墓，在汾州西二十里庆云乡，天顺元年葬，始分封王也（引者按，应为庆成庄惠王之子，非始封）。”“庆

① 清·谈迁：《国榷》卷一〇四，弘光元年附载，张宗祥点校本，中华书局1958年版，第6册，第6217页。

② 明·李贤等：《大明一统志》卷十九，“山西布政司·太原府·陵墓”，杨氏海源阁旧藏本，第18页。

成庄惠王墓，在孝义县南八里陆壁村，宣德五年葬，始分封王也。”①

明嘉靖《太原县志》：“国朝晋恭王陵墓，县东北三十五里许东都驼山之阳，洪武三十一年七月造。”②

清雍正《临汾县志》：“明晋王济熺墓，城西北三十里；晋定王墓（引者按，晋王济熺即晋定王），城西北三十里；交城荣顺王墓，城东二十五里；西河靖恭王墓，城东二十五里。”③

清雍正《平阳府志》：“明晋王济熺墓，府城西北三十里；晋定王墓（引者按，晋王济熺即晋定王），府城西北三十里。交城荣顺王墓，府城东二十五里；西河靖恭王墓，府城东二十里。”④

清乾隆《榆次县志》：“明晋端王墓，在冈头村西南。明晋简王墓，在冈头村西。明晋藩新化恭裕王墓，在苏村西北。《省志》云：‘明端王、简王、敬王墓，并在县北三十里驼山。’今考驼山在太原，榆次无是，省志非。按，明高皇帝第三子棡封晋王，国太原，是为晋恭王。恭王薨，子定王济熺嗣。定王薨，子宪王美圭嗣。宪王薨，庶长子庄王钟铉嗣。庄王薨，世子奇源与源子表荣皆前死，及王薨，以表荣子知祥［烊］嗣，是为端王；恭王五世孙也。端王无子，以再从子新琠［堩］嗣，是为简王。简王薨于万历三年，侄惠王慎鋷嗣。惠王薨，子穆王敏淳嗣。穆王薨，子由桂嗣。自恭王至由桂凡九世，国与明俱亡。其系井然，无裕王者。唯庄王子奇源未立，追谥靖王，靖王庶子表谦［槺］封新化王，谥恭裕，则《续志》所称裕王者是。简王老而无子，以弟新墧子慎镜摄藩事；王薨，慎镜亦死，慎镜弟慎鋷立，追封慎镜敬王。则《省志》所称敬王者是。晋端王妃王氏墓，在冈头村南，原基［墓］冢有三，周围一十有二丈，顶高三丈下一丈五尺。晋端王夫人院氏墓，祔妃墓侧。妃墓表，致仕都御史太原陈鏻撰，夫人墓表，山西按察副使云间陆深撰，二碑并存。”⑤

清乾隆《太原府志》：“明晋宪王、庄王、靖王、怀王墓，胥在县北三十里刘庄。惠王墓，在县北十五里光社村。宁河懿简王墓，在县西四十里宁［宇］文村；广昌悼平王墓，在县北十二里尹家沟；方山庄宪王、临泉庄简王墓，胥在县东南十里狄村；灵邱简静［靖］王墓，在县北二十五里谷旦村；宁河康僖王、安宪王、温简王、荣庄王、恭懿王、定惠王，河东昭靖王，义宁荣康王，新化恭裕王墓，胥在县北二十里新店；河东悼怀王墓，在县南二十里马庄；襄阴安惠王墓，在县东南二十里；新化

① 明·李侃、胡谧纂修：《山西通志》卷五，“陵墓义冢附”，第26、27、32、39页，山西大学图书馆藏民国二十二年影钞明成化十一年刻本，《四库全书存目丛书》史部第174册，第125、126、128、132页，齐鲁书社，1996年。

② 明·高汝行等：《太原县志》卷一，“陵墓”，明嘉靖三十年刻本，第13页。

③ 清·徐三俊等：《临汾县志》卷五，“陵墓”，清雍正八年刊本，第10页。

④ 清·章廷硅等：《平阳府志》卷三十二，“陵墓”，清雍正十三年刊本，第2页。

⑤ 清·钱之青等：《榆次县志》卷七，“古迹（塚墓附）”，清乾隆十五年刊本，第8—9页。

（端和王）、安溪怀僖王墓，在县北涧村；靖安康僖王墓，在县北十里白杨树村；靖安恭懿王墓，在县东北十里；旌德怀安王墓，在县东二十里闹马村；荣泽安懿王墓，在县北二十里南窊村。晋恭王妃享堂，在县东北角二里许。”①

清道光《阳曲县志》：“明晋恭王墓，在城东南二十里黑驼山南老坟村，榆次县界。康熙初，奸民发掘，事洩捕治，又有奸民复开一穴，其径深邃，入即死焉；寻奉官掩筑。端王、靖王、敬王墓，在城东南二十里黑驼山；宪王、庄王、靖王、怀王墓，在县北三十里刘庄；惠王墓，在县北十五里光社村。宁河懿简王墓，在县西四十里宇文村；广昌悼平王墓，在县北十二里尹家沟；方山庄宪王、临泉庄简王墓，在县东南十里狄村；灵邱简静［靖］王墓，在县北二十五里谷旦村；宁河康僖王、安宪王、温简王、荣庄王、恭懿王、定惠王，河东昭靖王，义宁荣康王，新化恭裕王墓，在县北二十里新店；河东悼怀王墓，在县东南十五里马庄；襄阴安惠王墓，在县东南十五里马庄；新化（端和王）、安溪怀僖王墓，在县北涧河村；靖安康僖王墓，在县北十里白杨树村；靖安恭懿王墓，在县东北十里；旌德怀安王墓，在县东二十里淖马村；荣泽安懿王墓，在县北二十里南洼村。恭王妃墓，在县东北角享堂村。”②

三、周　藩

周藩始封为明太祖第五子朱橚，洪武三年（1370年）封吴王，十一年（1378年）改封周王，命与燕、楚、齐三王同驻凤阳，十四年（1381年）就藩开封，于宋金皇宫故址修建王府。仁宗洪熙元年（1425年）闰七月薨，谥曰定王。周王位号传十一世，共十一王，南明初，十二世王袭封。周府世系如下。

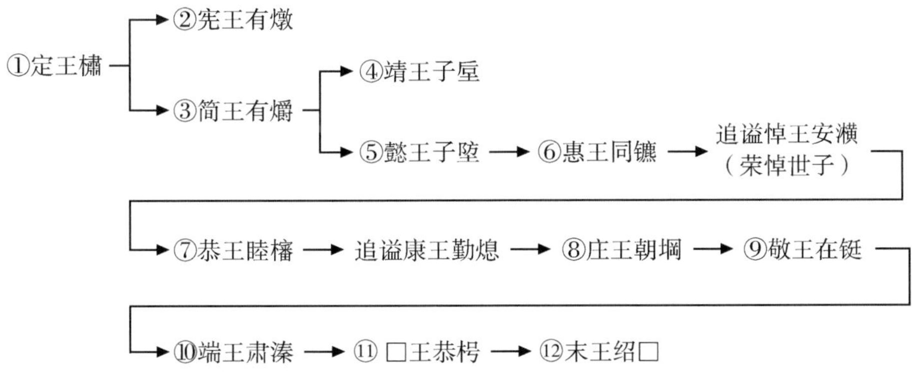

① 清·沈树声等：《太原府志》卷二十六，“陵墓”，乾隆四十八年刊本，第1—2页，《中国地方志集成》（山西府县志辑①），凤凰出版社2005年版，第222—223页。

② 清·李培谦、华典等修，阎士骧等纂：《阳曲县志》卷二，“舆地图二”，民国影印道光二十三年刻本，第39—40页，《中国地方志集成》（山西府县志辑②），凤凰出版社2005年版，第177页。

明万历《开封府志》："周定王墓，在禹州西北十里明山。宪王墓，在府城西南枣林庄。简王墓，在荥阳县东南四十五里。靖王墓，在荥阳县东北楚村。懿王墓、惠王墓，俱在荥阳县东槐东保。悼王墓，在荥阳县东南四十五里。恭王墓，在禹州北二十里槐山原。康王墓、庄王墓，俱在荥阳县东槐东保。敬王墓，在荥阳县南须水之原。"①

清乾隆《禹州志》："明山，郡东北五十里，明周定王墓在此。""九龙口，郡东北四十五里，明山九沟相合，明周王墓在此。"②

清乾隆《禹州志》："明周定王墓，郡北五十里紫金里明山下，敕修。周恭王墓，州北三十里。周端王墓，郡东北三十里。……康僖王墓，黄台里；周藩郡王，有石牌坊。"③

清嘉庆《大清一统志》："周宪王墓，在祥符县西南朱仙镇。……周简王墓，在荥阳县东南四十五里，悼王墓亦在焉。又，靖王墓，在县东北。懿王、惠王、庄王墓，皆在县东。……周定王墓，在禹州北五十里明山。又，周恭王墓，在禹州北三十里。"④

民国《禹县志》："老龙山，明周恭王墓在焉，是曰前营。《图书集成·职方典》：恭王墓在禹州东北三十里隗山原，其南为无梁庙，产石灰。观山东五里曰太白山，一曰明山，……小红河出焉。明周定王墓在其下，是曰后营。……又南三里曰云斗山，峰曰雪落顶，……又东南二里曰伞盖山，明周端王墓在焉，是曰中营。"⑤

民国《禹县志》："周定王墓，《乾隆邵志》曰：州北五十里明山下，紫金里十甲后茔。周恭王墓，《乾隆邵志》曰：州北三十里，紫金里九甲前茔。周端王墓，《乾隆邵志》曰：州东北三十里，紫金里九甲大道观中茔。……康僖王墓，县东北黄台里镇定里；周藩郡王，有石坊。"⑥

民国《郑县志》："明南陵王墓在州西七□［里］，冢前立有周王崇易碑文"，

---

① 明·朱睦㮮、曹金纂：《开封府志》卷三十四，"陵墓·国朝"，日本内阁文库藏明万历十三年刻本，第8页。另见《四库全书存目丛书补编》，齐鲁书社2001年版，第76册，第849页。

② 清·邵大业修，孙广生等纂：《禹州志》卷一，"山川志"，国家图书馆藏清乾隆十二年刻本，第15、21页。

③ 清·邵大业修，孙广生等纂：《禹州志》卷十二，《陵墓志》，国家图书馆藏清乾隆十二年刻本，第1—2页。

④ 清·穆彰阿等：《大清一统志》卷一百八十七，"开封府二·陵墓"，《四部丛刊续编》（史部）影印旧钞本，第24页。

⑤ 车云修，王棽林纂：《禹县志》，卷三，《山志》，第13页，《中国方志丛书》（华北地方·459），影印民国二十年刊本，台北成文出版社有限公司1976年版，第319—320页。

⑥ 车云修，王棽林纂：《禹县志》，卷十三，《陵墓志》，第27页，《中国方志丛书》（华北地方·459），影印民国二十年刊本，台北成文出版社有限公司1976年版，第1033—1034页。

“明遂平荣靖王墓在州西北姜村保，有纪善梁玑碑文。”①

民国《重修汝南县志》：“顺阳怀庄王墓，上蔡西南五里冈。”②

四、楚　　藩

楚藩始封为明太祖第六子朱桢，元至正二十四年（1364年）三月生，洪武三年（1370年）封楚王，十四年（1381年）就藩武昌府（今湖北武汉市武昌区）。史称其“恭慎畏事，执守礼法，始终一心，在国四十余年，不非理取于民”③。永乐二十二年（1424年）卒，谥昭王。楚国传八世，共九王，其世系如下。

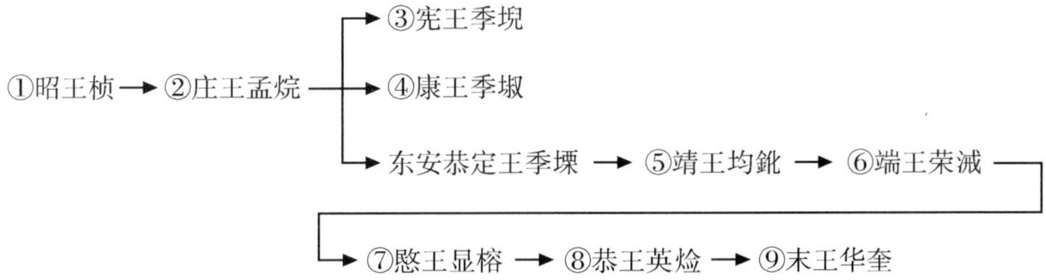

明李贤《大明一统志》：“楚昭王墓、庄王墓、宪王墓，俱在府城东六十里灵泉山。永安懿简王墓、通山靖恭王墓、寿昌安僖王墓、岳阳悼惠王墓、景陵顺靖王墓、崇阳靖简王墓、大冶悼僖王墓，俱在府城东五十里。以上十二王，俱本朝宗室。”④

清乾隆《江夏县志》：“楚藩，为昭、庄、宪、康、靖、端、闵［愍］、恭，并贺氏之九冢，冢皆缭以周垣。前有寺庙，今他冢皆残瓴断甓，惟昭冢犹有存者，围园几百步，高可数丈，砖皆澄泥为之，棱角无纤缺，纵横视之，层累不可悉数。庙基盘白石，晶莹若玉，四隅龙首翘然，涓滴檐水，皆自上石噀出。甬道中方石径数尺许，平墄栏磴，皆礝碈若琼璇。庙左平远山房、客堂、茶堂，无不洁净精微，壁间嵌有诸游览名诗，明末兵燹无存。有碑亭三，碑广数尺，长数丈。负以赑屃，广丈余，长数丈，祟如之，俨一石天成，蠕蠕欲活，俗传为祟，悉剔其爪，一踣。港岸游览之奇，

① 周秉彝等修，刘瑞璘等撰：《郑县志》卷二，《舆地志》，《中国方志丛书》（华北地方·104），据民国二十年重印本影印，台北成文出版社1968年版，第1册，第136、137页。

② 陈伯嘉修，李成钧等纂：《重修汝南县志》卷三，《古迹志·古冢墓》，第23页，《中国方志丛书》（华北地方·453），影印民国廿七年石印本，台北成文出版社有限公司1976年版，第198页。

③ 明·张辅等：《明太宗实录》卷二六九，永乐二十二年三月癸巳，校印本《明实录》，第9册，第2439页。

④ 明·李贤等：《大明一统志》卷五十九，“湖广布政司·武昌府·陵墓”，杨氏海源阁旧藏本，第16页。

钟毓之盛，盖于邑称巨观焉。”①

乾隆《江夏县志》：“明楚藩昭、庄、宪、康、靖、端、愍、恭八王墓，在县城六十五里。永安懿简、庄惠、悼怀、靖懿、昭定五郡王墓，巴陵悼简王墓，俱在县城东。寿昌安僖、靖和、庄穆三郡王墓，俱在县城西兴源。通山靖恭、庄简、安惠、温定、庄穆五郡王墓，俱在县城东。景陵顺静王墓，在县城东。江夏康靖、悼顺、安惠、端僖四郡王墓，俱在城东。东安恭定、昭简二郡王墓，俱在县城东。大治王墓，在县城东。缙云怀僖郡王墓，在县城东永丰山。保康王墓，在县城东。”②

五、鲁　　藩

鲁藩始封为明太祖第十子朱檀，洪武三年（1370年）生，两月后封鲁王，洪武十八年（1385年）就藩兖州府（今山东兖州）。洪武二十二年（1389年）十二月以食金石药毒发而薨，谥为“荒王”。朱檀弱冠殒命，幸由后宫戈氏（朱檀殁后的次年即洪武二十三年受封为鲁荒王妃）生有一岁半的儿子朱肇煇[3]，鲁藩得以不绝。鲁藩第十代王朱以派于崇祯十五年（1642年）死于清兵，其五弟以海在南明弘光帝时袭封，再以鲁王名义监国，后依郑成功，殁葬金门[4]。鲁王爵传十世，共十一王，其世系如下。

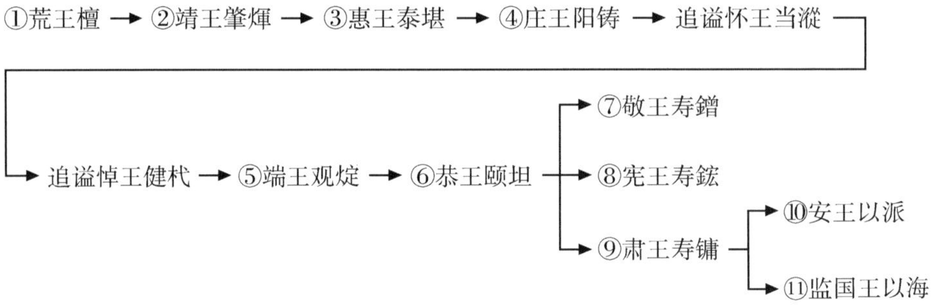

① 清·陈元京修，范述之等纂：《江夏县志》卷一，“山川·灵泉山”，国家图书馆藏清乾隆五十九年刻本，第10页。

② 清·陈元京修，范述之等纂：《江夏县志》卷十五，“古迹·丘墓附”，国家图书馆藏清乾隆五十九年刻本，第17—18页。

③ 《明史》云：鲁荒王死时，其子肇煇“逋弥月”，由母妃信国公汤和之女汤氏教养。但据邹县文管所藏《鲁（靖）王墓志》所载，靖王肇煇生于洪武二十一年（1388年）六月十二日，“母戈氏”；此处从墓志说；《明宪宗实录》卷三十二亦有正确记载。《鲁靖王墓志》见《发掘明朱檀墓纪实》附录，载《文物》1972年5期；另见山东省博物馆等编：《鲁荒王墓》上册，文物出版社2014年版，第214—216页。

④ 范胜雄：《明监国鲁王三冢略记》，《台南文化》新卅七号；谢碧连：《金门文物保存——风狮爷、鲁王墓》，《台南文化》新卅七号；台南，1994年7月。

明嘉靖《山东通志》："鲁府荒王墓、惠王墓、靖王墓，俱在邹县北二十里九龙山之阳。安丘荣顺王墓，在邹县北二十里九龙山之阳。邹平庄靖王墓，在峄县西七里青坛山之阳；恭懿王墓，在邹县得宁山之阳。巨野僖顺王墓，在邹县东北二十里黄山之阳；恭定王墓，在嵫阳县东南八里冈头村；乐陵王墓，在峄县东北六十里车梢山之阳。"①

明万历《兖州府志》："国朝鲁荒王墓，在邹县九龙山。鲁靖王墓，在邹县云山。鲁惠王墓，在泗水县九奇山。鲁庄王墓，在滕县胡山。鲁怀王墓，在费县毓秀山。鲁悼王墓，在费县毓秀山。鲁端王墓，在费县洙湾山。安丘靖恭王墓，在邹县望瀛山。安丘庄简王墓、安丘荣顺王墓，在邹县九龙山。安丘端惠王墓、安丘荣恪王墓，乐陵恭惠王墓，在邹县阳山。乐陵宣懿王墓、乐陵端简王墓、乐陵庄康王墓，巨野僖顺王墓，在邹县凤凰山。巨野恭定王墓，在滋阳县东南八里岗头村。巨野庄宪王墓，在滋阳县东南八里岗头村。巨野怀康王墓、巨野端肃王墓，在邹县凤凰山。巨野惠荣王墓，东阿端懿王墓，在泗水县龟山。东阿悼和王墓、东阿荣静［靖］王墓、东阿康惠王墓，邹平庄靖王墓、邹平恭懿王墓、邹平庄定王墓、邹平荣安王墓、邹平荣靖王墓，东瓯端肃王墓，在邹县凤凰山。滋阳荣庄王墓、滋阳怀懿王墓、滋阳恭裕王墓，阳信安僖王墓，在邹县冈山。阳信安懿王墓、阳信荣康王墓、阳信恭简王墓，高密康穆王墓，在邹县呈瑞冈。高密安和王墓，归善康肃王墓，新蔡端穆王墓，在曲阜县黄石山。新蔡昭和王墓，在邹县大阳山。郯城康僖王墓，在邹县。馆陶宣思王墓，在邹县盘龙山。翼城恭安王墓。"②

明万历《兖州府志》："滋阳县：皇明巨野王墓，在县城东南八里，恭定康宪。""邹县：皇明鲁荒王园，在县城东北二十五里九龙山。鲁靖王园，在县东北云山。鲁诸郡王墓：安丘靖恭王墓，在县境望茔山；庄简王墓，在韫玉山；荣顺王墓，在乌龙山；荣恪王墓，在财山；乐陵恭惠王墓，在县东阳山；阳信安僖王墓，在县北岗山；高密康穆王墓，在县境呈瑞山岗；新蔡昭和王墓，在县东大阳山；馆陶宁［宣］思王墓，在县东北盘龙山；滋阳王墓，在盘龙山。""泗水县：皇明鲁惠王园，在县南三十五里九奇山。鲁恭王园，在九奇山，万历二十二年葬。鲁诸郡王墓：巨野僖顺王墓、巨野端肃王墓、东瓯端肃王墓，俱在县东南五十里凤凰山之麓；东阿王墓，在城东北五十里龟山。""滕县：明鲁庄王墓，在县东南二十里狐台山麓，俗谓壶山是也。""峄县：皇明乐陵王墓，在县北四十里花盘山。安丘王墓，在邑

① 明·陆釴等：《山东通志》卷十九，"陵墓·兖州府"，影印山东省图书馆藏明嘉靖十二年刻本，第十五页，载《四库全书存目丛书》第188册，第178页。

② 明·朱泰、游季勋修，包大爟纂：《兖州府志》卷四十九，"陵墓"，国家图书馆藏明万历元年刻本，第17—19页。

境。”“费县：皇明鲁怀王园，在县西南八十里毓秀山，即南成山也，亦曰曾子山。鲁悼王园，在毓秀山。鲁端王园，在县西南洙湾山。”①

清康熙《兖州府志》：“滋阳县：明巨野王墓，在城东南八里。恭定王、康宪王。”“邹县：明鲁荒王园，在县东北二十五里九龙山。鲁靖王园，在县东北云山。鲁诸郡王墓：安丘靖恭王墓，在县境望茔［瀛］山；庄简王墓，在辒玉山；荣顺王墓，在乌龙山；荣恪王墓，在财山；乐陵恭惠王墓，在县东阳山；阳信安僖王墓，在县北岗山；高密康穆王墓，在县境呈瑞岗；新蔡昭和王墓，在县东大阳山；馆陶宁［宣］思王墓，在县东北盘龙山；滋阳王墓，在盘龙山。”“泗水县：明鲁惠王园，在县南三十五年九奇山。鲁恭王墓，在九奇山间，万历二十二年葬。鲁诸郡王墓：巨野僖顺王墓、巨野端肃王墓，东瓯端肃王墓，俱在县东南五十里凤凰山之麓。东阿王墓，在城东北五十里龟山。”“滕县：明鲁庄王园，在县东南二十里狐台山麓，俗谓壶山是也。”“峄县：明乐陵王，在县北四十里花盘山。安丘王墓，在邑境。”“费县：明鲁怀王园，在县西南八十里毓秀山，即南成山也，亦曰曾子山。鲁悼王园，在毓秀山。鲁端王园，在县西南洙湾山。”②

清光绪《滋阳县志》：“巨野王墓，在城西北三十里，明巨野恭定王阳鍙、庄宪王当涵葬此。永福王墓，在南高吴社，明永福王寿钜葬此。按《明史》：寿钜为恭王十二子，而前《志》云宪王第八弟，与《诸王表》不合，惟称其谥曰温禧［僖］，足补史表之阙。鲁王朱以派墓，在栗园村。辅国将军墓，在城东南苑庄南，朱当渐葬此；镇国将军墓，在南门外营房，朱阳鑋葬此；辅国将军墓，在舞雩台，朱当涎葬此；镇国将军墓，在石马村，朱当杍葬此；荣靖王墓，在贯庄铺，朱阳镖葬此；镇国将军墓，在小马青，朱阳铰葬此；镇国将军墓，在李家村，朱观熇葬此；镇国将军墓，在豆腐店南，朱颐壎葬此；镇国将军墓，在栗园东，朱健橀葬此；悼和王墓，在李家村，朱阳镡葬此；辅国将军墓，在琉璃厂前，朱当渤葬此；奉国将军墓，在豆腐店南，朱健梗葬此；镇国将军墓，在城东果庄村东，朱寿钢葬此。”③

---

① 明·于慎行：《兖州府志》卷二三，《陵墓志》，影印明万历二十四年刻本，齐鲁书社1985年版，第3册，第3—15页。

② 清·张鹏翮等纂修：《兖州府志》卷二十，“陵墓志”，国家图书馆藏清康熙二十四年刻本，第2—5、15页。

③ 清·黄师訚等：《滋阳县志》卷六，《古迹志·冢墓》，光绪十四年刻本，第15页，《中国地方志集成》（山东府县志辑72），凤凰出版社2008年版，第104页。

六、蜀　藩

蜀藩始封王朱椿，明太祖第十一子，洪武四年（1371年）三月生，七岁封蜀王，洪武二十三年（1390年）就藩四川成都府。史称其在藩邸“潜心儒术，旁及佛老，读书为文，苦心不懈。喜延贤士大夫讲论，或至夜分，不为声色游畋之事”[①]。永乐十四年（1416年），朱椿同母弟谷王朱橞收留获咎于父的蜀府崇宁王朱悦燇（朱椿第三子），并诡指其为建文帝，图谋不轨。朱椿闻变上告朝廷，成祖嘉其忠诚，赐书曰：“贤弟此心，周公存王室之心也。”[②]因而赏赉颇厚。朱椿卒于永乐二十一年（1423年）正月，谥献王。蜀王爵传十世，共十三王，其世系如下。

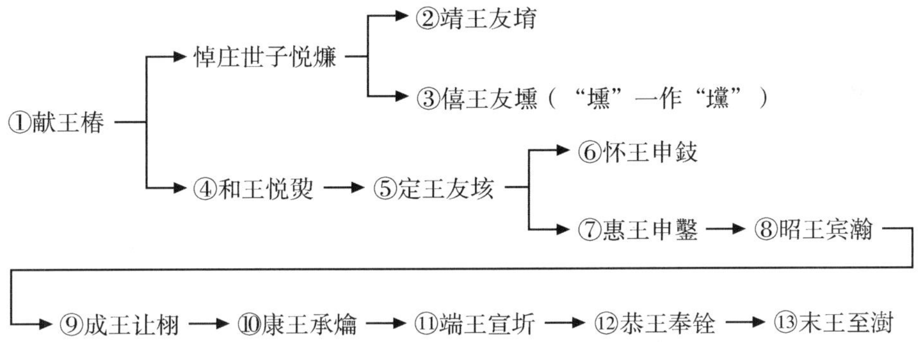

明嘉靖《四川总志》：“蜀献王墓、蜀靖王墓，俱成都县天回山。蜀僖王墓，华阳县正觉山。蜀怀王墓，华阳县东二十里东景山。蜀惠王墓，华阳县芳山。蜀昭王墓，成都县东山。蜀定王墓，仁寿县东溪山。崇宁王墓，崇宁县朝天山。崇庆王墓，府治北威凤山。黔江悼怀王墓，成都县李村山。□［南？］川安靖王墓，华阳县东峰山。汶川懿简王墓，华阳县灵溪山。永川庄简王墓，彭县大隋山。德阳僖安王墓，新都县清泉山。庆符恭僖王墓，新津县木马山。内江王世子墓，华阳县东晖山；长子墓，龙泉东新山。悼庄世子墓，成都县威凤山。”[③]

明天启《新修成都府志》：“蜀献王墓，在成都治北天回左山。僖王墓，华阳治东正觉山。和王墓，华阳治东金华山。怀王墓，华阳治东景右山。惠王墓，华阳治

① 明·张辅等：《明太宗实录》卷二五七，永乐二十一年三月戊申，校印本《明实录》，第9册，第2375页。

② 明·张辅等：《明太宗实录》卷一七八，永乐十四年七月癸丑，校印本《明实录》，第8册，第1945页。

③ 明·刘大谟、杨慎等纂修：《四川总志》卷三，《郡县志·陵墓》，影印明嘉靖二十四年刻本，36—37页，《北京图书馆古籍珍善本丛刊》，书目文献出版社1988年版，第42册，第71—72页。

东方山。昭王墓，华阳治东隆寿山。成王墓，华阳治东春明山。康王墓，华阳治东永秀山。端王墓，华阳治东毓灵山。崇宁王墓，崇宁县朝天山。崇庆王墓，府治北威凤山。黔江悼怀王墓，成都县李村山。南川安靖王墓，华阳县东峰山。汶川懿简王墓，华阳县灵溪山。永川庄简王墓，彭县大隋山。德阳僖安王墓，新都县清泉山。庆符恭僖王墓，新津县木马山。内江王世子墓，华阳县东晖山；长子墓，龙泉东新山。悼庄世子墓，成都县威凤山。”①

清雍正《四川通志》："明蜀献王墓、蜀靖王墓，俱在县北三十里天回山。悼庄世子墓、崇庆王墓，俱在成都县北十八里威凤山。蜀端王墓，在华阳县东十五里毓灵山。蜀昭王墓，在华阳县东二十里东山。黔江悼怀王墓、蜀僖王墓，俱在华阳县东北三十里正觉山。蜀怀王墓，在华阳县东二十里东景山。南川安靖王墓，在华阳县东二十五里东峰山。汶川懿简王墓，在华阳县东南二十五里灵溪山。内江王世子墓，在华阳县东二十二里东晖山。蜀惠王墓，在华阳县东北三十里芳山。庆符恭僖王墓，在新津县北木马山。德阳僖安王墓，在新津县南清泉山。崇宁王墓，在崇宁县朝天山。永川庄简王墓，在彭县西北大隋山。""明庄懿王墓，在彭山县盘龙山，宗室内江王葬此。五子墓，在彭县象耳山，明内江王第五子葬此。""明蜀定王墓，在仁寿县东溪山。"②

清同治《重修成都县志》："蜀献王墓，县北三十里天回山；蜀靖王墓，县北三十里天回山；悼庄世子墓，县北十里威凤山；崇庆王墓，县北十里威凤山。"③

附：蜀藩华阳王

蜀献王朱椿庶出次子华阳王朱悦燿与父兄不睦，先是因长兄朱悦熑早卒，谋夺世子之位，后又诬告嗣立的靖王朱友堉（悦熑嫡长子）"怨诽"。明仁宗查其污妄，"抵其章于地，迁之武冈，复迁澧州"④。自此而后，蜀府华阳郡王世居湖南，成为蜀府外迁的一支，王爵传九世，直至明亡，历代华阳王墓在今澧县。同府郡王墓葬相隔两千里外，这是明代藩王陵墓中的一个特例。

① 明·冯任修，张世雍等纂：《（天启）新修成都府志》卷三，《陵墓》，第45—46页，影印熊承显1962年抄本，《中国地方志集成》（四川府县志辑①），巴蜀书社1992年版，第75页。

② 清·黄廷桂、宪德修，张晋生等纂：《四川通志》卷二九，"陵墓"，国家图书馆藏清乾隆元年刻本，第3—4、12、14页。

③ 清·罗廷权等：《同治重修成都县志》卷二，《舆地志第二·陵墓附义地》，影印清同治十二年刊本，第2页，《中国地方志集成》（四川府县志辑②），巴蜀书社1992年版，第71页。

④ 清·张廷玉等：《明史》卷一一七，《诸王传·蜀献王椿》，标点本，第12册，第3580页。

明李贤《大明一统志》："华阳悼隐王墓，在澧州东关山。王，本朝宗室。"①

明隆庆《岳州府志》："明华阳悼隐王墓，关山；康简王墓，石家冲；悼康王墓，拾柴坡；恭顺王墓，彰观山；康僖王墓，果园。镇国将军廓然子墓，窑坡渡；辅国将军一庵子墓，窑坡渡。"②

民国二十八年（1939年）《澧县县志》：朱悦燿，"蜀献王之次子，永乐二年，封华阳王。初徙武冈，旋徙澧。澧城西，其宫室；关山，其苑囿；大旗山，其陵墓，内有古器，今封之。在澧数代，与明俱亡，牌坊虽存，柱石颠倒路旁"，"明藩王华阳悼隐王墓在关山，康简王墓在石家坪，悼康王墓在拾柴坡，恭顺王墓在关山，康僖王墓在果园，皆累累有迹可寻。"③

七、湘　献　王

湘献王朱柏，明太祖第十二子。洪武十一年（1378年）封湘王，十八年（1385年）之藩荆州（今湖北陵）。建文初，有人告发湘王谋反，建文帝召之入朝，朱柏惊惧，阖宫自焚而死，被谥为"戾王"，无子，封除。明成祖即位，改谥"献王"，并为其建衣冠冢于江陵太晖观旁，置官守护陵园。

明李贤《大明一统志》："湘献王墓，在府城西太晖山。"④

清顺治《江陵志余》："湘献王墓。明高皇帝第十一子，讳柏。洪武十一年封于荆，因高氏子城而更筑之。建文朝，有谗之者，阖宫自焚，谥曰戾。靖难后，遣人致祭，改今谥。以卜兆，葬城西太晖山，大学士解缙撰碑。时人呼为'湘陵'。"⑤

---

① 明·李贤等：《大明一统志》卷六十二，"湖广布政司·岳州府·陵墓"，杨氏海源阁旧藏本，第42页。

② 明·钟崇文：《岳州府志》卷九，"秩祀考·冢墓·澧州"，宁波天一阁旧藏明隆庆刻本，上海古籍书店影印，1963年，第46—47页。

③ 澧县档案馆整理翻印：《澧县县志》（民国二十八年十月，澧县县长张之觉序），卷一，《舆地志一》，"藩封"，第3页；"陵墓"，第9页；1981年12月内部刊印。

④ 明·李贤等：《大明一统志》卷六十二，"湖广布政司·荆州府·陵墓"，杨氏海源阁旧藏本，第14页。

⑤ 清·孔自来纂：《江陵志余》卷九，"志墟墓"，国家图书馆藏道光四年凝秀楼据清顺治七年本重刻，第10页。

八、代　藩

代藩始封为明太祖第十三子朱桂，洪武十一年（1378年）封豫王，二十五年（1392年）改封代王，同年就藩山西大同。朱桂在藩多不法，正统十一年（1446年）卒，谥曰简。代藩宗室繁衍颇盛，“众聚而贫，且地近边，易生反侧”，因而一些郡王被令移住山西蒲州等处。“代宗至简至懿，封郡王者凡二十有三，而外徙者十王”[①]；这些外封郡王及其子孙即葬于新封地，不归葬大同。代藩亲王爵传十二世，共十一王，其世系如下。

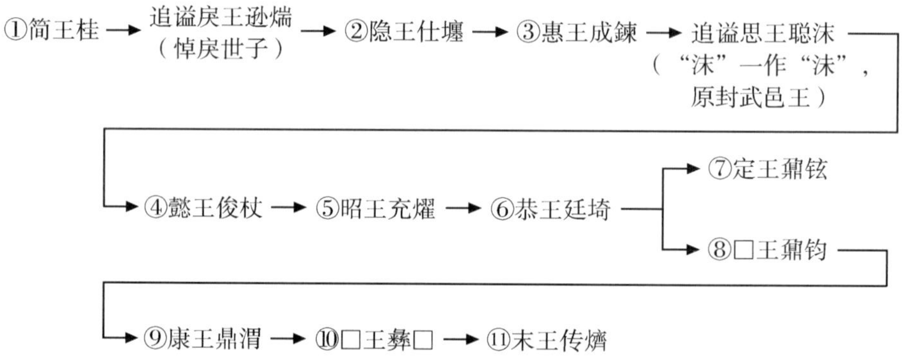

明李贤《大明一统志》：“代简王墓，在大同县东马铺山；代悼戾王（按，应为‘悼戾世子’或‘戾王’）墓，在採掠山。二王俱本朝宗室。”[②]

明成化《山西通志》：“代简王墓，在大同府城东十里采掠山，正统十二年葬，始封王也。”“代隐王墓，在大同府城东五十里采掠山原，天顺七年葬，简王孙也。”“襄垣恭简王墓，在蒲州东十里，天顺六年葬，始分封王也。”“山阴康惠王墓，在蒲州东北二十里文学里，成化三年葬，始分封王也。”“博野悼恭王墓，在大同府城西南十里蟠头山原，成化六年葬，始分封王也。□［潞］城禧［僖］顺王墓，在大同府城南十里郑山之原，成化八年葬，始分封王也。”“广陵荣虚王墓，在大同府城东四十里采掠山原，天顺四年葬，始分封王也。”“宣宁靖庄墓，在泽州东十里七岭山之原，成化七年葬，始分封王也。”[③]

① 清·张廷玉等：《明史》卷一一七，《诸王传·代简王桂》，标点本，第12册，第3583页。

② 明·李贤等：《大明一统志》卷二十一，“山西布政司·大同府·陵墓”，杨氏海源阁旧藏本，第11页。

③ 明·李侃、胡谧纂修：《山西通志》卷五，“陵墓义冢附”，山西大学图书馆藏民国二十二年影钞明成化十一年刻本，第36—38、41页，《四库全书存目丛书》史部第174册，齐鲁书社1996年版，第130、131、133页。

清乾隆《大同府志》："明代藩诸墓：代简王桂墓、戾王逊煓墓、隐王仕壥墓、懿王俊杖墓、昭王充燿墓、恭王廷埼墓、定王鼐铉墓，并在採掠山；惠王成鍊墓、思王聪沬墓、并在马舖［辅］山，又桥头山、独角冈、齐家山、七里山、合河山，亦代诸墓。"①

九、肃　藩

肃藩始封为明太祖第十四子朱楧，洪武十一年（1378年）封汉王，二十五年（1392年）改封肃王，次年命暂驻平凉（今甘肃平凉），二十八年正式就藩于甘州（今甘肃张掖）。建文元年（1399年）上书请求内徙，命改驻兰州。朱楧卒于永乐十七年（1419年），谥庄王。肃王爵传九世，共九王，其世系如下。

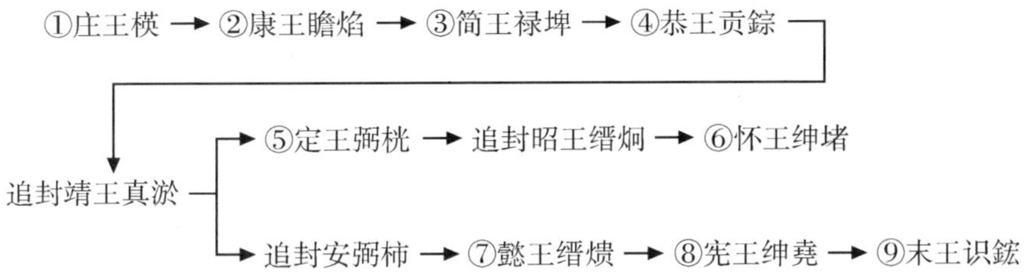

明李贤《大明一统志》："肃庄王墓，在兰县东北六十里。王，本朝宗室，永乐十七年葬此。"②

明何景明《雍大记》："肃庄王墓，在兰州城东五十里平顶峰。肃康王墓，在金县煖泉山。"③

清康熙《兰州府志》："明肃藩庄、康、简、恭、静［靖］、定、昭、怀、懿九代王墓，俱在兰州东五十里（皋）兰县北六十里平顶峰。安王墓，在兰州古峰山之后。"④

清乾隆《甘肃通志》："肃王墓：庄王、康王、简王、恭王、静［靖］王、

① 清·吴辅宏等：《大同府志》卷六，"古迹冢墓附"，影印清乾隆四十七年刻本，第28页，《中国地方志集成》（山西府县志辑④），凤凰出版社2005年版，第125页。

② 明·李贤：《大明一统志》卷三十六，"陕西布政司·临洮府·陵墓"，杨氏海源阁旧藏本，第7页。

③ 明·何景明：《雍大记》卷十三，"考迹"，燕京大学图书馆旧藏明嘉靖元年刻本，第14页。

④ 清·高锡爵纂修：《兰州府志》卷四，"古迹·丘墓附"，国家图书馆藏清乾隆据康熙本重刻本，第6页。

定王、昭王、怀王、懿王，九代俱在兰州城东五十里平顶峰。安王墓，在兰州古峰山后。”①

清乾隆《皋兰县志》：“明肃庄王墓、康王墓、简王墓、恭王墓、靖王墓、定王墓、昭王墓、怀王墓、懿王墓，俱在县东北五十里平顶峰。安王墓，在县西五里圃子湾。宪王墓，在城西南二十里周家山。薛夫人墓、世子识鋐墓，俱在平顶峰。”②

十、辽　藩

辽藩始封为明太祖第十五子朱植，洪武十一年（1378年）封卫王，二十五年（1392年）改封辽王，次年就藩广宁卫城（今辽宁北镇）。靖难兵起，建文帝召辽王植、宁王权还京，朱植奉诏渡海至南京，被改封于荆州（今湖北江陵）。因为不支持“靖难”，所以明成祖即位后颇厌嫌之，永乐十年（1412年）借故削辽府护卫，仅留厨役军校三百人供使令。永乐二十二年（1424年）朱植死，谥曰简。辽王爵传七世，第八王宪㸅于隆庆二年（1568年）被废为庶人，圈禁凤阳高墙，辽国封除，其世系如下。

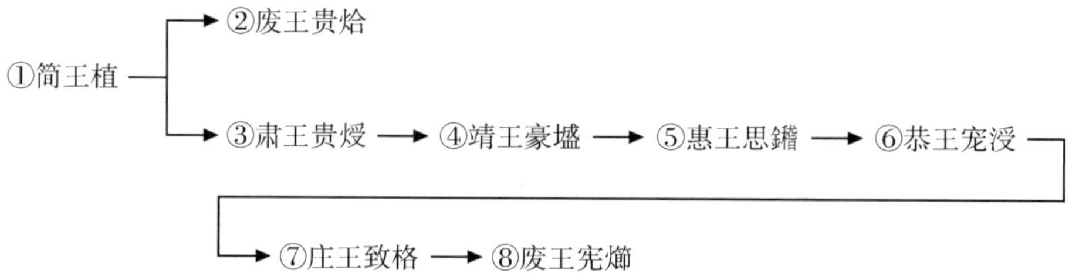

明李贤《大明一统志》：“辽简王墓，松滋安惠王墓、益阳安僖王墓、麻阳悼僖王墓、应山悼恭王墓、枝江庄惠王墓，俱在府城西北八岭山。已上诸王，俱本朝宗室。”③

清顺治《江陵志余》：“八岭山，在城北五十里，崇岭八道，蜿蜒若游龙，或云邱龙山也。明辽国诸王陵在焉。”④

① 清·许容等监修，李迪等编纂：《甘肃通志》卷二十五，“陵墓”（坊市墓寺观附）第10页，影印文渊阁《四库全书》本，第557册，第660页，台湾商务印书馆，1984年。

② 清·吴鼎新修，黄建中纂：《皋兰县志》卷十二，“古迹”（坊市墓寺观附），国家图书馆藏清乾隆四十三年刻本，第3页。

③ 明·李贤：《大明一统志》卷六十二，“湖广布政司·荆州府·陵墓”，杨氏海源阁旧藏本，第14页。

④ 清·孔自来纂：《江陵志余》卷二，“志陵陆”，国家图书馆藏清道光四年凝秀楼据清顺治七年本抄本重刻本，第2页。

清顺治《江陵志余》："辽藩六王墓。高皇帝第十五子，讳植，初封广宁城，永乐二年改封于荆。以湘府残毁，乃即城东南旧都督府少饰居之。薨，谥简王。历肃王贵煐、靖王豪墭、惠王恩鑙、恭王宠涭、庄王致格，守藩恭谨。迄王宪㸅，国除，谪死凤阳。六王墓俱在八岭山，亦曰辽陵。后王（废王宪㸅）以母妃具奏，归葬于荆。""附记：简王二十四子，其墓见于郡志者，有长阳昭和王、松滋安惠王、益阳安僖王、湘阴安僖王、衡阳庄和王、应山悼恭王、宜城康简王、枝江庄惠王、沅陵恭宪王、麻阳悼喜王、衡山恭惠王、蕲水靖和王，靖王子则肃宁悼靖王、长垣恭顺王，惠王子则光泽荣端王，恭王子则广元康僖王，皆始封之王。"①

十一、庆　藩

庆藩始封为明太祖第十六子朱㮵，洪武二十四年（1391年）封庆王，二十六年（1393年）就藩宁夏（今宁夏银川），因府地卑湿，被特许每年至韦州（今宁夏同心韦州镇）度夏一次。正统三年（1438年）朱㮵死，谥曰靖王。庆王爵传十世，共十一王，其世系如下。

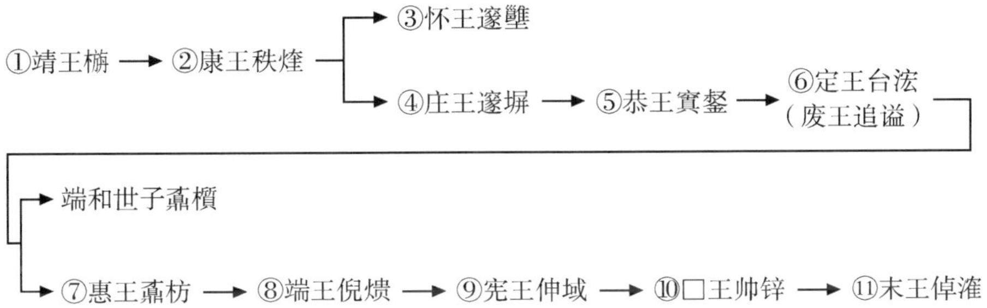

明何景明《雍大记》："庆靖王墓，在宁夏城南二百二十里。悼庄王墓，在宁夏城南三百一十里。"②

明嘉靖《宁夏新志》："庆藩之墓俱在韦州，（安塞宣靖）王生时立墓于此（指贺兰山干沟儿孤山之下）。"③

明末抄本《宁夏新志》："庆靖王墓、庆康王墓、庆怀王墓、庆庄王墓、庆恭王墓、庆定王墓、庆端和世子墓、庆惠王墓、庆端王墓、庆宪王墓，真宁庄惠王墓、

① 清·孔自来纂：《江陵志余》卷九，"志墟墓"，国家图书馆藏清道光四年凝秀楼据清顺治七年本抄本重刻本，第10—11页。

② 明·何景明：《雍大记》卷十三，"考迹"，燕京大学图书馆旧藏明嘉靖元年刻本，第14页。

③ 明·胡汝砺纂修，管律重修：《嘉靖宁夏新志》卷二，《宁夏总镇·陵墓》，陈明猷点校本，宁夏人民出版社1982年版，第179页。

康简王墓、温穆王墓、荣禧王墓、安惠王墓、恭简王墓，安化惠懿王墓、恭和王墓，弘农安僖王墓、荣惠王墓、恭定王墓、康禧王墓、恭顺王墓，丰林温僖王墓、安简王墓、端康王墓、恭懿王墓，寿阳和靖王墓、端懿王墓，延川端穆王墓，华阴端懿王墓；俱在韦州蠡山。”[①]

清嘉庆《宁夏府志》：“靖王、康王、怀王、庄王、恭王、定王、惠王、端王、宪王、端和世子，并庆藩分封之真宁、安化、宏［弘］农、丰林、寿阳、延川、华阴诸王墓，俱在灵州韦州堡蠡山。”[②]

十二、宁　　藩

宁藩始封为明太祖第十七子朱权，洪武二十四年（1391年）封宁王，两年后之藩大宁卫（今内蒙古宁城西）。燕王“靖难”兵起，朱权未奉建文帝之命回南京，而是持两端观望，后被燕王用计骗入燕营，参与对抗朝廷。燕王即皇帝位，朱权请求改封国于江南，或苏州或杭州，均被托故拒绝。永乐元年（1403年）二月徙封于江西南昌。正统十三年（1448年），朱权病故，谥曰献。世子盘烒先卒，嫡长孙靖王奠培嗣爵，再传两世，至朱权玄孙宸濠。正德十四年（1519年），宸濠举兵反叛，仅43日即被汀赣巡抚、佥都御史王守仁平定。宸濠被擒后押解至北京通州赐自尽，宁国封除。宸濠妻娄氏于兵败时“赴水死”[③]。参与叛乱的宜春王拱樤、端昌王拱栟等皆死，子发凤阳禁锢。除无后、有过者外，献、惠二王子孙改由宁府建安（始封为靖王庶四子）、乐安（始封为惠王庶三子）、弋阳（始封为惠王庶五子）三府郡王分治。宁藩亲王世系如下。

①献王权——►追谥惠王盘烒——►②靖王奠培——►③康王觐钧——►④废王宸濠
（庄惠世子）

① 明·胡汝砺等修：《嘉靖宁夏新志》卷七，《陵墓》，《中国方志丛书》（塞北地方·8），影印明抄本，台北成文出版社1968年版，第340—341页。按，胡汝砺主修者为《弘治宁夏新志》，在此基础上，嘉靖十九年（1540年）由宁夏巡抚杨守礼主持，管律等重修成《嘉靖宁夏新志》。此影印之抄本所记述之庆藩诸王已至明代晚期，因而决非弘治或嘉靖原本，当系明末以后增补抄本，或由后修之志书张冠李戴亦未可知；惟其中弘农之“弘”字不讳，故其抄成必在清代乾隆纪元以前。

② 清·张金城修，杨浣雨辑：《宁夏府志》卷四，《古迹陵墓附》，《中国方志丛书》（塞北地方·3），影印清嘉庆三年刊本，台北成文出版社1968年版，第85页。

③ 明·费宏等：《明武宗实录》卷一七六，正德十四年七月丁巳，校印本《明实录》，第37册，第3436页。

清雍正《江西通志》："宁献王朱权墓，在新建西山缑岭，敕建（《名胜志》）。宁惠王朱盘烒墓，在新建西山遐龄峰下（《明一统志》）。按，宁藩墓在南昌、新建者，不独献、惠二王，前《志》皆略而不载。今除宸濠叛逆外，凡袭封王爵者悉录，以备考稽。宜春安简王朱盘烑，在新建禹港茅窝。新昌安僖王朱盘炷，在新建田西。信丰悼惠王朱盘熿，在新建遐龄峰。宁靖王朱奠培，在新建烟溪双岭。宜春宣和王朱奠坫，在新建千重里。瑞昌恭僖王朱奠墠，在新建青山头。乐安昭定王朱奠垒［壘］，在新建莲花心。石城恭靖王朱奠堵，在南昌邓家埠。弋阳荣庄王朱奠壏，在新建洪崖乡。宁康王朱觐钧，在新建润溪。宜春怀简王朱觐鐏，在新建梅岭。乐安温隐王朱觐鐋，在新建盘龙山。石城端隐王朱觐镝，在南昌望水冈。弋阳僖顺王朱觐鏁［鍊］，在新建永寿山。钟陵王朱觐锥，在南昌牛尾闸。建安简定王朱觐鍊，在新建双岭。瑞昌荣安王朱觐鍚［錫］，在新建官庄。乐安靖庄王朱宸湔，在新建隆寿山。石城安恪王朱宸浮，在南昌邓家埠。弋阳庄僖王朱宸汭，在新建永寿山。端惠王朱拱樻，在新建洪崖乡；恭懿王朱多焜附焉。"①

清雍正《江西通志》："娄妃墓，在新建德胜门外，新建、上饶两县漕仓盈字廒下。乾隆辛未（十六年，1751年）布政使彭家屏立碑志之。"②

十三、岷　藩

岷藩始封为明太祖第十八子朱楩，洪武二十四年（1391年）封岷王，原拟封国岷州（今甘肃岷县），洪武二十八年（1395年）以云南新定，须用亲王镇守以示威重，遂改封于云南（今云南昆明）。建文时被废，永乐初复王爵。仁宗即位，令其徙居武冈州（今湖南武冈），寄居州治，很久后才得以修建王邸。景泰元年(1450年)，朱楩死，谥曰庄，王位由其子孙承袭。《明史》记载岷藩传十世，共九王；该书对于宪王以后的记载语焉不详，清同治《武冈州志》记载了企鐀之后尚有其子禋洮嗣立，并补记了一些谥号，还记录了南明时尚有一位世系不详的"蕴金"（按，应为"雍□"）嗣岷王位。则岷藩实际传十一世，共十一王，其世系如下。

---

① 清·谢旻等监修，陶成、恽鹤生纂：《江西通志》卷一百十，"丘墓·明"，影印文渊阁《四库全书》本，台湾商务印书馆1984年版，第516册，第624—625页。

② 清·谢旻等监修，陶成、恽鹤生纂：《江西通志》卷一百十，"丘墓·明"，影印文渊阁《四库全书》本，台湾商务印书馆1984年版，第516册，第627页。

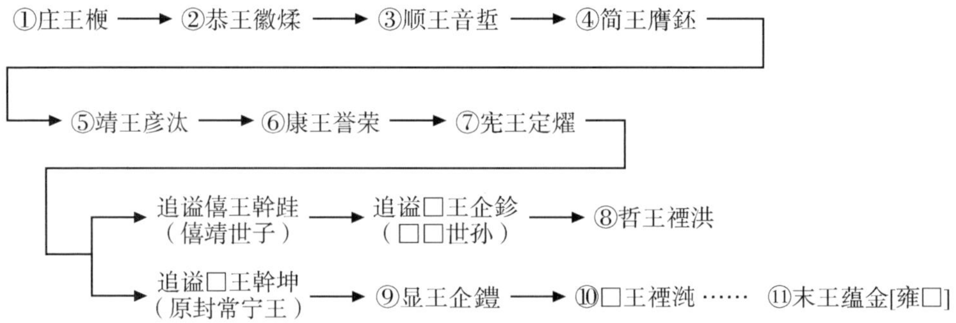

清康熙《武冈州志》："明岷庄王墓，在同保山；恭王墓，在赤土铺，妃李氏合；顺王墓，在城东托坪，妃汤氏合；简王墓，在托坪，庄氏、董氏合；靖王墓，在托坪，妃王氏合；康王墓，在庐祠头，妃颜氏、李氏合；宪王墓，在松木岭，妃卢氏合；僖靖世子墓，在庐祠头，妃肖氏合。安昌怀僖王墓，在赤土铺；黎山安懿王墓，在水阁桥；沙阳端靖王墓，在赤溪桥；唐季王墓，在七里□［桥？］；南安王墓，一在曾家塘，一在水阁桥；建德王墓，在苦株脚；善化王墓，在托坪；遂安王墓，有城北小青山；南漳王墓，在北庄；长寿王墓，在羊古凹；青林王墓，在庐祠头；绥宁王墓，在平木塘，妃粟氏合。……以上俱载旧《志》，近无考。"[①]

清嘉庆《湖南通志》："明荣顺王音壂墓，在北关外乾塘岭（《一统志》）。"[②]

清同治《武冈州志》："庄王梗［楩］，太祖十八子，洪武二十四年四月辛未封，洪熙元年己未自云南徙封武冈，景泰元年三月癸酉薨，年七十三，葬同保山。恭王徽煣，庄王二子，景泰三年以镇南王嗣王，天顺七年薨，葬赤土铺。顺王音垩［埑］，恭王长子，成化元年嗣王，十六年薨，葬托坪。简王膺鈺，顺王长子，宏［弘］治元年嗣王，十三年薨，葬托坪。靖王彦汰，简王长子，宏［弘］治十七年以江陵王嗣王，嘉靖二十三年薨，葬托坪。康王誉荣，靖王长子，嘉靖二十五年嗣王，三十一年薨，葬鸬鹚头。宪王定燿，康王二子，嘉靖三十四年嗣王，万历末薨，年九十，葬松木岭。僖王幹跸，宪王长子，初封南充王，万历十五年改封谥僖靖世子，天启二年，以孙追王，葬鸬鹚头。企鉁，僖王长子，初封世孙，天启二年，以子追王。嘉庆《许志》：万历二十八年封世孙，四十二年卒。哲王禋洪，企鉁长子，天启二年嗣王。崇祯元年薨，葬七里桥。无子，叔企鐀立。幹坤，宪王四子，初封长宁王，崇祯四年以子追王。显王企鐀，幹坤长子，崇祯四年嗣王，十六年薨于贼，葬松木岭。禋洮，显王子，崇祯十七年正月

---

① 清·傅鸾祥等：《武冈州志》卷二，"陵墓"，康熙二年刊本，第10—11页，《中国地方志集成》（湖南府县志辑㉞），江苏古籍出版社2002年版，第21—22页。

② 清·翁元圻监修，王煦、罗廷彦、袁名曜纂：《湖南通志》卷一八三，"陵墓"，（永州府零陵县），国家图书馆藏清嘉庆二十五年刊本，第23页。

嗣王，顺治四年八月从刘承允降，卒于武昌。蕴金［雍□］，不知何王之子，顺治中，桂藩命嗣为王。康熙元年殉桂藩之难，见《也是录》。”①

清同治《武冈州志》：“北关厢，……在城北关外广五里、袤五里，东界东厢，南至城外，西及北界龙田团。……有岷庄王墓，在宝竹山；岷康王墓，在鸬鹚头山；僖靖世子墓、僖靖世子妃墓、青林王墓，皆在鸬鹚托头山；南漳王墓，在北庄；遂安王墓，在小青山；建德王墓、荣安王墓，皆在苦槠脚。”“七里村，……在城东五里，广六里，袤六里。……有南安王墓、唐年王墓、岷宗人朱禋黎墓。”“托坪团，……在城东十一里，广十里、袤七里，东界石羊团，……南界龙头桥团，……西界七里村，……北界扶冲团。……有岷顺王墓、简王墓、靖王墓，俱在太平桥东，犹存万历元年禁樵采碑。”“水路口村，……在城东二十六里，广八里，袤十四里。……有岷藩墓，凡四。有岷藩辅国将军朱禋佳墓。”“黄茅团，……在城西三十二里，广九里、袤八里，……有岷王墓，地名王府山，不知何王也。”②

十四、韩　藩

韩藩始封为明太祖第二十子朱松，洪武二十四年（1391年）封韩王，封国开原（今辽宁开原），以年幼未赴封地，永乐五年（1407年）卒于南京，谥曰宪，葬南京城南。其子冲烒承袭王位，永乐二十二年（1424年）改封平凉府（今甘肃平凉）。《明史》云韩王爵传十二世，共十一王，其世系如下。

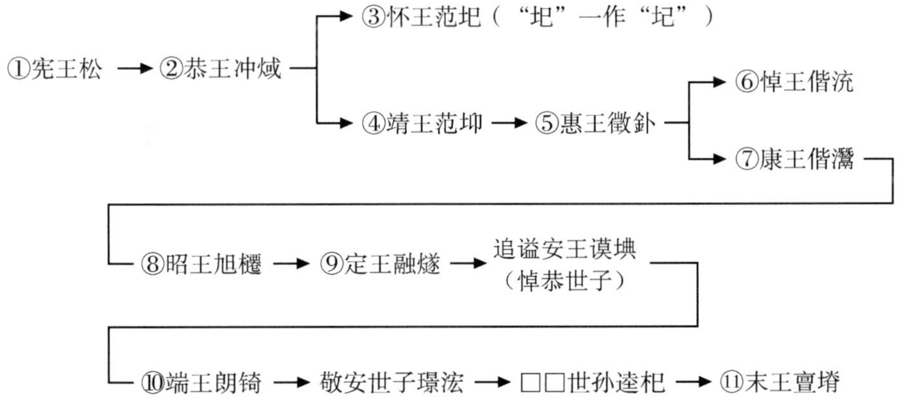

① 清·黄维瓒、潘清等修，邓绎等纂：《武冈州志》卷三，“封建表·明”，同治刊本，第2、3页，《中国地方志集成》（湖南府县志辑54），江苏古籍出版社2002年版，第215—216页。

② 清·黄维瓒、潘清等修，邓绎等纂：《武冈州志》卷十四，“疆域志一”，第20—21、22页；“疆域志二”，第5页，同治刊本；《中国地方志集成》（湖南府县志辑54），江苏古籍出版社2002年版，第330—331、342页。

明李贤《大明一统志》："韩恭王墓，在府城东一百三十里；韩怀王墓，在府城东南五里；韩靖王墓，在府城东北四十里；平利怀简王墓，在府城东南一十里。以上五王，俱本朝宗室。"①

明何景明《雍大记》："韩安王墓，在平凉府城西四十里安国镇。韩怀王墓，在平凉府城东南二里羊进沟。韩恭王墓，在平凉府城东北一百三十里。韩惠王墓，在平凉府城东二十里三廊坡。褒城王墓，在平凉府城东二十里大岔里高山。通渭王墓，在平凉府城东二十里蒋家山。汉阴王墓，在平凉府城南三里。"②

清乾隆《甘肃通志》："韩王墓：怀王、靖王、惠王、悼王、康王、昭王、庄王、敬王墓，俱在平凉县东南。韩藩诸王墓：襄陵王在平凉县西北，乐平王在县东北，褒城王、通渭王俱在县东，汉阴王、平利怀简王俱在县南。庆藩安惠王墓（引者按，应即安惠王朱楹，此"庆藩"系误加），在平凉县西北。""韩恭王墓，在泾州西北十五里。"③

十五、沈　藩

沈藩始封王朱模，明太祖第二十一子。洪武二十四年（1391年）封沈王，永乐六年（1408年）就藩潞州（今山西长治），宣德六年（1431年）卒，谥曰简。沈王爵传九世，共八王，其世系如下。

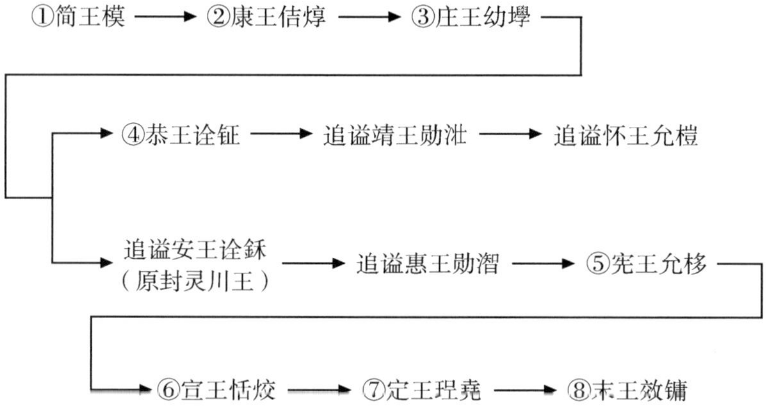

---

① 明·李贤等：《大明一统志》卷三十五，"陕西布政司·平凉府·陵墓"，杨氏海源阁旧藏本，第9页。

② 明·何景明：《雍大记》卷十三，"考迹"，燕京大学图书馆旧藏明嘉靖元年刻本，第14页。按，韩安王朱谟𡎖，为韩定王嫡长子，嘉靖四十年（1561年）卒于世子之位，谥曰悼恭。其子朗锜（端王）于隆庆三年（1569年）袭封，乃得追谥安王。其事在《雍大记》成书以后，故此条中"韩安王"应系安惠王之误。

③ 清·许容等：《甘肃通志》卷二十五，"陵墓"，影印文渊阁《四库全书》本，台湾商务印书馆1984年版，第557册，第661页。

明李贤《大明一统志》："沈简王墓、稷山悼靖王墓，俱在州城西南三十里凤凰山。沁源恭定王墓，在州城西一十里步马村。沁水悼怀王墓，在州城西南三十五里至善都。黎城昭僖王墓，在州城北二十五里。平遥靖僖（按，《明史·诸王世表》作"僖靖"）王墓，在州城东北一十五里柏谷山。以上各王。俱本朝宗室。"①

明成化《山西通志》："沈简王墓，在潞州西南三十里凤凰山之原，宣德六年葬，始封王也。沁水悼怀王墓，在潞州西里［南？］三十五里至善村，正统四年葬，始分封王也。沈康王墓，在潞州南四十里黎岭之原，天顺二年葬，简王子也。""广宗怀靖王墓，在潞州城西南五里铁梁桥，天顺八年葬，始分封王也。""沁源恭定王墓，在潞州西十里步马村，景泰元年葬，始分封王也。""平遥禧［僖］靖王墓，在潞州东北十五里柏王山罗城之原，正统十一年葬，始分封王也。稷山庄靖王墓，在潞州城西北二十里，天顺三年葬，始分封王也。""黎城昭僖王墓，在潞州北二十五里三山之原，正统九年葬，始分封王也。稷山悼靖王墓，在潞州西南三十里凤凰山，正统五年葬，始分封王也。"②

清康熙《长治县志》："明沈简王墓，在城南凤凰山。自康王以下墓，俱隶长治境内，不详载。"③

清光绪《长治县志》："明沈简王墓，在城南凤凰山。自康王以下墓，胥隶长治境，不详载（《府志》）。沈王妃宋氏，在城南三十里凤凰山东坟村东南，见圹志。稷山悼靖王墓，在城南三十里凤凰山。沁源恭定王墓，在城西十里暴马村。黎城昭僖王墓，在城北二十里。沁水悼怀王墓，在城西南三十里至善都。平遥靖僖（按，《明史·诸王世表》作"僖靖"）王墓，在城北十五里柏谷村。镇国将军朱诠鉥墓，在城西五里，御史李新芳撰墓表。镇国将军朱诠鉼墓，在城南五十里，通判栗应宏撰墓表。镇国将军朱勋澈墓，在城南五十里，通判栗应宏撰墓表。辅国将军朱勋滰墓，在西北寨村，御史李新芳撰墓表。定陶王珵裿［椅］墓，在堠西庄，闯变，父子胥投井死，土人哀而瘗之；子效鋒祔。"④

① 明·李贤等：《大明一统志》卷二十一，"山西布政司·潞州·陵墓"，杨氏海源阁旧藏本，第39—40页。

② 明·李侃、胡谧纂修：《山西通志》卷五，"陵墓义冢附"，山西大学图书馆藏民国二十二年影钞明成化十一年刻本，第40页。《四库全书存目丛书》史部，齐鲁书社1996年版，第174册，第132页。

③ 清·姜愃修，于公胤纂：《长治县志》卷三，国家图书馆藏清康熙十二年刻本，第10页。

④ 清·杨笃纂修：《长治县志》卷二，《地理志·冢墓》，《中国方志丛书》（华北地方·400），影印光绪二十年刊本，台北成文出版社有限公司1976年版，第1册，第468—470页。

十六、安　惠　王

安惠王朱楹，明太祖第二十二子。洪武二十四年（1391年）封安王，永乐六年（1408年）就藩平凉府（今甘肃平凉）。永乐十五年（1417年）卒，谥曰惠，无子封除。

明李贤《大明一统志》："安惠王墓，在府城西北四十里。"①

明何景明《雍大记》："韩安王墓，在平凉府城西四十里安国镇。"②按，韩藩早期亲王并无谥"安"者。韩定王嫡长子谟埂追谥安王，其时已在隆庆三年（1569年），详韩藩。此条误将安惠王系于韩藩。又，1994年甘肃平凉崆峒区安国镇油坊村王子坟湾一座大墓被盗，考证为安惠王朱楹墓，现为县级文保单位。《雍大记》此条所记"韩安王墓"实应为安惠王墓。又，清乾隆《甘肃通志》以安惠王为庆藩郡王，亦谬。

十七、唐　　藩

唐藩始封为明太祖第二十三子朱桱，洪武二十四年（1391年）封唐王，永乐六年（1408年）就藩河南南阳，十三年（1415年）薨，谥曰定王。唐王爵传九世，至第九王聿键，崇祯九年（1636年）以倡议勤王起兵违制，并因在藩有僭越行迹，被废为庶人，幽禁凤阳。王位由其弟聿镆承袭，崇祯十四年（1641年），聿镆为李自成杀死。废唐王聿键于南明弘光元年（1645年）南京失守后称帝，年号隆武，命四弟聿鐭（一作"鐭"）袭唐王。隆武二年（1646年）隆武帝在福州被清兵杀害，唐王聿鐭继立，年号绍武，命弟聿锷袭封唐王。绍武政权很快即亡于清兵，绍武帝自缢于广州③，聿锷于永历帝败亡时自杀。唐藩世系如下。

① 明·李贤：《大明一统志》卷三五，"平凉府"，天顺五年刊本，文渊阁《四库全书》本，第9页。

② 明·何景明：《雍大记》卷十四，"考迹"，燕京大学图书馆旧藏明嘉靖元年刻本，第14页。

③ 绍武帝及同死难者原丛葬于广州流花桥，清光绪九年（1883年）竖碑坟前，上题曰"明绍武君臣冢"。1955年，因征用其地，迁葬于广州越秀公园内。

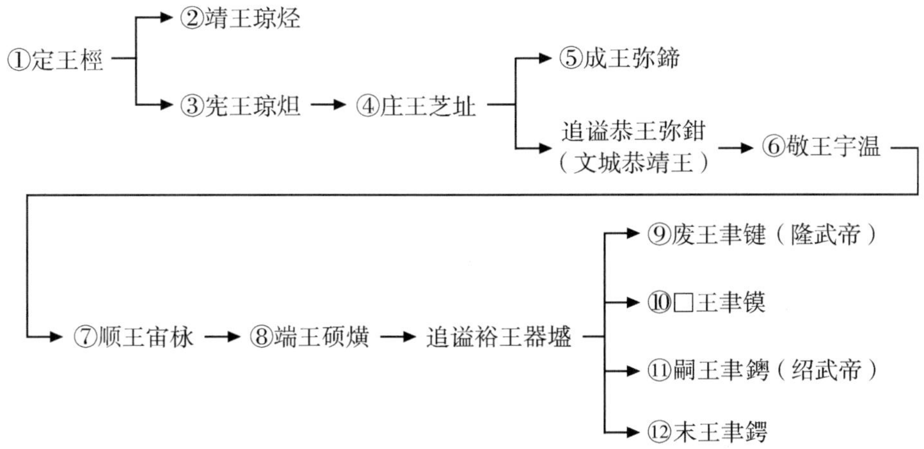

明李贤《大明一统志》：“唐定王墓、唐靖王墓、唐世子墓，俱在府城北紫山。新野王墓，在府城西羊山。以上四墓，俱本朝宗室。”①

清康熙《南阳府志》：“唐定王墓、唐靖王墓，并历代宪、庄、成、敬、顺、端、裕诸王墓，均在紫山。新野王墓，在府城西羊山。”②

清光绪《南阳县志》：“明唐定王、靖王、唐世子，并宪、庄、成、敬、顺、端、裕诸王墓，均在紫山（《明一统志》、《府志》、旧《志》）。今山阳荒冢累累，碑碣无存。明三城康穆王墓，在城西。”“明新野王墓，在城西羊山前。明承休昭毅王墓，在城西北五里四府井，有嘉靖四十五年祭王妃王氏碑。明赠唐恭王墓，在城北七里栖真原。”“明卫辉王墓，在城东北五府井，有华表。明新野恭简王子镇国将军墓，在城西二里。”“明荡阴王子弥錀墓，在城北，五鸿儒墓志。明蓬莱郡主墓，在城东北八里大庄，王鸿儒墓志。”③

十八、郢　靖　王

明李贤《大明一统志》：“郢靖王墓，在府城南一十里。梁庄王墓，在府城南

---

① 明·李贤：《大明一统志》卷三十，“河南布政司·南阳府·陵墓”，杨氏海源阁旧藏本，第14页。

② 清·朱璘纂修：《南阳府志》卷一，“舆地·山川·南阳府南阳县”，康熙三十三年刻本，第44页。

③ 清·潘守廉修，张嘉谋等纂：《南阳县志》卷二，《疆域志·古迹》，第33、35、36页，《中国方志丛书》（华北地方·457），影印清光绪三十年刊本，台北成文出版社有限公司1976年版，第226—227、229、232页。

四十里。二王俱本朝宗室。”[①]

明嘉靖《兴都志》：“郢靖王墓，在兴都城南二十里清平村宝鹤山，妃郭氏合葬。享殿七间，东西厢十间、神厨五间、宰牲房三间、鼓楼一座、碑亭一座、棂星门三间、券门三间，红墙周回一百二十七丈。内官宅一所。正德十一年（1516年），殿宇圮坏，睿宗宪皇帝命官修理。嘉靖三年（1524年），上命赐修葺，寝阁帷帐，焕然一新。”“宝鹤山园坟，田地一十七顷七亩四分五厘二毫。”[②]

清康熙《安陆府志》：“郢靖王墓，在县东二十里宝鸡［鹤］山，明太祖第二十王［三］子，洪武二十四年册封为郢王。永乐十［十二］年薨，谥曰靖。旧有殿垣，今废。”[③]

清乾隆《钟祥县志》：“郢靖王墓。王，洪武第二十三子，生洪武丁卯（二十年，1387年）五月十七日，辛未（二十四年，1391年）四月十三日册封为郢王。永乐戊子（六年，1408年），自江南之国安陆。王天性贤孝，癸巳（十一年，1413年），以疾薨，命官营葬。妃郭氏，年二十六，因王薨，遂自尽，合葬于王。王谥曰靖，在县东南二十里宝鹤山，旧有殿垣，今废。”[④]

按，这两条清代所修府县志记郢靖王生卒年均不准确，据《郢王圹志》[⑤]，朱栋生于洪武二十一年（戊辰，1388年），卒于永乐十二年（甲午，1414年）十二月。

十九、伊　藩

伊藩始封为明太祖第二十五子朱㰘，洪武二十四年（1391年）封伊王，永乐六年（1408年）之藩河南洛阳。永乐十二年（1414年）卒，谥曰厉。伊王传国六世，七王。嘉靖二十一年（1542年），伊敬王卒，子典楧嗣，性贪婪蛮横，嘉靖四十三年（1564年）被废为庶人，封国除。伊藩世系如下。

---

① 明·李贤等：《大明一统志》卷六十，第16页，“承天府·陵墓”，影印文渊阁《四库全书》本，台湾商务印书馆1984年版，第473册，第232页。

② 明·顾璘等修，王格等纂：《兴都志》卷七，卷三二，钟祥方志局重刊，民国二十六年。转引自《郢靖王墓》。

③ 清·王吉人等纂：《安陆府志》卷三，“方舆志”，康熙六年修，固学斋写本，第35页，《中国地方志集成》（湖北府县志辑㊷），江苏古籍出版社2001年版，第88页。

④ 清·高世荣修，李莲纂：《钟祥县志》卷二，“陵墓”，国家图书馆藏清乾隆六年刻本，第76页。

⑤ 湖北省文物考古研究所等：《郢靖王墓》，文物出版社2016年版，第39页。

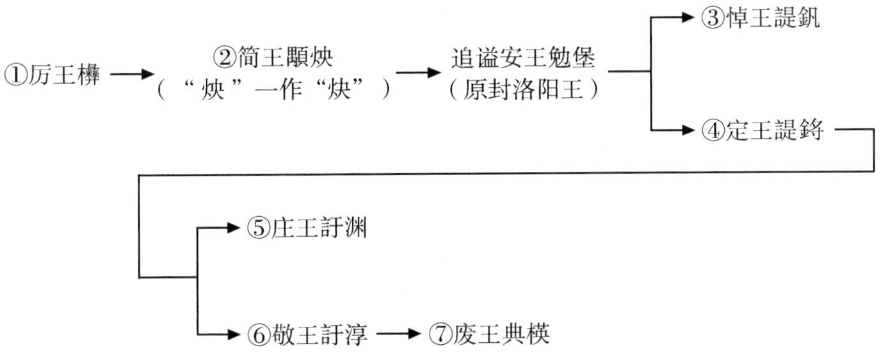

明李贤《大明一统志》“伊厉王墓，在府城西。伊王，本朝宗室。”[①]

清乾隆《重修洛阳县志》：“明伊厉王墓（王名㰘，见《地理·分封》），在县西五十里邙山，妃刘氏合葬。考得在正北路东老井村，墓周九十三弓，高八丈五尺。葬三亩，地十亩九分七厘五毫。”“伊简王墓（王名颙炔[②]，嗣厉王），在县西南三十里三山之阳，妃谢氏合葬。考得在西南路老井村，墓周四十二弓，高五丈。墓六分一厘二毫，地九亩三分四毫。”“伊安王墓（王名勉堡，封洛阳王，薨，以子悼王袭封，追赠亲王，谥曰安），在县东北十里邙山之阳，妃张氏合葬。伊悼王墓（王名諟钒，安谪［嫡］一子），在县西六十里魏山，妃马氏合葬。伊定王墓（王名諟銙，安谪［嫡］四子），在县西北十里上店保乾山阳，妃沈氏合葬。伊庄王墓（王名訏淵，定嫡一子），在上店保乾山阳。伊敬王墓（王名訏淳，定庶二子），在县正北路西老井村，考得墓周七十九弓，高五丈五尺。墓二亩一分六厘六毫，地十亩六分四毫，计墓外地东西各六弓，南三十三弓七尺，北二十弓。”“光阳荣靖王墓，王名勉坍，简庶二子，成化四年封，在县西三十里，妃孙氏合葬。方城怀僖王墓，王名諟鏞，安庶二子，成化四年封，在县西南路沙坡村。考得墓周三十七弓，高三丈五尺，墓四分七厘四毫，地二十六亩四分七厘六毫，计墓外地东西各三十一弓，南北各三十八弓。方城温僖王墓，王名褒熇，怀僖王曾孙，在县西北路陡沟村，墓南有石坊，题‘大明宗室七世孙方城温僖王陵寝坊’。考得墓周二十二弓，高二丈，墓一分六厘八毫，地九亩六分三厘二毫，计墓外地东西各三八弓二尺五寸，南八十二弓，北九弓。西鄂安僖王墓，王名諟钦，安庶三子，成化四年封，在县北十里，妃李氏合葬。西鄂恭靖王

① 明·李贤：《大明一统志》卷二十九，“河南布政司·河南府·陵墓”，杨氏海源阁旧藏本，第18页。

② 伊简王之名，在清·张廷玉等《明史·诸王传》记为“颙炔”；同书《诸王世表》中“炔”作“炔”。龚崧林修《洛阳县志》同《明史·诸王传》。

墓，王名訏漈，在县北二里，妃郭氏合葬。”[①]

清嘉庆《洛阳县志》：“明镇国将军朱龙泉墓，《旧志》：在县北。知县龚松林考得墓周二十三弓，高一丈五尺，墓一分八厘三毫，地一亩三厘三毫。”[②]

二十、靖江郡王

靖江王为明皇室旁枝，始封为明太祖长兄（追封南昌王）次子朱文正之子朱守谦。洪武三年（1370年）封为靖江王，后受命之藩广西桂林，因过被废，居住凤阳七年；复位，徙封云南，以“暴横如故”，再招还居凤阳，后禁锢京师，洪武二十五年（1392年）卒。其子赞仪年幼，封为世子，建文二年（1400年）袭封，永乐元年（1403年）之藩桂林。靖江王爵共传十一世，十三王，其世系如下。

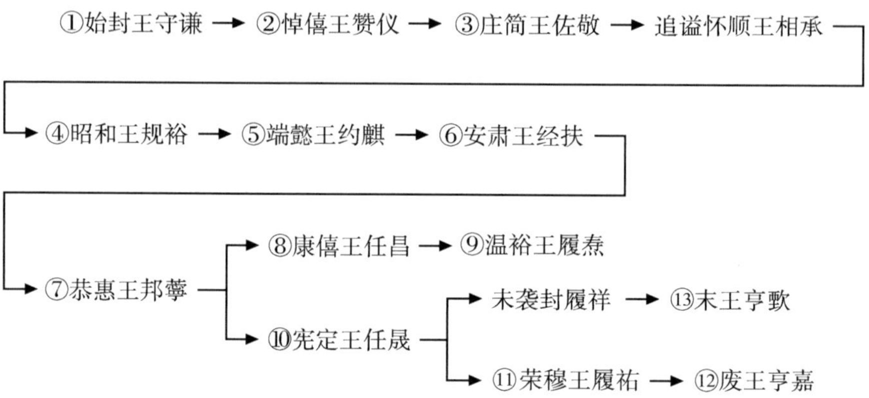

明李贤《大明一统志》：“靖江悼僖王墓，在尧山东。王，本朝宗室，永乐间葬。”[③]

清康熙《广西通志》：“明靖江诸王墓，在府城东北尧山麓。”[④]

① 清 · 龚崧林纂修，汪坚总修：《洛阳县志》卷三，“地理 · 山川（陵墓附后）”，《中国方志丛书》（华北地方 · 476），据清乾隆十年刊本影印，台北成文出版社有限公司1976年版，第1册，第228—230页。

② 清 · 魏襄修，陆继辂纂：《洛阳县志》卷二〇，国家图书馆藏清嘉庆十八年刻本，民国五年石印本，第11页。

③ 明 · 李贤：《大明一统志》卷八三，“广西布政司 · 桂林府 · 陵墓”，杨氏海源阁旧藏本，第12页。

④ 清 · 郝浴、廖必强等纂修：《广西通志》卷二十四，“陵墓”，日本京都大学图书馆藏康熙二十二年刊本（近卫本），第27页。

二十一、赵　藩

赵藩始封王朱高燧，为明成祖第三子。永乐二年（1404年）封赵王，洪熙元年（1425年）就藩彰德府（今河南安阳），宣德六年（1431年）卒，谥曰简。王位世袭至明亡，共传十一世，九王，其世系如下。

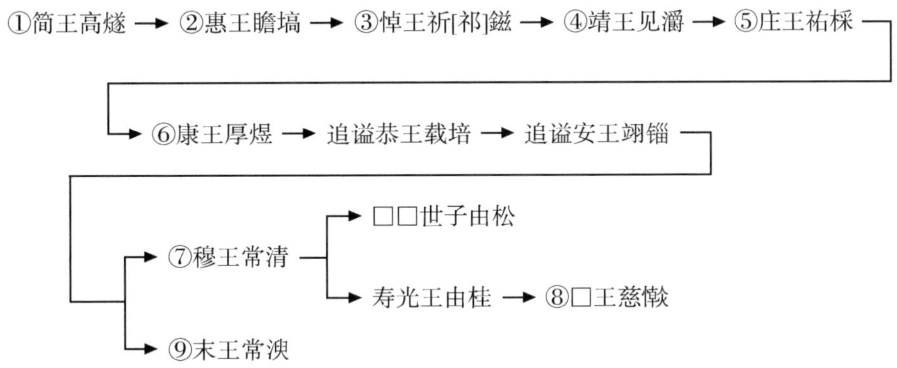

清乾隆《安阳县志》：“明赵简王、惠王、悼王、靖王、庄王墓，俱在县西北五十里。”①

清嘉庆《安阳县志》：“明赵简王、惠王、悼王、靖王、庄王墓，俱在县西北五十里；赵康王墓，在县西寿安山。按：康王孝行丕著，《旧志》载赵藩诸王坟墓，独遗康王，今依《府志》补入。”②

民国《续安阳县志》：“明穆王墓，在县西北焦家坟之西北岭。明世子墓，在县西世子坟村。平乡荣顺王墓，在扈家坟村北野马冈下，系赵惠王第八子祁鏓，墓志可考。”“康王坟，在县西北五十里，其村即以康王坟名。查康王厚煜，在赵藩诸王中学行最著。其茔兆北枕冈陵，四围峦岫回绕，古柏参差，大小约百余株。前有石镌兽形等物，门外立有‘文武官员到此下马’碑碣。祠宇宏壮，约计百楹，历经修葺，依然完整。世传明清鼎革，赵藩披缁削发讹迹空门，有善士王化麟者（有碑可考），捐输劝募，遂就祠宇改为神龛云。”③

---

① 清·陈锡辂修，朱煌、谢震纂：《安阳县志》卷四，“祠祀”，国家图书馆藏清乾隆三年刻本，第44页。

② 清·贵泰等纂：《安阳县志》卷十五，《古迹志·陵墓》，《中国方志丛书》（华北地方·108），影印清嘉庆二十四年刊本、民国二十二年北平文岚簃古宋印书局铅印本，台北成文出版社1968年版，第386—387页。

③ 方策、王幼侨修，裴希度等纂：《续安阳县志》卷一三，“古迹志·陵墓”，国家图书馆藏民国二十二年铅印本，第4、5页。

二十二、郑　藩

郑藩始封为明仁宗第二子朱瞻埈，永乐二十二年（1424年）十月封郑王，宣德四年（1429年）就藩陕西凤翔，正统八年（1443年）改封于怀庆府（今河南沁阳），次年之藩新封，卒于宪宗成化二年（1466年），谥曰靖。王爵世袭七世，共七王。崇祯时七代郑王翊钟以罪赐死，郑国封除。其世系如下。

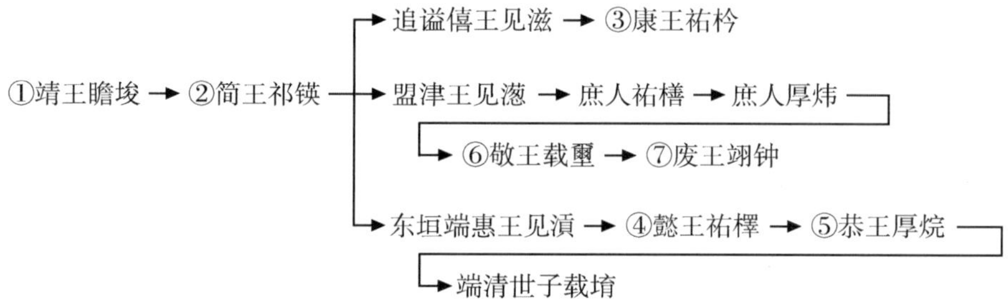

清顺治《怀庆府志》：“明郑靖王墓，在红岭山。简王墓，在药仙山。僖王墓，在金伞山。康王墓、懿王墓、恭王墓、端清世子墓、敬王墓，俱在红岭山。”[①]

清康熙《河南通志》：“明郑靖王墓，简王墓、僖王墓、康王墓、懿王墓、恭王墓、敬王墓，俱在府城西北红岭山。”[②]

清乾隆《新修怀庆府志》：“明□［郑］□王墓、康王墓、懿王墓、敬王墓、恭（？）王墓，俱在红岭山。端清世子墓，在九峰山，王□［铎］撰世子墓碑，刻而未立，在九峰寺。《县志》：简王墓，在药仙山。僖王墓，在金伞山。按《明史》本传，世序无僖王、敬王。”[③]

二十三、襄　藩

襄藩始封为明仁宗第五子朱瞻墡，永乐二十二年（1424年）封襄王，宣宗即位前后曾两度受太后之命监国，宣德四年（1429年）就藩湖南长沙，正统元年（1436年）徙封湖北襄阳，卒于成化十四年（1478年），谥曰宪。子孙世袭，第八任王翊铭于崇

---

① 清·彭清典修，萧家芝纂：《怀庆府志》卷八，国家图书馆藏清顺治十七年刻本，第9页。

② 清·顾汧等：《河南通志》卷十九，“陵墓·怀庆府”，国家图书馆藏清康熙三十四年刊本，第13页。

③ 清·唐侍陛修，布颜、杜琮纂：《新修怀庆府志》卷四，“舆地·古迹”，国家图书馆藏清乾隆五十四年刻本，第25页。

祯十四年（1641年）被张献忠杀死于襄阳，崇祯十七年（1644年）其子常澄嗣为第九任王。朱常澄先寄居江西九江，再徙汀州（今福建龙岩），后来不知所终。襄王爵传八世，共九王，其世系如下。

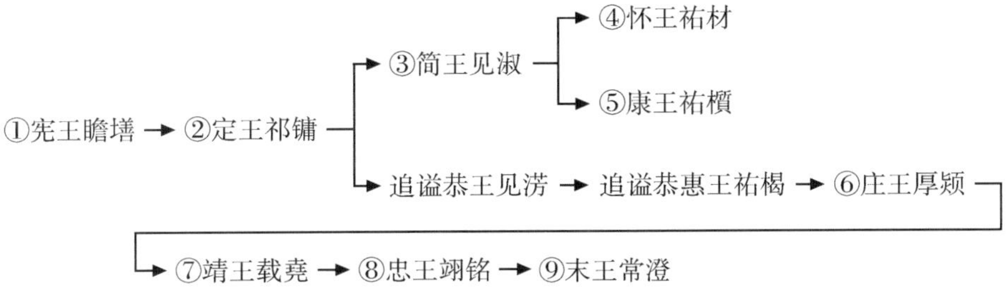

明万历《襄阳府志》：“国朝襄宪王墓，城西永安山，即五朵山，奏改今名。襄定王墓，城西文安山。襄简王墓，城西隆中山。襄怀王墓，城西丰乐山。襄康王墓，城西柏香山。襄庄王墓，城西龙泉山。宁乡庄献王墓，城西云岫山。枣阳安穆王墓、僖顺王墓，俱在城西寿安山；枣阳荣肃王墓，城西方城山。阳山恭和王墓，城西永安山。”①

清顺治《襄阳府志》：“明襄宪王墓，城西永安山，即五朵山。襄定王墓，城西文安山。襄简王墓，城西隆中山。襄怀王墓，城西丰乐山。襄康王墓，城西柏香山。襄庄王墓，城西龙泉山。襄忠王墓，城西青安山。”②

清乾隆《襄阳府志》：“明襄简王见淑墓，在城西隆中山。明《志》载：襄藩十一墓，俱在城西某山，山之名又多因葬后易美名，莫从查考。今考得，宪王墓、靖王墓、忠王墓、追封襄恭王墓，俱在谷城；定王墓、康王墓，俱在南漳；余尚无确考。旧《志》混称未足据也。已考者，分详于各县中；未考实者，附识于下。郡诸王不及详记。怀王祐材，墓在丰乐山。庄王厚颎，墓在龙泉山。”③

清光绪《襄阳府志》：“明襄简王见淑墓在城西隆中山，明《志》谓襄藩十一墓俱在城西某山，山多易以美名。今考宪王、靖王、忠王、追封襄恭王墓俱在谷城，定王、康王墓俱在南漳，余尚无确考，旧《志》混称未足据也。怀王祐材墓在丰乐山，庄王厚颎墓在龙泉山。”④

---

①　明·吴道迩纂修：《襄阳府志》卷三十一，“陵墓·襄阳府襄阳县”，国家图书馆藏明万历十二年刻本，第1页。

②　清·赵兆麟纂修：《襄阳府志》卷一八，“陵墓·襄阳府襄阳县”，国家图书馆藏清顺治九年刻本，第15页。

③　清·陈锷纂修：《襄阳府志》卷五，“古迹（陵墓附）”，国家图书馆藏清乾隆二十五年刻本，第50—51页。

④　清·恩联修，王万芳纂：《襄阳府志》卷五，《古迹志》，第26页，《中国方志丛书》（华中地方·362），影印清光绪十一年刊本，台北成文出版社有限公司1976年版，第2册，第407—408页。

二十四、荆　藩

荆藩始封为明仁宗第六子朱瞻堈，永乐二十二年（1424年）封荆王，宣德四年（1429年）就藩建昌（今江西南城），以宫中出现巨蛇，正统十年（1445年）徙封蕲州（今湖北蕲春），景泰四年（1453年）卒，谥曰宪王。荆王爵传十一世，共十一王，其世系如下。

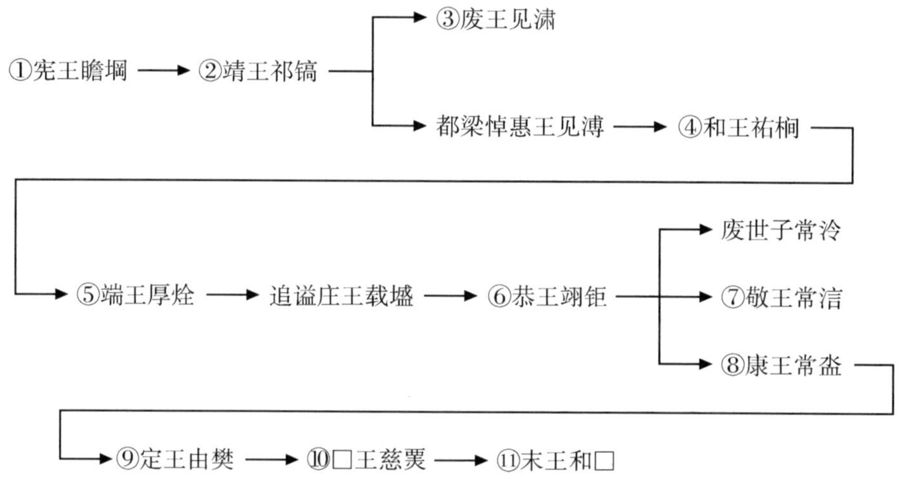

明弘治《黄州府志》：“蕲州：荆宪王陵墓，在安平下乡策山，去州北七十里。景泰五年，主事李福督造。荆靖王陵墓，在安平上乡大泉山，去州东一十里。天顺五年，主事周正督造。都昌王长子墓，在安平上乡大泉山，去州东一十五里。成化七年，本州同知周仁广督造。都昌惠靖王陵墓，在安平上乡大泉山，去州东一十五里。成化十六年，进士郭秩督造。广济县：都梁惠悼王陵墓，在县灵泉西乡迎山，西去州十里。成化十四年，办事官扬华督工修造。”①

清乾隆《黄州府志》：“蕲州：明荆宪王朱瞻堈墓、荆靖王朱祁镐墓、都昌惠靖王朱祁鑑墓，俱在大泉山。荆和王朱祐橌墓，在诸家湖韩家山，妃刘氏合窆。荆恭王朱翊钜墓、荆敬王朱常洁墓、荆康王朱常盗墓、都梁悼惠王朱见溥墓、都昌怀顺王朱见潭墓、樊山庄和王朱祐构墓，俱在安平上乡。樊山温懿王朱见濍墓、都昌悼僖王朱祐椯墓，俱在永福上乡。”广济县：“荆端王朱厚烇墓，在杨门张家寝。荆庄王朱载

① 明·卢希哲纂修：《黄州府志》卷二，“陵墓”，上海古籍书店影印，1963年，天一阁旧藏明弘治十三年刻本，第81—82页。

墭墓，在杨门武家寝。”①

清光绪《黄州府志》：蕲州：“明荆宪王朱瞻堈墓、荆靖王朱祁镐墓、都昌惠靖王朱祁鑑墓，俱在安平上乡大泉山。荆和王朱祐橺墓，在诸家湖韩家山，妃刘氏合窆。荆恭王朱翊钜墓、荆敬王朱常泠墓、荆康王朱常盗墓、都梁悼惠王朱见溥墓、都昌怀顺王朱见潭墓、樊山庄和王朱祐枸墓，俱在安平上乡。樊山温懿王朱见濎墓、都昌悼僖王朱祐鸠墓，俱在永福上乡。富顺王朱厚焜墓，在白龙潭。富顺王朱戴垬墓，在白龙潭左竹林䓣。荆王朱某（引者按，应即末代王朱慈烎，《诸王世表》作“煙”）墓，因国除无谥，寇乱时葬李公气，墓未封”。广济县：“荆端王朱厚烇墓，在杨门张家寝。荆庄王朱载墭墓，在杨门武家寝。永新安庄王朱厚熿墓，在四望山幽居寺侧，妃周氏合窆”②。

二十五、淮　　藩

淮藩始封为明仁宗第七子朱瞻墺，永乐二十二年（1424年）封淮王，宣德四年（1429年）就藩韶州（今广东韶关），以其地多瘴疠，正统元年（1436年）徙封饶州（今江西鄱阳），正统十一年（1446年）卒，谥曰靖。淮王爵传八世，共九王，其世系如下。

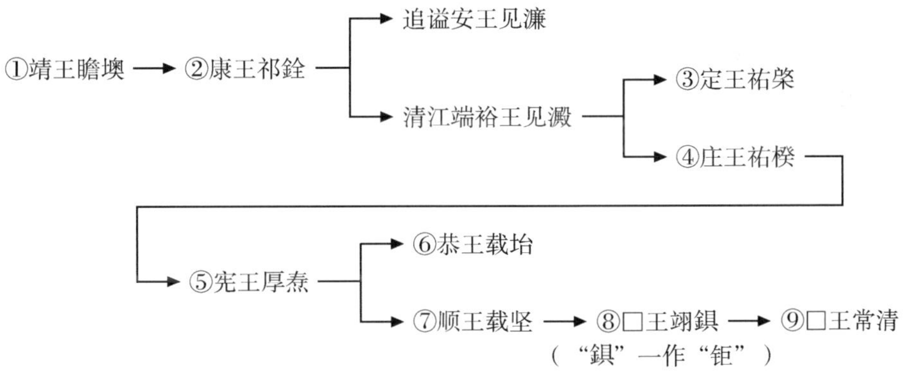

① 清·王勍修，靖道谟纂：《黄州府志》卷三，“地理志·陵墓”，国家图书馆藏清乾隆十四年刻本，第27—29页。

② 清·英启修，邓琛纂：《黄州府志》卷四十，《杂志·冢墓》，第43—44、46页，《中国方志丛书》（华中地方·346）影印清光绪十年刊本，台北成文出版社有限公司1976年版，第5册，第1449、1450页。

明李贤《大明一统志》："淮靖王墓，在府城西北七十里寒山南。王，本朝宗室。"①

清康熙《江西通志》：饶州府："明故宗淮靖王瞻墺以后墓，俱在鄱阳八都安山"②。

清康熙《鄱阳县志》："明淮靖王瞻墺墓、淮康王祈［祁］铨墓、淮定王佑［祐］棨墓、淮庄王佑［祐］楑墓、淮宪王厚焘墓、淮恭王载坮墓、淮顺王载坚墓、淮未谥王翊鉅墓、淮未谥王常清墓，清江端裕王墓，已上俱葬八都安山。"③

清雍正《江西通志》："淮靖王瞻墺、淮康王祈［祁］铨、淮定王佑［祐］棨、淮庄王佑［祐］楑、淮宪王厚焘、淮恭王载坮、淮顺王载坚、未谥王翊钜、常清，清江王端裕［端裕王］等墓，俱在鄱阳八都安山。"④

清乾隆《鄱阳县志》："明淮靖王瞻墺墓、淮康王祁铨墓、淮定王佑［祐］棨墓、淮庄王佑［祐］楑墓、淮宪王厚焘墓、淮恭王载坮墓、淮顺王载坚墓、淮□王翊鉅墓、淮□王常清墓，清江端裕王墓，俱在八都安山。永丰王祁钺、厚烋、载址、翊鈠墓，俱在府城西梧桐山。永丰王见净［浄］、祐椈墓，俱在浮梁星槎都白旄山。南康王见湁墓，在青山渡，南康王祐梋、厚熒墓在仙坛。德兴王见㴰墓，在二都一图。德兴王祐梿、厚焧墓，俱在龙吼山。顺昌王府墓，俱在府城北六十里花桥。崇安王府墓，俱在府城北二十里凤凰山。高安王厚炅墓，在府城北二十里郝家桥。高安王载堎墓，在范源。吉安王府墓，俱在府城东北黄荆山。嘉兴王府墓，在博士湖。绍兴王府墓、广信王府墓，俱在龙吼山。金华王府墓，在府城北十七里汪王庙。"⑤

清光绪《江西通志》："明淮靖王瞻墺、淮康王祈［祁］铨、淮定王佑［祐］棨、淮庄王佑［祐］楑、淮宪王厚焘、淮恭王载坮、淮顺王载坚、未谥王翊钜、常清，清江端裕王等墓，俱在鄱阳八都安山。谢《志》原案：安《志》止载淮靖王墓，白《志》据林《志》、《鄱阳县志》补入。"⑥

---

① 明·李贤等：《大明一统志》卷五十，"江西布政司·饶州府·陵墓"，杨氏海源阁旧藏本，第11页。

② 清·于成龙等修，杜果等纂：《江西通志》卷二十四，"祠祀（丘墓附）·饶州"，国家图书馆藏清康熙二十二年刻本，第45页。

③ 清·黄国瑞等：《鄱阳县志》卷十五，"杂志·坟墓"，清康熙二十三刻本，第24—25页，《国家图书馆藏清代孤本方志选》，第一辑，线装书局2001年版，第十七册，第1220—1221页。

④ 清·谢旻等监修：《江西通志》卷一百十，"邱墓·明"，影印文渊阁《四库全书》本，第60页，台湾商务印书馆1984年版，第516册，第649页。

⑤ 清·黄登谷等：《鄱阳县志》卷二十二，《冢墓》，国家图书馆藏清乾隆十四年刻本，第16—17页。

⑥ 清·刘坤一等修，刘绎、赵之谦纂：《江西通志》卷一百二十，"胜迹略·冢墓二"，国家图书馆藏清光绪七年刻本，第14页。

二十六、梁　庄　王

梁庄王朱瞻垍，明仁宗第九子，永乐二十二年（1424年）封梁王，宣德四年（1429年）之藩安陆（今湖北钟祥），正统六年（1441年）卒，谥曰庄，无子封除。

明嘉靖《兴都志》：“梁庄王墓，在县南瑜灵山，妃魏氏合葬，夫人张氏祔葬。享殿五间，东西厢十有二间、神厨五间、碑亭二座、直宿房六间、宰牲房三间、棂星门三间、券门三间，红墙周回一百三十丈。内官住宅一所。嘉靖三年，上赐修葺，寝阁帷帐，与郢靖王一时并新。”①

清乾隆《钟祥县志》：“楚［梁］庄王墓。王，仁宗第九子也。永乐二十二年册封于安路州。有妃纪氏，未之国，薨。至是，始选魏氏，册配梁王。王于正统六年正月十二日薨，年三十一，命官营葬，谥曰庄。景泰二年三月十七日魏妃薨，合葬。无嗣，国绝。在县东南三十里瑜灵山，旧有殿垣，今废。”②

二十七、德　　藩

德藩始封为明英宗第二子朱见潾，景泰三年（1452年）初封荣王，天顺元年（1457年）改封德王，成化三年（1467年）之藩山东济南，正德十二年（1517年）卒，谥曰庄。据《明史》之《诸王传》和《诸王世表》记载，德王爵传七世，共六王。崇祯十二年（1639年）正月，清兵入犯济南，嗣王朱由枢被执赴盛京（今辽宁沈阳），不知所终，明人称：“德藩蒙难，此本朝近三百年未有之变。”③此后德府事《明史》不载。据明末清初的有关历史文献，由枢之后尚有一德王由檕，清顺治元年（1644年）七月，招抚山东河南侍郎王鳌永启报：“济南、东昌、青州、临清等州郡以次抚定，并赍送故明德王朱由檕降表。”④据此可知崇祯十二年以后，明朝又另立朱由檕为德王。故德府应为七世七王，其世系如下。

---

① 明·顾璘修：《兴都志》卷七，钟祥县志局重刊，民国二十六年。引自《郢靖王墓》。

② 清·高世荣修，李莲纂：《钟祥县志》卷二，“陵墓”，国家图书馆藏清乾隆六年刻本，第76页。

③ 中国第一历史档案馆等编：《中国明朝档案总汇》，崇祯十二年五月二十五日《礼部为保护藩封请赐敕书优奖事手本》，影印本，广西师范大学出版社2001年版，第84册，第148页。

④ 清·巴泰等：《清世祖实录》卷六，顺治元年七月丁酉，据皇史宬旧藏等清抄本影印《清实录》，中华书局1985年版，第3册，第67页。

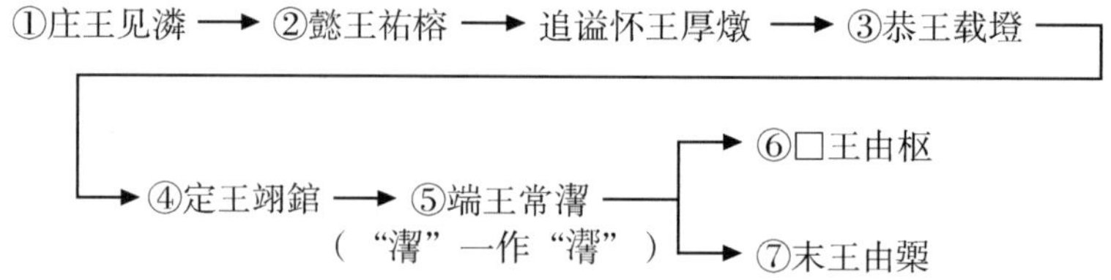

明嘉靖《山东通志》：“德府庄王墓，在长清县东青崖山之阳，济宁安僖王（德庄王子）附葬。历城王墓，在府城西北紫金山，德庄王孙。”①

清道光《长清县志》：“明德王墓：明德庄王墓（子济宁安僖王祔）、德懿王墓、德怀王墓、德恭王墓、德定王墓、德端王墓，俱在县东南四十里青崖山之阳（《通志》）。明宁海王墓、明临朐王墓、明东平王墓、明临清王墓、明泰安王墓。”②

民国《长清县志》：“明德庄王墓，王名见潾，英宗第二子，成化三年就国济南。《通志》云：子济南［宁］安僖王□祔。明德懿王墓，王名祐榕，庄王子。明德怀王墓，《五峰山志》云：怀王《明史》不载，失考，盖《诸王列传》不载，而《诸王世表》则详，《历城县志》云名厚燉，懿王庶子，据《诸王世表》言之也。明德恭王墓，王名载墱，懿王孙。明德定王墓，王名翊錧，恭王子。明德端王墓，《明史·诸王列传》名常濬，《诸王世表》名常濬，定王子。以上俱在五峰东南青崖山之阳。”③

二十八、秀　怀　王

秀怀王朱见澍，明英宗第五子，天顺元年（1457年）封秀王，成化六年（1470年）就藩汝宁（今河南汝南），成化八年（1472年）卒，谥曰怀，无子，封除。

清雍正《河南通志》：“秀怀王墓，在府城东北五里。”④

---

① 明·陆釴等：《山东通志》卷十九，“陵墓·济南府”，山东省图书馆藏明嘉靖十二年刻本，第5页。

② 清·舒化民修，徐德城纂：《长清县志》卷十，《祠祀志下·邱墓》，第15—16页，《中国方志丛书》（华北地方·365），影印清道光十五年刊本，台北成文出版社有限公司1976年版，第731—732页。

③ 李起元等修，王连儒等纂：《长清县志》卷末，《五峰志略·陵墓第四》，《中国方志丛书》（华北地方·9），影印民国廿四年山东省政府印刷局铅印本，台北成文出版社1968年版，第1609—1610页。

④ 清·田文镜、王士俊等监修，孙灏等纂：《河南通志》卷四十九，“陵墓·汝宁府”，第38页，影印文渊阁《四库全书》本，台湾商务印书馆1984年版，第537册，第72页。

民国《重修汝南县志》："秀怀王墓，城东北五里。"[①]

按，此二条方志记载与朝廷官方文献相矛盾，《明宪宗实录》记载：成化八年（1472年）九月，秀王"讣闻，上甚哀悼之，辍朝三日，赐祭葬如礼。上念王乏嗣，不忍遐弃，遣中官奉迎灵柩归葬于京城之西山"[②]。推测汝宁府城东北的"秀怀王墓"或为秀怀王寿域亦即王妃的初葬之地，或为讹传。附记于此，留待后考。另外，秀怀王至少曾育有一女，同据《明宪宗实录》记载：成化十八年（1482年）二月，"赠秀怀王之女生母陈氏为夫人，遣官祭之"[③]。

二十九、崇　　藩

崇藩始封为明英宗第六子朱见泽，天顺元年（1457年）封崇王，成化十年（1474年）就藩汝宁秀怀王故邸，薨于成化十八年（1482年），谥简王。崇祯十五年（1642年），李自成军攻陷汝宁，末代王由樻不降被杀，世子慈煇等同遇害。崇王爵传七世，共六王，其世系如下。

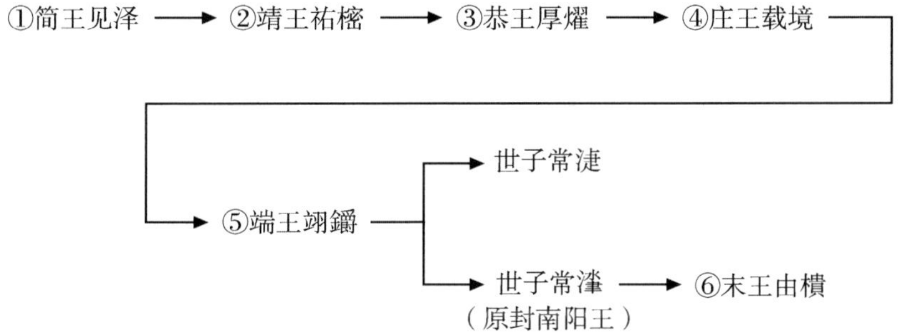

清雍正《河南通志》："明崇简王墓、靖王墓，俱在确山县城南五里。恭王墓，在上蔡县城西南一十五里。"[④]

清嘉庆《大清一统志》："崇简王墓，王，英宗子，名见泽，封于汝宁，在确山

---

① 陈伯嘉修，李成钧等纂：《重修汝南县志》卷三，《古迹志·古冢墓》，第23页，《中国方志丛书》（华北地方·453），影印民国廿七年石印本，台北成文出版社1968年版，第198页。

② 明·刘吉等：《明宪宗实录》卷一〇八，成化八年九月乙卯，校印本《明实录》，第24册，第2111页。

③ 明·刘吉等：《明宪宗实录》卷二二四，成化十八年二月乙卯，校印本《明实录》，第26册，第3852页。

④ 清·田文镜、王士俊等监修，孙灏等纂：《河南通志》卷四十九，"陵墓·汝宁府"，第38页，影印文渊阁《四库全书》本，台湾商务印书馆1984年版，第537册，第72页。

县南十里蟠龙山前。诸墓皆祔。”[①]

民国《重修汝南县志》：“崇简王墓，确山九十里，靖、恭、□（引者按，应为庄或端）诸王同。”“怀安府庄惠王墓，城东南八里屯；温穆王墓，城东南八里屯。瑞安府恭简王墓，城东南方良屯；庄惠王墓，城东南方良屯。庆元府荣康王墓，城东南董家屯；端穆王墓，城东南董家屯；庄懿王墓，城东南董家屯。归德府庄[端]惠王墓，城西□（断？）济屯。”[②]

三十、吉　藩

吉藩始封为明英宗第七子朱见浚，成化十三年（1477年）就藩长沙，嘉靖六年（1527年）薨，谥曰简。吉王爵传八世，共七王，其世系如下。

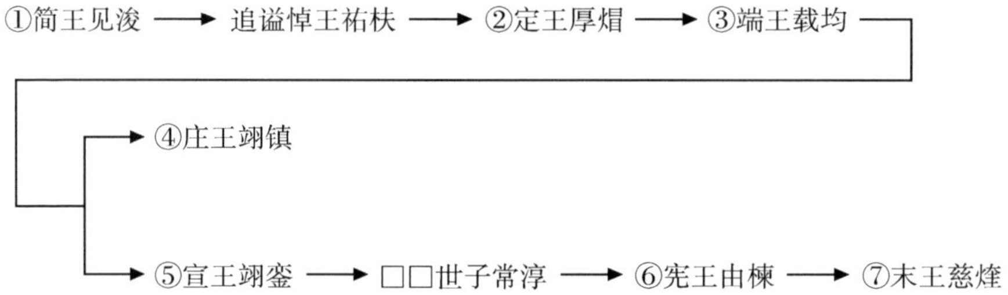

明嘉靖《长沙府志》：“吉王，英宗皇帝第五子，成化丁酉（十三年，1477年）封，嘉靖丁亥（六年，1527年）薨，谥曰简；赐葬长沙之关山。吉世子，早薨，赠吉悼王，葬关山。世孙，嘉靖庚寅（九年，1530年）袭封吉王。”[③]

清乾隆《长沙府志》：“吉简王墓，在关山；悼王墓，在关山；定王墓，在镇南山；端王墓，在大智山；庄王墓，在关山；宣王墓，在凤凰山；宪王墓，在鐘［鍾］（钟）祥山。长沙恭简王墓，在县南七里山。谷城昭宪王墓，在县西七里冈；温裕王墓，在洞井铺。福清王墓，在龙洞。长沙昭靖王墓，在七里冈。”[④]

① 清·穆彰阿等：《大清一统志》卷二百一十六，“汝宁府二·陵墓”，《四部丛刊续编》（史部）影印旧钞本，第13页。

② 陈伯嘉修，李成钧等纂：《重修汝南县志》卷三，《古迹志·古冢墓》，第23页，《中国方志丛书》（华北地方·453），影印民国廿七年石印本，台北成文出版社1968年版，第198页。

③ 明·徐一鸣等：《长沙府志》卷一，“封建世谱”，第19页，日本上野图书馆藏明嘉靖十三年刻本。

④ 清·吕肃高修，张雄图纂：《长沙府志》卷十六，“陵墓·善化县”，清乾隆十二年刊本，第3—4页，《中国地方志集成》（湖南府县志辑①），江苏古籍出版社2002年版，第1册，第327—328页。

清光绪《善化县志》："明吉府诸王墓：简王，县南关山；悼王，县南关山；定王，县正南山；端王，县南大智山；庄王，县南关山；宣王，县凤凰山；宪王，县钟祥山。恭简王，县南七里山；昭宪王，县西七里冈；昭靖王，县南七里冈；福清王，县西龙洞；温裕王，县南洞井冈。以上具旧《志》。"①

清同治《苍梧县志》："明吉王墓，在城西十里大江北岸五量村后，旧《志》作'祈阳'误。按，王与桂、惠二王同至梧，崇祯十七年薨，逾年葬，见《外传》。"②

三十一、徽　　藩

徽藩始封为明英宗第九子朱见沛，成化二年（1466年）封徽王，十七年（1481年）就藩钧州（今河南禹县），正德元年（1506年）卒，谥曰庄。徽王爵传四世，共四王，嘉靖三十五年（1556年），第四代徽王朱载埨畏罪自尽，封除。徽藩世系如下。

①庄王见沛→②简王祐檯→③恭王厚爝→④废王载埨

清乾隆《禹州志》："徽庄王墓，郡西九十里，敕修。徽简王墓，郡西九十里，敕修。……徽恭王墓，州西董村。荥阳王墓，在董村。阳夏王墓，在城西北杨家岗。太和端僖王墓，在城西。建德康和王墓，在州西。景宁恭裕王墓，在州西三峰里。遂昌□□王墓，在州西北杨家岗。怀庆王墓，在城西十里。孟津王墓，在城西。"③

民国《禹县志》："朱耳山，产水晶，徽庄王坟附近最多，状如竹笥……。其北曰鹞子床、曰琥珀岭，南曰保安山，中为石峡峪，明徽庄王墓在焉，妃尚氏祔。……其南为下官司，嗣王徽简王在焉。"④

民国《禹县志》："徽庄王墓，《乾隆邵志》曰：州西九十里，镇峰里八甲下官司。徽简王墓，《乾隆邵志》曰：州西九十里，镇峰里八甲下官司。……徽恭王墓，县西十五里，文凤里二甲董村。荥阳王墓，县西十五里，文凤里二甲董村。阳夏王

① 清·吴兆熙、黄世煦、冒沅主修，陈运亨等协修：《善化县志》卷二十九，"古迹·冢墓"，《中国地方志集成》（湖南府县志辑⑤）影印清光绪三年刊本，江苏古籍出版社2002年版，第564页。

② 清·蒯光焕等监修：《苍梧县志》卷六，"风土志下·附塚墓"，清道光二十八年重修、同治十年编纂并镌，凤台书院存板，第36页。

③ 清·邵大业修，孙广生等纂：《禹州志》卷十二，"陵墓志"，国家图书馆藏清乾隆十二年刻本，第2页。

④ 车云修，王棽林纂：《禹县志》卷三，"山志"，第19页，《中国方志丛书》（华北地方·459），影印民国二十年刊本，台北成文出版社有限公司1976年版，第331—332页。

墓，《乾隆邵志》曰：在州西北杨家岗。太和端僖王墓，《乾隆邵志》曰：在州西。建德康和王墓，《乾隆邵志》曰：在州西。景宁恭裕王墓，《乾隆邵志》曰：在州西三峰里。遂昌王墓，《乾隆邵志》曰：在州西北杨家岗。怀庆王墓，《乾隆邵志》曰：在州西十里，义让里一甲新庄。孟津王墓，《乾隆邵志》曰：在州西。”①

三十二、兴献王与岳怀王

兴献王朱祐杬为明宪宗第四子，成化二十三年（1487年）封兴王，弘治七年（1494年）之藩安陆（今湖北钟祥）。朱祐杬薨于正德十四年（1519年）六月，谥曰献，营葬于封国。一年多以后，其子朱厚熜被迎立为皇帝，即明世宗。经过前后近二十年的“大礼议”之争，兴献王夫妻最终取得了明朝帝后等级的全部祭葬礼仪待遇，兴献王被追尊为“知天守道洪德渊仁宽穆纯圣恭俭敬文献皇帝”，庙号“睿宗”，其旧葬之王墓经过添建改建，荐上陵号曰显陵。兴献王育有二子二女，除明世宗外均夭折，长子五日而夭，次女十日而夭，长女也只活到四岁。世宗即位后，分别追册封为亲王和公主。

明嘉靖《兴都志》：“岳怀王墓，在兴都城东三十里清平村双桥山。享殿五间，东西厢各三间、左右直宿房共六间、碑二座、燎炉一座、棂星门三间、券门三间，神厨一所，厅五间、门一座、宰牲房三间、库五间、仓房五间，红墙周回一百一十有八丈。内官住宅一所。”②

清乾隆《钟祥县志》：“岳怀王墓：王，兴王首子，世宗兄。生弘治庚申（十三年，1500年）六月十二甲午，越五日己亥，王薨，谥曰怀。在县东南二十里清平山，志见《艺文志》。崇宁长公主、善化公主墓：崇宁长公主，兴王第一女，母蒋妃。善化公主，第二女，母王妃。俱世宗妹。……崇宁葬于城东之双桥，善化葬于丘公墙；旧有祠宇、碑亭，今废。”“兴献遗陵，……距县城可十里许，旧有宫殿及司香太监，今俱废。”③

① 车云修，王棽林纂：《禹县志》，卷十三，“陵墓志”，第27—28页，《中国方志丛书》（华北地方·459）影印民国二十年刊本，台北成文出版社有限公司1976年版，第1034—1036页。

② 明·顾璘修：《兴都志》卷七，钟祥县志局重刊，民国二十六年。引自《郢靖王墓》。

③ 清·高世荣修，李莲纂：《钟祥县志》卷二，“陵墓”，国家图书馆藏清乾隆六年刻本，第76—77页。

三十三、益　藩

益藩始封为端王朱祐槟，明宪宗第六子，弘治八年（1495年）之藩建昌（今江西南城），即荆王故邸而居。据《明史·益王传》记载，益国传六世，共六王，末王名朱由本，“国亡窜闽中”①。而乾隆间定稿的官修《江西通志》则云：“按益府《世系》：常迁谥敬王，由本谥定王，长子慈炱袭封益王，乙酉（南明弘光元年、清顺治二年，1645年）城陷，流离播迁，薨于粤。”②据此则益府末王应为由本之长子慈炱。益末王在弘光帝被俘后曾为抗清而“捐赀募士，以建昌起”③，后至福建投奔隆武帝，再随其残部走广东，隆武二年（1646年）在广州被清兵杀害，《清世祖实录》记载在广州被杀明朝宗室成员有“益王思炏”之名④，应系“慈炱”之误写。1982年3月，江西省文物工作队在南城清理了益定王朱由木及其元妃黄氏、待追封次妃王氏的合葬墓⑤，出土的三方圹志确证了《江西通志》关于益府承袭等记载，并且揭示出“朱由本”之名是讹传，益定王之名应为“朱由木”。

益定王“由本”之名是清人误载，而“由木”也不是其本名。据《益宣王圹志》记载：益宣王朱翊鈏辞世时共有18子、14孙，“世子之子曰由校，寔元孙也”⑥。此时的益世子朱常迁后嗣为敬王，即定王之父。据此可知，益定王的本名是“朱由校”。益宣王死后的万历三十三年（1605年）十一月十四日，当朝皇帝（神宗）之长孙、皇太子（光宗）之长子诞生，次年二月二十五日“命皇太子第一子名”曰由校⑦，昭告中外。从此，“朱由校”就成了皇长孙之名，此由校后来即位，改元天启，是为明熹宗。而益藩之本名“由校”者，早至皇长孙命名诏颁下、迟不过熹宗登基即当以卑避尊，不能再用本名，乃去“交”存“木”，改名“由木”⑧。

在订正《明史·益王传》中的有关舛差后，可知自端王始封迄于明末，益藩共传

---

① 清·张廷玉等：《明史》卷一一九，《诸王传·益端王祐槟》，标点本，第12册，第3641页。

② 清·谢旻等监修：《江西通志》卷四五，“封爵”，影印文渊阁《四库全书》本，台湾商务印书馆1984年版，第514册，第460页。

③ 清·查继佐：《罪惟录》列传卷四，“益王”，浙江古籍出版社1986年版，第1268页。

④ 清·巴泰等：《清世祖实录》卷三〇，顺治四年二月乙未，影印本《清实录》，中华书局1985年版，第3册，第252页。

⑤ 江西省文物工作队：《江西南城明益定王朱由木墓发掘简报》，《文物》1983年第2期。

⑥ 江西省文物工作队：《江西南城明益宣王朱翊鈏夫妇合葬墓》，《文物》1982年第8期。

⑦ 明·顾秉谦等：《明神宗实录》卷四一八，万历三十四年二月甲子，校印本《明实录》，第61册，第7922页。

⑧ 刘毅：《〈明史·诸王传〉补正》，《南开学报》1997年第2期。

七世，前后共七王，其世系如下。

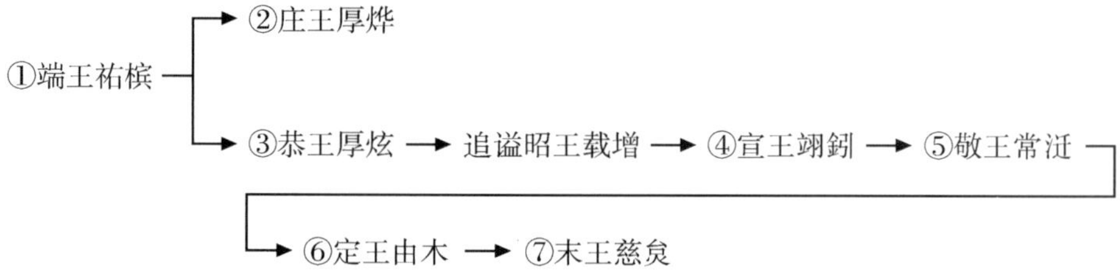

清康熙《建昌府志》：“明益端王墓，在三十六都金华山；宪宗第三子。益庄王墓，在三十六都二仙山；端王子。益恭王墓，在城东四十都资圣山，有享堂。益昭王墓、益宣王墓、益敬王墓、益定王墓，俱在十里女冠山。”①

清雍正《江西通志》：“益端王朱祐槟墓，在南城金华山。益庄王朱厚烨，在南城二仙山。益恭王朱厚炫，在南城资圣山。益昭王朱载增，在南城华盖山。益宣王朱翊鈏，在南城七宝山。”②

清乾隆《建昌府志》：“益端王墓，金华山。益庄王墓，二仙山。益恭王墓，资圣山。益昭王墓，华盖山。益宣王墓，七宝山。益敬王墓，女冠山。益定王墓，女冠山。益末王墓，王死难广州，奄人李翔盱归榇，附葬二仙山庄王园寝。”③

清同治《建昌府志》：“益端王墓，金华山。益庄王墓，二仙山。益恭王墓，资圣山。益昭王墓，华盖山。益宣王墓，七宝山。益敬王墓，女冠山。益定王墓，女冠山。益末王墓，王死难广州，奄人李翔盱归榇，附葬二仙山庄王园寝。”④

三十四、衡　藩

衡藩始封为明宪宗第七子朱祐楎，成化二十三年（1487年）封衡王，弘治十二年（1499年）之藩山东青州，嘉靖十七年（1538年）薨，谥曰恭。据《明史》记载，衡王爵至明末共传五世，共六王，末代王朱常㴲不知所终。但据《登莱巡抚陈锦残题本》所云：崇祯十七年（1644年）四月，“衡王朱由棷，惊闻闯贼攻陷京城，欲行南

① 清·高天爵等修，吴挺之等纂：《建昌府志》卷九，“秩祀志·丘墓”，国家图书馆藏康熙十二年刻本，第3页。

② 清·谢旻等监修：《江西通志》卷一百十，“邱墓·明”，第46页，影印文渊阁《四库全书》本，台湾商务印书馆1984年版，第516册，第642页。

③ 清·孟炤修，黄祐等纂：《建昌府志》卷二十一，“丘墓考·明”，国家图书馆藏清乾隆二十四年刻本，第2页。

④ 清·邵子彝修，鲁琪光等纂：《建昌府志》卷十，“杂类志·茔墓”，国家图书馆藏清光绪五年重刊同治十一年刻本，第2页。

遁。阖城士民恐其窜也，无以应闯贼之求，故遮留不放"[①]。由此可知，由字辈的衡王在明末时已经袭封，该人于清顺治三年（1646年）被杀。据此，补衡府世系如下。

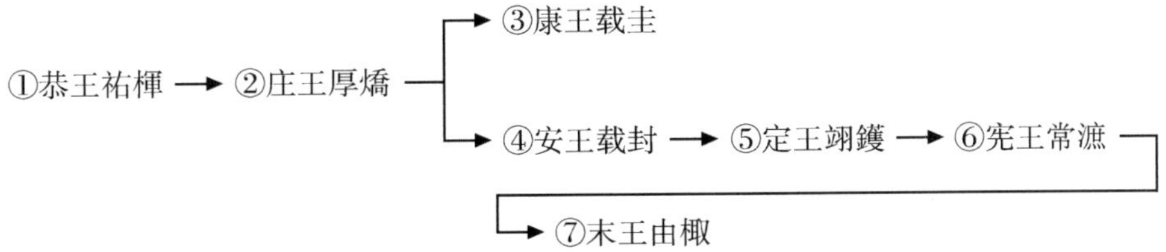

明嘉靖《临朐县志》："衡恭王墓，在逢山西三里许，前案为三阳山。玉田王墓，在恭王墓西。"[②]

清康熙《益都县志》："衡恭王陵，在三阳山原，属临朐，今属益都。衡庄王陵，在尧山西。衡康王陵，在马山南。衡定王陵，在尧山南。衡宪王陵，在炉山之原。"[③]

清光绪《益都县图志》："明衡恭王墓，在城西南三阳山。衡庄王墓，在尧山南。衡康王墓，在城西马山南，今在九迴山南。旧《志》在马山南，盖为山之讹。衡定王墓，在尧山南。衡宪王墓，在炉山之原。"[④]

清宣统《山东通志》："衡恭王墓，在县西南三阳山。衡庄王墓，在尧山西南。衡康王墓，在县西马鞍山南。衡定王墓，在尧山南。（新乐）康宪王墓，在炉山之原。"[⑤]

三十五、汝　藩

据《明史·诸王传》记载，汝藩始封为明宪宗第十一子朱祐梈，弘治四年（1491年）封汝王，十四年（1501年）就藩卫辉（今河南汲县），嘉靖二十年（1541年）

① 中央研究院历史语言研究所编：《明清史料》丙编，第5本，第496页，《登莱巡抚陈锦残题本》，1936年印行。

② 明·王家士等：《临朐县志》，"杂志·陵墓"，宁波天一阁旧藏明嘉靖三十一年刻本，第21页。上海古籍书店1962年影印。

③ 清·陈食花修，钟谔等纂：《益都县志》卷四，"陵墓"，国家图书馆藏清康熙十一年刻本，第19—20页。

④ 清·张承燮修，法伟堂等纂：《益都县图志》卷十二，"古迹志"，国家图书馆藏清光绪三十三年刻本，第19页。

⑤ 清·张曜等修，孙葆田等纂：《山东通志》卷三十七，《疆域志第三·古迹四·青州府益都县》，据商务印书馆1934年影印1915年初刊本校订重刊，上海古籍出版社1991年版，第1430页。

卒，谥曰安，无子，封除。查《明世宗实录》，汝王卒于嘉靖三十七年（1558年）闰七月，当月丁酉日下有“汝王祐梈薨”的记载[①]。《明世宗实录》《大明会典》等均言其归葬京师西山。

明万历《卫辉府志》：“□明汝世子墓，在府城西十五里司马村。胙城郡主墓，在府城西十里土山后，乃汝安王女。”[②]（按：据此条记载可知，汝安王本育有子女各一，俱早夭，葬封国。其次妃亦葬封国，详本书第二章）

清顺治《卫辉府志》：“旧明汝世子墓，在府城西十五里司马村。胙城郡主墓，在府城西十里土山后，乃汝安王女。”[③]

三十六、荣　　藩

荣藩始封为明宪宗第十三子朱祐枢，弘治四年（1491年）封荣王，以年幼留居京邸。正德三年（1508年）之藩湖南常德，嘉靖十八年（1539年）卒，谥庄王。荣王爵传七世，共六王，其世系如下。

①庄王祐枢 → 追谥怀王厚勳（怀穆世子）→ ②恭王载墐 → ③定王翊鈐 → ④□王常溒 → ⑤宪王由枵 → ⑥末王慈炤

明嘉靖《常德府志》：“荣怀穆世子墓，府北三十里阳山东。福宁王墓，府北三十里。”[④]

明嘉靖《常德府志》：“观音寺，府北阳山东侧。晋白鹿和尚建，今改为荣世子墓基。”[⑤]

清嘉庆《常德府志》：“明荣庄王佑［祐］枢墓，府北六十里大龙驿兴国寺，有嗣荣王载瑾立碑四（《武陵志稿》）。荣妃刘氏墓，庄王墓旁（同上）。福宁怀僖王厚熹墓，城东十里德山，乾明寺前有砖城，《德山志》传为金刚再来，故没［殁］葬

---

① 明·徐阶等：《明世宗实录》卷四六二，嘉靖三十七年闰七月丁酉，校印本《明实录》，第47册，第7803页。

② 清·侯大节等：《卫辉府志》卷五，未标页码，国家图书馆藏明万历三十一年刻本。

③ 清·程启朱等修，苏文枢等纂：《卫辉府志》卷七，“祀祠志·丘墓”，国家图书馆藏清顺治十六年刻本，第25页。

④ 明·陈洪谟等：《常德府志》卷十，“祠祀志·丘墓”（本府武陵县附），宁波天一阁旧藏明嘉靖十七年刊本，第13—14页，上海古籍书店1964年影印。

⑤ 明·陈洪谟等：《常德府志》卷二十，“方外志·寺观、仙释（拾遗附）”（本府武陵县附），宁波天一阁旧藏明嘉靖十七年刊本，第3页，上海古籍书店1964年影印。

山左（《德山志》）。荣王妃墓，在德山，万历五年葬（《龙志》）。荣怀穆王［世子］墓，府北三十五里阳山下白鹿寺，明荣庄王子，荣王载瑾之父；有嘉靖、万历时御祭追谥碑，下二里为鹿苑口（《志稿》）。荣恭王载瑾墓，城北五十里铜鼓村之金凤山，有碑二。荣恭王妃墓，恭王墓旁，有碑。惠安王府墓，县北七十里文殊寺。四府陵，府西四十里金罡寺，亦荣藩墓；有丰碑，久仆。石板寺，府北三十里，有荣府墓。王墓总，县北七十里，俱有前代王府墓。俱同上。”①

清嘉庆《常德府志》：“明藩王墓，在赤山明月湾；龟山二塚，在蒋保，约高二丈、周百余步，相传明藩王墓。”②

三十七、潞　藩

潞藩始封为明穆宗第四子朱翊镠，隆庆五年（1571年）封潞王，万历十七年（1589年）之藩卫辉（曾改名汲县），万历四十二年（1614年）卒，谥曰简。王位传其子常淓，后降于清，被杀，葬地不详。

清顺治《卫辉府志》：“潞王坟，在城西五陵山中，其妃赵氏坟在右。”③

清乾隆《卫辉府志》：“凤凰山，旧《新乡县志》：一名望虎山，在县北三十里五陵冈麓，即潞王坟”。“……（简王）子小王袭封。小王习文翰，嗜古玩，权由宦寺。崇祯甲申（十七年，1644年），流寇西逼太杭，于二月十八日为总兵卜从善拥护，携宫眷宝器渡河而南。后归命国朝而终。其府第宫殿俱于顺治五年（1648年）拆毁，木植运入京师，止存周围墙垣及望京楼云”④。

三十八、福　忠　王

福忠王朱常洵，明神宗第三子，万历二十九年（1601年）封福王，四十二年

① 清·应先烈等修：《常德府志》卷六，“山川考·古迹、园墓（目录书‘陵墓’）”（武陵县），嘉庆十八年刊本，第28—29页，《中国地方志集成》（湖南府县志辑⑯），江苏古籍出版社2002年版，第87页。

② 清·应先烈等修：《常德府志》卷六，“山川考·古迹、园墓（目录书‘陵墓’）”（沅江县），嘉庆十八年刊本，第36页，《中国地方志集成》（湖南府县志辑⑯），江苏古籍出版社2002年版，第91页。

③ 清·程启朱等修，苏文枢等纂：《卫辉府志》卷七，“祀祠志·丘墓”，国家图书馆藏顺治十六年刻本，第25页。

④ 清·毕沅、刘种之修，德昌纂：《卫辉府志》卷六，“山川志”，第2页；卷九，“封爵志”，第16页；国家图书馆藏清乾隆五十三年刻本。

（1614年）三月之藩河南洛阳，在国“日闭阁饮醇酒，所好惟妇女倡乐”，时人谓“先帝耗天下以肥王，洛阳富于大内”①。崇祯十四年（1641年）正月二十日，李自成兵陷洛阳，“王体肥，重三百余斤。贼置酒大会，以王为葅，杂鹿肉食之，号‘福禄酒’”②。王府二承奉“乞一棺收王骨”，“桐棺一寸，载以断车”，藁葬之。事闻于朝，崇祯皇帝“震悼，辍朝三日”③，赐谥曰“恭”④。崇祯十六年（1643年）正月，福世子朱由崧及河南地方官员将其改葬于邙山。崇祯十七年（1644年）五月，嗣福王由崧即位南京，七月上本生父常洵尊谥曰“贞纯肃哲圣敬仁毅恭皇帝”，九月遥上陵名曰“熙陵”，弘光元年（1645年）三月改上谥曰“孝皇帝”⑤。

清乾隆《洛阳县志》：“福忠王墓，王名由榘⑥，见《地理·分封》，在县西北十五里金水河上厓。”⑦

三十九、桂　端　王

桂端王朱常瀛，明神宗第七子，万历二十九年（1601年）封桂王，天启七年（1627年）出藩衡州（今湖南衡阳）。崇祯十六年（1643年），张献忠陷衡州，南逃

① 清·张廷玉等：《明史》卷一二〇，《诸王传·福恭王常洵》，标点本，第12册，第3650页。

② 清·计六奇：《明季北略》卷一七，“李自成陷河南府”，魏得良等点校本，中华书局1984年版，第292页。按：福王被烹食之说见于明清之际多家记载，又如吴伟业《鹿樵纪闻》等。披阅清初文人“泥首乞命”“福禄宴”一类说法，即使出自民间臆造，也主要是反映了时人对于福王父子的鄙薄和怨恨，本意并不在于污蔑或贬损李自成。“食肉”与“收骨”乃至后来的改葬并不一定矛盾。

③ 清·张廷玉等：《明史》卷一二〇，《诸王传·福恭王常洵》，标点本，第12册，第3651页。

④ 《明史》所记“福恭王”，实误。1986年，孟津县文物部门征集到《大明福忠王圹志》一方，志文云常洵谥曰“忠”（见李献奇等《明福王朱常洵圹志》，《中原文物》1987年3期），当以圹志为是。志文中有“王独挺身抗节，指贼大骂”，或系常见的谀墓之辞。

⑤ 清·温睿临：《南疆逸史》卷一，《南都（安宗）纪略一》，第9页；卷二，《南都（安宗）纪略二》，第26页；《台湾文献丛刊》本，第132册。

⑥ 明始封福王名朱常洵，见于《明神宗实录》及《明史》中的有关条目，应无疑义。清修《洛阳县志》记其名曰由榘，实误以其子之名名之。按，明太祖手订“燕府世系”，“由”为“常”下一辈。考《明史·诸王世表五》，常洵生二庶子，长名由崧，封德昌王；次名由榘，封颍上王。由榘与常洵同时死难，龚崧林等人误将父子混同。朱由崧被立为福世子，后嗣福王位。崇祯十七年（1644年）五月，嗣福王被拥戴即位于南京，即南明弘光帝。龚《志》谓常洵为福忠王是正确的，《明史》等“福恭王”之说或由南明追尊“恭皇帝”讹传而来。

⑦ 清·龚崧林纂修，汪坚总修：《洛阳县志》卷三，“地理·山川（陵墓附后）”，第11页，《中国方志丛书》（华北地方·476），据清乾隆十年刊本影印，台北成文出版社有限公司1976年版，第231页。

避乱，后寄居苍梧（今广西梧州），卒于崇祯十七年（1644年）十一月，葬梧州，永历帝即位后追尊为帝，曾荐号其墓曰“兴陵”。其世子早夭，嫡三子朱由樱，原封安仁王，受隆武帝命嗣封桂王，隆武二年（1646年）亦卒于苍梧，无嗣。端王第四子原封永明王朱由榔以序嗣立，后为南明永历帝。

清乾隆《梧州府志》：“明桂王兴墓［陵］，在高望村山麓。祁阳［吉］王墓，在大江南岸五量地。”①

清同治《苍梧县志》：“明桂王墓，在城西南十里大江南岸高望村（旧《志》），按崇祯十六年王至梧，十七年薨，逾年葬高望，称为兴陵，见《外传》。”②

从本节著录的各条资料来看，不同地区、不同修撰年代的地方志对于明代藩王陵墓的记述是繁简不一的（需要说明的是，并非所有能见到的关于明代藩王陵墓的地方志记述都在本书中一一摘引），甚至有一些藩府所在的地方志中几乎找不到关于明代藩王陵墓的记载。另外，由于古今地名变异、行政地理变迁等因素，对于现存地方志，在查证引用时也应该特别注意加以甄别。

尽管存在着一些疏漏，明清至现代地方志中关于明代王墓的记载仍然具有不容忽视的史料价值。首先，它们提供了明代藩王陵墓基本方位的判定依据和寻找相关遗存的目标，为尚无考古学证据的王墓研究提供了一定的分析参考。其次，少量的地方志中还有涉及王墓的附图，虽然没有比例尺，但却标明了相对方位关系，如嘉靖《临朐县志》卷首的县境图中就标出了衡王墓（图1-5）。至于嘉靖《兴都志》中的《郢靖王坟图》，描绘了陵园建筑布局和营造规制，研究价值更高。最后，为一些无文字佐证（如墓志等）的明代藩王和宗室成员墓葬的墓主身份研究提供了确认的佐证；为业已无存的明代王墓保留下少量的文字记录。另外，有不少方志中关于藩王墓的记载会涉及该府世系或王爵承袭世次，可以补充或修正《明史》中《诸王传》和《诸王世表》等篇章的一些漏误，特别是可补崇祯朝缺正式修撰《实录》之缺憾，佐证明末清初诸王府史实研究。

① 清·吴九龄修，史鸣皋等纂：《梧州府志》卷四，“舆地志四·古迹坊表陵墓附”（苍梧县），第27页，《中国方志丛书》（第119号），影印清乾隆三十五年修，同治十二年重刻本，台北成文出版社1961年版，第110页。

② 清·蒯光焕等监修：《苍梧县志》卷六，“风土志下·附塚墓”，清道光二十八年重修、同治十年编纂并镌，凤台书院存板，第36页。

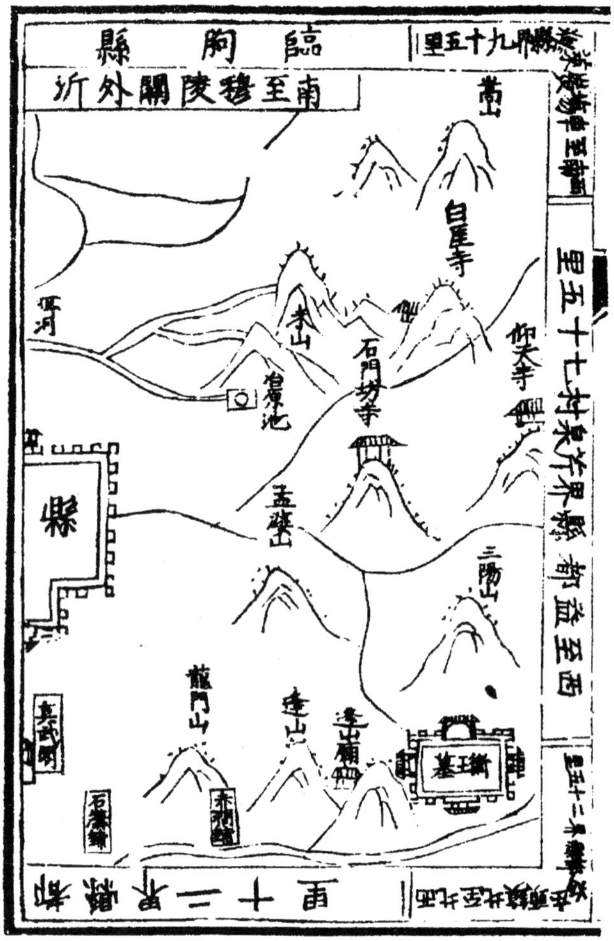

图1-5　明嘉靖《临朐县志》卷首《临朐境内图》所标注的“衡王墓”
（引自《天一阁藏明代方志选刊》）

第二章　明代藩王陵墓考古资料的初步整理与分析

根据前章内容，综合多种不同性质的资料估算，明代两京以外应该有亲王等级（含追封王及世子）的陵墓近280座，基本都分布在各藩府所在的府、州附近，分属于今陕西、山西、河南、山东、湖北、湖南、江西、四川、甘肃、宁夏共10个省区；另外，在南北两京地区还有夭折的皇太子、诸王墓约40座。遗憾的是，明代王墓的考古调查和发掘资料十分有限，在大约280座亲王陵中，只有三分之一略多有详略不等的资料披露，而这其中有比较完整测绘数据的又只占三分之一左右；也就是说，有规范而详尽考古资料的明代王墓（含两京地区同等级墓葬）只占明代王墓总数的十分之一左右。如果仅以这些资料为基础进行本项研究，显然会使结论的准确性受到影响。为了取得更多可资比较的资料，本章也征引了和亲王陵墓制度相近的王妃墓（单独葬者）资料，作为亲王陵墓研究资料的补充。此外，还著录了测绘数据比较完备的郡王墓葬发掘资料，它们在各地郡王墓总数中所占比例更小，但可用来作为墓葬等级制度分析对比的参照。

本章最主要的工作是汇集明代藩王陵墓各种不同形式的实证资料，并进行初步分析整理。其核心目的，是对明代王墓的考古资料进行最大限度的集中，所著录的内容，除公开发表的考古报告、简报外，还包括一些其他形式的具有研究价值的记述，也有一部分是笔者个人不同时期现场调查的记录；南北两京地区的太子、藩王、公主等人的墓葬资料也主要在本章讨论。另外，为保存资料计，各藩府郡王以下人员的墓葬，特别是女性的墓葬资料，也都尽可能著录出处。从这个角度来看，本章有些类似于“史料长编”的性质。在资料引用的取舍上，本章和第三、第四两章的区别主要在于博而不细，凡在后面两章中需要详细讨论的数据，在本章均点到为止；凡调查发掘简报中有而正式考古报告中舍弃的内容，如仍有价值，则尽量在本章著录。本书第三章（研究陵园）、第四章（研究玄宫）从典型个案、规制入手，所用资料强调精确和规范性，有一些本章著录的信息在后面（含第五章）可能会按性质集中，相对于各藩府而言则显得零散。为了尽量减少相同资料在后面章节中的重复使用，本章记述的内容有时会严重比例失衡，尚祈见谅。

明代藩王陵墓的正式考古发掘工作始于20世纪50年代，其中主动发掘的案例很少，各地大部分亲王、郡王的墓葬都是因建设工程或其他工作需要而开展的抢救性考古发掘，或者是清理盗掘后的遗存。历年考古调查发掘的明代亲王陵墓中有考古发掘简报、报告，或者其他性质材料中有比较详细的资料数据披露者，按照发现时间先后有晋裕王墓、益庄王墓、宁献王墓、鲁荒王墓、益端王墓、蜀悼庄世子墓、潞简王墓、益宣王墓、益定王墓、庆康王墓、辽简王墓、蜀僖王墓、德庄王墓、蜀昭王墓、蜀某王墓（1997年成都发掘，后认定是蜀端王）、楚昭王墓、梁庄王墓、蜀怀王墓、郢靖王墓、肃庄王墓、周懿王墓、韩恭王墓等。此外，襄宪王及襄藩诸王陵墓公布过比较系统的勘查资料；秦藩诸王陵公布过部分地面遗存调查资料；山东邹城、泗水、滕州、平邑等地的历代鲁王和鲁藩宗室墓做过部分地面遗存调查；江西省博物馆等单位把江西明代宁、淮、益三藩历年经过清理发掘的墓葬资料进行了整理补充并重新公布；湖南长沙的吉藩王墓群进行过初步调查；散处于河南禹州、郑州、荥阳等地的周藩亲郡王墓等经过系统的考古调查[①]。

上述各亲王墓的清理发掘资料，有些还附含了合葬或祔葬的王妃墓资料。独葬的明代亲王妃或王夫人墓葬的考古资料，已先后公布的有荆端王次妃刘氏墓[②]、宁康王次妃冯氏墓[③]、辽废王朱贵烚妃曹氏墓[④]、汝安王次妃晋氏墓[⑤]、蜀定王次妃王氏墓[⑥]、宁靖王夫人吴氏墓[⑦]、成都凤凰山明早期蜀王妃墓[⑧]等。

经过正式考古发掘或清理的明代郡王墓葬的数量远远少于亲王，其中披露过比较详细资料的有：秦藩兴平安僖王墓、汧阳端懿王墓、郃阳恭惠王墓和安僖王墓、永兴恭定王墓，肃藩某郡王墓（兰州上西园明墓），晋藩广昌悼平王墓，益藩罗川端懿王墓，周藩原武温穆王墓、南陵庄裕王墓，宁藩乐安昭定王墓，楚藩某郡王或王妃墓（武汉江夏区流芳岭寺王村明墓）、楚藩某郡王墓（武汉江夏区流芳岭四股山明

① 这些亲王墓葬资料的出处在本书《绪论》中已注明，后面章节的具体分析研究中还会以不同的方式出现，为省篇幅，此处不再重复，郡王墓同。

② 小屯：《刘娘井明墓的清理》，《文物参考资料》1958年第5期。

③ 郭远渭：《南昌明宁康王次妃冯氏墓》，《考古》1964年第4期。

④ 荆州地区博物馆等：《江陵八岭山明王妃墓清理简报》，《江汉考古》1988年第4期。

⑤ 李波涛：《卫辉清理一明亲王次妃墓》，《中国文物报》1991年5月5日第1版；不著撰人：《卫辉市清理一座明代亲王次妃墓》，《中国历史年鉴1992》，三联书店1993年版，第387页。

⑥ 成都市文物考古研究所：《明蜀定王次妃王氏墓》，见成都市文物考古研究所编《成都考古发现1999》，科学出版社2001年版，第295—314页。

⑦ 江西省文物考古研究所：《南昌明代宁靖王夫人吴氏墓发掘简报》，《文物》2003年第2期。

⑧ 成都文物考古研究所等：《成都凤凰山明蜀王妃墓》，见成都文物考古研究所编《成都考古发现2008》，科学出版社2010年版，第489—495页。

墓）、楚藩景陵顺靖王墓，唐藩承休荣和王墓，赵藩汝源端僖王墓；靖江昭和王墓，以及靖江悼僖、怀顺、安肃、康僖、温裕、宪定、荣穆等王墓。

明代其他宗室成员（包括女性宗室成员）墓葬的考古发掘报告、简报及若干考古调查资料，同样为明代藩府墓葬制度的研究提供了重要的实证性参照。历年来也有一些等级较低的皇室成员墓葬在建设工程中被发现，而后经考古工作者清理发掘，其中一些资料具有比较重要的参考价值，如楚藩镇国中尉朱显栻墓和辅国中尉朱英燝墓[①]，秦藩辅国将军朱秉橘墓[②]，楚藩崇阳靖简王位下镇国将军朱季塚墓和辅国将军朱均钵墓[③]，宁藩奉国将军朱宸涪墓[④]，楚藩"岳阳奉国将军勤健堂"墓[⑤]，伊藩方城郡王位下镇国将军朱訏洌墓、镇国将军朱典栴墓、辅国将军朱褒焌墓[⑥]，楚藩通城王朱英熔家族墓[⑦]等。

上述明代亲王、王妃等人的墓葬，涉及秦、晋、周、楚、鲁、蜀、湘、肃、辽、庆、宁、韩、郢、伊、赵、郑、襄、荆、淮、梁、德、徽、益、汝、荣、潞诸府，共计26藩；历洪武、永乐、洪熙、宣德、正统、景泰、天顺、成化、弘治、正德、嘉靖、万历、崇祯前后13朝。诸王墓的分布，属于今10个省区中的29个县市，即陕西长安，山西榆次，山东邹城、长清，河南郑州、洛阳、禹州、荥阳、安阳、沁阳、新乡、卫辉，湖北武昌、襄樊、谷城、南漳、钟祥、江陵、蕲春，湖南长沙、常德，江西新建、南昌、鄱阳、南城，四川成都，甘肃榆中、泾川，宁夏同心。郡王及以下宗室成员墓葬，涉及靖江王及秦、晋、周、楚、宁、肃、唐、伊、赵、益10府亲王位下，其中广西桂林的历代靖江王墓自成一系，几乎贯穿了有明一代，陵园勘探资料相对系统翔实，该府虽然爵位低亲王一等，但陵墓的规格却超逾了许多亲藩，极具研究价值。其他有确切纪年的郡王墓涉及永乐、宣德、成化、弘治、嘉靖、隆庆、万历、崇祯等朝，这些墓葬分布于广西桂林，陕西西安，山西太原，河南郑州、荥阳、洛阳、安阳、南阳，湖北武汉，江西新建、南城，甘肃兰州共7个省区中的多个县市。

---

① 武汉市博物馆：《黄家湾明代楚王朱氏墓》，《江汉考古》1998年第4期。

② 肖健一等：《西安发现明代秦王家族墓葬》，《中国文物报》2004年9月22日第1版；陕西省考古研究所等：《西安明代秦藩辅国将军朱秉橘家族墓》，《文物》2007年第2期。

③ 武汉市文物考古研究所等：《武汉江夏流芳四股山明墓发掘简报》，《武汉文博》2010年第4期。

④ 江西省博物馆等：《江西明代藩王墓》，文物出版社2010年版，第34页。

⑤ 富士康发掘分队：《武汉江夏富士康工业园区墓葬发掘》，《武汉文博》2010年第4期。

⑥ 洛阳市文物工作队：《洛阳三座伊藩家族墓发掘简报》，《中国国家博物馆馆刊》2012年第4期。

⑦ 武汉市文物考古研究所：《武汉市明通城王朱英熔家族墓地发掘简报》，《江汉考古》2014年第6期。其人及世系、生平等在张廷玉等所修《明史·诸王世表》中缺载。

其中郡王以下的宗室成员，由镇国将军至奉国中尉，虽然整体上人数更为庞大，但由于其墓葬本身规模小、营造规格低，关注度不够等原因，能够保留下来的仅有极少个案，基本不具备进行专门研究的条件。

相比较而言，明代两京地区夭折皇太子、亲王等人墓葬的考古发掘工作远远少于外省藩王墓葬；其中资料稍属详赅者更少，目前所知只有数例，但可供与外藩王墓对比分析。

第一节　明代两京地区太子、藩王陵墓的考古调查和发掘

公元1356年，朱元璋攻占集庆路（今江苏南京），旋即改名应天府，以此为大本营进行灭元和统一战争，明朝开国伊始，即以应天府为京师。明成祖“靖难”成功后，把自己作燕王时的旧封地北平（元大都旧址，今北京）升格为北京，永乐十四年（1416年）开始大规模营造、修缮北京城阙宫殿，永乐十八年（1420年）宣布自次年正月起以北京为京师。迁都北京以后，南京成为留都，但以太祖开国之都及孝陵所在，依然保留了一套政府机构。明代南北两京各有若干座皇太子园寝和藩王陵墓，绝大部分都已经难觅踪迹。

一、南京太子、藩王墓

在《明实录》《大明会典》等明代官方文献的明确记载中，南京有太子和亲王陵墓各1座，墓主分别为明太祖长子懿文皇太子朱标、第二十子韩宪王朱松；另有岷王妃等王妃墓。

懿文皇太子朱标于洪武二十五年（1392年）四月卒于皇太子之位，同年八月“庚申，祔葬皇太子于孝陵之东，……谥曰懿文”[①]。1999年3月至次年2月，南京市文物研究所“在孝陵陵宫以东60多米处勘探确认了明东陵寝殿遗址，……基本查清了陵寝

① 明·胡广等：《明太祖实录》卷二二〇，洪武二十五年八月庚申，校印本《明实录》，第5册，第3222—3223页。

布局”[①]。这组建筑由陵宫门、中门、享殿等部分组成[②]，主要建筑坐落在一条中轴线上，坐北朝南，南北纵深94米，东西总宽49.8米，规模远远小于明太祖孝陵。自陵宫门到中门为第一进院落，东西两侧宫墙呈弧形向陵园前门内收，平面呈龟背状（图2-1）。从残存柱础判断，中门为三间两进式，基址长约20米，宽13.5米。享殿前门以北为第二进院落，平面为长方形，中心为享殿。享殿台基东西长33.34米，南北宽18.7米，残高约1米，根据柱础可知原建筑为面阔五间、进深三间，前有月台，与享殿前的中门连以丹陛桥。砖砌陵宫墙垣一般厚1.2米，北垣厚3.1米，宫墙侧翼有完善的排水设施。遗址中出土有石雕柱础、阶石等构件，还有绿釉、黄釉琉璃勾头、滴水、螭吻、

图2-1　南京明“东陵”宫门遗址

① 贺云翱等：《南京明孝陵及东陵考古获多项发现》，《中国文物报》2000年2月27日第1版；贺云翱等：《明东陵考古纪实》，载中山陵园管理局等编《〈明孝陵志〉新编》，黑龙江人民出版社2002年版，第230—249页。

② 关于明代亲王陵园建筑物的名称，万历重修《大明会典》卷二〇三《工部》“王府坟茔”条下记永乐八年定制中有“享堂”“中门”“外门”等名（见影印本《大明会典》，第5册，第2730页）。享堂是陵园中的主体祭祀建筑，相当于北京十三陵各陵之祾恩殿，也称享殿；前章引嘉靖《兴都志》中即用“享殿”之名称谓郢靖王陵园中的相应建筑，《明实录》中也有以“享殿”名皇太子墓前祭祀建筑之例；本书按习惯“享殿”“享堂”互见。中门即陵宫门内、享殿前之二道宫门，也称“戟门”或“享殿前门”，相当于北京长陵之祾恩门，本书一般用“中门”名之。外门即陵宫之门，本书一般用“陵宫门”或“宫门”表述。南北两京太子、诸王陵墓同之。

脊兽，装饰龙、凤、西番莲等不同纹样，也有黄、绿、黑等不同釉色的板瓦、筒瓦、通脊等。

从现场遗迹观察，可以认定这是一组以享殿为中心的两进院落，坟冢不在其间。后进院落中局部还保留有完好的墁地砖，和明太祖孝陵享殿周边地表的营造方式完全一致，表明它们的建造年代应该相差不远。和孝陵不同的是，在享殿所在院落的北墙上未见有明显的宫门的遗迹，推测应不与坟冢区相通（图2-2）。在陵宫北墙以北沿中轴线的延长线搜寻，在南距宫墙大约300米的山坡上，发现有明显的人工夯筑三合土遗迹，推测是墓葬封土（宝顶）。

图2-2　南京明“东陵”陵宫后墙及地面遗迹

“东陵”是明代陵墓考古的一次重大发现。和孝陵相比，这组建筑遗址规模不大，符合“浅隘卑狭”的特征，遗址中出土有黄、绿、黑三色琉璃瓦件，也可与明清之际有关东陵改易黄瓦的记载相契合。因此，有理由认为这里就是湮没了三百余年的明东陵。但这一判断的直接证据并不充分，观察现存遗迹并结合有关文献分析，问题也似乎并不特别简单。

明代文献均称懿文皇太子陵在太祖孝陵之东，除《明太祖实录》外，还有许多私家记载可互为佐证，如张瀚《松窗梦语》谒孝陵、东陵游记云：“（孝）陵中禁采樵，草深木茂，望之丛蒙，深远不可测，惟遥望殿宇森严。御路旁列石器，长亘数里。前峙御碑，高三丈许，覆以石亭，亭前朱门御戟，以时启闭。左有懿文皇子墓，亦朱门深锁，不能至也。”[①]但这些记载中都没有关于二陵间具体距离的文字。明后期所修《南京太常寺志》记载了神宗万历三十八年（1610年）八月南京太常寺少卿刘曰梧的一段奏疏，谓自孝陵“东去数百武为东陵，则懿文太子寝庙也”[②]。这是目前所知关于孝陵与东陵间距最具体的数字。按照一般换算标准，古代一步为五或六尺，半步为武，而明代的一尺大约相应于今0.32米[③]，如此则“百武”大致相当于公制80—96米。崇祯十七年（1644年）五月朔，南明弘光帝（嗣福王朱由崧）至南京，史载其祭谒孝陵时语涉东陵方位，弘光帝“展谒孝陵，祭享殿，素服角带，望东陵，问知为懿文太子也”[④]；“由城外至孝陵，乘马从西门入享殿祭告，以东门乃御路也。拜谒罢，徘徊良久，问懿文太子寝园，遂诣瞻拜”[⑤]。这两条记载互为表里，无论是望见还是问及东陵，都可以理解为东陵与孝陵相距并不远。把这些记载合并考虑，推测懿文东陵应该在孝陵以东约数百米处。1999年发现的这处陵园与孝陵宫墙相距仅60余米，相比于“数百武”（二百武即160米以上），似乎距离过近，同时显示这座墓园与孝陵的关系也更为密切。

孝陵东旁是否还有其他墓葬？答案应该是肯定的。《大明会典》明确记载：“孝陵四十妃嫔，惟二妃葬陵之东西，余俱从葬。”[⑥]因此，孝陵东侧的这座墓园，也有可能是从属于孝陵而未同穴合葬的明太祖二妃墓之一。这种诸妃殉葬、贵妃分葬于皇帝陵东西的做法亦见于稍后昌平陵区明成祖长陵，只是相距较远：在天寿山的东西两翼有东井、西井两处妃墓园，据分析，墓主分别是成祖的贵妃等[⑦]。

台北故宫博物院2012年曾举办“河岳海疆——院藏古舆图特展”，其图录披露了一幅明代所绘《江南各府道图表》，研究者根据图上州县建置的变化，认为此图当作

---

① 明·张瀚：《松窗梦语》卷二，“东游记”，点校本，中华书局1985年版，第36页。

② 清·徐乾学：《读礼通考》卷九三，“兴宗东陵”引《南京太常寺志》，影印文渊阁《四库全书》本，台湾商务印书馆1983年版，第114册，第242页。

③ 梁方仲：《中国历代户口、田地、田赋统计》，上海人民出版社1980年版，第542页。一般认为中国古代的一步相当于六尺，半步为一武；但也有人认为唐以前一步当六尺，而唐以后一步仅当五尺。详见梁方仲《中国历代户口、田地、田赋统计》第546页。

④ 清·谈迁：《国榷》卷一〇一，崇祯十七年五月戊子朔，张宗祥点校本，中华书局1958年版，第6册，第6081页。

⑤ 清·计六奇：《明季南略》卷一，“五月福王入南京”，任道斌等点校本，中华书局1984年版，第8页。

⑥ 明·申时行等：《大明会典》卷九〇，《礼部·坟陵等祀》，影印本，第3册，第1423页。

⑦ 王岩等：《明十三陵的陪葬墓——兼论东西二井陪葬墓的墓主人》，《考古》1986年第6期。

于洪武十三年（1380年）以后、永乐十九年（1421年）迁都北京以前[1]。该图现存六幅之一的《应天府》图，描绘了明初京师应天府（今江苏南京市）的山川、城池、宫殿等。图中朝阳门（今中山门）外一道山岗上签标“贵妃陵”字样（图2-3），而这

图2-3　明《江南各府道图表》之《应天府》图

（局部，引自《河岳海疆——院藏古舆图特展》第159页）

① 台北故宫博物院：《河岳海疆——院藏古舆图特展》（图录），台北故宫博物院2012年版，第159页。

一区域恰是后来明太祖孝陵的范围。孝陵宝顶坟丘所在为钟山（紫金山）独龙阜下的玩珠峰，穴址原有南朝梁高僧宝志墓塔，因卜建孝陵而东迁至今灵谷寺西。据《明太祖实录》记载，洪武十四年（1381年）九月十八日，"改建蒋山太平兴国禅寺为灵谷寺"①，今灵谷寺无梁殿仍为明代建筑。可以据此认为，洪武十四年是明孝陵的正式营造年代。洪武十五年（1382年）八月，孝慈马皇后病故，九月葬入孝陵。孝慈皇后的葬地，在《明太祖实录》多称为"孝慈皇后陵"（"孝陵"可能是太祖入葬以后才命名）。无论如何，皇帝寿宫或皇后之陵墓肯定不会降称为"贵妃陵"；所以，此图上"贵妃陵"的墓主应确系明初某贵妃无疑。查明太祖有贵妃孙氏，陈州人，卒于洪武七年（1374年）九月庚寅，年仅三十二。明太祖至为感悼，赐谥曰成穆，以妃无子，乃"命吴王朱橚（成祖同母弟，后改封周王）服慈母服斩衰三年，以主丧事；敕皇太子及诸王皆服期；有司营葬，厝于朝阳门楮冈之原"②。如此，《应天府》图上的"贵妃陵"应该就是指成穆孙贵妃之墓，而且该墓应该修建于孝陵陵宫主体动工以前。换一个角度来说，在一个特定的区域范围内，如果皇帝寿陵已经建成，特别是在葬入皇后以后，万无只标贵妃墓而帝后陵墓缺载之理。由此可以推论该图的绘成年代，最迟不晚于洪武十五年（1382年）九月孝慈马皇后下葬以前。

至于孙贵妃最后是否随马皇后或明太祖葬入孝陵玄宫，目前并不能完全确定，据《明太祖实录》记载：洪武十五年（1382年）九月，"遣官祭钟山之神曰：兹以今月庚午，安葬孝慈皇后于钟山之阳，成穆贵妃、永贵妃、汪贵妃祔。尚祈神祐，永保安宁"③；貌似三妃随祔孝陵玄宫。同样不能确定的是，是否还有太祖其他妃嫔（特别是卒于洪武纪元以后的）葬于孝陵之旁，据《万历野获编》记载，太祖朝有未从殉之惠妃崔氏，卒于永乐年间（1403—1424年），谥曰庄靖安荣，皇妃"四字谥始见于此"④。崔氏葬事不详，不能确定她是否为《大明会典》中"惟二妃葬（孝）陵之东西"的二妃之一，但其人必葬南京无疑。笔者在明孝陵、东陵调查时曾听说，"文化大革命"期间曾在孝陵西旁挖出过一座墓葬，根据出土首饰等物判定为明代女性墓葬。该墓具体位置差不多与"东陵"对称，因其地今为军事管理区，未得一探究竟。该墓与今所指"东陵"夹孝陵而葬，正符合《大明会典》中"二妃葬陵之东西"之

① 明·胡广等：《明太祖实录》卷一三九，洪武十四年九月己亥，校印本《明实录》，第4册，第2189页。

② 明·胡广等：《明太祖实录》卷九三，洪武七年九月庚寅，校印本《明实录》，第3册，第1625页。

③ 明·胡广等：《明太祖实录》卷一四八，洪武十五年九月己巳，校印本《明实录》，第4册，第2342页。

④ 明·沈德符：《万历野获编》补遗卷一，《宫闱·妃谥》，谢兴尧点校本，中华书局1959年版，第802页。

说。倘若此推论成立，则懿文太子之东陵所在还应该再向东一些。在梅花山顶今博爱亭处观察钟山整体形势，孝陵所依主峰最高，而中山陵所在的中峰次之。在孝陵以东、中山陵以西（即两陵之间）尚有两条山脊自紫金山主峰逶迤而下，按照明皇室所宗奉的风水规则，懿文陵园也有可能卜建于这一区域。另据笔者多年前实地踏察所见，明孝陵东至中山陵的山间小路旁，尚有石碑残件等物，年代不详。

洪武至永乐迁都以前已受封但尚未出藩的亲王、王妃卒后例葬南京，而且一般也不再迁葬于封地。韩宪王薨于永乐五年（1407年）十月，“王讳松，太祖高皇帝第十九子，母妃周氏。王聪明有机辩，通知古今，恭谨事上，未尝有过。及是薨，上为震悼，辍朝三日，遣官致祭，谥曰宪。以未就国，敕有司茔葬安德门外，恤典特厚云”①。大安德门和小安德门是明代南京外城西南侧的城门，现在南京雨花台区仍有“安德门”地名，明初公侯葬地之一的邓府山即在其附近。又据嗣韩王朱范埛（靖王）奏章说：“祖考坟在南京向山之原。”②向山即今韩府山。韩宪王墓旧时俗称“韩府洞”，1966年南京市文物保管委员会进行过清理，出土残缺墓志一方，谓韩宪王生于洪武庚申（十三年，1380年）五月二十三日，卒于永乐五年（1407年）十月三十日，生子五、女三。据季士家先生回忆，韩宪王墓入口有对开石门，墓室高五六米，进深十余米，前后两室，后室为左右并列双室，大砖砌成。后双室中还有高出地面约30厘米的棺床③。

明太祖第十八子朱楩，最终驻藩武冈州（今湖南武冈），其妃袁氏先卒而葬于南京，“坟墓在南京太平门外蒋山下”④；其位置在南京城北、紫金山西南坡，墓址失考。此外，南京还出土过《沈王妃张氏墓》圹志一方，张氏为明太祖第二十一子沈简王朱模元配，卒于永乐四年（1406年）八月初五日，“赐葬于石子冈”⑤；石子岗在安德门外，韩府山以北。

除懿文皇太子和韩、岷、沈等府墓园外，明太祖第九子赵王朱杞、第二十六子未封朱楠，成祖第四子未封朱高爔等早夭皇子亦应葬于南京附近，但他们均属幼殇而无祭享，其墓址史传中亦语焉不详。明代南京地区的妃嫔、皇子墓保存普遍不好，许多

① 明·张辅等：《明太宗实录》卷七二，永乐五年十月庚戌，校印本《明实录》，第7册，第1012页。

② 明·孙继宗等：《明英宗实录》卷一六六，正统十三年五月辛卯，校印本《明实录》，第17册，第3210页。

③ 姚媛媛：《神秘访客揭开当年韩府洞其相》，《金陵晚报》2004年9月6日；邵磊等：《南京出土明代皇族墓志考》，《中国国家博物馆馆刊》2013年第3期。

④ 明·孙继宗等：《明英宗实录》卷八五，正统六年十一月己酉，校印本《明实录》，第15册，第1707页。

⑤ 邵磊等：《南京出土明代皇族墓志考》，《中国国家博物馆馆刊》2013年第3期。

具体地点失考。雨花台区铁心桥街道高家库村上段（断）石原有一座“张庶妃墓”，位于牛首山东麓，墓主是皇太子（仁宗）庶妃，卒于永乐十七年（1419年），原墓园规模甚大，1952年被盗掘，已被挖成大坑[①]。

南京地区先后发掘清理过几座明初的公主墓，按规定，其等制略同于追赠异姓郡王[②]，对于明初皇子墓所在方位判定和墓葬结构分析有比较重要的参考价值。

1957年3月，南京江宁东善桥响龙山（原名孙家山）民间传说的“娘娘坟”中出土了明初梅瓶等随葬品[③]，后来证实这一带是明初开国功臣西宁侯宋晟的家族墓地，而“娘娘坟”则被认定是明成祖第三女安成公主与驸马都尉宋琥（宋晟之子）之墓[④]。1974年，南京博物院在溧水县乌山还发掘过成祖第四女咸宁公主与驸马都尉、西宁侯宋瑛（宋晟子，宋琥弟）之墓[⑤]。

1998年，南京市博物馆在雨花台区邓府山发掘了明太祖第八女福清公主（卒于永乐十五年，1417年）墓[⑥]，出土墓志有“葬安德山之原”等语。墓室为砖券结构，内壁涂白灰，前后两室，墓门朝向正北，门外原有厚0.6米的封门墙，墙顶部原装饰有绿釉琉璃构件。前室长3.25米，宽4.20米，高4.75米，后室长5.50米，宽4.20米，高4.75米，两室之间有厚0.6米的隔墙，中为门道，原有木门。后室三壁各有1个壁龛，棺床位于后室正中偏后，石块包砌，为底大面小的坛台式，底部长2.87米，宽1.60米，高0.60米，床面中部砌出金井，长0.4米，宽0.25米（图2-4）。因原地建设住宅，福清公主墓被迁建复原于邓府山石刻艺术园中。

1995年在雨花台区板桥三山发掘的驸马都尉赵辉墓[⑦]，墓主以八十一岁高龄卒于成化十四年（1478年）正月[⑧]。单人葬，墓室结构与福清公主墓相似，但规模略小，

---

① 国家文物局主编：《中国文物地图集·江苏分册》，《张庶妃墓》，中国地图出版社2008年版，第80页。

② 明·胡广等：《明太祖实录》卷七二，洪武五年（1372年）二月庚辰，“诏建皇姊陇西长公主茔庙碑亭，其制视功臣之封王者”。见校印本《明实录》，第2册，第1325—1326页。

③ 沈彭年：《东善桥娘娘坟发现宣德瓷瓶》，《文物参考资料》1957年第10期。

④ 据介绍，东善桥镇“娘娘坟”中出土有宣德釉里红岁寒三友纹带盖梅瓶1件和铜、锡明器40余件，但该消息并未披露墓主身份、性别等信息。从出土梅瓶的器形和花纹图案来看，应该是洪武官窑产品，年代定为宣德似不妥。关于墓主身份，可参阅南京市博物馆：《南京南郊明墓清理简报》，《南方文物》1997年第1期。

⑤ 李徒：《乌山驸马墓》，《南京史志》1986年第6期。

⑥ 南京市博物馆：《南京邓府山明代福清公主家族墓》，《南方文物》2000年第2期。

⑦ 南京市博物馆：《江苏南京市南郊两座大型明墓的清理》，《考古》1999年第10期。

⑧ 查《明史》卷一二一《公主传》记载：“辉至成化十二年始卒，……寿九十”（见中华书局版点校本《明史》第12册，第3667页），此处其享寿是据《敕典南京祭祀驸马都尉赵公墓志铭》推算，志文见南京市博物馆：《江苏南京市南郊两座大型明墓的清理》，《考古》1999年第10期。

前室长1.75米，宽2.2米，高2.35米，后室长3.9米，宽2.2米，高2.35米，两室之间隔墙厚0.5米，后室有石门（图2-5）。赵辉所尚明太祖第十六女宝庆公主，先卒于宣德八年（1433年）正月，公主墓距赵辉墓约10米，也是前后2室①。赵辉墓附近的“赵坟村”可能与其家族墓葬区有关。

2017年9月在南京市江宁区牛首山东入口发现了明太祖第六女怀庆公主（生母为成穆孙贵妃）墓②，公主讳福宁，卒于洪熙元年（1425年）。其墓坑长9.7米，墓向40°。墓室前为阶梯式墓道，墓道尽头为封门墙，内嵌墓志一合。砖砌拱券式墓室，分为前后2室，中间以门相隔，后室正中偏后为须弥座式棺床，石砌，台面铺砖，左右后三壁

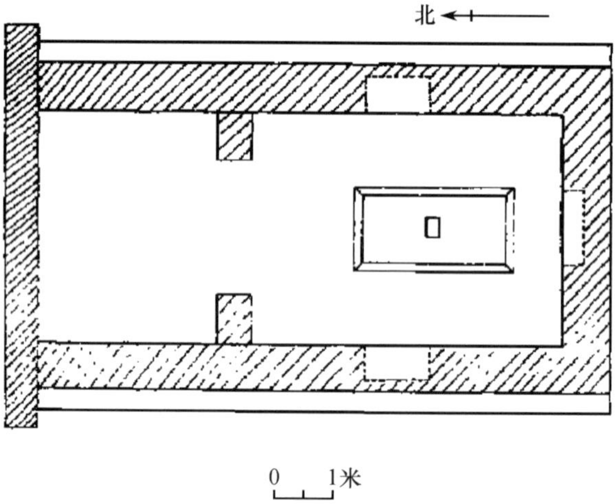

图2-4　明福清公主墓平面图

（引自《南方文物》2000年第2期）

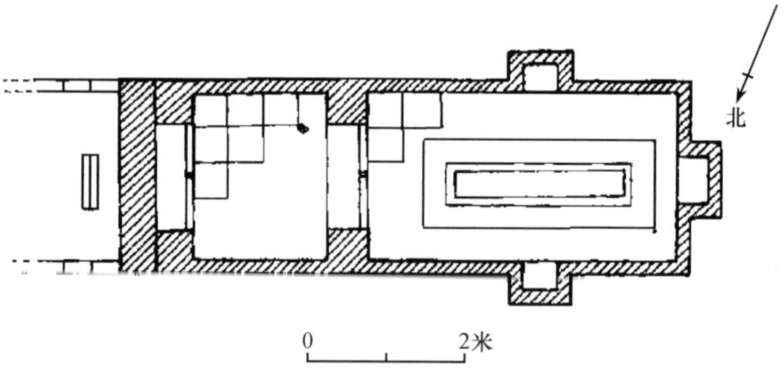

图2-5　明驸马都尉赵辉墓平面图

（引自《考古》1999年第10期）

① 龚巨平：《明宝庆公主墓葬的清理及明代公主墓葬制度分析——兼释赵伯容墓志》，《东南文化》2011年第1期。

② 南京市考古研究院：《南京发现明初怀庆公主临安公主墓》，《中国文物报》2019年6月21日第8版。

各有1个壁龛。

2018年5—7月，南京市考古研究院抢救发掘了位于雨花台区铁心桥街道的明太祖长女临安公主（生母为成穆孙贵妃）墓[①]，公主讳镜静，卒于永乐十九年（1421年）。墓坑口南北长16.5米，东西宽7.35—8.25米，深5—7.7米，墓向200°。阶梯式墓道，墓道尽头为2道封门墙，内封门墙上嵌墓志一合。砖砌拱券式墓室，顶三券三伏，其上残存2.4米的夯筑填土。墓室分为前后2室，中间以门相隔，后室正中偏后为须弥座式棺床，石砌，台面铺砖，左右后三壁各有1个壁龛。

铁心桥地区是比较集中的明早期高等级墓葬区，有些墓主身份虽已失考，但从墓葬形制和随葬品来看可能也与皇室贵族有关。如大定坊村大山村明墓，现存石马、虎、羊各2件，龟趺1件，碑已佚，原有石坊1958年被拆除[②]。又如平西村明墓，1986年10月发掘，为小型拱券砖室墓，长1.59米，宽1.1米，高1.38米，墓向190°，墓室左右后三壁各有1个壁龛，后部有束腰状祭台，出土有质量比较高的龙泉青瓷及洪武通宝、永乐通宝铜钱等，从残存骸骨判断，应为小孩迁葬墓[③]。

1969年，因上海梅山冶金公司施工，在南京市雨花台区板桥镇发现了明谷城郡主墓[④]，揭示出明早期郡主墓葬之例。出土圹志显示，谷城郡主为明太祖孙女、郢靖王朱栋（太祖第二十四子，封国安陆，即今湖北钟祥；卒于永乐十二年，1414年）之次女，宣德四年（1429年）奉诏移住南京，次年八月嫁仪宾鲁信（湖广都司指挥佥事鲁曾四子），卒于正统九年（1444年）十月，“葬江宁县钟家岗之原”。其墓室为砖券结构，前后两室，墓门方向32°，门外原有厚0.6米的封门墙，墙的顶部原装饰有绿釉琉璃构件。前室长2.50米，宽2.15米，高2.38米，后室长4.76米，宽2.18米，高3.38米。前后室之间隔以墙，中辟甬道，长0.39米，宽1.50米，设双扇对开石门。后室三壁上各有1个壶门形壁龛，后室正中略偏后为棺床，石砌砖面，长2.88米，宽1.70米，高0.31米（图2-6）。

从南京地区清理发掘的这些墓葬来看，明早期公主、郡主墓葬皆为前后两室（通常是共用一券），门楼等处饰以绿瓦，墓室大小也相差无几，看不出明显的等级差别。

---

① 南京市考古研究院：《南京发现明初怀庆公主临安公主墓》，《中国文物报》2019年6月21日第8版。

② 国家文物局主编：《中国文物地图集·江苏分册》，《大定坊明墓》，中国地图出版社2008年版，第80页。

③ 华国荣：《南京平西村明墓》，《中国考古学年鉴1987》，文物出版社1988年版，第150—151页；国家文物局主编：《中国文物地图集·江苏分册》，《平西明墓》，中国地图出版社2008年版，第80页。

④ 南京市博物馆：《南京市两座明墓的清理简报》，《华夏考古》2001年第2期。

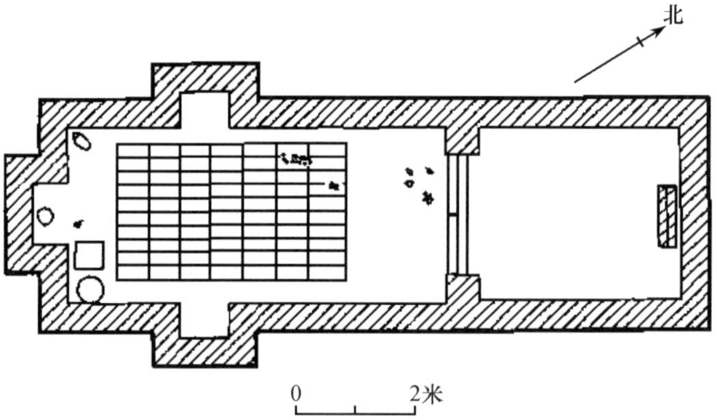

图2-6　明郢靖王之女谷城郡主墓平面图
（引自《华夏考古》2001年第2期）

二、北京太子、藩王墓

迁都北京以后，明代夭折的皇太子、亲王，还有一些已经出藩但无后的亲王皆葬于京师西、北山麓，总计有皇子40人，以太子或亲王的名义葬于北京。这些墓葬分布在今昌平宜山和绵山、西郊海淀金山、宛平石景山和翠微山等地。

关于北京地区明代王墓的地望，在昌平绵山、宛平翠微山（今属石景山区）区域的基本位置尚能找到，有些甚至还成为地名的构成要素（如秀府路、申王府村等），但2010年以后绝大部分具体墓址都已经无法指认了。其中绵山位于昌平明十三陵陵区以东，按照文献记载，除皇子墓外，明英宗惠妃等妃嫔也葬在这片区域。翠微山一带则是明朝晚期夭折皇子女和妃嫔的墓葬区，据《崇祯长编》记载，崇祯三年（1630年）五月庚寅，“怀隐王（明思宗次子朱慈烜）坟卜于翠微山麓，亦以是日兴工”[①]，其地望在今石景山苹果园以北的刘娘府村，金顶山路、八大处路以南以西一带。1957年修永定河引水渠时在“刘娘娘坟”故址出土过明光宗恭懿庄妃李氏（即俗称之“东李”）的圹志，志文称其“葬于翠微山之原”[②]，李妃卒于天启四年（1624年），此圹志指证了翠微山明皇室墓葬区的位置所在。

翠微山墓葬区坐落在北京西山前冲积扇形成的高岗上，北靠翠微山，西傍福寿岭，南望金顶山和琅山，今属石景山区苹果园街道。根据出土墓志等资料分析，这一带的明代皇室成员墓葬有刘娘府村北明光宗庄妃墓，申王府村北申懿王朱祐楷墓，雍王府村北雍靖王朱祐橒墓，金王府村泾简王朱祐橓墓，西小府村南怀隐王朱慈烜墓、

① 清·不著撰人：《崇祯长编》卷三四，崇祯三年庚午五月庚寅，校印本《明实录·附录三》，第93册，第1989页。

② 刘精义等：《明代妃嫔陵园及圹志》，《故宫博物院院刊》1980年第2期。

悼怀王朱慈灿墓、明思宗第七子悼良王（未命名）墓。还有琅山村北的顺德公主（宣宗长女）与驸马石璟墓、广德公主（英宗五女）与驸马樊凯墓、固安郡主（景帝之女）及仪宾王宪墓、宁安公主（世宗三女）与驸马李和墓，以及西下庄永宁公主（穆宗四女）墓、西黄村荣昌公主（神宗次女）与驸马杨春元墓等①。这一带的明代皇室墓葬至迟到20世纪70年代早期已经被破坏殆尽，除知雍靖王墓为夫妻合葬、前后两室、前室有石供桌等大致信息外，其他墓葬形制等资料缺乏记录，仅有一些墓志和少量随葬品保存在首都博物馆等单位。

图2-7　明光宗次子、追封简怀王朱由�墓
（引自《文物春秋》2015年第3期）

2013年，为配合刘娘府综合改造项目，在苹果园街道西小府村南发掘了明光宗次子、追封简怀王朱由榉的墓葬②，填补了翠微山明皇室墓葬区考古资料的空白。该墓为东西向长方形竖穴砖圹墓，墓向257°，墓口距地表深1.46米，墓底距地表深4.64米，墓圹东西长6.94米，南北宽5.82米。墓室四周为砖壁，无墓门、墓道，顶部铺盖5块大石板，砖壁四周填厚0.49米的石块用于防盗。墓室东西长3.82米，南北宽2.18米，高3.22米，墓口边沿压以石条。室内正中为包砖三合土胎芯的棺床，东西长2.62米，南北宽1.14米（图2-7）。东壁底部出土青石墓志一合，盖篆“皇太子第二子圹志”，志文称：“皇孙讳由榉，皇太子第二子，才人王氏出也。生于万历三十四年（1606年）十二月二十八日，三十七年（1609年）十月二十八日奄逝。……以三十八年（1610年）四月初十日葬翠微山之原。”朱由榉墓的发掘，丰富了翠微山地区明代皇室墓葬的资料，揭示出明代晚期幼殇皇子或皇太子之子（准皇子）无墓道、无石门的砖圹（椁）墓实例。

北京海淀金山（西山）是明代皇子墓葬最集中的区域，据清朝顺治十一年（1654年）八月谈迁寻访所见，“自景帝外，怀献、悼恭、哀冲、庄敬、宪怀、献怀、悼怀故太子七，卫、许、忻、申、蔚、岳、景、颍、戚、蓟、均、邠、简、怀、悼故王十七，殇主二十六；仁庙妃三、宣庙妃一、英庙妃□□、宪庙妃十二，按史皆葬金

① 李永强：《北京考古史·明代卷》，上海古籍出版社2012年版，第38—43页。

② 北京市文物研究所：《明代朱由榉墓发掘简报》，《文物春秋》2015年第3期。

山。与景（帝）陵相属，凡五十三园，望之色馁”。当时已经是“碧殿道接，化为榛莽瓦砾者过半矣”①。金山墓葬区的范围大体在今海淀区玉泉山香山路以北、娘娘府向东至厢红旗营、北至董四墓村一带，其间尚存明景帝陵部分建筑，曾发现过明代中晚期的妃嫔墓葬群，以及明宪宗长子墓、次子朱祐极墓等。其地现在多为军事管理区域，无法逐片踏察，道路边缘部分已看不出明显的墓园迹象。

景帝陵所在旧名金山口，在玉泉山正北的一个军队疗养院中，是明景帝和汪皇后等后妃的合葬墓。景帝死后最初被废为原封之郕王，谥曰戾，以王礼葬于西山。成化十一年（1475年）十二月十三日，宪宗诏令：“其郕王，可仍旧皇帝之号，所有尊谥，礼部会议以闻，务合人心，毋乖典礼。仍令所司修饰陵寝”②。但实际上明景帝始终没能享有全部皇帝规制的祭葬赠谥之典，不但未能迁葬天寿山陵区所预建的寿陵（埋葬过孝肃杭皇后，天顺初被捣毁③），西山原郕王寝园也仅仅是略加增饰，并没有实现与昌平诸帝陵等制，所以后人有“景皇帝陵在帝与王之间也”④的评论。

明景帝陵整体规制偏低，既无神道石刻，陵宫规模也不大。《昌平山水记》称：“恭仁康定景皇帝、贞惠安和景皇后汪氏别葬金山，门三道三重，殿五间，周垣门内有碑亭一座，碑曰大明恭仁康定景皇帝之陵。”⑤从现存遗迹观察，景帝陵陵宫南向，后墙为弧形，最初应为三进院落，分别以陵宫门、中门、土墙为界。

陵宫门等建筑在清初时已毁坏，“门及屋墙皆毁尽，所存惟石基、石阶耳。颓断红墙缭碑亭、享殿、神厨、神库、宰牲亭、祠祭署、内官房，通为一周遭而属之”⑥。

---

① 清·谈迁：《北游录》，“纪邮上”，汪北平点校本，中华书局1960年版，第75、76页。

② 明·孔贞运：《皇明诏制》卷五，《续修四库全书》据南京市图书馆藏明崇祯七年刊本影印，《续修四库全书》，上海古籍出版社1995年版，第458册，第180页。

③ 天寿山景帝寿陵在景泰七年（1456年）已葬入皇太子生母孝肃皇后杭氏，同年八月初一日“营建山陵香殿”（《明英宗实录》卷二六九，《废帝郕戾王附录》第八十七，景泰七年八月戊戌，校印本《明实录》第20册，第5695页）。英宗复辟后，襄王瞻墡入觐，奉命朝谒三陵，“上章言：郕王葬杭氏，明楼高耸，僭拟与长陵、献陵相等，况景陵明楼未建，其越礼犯分乃如是，臣不胜愤悼。伏睹皇太后制谕：废之如昌邑王。臣阅《汉书》：霍光因昭帝无后，援立昌邑，以承汉祀，而无篡夺之非。后因过恶荒淫，数其罪而废之，复其原爵。其郕王祈［祁］钰，承皇上寄托之权，而乃乘危篡位，改易储君，背恩乱伦，荒淫无度，几危社稷，岂特昌邑之比乎？！幸遇皇上豁达大度，宽仁厚德，友爱之笃，待之如初。又存其所葬杭氏僭拟之迹而不废，虽圣德之可容，奈礼律之难恕。伏望夷其坟垣、毁其楼寝，则礼法昭明，天下幸甚！”英宗首肯其言，乃命工部尚书赵荣“帅长陵等三卫官军五千人往毁之”（《明英宗实录》卷二七八，天顺元年五月癸酉，校印本《明实录》第20册，第5944—5945页）。

④ 清·梁份：《帝陵图说》卷二，清汪鱼亭传抄本，北京十三陵特区影印本，第83页。

⑤ 清·顾炎武：《昌平山水记》卷上，点校本，北京出版社1962年版，第10页。

⑥ 清·梁份：《帝陵图说》卷二，清汪鱼亭传抄本，北京十三陵特区影印本，第82页。

宫门原制不得而知，由此进入第一进院落。门内为碑亭，平面正方形，进深、面阔各三间，重檐歇山顶，门四开，两侧环以壝墙。亭内石碑螭首，须弥座，碑额篆书“大明”二字，碑身楷书“恭仁康定景皇帝之陵”九字，碑阴刊刻清高宗《题明景帝陵》诗及前“序”后“按”。此碑基本完好，但阴阳面倒置，碑亭经过修缮（图2-8）。

图2-8　明景泰帝陵碑

碑亭北为中门（相当于昌平献、景诸陵之祾恩门），由此进入第二进院落。中门之制，清初梁份考察时所见：“屋三楹，黄瓦单檐，无门，无棹楔、阀阅、罘罳，不彩绘，朴素卑小。”今存建筑为硬山顶，灰瓦，当为清代以后重修。门内为享殿，“殿基瓦砾堆中露石础，较门之础倍大，而殿无可考矣”，殿后有土墙一道，中为门，“门北八十跬景皇帝陵冢”[①]。土墙后为第三进院落，为墓冢区（图2-9），规制较昌平诸陵明显简陋，“无宝城、无明楼、无穹碑，不封不树。土冢隆隆起可二三尺，周三十跬，径十跬”[②]。

从平面布局来看，景帝陵只能说是略如帝陵规制而已，其碑亭之制尤属乖谬不伦。嘉靖以前，除长陵外，昌平各皇陵只有一道碑，即明楼上的陵碑[③]，以实际刊刻内容考之，景帝陵前之碑相当于天寿山诸陵的陵碑，应该树立于环绕墓冢的宝城前部明楼内，但成化间“修饰（景帝）陵寝”后依然是“无宝城、无明楼”，所以这道陵碑就立在了宫门前左侧，这实际上是亲王园寝的立碑处（详本书第三章）。嘉靖时景

① 清·梁份：《帝陵图说》卷二，清汪鱼亭传抄本，北京十三陵特区影印本，第83页。

② 清·梁份：《帝陵图说》卷二，清汪鱼亭传抄本，北京十三陵特区影印本，第83页。

③ 昌平诸陵明楼内所立石碑在明代文献中似无固定名称，《明宪宗实录》卷六，天顺八年六月壬寅，记英宗裕陵之制称为“云龙五彩贴金朱红油石碑”，见校印本《明实录》，第22册，第157页；《明世宗实录》卷二一七，嘉靖十七年十月乙巳条下有“初，上阅长陵碑，欲更成祖谥号，命锓木加碑上”，见校印本《明实录》，第43册，第4439页；《明神宗实录》卷四〇七，万历三十三年三月辛丑，“竖安长陵明楼石碑”，见校印本《明实录》，第60册，第7601页。又，清初顾炎武《昌平山水记》中称为“大碑”，梁份《帝陵图说》中记为“穹碑”。笔者认为：这种碑竖立于坟冢之前，文字内容及功用等同一般墓碑，应当名之曰“陵碑”。

图2-9　明景帝陵墓冢区

帝陵又经过一次改制："代宗陵庙初用碧瓦，世宗谒陵始命用黄瓦。又以陵碑偏置门左非宜，命建亭于陵门之外、大门之内。"[①]《明世宗实录》记其事在嘉靖十五年（1536年）三月，当年十一月，"建恭仁康定景皇帝陵寝碑亭"[②]。次年七月，明世宗谕令为六陵各立神功圣德碑于陵宫前。嘉靖二十一年（1542年）五月十六日礼部尚书严嵩等上奏："诸陵工［宫］所建造列圣碑亭俱完，长陵碑二通，献陵、景陵、裕陵、茂陵、泰陵、康陵碑各一道，皇贵妃石碣一道，东、西二井石碣二座。查得成祖文皇帝圣德仁［神］功碑文乃仁宗昭皇帝御撰，今长陵等陵碑文伏请皇上亲御宸翰，制文镌石，以记述列圣功德，垂示于万万世，其皇贵妃及东西二井碣文，合行翰林院撰拟。"[③]世宗览奏"报闻"，却始终未亲撰碑文，此后诸嗣帝相继因循，六陵碑遂成"无字碑"。后来永、昭、定、庆、德五陵修建时皆依六陵之制立碑，承以赑屃，并建碑亭，但也都未刊刻文字。从所在位置判断，景帝陵碑亭之制相当于昌平各陵陵宫

① 清·王弘撰：《山志》二集卷一，"大明世系"，何本方点校本，中华书局1999年版，第167页。

② 明·徐阶等：《明世宗实录》卷一九三，嘉靖十五年十一月甲子，校印本《明实录》，第43册，第4080页。

③ 明·徐阶等：《明世宗实录》卷二六一，嘉靖二十一年五月丙申，校印本《明实录》，第44册，第5199页。

前的无字碑，只是一种巧合。

金山区域是明代妃嫔（包括废后）比较集中的墓葬区，经过清理或发掘的例证集中在明代中晚期。1951年8—11月，中国科学院考古研究所在金山南麓董四墓村先后发掘了明熹宗三妃合葬墓和明神宗七嫔合葬墓，揭示出明代晚期妃嫔多人合葬墓墓室结构的实例，可以作为研究西山地区明代皇室成员墓葬的研究参照。

熹宗三妃园寝享殿遗址已被施工破坏，出土有崇祯六年（1633年）和七年（1634年）的铭文砖①。地表有封土，圆形，平顶，上部直径4.8米，下部直径6米，发掘时高4米，夯筑而成。封土位于地下墓室之后，而不是叠压于墓室之上。墓室平面呈“工”字形，拱券结构，其上覆绿釉琉璃瓦。前为墓门室，前部入口处以砖砌塞。墓门室后为一纵式券洞（原报告称为前室），长4米，宽3.3米，墓底至屋脊高6.6米，后面有双扇石门通向主室（后室）。后室横券，面阔10.9米，进深5.74米，墓底至穹顶高7.2米。室内靠后壁为石条铺砌的棺床，宽3.5米，高0.3米，上置三口棺椁，在靠后墙的棺尾处各有墓志一合。据墓志推知墓主位次，左为张裕妃，中为段纯妃，右为李成妃。根据墓志记载，张裕妃卒于天启三年（1623年）八月二十二日，葬于崇祯四年（1631年）闰十一月二十二日；段纯妃卒于崇祯二年（1629年）五月十三日，葬于崇祯四年（1631年）闰十一月二十二日；李成妃卒于崇祯十年（1637年）十一月初六日，葬于崇祯十一年（1638年）四月十六日。由此可知，熹宗三妃是先后分两次入葬的。另外，在张裕妃和段纯妃二棺中间，尚有可置一棺的空隙，应系为熹宗未亡某妃（如任贵妃等）预留。

神宗七嫔墓在熹宗三妃墓东北约300米处②，封土亦为截尖圆锥体，夯筑，位于地下墓室之后，而非叠压在墓室之上。墓室为砖石砌成的房屋式建筑，墓向南偏西5°，东西北三面石砌、南面砖砌，平面近方形，内部分隔为两室，皆为拱券结构（图2-10）。前室南壁砖砌，正中辟门，门洞以砖堵塞，未粘灰浆，可随手拆卸。前室面阔19.1米，进深5.1米，高5.3米，北壁正中为石门两扇，以通后室。前室内主要放置各种祭器、祭品，石门两旁靠墙各有石宝座一，座前各有小石几5个，其上置香炉一、烛台二、花瓶二。东侧有墓志三副，西侧有墓志两副。后室面阔19.1米，进深6.65米，高6.19米，靠后壁为棺床，长15.75米，宽3.35米，高0.7米，其上排列七副棺椁，棺床中部偏东有两副墓志。根据墓志记载，墓主七人分别是顺嫔张氏，卒于万历十六年（1588年）十二月二十四日，十七年（1589年）七月四日葬；悼嫔耿氏，卒于

① 考古研究所通讯组：《北京西郊董四墓村明墓发掘记——第一号墓》，《文物参考资料》1952年第2期。

② 中国科学院考古研究所京郊发掘团专家组：《北京董四墓村明墓发掘续记——第二号墓》，《文物参考资料》1952年第2期。

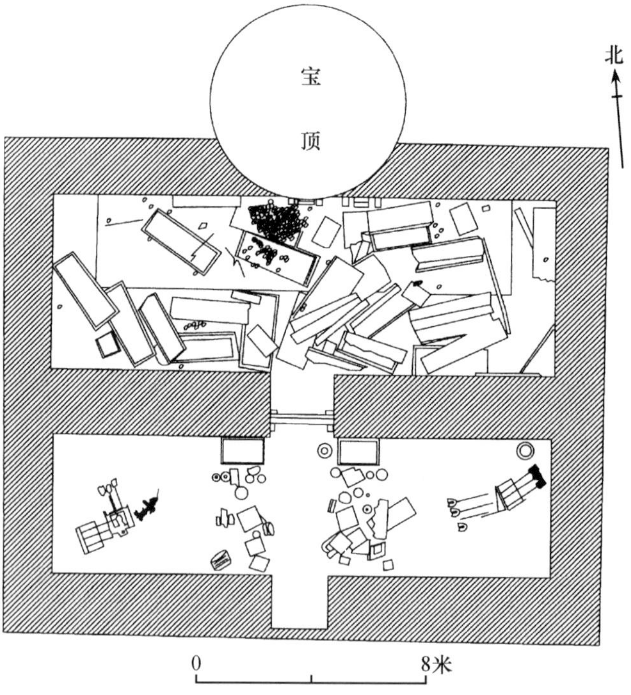

图2-10　明神宗嫔墓玄宫平面图

（引自《文物参考资料》1952年第2期）

万历十七年（1589年）六月初四日，同年八月初九日葬；敬嫔邵氏，卒于万历三十四年（1606年）三月十七日，同年五月十七日葬；慎嫔魏氏，卒于万历三十四年（1606年）正月二十七日，同年五月十七日葬；荣嫔李氏，卒于天启六年（1626年）四月二十一日，同年闰六月十二日葬；德嫔李氏，卒于崇祯元年（1628年）八月十八日，二年（1629年）六月二十日葬；和嫔梁氏，卒于崇祯十六年（1643年）正月十七日，同年七月十八日葬。

1963年，北京厢红旗营发现宪宗妃墓7座，墓为南北向，东西并列，每墓葬一妃，根据出土的三合墓志得知，其中3位墓主分别为庄静顺妃王氏、庄懿德妃张氏、和惠静妃岳氏[①]。这7座墓室的平面均呈“工”字形，砖石结构，墓室外顶两坡平铺方砖。前后两室，前室前有石门两扇，上有铺首等装饰，室内中央设宝座，座前有五供和万年灯；后室中央设大理石棺床，“上置棺椁”，床面正中为“金井”，内实以黄土。

1996年在青龙桥金山南麓，发掘了明武宗贤妃沈氏墓[②]。墓室平面为长方形，砖石

① 陈光：《北京市考古五十年》，见《新中国考古五十年》文物出版社1999年版，第22页；李永强：《北京考古史·明代卷》，上海古籍出版社2012年版，第37页。

② 王有泉：《海淀区金山明代妃子墓》，《中国考古学年鉴1996》，文物出版社1998年版，第91页。

拱券结构，前室东西面阔3.7米，南北进深5米，券顶高4.2米，室内中部置石供桌，四周散落石五供器座和釉陶香炉。后室东西面阔3.7米，南北进深4.4米，室内中部为石棺床，有散碎棺木。前后室之间有石门一道，门前有墓志一合，盖篆刻文曰“大明武庙荣淑贤妃沈氏圹志”。

1998年在同属金山墓葬区的香山街道正蓝旗西山国务院机关事务管理局西山管理处院内发现了一座明墓，砖石拱券结构。墓室南北长约11米，东西宽4米，分为前后两室，各有石门。后室东、西、北三壁各有壁龛一个。出土墓志一方，志首题“荣淑贤妃圹志”，葬于天顺六年（1462年）①。

2001年9—10月，北京市文物研究所在海淀区香山路军科院工地抢救发掘了明宪宗长子之墓②，取得了比较详细的明代皇子墓考古资料。该墓北依金山，南临香山路，墓向182°，为砖石拱券结构。斜坡式墓道，上口宽4.9米，下口宽2.9米，墓道尽头为城砖砌封门墙一道，厚0.5米。封门墙外1.54米处有墓志一合。前后两室，前室东西面阔4.08米，南北进深3.18米，高4.28米，前为石门两扇，门高2.39米。前室靠近后壁中央设石宝座一副，座前有圆形五供座和灯座。前后室之间连以甬道，南北长1.59米，东西宽2.08米，前部做成过梁式门，上为石梁，门道以两道砖封堵；后为石门两扇，高2.2米，门上有铺首等装饰。后室东西面阔2.08米，南北进深4.09米，高3.04米，正中有高0.22米的棺床一具，正中为“金井”，长1.04米，宽0.55米，深1.48米。前后两室的外顶部都做成仿庑殿顶的四坡式，其上铺砖，前室外顶高5.62米，后室外顶高4.24米（图2-11）。据出土的“故皇子圹志”记载，墓主为明宪宗长子，未命名。生于成化二年（1466年）正月十九日，卒于同年十一月二十六日，生母为万贵妃。

1998年在香山街道正蓝旗西山国务院机关事务管理局西山管理处院内发现明宪宗次子悼恭太子朱祐极墓③，砖石拱券结构。墓室南北长约11米，东西宽4米，分为前后两室。出土墓志首题“悼恭太子圹志”，墓主朱祐极，生于成化六年（1470年），母柏贤妃，次年被立为皇太子，成化八年（1472年）被万贵妃派人害死，三月初十日葬。

在金山、翠微山两片区域之外，1989年在石景山区五里坨街道秀府村西的北京军区后勤部院内发现秀怀王朱见澍（明英宗第五子，薨于成化八年，1472年）之墓④。该墓早年被盗，出土有“秀怀王妃圹志”一合，称妃姓黄氏，生于景泰四年（1453年），成化三年（1467年）十月册封为秀王之妃，卒于成化九年（1473年）五月，葬于西山佟家村之原。

① 李永强：《北京考古史·明代卷》，上海古籍出版社2012年版，第38页。

② 王艳玲：《海淀香山军科院明太子墓发掘简报》，见北京市文物研究所编《北京文物与考古》第五辑，北京燕山出版社2002年版。

③ 李永强：《北京考古史·明代卷》，上海古籍出版社2012年版，第38页。

④ 李永强：《北京考古史·明代卷》，上海古籍出版社2012年版，第40页。

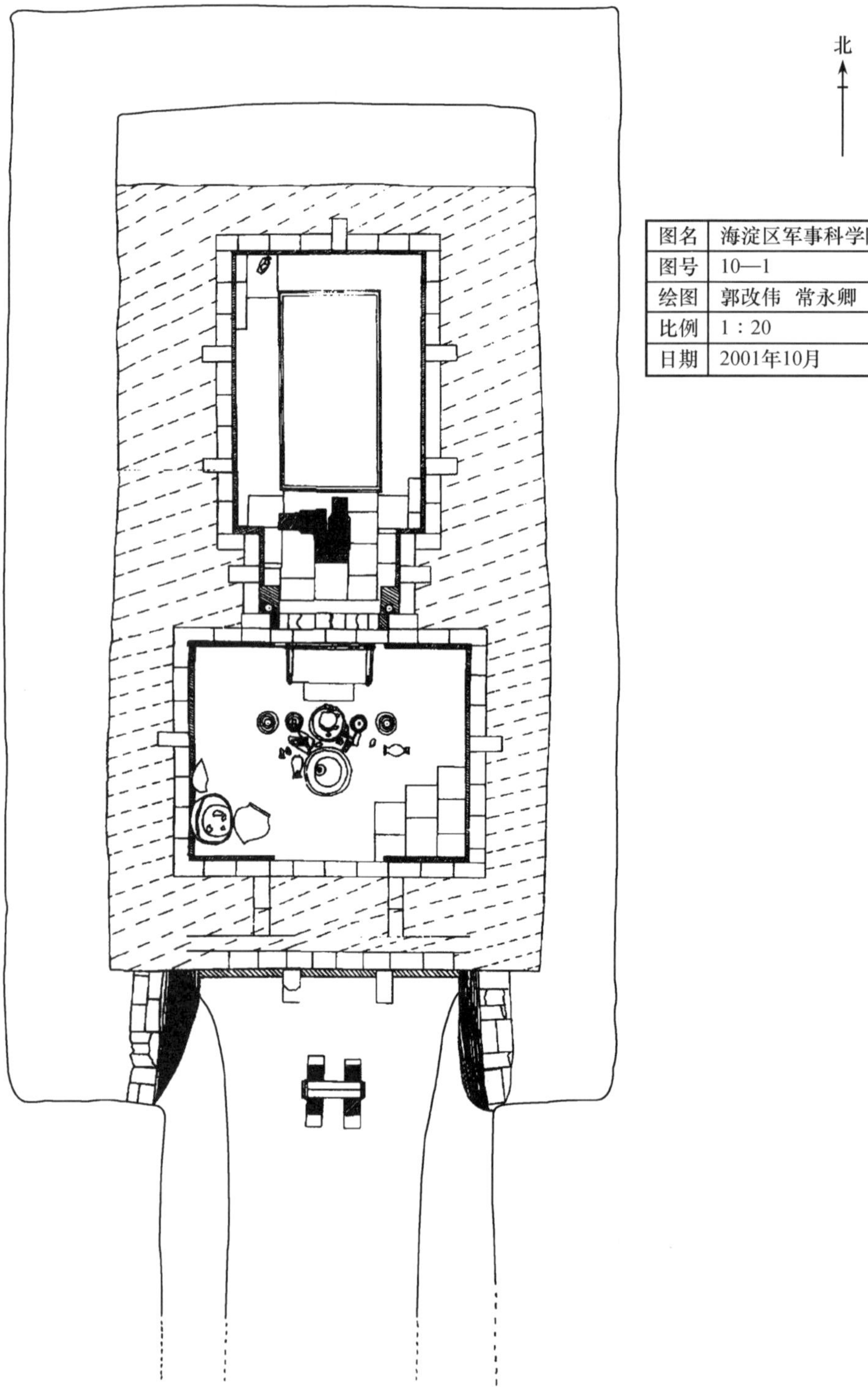

图名	海淀区军事科学院明皇子平面图
图号	10—1
绘图	郭改伟　常永卿　陈文超
比例	1：20
日期	2001年10月

图2-11　明宪宗长子墓平面图

（引自北京市文物研究所编《北京文物与考古》第五辑）

上述这些经过清理发掘的明代妃嫔、皇子墓，通常都是前后两室。妃嫔墓葬资料相对丰富一些，早期是为每位妃嫔各自建墓，有单独的园寝。至明宪宗时，出现十三妃共为一墓，但这时仍然是每个墓室只葬一人，可能只是共用陵宫、享殿等。嘉靖三十年（1551年）六月，礼部左侍郎程文德奉诏为睦妃何氏在金山相度墓地，因奏："金山一带垄地无余，宜与故宜妃包氏、静妃陈氏同窆。昨年二妃逝，奉圣谕：'二妃相近而逝，可同一地而墓，我宪庙诸妃皆同处者，且省民力一分。'仁言恻怛，闻者感动，今圹域甚广，附造更便。"明世宗准其奏，并因而更定诸妃合葬墓园之制："遵古世妇、御妻数俱用九，其自今以九妃同墓，共享一殿，而中为七室。"①"于是金山预造五墓，墓各九数，以次葬焉。"②经过清理发掘的董四墓村明熹宗三妃合葬墓、明神宗七嫔合葬墓应该就是这种新型妃墓的形式。

夭折皇子墓葬的考古资料较少，暂无法理出发展序列，大体上说成化时期为前后两室，反映了明代早中期的制度。翠微山简怀王朱由橏墓揭示了前所未知的皇子或准皇子砖圹墓的实例，或许代表了简化后的晚明夭殇皇子墓的一种形式。

三、中都地区的明代宗室墓葬

洪武二年（1369年）九月，明太祖下诏在自己的家乡临濠（今安徽凤阳）兴建新都，即"明中都"。从洪武二年到洪武八年（1375年）九月，经过六年多的工役，雄伟壮丽的新都拔地而起。中都卜建于临濠以西二十里处的凤凰山之阳，城中心为皇城（后改名紫禁城），皇城外为禁垣（后改名皇城）一周。其外为中都城，土筑，平面呈扁方形，西南角凸出一块，包进凤凰嘴山，城周五十里又四百四十三步。中都城不但规模宏敞，而且细部亦精美奇巧，皇城门座、殿座等处石材皆精雕细刻，"御道踏级文用九龙、四凤、云朵；丹陛前御道文用龙、凤、海马、海水、云朵"③。笔者历次调查所见，现存的中都午门基座规模宏丽，远胜南京故宫午门，而其雕饰纹样之精工又在北京故宫午门之上，可见，中都城应是当时一座几近完美的国都。然而，就在中都城即将全面竣工的洪武八年四月，明太祖在亲诣察看后，突然以省"劳废"为辞，下令停罢工役。稍后，即开始派遣已长成但尚未之藩的诸皇子到中都驻扎，讲武读书。从永乐朝开始，中都城成为禁锢皇族罪宗的处所，在皇城外专门建有若干座"高

① 明·徐阶等：《明世宗实录》卷三七四，嘉靖三十年六月辛巳，校印本《明实录》，第46册，第6675页。

② 明·申时行等：《大明会典》卷九十，《礼部·坟陵等祀》，影印本，第3册，第1424页。

③ 明·胡广等：《明太祖实录》卷八三，洪武六年六月辛巳，校印本《明实录》，第3册，第1483页。

墙”关押他们，建文帝的遗属则被囚禁在皇城内广安宫。

这些犯了罪但罪尚不至死的皇族成员，大多是在凤阳囚死终生，死后一般即葬于凤阳，墓葬规制现已无从稽考，按常理推断，应该就是普通的庶民墓葬，应不具制度性研究价值。

中都城南有明太祖父母（朱五四和陈氏）的陵墓，即明皇陵。洪武二年（1369年）开始大规模修缮、添建，是明朝最早建成的帝王规格的陵墓。崇祯八年（1635年）正月，张献忠农民军攻陷凤阳，“焚皇陵，烧享殿，燔松三十万株”[①]，皇陵受到大规模破坏。现存遗迹主要有神道石刻（图2-12）、皇陵碑、无字碑、陵冢等。因其以帝陵规制兴建，和泗州（今江苏盱眙）祖陵一样，不在本书研究范畴内，此不详述。

图2-12　明凤阳皇陵神道石刻

据《大明会典》记载，凤阳还有明初追封的太祖诸兄的墓葬：“南昌王（太祖长兄）、妃王氏，盱眙王（太祖次兄）、妃唐氏，临淮王（太祖三兄）、妃刘氏，山阳王（南昌王之子），招信王（盱眙王之子），以上坟附葬凤阳皇陵。有司岁时祭祀，皆与享。”[②]但这些人的坟墓究竟在皇陵中的什么位置，却没有明确记述。结合有关文献和皇陵现存遗迹，笔者推测凡与朱五四夫妇同死于至正四年（1344年）春那次瘟疫前后的近亲，当皆葬在朱五四夫妻近处，洪武初“积土厚封”时，皇陵的封土很可能

① 清·计六奇：《明季北略》卷一一，“贼陷凤阳”，魏得良等点校本，中华书局1984年版，第173页。

② 明·申时行等：《大明会典》卷九〇，《礼部·国初追封诸王坟》，影印本，第3册，第1431页。

将他们的坟墓全部覆盖（图2-13）。

凤阳府西北的“十王四妃坟”是太祖伯叔等人的迁葬墓，“在府西北二十五里，有白塔在焉。十王，本朝寿春、霍丘、安丰、蒙城、下蔡、六安、宝应、来安、都梁、英山王也；四妃，寿春王妃刘氏、霍丘王妃翟氏、安丰王妃赵氏、蒙城王妃田氏也。洪武间修建祠祭署，世掌祀事”[①]。这也是一座多人合葬墓，“以各散葬者，俱攒于此一处，建茔域以便祀焉”。清朝乾隆时，十王墓，“惟周围土墙尚存，中间一冢，即十王四妃并攒于一处者也；西南一冢即驸马黄琛也。冢旁皆已垦为熟地，石人石兽无一存者”[②]。其地望当在凤凰山西南，现已无遗迹可寻。

图2-13　明凤阳皇陵封土（摄于1995年11月）

第二节　陕西地区明代藩王陵墓的考古调查和发掘

今陕西省界内在明代先后分封过3府亲王。先是太祖之子秦愍王，王府在西安，秦藩与明朝相终始；再是仁宗次子郑靖王，宣德四年（1429年）分藩陕西凤翔，正统九年（1444年）改封怀庆；明末，又有神宗之子瑞王开府汉中，至明亡时仅有一代，瑞王本人被张献忠杀死于重庆，未葬藩封。因此，得以建墓于今陕西的明代藩王，实际

① 明·李贤等：《大明一统志》卷七，“中都·陵墓”，影印文渊阁《四库全书》本，台湾商务印书馆1984年版，第472册，第191页。

② 清·于万培等修，谢永泰续修：《（乾隆）凤阳县志》卷四，《舆地志·邱墓》，《中国方志丛书》（华中地方·699）据清光绪十三年刻本影印，台北成文出版社有限公司1983年版，第303页。

上只有秦府一支。

秦藩始封愍王朱樉，为明太祖第二子，洪武三年（1370年）封秦王，十一年（1378年）就藩陕西西安。以《明史》之《诸王世表》《诸王传》相关文字为基础，结合西安地区府县方志的记载，核定秦藩王爵共传十一世，共十五王。秦王府在明朝时号称“天下第一藩”，留下了大量的亲王、郡王陵墓，在清代分属于长安、咸宁等县。秦藩诸王墓都在王府城南黄土塬上，但分成四个区域。早期四王葬鸿固原；中期康王、惠王葬少陵原，简王、定王葬韦曲原，昭王则葬鸿固原；晚期五王葬高望原。末代王被李自成所执，不知所终，葬地不详。秦藩另有追封王五人，即昭王祖父安王、父庄王，宣王曾祖恭王、祖父顺王、父端王，均以郡王或将军等原封爵入葬，其中秦安王朱公铭为简王庶七子，原封临潼王，《西安府志》称其葬韦曲原；其余诸追封王葬地史志语焉不详。

秦藩诸王陵墓曾经做过部分地面调查工作，其中愍、隐、康、惠、简、宣六王园寝基本被确认，其余各王陵墓或已荡然无存，或对现存封土的墓主身份、世次仍存在不同的认识①。各陵墓的陵园建筑早已不存，墓室结构亦不知其详，但石像生尚有不少保留，是研究明代藩王陵墓神道石刻制度的重要资料。其中秦隐王神道石刻组合比较特殊，为麒麟1对、马3对、文官1对、武官1对（图2-14）；秦□□世子（宣王之子）朱敬鎔墓前也有麒麟、马各1件。

秦藩一些陵墓前还有神道碑甚至碑亭遗迹，如陕西长安庞留井村秦惠王墓前有龙首龟趺碑一通，额篆“大明宗室秦惠王神道碑”；秦宣王世子墓前有螭首龟趺碑一通，额篆“赐嫡子敬珍墓”②。秦愍王陵园亦见有一龟趺座，原在陵宫门东侧石狮之北、陵园宫墙以内，但原碑已佚，究竟是神道碑还是祭文碑，已不得而知。

秦藩的一些郡王墓葬经过考古发掘，揭示出该藩宗室墓室结构的信息。

20世纪50年代发掘兴平安僖王之墓，墓主朱公铄为明太祖玄孙、秦愍王曾孙③，卒于成化十二年（1476年）十一月，次年六月葬于今陕西长安韦曲以东的四府井村。墓葬坐南朝北略偏西，前后两室通长将近14米。其中前室内长3.85米，宽4.25米，高4

---

① 王翰章：《明秦藩王墓群调查记》，《陕西历史博物馆馆刊》第二辑，三秦出版社1995年版。国家文物局主编《中国文物地图集·陕西分册》（西安地图出版社，1998年）中相关条目下亦有一些早年调查资料披露，详见本书第三章。

② 王翰章：《明秦藩王墓群调查记》，《陕西历史博物馆馆刊》第二辑，三秦出版社1995年版。

③ 秦愍王庶四子朱尚炌为始封兴平王，正统十四年（1449年）薨，谥曰恭靖。子庄惠王嗣。清·张廷玉等《明史》卷一〇〇，《诸王世表一》谓其“天顺元年（1457年）薨，无子，除”（点校本，第9册，第2512—2513页）。从兴平安僖王圹志得知，安僖王以庄惠王之次子袭封，成化十二年薨，《明史》记载有误。

图2-14 明秦隐王神道石刻（西列）

米，左、右两壁各有一个壁龛。后室内长9.15米，宽4.1米，高4.35米，左、右、后三壁上各有一壁龛（图2-15）。前、后室均有石门，棺床在后室，单人葬。安僖王墓发掘时仍然保留了一些有价值的埋葬迹象，墓主“部分下肢骨发现在棺床的南段，未遭严重的扰乱。头骨是发现在棺床北的墙壁下，而死者头上的部分饰物也散落在棺床北部”[①]，由此可以大体确认墓主为头北脚南，头向与墓门方向相反。

1997年，在西安雁塔区长延堡街道瓦胡同村东清理了5座明代秦藩郃阳郡王家族墓葬[②]，根据出土墓志记载，这里属于明代咸宁县韦曲里洪（鸿）固塬。

郃阳惠恭王朱公镗，秦愍王曾孙、秦康王庶四子，卒于成化七年（1471年），其墓（M49）早年已被盗一空，1994年墓志出土时亦稍有残破[③]。墓道早年被破坏，甬道和墓室均为砖券结构，方向180°。甬道进深0.8米，宽2米，残高1.7米，其外以条石封砌。墓室内壁粉刷白灰，生土地面，分为前中后三室（图2-16）。前室进深3.04米，宽3.8米，高4米，中室进深2.36米，宽3.8米，高4米，前中室之间有一道门洞券（进深

① 陕西省文物管理委员会：《长安四府井村明安僖王墓清理简报》，《考古通讯》1956年第5期。

② 西安市文物保护考古所：《西安财政管理干部培训中心明墓发掘简报》，《文博》2002年第6期。

③ 秦造垣：《明郃阳惠恭王朱公镗墓志考》，《考古与文物》2003年第5期。

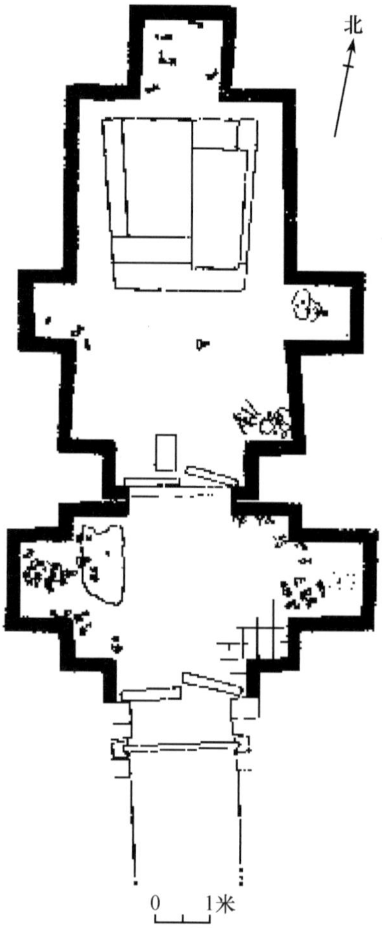

图2-15　明秦藩兴平安僖王墓平面图
（引自《考古通讯》1956年第5期）

0.32米，宽2米，高2.32米），设对开石门；后室进深5.54米，宽3.8米，高4米，中后室之间门制同前，唯多一道石门槛。后室的东、西、北三面各有1个壁龛，北部正中有砖芯包石棺床，长2.64米，宽2米，高0.4米，其上并列两个棺位。

郃阳惠恭王夫人钱氏（卒于成化二十年，1484年；嗣王诚泓生母）墓（M29），斜坡墓道，方向175°。砖券结构，前后两室，墓门进深0.96米，装饰以须弥座式墙裙、单坡屋顶饰以瓦当滴水。前室进深2.48米，宽2.72米，高2.8米，后室进深4.96米，宽2.72米，高2.8米。后室前部有砖券门，东、西、北三面各有1个壁龛，北部正中有须弥座式棺床，重棺。

郃阳惠恭王夫人雍氏（卒于正德四年，1509年）墓（M28），斜坡墓道、单室砖券结构，方向183°。墓室进深3.76米，宽2.1—2.18米，高2.14米，东、西、北三面各有1个壁龛，北部正中有须弥座式棺床，重棺。

郃阳安僖王朱秉檄，秦康王曾孙、三代郃阳王，卒于正德三年（1508年），王妃刘氏（卒于嘉靖十八年，1539年）合葬。其墓（M21）为双室砖券结构，方向180°（图2-17）。斜坡墓道长12.56米，甬墓土洞式，券顶，起券处高2米。前室进深2.1米，宽3.32米，高2.9米，前有木、石封门各一层。后室进深3.84米，宽3.32米，高2.9米，东、西、北三面各有1个壁龛；北部正中并列二座棺床，东（安僖王）为砖砌、西（王妃）为木垒，均为重棺，王棺朱漆饰金彩。

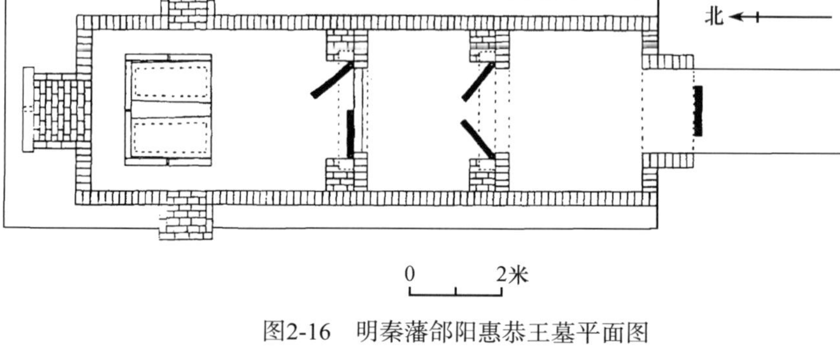

图2-16　明秦藩郃阳惠恭王墓平面图
（引自《文博》2002年第6期）

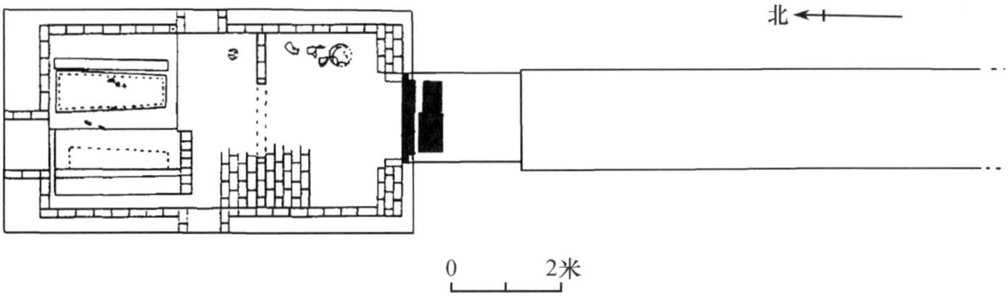

图2-17　明秦藩郃阳安僖王墓平面图
（引自《文博》2002年第6期）

1999年，西安市文物保护考古所抢救性清理发掘了秦康王庶三子（《明史·诸王世表》作庶五子）汧阳端懿王朱公鐕之墓①，墓主为秦愍王曾孙，生于正统元年（1436年）正月廿四日，十一年（1446年）五月册封为汧阳王，卒于弘治八年（1495年）六月初八日，次年“八月初十日葬于咸宁县韦曲里之原”②。墓室为砖券结构，坐北朝南，方向175°，墓底距地表8.8米。长方形竖井底带斜坡墓道，南北长5.2米，东西宽2.2米。墓门有砖雕门楼和石门框，整体宽2.7米，厚1.35米，残高4.3米；双扇对开式石门，门高2米，宽0.9米，厚0.12米，素面，上有红漆痕迹。墓室全长10.6米，宽3.02米，高3.05米，室内距封门4.35米处以一道隔墙分为前后两室，隔墙厚0.2米，下辟券门以通前后。前室长4.35米，后室长6.02米。后室东西两壁各有一壁龛，面宽1米，高0.82米，进深1米，底距墓室底0.42米；后壁有一面宽1.6米、高1.06米、进深1.5米、底距墓室底0.64米的壁龛（图2-18）。棺床在后室北部正中，砖砌，长2.64米，北端宽1.6

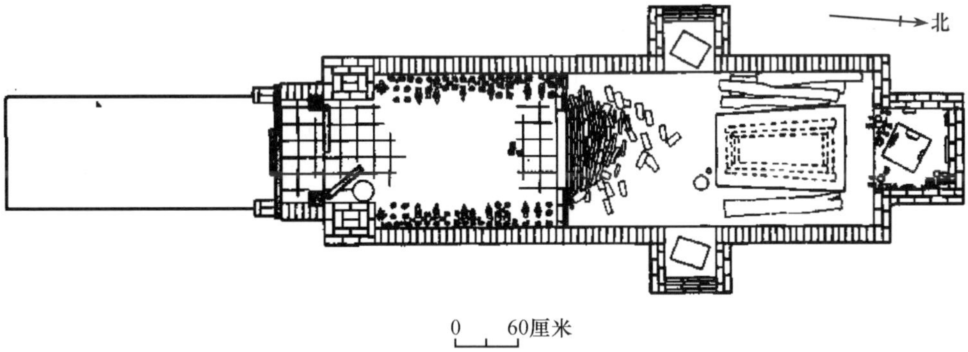

图2-18　明秦藩汧阳端懿王墓平面图
（引自《考古与文物》2001年第6期）

① 西安市文物保护考古所：《西安南郊皇明宗室汧阳端懿王朱公鐕墓清理简报》，《考古与文物》2001年第6期。

② 明·佚名：《皇明宗室汧阳端懿王圹志》，见西安市文物保护考古所《西安南郊皇明宗室汧阳端懿王朱公鐕墓清理简报》，《考古与文物》2001年第6期。

米，南端宽1.4米，高0.62米，南面砖雕二龙戏珠图案，四面砖雕兽足；床面上铺有0.1米厚的磨光青石。

2015年，在西安地铁4号线航天城车辆段项目工地（属明代凤栖塬）发掘了明秦藩永兴恭定王朱惟燿墓①，墓主为秦愍王次子后裔、六代永兴王，卒于万历二年（1574年）。其墓室结构与郃阳惠恭王朱公鏜墓相近，通长13.5米，宽6.6米，北壁有1个壁龛，东西两壁各有2个壁龛。砖砌棺床，并列2副木棺，与王妃王氏合葬。

还有其他一些秦藩亲、郡王墓也经过清理发掘，但详细资料尚待公布。如秦简王朱诚泳墓，1989年暴露，出土各类彩绘陶仪仗俑300余件，俑座下有“清道旗”“戟”“笛”等70余种标识文字，现陈列于陕西历史博物馆。

2004年，在陕西西安南郊韦曲发现了秦康王曾孙辅国将军朱秉橘（卒于正德十二年，1517年）等4座秦藩宗人的墓葬，均为带墓道的单室结构，3座（M14、M24、M26）为竖穴土坑砖券洞室墓，1座（M25）为土洞墓②。其中M26规模最大，墓主为奉国将军朱惟熠（郃阳安僖王朱秉櫢之侄，卒于万历十三年，1585年）及其妻淑人赵氏（卒于嘉靖十年，1531年）、仲氏（卒于嘉靖三十一年，1552年）。墓坐北朝南，方向178°，斜坡墓道长15.2米，最宽处1.8米，最深处距地表10.38米。墓门前有封门石条，砖雕门楼，双扇对开石门。在门楼上方的墓室顶部依序竖立石墓志三合。门内为甬道，宽1.64米，进深0.84米，高3.13米。墓室为砖券结构，室内南北长5.74米，东西宽3.43米，高3.2米，东、西、北三壁各有一个壁龛（图2-19）。室内前部有一个砖砌的须弥座式祭台，高0.8米；后部为砖砌棺床，南北长2.88米，东西宽3.34米，高0.58米，其上并陈三棺。近年，因建设工程施工，秦府将军朱惟嫌（宣王之父、追谥端王）等人的墓葬也被发现清理。

从这些已知之例来看，成化至正德间（1465—1521年）秦藩郡王墓室之制为前后两室或三室（但券室结构有所不同，单券与双券，特别是两券垂直交错，可能关乎等级，详后），甚至万历初年还有疑似三室之制，则至迟到明代后期，秦藩亲王玄宫应该不少于两室。正德以后，秦府将军墓用单室，究竟是等级差别还是因时代偏晚而简化，尚有待更多材料佐证。2007年在西安南郊发掘的上洛县主（保安庄简王朱公炼嫡长女，卒于成化六年，1470年）墓（图2-20）③，虽然是单室，但规模并不小，墓门等处装饰也比较考究，墓主用重棺，髹朱漆。

---

① 辛龙等：《陕西西安明永兴恭定王墓》，《大众考古》2015年第12期。

② 肖健一等：《西安发现明代秦王家族墓葬》，《中国文物报》2004年9月22日第1版；陕西省考古研究所等：《西安明代秦藩辅国将军朱秉橘家族墓》，《文物》2007年第2期。

③ 陕西省考古研究院：《西安南郊明上洛县主墓发掘简报》，《考古与文物》2009年第4期。

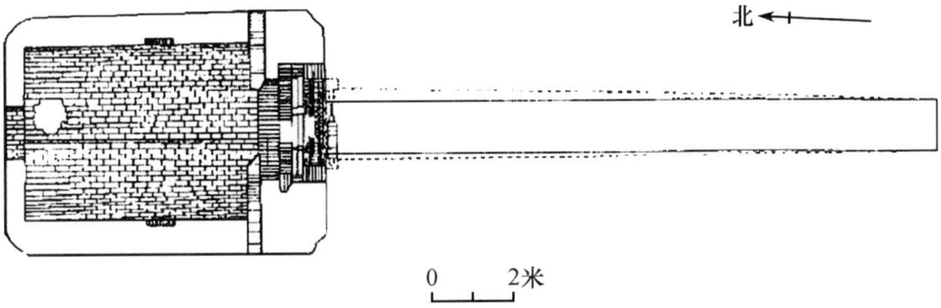

图2-19　明秦藩郃阳府奉国将军朱惟熠墓平面图
（引自《文物》2007年第2期）

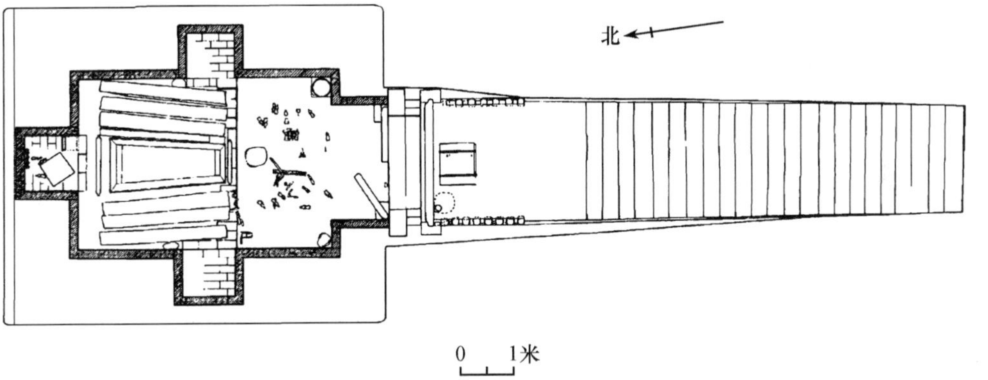

图2-20　明秦藩上洛县主墓平面图
（引自《考古与文物》2009年第4期）

第三节　山西地区明代藩王陵墓的考古调查和发掘

山西地区在明代共分封过三府亲王，其始封王皆为太祖之子，且三府均与明王朝相始终。山西三藩始封及王府驻地分别为：晋恭王（太原）、代简王（大同）、沈简王（潞州，今长治）。

一、太原地区（晋府）

明太祖第三子朱棡，洪武三年（1370年）封晋王，十一年（1378年）就藩太原。晋藩传十二世，共十一王。

晋藩诸王陵墓分布也比较分散，其中晋恭王墓在今太原市区东北的小店区老峰（坟）村。陵园现存南、北宫墙各一段（图2-21），推算其陵园占地面积约48万平方

图2-21　明晋恭王园寝内外北宫墙遗迹

米[①]。晋恭王墓封土尚有部分残存，封土前面地势从南到北呈阶梯状上升，可以从封土前台地上的遗迹推测出享殿的大体位置，但陵园内未发现石像生遗迹。结合《明英宗实录》等记载推测，晋恭王坟当无石像生之制。

晋恭王墓封土南侧偏西部已被大面积挖开，其余亦有多处破坏。据介绍，其“墓室分前中后三室，前中室两侧各有耳室6间，各间室有石雕圆柱，顶部出小檐，墙壁石砌，砖券顶，后室有石雕桌椅，墓室建筑有彩绘。地下墓室多次盗扰，破坏严重，陪葬品全无”[②]。除老峰（坟）村外，附近的东峰（坟）村和西峰（坟）村也是晋藩亲王陵园所在，地表残留少量遗迹现象。

太原等地区的晋王墓地是逐步征购自民间的。洪武三十一年（1798年）三月，“晋世子济熺将葬恭王，欲得民地千一百余亩为寝园，遣使入奏。上命以八百亩为限，而以附近官地偿民，仍量地多寡给钞加赐之”[③]。据此估计八百亩应该是洪武末藩王寝园面积的最高额限，少于鲁荒王。此后，正统七年（1442年），“以山西阳曲县民地二顷一十亩，给晋宪王营坟园”[④]。正统八年（1443年），“庆成王美埥奏：妃坟

① 山西旅游景区志丛书编委会：《太原风景名胜志》，山西人民出版社2004年版，第223页。

② 山西旅游景区志丛书编委会：《太原风景名胜志》，山西人民出版社2004年版，第223页。

③ 明·胡广等：《明太祖实录》卷二五六，洪武三十一年三月己未，校印本《明实录》，第5册，第3705页。

④ 明·孙继宗等：《明英宗实录》卷九七，正统七年十月戊子，校印本《明实录》，第15册，第1941页。

茔外民地一十二顷有奇，乞赐为神路，以便往来”[①]。这种渐次征购可能也和晋藩各亲王园寝未采用集中葬制有关。

晋定王墓在今临汾市尧都区土门镇坟上村西九峰下，陵园坐西朝东，占地约5000平方米，早先调查有圆形封土3座，中为晋定王墓，左右为陪葬墓[②]。晋定王墓现存明显封土一座，在陵园和神道的中轴线上，背靠主山之下，其北侧封土尚有遗存，南侧封土已不明显（图2-22）。主封土前部现为新修庙宇一座，内供玉皇大帝，从位置来看，这里应该是原陵园中门、享堂区域所在，殿前有1960年临汾县人民委员会所立晋定王墓文物保护标志碑，注明保护面积为“六万六千平方公尺”。前部神道坡状上升，现存望柱1对，石羊、马、虎各1件和残虎1件，武将、文官各2件；另有石狮1对，在现村委会门前，应该是原宫门或中门前的遗存。

晋裕王墓在今山西榆次北苏村[③]，据出土墓志记载，晋裕王朱求桂为晋穆王之子，万历四十一年（1613年）袭封，卒于崇祯三年（1630年）十一月，五年（1632年）八月葬，其墓玄宫分前、中、后三室。

图2-22　明晋定王墓封土

① 明·孙继宗等：《明英宗实录》卷一〇九，正统八年十月壬午，校印本《明实录》，第15册，第2213页。

② 临汾市文物局：《临汾市文物集萃》（山西省第三次文物普查丛书），三晋出版社2011年版，第185页。

③ 郭勇等：《明晋裕王墓的清理工作》，《文物参考资料》1956年第6期。

关于晋藩郡王墓葬，早年曾经发掘过晋恭王之子广昌悼平王朱济熇及其王妃之墓[①]，皆为单人葬。朱济熇卒于宣德二年（1427年）十月，次年六月葬，其墓在今山西太原北郊七府坟村。玄宫为砖砌拱券结构，前后两室通长13.1米。

二、大同地区（代府）

代藩始封王为明太祖第十三子朱桂，洪武十一年（1378年）封豫王，二十五年（1392年）改封代王，同年就藩山西大同，英宗正统十一年（1446年）卒，谥曰简。代王爵传十二世，共十一王，其袭封先后依次为：简王朱桂、隐王仕壥、惠王成鍊、懿王俊杖、昭王充燿、恭王廷埼、定王鼒铉、□王鼒钧、康王鼎渭、□王彝□、末代王传𤊟，还有追封的戾王逊煓（隐王之父）、思王聪沫［沬］[②]（懿王之父）等。

代藩诸王陵墓在大同东郊白登山（今名马铺山）阳坡，集中分布于东坟村、西坟村、三府坟等地。据当地人回忆，20世纪50年代时东坟和西坟一带还有不少封土，70年代初已被铲削殆尽。这片区域中的部分地段现在已变为城区，楼房林立，封土基本都被夷平，地下遗存情况不明。据说在马铺山西坡的“马铺山陵园”（现代公墓）中仍保留一座代王的封土，但笔者2019年5月到访时被告知没有。在三府坟村东马辅山东坡有一座半球形封土，直径约15米，北侧部分残损，有盗洞，暴露出的残砖具有明代特征，疑为代府某王或宗室成员墓（图2-23），周边未见明显的陵园遗迹。除马辅山地区外，据说大同城区以南、魏都大道南端一带也发现过代藩宗人墓。

《大同文物集萃》记载：“代藩九王墓位于大同市南郊区水泊寺乡东坟村东北约200米处。……分布面积约26平方米。”[③]1966年4月公布为第一批市级文物保护单位。1994年10月，大同市考古研究所清理了东坟村一处被盗墓葬，墓志显示，墓主为代藩第六代亲王懿王朱俊杖及其2位王妃，墓址位于今马辅山西南，东峰村东北[④]。该墓位置与乾隆《大同府志》记载略有不同，发掘清理后墓室回填，其地现已修成铁路。另据调查，铁路附近原先有另一座明代藩王墓，20世纪80年代时封土尚存，墓室为城砖砌筑。方志中的“合河山”，即今大同城西阳和坡村，相传村前打场空地处原为代藩诸工墓葬。

---

① 山西省文物管理委员会：《山西太原七府坟明墓清理简报》，《考古》1961年第2期。

② 代思王之名在张廷玉等《明史》卷一〇七《诸王传》中作“聪沫”（点校本，第12册，第3582页），同书卷一〇一《诸王世表》作“聪沬”（点校本，第9册，第2660页）。其人为代惠王之子，先封武邑王，因酗酒被革爵，复以居父丧“淫酗”而被废为庶人，迁太原。后复封，以子俊杖嗣位而追加封谥。

③ 大同市文物局：《大同文物集萃》，三晋出版社2011年版，第53页。

④ 李白军等：《大同明代懿王夫妇合葬墓墓志考》，《文物世界》2001年第5期。

图2-23　明代藩某王或宗室墓封土

代懿王墓是代藩唯一经过清理发掘的亲王墓葬，虽然墓室规模很小，但却确定了一个点位，为其他代藩王墓位置的指认奠定了基础。代懿王薨于嘉靖六年（1527年），次年葬；王妃吴氏嘉靖十七年（1538年）薨，同年葬；王妃张氏嘉靖二十九年（1550年）薨，同年葬。发掘前地表尚存封土。玄宫为砖石拱券结构，由墓道、甬道、墓室组成。墓道朝南，用条石横砌封门。墓室坐北朝南，方向183°，单室，平面长方形，南北长8.2米，东西宽5.6米，左、右、后三侧墓壁上开有壁龛。其中左侧壁龛高1.6米，宽0.88米；右侧壁龛高 1.72米，宽 1.32米；后壁龛高1.2米，宽0.34米。墓室四壁底部铺石条二层，其上再以灰色素面条砖一顺一丁垒砌，白灰勾缝，然后起券、收顶，铺地砖两纵两横，通缝平铺①。代懿王墓为一王二妃合葬，其玄宫结构相比其他藩府显得简单，规模也小，应该是代府的一种传统。

大同地处边塞，腹地狭小，加之财政紧张，代藩诸王陵墓的规制可能从一开始就比较简单。正统十一年（1446年）十二月，代简王朱桂卒，次年十二月为其造坟事，“大同总兵官武进伯朱冕言：‘大同军民疲于役税已极，今复为代王造坟，如腹里亲王之制，诚不能堪。臣见代王生前所居宫殿，地不过二顷，饰惟以黑瓦。今已薨逝，坟地反广，而瓦用琉璃，使王有知，亦不忍困军民以自奉也。乞敕该部将原定坟茔地亩房屋减半，饰用黑瓦，庶工易完而人不困。’巡抚少卿于谦亦以为言，且及代世孙

① 李白军等：《大同明代懿王夫妇合葬墓墓志考》，《文物世界》2001年第5期。

妃坟亦请减省，上皆从之”[①]。由此开始，代藩王府和陵墓的规制明显低于内地各亲藩，并逐渐形成定制。同在大同地区，与代懿王墓年代相近的孙柏川夫妇的合葬墓[②]，南北长8.1米，东西宽5.2米，其结构、规模大致与代懿王墓玄宫相同，而远大于辅国将军朱俊榹墓（详下）。墓主嘉靖时曾任甘固总兵、左军都督同知，落葬于万历二十七年（1599年）。由此可见，代藩亲王墓室规制与品官没有明显差别。

大同地区清理过的一座代府将军墓，墓主为饶阳郡王位下辅国将军朱俊榹[③]。为长斜坡墓道单室砖券墓，其墓平面呈长方形，坐北朝南，方向180°，由墓室、封门和墓道组成。砌筑方法是先掘土圹，再砌砖室，券顶为3层。墓室以青砖横砌封门，南北长4.86，东西宽3.64米，底部距现地表深5.8米，墓室后部有壁龛，壁龛长0.86米，宽0.14米，高0.9米。墓室四壁自下而上均由长0.31米、宽0.15米、厚0.05米的灰色素面条砖一顺一丁垒砌，向内起券收顶，顶部券砖3层，夹缝用白膏泥粘合。自封门至墓室2.04米处留生土台构筑棺床，上铺条砖。棺床上置松木棺两具，为夫妇合葬墓。墓室东南角立墓志。因为代府亲王陵墓的等级偏低，其宗室成员之间墓葬的等级差别也不甚明显。

由于大同地处边关（“皇明九边”之一），腹地狭小，代藩又人口众多，一些郡王不得不向其他州府疏散。于是，代藩诸郡王中，有些王府留在大同城内，如灵丘王、广灵王等，也有一些因朝廷“念大同城中狭隘，郡王数多”[④]而立郡王别城于忻州、朔州，甚而远至蒲州（今永济）、绛州（今新绛）、霍州、泽州（今晋城）等地，如山阴王、襄垣王别城蒲州，灵丘王别城绛州，宣宁王、隰川王别城泽州，怀仁王别城霍州，定安王、博野王别城忻州，乐昌王别城朔州等。嘉靖二十四年（1545年），代藩和川郡王位下奉国将军朱充灼等阴谋勾结蒙古兵叛乱，事定后，总督侍郎翁万达上疏言：“大同狭瘠，禄饷不支，代宗日繁衍，众聚而贫。且地近边，易生反侧。请量移和川、昌化诸郡王于山、陕隙地。”于是“代宗自简至懿，封郡王者凡二十有三，而外徙者十王”[⑤]。这些外徙郡王也都依例建墓于各自封地，并不还葬大同。所以，代藩诸王墓的分布在整体上比其他藩王墓葬更为分散。

代府宗室墓葬的共同特点是：规制狭小，主要建筑物施用灰陶瓦（黑瓦），可能只有一个墓室。亲王封土为半球形，直径在10米左右。无论是包括地方志在内的明清以来的文献记载，还是现代调查的结果，都没有发现石像生或其遗存。

---

① 明·孙继宗等：《明英宗实录》卷一五二，正统十二年四月壬辰，校印本《明实录》，第16册，第2978页。

② 李白军：《大同明代甘固总兵夫妇合葬墓》，《文物世界》2002年第4期。

③ 李白军：《大同明代朱俊榹墓志考》，《文物世界》2005年第5期。

④ 明·孙继宗等：《明英宗实录》卷三二〇，天顺四年十月癸卯，校印本《明实录》，第21册，第6665页。

⑤ 清·张廷玉等：《明史》卷一一七，《诸王传·代简王桂》，标点本，第12册，第3609页。

三、长治（明潞州）地区（沈府）

沈藩始封王为明太祖第二十一子朱模，洪武二十四年（1391年）封沈王，永乐六年（1408年）就藩潞州（今山西长治），卒于宣宗宣德六年（1431年），谥曰简王。沈王爵传九世，八王，其袭封先后依次为：简王朱模、康王佶焞、庄王幼壆、恭王诠钲、宪王允栘、宣王恬烄、定王珵尧、末王效镛，另有追封的靖王勋汫（恭王之子）、怀王允榿（恭王之孙）、安王诠鉌（宪王祖父）、惠王勋潪（宪王之父）。

在山西三藩中，沈府亲王墓葬的整体保存情况最差。1993年12月，长治市文博馆曾从长治市北呈乡东坟村征集到沈简王朱模、沈康王朱佶焞、沈庄王朱幼壆的墓志铭各一方，从而判定东坟村一带应该是明沈藩简王、康王、庄王陵墓所在。从地名渊源分析，附近的西坟村也应为沈藩诸王家族墓地，但内涵不详。另在长治市西郊西坡村、壶口乡坟上村两处也分别发现过沈藩亲王的墓葬①，但地表已看不出明显的遗存。

第四节　河南地区明代藩王陵墓的考古调查和发掘

河南是明代分封亲王比较多的省份，先后共有11藩驻守。其始封王和王府所在地分别为：太祖之子周定王（开封）、唐定王（南阳）、伊厉王（河南，即今洛阳），成祖之子赵简王（彰德，即今安阳），仁宗之子郑靖王（怀庆，即今沁阳），英宗之子秀怀王（汝宁，即今汝南）、崇简王（汝宁）、徽庄王（钧州，即今禹州），宪宗之子汝安王（卫辉，曾改名汲县，1988年复名卫辉），穆宗之子潞简王（卫辉），神宗之子福忠王（河南）。其中秀怀王、汝安王皆以无后除封，还葬北京，其余9藩历代王墓皆在河南。

一、禹州地区（周府、徽府）

明朝周藩亲王、郡王和其他宗室成员的墓葬分散于今河南禹州（万历以前名钧州）、郑州、荥阳等地。后来，徽王朱见沛出藩钧州，因此，禹州地区兼有周、徽两府亲王陵墓，但两藩分别卜兆禹州城东西，畛域分明。

---

① 山西旅游景区志丛书编委会：《上党风景名胜志》，三晋出版社2006年版，第221页。

1. 周藩王陵和王妃墓

周藩始封王为明太祖第五子周定王朱橚。周王位号传十一世，共十一王。

周定王墓位于禹州无梁乡申家村西北，早先的调查资料显示，地表尚残存建筑基石和“御祭碑”等，还有一个青砖拱券洞①。陵墓背靠明山（图2-24），主峰玉皇顶海拔765米，西为具茨山，东为黄淮平原。定王陵始建于永乐二年（1404年），十二年（1414年）竣工，墓室距地表约10米，由墓道、墓门、甬道及前、后、中、左、右五组殿堂组成②。另据《河南文物名胜史迹》一书介绍③，周定王玄宫劈山凿洞建成，砖石砌券，结构为墓道、墓门、甬道及前、后、中、左、右五室组成，墓室纵长约40米，宽34米，总面积1970平方米，远远大于明神宗定陵，其玄宫之大居明代藩王陵墓玄宫之冠④。寝殿（后室）内据说原有棺床，被拆毁后利用其砖石砌澡堂，今所指棺床处已与玄宫后室地表平齐，但整齐砌石，未见“金井”一类设施。后壁并排4个耳室（棺室），各有石门，为隔室祔葬。

周定王墓右前方约500米处另有一座陪葬墓，为周定王妃墓，据村文保员介绍是1964年挖地窖时发现。墓室整体为圆形，砖石砌成，有1个墓门和环状甬道、17个墓室，中央为实心柱，面积800多平方米。周定王妃墓葬制甚为特殊（图2-25），目前尚不知同期墓葬中是否有其他可资参照的资料。

周恭王朱睦㰘，嘉靖十七年（1538年）卒，其墓在禹州无梁乡无梁村北⑤。墓葬封土已不存，墓前尚存部分石残件。王墓前有无梁殿，旧有地藏王菩萨和十殿阎君，不能确定最初是否与王墓有关。

周端王朱肃溱，《明史》称其卒于崇祯八年（1635年），墓在禹州无梁乡观上

---

① 国家文物局主编：《中国文物地图集·河南分册》，《明周定王墓》，中国地图出版社1991年版，第321页；河南省文物局编：《河南文物名胜史迹》，《明周定王墓》，中原农民出版社1994年版，第614页。

② 河南省文物普查办公室：《河南省文物普查大观》，《中原文物》1986年第3期。

③ 河南省文物局编：《河南文物名胜史迹》，《明周定王墓》，中原农民出版社1994年版，第614—616页。

④ 明神宗定陵玄宫自甬道至后殿通长87.34米，左右配殿之间两端最宽处47.28米，总面积即墙内落空面积为1195平方米（见中国社会科学院考古研究所等：《定陵》，文物出版社1990年版，第21页）。周定王玄宫面积之数据或有误，详见本书第四章。

⑤ 国家文物局主编：《中国文物地图集·河南分册》，《明周恭王墓》，中国地图出版社1991年版，第321页。

图2-24 明周定王墓室入口及背靠之明山

图2-25 明周定王妃墓

村老龙窝[①]。封土早年被夷平，曾出土《明谕葬周端王暨元配妃李氏合葬圹志》（图2-26），现存禹州市文保所。

图2-26　《明谕葬周端王暨元配妃李氏合葬圹志》（禹州市文保所藏）

2. 徽藩王陵

成化十七年（1481年），英宗第九子徽庄王朱见沛出藩钧州，此后徽藩诸王皆葬于钧州（禹州）。徽藩传四世，依次为庄王见沛、简王祐枱、恭王厚爝、废王载埨，载埨被废于嘉靖三十五年（1556年），闻逮治之讯先行自缢而死，国除。钧州周围还有不少周徽二藩的郡王墓，以徽藩居多，见诸《禹县志》著录的有荥阳王、阳夏王、太和王等。和周府宗室墓葬分散多处不同，徽府的宗亲墓葬比较集中，不出钧州境。钧州（禹州）境内兼有周、徽两藩陵墓，因而后修地方志有时混同著录，引用时需要甄别。

徽庄王朱见沛，薨于正德元年（1506年），墓在鸠山乡魏井村东北隅。早先调查记录说尚存墓冢高1米余，周长10米，陵园建筑已毁，仅存三个门洞及部分石刻[②]。

① 国家文物局主编：《中国文物地图集·河南分册》，《明周端王墓》，中国地图出版社1991年版，第321页。

② 国家文物局主编：《中国文物地图集·河南分册》，《明徽庄王墓》，中国地图出版社1991年版，第321页。

最近调查（2019年12月）所见，徽庄王园寝遗址位于山前缓坡上，坐北朝南，其山水形式与皇陵所宗奉者基本相同，唯墓室处距玄武山似稍远些。陵园区域已平整为三级台地以便于农耕，每级落差约1米，每一层的边缘都以碎砖石等原建筑构件堆砌成泊岸，夹杂有柱础石、绿釉琉璃瓦等，遗址范围约15亩。陵园最前端为三洞拱门一座，位于第一级台地的最南缘，已残破，可见原制为外包青砖，内实以碎砖瓦石块（图2-27）。此门前地势复降一级，当地人告知50年前在券门的西侧尚有龟趺座1个，后被砸毁。第二级台地的南缘有完整的柱础2个，这一层面应该是原来的中门、享殿等所在。第三级台地的南缘与拱券门相对的中轴线上残存砖门垛二，从建筑形式来看，应该是后寝门所在，其制或与皇陵琉璃花门（三座门）相近。第三级台地上为玄宫所在，封土无存，数年前暴露的盗洞口也被填堵，地表已看不出痕迹，传为砖石结构，有石棺。

图2-27　明徽庄王墓拱券式宫门及陵园现存遗迹

徽简王朱祐枱，薨于嘉靖四年（1525年），其墓在鸠山乡下官寺村北，早先调查记录墓冢已被夷平，尚存部分石刻[①]。实地观察，徽简王园寝实际上是建在庄王园寝所在的白虎山南麓，地貌形势稍逊一筹，规模也略小一些（图2-28）。陵宫建筑和封土等均已无存，陵园结构与庄王园寝大体相同，最南端有大量残碎砖瓦和少量石构件、绿釉琉璃构件等堆积，应为宫门（拱券门）所在，封土位置的前部有“禹县文物保护单位”水泥碑，半埋土中。

① 国家文物局主编：《中国文物地图集·河南分册》，《明徽简王墓》，中国地图出版社1991年版，第321页。

图2-28　明徽简王陵园遗迹

徽恭王厚爝，薨于嘉靖二十九年（1550年），其墓在禹州梁北镇董村店村，地表已无遗存。

现存2座徽府亲王园寝的共同特征是：陵园以宫门、中门、后寝门为界分为三进院落，有碑刻，无石像生。

二、郑州（含荥阳）地区（周府）

周王驻藩开封，除部分陵墓卜选于钧州（今禹州）外，还有更多的亲王、郡王卜葬今郑州、荥阳等地。河南郑州市西南刘胡垌乡周悼王陵园前残存石刻10件（图2-29），包括羊、马、武将、文官各2件[①]。周悼王朱安瀙，周惠王之子，未袭封而薨，初谥曰荣悼世子，追其子恭王嗣封，改追谥曰悼王。此外，位于河南郑州、荥阳的周藩若干郡王墓前也有石像生或其遗存[②]。据民国《郑县志》记载："明南陵王墓在州西七□［里］，冢前立有周王崇易碑文"，"明遂平荣靖王墓在州西北姜村保，有纪善梁巩碑文"[③]。有人考证，遂平荣靖王墓在今郑州市惠济区南阳寨村，遂平恭安

① 郑州市文物考古研究所：《二十世纪郑州考古》，香港国际出版社2004年版，第247页。

② 郑州市文物考古研究所：《二十世纪郑州考古》，香港国际出版社2004年版，第247页。

③ 周秉彝等修，刘瑞璘等撰：《郑县志》卷二，《舆地志》，《中国方志丛书》（华北地方·104），据民国二十年重印本影印，台北成文出版社有限公司1976年版，第1册，第136、137页。

图2-29　明周悼王陵园石像生残件

王、康穆王及王妃等人墓在今郑州市金水区六里屯[①]。

另外，还有“周藩邬陵□□王朱□□”墓[②]。该墓在荥阳贾峪乡武庄村南，与周靖王、周懿王等墓毗邻，邬陵王身份不详，但可确定为周藩宗室。查《明史》之《诸王世表》和《诸王传》，周王位下均无邬陵王其人；《二十世纪郑州考古》一书亦未记载其姓名世系，仅云正统元年受封（对照公元纪年，此“元年”应为“六年”之误印），成化八年（1472年）卒，或有墓志为据。据《明英宗实录》记载，正统六年（1441年）九月，英宗“遣驸马都尉王谊等为正使、给事中寥庄等为副使，持节册封周王庶长子子垕为周世子，庶第二子子堃为通许王，庶第三子子埘为原武王，庶第四子子堲为鄢陵王，庶第五子子壥为河阴王，庶第七子子堰为项城王”[③]。因此，此“邬陵王”疑为“鄢陵王”之误。又据《明史·诸王世表》记载，鄢陵安僖王子堲，成化二十一年（1485年）薨。诸说未知孰是，姑记于此，以俟再考。

周藩原武温穆王朱朝埨，为周简王裔孙、六世原武王，万历三十五年（1607年）薨，其墓在河南荥阳二十里铺乡瓦屋孙村，与王妃张氏合葬。该墓是少数经过正式考古发掘的周藩郡王墓[④]，墓室距地面7米，小砖砌成，石门南向，室内长5米，宽4.1

① 于皓洋：《对明代周藩郡王遂平王墓茔之管见》，《中原文物》2016年第6期。

② 郑州市文物考古研究所：《二十世纪郑州考古》，香港国际出版社2004年版，第247页。

③ 明·孙继宗等：《明英宗实录》卷八三，正统六年九月壬寅条，校印本《明实录》，第15册，第1660页。

④ 郑州市博物馆：《荥阳二十里铺明代原武温穆王壁画墓》，《中原文物》1984年第4期。

米，高约3米，东西北三面各有一壁龛。室内除前壁外，满饰佛祖、菩萨及反映佛教寓意的彩绘壁画。棺床石砌，正方形，边长2.9米。

河南省文物考古研究院孙凯博士曾对明代周藩王陵和其他宗室成员墓葬进行过全面的考古调查[①]，获取了翔实可靠的资料。

2016年，河南省文物考古研究院为配合郑州豫能热电有限公司的建设工程，在荥阳市贾峪镇鲁庄村清理发掘了明代周懿王墓（图2-30）。其墓室为单室砖券结构，有壁画。陵园遗迹保存状况不佳，但发现了多位妃嫔的祔葬墓，排列有序，为明代王陵考古发现所罕见[②]。

除禹州、荥阳等地外，其他地方也发现过周藩郡王等宗人的墓葬，如驻马店市上蔡县邵店乡金井吴村顺阳怀庄王朱有烜（薨于永乐十三年，1415年）墓，墓主为周定王庶三子，王妃吴氏合葬[③]。墓室坐北朝南，南北长15.8米，东西最宽处11.1米，为五室玄宫结构。该墓清理发掘资料一直没有正式公布，仅一些出土文物见诸披露[④]。

图2-30　明周懿王陵园遗迹

① 孙凯：《明代周藩王陵调查与研究》，中州古籍出版社2014年版。

② 河南省文物考古研究院等：《河南荥阳明代周懿王墓发掘简报》，《华夏考古》2019年第2期。

③ 孙凯：《明代周藩王陵调查与研究》，中州古籍出版社2014年版，第129—130页。

④ 辛革：《明代顺阳王墓所见金簪》，《中原文物》2009年第4期。

三、南阳地区（唐府）

唐藩始祖为明太祖第二十三子唐定王朱桱，此后至崇祯末，唐国传九世，共十王，依袭次先后为定王、靖王、宪王、庄王、成王、敬王、顺王、端王、追封裕王（端王之子、嗣王聿键之父）、嗣王聿键（崇祯九年被废，囚禁高墙，后为南明隆武帝）、嗣王聿镆（死于李自成军）。据明清地方志记载，明历代唐王墓均在城北紫山；诸郡王有不少葬在南阳城附近。

笔者曾在南阳市北郊紫山一带（蒲山镇赵官庄之方庄村）调查唐藩陵墓，转遍周围几座山坡和山脚，登上山顶查看，均未发现明显的大型墓葬遗存或遗迹现象。询访村民，大都听说过当地曾有“朱王坟”，村东南二三华里处早年还有“朱王桥”，但具体地点已不能指认。不但王墓建筑遗迹无存，而且方志明文记载的碑碣等亦无孑遗。山下方庄村中见到至少有2所宅院用明代大型墓葬常见的大青砖砌墙（图2-31），其中一户的老人明确承认院墙大砖是来自明代王坟，还有部分条石也确知是出自王坟，因此推测该村附近原来应该有唐藩王墓。2008年调查时有乡民告知在方庄村西山坡上现代所建灵山寺的西面原有一座“朱王坟”；2019年初，灵山寺西侧的一座砖室墓被盗扰，因文物部门及时发现而未遂，其地已圈建为现代墓葬，仅找到具有明代特征的大青砖一块。在被盗地点前方，尚可看出明代王墓常见的环境特征（图2-32）。紫山西南大约20公里的羊山、磨山一带原有唐藩巨野王等郡王墓，乡民传说是大型砖室结构，有石门；20世纪六七十年代被彻底破坏，现在地表仅有少量残碎砖瓦。

部分出土的明代唐藩亲王、王妃、郡王、郡主、将军、中尉以及唐王府从官的墓志，被征缴收藏于南阳市博物馆等文物保护单位，也有一些散落民间。其中唐定王朱桱的圹志现存于南阳市博物馆，为白色大理石质，长宽各60厘米，厚10厘米，志文见诸披露①；同馆收藏唐藩圹志多为王妃、郡王所有，如“明唐顺王继妃夏氏墓”志铭盖、唐府“卫辉恭□王”圹志等。

2006年，在南阳市四福井村发掘了明承休荣和郡王朱芝垠墓②，墓主为唐藩始封定王之孙、唐宪王第五子，卒于正德十五年（1520年）。其墓为东西并列的两座石室，前有斜坡墓道，长6.15米，方向170°（图2-33）。墓室整体近正方形，长4.62米（含封门墙），宽4.42米，内底距今地表4.15米，以一道隔墙分为东西两室，室内各长3.90米，宽1.80米，内高1.70米，前部各有对开石门。

---

① 任义铃：《明代南阳藩王唐王朱桱圹志及相关问题》，《文博》2007年第5期。

② 南阳市文物考古研究所：《南阳明墓》，大象出版社2010年版，第89—93页。

图2-31　河南南阳紫山明唐王墓葬区旧砖

图2-32　南阳紫山明唐王陵园遗址

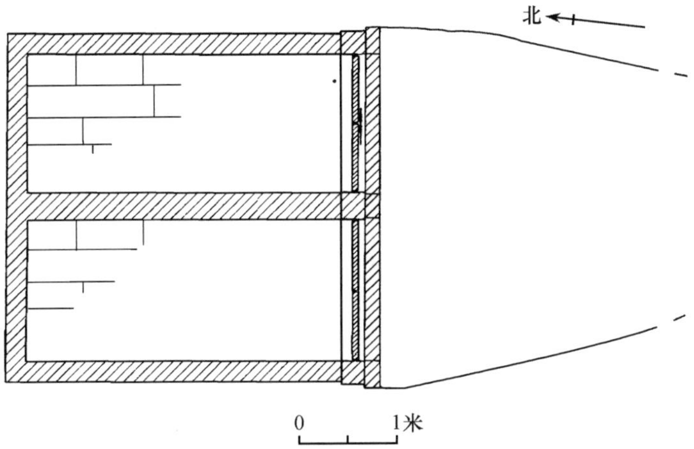

图2-33　明唐藩承休荣和王墓平面图
（引自《南阳明墓》）

1971年在南阳市靳岗乡东石膏村挖防空洞时发现了唐藩溆水郡主墓[①]。墓室为砖石拱券结构，单室，墓门朝向正南，双扇对开石门，高2.16米，宽0.85米，厚0.06—0.175米，门顶为青石条拱券。门外置《明故溆水郡主墓志铭》一合，其外有青砖封门墙一层。墓壁砖砌，石板铺地，内长5米，宽3米，正中偏后为棺床，砖砌涂朱，高约0.7米，床面四角各置一“石鼓”，中间有“腰坑”（按，应即“金井”）。根据墓志记载，溆水郡主为唐定王孙女、唐宪王朱琼炟次女，生于天顺五年（1461年）十二月十九日，卒于弘治五年（1492年）四月十六日，次年十二月葬于南阳城西。因基建工程，南阳市文物考古研究所近年清理过一些唐藩墓葬，也发现一些新线索。

崇祯九年（1636年），九任唐王朱聿键以擅自起兵勤王被废，幽禁于凤阳，其弟聿镆袭封为唐藩十王，崇祯十四年（1641年）被李自成兵所杀。聿键于南明初被释出，弘光元年（1645年）南京失守后即帝位，年号隆武，命弟聿𨮁（一作“鐭”）袭封唐王。隆武二年（1646年），隆武帝于福州被清兵杀害，唐王聿𨮁继立，年号绍武，命弟聿锷袭封唐王。绍武政权很快即亡于清兵，绍武帝自缢于广州，和同死难者被葬于广州流花桥，清光绪九年（1883年）竖碑坟前，上题曰“明绍武君臣冢”。1955年，因征用其地，迁葬于城北越秀山麓，在今越秀公园越秀湖畔，1963年3月1日公布为广州市文物保护单位（图2-34）。墓地并列石碑两块，其一题“明绍武君臣合葬冢”，另一题“南明抗清殉节王兴将军暨妻妾之墓”。嗣唐王朱聿锷从南明永历帝入缅甸，被俘自杀。

① 刘霞：《南阳明故溆水郡主墓》，《东南文化》2004年第5期；刘霞：《南阳明溆水郡主墓出土的一批金器》，《中原文物》2007年第1期。

图2-34　广东广州明绍武帝君臣墓

四、洛阳地区（伊府、福府）

明代先后有伊、福二府驻藩河南县（今河南洛阳）。其中伊藩传六王而被废，福藩在洛阳两代即至明亡。

1. 伊藩王墓及王妃墓

明太祖第二十五子朱㰘封伊王，永乐六年（1408年）之藩洛阳。伊王爵传五世六王，依次为厉王朱㰘、简王颙炔[①]、悼王諟钒、定王諟鋝、庄王訏淜、敬王訏淳、废王典楧，另有追封伊安王勉堡（悼王之父）。嘉靖三十四年（1555年），嗣王典楧因过被废，伊藩除。伊藩各王皆葬洛阳，清乾隆时洛阳知县龚崧林等人曾对伊藩王墓的遗迹进行过调查丈量[②]，陵园占地大约都在十亩左右，据此可以大致看出伊藩诸亲王陵墓的规模。

洛阳的伊藩诸王陵分布于邙山地区，但相对分散，封土大多已被破坏。伊厉王朱㰘，薨于永乐十二年（1414年），其玄宫以大砖砌成，不计墓道全长34.1米，最宽处24

① 伊简王之名，《明史》卷一一八《诸王传三》记为“颙炔”（点校本，第12册，第3610页）；同书卷一〇二《诸王世表三》写作“颙炔”（点校本，第9册，第2822页）。

② 清·龚崧林纂修，汪坚总修：《洛阳县志》卷三，“山川”，《中国方志丛书》（华北地方·476），据清乾隆十年刊本影印，台北成文出版社有限公司1976年版，第1册，第228—229页。

米，墓门前隧道券以条石封堵。玄宫主体为三主室、二配室结构，其平面布局和明神宗定陵玄宫一致，即前、中、后三室依次排列，平面呈“十”字形，中室左右两侧各有一个配室，后室的后壁和左右两壁各有一个壁龛①。前室有石门一道，无纹饰；中室及两配室无石门，后室有木门一道，已朽。1975年，在伊厉王墓（即洛阳谷水西北邙山顶老井村东的东山头大冢）东侧曾挖出过伊厉王妃刘氏圹志，称其地名“魏山”，进一步佐证了该墓墓主的身份。伊厉王墓今属新安县磁涧镇老井村，尚存部分封土，墓室已封诸，封土前有景泰（1450—1456年）、天顺（1457—1464年）年间的祭文碑（图2-35），半埋土中。

伊藩还有一些可以确认墓主的郡王墓资料，如洛阳安惠王朱勉湦②（卒于天顺八年，1464年）墓、万安康懿王朱典櫍（卒于隆庆四年，1570年）墓等，都是砖砌拱券结构，均为单室。其中万安康懿王墓深约4米，墓室之南有墓道③。据此可知，单室砖

图2-35　明伊厉王墓前景泰元年祭文碑

① 徐金星等主编：《洛阳市文物志》，见《明代伊王朱㰘墓》，洛阳市文化局刊印1985年版，第133—134页。

② 据清·张廷玉等《明史》卷一〇二《诸王世表三》记载，洛阳安惠王为伊简王庶长子，名朱勉堡（点校本，第9册，第2823页），后因其子继承伊王位，追晋封加谥为伊安王。其名从墓志。

③ 黄明兰：《洛阳考古纪实录——记明藩洛阳王墓地调查发掘和墓志研究》，见洛阳古代艺术馆主编《洛阳出土墓志研究文集》，朝华出版社2002年版，第488—492页。

券，可能是明中期及以后伊藩郡王级别墓葬的固定制度。

除王墓外，洛阳市文物工作队还发掘过3座身份较低的伊藩镇、辅将军墓①，也颇有参考价值。

伊藩方城郡王位下镇国将军朱訏洌及夫人赵氏墓，1963年发现于洛阳金谷园火车站东北地区人民汽车公司油库工地。墓门朝南，方向179°。斜坡墓道北端与墓室南壁正中大门相连，双扇对开石门，宽1.8米，高1.9米，门上彩绘执金瓜门神。“墓门北面还有一块石板封堵墓室”。墓室砖券结构，内长4.4米，宽3.06米，高2.72米，东西两壁前部和后壁正中各有1个壁龛，其中后壁龛最大，底部与棺床等高，面宽0.64米，进深1.2米，高0.88米。棺床位于墓室后半部，长3.45米，高0.28米，宽与墓室等，砖石包砌，内填黄土，其上有2个棺位（图2-36）。棺床前有石供桌一，长1.4米，宽0.7米，高0.8米。墓室内仅发现赵氏圹志，记有朱訏洌卒年及其世系②：朱訏洌为伊藩始封厉王玄孙、追封伊安王之孙、方城怀僖王之子。

方城府镇国将军朱典栉之墓，1971年发现于洛阳铁路分局俱乐部工地。朱典

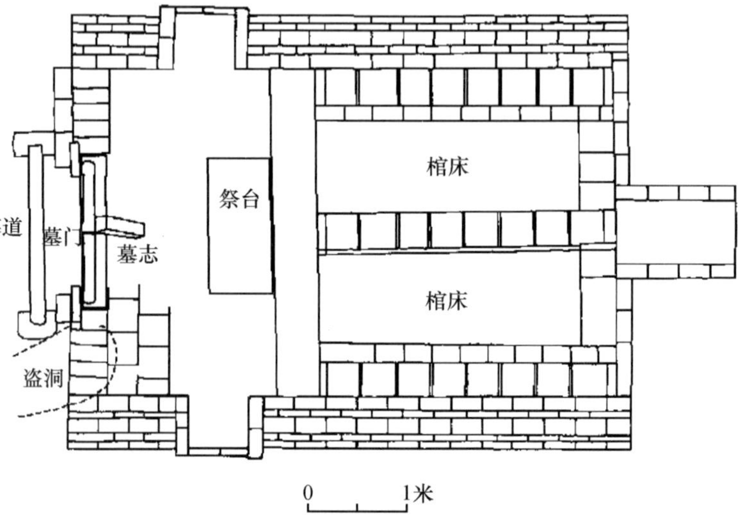

图2-36　明伊藩方城府镇国将军朱訏洌及妻赵氏墓平面图
（引自《中国国家博物馆馆刊》2012年第4期）

① 洛阳市文物工作队：《洛阳三座伊藩家族墓发掘简报》，《中国国家博物馆馆刊》2012年第4期。

② 《洛阳三座伊藩家族墓发掘简报》称此墓为“明方城镇国太夫人赵氏墓”，据出土《皇明诰封方城镇国太夫人赵氏墓志铭》记载，“太夫人赵氏者，方城镇国将军之夫人也，将军讳訏洌”；“镇国将军薨于嘉靖辛卯岁（十年，1531年）二月初一日，太夫人卒于嘉靖乙巳岁（二十四年，1545年）六月二十三日。敕墓于邙山之阳矣。及是遣官赐祭，敕有司开将军之圹而合焉。将军之享龄也五十一，夫人之享龄也六十六。合之日，嘉靖乙巳岁十二月十七日也”。又据同《简报》介绍，此墓内葬有二棺，可知应系夫妻合葬墓。

栴，别号龙泉，为伊厉王五世孙，方城怀僖王之孙、昭和王之子，卒于嘉靖三十六年（1557年）四月初三日，次年十二月“葬于邙山之阳”。其墓由墓道、甬道、墓室三部分组成，砖券结构，墓向南略偏西。墓道北端底深8.6米，北接甬道。甬道长1.3米，宽1.32—1.4米，高2.1米，甬道入口砌成仿木结构墓门，设双扇对开石门。墓室内长5.05米，宽3.62米，高3.45米；东西两壁的前部和后壁正中各有一壁龛，两侧壁龛落地，后壁龛底部与棺床等高。砖砌棺床位于墓室后半部，长3.07米，宽2.8米，高0.8米。棺床前有砖座石面的供桌，长1.3米，宽0.62米，高0.8米。墓中出土《皇明伊藩方城府镇国将军龙泉墓志铭》一合。

辅国将军朱褒焌及夫人王氏、潘氏墓，1985年发现于洛阳铁路分局供电段办公楼工地。朱褒焌，别号嵩峰，伊厉王六世孙、方城怀僖王曾孙、方城昭和王之孙、镇国将军朱典樬之子，卒于嘉靖三十二年（1553年）闰三月二十二日，其元配夫人王氏先卒于嘉靖二十一年（1542年）闰五月二十五日①。万历二十八年（1600年）十一月初十日，其继配夫人潘氏卒，卜于万历三十年（1602年）十一月二十八日“启嵩峰之圹而合葬焉”。墓中出土有《大明宗室辅国将军嵩峰洎配诰封夫人王氏、潘氏合葬墓志铭》《皇明诰封夫人王氏墓志铭》。该墓未被盗扰，由墓道（含过洞、天井）、甬道、墓室等几部分组成（图2-37）。斜坡墓道，长14.5米，天井深6.8—7.7米。甬道长1.7米，宽1.4米，高2.4米，前设双扇对开石门。墓室砖券结构，长7.7米，宽5米，高2.85米，左右两壁偏前各有2个落地壁龛，后壁上有1个底部与棺床等高的壁龛。室内北半部为土台式棺床，高0.64米，上陈木棺3具，其中一具保存较为完整，棺外施彩绘。

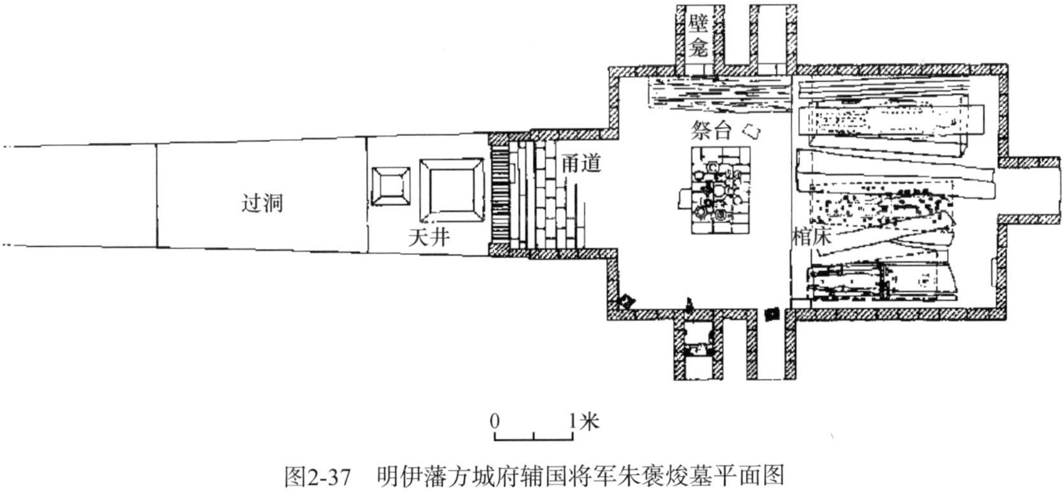

图2-37　明伊藩方城府辅国将军朱褒焌墓平面图
（引自《中国国家博物馆馆刊》2012年第4期）

① 关于王氏的卒年，《皇明诰封夫人王氏墓志铭》谓其“嘉靖三年闰十二月二十一日生，嘉靖二十一年闰五月二十五日卒，春秋才十八矣”。而《大明宗室辅国将军嵩峰洎配诰封夫人王氏、潘氏合葬墓志铭》则谓其“卒于将军之薨之前，时为嘉靖戊戌（十七年）二月十有一日”。当以前说为是。

另外，在洛阳老城北劳砖厂一座已被破坏的明墓中出土过仪仗类陶俑和屋、椅等明器，发掘者推测可能为伊藩王墓[①]。1999年，在洛阳春都路西段北侧建筑工地也发现过一座明墓，仅残留门楣石一块，上楷书“皇明宗室”四字，发掘者推测是伊王家族墓[②]。

伊藩王墓经过正式考古发掘者不多，但出土有墓志多方，为研究伊王家族历史提供了重要资料[③]。

2. 福藩墓葬

万历四十二年（1614年）三月，明神宗第三子福王朱常洵继废伊藩之后开府洛阳。崇祯十四年（1641年）正月二十日，李自成兵陷洛阳，“（福）王见自成，泥首乞命”[④]，但仍被杀死。“王以体肥不能远去，贼得而杀之。称其肉，重三百六十余斤，脔分股割，与鹿肉同烹，群贼胪食，名曰福禄宴。”[⑤]崇祯十六年（1643年）正月，河南地方官及福世子朱由崧等人将朱常洵遗骸改葬于邙山。据清代《洛阳县志》记载：福忠王墓，“在县西北十五里金水河上崖”[⑥]。1924年，明福忠王朱常洵的圹志出土[⑦]，订补了不少史实。据捐献者讲述，此圹志出土自河南孟津麻屯乡庙槐村南约500米处；另传说早年附近还出土过《大明福藩妃王氏圹志铭》。

1983年春，洛阳市文物工作队在洛阳东花坛立交桥建设工地清理了3座明墓（M11、M12、M13），三墓北邻焦枝铁路，呈“品”字形排列，其中M12出土的青砖上刻有“大明崇祯三年三月廿二日，福府瓦匠孙尚喜、张嘉猷、孙尚进、周天梁”等文字，因而判定为福王家族墓地[⑧]。三墓结构基本相同，砖砌拱券式，由墓道、封门墙、门洞及石门、甬道、墓室等几部分组成。以M11为例，墓道为长方形竖井式（M12平面为梯形、M13为斜坡阶梯式），深6.6米，封门墙等以小青砖砌成，其后为门洞，原应有门楼式建筑，已毁。双扇对开式石门，高1.76米，宽0.82米，厚0.14米，正面光平，饰衔环铺首，背面略粗糙。甬道长0.7米，宽1.7米，高1.72米。墓室长4.25米，宽

① 洛阳市文物工作队：《洛阳明清墓出土陶俑》，《中国历史文物》2010年第4期。

② 洛阳市第二文物工作队：《洛阳春都路西晋墓发掘简报》，《文物》2000年第10期。

③ 黄明兰：《明朝伊藩王世系补正》，《河南师范大学学报》1980年第3期；黄明兰：《洛阳考古纪实录——记明藩洛阳王墓地调查发掘和墓志研究》，见洛阳古代艺术馆编《洛阳出土墓志研究文集》，朝华出版社2002年版，第484—506页。

④ 明·文秉：《烈皇小识》卷七，据神州国光社1951年版影印本，上海书店1982年版，第190页。

⑤ 清·吴伟业：《鹿樵纪闻》卷下，“闯献发难”，据神州国光社1951年版复印《扬州十日记》本，上海书店1982年版，第201页。

⑥ 清·龚崧林纂修，汪坚总修：《洛阳县志》卷三，“山川”《中国方志丛书》（华北地方·476），据清乾隆十年刊本影印，台北成文出版社有限公司1976年版，第1册，第231页。

⑦ 李宪奇等：《明福王朱常洵圹志》，《中原文物》1987年第3期。

⑧ 洛阳市文物工作队：《洛阳东花坛三座明代墓葬》，《中原文物》1984年第3期。

2.95米，高2.72米，左右壁厚0.32米，顶三券三伏，厚0.72米，壁及顶部有一层厚0.5厘米的石灰和煤粉混合的墙皮，左右后三壁上各有一壁龛（M13无壁龛）。棺床在墓室正中，以石板围成（M13为砖砌），长2.88米，宽1.62米，高0.3米。从墓室结构和装饰特点来看，三位墓主的身份，可能是福王朱常洵之妃妾，也可能是其夭折之子；其中M13墓主身份稍低，因缺乏墓志等文字证明材料而不得确证具体身份名氏。

福藩嗣王朱由崧以国变弃藩南逃，后被马世英等拥立为皇帝，即位南京，改元弘光。弘光元年（1645年）五月，清兵强渡长江，弘光帝出逃后被俘，降于清肃亲王豪格。同年九月，被解往北京。顺治三年（1646年）五月，和其他在羁明朝藩王一起被处死[①]，葬地不详。

五、安阳地区（赵府）

明赵藩始封为简王朱高燧，是明成祖第三子，出藩彰德府（今河南安阳）。赵府亲王爵传十一世，前后九王，依次为简王高燧、惠王瞻塙、悼王祁镃、靖王见灂、庄王祐棌、康王厚煜、穆王常清、□王慈槭、末王常澳。

赵简王朱高燧，薨于宣德六年（1431年），墓在河南安阳县新丰乡李家坡村，见于《中国文物地图集·河南分册》《河南文物名胜史迹》等图书著录[②]。据称，陵园前原有石牌坊等遗存，封土高约3米，周长约40米，均已毁于“文化大革命”中。墓室为砖石结构，由甬道、前室、后室及左右耳室等组成，砖券顶，石墓门；已毁。王墓以东约200米处有王妃翁氏墓，封土高2.5米，周长20余米，存墓碑1通。2009年以前，笔者曾两次专门到安阳县寻找明赵王陵，访问过安阳市考古所和安阳市博物馆的同仁，但只找到了康王陵，赵简王等诸王陵墓毫无线索。根据《安阳县志》中“寿安山”等记载，到今安阳电厂旧传“寿安山”一带察访，并没有发现墓葬迹象，但在一处高地上发现有若干房屋，应系一座庙宇遗存，前后殿、左右厢具在，唯无院墙，至今仍有香火。其左厢关公殿旁有一单间小庙内供奉新塑赵简王像。寺坐西朝东，前方土台下有碑二通，一为万历九年（1581年）的《丰安桥纪》，一为万历十三年的（1585年）《重修丰安观音堂纪》。从地望及碑刻内容分析，这里最初应该是和赵王家族有关的香火院，但不一定是赵藩的墓葬区。

---

① 关于弘光帝遇难之期，清温睿临《南疆逸史》称被害于顺治三年五月；而右藏室史臣之《弘光实录钞》卷四则作被害于八月。以《清世祖实录》卷二六核之，或以五月为是。

② 国家文物局主编：《中国文物地图集·河南分册》，《赵简王墓》，中国地图出版社1991年版，第277页；杨焕成等主编：《河南文物名胜史迹》，《赵简王墓》，中原农民出版社1994年版，第267页。

2009年12月，笔者到安阳县新丰乡进行其他调查，经乡公安派出所所长联系村治安员带路，在李家坡村找到老百姓称为“赵王墓”的墓址。除残存封土外，地表已无其他遗存，尚可见残碎的绿釉琉璃砖瓦和灰陶砖瓦等。

王妃墓在李家坡村南约1华里处，土冢为圆形，边际已被破坏，高约5米，直径约15米（图2-38）。封土以南为台地，明显分为两大层，各层落差在1米左右，其上有残破的灰砖瓦，间有少量绿釉琉璃瓦碎块，地表已看不出建筑遗迹。墓室在封土下，有盗洞，可见为砖券结构，石门。顺盗洞而下，墓内淤土甚多，呈斜坡状，盗洞口即位于东扇石门之上（图2-39）。墓葬为前后2室，前有甬道，砖券顶，内抹红灰。前室大约长5米，宽4米，后室规模略大，东西两壁各有2个壁龛，后壁被破坏，仍可看出原有壁龛的位置。墓内淤土以上空无一物，砖壁以下是否有石基、淤土中是否有棺床及其形制，墓室地面结构等不明。走访老年村民得知，此墓俗称“娘娘坟”，为赵简王妃翁氏墓。

图2-38　明赵简王妃墓封土

赵简王墓在村西南三四里处，乡民说“生产队学大寨”时被挖开，已彻底毁坏。墓址处为一高岗，地貌与王妃墓相似，只是南面更为开阔，向东可以望见王妃墓封土。墓址地面清晰可见南北并列2个大坑，中间有一道土梁，旁边有2个小土坑，墓砖已被取走他用，地表可见残碎灰砖瓦和绿釉琉璃件碎片。东南部尚有少量封土残余，残高约3米。根据现场遗迹推测，此墓玄宫的结构应为前后（南北）2个主室、后室东西各出1个耳室的四室结构（图2-40）。

据当地府县方志记载，赵府唯康王独葬于县西寿安山。据《中国文物地图集》之

图2-39　明赵简王妃墓前室门

图2-40　明赵简王墓室遗址

《河南分册》《河南文物名胜史迹》等图书著录①，该陵园1943年毁于兵火；王妃郭氏、邓氏祔葬王墓两侧，曾出土陈妃、邓妃墓志各一方。

赵康王薨于嘉靖三十九年（1560年），其墓位于今安阳县伦掌乡康王坟村西，陵园坐北朝南，椭圆形围墙，长250米，宽100米，高约3米，早年尚存神道罗鼓桥、寿安山石坊、石像生7对，以及宫门、享殿等遗迹，原占地约540亩。调查发现，陵园神道南向，西侧尚存石羊1件（图2-41）；宫门遗址外东侧尚存守门石狮1件，西侧有2个石座，其上雕塑已失。宫门回望远处正对一小山，为案山。宫门内地势增高，门内不远处有一处略高于地表的台地，其前西侧残存莲花纹柱础，有嘉靖四十年（1561年）御祭文碑，推测这个台地的前部即是原陵宫中门所在。其后新碑甚多，皆记述捐助修庙功德，与陵园无关。原享殿位置改建为神殿，顶覆黄瓦，为乡民自发捐资兴建，供奉玉皇大帝。殿前有嘉靖十八年（1539年）御祭王妃文碑，东侧有一赑屃，碑已佚，殿前西侧有残碑额1件。殿后为原墓封土，土冢后紧贴后院墙有新建的三圣母殿。每年五月十五、十月初八为庙会。现寺庙所奉诸神多属民间信仰范畴，与墓主无关。民国《续安阳县志》记载："康王坟，……祠宇宏壮，约许百楹，历经修葺，依然完整。世传明清鼎革，赵藩披缁削发讹迹空门，有善士王化麟者，……遂就祠宇改为神龛云。"②可知此庙最初就是利用赵康王园寝的建筑改建而成，由出家的赵府后裔主事。改坟园为寺院，本身就有保护康王陵墓的深意。

封土前部有现代小屋通入墓室，内有积水，可见玄宫为前后两室，青砖拱券结构，两道石门，前室进深约3米，后室进深约3米，宽4—5米，有棺床，其上东西并列置两石棺（图2-42）。乡民介绍，石棺内原有木棺，朱漆描金龙凤，盗墓人（不详何时）自顶上打洞入地宫，从石棺尾部凿开进入，棺头有一堆遗骨，多碎近寸段，后来亦不知下落；原来的封土约为现存的2倍大，高度与房屋相近，近年因兴建寺庙而削剥改小，周围环砌以红砖。

据老年乡民回忆，赵康王墓宫墙在20世纪50年代以后被拆毁，其结构为外砌石块、内填夯土；原有的大殿等建筑物大约1946年时被民兵拆毁。至于石像生，已没人能说清楚完好时的具体数目，有老人回忆幼年时曾见过确有石人石兽，1940年代末被凿碎做地雷用了。

从简、康二王陵园残存来看，赵府亲王墓前本来应该有石像生，可能还有石牌坊；主要建筑物以绿釉琉璃砖瓦装饰。赵府已知两座王陵，都是前后两个主室，但康

① 国家文物局主编：《中国文物地图集·河南分册》，《康王墓》，中国地图出版社1991年版，第277页；杨焕成等主编：《河南文物名胜史迹》，《康王墓》，中原农民出版社1994年版，第267页。

② 方策、王幼侨修，裴希度等纂：《续安阳县志》卷一三，"古迹志·陵墓"，民国二十二年铅印本，第5页。

图2-41　明赵康王神道石刻残余（石羊）

图2-42　明赵康王墓室

王玄宫比简王少了2个耳室；简王翁妃玄宫没有耳室，可能是时代差异，更可能是王与王妃之间的一种等级差异。

2009年，中国社会科学院考古研究所安阳工作队在殷墟西南王裕口南地发现一处明代赵府郡王家族墓葬①，其中汝源端僖王墓（2009ATYM155）保存大体完好。据出土墓志记载，赵藩汝源端僖王朱厚焆，生于弘治十四年（1501年）八月十五日，嘉靖十年（1531年）受册为汝原王，卒于嘉靖二十八年（1549年）二月二十日，次年八月"葬于孙平村之原"。其墓封土无存，墓室为砖券结构，方向185°，墓顶距地表约3.6米。斜坡阶梯式墓道残长9.8米，宽2—2.1米，现存22级台阶，墓道底部有汝源端僖王青石墓志一合。整个墓室为纵列式拱券顶，内长8.64米，最宽处2.88米，高3.1米，分为前甬道、前室、后甬道、后室四部分；前室东西两壁上各有1个壁龛，后室后壁（北壁）正中有1个壁龛（图2-43）。前甬道南北长1.28米，东西宽1.44米，中间高1.8米，内砌封门墙厚0.32米，甬道后有一道青石门，枢轴双扉对开式。前室南北长2.36米，东西宽3.08米，两侧壁龛拱形顶，宽0.54米，高0.7米，进深0.52—0.56米，龛底距墓底0.3米。东壁龛南侧有汝源王夫人李氏圹志一合。后甬道南北长0.86米，东西宽1.42米，中间高1.8米，甬道后原有漆木门一道，仅存石门砧。后室南北长4.14米，东西宽3.08米，北壁龛拱形顶，宽0.72米，高1.06米，进深0.58米，龛底距墓底0.34米。后室北侧为黄土夯筑的棺床，长2.48米，宽3.08米，高0.34米，前脸以青石雕仰覆莲花须弥座包边，床面铺青砖。棺床前正中有砖砌祭台，长1.12米，宽0.16米，高0.35米。淤土中发现柏木碎片，推测原葬以木棺。

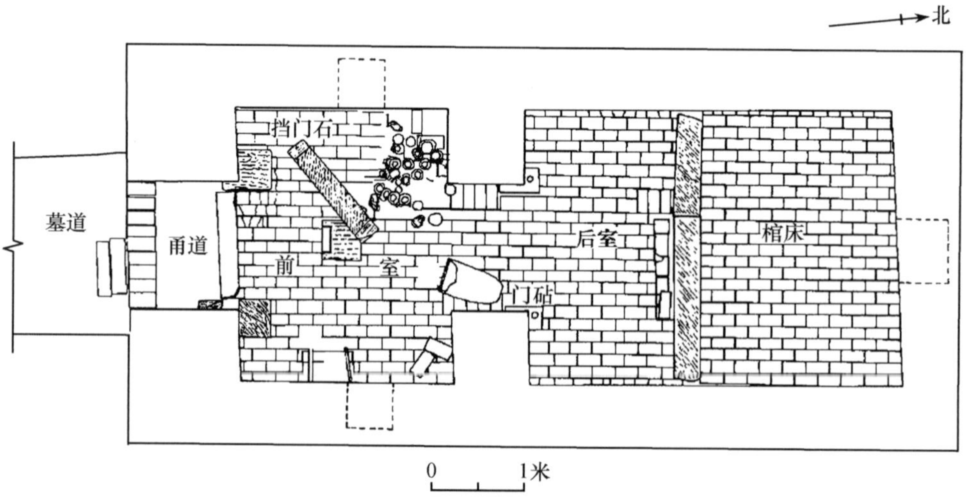

图2-43　明赵藩汝源端僖王墓平面图

（引自《考古》2016年第5期）

① 中国社会科学院考古研究所安阳工作队：《河南安阳市明代墓葬发掘简报》，《考古》2016年第5期。

汝源端僖王墓的发掘，不但揭示出明代中后期赵府郡王墓葬的实例，而且填补了明代赵藩王墓考古发掘资料的空白。该墓结构与年代稍晚的赵康王墓相近，说明此时赵藩亲王、郡王墓葬的区别已不明显。

六、沁阳地区（郑府）

郑藩始封王为明仁宗次子朱瞻埈，永乐二十二年（1424年）十月封郑王，宣德四年（1429年）就藩陕西凤翔，正统九年（1444年）改封于怀庆（今河南沁阳），留住京师王邸，次年之国。郑王爵世袭七世，共七王，依次为靖王瞻埈、简王祁鍈、康王祐枔、懿王祐檡、恭王厚烷、敬王载壐、废王翊钟，另有追谥僖王见滋（康王之父）。崇祯时，嗣王翊钟以罪赐死，郑国封除。

综合多种地方志记载分析，郑藩各王陵墓分布在今沁阳市区以北土岭前的慢坡上，广义上属于太行山南麓。诸王墓分散于多个地点，而非集中序位排列，再加上一部分郡王墓，基本沿沁阳—博爱以北的低山丘陵分布，从西向东总体上海拔高度越来越低。各墓之间早晚关系不详，或许有从西到东发展的大致规律。其中第四任王懿王朱祐檡（薨于正德十六年，1521年）墓在今河南沁阳西万乡校尉营村，有资料说，其玄宫砖砌，穹隆顶，宽5.8米，进深8.3米，前室中出土多尊彩绘泥俑，后室并置郑懿王及其王妃阎氏、赵氏三棺[①]。该墓室入口曾长期裸露，近年被村民封堵（图2-44）。郑懿王墓址东侧有一条南北向、北高南低的村路，路面地表多处可见灰砖瓦和绿釉琉璃瓦残块。路东迤南，还有保存基本完好的另外一座圆形封土，大体呈半球形，实测周长约82米，应该也是郑府坟墓。

第五任王郑恭王朱厚烷曾上书明世宗，请皇帝修德讲学，毋迷信方术，其王爵一度被削，穆宗即位后恢复。郑恭王卒于万历十九年（1591年），早年调查得知，其墓位于山王庄乡王庄村东北，占地面积约1000平方米，封土高3米[②]；现其处已无遗迹可寻，民间也没有相关记忆。

郑恭王之子载堉封世子，精于音律算学，著有《乐律书》，以古代科学家之名载诸史册，后坚辞王位不就，皇帝命以世子禄其终身。万历二十二年（1594年）正月，朱载堉上书明神宗，请求朝廷允许宗室人员得以儒服参加科举考试，中试者视品级录用，以减轻政府赡养宗藩的负担，这一建议后来被采纳。万历三十四年（1606年）八

---

① 国家文物局主编：《中国文物地图集·河南分册》，《郑懿王墓》，中国地图出版社1991年版，第205页。

② 国家文物局主编：《中国文物地图集·河南分册》，《郑恭王墓》，中国地图出版社1991年版，第205页。

图2-44　明郑懿王墓室遗址

月，明朝“始令宗室将军，镇、辅中尉，俱得与生员一体应试”[①]，视其鼎甲除官授职。朱载堉卒于万历三十八年（1610年），谥曰端清世子。其墓位于山王庄乡张坡村，隔今焦枝铁路背靠九峰山（图2-45），墓区面积约900平方米，封土高2.5米，直径7.6米[②]，有新修砖砌围墙及墓碑，神道长126米，宽10米，现在已经看不出明朝原来的制度；据说五六十年前还有石人石马，“文化大革命”中被砸碎。

在今沁阳火车站北保存有一座明代砖室墓，券室大体完好，墓口暴露，券洞以内南北长（进深）9.6米，东西宽（面阔）5.0米，内有大量淤土。前后2室，有残存壁画（图2-46），墓前建筑已不存[③]。

此外，沁阳紫陵乡东紫陵村东北有一墓传为东汉“严光墓”，紫陵乡行口村西南1969年时曾发掘过一座砖券石门墓，附近还有一些其他所谓的前代名人墓葬，有些可能也与明郑王家族有关。据说行口村明墓曾出土明郑王墓志[④]，今其地表已无遗迹可寻。

---

① 明·顾秉谦等：《明神宗实录》卷四二四，万历三十四年八月丁酉，校印本《明实录》，第61册，第8006—8007页。

② 国家文物局主编：《中国文物地图集·河南分册》，《朱载堉墓》，中国地图出版社1991年版，第205页。

③ 刘毅等：《明代郑韩两座藩王墓遗存的调查》，《中原文物》2020年第3期。

④ 国家文物局主编：《中国文物地图集·河南分册》，《行口明墓》，中国地图出版社1991年版，第205页。

图2-45　明郑端清世子朱载堉墓

图2-46　河南沁阳火车站北明郑藩王墓

七、新乡地区（汝府、潞府）

明代先后有两府3位亲王驻藩卫辉府（曾改名汲县，1988年复名卫辉），先是明宪宗第十一子汝安王朱祐梈，后是明穆宗第四子潞简王朱翊镠及其子嗣王朱常淓。

1. 汝安王次妃墓

据《明史·诸王传》记载：汝安王朱祐梈于弘治十四年（1501年）之藩卫辉，正德十五年（1520年）成婚，嘉靖二十年（1541年）薨，以无子封除，依制归葬于京师西山。1991年，河南卫辉清理发掘了汝安王次妃晋氏之墓，为砖砌单室结构，长4.15米，宽2.7米，后壁有壁龛，拱券顶，出土有墓志，但当时未披露细节[①]。据万历十五年（1587年）编成的《大明会典》记载，汝安王朱祐梈及其妃李氏、次妃晋氏，“俱葬金山，祭以牲醴，遣内官行礼”[②]。据此推测，晋氏最终应该随汝安王等人迁葬北京金山，因而晋氏落葬卫辉应该早于汝安王还葬北京的嘉靖二十年（1541年），卫辉发掘之墓或许是弃用的空墓。

后来披露的更详细的资料、特别是晋氏圹志文的公布，揭示出《明史》中有关记载的错误。据介绍，晋氏墓为单室砖券结构，坐北朝南，东、西、后三壁各有1个壁龛，墓中出土仓、罐、爵等陶器，还有墓志一合。该墓志记载：“妃晋氏，民晋文通之女。弘治十二年（1499年）十一月二十一日生，嘉靖二十四年（1545年）闰正月初八日敕封汝王次妃，嘉靖三十年（1551年）三月二十六日以疾薨，享年五十三岁。补［讣］闻，上赐祭，命有司营葬如制，以嘉靖三十一年（1552年）四月初九日葬于汲县黄山之原。”[③]从该墓志记载来看，晋妃是于《明史》记载的汝安王死后三年多的嘉靖二十四年始封为次妃，依明朝惯例，受封亲王次妃者多是嗣王生母，各种制度上的矛盾实际上源自《明史》的漏误记。首先，汝安王有子女，但均不幸夭折。据清初《卫辉府志》记载，“旧明汝世子墓，在府城西十五里司马村”[④]。晋氏受封汝王次妃时已经46岁，因此，这个“次妃”不会是“继妃”的误记，晋妃很可能是汝世子的生母。其次，汝安王薨年晚于晋妃七年多。查《明世宗实录》，嘉靖二十七年（1558

① 李波涛：《卫辉清理一明亲王次妃墓》，《中国文物报》1991年5月5日第1版；不著撰人：《卫辉市清理一座明代亲王次妃墓》，《中国历史年鉴1992》，三联书店1993年版，第387页。

② 明·申时行等：《大明会典》卷九〇，《礼部·陵坟等祀》，影印本，第3册，第1424页。

③ 张志清主编：《中原文化大典·文物典：陵寝墓葬》，下册，中州古籍出版社2008年版，第650页。

④ 清·程启朱等修，苏文枢等纂：《卫辉府志》卷七，“祀祠志·丘墓”，顺治十六年刻本，第25页。

年）“闰七月丁酉”条下有“汝王祐梈薨。无嗣，国除。命保定侯梁继璠往迎王柩归葬、及其宫眷还京师”[①]。同年十月“诏修汝王府第于京师，以居宫春［眷］，遣侍郎苐瓒、卢勋督；钦天监副杨绘往西山卜择葬所”[②]。以《明世宗实录》对勘晋氏墓志，可知汝安王薨于晋妃卒后的嘉靖三十七（1558年）闰七月，而不是此前的嘉靖二十年。晋氏封次妃是在安王生前，无论其是否迁葬北京，祔祭于汝安王坟园都是合理的。

2. 潞府王墓及王妃墓

潞简王朱翊镠于万历十七年（1589年）之藩卫辉，万历四十二年（1614年）五月十五日薨，次年八月葬于卫辉府城西之五龙岗，其地今属河南省新乡市北郊。潞简王陵在民国时期被盗掘一空，1978年，河南省博物馆、新乡市博物馆对其陵园和玄宫做了调查和测量[③]。陵园背靠海拔高度约200米的凤凰山（本名望虎山或万虎山），坐北朝南而微偏西，西有峙儿山，东原有金灯寺，今为村落。陵宫前面旧有大潭，名“老龙潭”，改建为蓄水池。陵园周围已经衍生为现代村落——潞王坟村。

潞简王陵园建于凤凰山南麓的缓坡上，分为东、西两个墓区。其中东墓区为潞简王陵园，前为神道，有石牌坊、望柱和石像生等（图2-47），后为陵宫，内外两重石砌宫墙，有宫门、中门、享殿、石五供、宝顶等；西墓区为简王次妃赵氏墓园，无神道石刻，陵宫部分与简王陵园大同小异。两墓的墓室均为石砌拱券结构，两主室、两配室，规模宏大。潞简王陵是明代藩王陵园中地面建筑保存最好的一个，也是明代晚期王陵制度僭越的典型个案。

2006年，郑州大学考古系在潞简王陵园东南约200米处清理发掘了一座明墓（老道井M101），为带长斜坡墓道的石室墓，由墓道、封门、前室、耳室、后室组成，总长26.8米，其墓葬形制、规格和使用材料等，均与明代潞王陵地宫相似[④]，此墓当地人传为“太子坟”，简王陵园西侧也发现有1座规格较高的墓葬，两墓恰好位于潞王陵宫左右，根据《明史》中的有关记载，发掘者推测墓主是潞简王早殇的长子。查《明史·诸王世表》，潞简王育有二子，庶长子常淓，万历四十六年（1618年）嗣立为二

① 明·徐阶等：《明世宗实录》卷四六二，嘉靖三十七年闰七月丁酉，校印本《明实录》，第47册，第7803页。

② 明·徐阶等：《明世宗实录》卷四六五，嘉靖三十七年十月乙卯，校印本《明实录》，第47册，第7848页。

③ 河南省博物馆等：《新乡市郊明潞简王墓及其石刻》，《文物》1979年第5期。

④ 郑州大学历史学院考古系：《河南新乡市老道井明代101墓发掘简报》，《华夏考古》2009年3期；河南省文物局主编：《新乡老道井墓地》（南水北调中线工程文物保护项目河南省考古发掘报告第4号），科学出版社2011年版。

图2-47　明潞简王墓神道

代潞王，卒于清初；庶二子常涟，天启三年（1623年）封为宝丰王，生平不详[①]。而据《御赐潞简王圹志》记载，潞简王长子“未请名”、次子常溶，皆“殇卒”[②]。因此，老道井M101的墓主可能是朱常涟，也可能是潞简王其他早夭之子（即《明史》缺载者），或为其嫔媵。

在卫辉西北近30公里处有一座“明潞王蔡妃墓”，据介绍，该墓主室面阔五间，左右耳室各一间，面积317平方米，青石砌筑，拱券顶[③]。实地察勘得知，此墓位于今卫辉市区西北狮豹头乡砂掌村西，处于群山之中，墓室为石券结构，前后两个主室，前室两侧各出一个耳室，结构与潞简王陵玄宫相同，但规模似更大一些（图2-48）。该墓早年被盗掘，盗洞犹存。村民介绍，1950年前后挖开时见有头发和残破棺板；后来“文化大革命”中该墓室又被作为“防空洞”使用，墓室受到进一步破坏。

关于墓主身份，查《潞简王圹志》，朱翊镠妃嫔媵妾10余人中并没有蔡氏，其他无名封者例应不会单独享用如此规模的墓室，所以笔者推测，此“蔡妃”应该是二代

① 清·张廷玉等：《明史》卷一〇四，《诸王世表五》，点校本，第10册，第2985—2987页。

② 明·佚名：《御赐潞简王圹志》，见河南省博物馆等《新乡市郊明潞简王墓及其石刻》，《文物》1979年第5期，第10页。

③ 国家文物局主编：《中国文物地图集·河南分册》，《明潞王蔡妃墓》，中国地图出版社1991年版，第256页。

图2-48　明潞藩“蔡妃”墓

潞王朱常淓之妃。朱常淓于万历四十六年（1618年）嗣王位，崇祯时，农民军滋漫山西、河北，常淓因“盗发王妃冢”而奏请：“贼延蔓渐及江北，凤、泗陵寝可虞，宜早行剿灭。”[1]此次被盗发之潞府王妃冢，很可能就是卫辉的这座蔡妃墓。蔡妃墓规模宏大，推测应该也是嗣潞王的寿藏。崇祯末朱常淓流亡江南，南明时曾被奉监国于杭州（或云辞而未就），弘光元年（1645年，清顺治二年）六月开城降清，次年被杀害于北京，葬地不详。

第五节　山东地区明代藩王陵墓的考古调查和发掘

明代在山东地区分封的亲王先后共有6藩，其始封王和王府驻地分别为：太祖之子齐王（青州，曾名益都）、鲁荒王（兖州），成祖之子汉王（乐安州，后改名武定州，今山东惠民），英宗之子德庄王（济南），宪宗之子衡恭王（青州）、泾简王（沂州，即今临沂）。其中齐、汉二王被废，未得以王礼葬；泾简王无子封除，还葬北京，仅有王妃旧墓遗于封地。因此，山东地区共有鲁、德、衡三藩世袭王墓。

① 清·张廷玉等：《明史》卷一二〇，《诸王传·潞简王翊镠》，标点本，中华书局1974年版，第12册，第3649页。

一、明代兖州府区域（鲁府）

鲁荒王朱檀为明太祖第十子，“生两月而受封，幼聪慧好文学，善歌诗”，洪武十八年（1385年）十五岁时之藩山东兖州，以“服金石药致毒伤目，至是（洪武二十二年十二月）疾作而薨”①，年仅十九岁。谥曰荒，葬于曲阜、邹城交界处的九龙山南坡。鲁藩传十世，共十一王。

据鲁荒王妃戈氏《圹志》中关于戈妃“以薨之次年（即正统六年，1441年）四月十九日葬于九龙山之原”②的记载可知，九龙山之名至迟明代已然。九龙山形似卧龙，自西北蜿蜒而东南，从曲阜进入邹城，龙身处（在曲阜界内）曾发掘过4座西汉鲁王和王后陵③，相传汉景帝之子鲁恭王刘余即葬于此山。鲁荒王墓正当山南侧龙头处，其地今属邹城中心店镇尚寨村。陵园坐北朝南，东望卧虎山，西邻玉皇山，南面为开阔的平原，陵宫门前有白马泉，为白马河之源头，正南方有一小山（朱山，一名朱雀山）与陵宫遥遥相对，墓址的选择符合明代皇室所宗奉的一般风水标准。

鲁荒王陵园建筑自南而北顺山前缓坡而上，内外两重宫城（图2-49）。20世纪70

图2-49　明鲁荒王陵园内城宫门前

① 明·胡广等：《明太祖实录》卷一九八，洪武二十二年十二月庚戌，校印本《明实录》，第5册，第2974页。

② 山东省博物馆：《发掘明朱檀墓纪实》，《文物》1972年第5期。

③ 山东省博物馆：《曲阜九龙山汉墓发掘简报》，《文物》1972年第5期。

年代调查发掘时，享堂基址附近尚有10个柱础和石栏杆（望柱）、角石等遗存，还发现有龙纹琉璃瓦，据当地故老传说早年还有角楼①。享殿正北即内陵宫北墙有一座随墙门通向北部墓室区，由此往北未见东西内宫墙遗迹。鲁荒王玄宫为凿石开圹，砖券结构，前后两室。墓室之上夯筑封土②，20世纪70年代封土尚存。鲁荒王墓为开放参观而进行过局部修缮，增盖了原本不存在的“明楼”，一些原有的遗迹现象却因而被破坏。

鲁荒王次妃戈氏，嗣王肇煇生母，卒于正统五年（1440年）十月，祔葬于鲁荒王玄宫以西60余米处。墓室距地表约8米，凿山开圹，砖石拱券结构。2013年上半年，邹城市抓获了一个盗墓未遂团伙，其盗掘位置在鲁荒王墓穴东旁10余米处。当地文物工作者勘察认为该处应该有古墓葬，推测墓主为荒王汤妃③。

鲁国后世嗣王并没有与始祖荒王葬在同一兆域，诸王陵园分布在明代兖州府所辖邹县、泗水、滕县、费县四县境内。在九龙山以东10余里的云山前官庭村曾出土过《鲁王圹志》，称鲁藩二代靖王“葬于邹县五云山之原”④。从各墓葬营造时间的先后来看，大体上诸王世次越靠前，葬地靠兖州越近。

历代鲁王和鲁藩宗室墓做过部分地面遗存调查⑤。二代靖王朱肇煇墓在邹城市东北14公里处的云山之阳⑥，占地面积约1200平方米。1967年被当地人掘开，据称是砖券结构，条石铺地，前后2室，封土高约4米，直径约15米。曾征集到一方石碑，高65.5厘米，宽47.7厘米，中题“大明宗室鲁靖王墓”，分列两行，落款“成化二年立”。鲁靖王陵园现存少量残破的砖瓦，看不出明显的建筑遗迹，封土仅残余很小一部分（图2-50）。鲁靖王陵位于鲁荒王陵东北约3.15公里，其西南1.5公里处为钜野僖顺王朱泰墱墓，与曲阜孔林前三代“携子抱孙”格局相仿。

三代惠王泰堪、七代（五任）端王观炡、八代（六任）恭王颐坦葬于泗水县东南约12公里的二歧山（明代名九奇山）南麓⑦，自东向西排列，东墓到西墓间距大约800

① 山东省博物馆：《发掘明朱檀墓纪实》，《文物》1972年第5期；路秀闽：《明鲁荒王陵——地下宫殿》，山东友谊书社1988年版，第5页。

② 山东省博物馆等：《鲁荒王墓》，文物出版社2014年版，第13—17页。

③ 山东省博物馆等：《鲁荒王墓》，文物出版社2014年版，第213页。

④ 山东省博物馆：《发掘明朱檀墓纪实》（附录），《文物》1972年第5期。

⑤ 韩善琪等：《明历代鲁王墓葬综述》，见南京大学文化与自然遗产研究所等编《世界遗产论坛（二）世界遗产与城市发展之互动》，科学出版社2006年版；山东省博物馆等：《鲁荒王墓》，文物出版社2014年版，第213—252页。

⑥ 国家文物局主编：《中国文物地图集·山东分册》，下册，《朱肇辉［煇］墓》，中国地图出版社2007年版，第436页。

⑦ 国家文物局主编：《中国文物地图集·山东分册》，下册，《明鲁惠王、恭王、端王墓》，中国地图出版社2007年版，第480页。

图2-50　明鲁靖王墓遗址（封土南面）

米，均已被盗掘。惠王墓现已为平地，曾出土有惠王和妃赵氏的圹志各一合。端王残存封土南北长10米，东西宽14米，高3米，南侧已被破坏，地表有残琉璃瓦和砖块；2019年调查时，地表已看不出明显的遗迹现象。恭王墓规模最大，当地人称陵园建于"九级台阶"上，建筑已毁，残存有柱础石、琉璃瓦件等，封土长、宽各约14米，高4米。墓南约500米处有石灰岩垒砌的陵宫门基座遗址，门址南约200米处有单孔石拱桥1座，桥面以下基本完好（图2-51）。乡民谓该石桥以南约300米处原有石牌坊1座，上题"鲁恭王之陵万历年建"，毁于"文化大革命"中。

四代庄王阳铸葬于滕州东南约10公里南沙镇上营村狐山（又名狐台山、壶山）南麓，早年被盗，陵园建筑已毁，残存有柱础石、琉璃瓦件等，在距地表3米的墓道中发现一方墓志铭，证实了墓主身份。2007年前后，庄王墓被当地农民开山时再度挖开，为二墓并列，各前后两室（图2-52），以过道相连。西侧墓道中出土庄王圹志，东侧墓道中出土有王妃张氏圹志，为同坟异穴墓。

五代怀王朱当漇（初谥怀简世子）、六代悼王朱健杙（鲁世孙）皆未袭王位而先卒，端王嗣位后追加封谥。二王葬于今平邑县白彦镇小山后村毓秀山南麓[1]，怀王墓在东，悼王墓在西，相距25米。陵园建筑已毁，地面散见有琉璃瓦件等，外城部分遗址尚可辨认。二墓均于1966年被盗，文物流失，墓室均为砖石拱券结构，左右附耳室。

① 国家文物局主编：《中国文物地图集·山东分册》，下册，《鲁怀王、悼王墓》、《鲁敬王妃墓》，中国地图出版社2007年版，第787页。

图2-51　明鲁恭王陵园神桥

图2-52　明鲁庄王墓室

1972年出土《御赐鲁府怀简世子圹志》《明故鲁世孙圹志》等墓志4合。怀王墓封土直径30米，高10米；悼王墓封土直径16米，高7米。

九代（七任）敬王朱寿鏳的葬地在地方志中缺载，因王妃程氏墓志的发现而确认其墓址在今平邑县西南5公里处的丰阳乡东午门村奎山南麓，陵园建筑已毁，残存有柱础石、琉璃砖瓦等。墓室先后于清末和1972年两次被盗，为前后两室，青砖起券，条石铺地，出土有王妃程氏圹志一合[①]。封土直径8米，高约5米。

鲁藩九代（八任）宪王寿鋐、九代（九任）肃王寿镛二王的葬地方志中缺载，目前也尚未发现其他有价值的线索。十代王朱以派于崇祯十五年（1642年）清兵破兖州时自缢死，谥曰安王，葬地不详，据其后人记载有兖州城西丁家庄、城北谷村镇栗园等不同说法。

鲁安王殉难后，王弟（鲁肃王第五子）朱以海南走，南明弘光时袭鲁王位，曾被奉为监国，后依郑成功，永历十六年（清康熙元年，1662年）十一月十三日病死于金门，以王礼葬于鼓冈湖畔。清朝时曾误将一座北宋女性墓指为鲁王墓，并勒碑为志。1959年8月20日，当地驻军在旧金城东炸石时发现真正的朱以海墓，单室，有棺椁、遗骸等，并出土圹志一方，确证了墓主身世。“此墓坐西向卯，前有古岗大湖，右靠梁山，山顶多石，其顶一巨石似系人工所置，用为记号。左青龙、右白虎，天然形胜。右前大帽山麓倒塌巨石，刻有鲁王手书‘汉影云根’四字。”[②]因原墓址已遭破坏，遂迁葬于金门太武山麓，重建墓园[③]。

除亲王外，鲁藩还先后分封过70余位郡王以及更多的不同级别的将军、中尉，他们也大都葬于上述诸县境内。其中在今邹城市范围内发现墓葬并有圹志出土的有[④]：钜野僖顺王朱泰墱墓，在邹城市大束镇凰翥村黄山（现名凰山）南麓，西距荒王园寝约2公里，墓室犹存，为3套前后两室的砖石拱券墓室并联，中、西二墓有过道相通。安丘荣顺王朱当湪墓，在邹城市田黄乡西罗头村乌龙山之阳；王妃韩氏墓，在乌龙山之阳，荣顺王墓之左；继妃孔氏墓，在荣顺王墓之右。高密康穆王朱当湄墓，在邹城市西北宿镇羊厂村呈瑞岗之原，旁有王妃高氏墓。东瓯端肃王朱当沘墓，在邹城市大束镇云山营西。高密昭和王朱观熂墓，在邹城市平阳寺镇横河村村东。高密王朱颐封墓，在邹城市平阳寺镇横河村村东。阳信昭定王朱以澍墓，在邹城市北岗山之阳。滋阳辅国将军泗阳墓，在邹城市盘龙山之阳。诸城郡主墓，在邹城市大束镇白塔寺村

① 王相臣等：《平邑县博物馆藏的三方明代墓志》，《北方文物》2006年第2期；国家文物局主编：《中国文物地图集·山东分册》，下册，《鲁敬王妃墓》，中国地图出版社2007年版，第787页。

② 刘占炎：《明监国鲁王墓发现经过》，《中华日报》（南部版）1959年11月14日第2版。

③ 范胜雄：《明监国鲁王三冢略记》，《台南文化》新卅七号；谢碧连：《金门文物保存——风狮爷、鲁王墓》，《台南文化》新卅七号；台南，1994年7月。

④ 刘培桂：《孟子林庙历代石刻集》，齐鲁书社2005年版，第482—496页。

北。另外，邹城张庄镇辛寺村有一圆形封土，残高约3米，直径约5米，墓前有《重修新兴禅寺碑》，称墓主为明代“福安王”[①]。据《明史》记载，福安王朱寿鈐，鲁恭王庶五子，万历八年（1580年）封福安郡王，二十一年（1593年）薨，谥宪惠。无子，封除[②]。

在今兖州市境内发现墓葬并有圹志出土佐证身份的鲁府宗室墓有[③]：钜野恭定王朱阳鍙墓、钜野庄宪王朱当涵墓、钜野端肃王朱健櫃墓，均在今兖州市兴隆庄镇巨王林村。镇国将军朱健榄墓，在谷村镇栗园村。鲁王宫侍姬张氏墓，在兖州市谷村乡栗园村。永福王朱寿炬墓，在新驿镇皇林村。奉国将军朱健梗墓，在豆腐店。辅国将军朱健荣墓，在王因镇寺上村。辅国将军朱观爗墓，在城西五里庄。辅国将军朱寿鍊墓，在城西五里庄。以上这些墓葬均在“文化大革命”中被盗毁。

泗水县泗张镇大厂村北有东阿端懿王朱泰壄墓，封土早年平毁，墓室砖砌，局部有破坏，出土圹志一合，墓前散见绿釉琉璃瓦、碎砖、石柱础等[④]。在曲阜市城北吴村镇王林村，发现过安丘靖恭王之孙镇国将朱当沿墓，出土有圹志[⑤]。此外，还有一些墓主失考的明墓，可能也与鲁府宗室有关，如邹城张庄镇吉玉庄有一座圆形封土，残高约2.5米，直径约4米，曾发现宽约2米的墓道，地表有绿釉琉璃瓦残片等，当地俗称“王坟”[⑥]，其墓主应该是鲁藩某位郡王甚至亲王。

二、济南地区（德府）

德藩始封为明英宗次子朱见潾，成化三年（1467年）之藩山东济南，卒于正德十二年（1517年）。据《明史》之《诸王传》和《诸王世表》记载，德王爵共传七世、六王，嗣王由枢于崇祯十二年（清崇德四年，1639年）正月被清兵执赴盛京（今辽宁沈阳）。据明末清初的有关记载，由枢之后尚有一德王由栗，故德府应为七世七王。

---

① 国家文物局主编：《中国文物地图集·山东分册》，下册，《辛寺明墓》，中国地图出版社2007年版，第436页。

② 清·张廷玉等：《明史》卷一〇一，《诸王世表二》，点校本，第10册，第2641页。

③ 樊英民：《明代兖州鲁王和王府》，见《兖州年鉴》，香港天马出版社2000年版。

④ 国家文物局主编：《中国文物地图集·山东分册》，下册，《东阿王墓》，中国地图出版社2007年版，第480页。

⑤ 孔佾主编：《曲阜地名志》第二编，《行政区划与居民地》，第二章，“吴村镇”，山东友谊出版社1998年版，第98页。

⑥ 国家文物局主编：《中国文物地图集·山东分册》，下册，《吉玉庄明墓》，中国地图出版社2007年版，第436页。

历代德王陵墓皆在山东长清青崖山，据济南市文化局文物处、长清县文物管理所调查[①]，青崖山今名青崖寨山，在五峰乡东马村迤东，东西绵延二三公里，南面正对九顶莲花山，东西两侧有凤凰山、滚粟山夹峙，南为大沙河从九顶莲花山下自东南向西北流过。7座王墓分布在青崖寨山南麓，各倚一支脉而建，其中M4出土圹志两方，可确证为德藩始封庄王朱见潾及其王妃刘氏墓，当地俗称“老王林”。因“万亩杏园”工程，陵园地貌已被改变，享殿基址高于地表，后有小路通向墓室，地表已看不出宫墙遗迹。墓室建于山岩中，凿石开圹，券门上有挡土墙，上有封土，券门起拱部分（门楣以上）以下积水。墓葬以青岩砦为玄武山，虽雄奇，但有逼迫之势，且有不连续处；前（今道路以南）有一小山，应为前案；复后有一山如屏，为远案；东西有山绵延勾连，基本符合“四神”风水环境。

青崖寨山7座德王墓自东而西依次编号为M7、M1、M2、M3、M4、M5、M6。调查发现，除M5已无地面建筑遗存以外，其余各王陵陵园结构大体相同，均为内外两重墙垣，平面前方后圆，其中M1、M3、M6地面遗迹相对保存较好，但规模都远远小于M4（即庄王陵）。M3即“东王林”，内外宫垣尚存，为碎石夹三合土筑成，基本结构完好，东西两垣被乡民凿洞以便通行（图2-53）。墓冢已无痕迹，宫垣南端为新砌院墙，乡民告知为养鸵鸟处，前端地貌已被破坏。M6墓即“西王林”，为诸陵园中宫垣保存最好者，内外宫墙基本完整，内宫墙分隔前后之院墙亦清晰（图2-54）。外宫门为八字墙，因而推测其门制当为殿宇式，而非拱券或过梁式，地表无柱础残存。内宫门在石渣墙相接处，犹有青砖，当为宫门旧物，疑为过梁式门或券门。此陵园已转至青岩砦之西，侧山之势孤耸。墓室被挖开，前室已破坏，并列之后室在泥水中，墓道窄小，开凿于岩石中。诸陵园朝向，皆与M4相同，为坐北朝南微偏西，唯M6朝正西南。据说陵园神道两侧原有石像生、碑碣等，已全部毁坏。

德藩诸王陵自明末清初至20世纪60年代前后曾数次遭到严重破坏，除M4可依墓志断定为庄王墓外，其他诸王墓已无法从地面的遗存物来判定墓主。山东调查者认为，有地面建筑遗迹的是前六代德王墓，而无大规模地上建筑的M5之墓主则可能是世子由樌（端王长子，原封广宗王，赠谥不详）或被俘王由枢，也可能是某位郡王。笔者认为，M5紧靠始祖庄王陵园，依昭穆之序位置尊崇，但墓葬级别却较低，其所葬可能是追谥之德怀王（懿王之子，卒于世子之位）；如此，庄王陵东M3之墓主就应该是庄王之子、德藩第二代懿王。另据光绪《五峰山志》附载邵承照《游五峰山记》，文中有德藩诸墓“并列为九”之说，正与德藩前后七王、二世子（一人即追谥之德怀王，另一人即端王世子）之数相合。至于德府末二王由枢、由栗，可能都在入清后不久即

① 鲁波：《济南市五峰山发现明德王墓》，《文物》1994年第5期；济南市文化局文物处等：《山东长清县明德王墓群发掘简报》，《考古学集刊》第11辑，中国大百科全书出版社1997年版。

图2-53　明德藩王墓群M3（东王林）宫墙遗存

图2-54　明德藩王墓群M6（西王林）宫墙遗存

被杀。《国榷》记载："戊子（清顺治五年，1648年）四月己丑，晋王□□、周王绍□、德王□□同遇害，是日大风。"①此德王具体为谁不详，但可以肯定的是，德府由字辈二王都不可能在祖茔中如制兴建大规模的园寝。因而，俗称"幼王林"的M7之墓主，应该是卒于万历间的德端王庶长子□□世子朱由栐。另外，青崖寨山一带传说当地有"十二王林""二十四王林"，如果此说可信，可能还有若干郡王从葬于这片兆域中。道光《长清县志》著录有"明宁海王墓、明临朐王墓、明东平王墓、明临清王墓、明泰安王墓"②，但均未记载具体地点。

德藩玄宫形制特殊，把标准式二室玄宫的后室分为并列的左右二室或三室，其中德庄王朱见潾玄宫地表距地面约13米，砖石拱券结构，由墓道、甬道、前室、东西后甬道、后东室、后西室等几部分组成，平面近乎倒置的"凹"字形③。德藩型二室玄宫是为方便夫妻开圹合葬而又不使先葬者棺柩再次暴露而出现的一种变通形式，和薨于正德三年（1508年）蜀昭王的玄宫异曲同工。这种墓葬结构与天顺二年（1458年）所颁定之"王或妃有先故者，并造其圹，后葬者止令所在官司起倩夫匠开圹安葬"④的合葬令相适应，但其平面布局形式在南京明初功臣墓中已见，如沐英（卒于洪武二十五年，1392年）墓、沐晟（卒于正统四年，1439年）墓⑤等。

德藩诸王陵园的规模，始封祖德庄王陵园（M4）占地约139600平方米，约折合230明营造亩，远远超逾正统之制；而其余诸嗣王墓，M1约35800平方米，M2约27100平方米，M3约36400平方米，M6约28400平方米，M7约24800平方米⑥，分别约合明营造亩59亩、45亩、60亩、47亩、41亩，大体与正统令相吻合。

除亲王墓外，长清表崮镇高速公路出口处王府村还有德府二郡王墓，建于平地，为土圹墓，其一已被盗。墓室结构同已知德藩亲王，墓主身份不详，二墓也不见地方志记载。另外，在济南至泰安老公路旁边有一座德藩宁海郡王墓⑦，墓室结构同德藩

① 清·谈迁：《国榷》卷一〇四，弘光元年附载，张宗祥点校本，中华书局1958年版，第6册，第6217页。

② 清·舒化民修，徐德城纂：《长清县志》卷一〇，《祠祀志下·邱墓》，《中国方志丛书》（华北地方·365）影印清道光十五年刊本，台北成文出版社有限公司1976年版，第731—732页。

③ 济南市文化局文物处等：《山东长清县明德王墓群发掘简报》，《考古学集刊》第11辑，中国大百科全书出版社1997年版。

④ 明·申时行等：《大明会典》卷二〇三，《工部·王府坟茔》，影印本，第5册，第2731页。

⑤ 南京市文物保管委员会：《南京江宁县明沐晟墓清理简报》（附沐英墓），《考古》1960年第9期。

⑥ 济南市文化局文物处等：《山东长清县明德王墓群发掘简报》，《考古学集刊》第11辑，中国大百科全书出版社1997年版。

⑦ 国家文物局主编：《中国文物地图集·山东分册》，下册，《明宁海王墓》，中国地图出版社2007年版，第19页。

诸亲王，但规模更大一些，已经过清理发掘，该府始封为恭和王朱载圩，系追封德怀王之第四子。

三、青州等地区（衡府）

衡藩始封王为明宪宗第七子朱祐楎，成化二十三年（1487年）封衡王，弘治十二年（1499年）之藩青州（今山东益都）。根据前章考证，衡王爵传六世、七王，依次为恭王祐楎、庄王厚燆、康王载圭、安王载封、定王翊镬、宪王常澵、末王由棷。历代衡王墓在今青州、临朐、淄博张店等地，大多都已被盗空，地表遗迹亦寥寥无几。

明衡藩诸王为异兆域而葬，各王墓相对分散。始封恭王朱祐楎，薨于嘉靖十七年（1538年），墓在今青州市（省辖县级市，即原益都县）西南王陵镇王陵村。据介绍，该墓封土顶部直径6米，底部直径18米，高4米，原有石块砌成的内外宫墙，曾出土石买地券①。笔者调查时系自驼山道口进山，盘山而行，墓址距市区约27公里，其地现有青州七中。王墓残存封土孤耸于路旁山上（图2-55），其下有省级文物保护标志牌，其上有现代石砌之护台，护台以上为碎石三合土夯成结构，局部被破坏，封土即在其上，推测此部分为玄宫外之填筑。圆形封土坐落于方形土台上，高约5米，南北约14.5米，东西约12米，上有盗洞。由于地貌破坏严重，原陵园地表建筑结构和地下墓室情况不明。

根据现场遗迹判断，此墓陵园坐北朝南，其北为碎石砌成之梯田，封土位置已在今山腰，故其背山并不显过高，有一段宫墙（北垣）遗迹尚属明显。南侧之案山与背山高几相埒，因修筑公路，在封土前直切而下，地势落差加大，推测享殿等一应建筑都已被铲掉。陵园南界地当今青州七中北缘，其前为弥水。自公路至校园落差也不小，估计当年建校舍时对原地貌亦有所破坏，当地人已不知有陵园遗迹。衡恭王墓址距青州旧城50余华里，当年沿弥水有官道连通。

衡庄王朱厚燆（薨于隆庆六年，1572年，衡藩二代王）墓位于青州普通镇陈仁马村②，原有石牌坊、石像生，五开间享殿，有神道碑和御祭碑，均毁于“文化大革命”中。仅存“钦谥衡庄王”坊额和享殿柱础、碑额等，砌于梯田地堰上。封土于1967年平毁，基部东西长约35米，南北宽约30米。墓室结构不详。

---

① 国家文物局主编：《中国文物地图集·山东分册》，下册，《衡恭王墓》，中国地图出版社2007年版，第356页。

② 国家文物局主编：《中国文物地图集·山东分册》，下册，《衡庄王墓》，中国地图出版社2007年版，第305页。

图2-55　明衡恭王墓封土

衡康王朱载圭（薨于万历七年，1579年）墓位于淄博张店湖田镇上湖村[①]，砖室结构，1964年局部被破坏，封土已被平毁。

1994年春，山东临朐石家河乡石家河村的一座明代墓葬被盗掘，临朐县文化局文物博物馆、潍坊市文物管理委员会先后到现场做了调查，并于1995年6月进行了清理发掘[②]。确认墓主是衡宪王朱常㳄，由此进一步纠正了《明史·诸王传》中的谬误，证实了朱常㳄并非衡府末代王。该墓见于光绪《临朐县志》记载："衡□王墓：名谥失考。案明史《诸王表》，恭王子之子为庄王，庄王之子为康王，康王之弟为安王，安王之子为定王，定王之子常㳄，万历八年封世子，二十四年袭封，没，无谥，此其是欤？在鹿皋社香炉山下。"[③]墓葬位置与县志记载相吻合。

据介绍，衡宪王墓位于石家河乡王坟沟村北50米处的山坡高地上。东靠香炉山，西距石家河村约1公里，北面是低山丘岭，弥河水自南向北流经石家河村西。墓葬地面

① 国家文物局主编：《中国文物地图集·山东分册》，下册，《朱载圭墓》，中国地图出版社2007年版，第126页。

② 临朐县政协编：《临朐县文物专辑》，1997年3月印行；国家文物局主编：《中国文物地图集·山东分册》，下册，《衡宪王墓》，中国地图出版社2007年版，第356页。

③ 清·姚延福等修，邓嘉缉等纂：《临朐县志》卷四，"古迹·邱垅"，第15页，《中国地方志丛书》（华北地方，389号）影印清光绪十年刻本，台湾成文出版社有限公司1976年版，第154页。

高出周围地面7—10米。封土为覆斗形，1994年的盗洞打在封土的东南角，挖得很深，破坏十分严重。封土周围原有规整的青石条砌筑的阶梯式护墙，厚0.6—0.8米。封土西边原有巨型石香炉、碑碣、石像生等，也均在“文化大革命”期间或之前被毁。据当地乡民说，1930年前后，墓地周围地面尚有陵园残垣，东西长150多米，南北宽80多米，墓室以西100余米处尚存一段陵园墙基残垣，墓园附近还可看到绿色琉璃瓦碎片，证实墓前及围墙内曾有地面建筑。

玄宫用青石条、块及青砖砌筑而成。墓门西向，门楼建于墓葬封土西边墙基下，只象征性建有露于青砖墙基外的一半。绿釉琉璃瓦顶，石雕斗拱，石制椽、板。斗拱下面为石门框，门框正中有四个鎏金正楷大字：“钦建玄宫。”大字两侧各绘一条腾云驾雾的红色龙。门框、斗拱、椽、板均饰彩绘。门框下为雕凿精细的青石大门，涂朱，门上有铁锁。门厚0.12米，每扇均宽0.81米，门楼下宽3.08米，高4.5米。门楼西13.5米、地表以下0.5米深处为阶梯式墓道，三级条石台阶，台阶宽2.5米。墓室拱券结构，墓室地面距地表6.3米，室内通长12.11米，其中前室长5.56米，宽3.27米，高4.24米；后室长6.55米，宽6.57米，高4.24米。前室墓门上加锁，后室门半开。在后室东南角有一个直径约38厘米的盗洞，前、后墓室的随葬物品已被盗空，后室仅存置于西南角用来盛长明灯油用的孔雀绿瓷大缸一个，还有桐木制作的黑色古筝一件，均已残破。前室有放置墓志和“朱书”（买地券）的龛室。圹志龛室在南墙中间，内放墓志一合，志盖已被移置一边，篆刻“大明定王第一子衡宪王圹志”。“朱书”放在前室北壁中间的龛内，边长0.6米。后室有棺床3个，青砖砌筑，东西向排列，券顶上有分别对应棺床的铁环12个。棺床上排列木棺。中间棺床上为衡宪王，外棺已朽烂严重，内棺的外表有髹红大漆，完好如新，但漆下木质已朽烂严重。两侧棺床上只有单棺而无外棺，墓主一为宪王元妃王氏，另一位姓氏身份失考。3具骨架均为仰身直肢，头向东。

对后室淤土及棺床分别进行了清理，出土有仿唐代海兽葡萄镜1件，直径5.2厘米，厚0.6厘米；开元通宝铜钱40余枚；粗瓷小罐3个，小罐大小相同，口径8.7厘米，通高16.2厘米。在南侧棺床清理出开元通宝铜钱10余枚，金珠1枚，金珠应为冠上的饰物。中间棺床清理出玉带片数块，木棺西端两棺角下发现玉片2块，其中一块雕有精美的龙形图案。另外，在尸骨的腰下还有朽烂的丝带及金箔碎片，尸骨下面有开元通宝铜钱20余枚，头部还有大量腐朽的谷米、黑豆、高粱米皮壳。北侧棺床仅清理出10余枚开元通宝铜钱。

根据出土墓志记载，墓主朱常㴋为明宪宗之五代孙，始封衡恭王之玄孙，衡定王朱翊镬之长子。生于隆庆三年（1569年）十月初二日，万历二十四年（1596年）六月初六日册封为衡王，天启七年（1627年）七月十九日以疾薨，享年五十有九，崇祯二年（1629年）十一月十五日葬于香炉山。王妃王氏先薨。育五子、十一女，其中第一子未名封而卒；第二子为世子，以疾薨，乏嗣；第三子改封世子。这些内容足补《明史·衡王传》之疏漏。

综合上述多种资料判断，衡藩亲王陵园前可能有石像生；建筑以砖石为之，覆绿釉琉璃瓦；圆形封土；玄宫为砖券结构。

另在调查访谈时得知，在今济南以东有明高唐王家族墓。查《明史·诸王世表》，高唐王为衡府郡王，始封为恭王之子厚煐，嗣王有载塀、翊镶、常泽等。

四、其他（汉王妃嫔墓、泾简王妃曹氏墓）

山东惠民何坊乡前娘娘坟村有一座明墓，封土高约2米，直径约10米，地方志记载为明代惴王嫔妃墓[①]。惠民在明代早期曾名乐安州，是明成祖次子汉王朱高煦的封地。朱高煦于永乐十五年（1417年）就藩乐安，宣德元年（1426年）八月谋反，明宣宗亲征平叛，朱高煦被擒赴北京，乐安因改名武定州。此处"明代惴王嫔妃墓"应是汉王妃嫔墓，"惴王"或系"罪王"之讹。但据《明史》记载，朱高煦被焚死，"韦妃及九子俱从死"[②]，因而墓主身份存疑，或为卒于朱高煦反叛前之汉府媵嫔。

明宪宗第十二子朱祐橓，弘治四年（1491年）封泾王，十五年（1502年）之藩沂州（今山东临沂），嘉靖十六年（1537年）卒，谥曰简王。其子厚烇未受封而先卒，爵除，俱归葬京师。泾王妃曹氏先卒于嘉靖十年（1531年），原葬封国。其墓在今山东费县薛庄镇王林村[③]，原封土高约12米，直径约20米，1967年被破坏。墓道南北长12米。墓室砖石拱券结构，长宽皆12米，分为前后两室，后室又分为东西两室，皆券顶，曹氏葬东室。曾出土嘉靖十年（1531年）刊青石买地券一方，题"薨妃曹氏收执为照"，记述嘉靖十年十月二十日将曹氏葬于此地，用钱十万贯，买地一方，南北长120步，东西宽81步。

---

① 国家文物局主编：《中国文物地图集·山东分册》，下册，《前娘娘坟明墓》，中国地图出版社2007年版，第863页。

② 清·张廷玉等：《明史》卷一〇三，《诸王世表四》，点校本，第10册，第2839页。

③ 国家文物局主编：《中国文物地图集·山东分册》，下册，《明泾王妃墓》、《曹氏墓买地券》，中国地图出版社2007年版，第772页。

第六节　湖北地区明代藩王陵墓的考古调查和发掘

湖北地区是明代分封亲王最多的省份，先后共有12藩。其始封王和王府驻锡地分别为：太祖之子楚昭王（武昌）、湘献王（荆州，即今江陵）、辽简王（荆州，即今江陵）、郢靖王（安陆，即今钟祥），仁宗之子襄宪王（襄阳）、荆宪王（蕲州，即今蕲春）、梁庄王（安陆，即今钟祥），宪宗之子兴献王（安陆，即今钟祥）、歧惠王（德安，即今安陆）、寿定王（德安，即今安陆），世宗之子景恭王（德安，即今安陆），神宗之子惠王（荆州，即今江陵）。其中歧惠王、寿定王、景恭王皆以无子除封，还葬北京；惠王驻藩未满一代，明亡后不知所终。故明朝共有8藩王墓在湖北，其中兴献王为明世宗生父，其园寝按皇陵规制增建，尊为显陵。

一、武昌地区（楚府）

楚藩始封为昭王朱桢，明太祖第六子，洪武十四年（1381年）就藩湖北武昌府，传八世，共九王。

楚昭王于洪熙元年（1425年）三月葬于武昌县龙泉山，其地今属武汉市江夏区龙泉山风景区管理处。昭王寝园建于龙泉山主峰天马峰之下，其山为东北—西南走向，龙泉山对面有一道自东北而西南复折向西的小山脉，分别名玉屏峰、笔架峰、龙帐峰等，与昭王陵园遥遥相对，号称“五龙捧圣”。南北两列山峰之间为谷地，有古河道一条，向东北直通梁子湖，西南有陆路通武汉三镇。因两列山峰夹峙，故此山在唐初名夹山，后因有泉可占晴雨，又名灵泉山。传说宋人张芸避乱于此，构建含山楼，“楚藩废为昭寝”①。

楚昭王寝园坐西北朝东南，有条石为基、青砖砌成的内外两重宫墙，平面略呈正方形，外墙基本完好，南北长355米，东西宽335米（一说陵垣周长1528米，占地169.2亩），墙高3.3米②；现已局部修复（图2-56）。楚昭王朱桢在亲王位前后54年，守藩40

① 清·王庭桢修，彭崧毓纂：《江夏县志》卷二，《疆土志·古迹附》，《中国方志丛书》（华中地方·341）影印清同治八年刊本、光绪七年重刊本，台北成文出版社有限公司1976年版，第1册，第180页。

② 梁柱等：《武昌县龙泉山明代楚昭王墓》，《中国考古学年鉴1991》，文物出版社1992年版，第249页；傅守平：《明代楚昭王朱桢墓发掘简讯》，《江汉考古》1992年第1期；蔡华初：《明楚昭王朱桢墓》，《文物天地》1993年第3期；湖北省文物考古研究所等：《武昌龙泉山明代楚昭王墓发掘简报》，《文物》2003年第2期。

图2-56　明楚昭王陵园神桥、享殿

余年，其玄宫结构却只是单室，墓葬发掘时基本保存完好，仅出土300余件器物，而且大都是明器①，或许确如其墓前碑文所云："留心典籍，靡他嗜好。书十事座侧，旦夕自警，恭慎俭约，恒存省己。"②据武汉市考古研究所等单位调查，楚藩后世嗣王玄宫皆为单室，与楚昭王玄宫形式相同，为单室单人葬，但有个别的左侧壁龛较大，内葬一具女性尸骨。

当地村民介绍，昭王园寝经历过几次大规模毁坏，始于明末张献忠，其次是抗战时期日本军队，再次是1958年大炼钢铁，到"文化大革命"时达到极端，几乎尽毁残存石柱础等。昭王寝园外宫墙东门内有"樊哙墓"，1983年公布为武汉市文保单位。当地传说昭王墓穴所在原为汉初舞阳侯樊哙墓，昭王因建墓迁其坟于东。关于樊哙墓址，历来有河南舞阳、安徽六安等不同说法，作为西汉开国功臣、吕后的妹婿，他实际上更可能陪葬汉高祖长陵。综合诸说，樊哙葬武昌的可能性最小，颇疑樊哙迁墓之事为讹传，或由其他樊氏附会所来；而所谓"樊哙墓"，实际可能是昭王妃嫔墓（图2-57）。当地人讲述移墓故事的由来，皆谓得自一方传说是出自楚昭王墓道的刻字石，此石现在修复的楚昭王享殿内，谛视其文字实与迁樊氏墓无关，内容属于镇墓石

① 湖北省文物考古研究所等：《武昌龙泉山明代楚昭王墓发掘简报》，《文物》2003年第2期。

② 转引自袁家新主编：《楚天名胜龙泉山》，武汉出版社1995年版，第67页。

图2-57　明楚昭王陵园内"樊哙墓"

一类，撰文者为山东王某。

昭王园寝外墙以西发掘过一座王妃墓，墓室大体保存完好。

楚藩后世嗣王皆葬于龙泉山，八代九位亲王同一兆域，号称"楚藩九寝"[①]，当地传说原各有神道互相连通，是最典型的诸王同兆域之葬。昭王园寝之左旁又次峰下为楚宪王园寝，坐西北朝东南。其余诸王园寝皆在天马峰对面，与昭王园寝隔古河道相望，自东北而西南依次为楚庄王园寝、楚愍王园寝、楚恭王园寝、楚靖王园寝、楚端王园寝、楚末代王华奎园寝、楚康王园寝。八王园寝和昭王园寝平面布局相似，皆有陵宫门、中门、享殿、配殿、墓冢等建筑，屋顶、墙檐皆覆绿琉璃瓦；各陵宫的规模均小于楚昭王园寝。

庄王园寝：陵园坐东朝西，宫门遗址前左有碑亭，亦三面开门，顶已不存，内竖碑，同昭王园寝之制；局部修复。陵宫券门三洞，中门、配殿及享殿制同昭寝（图2-58），原址已建成遗址公园。

① 清·王庭桢修，彭崧毓纂：《江夏县志》卷二，《疆土志·古迹附》，《中国方志丛书》（华中地方·341）影印清同治八年刊本、光绪七年重刊本，台北成文出版社有限公司1976年版，第1册，第183页。

图2-58　明楚庄王园寝中门遗存

宪王园寝：陵园朝向东南，已没于荆榛中，地表可见柱础、残碎青砖及绿釉琉璃瓦。山下路边有残墙一段，当为园寝南宫墙。宫门处可见角石及残墙遗迹。墓葬顶部见有挖开之三合土，残券犹在，墓室已塌成坑。其后有土岗一道，或为后宫墙遗迹。

康王园寝：陵园朝向东略偏北，残存柱础若干（图2-59），掩没于树草之中。

靖王园寝：陵园朝向西北，尚存中门、享殿及配殿遗址等，比较清晰，其保存部分建成遗址公园。

端王园寝：陵园朝向西北，碑亭已修复，但碑、龟趺座体量均小于昭、庄二园。陵园基址部分已被破坏。

愍王园寝：陵园朝向西北，经过考古发掘，内外宫墙、宫门、神道、中门、享殿及配殿、后宫门遗址以及封土等尚比较清晰（图2-60）。内外两重宫墙，陵园规模仅次于昭王园寝，其核心部分已建成遗址公园。

恭王园寝：陵园朝向西北，选址距背山稍远，封土已被垦殖。

“贺王陵”：陵园朝向西北，地面残存柱础、石构件等，后为坟冢区。有二冢并列，其西侧者可见盗洞，大约在1994年或1995年被盗掘挖开。后文物工作者曾进入墓室勘查，发现为砖券单室，室内已无余物。墓内出土圹志一件，现存于昭王园寝享殿中。一说二冢后又有一冢，三冢呈“品”字形排列，推测即是所谓“贺王”墓。按楚藩亲王世系，对照龙泉山陵区现存各王墓，可知此“贺王”应即末王，“贺”非谥法用字，疑其陵之得名或与末王王妃姓氏有关。清乾隆《江夏县志》明文记载：“楚

图2-59　明楚康王园寝柱础（远处为楚端王碑亭）

图2-60　明楚愍王园寝宫门遗存

藩，为昭、庄、宪、康、靖、端、闵［愍］、恭，并贺氏之九冢，冢皆缭以周垣。”①按，楚藩末代王朱华奎于万历八年（1580年）嗣位，崇祯十六年（1643年）被张献忠沉于长江，宗人觅尸葬之，时已届国亡，其园寝或预修，或借用王妃墓园，完全新建的可能性不大。20世纪90年代中期被盗王妃墓（即并列二冢西侧、“品”字右下）中清理出土了《楚八代国君继妃张氏墓志》一方，称墓主张氏，“偕予在宫五十一载”，“妃生于隆庆六年（1572年）十月十六日，薨于崇祯五年（1632年）九月二十三日。奉诏葬于崇祯十年（1637年）十二月初八日，合圹于灵泉之长寿山”（图2-61）。从志文世次、撰文口气、年代和在王位五十年以上等方面因素考察，都可证此墓志应系楚藩末代王华奎亲撰，从而可以基本确认“贺王陵”即是末王及王妃的葬所。该陵园范围内尚有柱础、石条等建筑遗存，推测可能是朱华奎生前预营之寿域，或为继妃墓园。武汉市考古研究所所长魏航空先生曾告知，“品”字形顶尖的墓室经

图2-61　明楚“贺王陵”出土《楚八代国君继妃张氏墓志》

① 清·陈元京修，范述之等纂：《江夏县志》卷一，“山川·灵泉山”，国家图书馆藏清乾隆五十九年刻本，第10页。

过钻探，但仅探出三块大石，未发现墓室。

庄王、端王陵宫前各有碑亭，形制和昭王园寝一样，皆置于宫门前左侧，内有赑屃驮巨碑，分别记述二王生平功德，均由翰林院撰文（图2-62）。据时任江夏区龙泉山风景管理区主任朱德春、涂明龙等人介绍，楚藩昭、庄、端三王碑亭的碑座处海拔高度皆为36.82米，即位于同一等高线上，武汉测绘院测绘三座赑屃的牙齿都在同一水平位置，并且三座碑亭之间的直线距离都是860米，呈正三角形布列。这种等距离鼎立，或许有追求风水效果方面的考虑，或许只是巧合。陵宫前左立神道碑（生平功德碑），可能是楚藩亲王墓的一种传统。

据说，楚藩诸王园寝之砖多有“官”字戳记，烧自陵区外五峰山南，相传有“官窑”。

在龙泉山附近的流芳岭镇区域内还发现过若干楚藩郡王、王妃墓，该镇牌楼舒村发掘过楚王家族墓葬①。除以砖或三合土砌墓圹外，在武汉洪山区洪山乡黄家湾还发掘过以粗质青瓷碗砌筑棺室的明代宗室墓②，根据墓志记载，墓主为楚藩镇国中尉朱显栻和其妻恭人赵氏，二墓异圹毗邻。

图2-62　明楚端王陵宫前碑及碑亭

① 武汉市文物考古研究所：《武汉市江夏区流芳岭明墓发掘简报》，《江汉考古》2000年第3期。

② 武汉市博物馆：《黄家湾明代楚王朱氏墓》，《江汉考古》1998年第4期。

二、荆州地区（湘献王、辽府）

明朝在荆州地区先后分封过湘王、辽王和惠王，其中湘、辽二藩的陵墓皆有发现，惠王南明时期卒于两广，具体葬地不详。

1. 湘献王墓

湘献王朱柏，为明太祖第十二子，洪武十一年（1378年）受封湘王，十八年（1385年）之藩荆州（今湖北江陵）。建文初，有人告发湘王谋反，建文帝因召之入朝，朱柏惊惧，阖府自焚而死，谥曰戾王，无子，封除。明成祖即位后，改谥曰献王，因朱柏生前十分崇信道教，特在荆州城西之太晖观西侧为其依王制建衣冠冢，并置官守护陵园。

1997年12月，湘献王墓被盗掘，次年2月由省市文物部门清理出土文物600余件，有“湘献王宝”木玺等[①]。墓室总面积109平方米，规模不大，但结构相对复杂，由三个主室和四个配室构成，平面呈“工”字形（图2-63）。这是目前已知明代亲王玄宫平面配置的最高等级，比同期常见的亲王五室玄宫，以及明神宗定陵玄宫还多了2个配室，应该是“九宫格”式九室玄宫的另外一种简化形式，具有比较高的考古学研究价值。

湘献王衣冠冢前有神道碑一通，碑文为明代解缙奉敕撰拟，记录墓主生平及“遇害于苫块之间”的凄惨结局。原碑立于永乐元年（1403年），已毁，2004年8月修复时重刊；龟趺座仍为明朝旧物。地表另有石碑一通，原在河边，为便于保护向北移至今处，更靠近墓冢。当地传说，湘献王陵园前原来也有石像生，但几十年前已遭破坏，有些则被移往太晖观中，与其他石刻混合而无法辨识。现其墓封土前、碑后有新刻狮、象、马、文官、武官各1对，系模仿钟祥显陵制度，基本没有学术价值。

2. 辽藩王墓和王妃墓

辽藩始封王为明太祖第十五子朱植，洪武十一年（1378年）封卫王，二十五年（1392年）改封辽王，次年就藩广宁（今辽宁北镇）。燕王靖难兵起，建文帝召辽王、宁王还京，朱植渡海至南京，被改封于荆州（今湖北江陵），薨于永乐二十二年

① 丁家元：《荆州城明湘王府城遗址》，《中国文物报》1998年6月17日第1版；王纪潮：《明代亲王葬制的几个问题》，《文物》2003年第2期；荆州博物馆：《湖北荆州明湘献王墓发掘简报》，《文物》2009年第4期。

图2-63　明湘献王玄宫入口

（1424年）正月初八日[①]，谥曰简王。辽王爵传七世，第八王宪㸅于隆庆二年（1568年）被废为庶人，圈禁高墙，辽国封除。

辽简王葬湖北江陵西郊八岭山，今属八岭山镇新场，其墓经过清理发掘[②]，后由园林部门管理。新修宫墙及宫门，未尽合旧制，门前有干涸水沟一道，当为旧砌，桥亦新修。牌楼神道等新修，惟砖有旧物（图2-64）。

此墓建于八岭山上，墓室微向下挖出，上有封土。墓室砖券结构，全部为细料砖砌成，靠近下部的砖呈白色，当为水浸痕迹。出土墓志一合，平置于封门前。玄宫五室，前中后三室纵长21.8米，左右两配室之间最宽处10.6米。辽简王的内棺以整板制成，挡板与墙板子母口套接，盖、底板与四周墙板用铁钉拴接，并用糯米浆灌缝。重棺的盖板为整木，墙板则分别由三块板拼接，下无底板，发掘时所见的情形是"内棺直接置于棺床上"[③]。这种"重棺"实际上相当于一个木质的棺罩，内外棺的材质未见介绍，从实物观察，其外棺亦髹朱漆。

---

① 据辽简王墓中出土的《辽简王圹志》记载，朱植薨于永乐二十二年（1424年）正月初八日，洪熙元年（1425年）三月□□葬。而《明太宗实录》卷二七一，则记朱植薨于永乐二十二年五月，在"五月壬午"条下有"辽简王薨"的记载；见校印本《明实录》，第9册，第245页。此处从墓志说。

② 荆州地区博物馆等：《江陵八岭山明代辽简王墓发掘简报》，《考古》1995年第8期。

③ 荆州地区博物馆等：《江陵八岭山明代辽简王墓发掘简报》，《考古》1995年第8期。

图2-64　明辽简王墓室前

按照永乐八年（1410年）的规定，亲王坟园占地面积应该不超过90营造亩[①]，辽简王之陵园占地面积约80市亩[②]，约合87.76明代营造亩[③]，正在规定范围之内。

简王以后，辽藩诸王多葬于八岭山一带，包括前后两代废王，但皆被盗，亦未经清理，地下墓室结构不明；地面遗迹多已难寻。其中辽前废王朱贵烚之妃曹氏墓经过清理[④]。

---

① 按明代一市尺准今0.32米推算，则永乐定制亲王陵围墙周长290丈约合今928米。明代王陵陵园平面有正方形、长方形两种形式，周长相同，以正方形面积为最大，约为53824平方米。据陈梦家先生研究推算，明代一营造亩约合今607.7440平方米（陈梦家：《亩制与里制》，《考古》1966年第1期；本报告明亩折算皆用此标准，以下不另注明），则永乐定制亲王陵最大面积约为88.56明营造亩。

② 荆州地区博物馆等：《江陵八岭山明代辽简王墓发掘简报》，《考古》1995年第8期。

③ 按1市亩折合666.67平方米计算，辽简王陵占地约53333.6平方米。大体上说，今1市亩约相当于1.1明营造亩。

④ 荆州地区博物馆等：《江陵八岭山明王妃墓清理简报》，《江汉考古》1988年第4期。

三、钟祥（明安陆州）地区（郢靖王、梁庄王、兴献王）

今湖北钟祥在明代为安陆州，先后有郢靖王、梁庄王、兴献王三位皇子驻藩，陵墓资料相对丰富。

1. 郢靖王墓

安陆三王中最早开府的是郢靖王朱栋。朱栋为明太祖第二十四子，永乐六年（1408年）之藩安陆，十二年（1414年）卒，谥曰靖，三女各封郡主，无子封除。

郢靖王墓在今钟祥市东郊九里乡三岔河村皇城湾，2002年公布为湖北省级文物保护单位。考古发掘前地表仅存封土，可见绿釉琉璃构件及青砖等残件。封土建于高坡地上，背靠大洪山余脉，但距山较远，前有小山口，形胜基本符合《葬书》的规范。封土高12米，东西30米，南北45米（图2-65）。早年资料显示郢靖王墓前“有龟座碑1通，碑文记墓主生平”[①]，但现场调查时发现，此碑已被凿掉，倒仆于地。郢靖王墓曾多次被不法分子盗扰，所幸均未得手。2002年11月3日夜，该墓冢顶被炸开，可见墓室为砖砌。后由文物部门组织人力填实。为保护郢靖王墓，经国家文物局批准，湖北省

图2-65　明郢靖王墓封土

① 国家文物局主编：《中国文物地图集·湖北分册》，《郢靖王朱楝［栋］墓》，西安地图出版社2002年版，第399页。

文物考古研究所等单位进行了抢救性考古发掘①。陵园朝南，地势自南而北逐渐升高，地面已经看不出宫墙的遗迹，总占地面积约3.6万平方米（约合明制59.2营造亩）。自前而后发掘的主要建筑遗址有碑亭、棂星门、享殿等。玄宫为砖券结构，三主两配，共5个墓室。

2. 梁庄王墓

梁庄王朱瞻垍，为明仁宗第九子，永乐二十二年（1424年）封梁王，宣德四年（1429年）之藩安陆，正统六年（1441年）正月薨，谥曰庄王，无子封除，同年八月“葬封内瑜坪山之原”②。

梁庄王陵在今钟祥东郊长滩镇洪村与湖北省农垦局“五三”农场交界处。利用自然山势建成内外两重宫垣，地表有青砖及龙纹绿琉璃瓦等，曾发掘出内城北墙基，调查时发现其被棉田的翻土罩住，地表迹象不明显，但有碎砖堆积。封土前为由北向南而下的坡地，可看出中间有一块明显较平坦，推测为享殿等陵园建筑所在，已被村民房舍覆盖。复向南有土垄，应为内宫城南垣墙基。当地老百姓传说由此再向南旧有石人石兽，已埋没于稻田中。梁庄王墓发掘前为荆门市文物保护单位。

湖北省文物考古研究所、钟祥市博物馆等单位对梁庄王墓进行了发掘。根据遗址调查③，其园寝外宫墙南北残长200米，东西宽250米，方向180°—185°，为石块垒砌中填黄土。内宫墙南北残长75米，东西宽55米，方向160°，为青砖垒砌内填小碎石块。现存封土近圆锥形，底径约25米，高约9米。内外两重宫城朝向不一致，是梁庄王陵园的一个突出特点，为其他藩王陵园所罕见。

墓室为凿山开圹，砖券结构。斜坡墓道，砖砌墓室，分为前后两室（图2-66）。梁庄王玄宫曾经积水，人骨架及棺椁全部腐朽，位置凌乱，后室正中石砌棺床所葬为梁庄王，其西侧以砖补砌之棺床则为梁王继妃魏氏。魏氏卒于景泰二年（1451年）三月，同年九月与梁庄王合葬。庄王无子，因二女幼，魏氏因免殉葬，其圹志记载：

---

① 院文清等：《湖北省钟祥市明代郢靖王墓发掘收获重大》，《江汉考古》2007年第3期；湖北省文物考古研究所等：《郢靖王墓》，文物出版社2016年版。

② 明·佚名：《梁庄王墓（圹志）》，载湖北省文物考古研究所等《梁庄王墓》，文物出版社2007年版，第200—201页。

③ 梁柱：《湖北钟祥梁庄王墓出土大批精美文物》，《中国文物报》2001年11月21日第1版；梁柱：《定陵之后又一明代重要考古发现——钟祥梁庄王墓出土大量精美文物异彩纷呈》，《中国文物报》2002年1月2日第1版；梁柱：《梁庄王墓5000余件珍宝大出土——明定陵以后的最大发现》，《文物天地》2002年第1期；梁柱：《钟祥明代梁庄王墓的发掘》，《江汉考古》2002年第1期；湖北省文物考古研究所等：《湖北钟祥明代梁庄王墓发掘简报》，《文物》2003年第5期；湖北省文物考古研究所等：《梁庄王墓》，文物出版社2007年版。

"正统六年（1441年）正月十二日，王以疾薨，欲随王逝，承奉司奏，蒙圣恩怜悯，遂降敕旨存留，抚养王二幼女，仍主王宫之事。"①

由于郢、梁二王先后绝嗣封除，又皆葬于封地，后来明宪宗第四子朱祐杬以兴王身份三度开府安陆，乃兼得二王邸田，供奉二王岁时祭祀。

图2-66　明梁庄王墓墓道

3. 睿宗（兴献王）显陵

明显陵，系由始建于正德十四年（1519年）的兴献王（明世宗之父）园寝改建、扩建而成，已列为世界文化遗产。因兴献王之子入继大统为皇帝，遂升旧封地为承天府。显陵仿昌平长陵及诸帝陵规制，也由神道和陵宫两部分组成，陵城周围环以平面呈葫芦或宝瓶形的外罗城（图2-67）。外罗城砖砌，外抹红灰，顶覆黄瓦，墙高6.5米，厚1.9米，周长4730米②。从"兴献王墓"到"睿宗显陵"，其间的变化如实反映了明代帝、王陵墓之间的等级差别，是一个很值得研究的典型案例。

显陵神道部分起于新红门，止于内明塘。新红门为砖石拱券结构，门三洞，单檐歇山顶，两侧有角门，形制和功用都相当于昌平陵区的大红门。门外东西两侧各有下马碑一座，上镌严嵩手书"官员人等至此下马"。门前西南方为一大水塘，名曰"外明塘"。新红门内西北方为第一道并列三座单孔石桥，桥北为旧红门，制同新红门，通宽18.8米，两侧原有东西角门，已毁。旧红门内为第二道并列三座单孔石桥，桥北为碑亭一座，面阔18.5米，进深18.57米，亭内原立明世宗御制"显陵睿功圣德碑"，明末被李自成军队砸毁，碎为数段。碑亭北过第三道并列三座单孔石桥开始神道石刻，自南而北依次为望柱一对、蹲狮一对、蹲獬豸一对、卧骆驼一对、卧象一对、蹲麒麟

① 明·佚名：《大明梁庄王妃圹志文》，见湖北省文物考古研究所等《梁庄王墓》，文物出版社2007年版，第203—204页。

② 显陵的测量数据，主要引自李登勤《钟祥明显陵调查记》（载《江汉考古》1984年第4期）、李登勤《特殊的明帝陵——显陵》（湖北人民出版社，1988年）、李登勤《特殊的明显陵》（载《紫禁城》1988年第6期）、祝建华等《奇特的明代帝陵——显陵的建筑艺术》（载《江汉考古》1999年第2期）等。

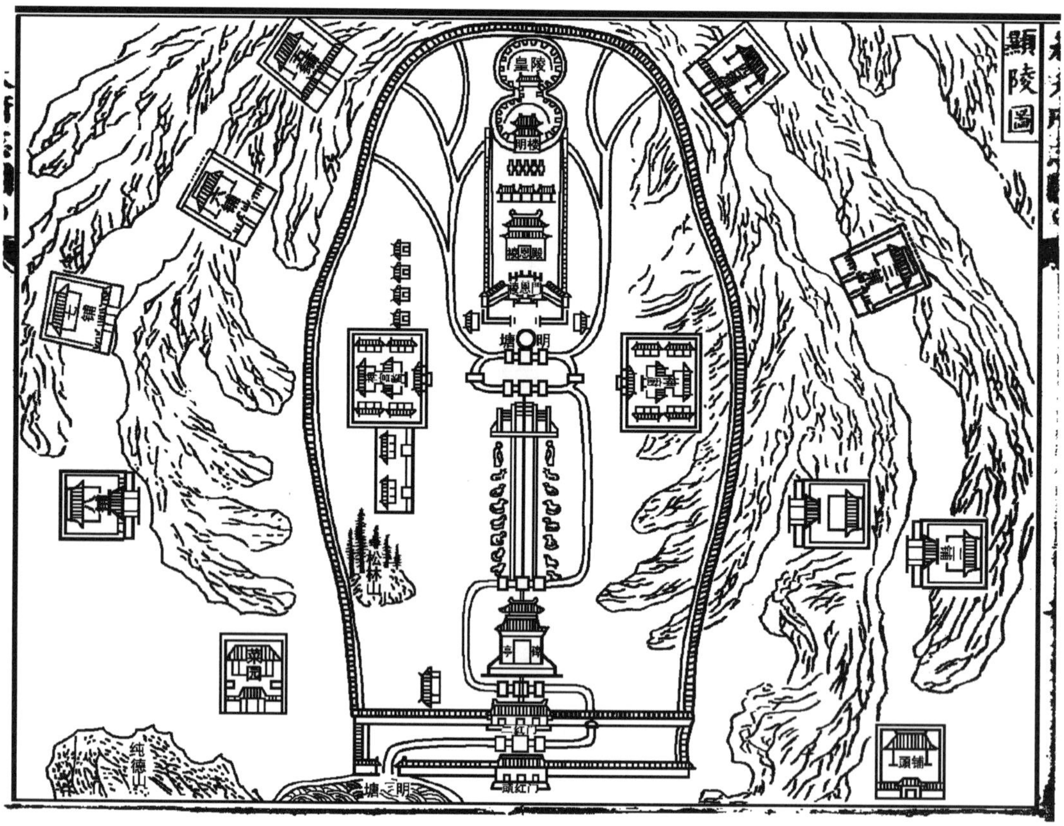

图2-67　明显陵平面示意图
（引自《（万历）承天府志》）

一对、立麒麟一对、卧马一对、立马一对，叉手盔甲将军一对、执金瓜盔甲将军一对、梁冠执笏文臣一对、朝衣冠执笏文臣一对；计石兽8对、石人4对①。诸件石像生模仿昌平长陵神道式样，但体量却明显收小（图2-68）。石像生以北为龙凤牌楼门，为六柱三门式，中间联以壝墙，仿昌平陵区龙凤门式样，但规模略小，石基经修补完整（原石构件已呈黑灰色，新补用白石）。门北过第四、第五两道并列三座单孔石桥至内明塘。该塘为人工开挖，砖石砌岸，有石级可下，周长46.3米。内明塘东西两侧各有石碑一道，左为“瑞文碑”，右为“纯德山祭告文碑”，两碑均高3.5米，仅存碑及碑亭基座。

内明塘北面为显陵陵宫，分前后两进院落，平面布局大体上与昌平景陵、裕陵等陵相同，但有些建筑物的营造规格还要略高一些。

祾恩门建于一层台基之上，基座犹在，两侧有八字琉璃花墙，宫门为五间两进式，陛阶三出，台基环以栏板，面阔15.9米，进深11.2米，由此进入陵宫第一进院落

① 显陵神道石像生名称系据笔者实地调查并参照《大明会典》所记长陵制度而定。

图2-68 明显陵神道石刻

（图2-69）。祾恩门正北为祾恩殿，建于一层台基之上，面阔五间，进深三间，前出廊，东西通宽31.1米，南北长17米；前出月台，陛阶三出，两侧各有一副阶。殿座上尚存柱础粗大，中间地盘清晰，当为神龛座，周边特别是后壁，尚有残垣。大殿前两庑为东西配殿，各为面阔五间，进深一间，前出廊，基址南北22.2米，东西9米。显陵祾恩门和祾恩殿等建筑俱已不存，但基座石构和柱础等大体完好（图2-70）。祾恩门外有神厨、神库和宰牲亭遗址。

祾恩殿后为三座琉璃花门，一字排开，由此进入第二进院落。门内正中为二柱牌楼门，门后为香鼎1、花瓶2、烛台2一组5件石供器，各承以圆形石几。五供后为石几筵台，长2.8米，面宽1.3米，高1.1米。石几筵台东西两边分别为世宗御制文碑和武宗御赐谥册志文碑。石几筵台北为明楼宝城，明楼下有基座，前有礓礤。明楼基座为正方形，边长9.2米，高6.8米，按昌平诸陵之制复建。明楼内竖碑，额篆“大明”，碑身镌楷书“恭睿献皇帝之陵”。城台下券洞平而无坡，内外皆有门轴、门限，制度不尽同于昌平诸皇陵。券门内为前宝顶，封土前有残琉璃照壁。显陵宝城分为前后两座，平面呈“8”字形（葫芦形），其中前宝城高5米，呈不规则圆形，南北径125米，东西径112.1米，宝顶下原为兴献王的旧墓穴。后宝城高5.5米，圆形，直径103米，宝顶下为嘉靖十八年（1539年）世宗亲拟规制的新建玄宫，亦即世宗父母的合葬处。后宝城前原有琉璃照壁一道，仅余残迹。前后宝城之间连以甬道，名曰“瑶台”，宽11.5米，长40.5米，南北两端各有礓礤下至前后宝城内。据说此瑶台之下为券洞通道，为兴献王迁葬时棺不见天日而建。显陵前后宝城内，自琉璃照壁向两侧延伸，各建有矮墙，封土

图2-69　明显陵祾恩门八字墙遗存

图2-70　明显陵陵宫建筑遗存

不填满宝城内，与昌平裕、茂诸陵的填土之制相同。

显陵虽然仿昌平陵制，但从整体布局来看，比献陵以下诸陵增加了神道石刻，自新红门起全部神道均甃以条石，其规格远在昌平诸陵之上。同时，适应湖北多水泊的地域特点，显陵引流水盘桓于陵园内，并设内外明塘各一、并列三座单孔石桥五道（图2-71），特色鲜明，独具匠心。然而显陵毕竟是在原来亲王园寝的基础上进行添建改建而成，因初选基址地势逼仄，各主要建筑的布局均比较紧凑，有些建置的规模也相对小一些。特别是石像生最为明显，不仅体量较小，在数量上也由长陵的18对减为12对，石兽减站立式狮、獬豸、骆驼、象各1对，石人减文臣、勋臣各1对，即各减三分之一。享殿后格局逼仄，琉璃花门、二柱门、分列式石几筵、石祭台排列过于紧凑；其中石供器一组5件置于地面，而不是几筵台上，应该仍然是亲王陵墓制度。显陵的主要建筑物，除新红门偏东以外，全部落于一条轴线上，自南而北依次是外明塘、旧红门、睿功圣德碑楼、神道石刻、龙凤牌楼门、内明塘、祾恩门、祾恩殿、三座琉璃花门、二柱牌楼门、石五供、石几筵台、前后宝城；为就水势，内明塘以南神道有几处略有弯曲。

钟祥显陵平面结构的发展演变过程，既提供了区分帝陵、王墓的现实标本，也是联结二者的桥梁，具有突出的符号意义。遗憾的是，显陵增制扩建的详细资料未能完全保留下来，但一些大的改造工程却见诸《明世宗实录》等官方记载。嘉靖三年（1524年）八月，显陵司香太监杨保奏："陵殿门墙规模狭小，乞照天寿山诸陵制更造。"工部尚书赵璜因言："陵至当与山水相称，恐难概同。今殿墙已易黄瓦，但宜

图2-71　明显陵神道石桥

添设明楼、石碑，及改司香衙门为神宫监，设置护卫曰显陵卫。其余未备房屋，应创新者，另为添造；应仍旧者，止加修饰，不必大为改作。”①次年三月，“工部奏请盖造恭穆献皇帝陵寝明楼，树碑镌题如制，及名司香衙门为神宫监，林卫为显陵卫”②。通过改覆黄釉琉璃瓦、增建明楼及明楼内石碑，以及改添设显陵神宫监、显陵卫等，显陵已经基本达到了明代皇陵的规制，完成了由王墓到皇陵的转变；赵璜所奏，点明了皇陵与亲王园寝之间的等级差别，即有无明楼、石碑，以及瓦色，还有相应的机构称谓。而后，嘉靖六年（1527年），“特敕修理（显陵），各项规制俱照天寿山，添设石像生、碑亭，八年工完”③。次年（1528年）闰十月，“立皇考尊号碑并御制新记文碑于显陵，及明楼悬额”④。显陵地面建筑的改建添建工程大约在嘉靖七年（1528年）年岁末基本完成，是年十二月，礼部右侍郎严嵩“以显陵工成”⑤并且改题谥号及增建工程中不断出现各种祥瑞之徵，奏请立碑为纪。此时的显陵，在功德碑和石像生等方面已经超越了明仁宗献陵以下的昌平诸皇陵。嘉靖十八年（1539年），因世宗生母章圣太后之崩而重建显陵玄宫，至此显陵地面、地下建筑已全部符合甚至超逾了明代一般皇陵的规制。

四、襄阳地区（襄府）

襄藩始封王为明仁宗第五子朱瞻墡，永乐二十二年（1424年）封襄王，宣德四年（1429年）之藩长沙，正统元年（1436年）徒封襄阳（今湖北襄阳老城区），薨于成化十四年（1478年），谥曰宪王。襄藩王爵传八世九王，依次为：宪王瞻墡、定王祁镛、简王见淑、怀王祐材、康王祐櫍、庄王厚颎、靖王载尧、忠王翊铭、末代王常澄，还有追封的恭王见涝（原封阳山郡王，谥恭和；庄王祖父）、惠王祐楬（原阳山荣康王，庄王之父）。第八任王翊铭于崇祯十四年（1641年）被张献忠杀死于襄阳，其子常澄嗣为第九任王，崇祯十七年（1644年）寄居江西九江，再徙汀州（今福建龙岩），《明史》云其不知所终。

① 明·徐阶等：《明世宗实录》卷四二，嘉靖二年八月丙午，校印本《明实录》，第39册，第1095—1096页。

② 明·徐阶等：《明世宗实录》卷四九，嘉靖四年三月甲戌，校印本《明实录》，第39册，第1239页。

③ 明·申时行等：《大明会典》卷二〇三，《工部·山陵》，影印本，第5册，第2730页。

④ 明·徐阶等：《明世宗实录》卷九四，嘉靖七年闰十月庚寅，校印本《明实录》，第40册，第2193页。

⑤ 明·徐阶等：《明世宗实录》卷九六，嘉靖七年十二月丁酉，校印本《明实录》，第40册，第2258—2259页。

襄宪王年少时即“庄敬有令誉”[①]，兼以身为仁宗张皇后所生嫡子，深孚众望，曾经两度有被推为天子之议。一次是宣宗驾崩，传闻张太后将以“国赖长君”召立襄王，结果真正的即位者是皇太子朱祁镇（明英宗）；另一次是“土木之变”，英宗被俘，瞻墡以年长且贤明，为人睹目，宣宗之妻孙太后也有以符节迎立襄王的打算，但最终以皇弟郕王监国。当众议未定时，瞻墡上书请雇募智勇双全之人伺机自瓦剌劫回英宗。奏章上至朝廷，郕王已即位数日。英宗被也先送回，以太上皇名号居南内，颇被冷落，瞻墡又上书景帝，劝他勤问兄长饮膳起居，定期率百官朝见。后来英宗复辟，赐书召瞻墡入朝，恩礼有加，赏赉颇多，敕令设襄阳护卫。天顺四年（1460年）再召入朝，英宗令百官朝王于京邸，诏王诣昌平谒长、献、景三陵，瞻墡辞归，英宗厚加赏赐，并特许他和诸子得岁时出城游猎。六年（1462年）第三次召见，瞻墡以年老推辞。襄宪王“于诸王中为最亲，故朝廷所以眷爱之者为最优。王小心清慎，笃于孝敬，尤为诚孝昭皇后（仁宗张皇后）所钟爱。然能守礼法，远嫌疑，故虽有异议，不为上下所疑，卒能安荣寿考，以终其天年”[②]。成化十四年（1478年）正月，襄宪王以七十三岁高寿终于藩封。

襄宪王墓址不晚于景泰中叶已经选定。景泰四年（1453年）四月，“先是，襄王瞻墡欲营寿藏于封内五朵山，奏乞听其预载松柏，令军余看守，待四方宁谧之时修造，户部请移文勘实。至是，湖广都、布、按三司官覆奏：此山与军民田土俱无相干。诏从王所请”[③]。天顺元年（1457年）瞻墡第一次入朝时，英宗“命有司为王营寿藏”[④]，其墓在今湖北襄阳谷城县茨河镇承恩寺村殿沟。

襄宪王陵园建于山间，坐北朝南，正对五朵山，有神道蜿蜒曲折绕山而行，地表散见青砖，推测神道原有青砖墁铺。在山口和接近陵园处各有砖券拱桥遗迹，当地传说，神道上原建有拱桥99座。陵园建筑久已不存，但仍可看出封土前为三级台地，由前向后逐级升高。第一级台地上原有石碑2通，东西相距约20米，一通螭首趺座，额篆“御制”，碑身刊明宪宗赐祭、赐谥文，嗣王朱祁镛刊石；另一通仅存龟趺座。碑后为第二级台地，有夯土台基座、角石、宫垣等砖石建筑遗迹，应该是陵宫门（外门）遗址，大部分掩没于竹林和荆莽。据襄樊市考古队等单位调查，“第一、二级拜台平面近长方形，分别长约50、40米，宽约20、30米，高出前部地面约1、2米”[⑤]，两层

① 清·张廷玉等：《明史》卷一一九，《诸王传·襄宪王瞻墡》，标点本，第12册，第3629页。

② 明·刘吉等：《明宪宗实录》卷一七四，成化十四年正月己卯，校印本《明实录》，第25册，第3142页。

③ 明·孙继宗等：《明英宗实录》卷二二八，《废帝郕戾王附录》第四十六，景泰四年四月丙申，校印本《明实录》，第19册，第4979—4980页。

④ 清·张廷玉等：《明史》卷一一九，《诸王传·襄宪王瞻墡》，标点本，第12册，第3629页。

⑤ 襄樊市考古队等：《明襄阳王墓调查》，《江汉考古》1999年第4期。

台地上均有铺地砖残存。第三级台地上现存庵堂一座，所在墙壁上嵌有清乾隆四十六年（1781年）九月重修碑记，有“千峰庵建自大明成化之□，经年甚久，栋宇摧颓，野蛙争聚于梵堂，圣像集尘而袈裟莫顾其肩背”等语。据当地乡民传说，尼姑庵原为守坟园处，王坟处本无村落，“土改”后始有居民，庵堂现为列为“五保户”的老人居住。此庵堂位于襄宪王坟冢正前方同一纵轴线上，且在陵宫外墙之内，从所在位置来看，应该是原王陵享殿或享殿前的中门基址，这组建筑早已不是原貌（图2-72），但铺地条石等仍可见当年王室气派，绝非一般山间小庙所有，应是明代襄宪王陵宫的遗物。

图2-72　明襄宪王陵宫建筑遗存（改建后）

庵堂后有东西向墙垣一道，墙后为又一个院落空间，再向后又有东西向青砖宫墙一道，两道墙之间的西侧连以残存宫墙一道。有些砖上仍残留有红垩痕迹，可知当年宫墙是砌砖外涂朱。后道宫墙之后为墓葬封土所在，地势至此再次升高，现存封土为圆形，底径约50米，高约15米，周围环砌青砖石条，接近帝陵宝城式样，但无明楼、城台、马道等。该墓1995年、2001年两次被盗，或云已进墓室，或云只打到防水层，封土顶部盗洞已回填。周垣有多处闪裂，其上树根甚粗壮。西侧纵向宫墙在冢前残断，看不出原来是否与环冢之砖垣相接，已改建为村民宅垣，偶见红垩残存。这一片地域为竹林荒草覆盖，遗迹观察难度较大。

从现存（2004年）遗迹观察，襄宪王陵园应有内外两重宫墙，门、殿等原建筑物已无存。自现庵堂至封土一带，是当年襄宪王园寝的核心区域。御祭文碑在陵园门外东南，偏离中轴线，有无碑亭不详。

襄藩后世嗣王多近宪王陵墓所依之五朵山向外围排列而葬，除简王外，诸嗣王墓多卜建于今谷城、南漳两县交界处的山脉间，虽然所凭依的山脉连成一体，但有些陵墓之间相距甚远。据襄樊市考古队等单位调查研究，诸王墓所在为今谷城、南漳两县交界处的一条西北—东南走向的山脉间，康王墓在宪王墓以西，定王墓在宪王墓以南，庄王墓在定王墓东南，靖王墓在庄王墓以南，地均属南漳龙门镇[①]（现已并入九集镇）。茔地选择，均为背靠山岗，面朝谷地，并有河水萦绕，左右矮丘对称，大体符合《葬书》卜地规则。襄藩各王陵保存情况不甚好，虽有遗迹可寻，但大多只存封土和残垣断壁、若干残碑等。各王陵园前之碑的内容已知者基本都是御祭文碑，陵园前部没有发现石像生迹象。

襄定王朱祁镛（薨于弘治元年，1488年）园寝在古林坪（本名“补岭坪”）村，周边山水形势保存尚好，完全符合明朝皇家宗奉的风水标准。现存圆形封土，基部原有砖石包砌，已被破坏。封土前地势呈台地状落差，残存柱础2个（图2-73），有正德元年（1506年）、隆庆元年（1567年）御祭文碑2通。墓室被盗，据说为砖券结构，前

图2-73　明襄定王墓封土及柱础

① 叶植：《襄樊市文物史迹普查实录》，今日中国出版社1995年版；襄樊市考古队等：《明襄阳王墓调查》，《江汉考古》1999年第4期；王先福等：《明代襄藩王室墓葬的发现与研究》（上）、（下），《湖北文理学院学报》第33卷，2012年第9、10期。

后2室，且后室分为间隔式并列2室。

襄简王朱见淑（卒于弘治三年，1490年）墓在襄樊市襄城区隆中座山，传说简王墓即就汉诸葛亮草庐旧址开穴，封土前原有石砌祭台、神道，已毁。勘探得知其墓室结构为砖砌单室，券顶，平面呈“凸”字形。现存清康熙五十八年（1719年）所建三顾堂等所谓“孔明遗迹”都是利用简王园寝旧建筑改建而成。三顾堂院落应为原简王陵园的中门和享堂基址，地面的条石神道等应是王墓原物（图2-74）。三顾堂后并列2座封土，西者大，传为简王墓，现存底径约30米，高约7米；东侧封土底径约20米，高约5米，传为王妃墓。建筑群外旧有神道等，因建停车场而毁坏。襄简王墓初毁于李自成军，康熙五十九年（1720年），郧襄观察使赵宏思在墓前建墓庐亭以为纪念。

襄庄王墓、襄靖王墓前各有青石下马碑遗存，其中襄庄王墓前现存下马碑2通，圆首方座，青石质。其东者高3.2米，宽0.8米，厚0.35米，上刻楷书“官员人等至此下马”八字，刻卷草边饰；西者已大半没入土中，“等”字以下不见，民间遂讹传为“上马碑”。陵园已被破坏，玄宫门裸露于山腰之上，墓门以前的封土被削掉，墓室前部地坪亦被削切，看不出原来的建筑遗存（图2-75）。墓室为石券结构，前后两室，基本保存完好。襄庄王墓前不远处有泗堵河渡槽，建于1970年前后，系取庄王陵园砖石为之，兼用襄定王者。

南漳县九集镇双泉寺村原有东西并列二墓，1969年挖防空洞时被毁，出土有《阳山恭和王次妃严氏圹志铭》一合[①]。据圹志得知，严氏为追谥襄惠王生母，卒于嘉靖二十九年（1550年），与阳山恭和王（即追谥襄恭王）合葬。可知此处应为追谥襄恭王墓之所在。

襄惠王朱祐楬墓，在今谷城茨河镇前庄村东北，公路边有标志碑，1981年公布为县级文保单位。问乡民多人始得知具体墓址在小路内约1公里处一山坳间，封土底径约50米，高约6米；盗洞暴露于外，玄宫为石券。封土前为二级台地，残存砖石宫墙。神道地表散见青砖，原有“皇明襄惠王神道”石榜额及牌楼（图2-76），残件现存茨河镇承恩寺。襄樊市考古队等《明襄阳王墓调查》认为：“文献记载的怀王与实际墓名不一致，实际墓名为惠王，经庄王墓志文考证，惠王即怀王。”[②]按此说不确。据《明史》记载，襄怀王朱祐材（定王之孙、简王长子），卒于弘治十七年（1504年），无子，其弟祐櫍以光化郡王嗣立，是为襄康王。康王卒于嘉靖二十九年（1550年），无子，乃以定王曾孙、阳山郡王厚颎入嗣，是为襄庄王[③]。庄王即位，追谥祖父阳山恭和

① 叶植：《襄樊市文物史迹普查实录》，“双泉明墓”，今日中国出版社1995年版，第631—632页。

② 襄樊市考古队等：《明襄阳王墓调查》，《江汉考古》1999年第4期。

③ 清·张廷玉等：《明史》卷一〇三，《诸王世表四》，标点本，第10册，第2868—2869页；卷一一九，《诸王传四·襄宪王瞻墡》，标点本，第12册，第3630页。

图2-74　明襄简王陵园建筑遗存（清代改建为三顾堂）

图2-75　明襄庄王陵园遗址及裸露的墓室门

图2-76　明襄惠王陵牌坊残件

王见涝（定王次子）为襄恭王，父阳山荣康王祐楬为襄惠王，是惠王与怀王为同祖之孙，而不是同一个人。惠王殁于郡王之位，其亲王位号系追谥，惠王葬地也距襄藩亲王稍远。

在南漳县城北22公里处的补林坪村有一座大墓，与襄庄王墓仅一岭之隔，封土底径约50米，高约20米，当地传为“襄幼王墓”①。现场调查发现，此墓在襄庄王墓东偏南约1华里处，盗洞直打到墓室前，可见条石（图2-77），据说条石上刻文有“祐”“樻”字样，因传为“襄幼王墓”。按，“祐樻”为康王之名，此墓具体内涵

图2-77　明襄“幼王”墓盗洞

① 叶植：《襄樊市文物史迹普查实录》，“补林坪王墓”，今日中国出版社1995年版，第630页。《明襄阳王墓调查》（载《江汉考古》1999年第4期）一文认为补林坪王墓墓主为襄靖王。

不详，或与怀王（朱祐材）、康王兄弟二人有关。

今南漳补林坪村范围内可能是襄藩墓葬的一个集中区域，相传有6座王墓。除定、襄、“幼”三王墓外，在井沟自然村也有明代大墓的迹象，有残存宫墙，封土已不甚明显，前有粘石灰石的青砖和条石，可能也是一处王墓所在。此外，在襄阳古城以西约13公里处的一小土阜上有明代墓葬群，其中位于南坡的一座传为“王坟”，已被盗一空，墓砖被隆中大队取用。又，在谷城县茨河镇石咀子村传有王妃墓及王妃侍女2墓，其中大墓已破坏无存，现存小墓封土底径约17米，高约3米。承恩寺村狮子山东麓有一座大墓，封土底径约20米，高约5米，当地盛传为“王坟”①。迄今为止，怀王、康王、忠王等襄藩园寝尚不能确定，上述几座特殊的大墓葬应该都是寻找这些王墓的重要线索。据《烈皇小识》记载，崇祯十四年（1641年）二月，襄王朱翊铭（后赠谥曰忠）被张献忠所害，“宫眷无一存者，并杀桂阳王常法”②。时当王朝末造，估计襄忠王园寝的规模不会太大，未必完全合乎王墓规制。

五、蕲春地区（荆府）

荆藩始封为明仁宗第六子朱瞻堈，永乐二十二年（1424年）封荆王，宣德四年（1429年）就藩建昌（今江西南城），正统十年（1445年）徙封于蕲州（今湖北蕲春），景泰四年（1453年）薨，谥曰宪。荆王爵传十世，十王。崇祯十五年（1642年）岁末，第十王慈煃卒，次年正月，张献忠破蕲州，大掠王宫，国亡封绝。

明代蕲州在今湖北黄冈市蕲春县蕲州镇，多种调查资料显示，荆藩诸王陵墓分布在蕲州镇的东部、北部一带。这些墓葬大都在1970年前后因兴修农田水利设施而遭破坏，2004年冬调查所见，有些当年掘开的墓壁等依然裸露。

经过正式考古发掘的荆藩宗室墓葬比较少。1956年在湖北蕲春清理的荆端王次妃刘氏（薨于嘉靖三十九年，1560年）墓③，只有简单的椁室，四壁和底部以三合土筑成，无墓门和墓道，该墓可以看作是由券室墓向无墓室之石灰椁墓过渡的例证。1986年在蕲春县西驿镇曾发掘过荆府樊山郡王位下镇国将军朱怡仙（卒于嘉靖五年，1526年）墓、辅国将军朱东溟（卒于嘉靖十五年，1536年）墓④，墓坑壁用石灰糯米浇浆，

---

① 叶植：《襄樊市文物史迹普查实录》，第536页，“十八步岭墓群”；第609页，“王坟冲墓”；第610页，“王坟洼墓”，今日中国出版社，1995年。

② 明·文秉：《烈皇小识》卷七，据神州国光社1951年版影印本，上海书店1982年版，第192页。

③ 小屯：《刘娘井明墓的清理》，《文物参考资料》1958年第5期。

④ 张寿来：《蕲春县西河驿石粉厂明墓清理简报》，《江汉考古》1992年第1期；李从喜：《湖北蕲春县西驿明代墓葬》，《考古》1995年第9期。

可知灰隔葬法在荆府比较多见。笔者在湖北蕲春蕲州镇调查荆藩王墓时，在镇北缺齿山王墓区也见有石灰椁墓残迹，乡民谓这片墓葬1970年前后被破坏，墓主身份年代不详（图2-78）。

图2-78　湖北蕲春蕲州镇缺齿山明荆王墓葬区遗址

蕲州镇（城）北之红石头村，文物普查时发现有明墓，认定为荆王坟，据说在清代仍保存有砖砌围墙，有人看护（朱氏后人或陵户后人），称曰“王坟圈”。其地在缺齿山，尚有5—7座封土，原有大树甚多，1958年大炼钢铁时砍伐。20世纪70年代初于半山腰修水渠（已废弃）穿过墓葬区，揭开二墓，详情已不可知，仍有一处掘毁的墓圹，系三棺各以石灰椁室分隔并连，如益藩之制。此墓刚好为水渠经过，在半山处。其下山坡上又有封土五堆，已淹没于草木之中，其左有砂包于前，右山势不明，中有山口可见遥见蕲州城，符合当地祖先墓须能望见旧宅居为吉的习俗。各墓大致朝向西南，后排右一早年被盗，1996—1997年再被揭开，为砖券单室，其内大约10平方米，约3米高，后壁有壁龛一，当地博物馆以水泥封堵盗洞。笔者推测，此处可能是荆藩某亲王或郡王家族墓，券室墓与其北石灰椁墓时代关系值得探讨，惜已无法找到具体资料。前排右侧封土亦有盗洞痕迹，已填实，其内情不详。

城东之席盘石村有大泉山，是载在《蕲州志》的荆王墓所在地，1958年曾立县级文物保护标志碑，后亦沦毁。在山坡上有封土，其下有平地一片，有水塘，前有小堤坝，荆棘丛生，早已不是原初的面貌。2002年底有人在此造墓，发现有8米深的竖井一个，内有炸药雷管遗存，遂报告文管部门进内探查，竖井底端见有砖甬道，再往前空气稀薄，遂出，未见墓室墓门；盗洞已封实，其旁有盗出黄土及墓砖等，推测盗贼所打盗洞在墓道，尚未进入墓室。

查《中国文物地图集·湖北分册》著录有蕲春境内的荆敬王墓[①]，谓其地在蕲春县城西管窑镇之西湖里村，旧有石人石马等，久已平毁，地表无遗存。但调查时听闻实际非是。而方志中记载的“荆敬王墓”，从出土物判定，墓主实为荆恭王朱翊钜[②]。20世纪80年代初县博物馆配合湖北省文物普查工作，历代荆王墓能够确认者只有缺齿山和大泉山两处。大泉山南不远处有刘娘井妃墓，北三角山亦有荆藩王妃墓，曾出土大罐（瓶？）一对，其中一件收藏于蕲春县博物馆，另一件在省文物总店。

在前人工作的基础上，2010年前后的若干年，蕲春县文物部门大体勘察确认了该县的部分荆王墓址，大多陵园的地表建筑已荡然无存[③]。

荆宪王朱瞻堈，薨于景泰四年（1453年），墓在蕲州镇磐石村石八盘水库东北山腰；荆靖王朱祁镐，薨于天顺五年（1461年），墓在蕲州镇塘湾村王坟垴。二王陵园皆凭依大泉山山脉而建，后者仅余一块雕花青石柱。

荆和王朱祐橺，薨于弘治十七年（1504年），墓在蕲州镇银山村银山垄凤凰山南面山腰处。

荆恭王朱翊钜，薨于隆庆四年（1570年），墓在横车镇西驿村汤湾王坟山西南山脚。2009年调查时发现王妃胡氏买地券碑，因而确认了墓主身份[④]。陵园占地面积约200平方米，原有牌坊、享堂等，均已无存。

荆敬王朱常泠，薨于万历四年（1576年），墓在横车镇火炉铺村刘凹后山，20世纪50年代尚有石碑，现已无存。

荆康王朱常㴶，薨于万历二十五年（1597年），墓在横车镇盘石桥村磨盘山西南山脚。

荆定王朱由樊，薨于天启二年（1622年），墓在刘河镇石鼓河村王坟林垸。

① 国家文物局主编：《中国文物地图集·湖北分册》，上册，第219页；下册，第451页，“明荆敬王墓”，西安地图出版社，2002年。

② 王宏彬等：《“朱常泠墓”所葬荆王考》，《武汉文博》2009年第2期。

③ 浙江省博物馆：《金玉默守——湖北蕲春明荆藩王墓珍宝（图录）》，中国书店2016年版，第9页。

④ 王宏彬等：《“朱常泠墓”所葬荆王考》，《武汉文博》2009年第2期；蕲春县文物局等：《湖北蕲春荆王府》，湖北科学技术出版社2014年版。

第七节　湖南地区明代藩王陵墓的考古调查和发掘

明代在湖南地区分封的亲藩先后共有7府，其始封王和王府驻地分别为：太祖之子潭王（长沙）、岷庄王（初封云南，仁宗令徙居武冈）、谷王（初封宣府，成祖称帝后改封长沙），仁宗之子襄宪王（初封长沙，后徙封襄阳），英宗之子吉简王（长沙），宪宗之子荣庄王（常德），神宗之子桂端王（衡州，今衡阳）。其中潭王朱梓惧罪自焚死、谷王朱橞被废、桂端王逃难中薨于苍梧（今广西梧州）。实际在湖南驻藩二代以上者为岷、吉、荣三府，三藩亲王及其宗亲皆建墓于湖南封内；另外还有蜀藩华阳郡王驻藩澧州（今澧县），墓亦在澧州。

一、谷王乳母张氏墓

湖南地区明代藩王陵墓的考古发掘资料相对较少，2005年在长沙市望城县含浦镇白鹤村发掘的蚂蚁山明墓，是已知湖南地区规模最大、保存最完好的明代砖室墓，墓主为谷王朱橞的乳母张妙寿①。据出土圹志记载，张氏于朱橞出生的洪武十二年（1379年）进宫，后随谷王先后就藩于宣府（今河北宣化）、长沙，以七十高龄卒于永乐十一年（1413年）六月初十日，“其年十二月十五日葬善化县长乐乡十九都内山之原”。该墓朝南偏东，方向158°，发掘时封土仅残留西南端一小部分。墓道为竖井式，南北长4.64米，东西宽6.16—6.34米，残深8.48米，墓道填土内上部靠近北端发现有伞顶圆柱形石砌建筑，高2.3米，其内为一件石质喇嘛塔，通高1.56米。墓道底部的南部正中发现有砖石组合的方形物，不同层砌成“十”字、“卐”字形。墓室在墓道北部、封门墙后，砖砌券顶，南北长13.36米，东西宽12.05米，高6.2米，前后两个主室，前室东西两侧各出一个耳室。前室内南北长2.57米，东西宽3.24米，高3.06米，内置“张氏妙香之墓”圹志。东西两耳室结构、规模相同，东西长3.02米，宽1.42米，高1.36米，室前各有封门砖，室内各陈一具东西向棺，髹漆，内红外黑。前后室之间为隔墙和双扇对开石门，石门高2.22米，面宽1.2米。后室内南北长4.98米，东西宽3.24米，高3.06米（图2-79），内葬重棺一具（墓主），髹漆，皆为内红外黑，承以青条石2块。

根据墓砖上的文字，可知张氏之墓至少在永乐四年（1406年）已经开建，而张氏落葬三年后的永乐十五年（1417年）正月，朱橞即得罪被废为庶人，禁锢南京，后裔绝。目前所知，谷藩没有在长沙地区留下其他墓葬。

① 长沙市文物考古研究所：《湖南望城蚂蚁山明墓发掘简报》，《文物》2007年第12期。

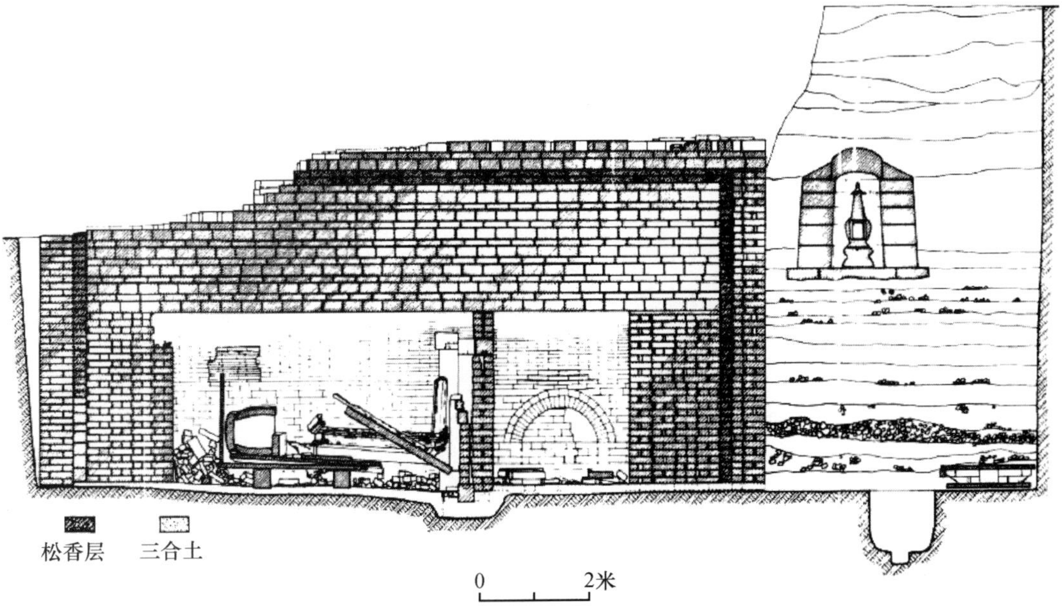

图2-79　明谷王乳母墓剖面图
（引自《文物》2007年第12期）

二、长沙地区（吉府）

吉藩始封为明英宗第七子朱见浚，成化十三年（1477年）就藩长沙。吉王爵传八世，共七王，依袭次先后分别为简王见浚、定王厚焆、端王载均、庄王翊镇、宣王翊銮、宪王由棟、末王慈煃，另有追谥悼王祐枤（定王之父）。

吉藩陵墓群位于长沙市区东南长沙县跳马乡山区，陵园建筑及大部分墓室在20世纪60年代被破坏殆尽，仅有吉简王等墓志现存于长沙市博物馆。2009年，长沙市文物考古研究所、长沙县文物管理局对吉藩诸王墓群进行了初步调查，共发现墓园7处（区）、王室墓葬18座；认为7处陵园分别对应7任吉王①。

A区：发现4座墓葬。其中M1位于跳马乡跳马村跳马涧组关山主脉延伸下来的一处山包顶部正中，长方形竖穴，长17米，宽11米，深7米，砖券结构，出土过《大明吉简王墓志》。墓坑前155米处有青石龟趺（图2-80），其间地表有绿釉琉璃瓦及龙纹瓦当。M3发现有大量青砖和青石门两扇，门高约2米，宽约1米多。M6、M7均为砖券墓，M6结构基本完整。根据墓志，这里应为吉简王朱见浚（薨于嘉靖六年，1527年）陵园。

① 长沙市文物考古研究所等：《湖南长沙明代吉王墓群调查报告》，《湖南考古辑刊》第9集，岳麓书社2011年版。

图2-80　明吉简王墓前龟趺

B区：发现1座墓葬，即M2，位于跳马村水库组黄金冲皇坟山东麓，封土为红色土，下为大型砖室墓，出土有《大明吉悼王次妃张氏圹志》。陵园范围南北约380米，东西约250米。根据墓志及《长沙府志》推测，应为追谥之吉悼王朱祐枎（简王世子，薨于正德五年，1510年）陵园。

C区：发现4座墓葬，方向均为90°，位于跳马村洞塘水库西侧皇坟坡上，采集到较多的明代瓷器残片和建筑构件。陵园范围南北约150米，东西约350米。M10砖券结构，墓长约18米，宽约15米。M11砖券结构，墓长约8米，宽6米，残深约3.5米。M12砖券结构，墓长约8米，宽约6米，残深约3.2米，与M11对称分布于皇坟坡中轴线两侧，相距10.8米。M13处于皇坟坡中轴线上，墓长约20米，宽约17米。发掘者据《长沙府志》推测为吉庄王朱翊镇（薨于隆庆四年，1570年）陵园。

D区：发现3座墓葬，均位于复兴村。M8位于杨家山西侧山腰，据说20世纪90年代出土圹志记载墓主为“吉王太子”，现已字迹不清，砖券结构，残存部分封土。M9位于杨家山西侧山麓，20世纪末修村路时取土破坏，方向210°，砖券结构，规模较大，出土《大明吉世子妃饶氏圹志》，出土石门长2米，宽0.9米，厚0.1米。M14位于细坡子南麓，方向180°，砖券结构，规模较大。墓葬前数十米处可能还有砖铺的“神道”。墓北侧顺山而上约30米处有夯筑土墙，厚1.5米、残高0.8—1米，呈弧形，顺坡而下环绕墓葬。墓东侧120米处还有1座大墓，发掘者称难以判断墓主。根据饶妃圹志，结合《明史·诸王世表五》，推测应为吉宣王世子朱常淳（薨于万历四十六年，1618年）墓园。

E区：发现1座墓葬，即M4，位于凤凰山山脉被当地人称为“凤头”的山腰处。大型砖室墓，封土保存较好，直径约16米，试掘发现有花岗岩门楣和立柱。村民传说坡下原有石人石马，已埋于土中，还有砖砌排水沟。墓前150米处有一处夯筑台地，称为“皇坟坪”，长180米，宽140米，发现有花岗岩柱础，西侧原有砖砌排水沟。陵园范围南北约220米，东西约150米。发掘者推测为吉宣王朱翊銮（薨于万历四十六年，1618年）陵园（图2-81）。

图2-81　长沙县跳马乡洞塘冲明吉王墓遗址

F区：发现2座墓，即M5和M15，并排而葬，相距8米，位于跳马乡三仙岭村香草组三仙岭山坡西南（当地称为“寺坡”），地表有大量青砖。陵园范围东北—西南约300米，西北—东南约250米。发掘者推测为某代吉王陵园。从其所处位置及与G区定王陵关系、陵园规模来看，墓主应该是定王之子吉端王朱载均（薨于嘉靖四十年，1561年）。

G区：发现3座墓葬，位于跳马村落金坝组瓦窑冲山坡西南侧。其中M17与M18并列，相隔约15米，M16位于M17的西北，相距145米。M16在1958年开荒时挖开过，有主室和左右侧室共3间，砖券结构，石门，长约19米，宽约16米。出土有《大明吉定王次妃马氏圹志》，长宽均为0.8米，厚0.12米。M17方向215°，墓宽约18米，正前方地势平坦，称为“皇坟坪”，东北部两侧地表有绿釉琉璃瓦件。M18方向215°，规模与M17接近。M17与M18背后山坡上有夯筑土墙，厚1.2米，高1.5米，顺坡而下环绕墓葬。根据墓志，此处应为吉定王朱厚熠（薨于嘉靖十八年，1539年）陵园。

综合上述7组墓园资料并结合笔者个人现场踏察所见，可以大体归纳出吉藩诸王陵墓的5点基本特征。

（1）吉藩亲王墓选址的风水规则与明代皇陵相似，都奉《葬书》所述为圭臬。

（2）各王陵园的占地面积大约在50—150明营造亩之间，影响陵园规模的因素与时代先后有关，可能也与所处山川形势的界止有关。

（3）根据现有遗迹现象分析，各代吉王陵皆建有陵园，其享殿等主要建筑物用绿釉琉璃瓦装饰；部分陵园可能还有石像生、碑刻。

（4）玄宫为砖砌拱券结构，至少到嘉靖时期可能还有多室形式。

（5）王与王妃通常异坟异穴合葬，封土相距数十米不等，同属一陵宫，次妃另祔。

三、常德地区（荣府）

荣藩始封为明宪宗第十三子朱祐枢，弘治四年（1491年）封荣王，正德三年（1508年）就藩常德。荣王爵传七世，共六王，依次为庄王祐枢、恭王载墐、定王翊鈐、□王常溒、宪王由枵、末王慈炤，另有追谥怀王厚熿（恭王之父）。历代荣王墓皆在常德。

荣庄王朱祐枢，薨于嘉靖十八年（1539年）正月，其墓在常德市鼎城区大龙站兴国寺村。早年调查资料显示[①]，封土已不存，墓前尚存残碑及石龟趺座2件；墓室已被破坏，曾出土瓷器、金银器及龙纹铜镜等。据老年村民介绍，该墓1964年被生产队组织拆毁，为“大券大砖”，用于修建公用房舍，又砸毁“石人石马”等修水库大坝。残存墓坑在一户刘姓人家屋后，大体呈圆形，封土的一角尚有部分残存（图2-82）。此民宅正前方二三十米处有残破赑屃3个，原有嘉靖十八年（1539年）御祭文碑等。墓坑后的山上另有半球形封土一座，前有湖南省级文物保护单位“荣庄王墓”碑，常德市博物馆龙朝斌馆长认为应该是庄王刘妃之墓，现代所修连接两墓的梯道上有大砖、柱础石等构件。

荣怀王朱厚熿[②]，庄王世子，先薨于嘉靖十二年（1533年），墓在常德市鼎城区肖

① 国家文物局主编：《中国文物地图集·湖南分册》，《荣庄王墓》，湖南地图出版社1997年版，第196页。

② 荣怀王朱厚熿，荣庄王嫡长子，正德十年（1515年）封世子，先父而卒，后以其子恭王载墐袭亲王封，因追加封谥为怀王。《中国文物地图集·湖南分册》本条墓主介绍作“怀穆王，原名勋，明荣庄王之子”，名、谥皆误，据《明史》卷一〇四《诸王世表五》改；“怀穆”是其以世子身份所得之初谥。

图2-82　明荣庄王墓残存封土

伍辅乡白鹿寺。考古调查资料显示[①]：封土已无存，墓前原有石人、石马、石狮等，大部分已毁，仅存石龟趺座2件。墓室暴露，券顶砖室。该墓址今属鼎城区白鹤山乡太阳村十一组，残存部分封土，前部有赑屃2件，东西对称排列，单孔石拱桥一座，桥面以下基本保存完好。自墓址向外约3华里处为山口，地名“神路冲”，有石狮、望柱、龟趺座等遗存（图2-83），均已位移，此处当为原怀王园寝神路起点。神路的中间位置仍有赑屃1件，原有武士1件已不存。

荣恭王载墐，薨于万历二十三年（1595年），墓在常德市鼎城区双桥坪镇金鸡岩村、农夫岩村一带。

荣定王朱翊鈖，薨于万历四十年（1612年），谥号《明史》缺载，据圹志补。定王墓在常德市德郊乡老码头，1956年进行过抢救性考古发掘。封土高1.6米，底径20米。墓室长17米，宽13米，分为前、后两室（图2-84），前室中有石椅、台案、灯座等；后室又分为3个棺室，内各有一石砌棺床，定王与王妃李氏、杨氏合葬[②]。

---

① 国家文物局主编：《中国文物地图集·湖南分册》，《怀穆王墓》，湖南地图出版社1997年版，第196页；龙朝彬等：《湖南常德明荣藩怀穆王陵考古调查与探索》，《湖南省博物馆馆刊》总第13辑，岳麓书社2017年版，第132—139页。

② 国家文物事业管理局主编：《中国名胜词典》，《明荣定王墓》，上海辞书出版社1981年版，第799页；国家文物局主编：《中国文物地图集·湖南分册》，《荣定王墓》，湖南地图出版社1997年版，第183页。

图2-83　明荣怀王陵园前石刻残件

图2-84　明荣定王墓室

历代岷藩王墓主要分布在今武冈市城区东南的山冈地带，保存情况远不如吉、荣二府。另外，蜀献王次子华阳王朱悦燿于明仁宗时被迁封于澧州（今湖南澧县），据龙朝斌先生告知，历代华阳郡王墓亦有少量遗存。

第八节　江西地区明代藩王陵墓的考古调查和发掘

明代在江西地区分封的亲王，先后共有4藩，其始封王和王府驻地分别为：太祖之子宁献王（南昌），仁宗之子荆宪王（建昌，即今南城）、淮靖王（饶州，即今鄱阳），宪宗之子益端王（建昌，即今南城）。荆宪王后改封于蕲州，故江西实际驻藩者为宁、淮、益三府。

一、南昌地区（宁府）

宁藩始封王为明太祖第十七子朱权，洪武二十四年（1391年）封宁王，两年后之藩大宁（今内蒙古宁城大明镇），最终驻藩江西南昌。宁府五世，共四王，依次为献王朱权、靖王奠培、康王觐钧、废王宸濠，另有追封惠王磐烒（靖王之父）。

朱权最初封国大宁，在长城喜峰口外，是军事重镇。史称宁王“带甲八万，革车六千，所属朵颜三卫骑兵皆骁勇善战”，曾数次出塞作战，以善谋略著称。靖难兵起，被燕王用计骗入燕营，许以事成中分天下，宁府将帅遂全归燕师，朱权在燕军中时常为朱棣起草檄文告示。燕王即皇帝位，朱权请求改封国于江南，或苏州或杭州，成祖均托故不允，永乐元年（1403年）二月将他改封于江西南昌，诏即以原布政司衙门为王邸，“瓴甋规制无所更”。此后朱权日日韬晦，以鼓琴读书自乐，直到成祖驾崩。仁宗、宣宗时上书，有迁藩之请，也颇被诘责。朱权从此不再招惹是非，甚至对地方官也隐忍有加。正统十三年（1448年），七十一岁的朱权病故，谥为献王，次年下葬新建西山。

宁藩诸亲王墓皆在江西新建西山一带。西山实际上是南昌府赣江以西的一条西南—东北走向的山脉，是对若干座小山包的泛称。其中宁献王墓经过正式考古发掘①，宁康王墓1951年冬季被农民挖开②；在这一区域中还先后清理发掘过宁康王次妃、废王朱宸濠生母冯氏墓③，宁靖王夫人吴氏墓等④。正德十五年（1520年）十二月，嗣宁王朱宸濠因谋反罪在北京通州赐自尽，“仍焚弃其尸”⑤，没有陵墓。宸濠妃娄氏先于兵

① 陈文华：《江西新建明朱权墓发掘》，《考古》1962年第4期。

② 王咨臣：《新建县古墓葬调查记》，《南方文物》2003年第4期。

③ 郭远渭：《南昌明宁康王次妃冯氏墓》，《考古》1964年第4期。

④ 江西省文物考古研究所：《南昌明代宁靖王夫人吴氏墓发掘简报》，《文物》2003年第2期。

⑤ 明·费宏等：《明武宗实录》卷一九四，正德十五年十二月己丑，校印本《明实录》，第37册，第3633页。

败时“赴水死”[①]，“墓在新建德胜门外，新建、上饶两县漕仓盈字廒下”[②]。除亲王外，宁藩诸郡王墓也有不少建在西山之原，其中乐安昭定王朱奠垒墓经过清理发掘[③]。

宁献王墓位于南昌西山山脉之梦山缑岭东麓，今属江西新建县石埠乡璜源村西，背山如燕子形，卜穴在山峰前延伸山脚处。宁献王朱权卒于正统十三年（1448年）九月十五日，据墓中出土圹志记载，他“豫营坟园于其国西山之原。比薨，以正统拾肆年贰月贰拾壹日葬焉”。据《明英宗实录》记载，正统三年（1438年）二月，“宁王权请豫造坟茔，上许其请，命江西三司经营之”[④]。则其墓之兴建正当正统重新厘定王陵规制前后。

宁献王陵园主体建筑坐西朝东，前端现存八棱形望柱1对，为整块花岗岩雕凿而成，顶蹲望天犼，通高6.90米，每面宽0.20米。望柱上有“紫清降福天尊永劫宝符”“青华丈人护世长生真符”“皇明天历正统柒年岁在壬戌拾贰月拾陆日，南极冲虚妙道真君立，永镇是宫，与天地长存”等文字（图2-85），还刻有道教符箓，传说因此而“文化大革命”时没人敢砸毁。自望柱至封土地势逐渐升高，前后高差约37.5米，现在可明显看出分为四级台地。望柱后地面有孔雀蓝釉琉璃瓦、灰瓦、灰砖等，还有石材、石础等遗物。墓室发掘时尚可见到平地左、右、后三面有墙基，“地面有柱础六列，分布整齐”[⑤]，前出月台，后墙基之外尚有柱础3个，推测建筑后出廊。这处遗址被判定为胡俨《敕封南极长生宫碑》所记载的南极长寿宫遗存，原建筑应为五开间。自石柱至南极长生宫后石阶长171米，石阶至墓室长31米（图2-86）。从地理方位判断，这处“南极长生宫”所在应该是一般亲王陵园的享殿的位置，道教色彩突出是宁献王墓地面建筑的特点。

玄宫入口建保护房，门柱等处皆以水泥柱加固。玄宫为三主室二配室的五室形式，砖石拱券结构，底部石基，壁砖砌，砖券起拱[⑥]。宁献王敛服比较特殊，发插金簪，头戴漆制道冠，腰系玉带，胸部还有两顶道冠，“身穿金线云纹道袍”。朱权晚

① 明·费宏等：《明武宗实录》卷一七六，正德十四年七月丁巳，校印本《明实录》，第37册，第3436页。

② 清·谢旻等监修：《江西通志》卷一一〇，“邱墓”，影印文渊阁《四库全书》本，台湾商务印书馆1984年版，第516册，第627页。

③ 徐兴万等：《明乐安昭定王墓清理记实》，《南方文物》1993年第3期。

④ 明·孙继宗等：《明英宗实录》卷三九，正统三年二月己未，校印本《明实录》，第14册，第751页。

⑤ 陈文华：《江西新建明朱权墓发掘》，《考古》1962年第4期；王咨臣：《新建县古墓葬调查记》，《南方文物》2003年第4期；江西省博物馆等：《江西明代藩王墓》，文物出版社2010年版，第6—9页。

⑥ 陈文华：《江西新建明朱权墓发掘》，《考古》1962年第4期；江西省博物馆等：《江西明代藩王墓》，文物出版社2010年版，第9页。

图2-85　明宁献王陵园前望柱

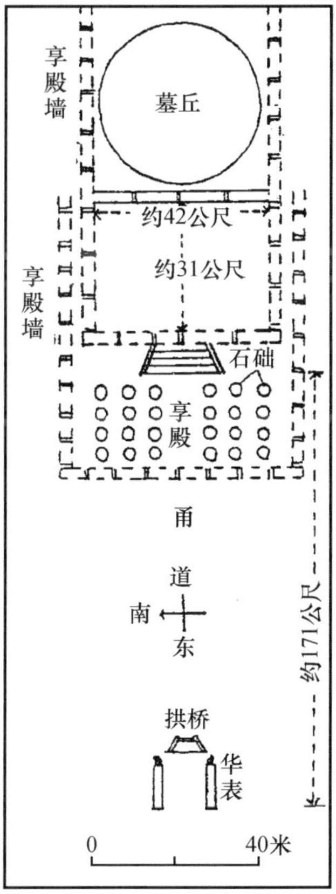

图2-86　明宁献王陵园平面示意图
（引自《南方文物》2003年第4期）

年崇信道教，或许因此而身着道士衣冠入殓。

在宁献王封土的北坡内另有砖券墓一座，已被盗窃一空，发掘者认为“是否与朱权妃子及家族后裔墓有关，不得而知”。从该墓所处的位置来看，墓主应该是宁献王妃，属同坟异穴合葬。宁献王墓以南约0.5华里处的另一山坡上，还有一座大墓，根据《新建县志》“宁惠王朱磐烒墓，在西山遐岭峰下”的记载，以及《朱氏八支宗谱》所绘图，有人推测此墓墓主为追封宁惠王朱磐烒①。朱磐烒为宁献王嫡长子，正统二年（1437年）先卒于世子之位。该处地面在20世纪50年代初尚有望柱、享殿柱础、封土等遗存；其地下结构，一说有3道石门，一说同宁康王②。

宁康王朱觐钧墓位于江西新建乌溪乡润溪罗村祠堂后土阜正中，1951年11月因取砖修建水闸而被村民掘开③。墓室坐西朝东，王妃徐氏墓位于王墓南侧偏西（后方）。宁康王及王妃墓券室内满填石灰，应该是石灰椁墓的滥觞。

宁康王次妃冯氏（嗣宁王朱宸濠生母）墓在南昌市郊梅岭山麓（南梅M2），其墓室为拱券结构，前后两室④。世传江西南昌市郊梅岭有一处“龙口穴”，为前朝明令禁葬之风水胜地，嗣宁王朱宸濠蓄谋造反夺取皇位，乃于正德十二年（1517年）十月葬本生母妃于梅岭，以当其“盛气”，《明武宗实录》记其事云：“西山青岚龙口穴，先朝所禁者，濠复以葬其母。”⑤后来宸濠起兵谋反事败，此事也被列为他的一条罪状。

2001年在新建发掘的宁靖王夫人吴氏（卒于弘治十五年，1502年）墓，为砖砌拱券墓室，两端无墙，室内满填松香。单棺，“楠木棺系用整木加工而成，棺内外壁先贴上棉纱布，再髹红漆。棺两侧各有一对铁质铺首衔环。棺盖与棺以榫卯相套，并用4个木钉将其钉牢”⑥。

宁藩诸王陵园规制独特，陵宫门前有望柱，但未见石像生遗迹。

宁藩郡王墓，经清理发掘者有乐安昭定王朱奠垒墓，在江西新建望城乡幸福花坑山⑦。宜春宣和王夫人刘氏（卒于弘治十年，1497年）墓，在新建县乌溪乡九房村侧厚宝山麓。20世纪50年代初被农民掘开破坏了一批宁府宗室成员墓⑧，墓主分别为：瑞

---

① 江西省博物馆等：《江西明代藩王墓》，文物出版社2010年版，第6页。

② 江西省博物馆等：《江西明代藩王墓》，文物出版社2010年版，第6、16页。

③ 王咨臣：《新建县古墓葬调查记》，《南方文物》2003年第4期；孙家骅等：《手铲下的文明——江西重大考古发现》，江西人民出版社2004年版，第534页。

④ 郭远渭：《南昌明宁康王次妃冯氏墓》，《考古》1964年第4期。

⑤ 明·费宏等：《明武宗实录》卷一七五，正德十四年六月丙子，校印本《明实录》，第37册，第3382页。

⑥ 江西省文物考古研究所：《南昌明代宁靖王夫人吴氏墓发掘简报》，《文物》2003年第2期。

⑦ 徐兴万等：《明乐安昭定王墓清理纪实》，《南方文物》1993年第3期。

⑧ 王咨臣：《新建县古墓葬调查记》，《南方文物》2003年第4期。

昌荣安王位下镇国将军松鹤主人暨夫人墓，奉国将军叶山主人妣淑人刘氏、妣太恭人万氏墓，辅国将军锄芸墓，镇国将军之母刘氏墓，宜春府奉国将军安简王磐烑曾孙、觐铈子宸洁暨宜春王府奉国淑人九江刘氏合葬墓等。根据墓志确认的端简王妃江氏墓（无详细资料）东南约13.3米处另有一墓，据云墓室内可容四五十人，墓主身份不详，推测与乐安端简王朱拱椤家族有关，或即其本人。1983年，南昌市郊塘山公社塘山大队发现了一座宁藩县君墓[①]，墓主为宁献王第三子宜春安简王朱盘烑的曾孙女，受封阌乡县君，卒于弘治十五年（1502年），其父为辅国将军朱觐镃，墓为砖石拱券结构，单室，规模比较小。

此外，新建地区还有一些墓主失考的明墓，从墓葬结构或随葬品来看，也具有比较明显的明代宗室成员墓葬特征，如第二十二号墓、第二十八号墓、第二十九号墓、第三十四号墓等[②]。其中第二十九号墓朝向东南，前后两室，前室面阔2.46米，进深2.44米，拱券顶（外）至墓底高2.6米，前室石门应该是插板式。后室门道宽1.73米，双扇对开门，室内面阔4.23米，进深4.85米，拱券顶（外）至墓底高4.7米，左右后三壁各有一个壁龛。2012年南昌青云谱区发现一座明代夫妻合葬的灰隔墓[③]，墓圹东西长4.13米，南北宽3.65米，深1.4米，内部以三合土浇筑出两个墓穴，年代不早于万历（1573—1620年），根据随葬品特征等推测墓主身份不低于镇国将军。

二、鄱阳地区（淮府）

淮藩始封王为明仁宗第七子朱瞻墺，永乐二十二年（1424年）封淮王，宣德四年（1429年）就藩韶州（今广东韶关），正统元年（1436年）以其地“多瘴疠”，徙封饶州（今江西鄱阳）。迄于明亡，淮王爵传八世，共九王，依袭次先后为靖王瞻墺、康王祁銓、定王祐棨、庄王祐楑、宪王厚焘、恭王载坮、顺王载坚、□王翊鉅、末王常清，还有追封的安王见濂（康王之子）。

淮靖王朱瞻墺及后世嗣王的陵墓俱在江西鄱阳（曾写作“波阳”）八都安山。据已故江西省文物考古研究所研究员陈柏泉先生告知，历代淮王墓20世纪50年代起渐次被拆毁，20世纪70年代初遭到毁灭性的破坏，诸墓中出土的金器（每墓不少于约半市斤）被当地农民熔化后重铸成戒指等戴用，墓砖则用于生产队修盖猪圈，基本没有留下有价值的调查资料。

---

① 何莉：《江西南昌市出土明代阌乡县君朱氏墓》，《南方文物》2013年第4期。

② 王咨臣：《新建县古墓葬调查记》，《南方文物》2003年第4期。

③ 江西南昌市博物馆：《江西南昌市江联小区明墓发掘简报》，《南方文物》2013年第4期。

据介绍，江西鄱阳淮靖王朱瞻墺（卒于正统十一年，1446年）之墓连同东西耳室等共有七室，墓穴长29米，宽12米[①]，但具体形式不详。其他淮藩“墓葬大多为石灰椁墓结构”[②]，具体内涵不详。目前淮藩王墓见诸披露的资料只有收藏于江西省博物馆的《淮靖王圹志》《故淮靖王妃萧氏圹志》《淮康王圹志》《淮康王妃崔氏圹志》（残）和《淮恭王圹志》（残）等[③]。

三、南城地区（益府）

益藩始封为明宪宗第六子朱祐槟，成化二十三年（1487年）封益王，弘治八年（1495年）之藩建昌（今江西南城），卒于嘉靖十八年（1539年），谥曰端王。此后，益国王位传庄王厚烨、恭王厚炫、宣王翊鈏、敬王常迁、定王由木、末王慈炱。《明史》中关于益王“朱由本”的记载有误，益王爵含追封共七世八王[④]。

益藩诸王，殁后皆葬于南城。明清以来地方志记载甚详：益端王朱祐槟墓在金华山，益庄王朱厚烨墓在二仙山，益恭王朱厚炫墓在资圣山，追谥益昭王朱载增墓在华盖山，益宣王朱翊鈏墓在七宝山。其中端王墓[⑤]、庄王墓[⑥]、宣王墓[⑦]、定王墓[⑧]先后经过发掘，益恭王圹志亦于1988年被发现[⑨]。益藩诸王陵墓资料较为系统完备，地面遗存较多，益端王陵前有望柱、狮、马、武将、文官各1对[⑩]，益庄王陵前有狮1件，武将、

① 孙家骅等主编：《手铲下的文明——江西重大考古发现》，江西人民出版社2004年版，第522—523页。

② 孙家骅等主编：《手铲下的文明——江西重大考古发现》，江西人民出版社2004年版，第522页。

③ 江西省博物馆等：《江西明代藩王墓》，文物出版社2010年版，第56—59页。

④ 刘毅：《〈明史·诸王传〉补正》，《南开学报》1997年第2期。详见本书第一章。

⑤ 江西省博物馆：《江西南城明益王朱祐槟墓发掘报告》，《文物》1973年第3期。

⑥ 江西省文物管理委员会：《江西南城明益庄王墓出土文物》，《文物》1959年第1期；陈文华：《江西南城明代朱厚烨墓发掘简报》，见江西省博物馆编《江西考古资料汇编·封建社会部分（下）》，内部刊印1977年版；江西省博物馆等：《江西明代藩王墓》，文物出版社2010年版。

⑦ 江西省文物工作队：《江西南城明益宣王朱翊鈏夫妇合葬墓》，《文物》1982年第8期。

⑧ 江西省文物工作队：《江西南城明益定王朱由木墓发掘简报》，《文物》1983年第2期。

⑨ 彭桂容：《南城发现明代益恭王朱厚炫夫妇墓志》，《中国文物报》1988年4月1日第2版；墓志全文见陈柏泉编：《江西出土墓志选编》，江西教育出版社1991年版，第516—517页。

⑩ 江西省博物馆：《江西南城明益王朱祐槟墓发掘报告》，《文物》1973年第3期。

文官各1对[①]，益宣王、益定王陵前亦皆有石像生遗存[②]，益藩诸墓是研究明代亲王陵园制度及其变迁的重要资料。

根据上述考古发掘资料和调查资料，结合南城地方志记载，可知明益藩王陵和宗室墓分布于建昌府南北两片区域，前者相对分散，后者毗邻而葬。南陵区位于今南城县东南15公里洪门乡山中，东至徐田，南到长塘，西至铺前，北到立城，葬有益端王、庄王、恭王三位亲王和铜陵恭简王朱载壤等郡王以及一些王族成员，死难于广州的益末王亦藁葬于此。北陵区在今南城县岳口乡，以游家巷村为中心，葬有益昭王（追封）、敬王、宣王、定王四位亲王以及罗川、浦阳等郡王。益府南北两个墓葬区最大的区别在于玄宫结构，南区以砖石拱券式室墓为主，北区则基本都是石灰椁墓。

益藩墓葬结构变化，导因于益恭王墓室的变故。益恭王朱厚炫卒于万历五年（1577年）闰八月二十八日，其妃吴氏先卒于万历元年（1573年）五月初八日，次年四月十七日"葬于金华山左资胜山之原"[③]。恭王薨，益世孙（宣王朱翊鈏）遵成宪奉旨开圹与王妃合葬，岂料短短的三四年时间，玄宫内即"水蚁交侵"，于是"具书上请，亟图改卜"，恭王夫妻厝葬浅土10余年，经"恳疏再请"，始于万历二十一年（1593年）正月改葬于"去原穴仅两丈许"的新墓穴中[④]。益恭王陵在今南城县徐田乡庄上村南面山上（图2-87），抗战时期被盗掘，1958年因修洪门水库进行了清理，其墓志后被征集[⑤]。

益府北墓区位于游家巷村北的女冠山（旧名七宝山）。益藩四王的陵墓原是连成一片的，据发掘者介绍，益宣王墓左侧约50米处为益昭王墓，该墓早年已被破坏；在益宣王墓西面100米和200米处各有一墓，后者即益定王墓。益宣王朱翊鈏卒于万历三十一年（1552年）二月二十五日，据出土圹志记载，宣王临终嘱"其葬地，当附我于昭考之侧，庶我得以追欢于地下，且不扰民也"，遂于当年十二月初三日与李妃、孙妃"合葬于南城县十都七宝山，是即昭王之墓侧也"[⑥]（图2-88）。益藩昭、宣、

① 江西省文物管理委员会：《江西南城明益庄王墓出土文物》，《文物》1959年第1期；陈文华：《江西南城明代朱厚烨墓发掘简报》，见江西省博物馆编《江西考古资料汇编·封建社会部分（下）》，内部刊印1977年版。

② 江西省文物工作队：《江西南城明益宣王朱翊鈏夫妇合葬墓》，《文物》1982年第8期；江西省文物工作队：《江西南城明益定王朱由木墓发掘简报》，《文物》1983年第2期。

③ 明·佚名：《大明益王妃吴氏圹志》，见陈柏泉编《江西出土墓志选编》，江西教育出版社1991年版，第519页。

④ 明·翰林院撰文：《大明益恭王圹志》，见陈柏泉编《江西出土墓志选编》，江西教育出版社1991年版，第516—517页。

⑤ 彭桂容：《南城发现明代益恭王朱厚炫夫妇墓志》，《中国文物报》1988年4月1日第2版。

⑥ 江西省文物工作队：《江西南城明益宣王朱翊鈏夫妇合葬墓》，《文物》1982年第8期。

图2-87　明益恭王陵神道石刻及封土

图2-88　明益宣王墓址

敬、定四代王同葬于一处，属于自东而西的祖孙鱼贯葬，既没有父子左昭右穆之分，也不符合上古以西为尊、“尚右”的礼俗。

除祔葬亲王墓葬区外，益府还有一些郡王葬于南城其他地方。如淳河怀僖王朱常汭，益宣王嫡五子，卒于万历二十年（1592年）三月二十一日，次年十一月十一日“奉柩葬于南城县东三十六都延保山之原”[①]，其墓志1987年被盗出土，具体墓址不详。其妃江氏墓1989年被盗，出土墓志一合，云江妃卒于崇祯四年（1631年）闰十一月，次月“合葬元妃于先王之左，其地在县之东延保山首趾”[②]。

1964年3月，在南城县南10余公里的株良公社发掘了一座明墓[③]，为石灰椁结构，椁室长方形。根据残留痕迹判断，墓志应置于椁前，已失。该墓墓主身份不详，但从出土的黄地云纹四团龙补子圆领袍、玉圭，以及保存完好的纸质万历二十一年（1593年）六月书随葬品清单一份，可以判定墓主是卒于万历二十一年六月以前的益藩某郡王。同年，在该墓旁边3米处出土了罗川端懿王副宫夫人张氏墓志，由嗣罗川王朱由核撰文，称张氏名鸾姑，为“罗川端懿王副宫夫人”[④]，卒于万历癸丑（四十一年，1613年）。《明史·诸王世表五》中有“罗川懿□王常湑，宣（王）嫡九子，万历九年（1581年）封，二十九年（1601年）薨”等记载[⑤]，但所记朱常湑谥号有漏误，且万历“二十九年薨”，也与随葬品清单上的“万历二十一年六月”纪年矛盾。按目前所知，益藩罗川府前后仅有二位郡王，朱常湑之子由核嗣位于万历三十一年（1603年），结合其与张鸾姑墓位置关系来看，1964年发掘这座墓的墓主只能是朱常湑，《明史》关于他的谥号、卒年等可能有误记。

第九节　四川地区明代藩王陵墓的考古调查和发掘

四川地区在明代分封过2府亲王，先是太祖之子蜀王朱椿开府成都，蜀国与明王朝相终始；后又有宪宗之子寿定王朱祐榰封藩保宁（今阆中），但不久即徙封湖北德安，继而封除，故四川仅有蜀国一藩陵墓。

---

① 明·翰林院撰文：《大明益国淳河怀僖王圹志》，见陈柏泉编《江西出土墓志选编》，江西教育出版社1991年版，第520页。

② 明·谭锴撰文：《大明益藩淳河怀僖王妃江氏圹志》，见江西省博物馆等编《江西明代藩王墓》，文物出版社2010年版，第155—156页。

③ 薛尧：《江西南城明墓出土文物》，《考古》1865年第6期。

④ 明·朱由核撰文：《大明益藩罗川端懿王副宫夫人张氏墓志》，见陈柏泉编《江西出土墓志选编》，江西教育出版社1991年版，第529—530页。

⑤ 清·张廷玉等：《明史》卷一〇四，《诸王世表五·益》，点校本，第10册，第2954页。

蜀藩始封为明太祖第十一子朱椿，洪武二十三年（1390年）就藩四川成都，永乐二十一年（1423年）薨，谥曰献王。蜀王爵传十世，共十三王。

明历代蜀王之墓皆在成都府附近，但并不集中，具体地望在方志中亦有互相抵牾的记载。其中殁于嘉靖以前的历代亲王中，“蜀献王墓、蜀靖王墓，俱成都县天回山；蜀僖王墓，华阳县正觉山；蜀怀王墓，华阳县东二十里东景山；蜀惠王墓，华阳县芳上［山］；蜀昭王墓，成都县东山；蜀定王墓，仁寿县东溪山”①。明代中晚期蜀王墓，清乾隆《四川通志》记载：“蜀端王墓，在华阳县东十五里毓灵山；蜀昭王墓，在华阳县东二十里东山；黔江悼怀王墓、蜀僖王墓，俱在华阳县东北三十里正觉山；蜀怀王墓，在华阳县东二十里东景山；……蜀惠王墓，在华阳县东北三十里芳山。”②嘉靖、乾隆两《志》著录的蜀王墓互为补充，提供了明历代蜀王墓指认的初步依据。

明清“天隳山”亦作“天回山”，在今成都市北郊天回镇。1970年，曾在成都北郊5.5公里处天回镇西南凤凰山西南麓清理发掘过蜀悼庄世子朱悦燫（蜀献王长子，永乐七年六月薨）的墓③，证明天回镇附近是时代比较早的蜀王陵墓区。该墓所在处山势缓平，地面建筑已无存，从现存地貌来看，如有陵宫及享堂一类，应该是建于山岗前平地，地下玄宫规模宏大，装饰精美，居已知蜀藩诸王墓之最（图2-89）。2007年，成都文物考古研究所抢救性发掘了凤凰山上的一座明代大墓，推测墓主可能是蜀献王妃蓝氏④，为这一区域明蜀藩墓葬的研究提供了更多的资料。

蜀僖王陵于1979年清理发掘⑤，1991年因修建成渝高速公路又发现了蜀昭王陵（此前被认为是蜀惠王陵）⑥。僖、昭二王陵皆属今成都市东郊龙泉驿区（图2-90），这里是另一个蜀藩墓葬区，蜀王陵墓主要集中在今十陵镇南部、洪河镇北部的黄土陇冈区域，墓主除蜀王、王妃、王次妃以外，还有黔江悼怀王等若干郡王墓以及镇国、辅国将军等墓葬。1995年7—8月，成都市文物部门曾对十陵镇和洪河镇的蜀藩王陵墓区进行了一次详细的调查和小规模试掘，先后发现明代大墓20余座。“调查

---

① 明·刘大谟、杨慎等：《（嘉靖）四川总志》卷三，《郡县志·陵墓》，《北京图书馆古籍珍善本丛刊》影印明嘉靖刻本，书目文献出版社1988年版，第42册，第71页。

② 清·张晋生等编纂：《四川通志》卷二九上，“陵墓志”，影印文渊阁《四库全书》本，台湾商务印书馆1984年版，第560册，第578页。

③ 中国社会科学院考古研究所等成都明墓发掘队：《成都凤凰山明墓》，《考古》1978年第5期。

④ 成都文物考古研究所：《成都凤凰山明蜀王妃墓》，见成都文物考古研究所编《成都考古发现2008》，科学出版社2010年版，第489—495页。

⑤ 成都市文物考古研究所：《成都明代蜀僖王陵发掘简报》，《文物》2002年第4期。

⑥ 王毅等：《成都地区近年考古综述》，《四川文物》1999年第3期；薛登等：《明蜀王和明蜀王陵》，《四川文物》2000年第5期。

图2-89　明蜀悼庄世子玄宫

图2-90　明蜀僖王玄宫石门装饰

发现，该区域内的陵墓分南北二区，北区包括3座蜀王陵、3座蜀王妃墓、2座郡王墓；南区包括3座蜀王陵，其中一座规模较大，保存相对较好的王陵属新发现。”[①]这一带现已经建成十陵镇森林公园的“明蜀藩王陵墓群保护区”，1996年公布为国家级重点文物保护单位。

据明正德十三年（1518年）熊相所修《四川志》记载，“（蜀）和王，葬府城南八十里黄龙溪”[②]。早年调查发现，华阳县黄龙溪北岷江（即府河）东岸有一座大墓，砖券结构，20世纪40年代尚可见墓内砖券、石门，曾误传为前蜀高祖王建墓，冯汉骥先生推测可能是蜀和王陵[③]。2012年，成都市文物考古研究所、双流县文物管理所对黄龙溪镇的3处明代墓葬进行了调查与试掘[④]，认为其中大河村明墓的地面建筑遗存具有明蜀王陵园建筑特征，墓主有可能是蜀和王或蜀定王。

除了这几处能够大体上与明清方志记载相互印证的蜀藩陵墓外，在今成都市东南锦江区也发现过一些明代蜀王和王妃的墓葬，证明琉璃河乡、三圣乡相连的一片地方是明代蜀藩的又一陵墓区。1997年底，在琉璃河乡的潘家沟村一组发掘过一座无谥号的蜀王及王妃合葬墓[⑤]，为3套独立的墓室并联，同坟异穴。中间玄宫圹志题“皇明显考蜀王之圹”，因未见谥号，故具体身份不详；其左侧玄宫圹志题“皇明显妣蜀王妃史氏之墓”，右侧玄宫未见圹志，所葬应为王妃或继妃、次妃某氏。关于此墓的墓主，有定王、康王、端王，甚至末王等多种推测，从墓葬形式来看，可以确认肯定晚于天顺二年（1458年）合葬令。明代藩王下葬时赠谥未行者非止一府一例，所以从《明实录》和地方志中查找蜀藩王妃姓氏是判定墓主的一个重要线索。明代中后期蜀王妃姓史氏者，《明穆宗实录》隆庆二年（1568年）四月中有一条，“上御皇极殿传制，遣使持节册封四川成都左卫应袭史书女史氏为蜀王妃”[⑥]。而此时守蜀藩者为端王朱宣圻，又据《明神宗实录》中有关记载推测，此史氏王妃可能早于端王多年故去，因而这座墓的墓主应该是蜀端王及王妃等。1999年，在潘家沟村十二组发掘过蜀定王

---

① 王毅等：《成都地区近年考古综述》，《四川文物》1999年第3期。

② 明·熊相修：《四川志》卷四，“园寝”，转引自冯汉骥《前蜀王建墓发掘报告》注释[7]，文物出版社2002年版，第2页。

③ 冯汉骥：《前蜀王建墓发掘报告》，文物出版社2002年版，第2页。

④ 成都文物考古研究所等：《双流县黄龙溪镇明蜀藩王墓调查与试掘报告》，见成都文物考古研究所编《成都考古发现2011》，科学出版社2013年版，第521—561页。

⑤ 谢涛：《成都发掘锦江区琉璃乡潘家沟村明蜀王及王妃墓》，《中国文物报》1998年2月22日第1版；王毅等：《成都地区近年考古综述》，《四川文物》1999年第3期；薛登等：《明蜀王和明蜀王陵》，《四川文物》2000年第5期；谢涛：《成都市潘家沟村明蜀王、王妃墓》，《中国考古学年鉴1998》，文物出版社2000年版，第224—225页。

⑥ 明·张居正等：《明穆宗实录》卷十九，隆庆二年四月丙午，校印本《明实录》，第49册，第538页。

次妃王氏墓[①]，此外，“在与潘家沟村东北面相邻的三圣乡还有一座大型明代墓葬，墓室内有龙凤雕刻，可能也是一座蜀藩王及王妃的合葬墓”[②]。2004年，成都市文物考古研究所在锦江区三圣乡清理发掘了蜀怀王及王妃徐氏的合葬墓[③]。以上发现，使得成都东南蜀藩陵墓区的发展脉络更加清晰，同时也把潘家沟蜀王墓的年代进一步推到了成化乃至正德（昭王）以后。

历代蜀王陵墓的考古资料虽然不是特别详尽，但也能大体勾勒出发展变化的基本轨迹，并且蜀府亲王玄宫形制自成体系，具有比较高的研究价值。

历代蜀王也是分别葬于不同兆域，但与前述周府、鲁府等不同的是，蜀藩诸王皆葬于成都附近，只有个别略远；每一兆域中一般不止一座亲王陵墓，有些还有郡王从葬其间。据清嘉庆《四川通志》记载，成都府成都县，“明蜀献王、蜀靖王墓俱在县北三十里天回山，悼庄世子墓、崇庆王墓俱在县北十里威凤山”；成都府华阳县，“明蜀端王墓在县东十五里毓灵山，蜀昭王墓在县东二十里东山，黔江悼怀王墓、蜀僖王墓俱在县东北三十里正觉山，蜀怀王墓在县东二十里东景山，南川安靖王墓在县东二十五里东峰山，汶川懿简王墓在县东南二十五里灵溪山，内江王世子墓在县东二十二里东晖山”；成都府新都县，“明德阳僖安王墓在县南清泉山”；成都府崇宁县，“明崇宁王墓在县治朝天山”；成都府彭县，“明永川庄简王墓在县西七十里大隋山，蒲江郡主墓在县西七十里涌华寺侧”；成都府新津县，“明庆符恭僖王墓在县东二十五里牧马山”[④]。在成都府以外，资州直隶州仁寿县，“明蜀定王墓在县东八十里东溪山”；茂州直隶州汶川县，“明懿简王墓，……在县灵溪山”[⑤]。可以看出，明代蜀府王陵具有明显的“大分散、小集中”的特点。

天顺合葬令颁布以后，各府基本都遵照执行，但也有个别破例者，蜀藩即有一例。成化二十二年（1486年）二月，“蜀王申凿以继妃梁氏薨，乞别择寿圹地并继妃圹同造，诏可。先年王妃陆氏薨，已预造王寿圹，盖王例与妃合葬，而继妃则祔葬其

---

① 成都市文物考古研究所：《明蜀定王次妃王氏墓》，见成都市文物考古研究所编《成都考古发现1999》，科学出版社2001年版，第295—314页。

② 成都市文物考古研究所：《明蜀定王次妃王氏墓》，见成都市文物考古研究所编《成都考古发现1999》，科学出版社2001年版，第295—314页。

③ 成都市文物考古研究所：《成都市2004年田野考古工作述要》，《成都文物》2005年第1期；成都文物考古研究所：《成都市三圣乡明蜀“怀王”墓》，见成都文物考古研究所编《成都考古发现2005》，科学出版社2007年版，第382—428页。

④ 清·常明等修：《四川通志》卷四四，《舆地四十三·陵墓一》，影印清嘉庆刊本，巴蜀书社1984年版，第2册，第1695—1696、1698、1705、1709、1710、1711页。

⑤ 清·常明等修：《四川通志》卷四七，《舆地四十六·陵墓四》，影印清嘉庆刊本，巴蜀书社1984年版，第2册，第1828、1837页。

傍，兹特因王请，从之”[①]。蜀惠王舍元妃而与继妃合葬，应该与梁氏诞育王子宾瀚（后嗣为蜀昭王）有关[②]。蜀藩次妃单独建墓，此种现象及相关制度问题值得进一步研究。

第十节　甘肃地区明代藩王陵墓的考古调查和发掘

明代今在甘肃省界内先后分封过3府亲王，其始封王皆为太祖之子，王府驻地分别为：肃庄王（兰州）、安惠王（平凉）、韩宪王（平凉）。其中安惠王朱楹无子封除；韩宪王原封开原，洪熙元年（1425年），改封韩府二代恭王于平凉。肃、安、韩三藩亲王陵墓都在今甘肃地区。

一、兰州（榆中）地区（肃府）

肃藩始封王为明太祖第十四子朱楧，初封汉王，洪武二十五年（1392年）改封肃王，洪武二十八年（1395年）就藩兰州，永乐十七年（1419年）十二月薨，谥曰庄。肃藩共传九世，九王。

清道光所修《兰州府志》记载：“肃庄王、康王、简王、恭王、靖王、定王、昭王、怀王、懿王九代墓俱在皋兰县平顶峰，按，《县志》又有（宪王）薛夫人墓及肃王识鋐（末代王，崇祯十六年冬死于李自成军）墓亦在焉。安王墓在县西五里圃子湾，宪王墓在县西南二十里周家山。”[③]调查表明，在今甘肃榆中县来紫堡乡黄家庄村平顶峰下有明肃藩王陵11座，诸陵园背靠平顶峰，前瞰苑川河，大体都坐北朝南，陵园建筑呈阶梯状排列[④]。20世纪六七十年代，1号墓和2号墓等相继被当地农民打开，3号墓玄宫五室，出土圹志残片上有“妃……薨于永乐”等字，推定为肃庄王陵。1977年，甘肃省考古队试掘7号墓，玄宫单室，从出土的两合圹志可知墓主为肃怀王及其王

① 明·刘吉等：《明宪宗实录》卷二七五，成化二十二年二月己亥，校印本《明实录》，第27册，第4633页。

② 明·费宏等：《明武宗实录》卷三八，正德三年五月庚戌：蜀王宾瀚，“惠王第二子也，母妃梁氏。成化十六年十月二十七日生，弘治四年十二月封世子，弘治七年十二月袭封蜀王，至是薨”。见校印本《明实录》第34册，第900页。

③ 清·陈士楨修，涂鸿仪编辑：《兰州府志》卷四，《祠祀志附冢墓》，《中国方志丛书》（华北地方·564），据清道光十三年刊本影印，台北成文出版社有限公司1976年版，第268页。

④ 施连山：《明肃王墓考略》，《西北史地》1997年第4期；刘毅：《甘肃榆中明肃庄王陵墓调查》，《中原文物》2012年第3期。

妃王氏[1]。平顶峰一带为黄土高原地貌，土山不甚高，土质较好，自远观之，与封土很难区分。除3号墓大略可以看出两翼沙山环护以外，其他没有明显的“青龙”“白虎”格局。陵墓区南面不远有苑川河横亘于前，河以南为陇海铁路，再向南有山而稍高，颇如屏障（图2-91），如作为明代风水所宗之“案山”，则略显有压迫之感。

图2-91　甘肃榆中明肃藩亲王墓葬区（自肃庄王封土顶部南望）

肃庄王卒于永乐十七年（1419年），墓所在为平顶峰南坡中心部位，在11座王陵中所占的地理形势最好。其玄宫以青砖砌成[2]，是典型的五室玄宫。

平顶峰略呈弧形，如屏风环绕于墓园之后，山体相对高度不大，山顶浑圆。陵园范围内可以明显看出地势呈三级台地，现场调查中得知这是20世纪六七十年代之交平整土地后的地貌，而不完全是明代肃王陵园结构的原生状态。最低一级为黄家庄现村落地面自然向陵园（今为果园）的延伸部分，顺山坡而上，高于村落中心地坪。第二级台地经过平整，栽种果树，土埂等处残存大量破碎的灰砖瓦，推测这一带是原陵园前部核心建筑——享殿等遗址所在。最上层台地地势较高，可以俯视整个村落，肃庄王墓的封土建于其上，大体呈圆形，直径约30米，高约11米（图2-92）。访问文保员黄应生老人（2003年时69岁）得知，其自幼在整个平顶山肃王陵墓区域内没有见过绿色带釉的砖瓦，只有遍地灰砖瓦，也没见过石人石马及石碑。由此推测，肃藩亲王各陵园建筑可能都没有使用琉璃瓦，也没有石像生、神道碑等。

现肃藩各墓葬情况为：1号墓被挖开，玄宫单室，封土已无存；2号墓玄宫亦单

---

① 甘肃省博物馆资料；施连山：《明肃王墓考略》，《西北史地》1997年第4期。

② 施连山：《明肃王墓考略》，《西北史地》1997年第4期；刘毅：《甘肃榆中明肃庄王陵墓调查》，《中原文物》2012年第3期。

图2-92　明肃庄王墓封土及封门墙

室，封土余其半；3号墓规模最大，即肃庄王墓；4号墓、5号墓、6号墓未挖开，但封土已平；7号墓在民宅及猪圈之后，残余封土之半；9号墓、10号墓已毁，亦无封土；11号墓无封土，单室，墓室被拆毁，出土过“兵马俑”（即瓷俑108件）。8号墓尚余封土过半，地貌略同3号墓，据说地下结构亦同3号墓，但工程做法精细，墙壁为磨砖对缝。此墓室前曾出土过肃怀王圹志，则墓主身份似已确定无疑，但当地乡民传说此墓应该是“疑冢”，真墓在其后，墓封土后有土墙，有细石子夹杂，为人工夯筑；修建引水渠时，水过此地即大量渗下，推测地下有空穴。现场观察，8号墓封土后确有人工堆筑的迹象，细夹石子一层或二层以加固，应当为陵园后墙所在，但与后面地表几近平齐，或为水土冲刷而改变地貌，也可能是现代人工修渠平治所致。

甘肃兰州上西园肃藩某郡王墓[①]，由石门、甬道、主室、耳室组成。夫妻合葬，男棺在东，女棺在西。根据出土遗物推测，年代不早于嘉靖十六年（1537年）四月[②]。

肃宪王朱绅尧之墓在今兰州市七里河区西津坪村，位于前述上西园肃藩墓址西南的山坪上，地表尚存宫墙、封土等遗迹（图2-93），陵宫大体坐南朝北。内外两道宫

① 甘肃省博物馆：《兰州市上西园明墓清理简报》，《考古》1960年第3期。

② 在《兰州市上西园明墓清理简报》中并未说明墓主身份，但从二龙戏珠金簪、金凤钗等出土品来看，墓主应系明朝王室贵族墓无疑。徐苹芳先生曾经认为此墓墓主是“肃王家族中的某郡王”（见中国社会科学院考古研究所编：《新中国考古发现和研究》，文物出版社1984年版，第631页）。笔者曾在甘肃通过多种渠道查询此墓详细资料，均未果。以墓址所在考之，墓主或为追封之肃安王朱弼柿（懿王之父），原封镇国将军。

墙，内宫墙仅存后部一段，外宫墙四面断续都有保存，当地传说原陵园南北长约200米、东西宽约150米（居住于此的郑姓老人说占地30亩）。封土为截尖圆锥状，已看不出明显的享殿等建筑物遗迹，地表有残碎的孔雀蓝釉琉璃砖瓦。玄宫保存基本完好（图2-94）。

图2-93　明肃宪王墓封土及宫墙

图2-94　明肃宪王玄宫

二、平凉（泾川）地区（安惠王、韩府）

甘肃平凉先后为安、韩两府驻藩。

1. 安惠王墓

安惠王朱楹，为明太祖第二十二子，洪武二十四年（1391年）封安王，永乐六年（1408年）就藩甘肃平凉，永乐十五年（1417年）八月薨，依制葬平凉。无子，封除。洪熙元年（1425年），韩恭王（韩宪王嫡长子）改封平凉，就藩于安王原邸，朝廷确定由韩府郡王奉祀安惠王。

安惠王墓在今平凉市崆峒区安国镇油坊村王子坟湾，半球形封土大体保存完好，1994年被盗。据区文物干部介绍，墓室面积128平方米，由多个墓室组成（按其描述平面推测，结构为5室），2018年将盗洞封死。安惠王墓早年即被盗一空，有当地研究者称“安惠王墓较完好”[①]，应系指封土及玄宫建筑而言。

2. 韩藩墓葬

韩藩始封为明太祖第二十子韩宪王朱松，洪武二十四年（1391年）封，初定封国为开原（今属辽宁铁岭），未之国而先薨于永乐五年（1407年）十月。其嫡子朱冲烒于永乐九年（1411年）嗣封（恭王），永乐二十二年（1424年）改封甘肃平凉。韩王爵传十二世，共十一王，依次为宪王朱松、恭王冲烒、怀王范圯（一作“圮”）、靖王范埛、惠王徵钋、悼王偕涜、康王偕灟、昭王旭櫏、庄王融燧、端王朗锜、末王亶瑺。

韩宪王卒于京师，“以未之国，命葬安德门外”[②]。当韩恭王奉诏远赴封国时，对于宪王园寝，曾“奉仁宗皇帝命，存留仪宾王荣等看守”[③]。王荣尚韩府荣河郡主，在南京守宪王园，直到正统十二年（1447年）五月卒于任。正统十三年（1448年）五月，“襄王瞻墡奏：妃父指挥佥事李玉卒，欲遣官祭奠，及郡王、郡主各外戚家岁时俱缺吊贺。礼部尚书胡濙请如韩王往南京向山祭扫祖坟例，允其所请。上览奏，责濙以祖茔比外戚，尊卑、亲疏莫辨，仍命稽考洪武、永乐间旧例以闻”[④]。根据文中“胡

---

① 张怀群：《朱元璋后裔在泾川》，《泾川文史资料选辑》第七辑，中国人民政治协商会议甘肃省泾川县委员会文史资料委员会2011年版。

② 清·张廷玉等：《明史》卷一一八，《诸王传·韩宪王松》，标点本，第12册，第3604页。

③ 明·孙继宗等：《明英宗实录》卷一六六，正统十三年五月辛卯，校印本《明实录》，第17册，第3210页。

④ 明·孙继宗等：《明英宗实录》卷一六六，正统十三年五月甲寅，校印本《明实录》，第17册，第3223页。

濙请如韩王往南京向山祭扫祖坟例”，似有韩王返回南京祭祀父祖之例，但查韩恭王之藩到此奏期间二十余年的《实录》中并没有找到这方面的记录。王荣死后一年的正统十三年（1448年）五月，嗣韩王范埛（靖王）奏：“祖考坟在南京向山之原。奉仁宗皇帝命，存留仪宾王荣等看守，今俱病故、老疾，欲令内典宝正凤翥、安东中护卫百户彭富代守。从之。”①可见直到此时，仍然沿用仁宗时旧例。不仅如此，景泰二年（1451年）二月，韩宪王妃冯氏薨，“讣闻，辍视朝一日，遣中官致祭，命有司营葬”②，但最终未见合葬南京宪王坟园的记载。为冯妃之葬，嗣韩王徵钋（惠王）曾经奏请：“臣曾祖考韩宪王坟园，见在南京向山之原。今曾祖母妃冯氏薨，乞量赐人力送彼附葬，且免西土军民造坟之扰。”但“帝以路远人难，命蹔［暂］于彼处安厝，俟边境宁靖、丰稔之年再议”③，此后即没了下文，嗣韩王只是偶尔请示皇帝派属官到南京代祭宪王。

恭王朱冲𤈦是韩藩出守平凉府的第一代亲王，卒于正统五年（1440年）十二月二十二日。“王，韩宪王长子，母妃冯氏。洪武三十年生，永乐二年册为韩世子，九年袭封韩王，之国平凉。至是薨，享年四十有五。讣闻，上辍视朝三日，遣官赐祭曰：王孝友恭俭，乐善循理，著闻中外，谥曰恭。命有司营葬地。”④天顺《大明一统志》记载：“韩恭王墓，在府城东一百三十里。”⑤清乾隆《甘肃通志》云：“韩恭王墓，在泾州西北十五里。”⑥韩恭王墓位于今甘肃泾川县王坟镇完颜村西沟组梅花山下，GPS定位为北纬35.22154°，东经107.16433°，海拔高程1176米，有大小封土2座。2018年8月8日公布为泾川县级文物保护单位。

韩恭王墓建于泾川县泾河北岸的台地上（一名九顶梅花山），现存两座封土，东西并列，墓室洞开，地方志记载其在清代就已被盗掘，室内已无任何遗物。1987年发现《韩恭王圹志》，称“王讳冲𤈦，韩宪王长子，母妃冯氏。王生于洪武三十年（1397年）九月初七日，永乐二年（1404年）四月初四日册为韩世子，九年十月十三

① 明·孙继宗等：《明英宗实录》卷一六六，正统十三年五月辛卯，校印本《明实录》，第17册，第3210页。

② 明·孙继宗等：《明英宗实录》卷二〇〇《废帝郕戾王附录》第十九，景泰二年正月庚申，校印本《明实录》，第18册，第4260页。

③ 明·孙继宗等：《明英宗实录》卷二〇一《废帝郕戾王附录》第十九，景泰二年二月戊子，校印本《明实录》，第18册，第4300—4301页。

④ 明·孙继宗等：《明英宗实录》卷七四，正统五年十二月庚寅，校印本《明实录》，第14册，第1444页。

⑤ 明·李贤等：《大明一统志》卷三五，“平凉府·陵墓”，第11页，影印文渊阁《四库全书》本，台湾商务印书馆1984年版，第472册，第875页。

⑥ 清·许容等：《甘肃通志》卷二五，“陵墓”，第13页，影印文渊阁《四库全书》本，台湾商务印书馆1984年版，第557册，第661页。

日袭封王。洪熙元年（1425年）四月之国平凉，正统五年（1440年）十二月二十二日以疾薨，享年四十有四。……以正统六年九月初十日癸酉葬于平凉府泾州长寿里香炉山之原”。在韩恭王墓以西约20米处有恭王夫人李氏墓，出土圹志记载：“正统五年十二月恭王薨，长子开城王封先爵，夫人所生也，王念母恩，以封号恭请，正统八年（1443年）九月二十日赐封韩恭王夫人。未几，本年十月初十日以疾卒，享年五十有四。……以是年十二月二十日葬于平凉府泾州长寿里香炉山之原，祔于恭王茔也。”[①] 现场调查发现，韩恭王墓室为砖券结构，平面为五室，前室已毁，中室、后室和两配室尚大体完好（图2-95），淤土甚多。墓室内南北通长约23.7米，最宽处约为11.5

图2-95　明韩恭王墓室及陵园遗址

① 张怀群：《朱元璋后裔在泾川》，《泾川文史资料选辑》第七辑，中国人民政治协商会议甘肃省泾川县委员会文史资料委员会2011年版。此二方墓志现收藏于泾川博物馆。

米[①]。该玄宫规格高，规模也比较大，但营造工艺比较粗糙。墓室前通道上仍有不少残碎的青砖遗存，稍远处还有破碎的灰砖瓦，地表已看不出明显的陵园建筑遗迹，墓室内外有不少绿釉琉璃砖瓦的残块。

根据明清地方志记载，历代韩王墓多在平凉府城以东、恭王园寝以西区域内，但在平凉、泾川两地调查，没有找到其他韩王墓的遗存。平凉崆峒区博物馆中保留了若干方韩府亲王、郡王、镇辅将军人等的墓志。据说在崆峒区东四十里铺镇曹湾村有一座明代王墓，早年尚有残毁的砖砌单室墓，据圹志记载墓主为乐平王妃张氏，年代为正德年间（1506—1521年）。韩恭王墓以东城关镇杨坡村，沿山公路以南，曾经在建民宅时发现过一座残墓，横向并列3室，仅余后室墙，没有出土物，年代不详。据当地老人说，这样的墓早年在村里还有好几座。推测这些墓葬极可能与韩府的亲王、郡王或将军等有关，可惜没有留下有价值的线索。

第十一节　宁夏地区明代藩王陵墓的考古调查和发掘

明代驻守今宁夏的宗藩仅有庆王一支。庆藩始封王为明太祖第十六子朱㮵，洪武二十四年（1391年）封庆王，二十六年（1393年）就藩宁夏（今宁夏银川），正统三年（1438年）薨，谥曰靖。庆藩王爵传十世，十王，依袭次先后为：靖王朱㮵、康王秩煃、怀王邃墭、庄王邃塀、恭王寘鍪、惠王鼒枋、端王倪爌、宪王伸域、□王帅锌、末王倬漼，还有追封定王台浤（惠王之父）以及端和世子鼒樻（定王长子）。末代王倬漼于崇祯十六年（1643年）被农民军处死。

庆藩历代亲王墓皆在韦州（今宁夏回族自治区同心县韦州镇），同藩诸郡王也只有安塞宣靖王朱秩炅之墓在贺兰山干沟儿孤山之下。根据《（嘉靖）宁夏新志》卷三中关于韦州庆藩诸陵的著录，结合《明史·诸王世表》“庆藩”条下有关记载，可知凡卒于《宁夏新志》修成的嘉靖十九年（1540年）之前的庆藩亲王、郡王，除因过废死者外，基本全葬于韦州兆域[②]。又查明末抄本《宁夏新志》可知，庆藩韦州兆域一直使用至明末。庆藩不仅历代亲王葬于同一兆域，几乎所有的本支郡王也祔葬其间。20世纪80年代初的文物普查资料显示，明代庆藩墓葬区在今同心县城东北约90公里的大罗山东麓，东距韦州古城5公里。30余年前的调查资料显示，墓区范围260平方公里，

---

① 刘毅等：《明代郑韩两座藩王墓遗存的调查》，《中原文物》2020年第3期。

② 明·胡汝砺纂修，管律重修：《嘉靖宁夏新志》卷三，《所属各地·韦州·墓》，陈明猷点校本，宁夏人民出版社1982年版，第217页；清·张廷玉等：《明史》卷一〇二，《诸王世表·庆王》，标点本，第9册，第2715—2727页。

存封土34座，多于《宁夏新志》开列的31座。这些陵园中，“规模较大的墓葬多有长方形陵园，地面散布琉璃砖瓦；规模小的墓葬周围则散布灰陶砖瓦，而且有琉璃瓦件”①。笔者到韦州调查时发现，大罗（螺）山（即蠡山）在今韦州任庄，山如屏风，大体呈南北走向，庆藩诸王园寝在山东麓，呈东西走向，封域内已严重沙漠化。各墓早年多已被盗一空，20世纪六七十年代墓室砖石又多被拆除取用。墓葬区地处韦州故城西北，任庄以北为上甘沟、下甘沟村，以南为荒漠，东南可望见韦州塔。现场观察，可见大型陵园遗迹若干处，各陵园大都呈东西走向，可看出比较明显墓室迹象的墓门或墓道全部朝东（图2-96）。明清间各版《宁夏府志》皆云庆藩亲、郡王合葬于螺山陵墓区，推测迄于明末，该区域内墓葬总数当过百。陵园规模的不同，应该分别对应墓主亲王或郡王等不同身份。

庆靖王（薨于正统三年，1438年）陵园位于周新庄西南，平面为长方形，长200米，宽100米，面积约2万平方米。陵园建筑已于1967年被拆毁，封土、玄宫等均被破坏；后来文物部门只征集回一件《大明庆靖王圹志》。

庆康王（薨于成化五年，1469年）墓在今任庄西南②。陵园长140米，宽84米，面积11760平方米。现存封土呈半球形，封土以东陵园区域为二级台地，封土后部延伸

图2-96　明庆藩残墓封土及宫墙遗存

① 宁夏回族自治区文化厅文管会编印：《文物普查资料汇编》，宁夏回族自治区文化厅文管会内部资料，1986年，第114页。

② 许成等：《同心县任庄村明代王陵》，《中国考古学年鉴1984》，文物出版社1984年版，第175—176页。

至围墙，尚存墙基夯土遗存，封土周边及封土上等处见有绿釉琉璃瓦及灰瓦或砖的残件；封土后部有盗洞。封土东侧已被解剖式挖开（图2-97），可见砖砌券门，门券上有金刚墙檐。玄宫砖砌，为典型五室结构，三主室连前甬道通长18.1米，两配室之间最宽处为13.5米。后室规模最大，长5.3米，宽6米，高7.17米。棺床长4米，宽4.1米，高0.8米，石砌。玄宫中发现有四对肱骨，推测为夫妻合葬，是遵守了天顺二年（1458年）的亲王与王妃合葬令。“韦州明代王墓群”曾公布为同心县文物保护单位，1988年升格为自治区级文物保护单位。庆康王墓是其中保存状况最好的一座亲王园寝，也有人认为此墓墓主应为庆庄王朱邃塀（三代四任王，薨于弘治四年，1491年）。

庆康王墓封土往北，见有3座大型封土南北并列，地貌与康王陵园相似，但封土不及康王明显，墓前多有灰瓦和近似于孔雀绿釉的琉璃瓦残件，其中一墓的墓道已暴露。再往北尚可见几处稍小的封土，有些已不甚明显，有些墓封土被用来掏挖窑洞。

庆藩亲王陵园坐西朝东，其世代先后可能是从南向北（从右向左）排列；至少亲王园寝有使用绿釉琉璃砖瓦之制，但未见有石像生迹象。卒于正统三年（1438年）的庆靖王陵园为长方形，面积为2万平方米，约合32.9明营造亩，陵宫墙周长约合明187.5丈。而卒于成化五年（1469年）的庆康王陵园面积为11760平方米，约合19.35明营造亩，陵宫墙周长约合明140丈。如果只考虑陵宫面积，这两套数据都低于当时的定制，清晰地反映出正统十三年（1448年）朝廷限令颁布前后王墓等制降低的趋势。

图2-97　明庆康王墓封土

第十二节　广西地区明代藩王陵墓的考古调查和发掘

靖江诸王是明太祖长兄（追封南昌王）之次子朱文正的后裔。明太祖称吴王时，曾命朱文正为大都督，节制诸军，数有战功，后因得罪而安置于桐城，未几卒。其子守谦尚幼，育于太祖宫中。洪武三年（1370年）封朱守谦为靖江王，“禄视郡王，官属亲王之半”①。守谦后受命之藩广西桂林，改建元顺帝潜邸为王宫，后因过被废，居住凤阳七年；复位，徙封云南，以“暴横如故”，再招谪居凤阳，后禁锢京师，洪武二十五年（1392年）卒。其子朱赞仪先封为世子，建文二年（1400年）袭封，永乐元年（1403年）之藩桂林，子孙世袭至南明。

除始封王朱守谦葬南京，末代二王朱亨嘉、朱亨歅别葬于它处以外，其余历代靖江嗣王皆葬于广西桂林东北郊之尧山。尧山以隔江与舜祠相望而得名，是桂林市周围最高的山，也是这一地区少有的土石山（无溶洞），共有10位靖江王和1位追谥靖江王葬在封域之内，核心区域大约5平方公里。整个陵区范围大约南北长15公里，东西宽7公里，“可以清晰地辨认出这里有王、妃合墓十一代；厚葬次妃墓三座，以及将军、中尉、宗室、王亲藩戚墓三百二十余座，整个墓群占地近一万亩”②。尧山靖江王墓群是郡王、将军等同支宗亲葬于同一兆域的一个典型例证。靖江诸王陵墓自明朝初年一直沿袭至明末，资料较为完备，演变脉络清晰，是研究明代藩王园寝制度的重要资料。历代靖江王虽然爵禄为郡王，但其真正的礼制待遇却是介于亲王和郡王之间，明人认为“守谦虽封郡王，冠止七旒，禄止二千石，而设内外承奉、长史等官，宫城、庄田、宗社之类，皆与亲王等”③；“靖江王分国桂林府，礼数如亲王”④。从历代靖江王陵园遗存来看，其规制等级实际上超过了不少同期亲王陵墓。

靖江王陵陵园大多残存有宫墙、享殿等建筑遗址，还有望柱、石像生等神道石刻（图2-98）和神道碑，是一处总体保存状况比较好的明代藩王陵墓群，具有较高的考古学研究价值。从整体布局来看，除宪定王朱任晟、荣穆王履祐父子二代的陵园位于稍远的尧山山坡上以外，其余9王和始封王朱守谦的衣冠冢都集中分布于尧山以南

---

① 清·张廷玉等：《明史》卷一一八，《诸王传·靖江王守谦》，标点本，第12册，第3613页。

② 罗标元等：《靖江王墓群简介》，《广西文物》1987年第1期；桂林市文物工作队：《明靖江王十一陵述略》，《广西文物》1987年第2期。

③ 明·王世贞：《弇山堂别集》卷六，“郡王同亲王”，魏连科点校本，中华书局1985年版，第106页。

④ 明·徐学聚：《国朝典汇》卷一三，《朝端大政十三·宗藩上》，据明天启刊本影印本，北京大学出版社1993年版，第2册，第901—902页。

图2-98　明靖江恭惠王陵园神道石刻

的平冈地上，各陵园看不出明显的位次规律，只有二代悼僖王朱赞仪、三代庄简王朱佐敬、追谥四代怀顺王朱相承祖孙三代的陵园大体呈“携子抱孙”之势。靖江庄简王（朱佐敬，卒于成化五年，1469年）陵园位于悼僖王陵园东北，规模仅次于悼僖王陵园，占地面积87亩，地面遗存较多，部分建筑修复后即原址开放参观（图2-99）。

历代靖江王墓中，1961年发掘过恭惠王朱邦薴次妃刘氏墓（万历五年，1577年卒，图2-100），1972年发掘过安肃王朱经扶（嘉靖四年，1525年薨）、宪定王朱任晟（万历三十八年，1610年薨）墓，1982年发掘康僖王朱任昌（万历十年，1582年薨）及夫人莫氏墓。据介绍，靖江王玄宫分为前后两室[①]，但前室一般面积窄小。墓室青砖砌券，下壁用石料，左右壁各有2—4个壁龛，后壁有壁龛1个。根据经过考古发掘的3座靖江王墓实例，可知至少明代晚期靖江王府通常是王与王妃同坟并列墓室合葬，有的还在间隔墙壁上有过道相通。根据墓志确认，其排列方式是男左女右；次妃一般别葬。

2012年10月至2015年1月，为配合靖江王陵国家考古遗址公园建设，广西文物保护与考古研究所、靖江王陵文物管理处、桂林市文物工作队组成联合考古队，先后对昭和、温裕、安肃、悼僖、怀顺、宪定、荣穆7座王陵陵园进行了考古发掘清理[②]，比较系统地揭示出有明一代靖江郡王陵园的发展变化过程。

① 罗标元等：《靖江王墓群简介》，《广西文物》1987年第1期。

② 广西文物保护与考古研究所等：《桂林靖江昭和王陵考古发掘清理报告》，科学出版社2014年版；广西文物保护与考古研究所等：《桂林靖江王陵考古发掘清理报告集》，科学出版社2017年版。

图2-99　明靖江庄简王园寝中门（修复）

图2-100　明靖江恭惠王次妃刘氏墓室入口

根据以上各节汇集的各种资料可见，各地明代藩王陵墓规格不一，保存状况及相应的文化遗产价值不同，田野考古资料也相对零散。通过本章的初步整理分析，可以初步认定不同藩封王墓的陵园（陵宫）、墓室（玄宫）的共同性并不特别突出，而时空差异却相对明显。各地王墓的总体价值在于它们提供了明代几乎全国范围内同一等级墓葬的多个不同面貌的研究样本。本章的目的在于尽可能全面地搜集、著录资料，对其各自特性进行适当的分析解读，保留各地藩王陵墓个性化的一面；在随后的第三、第四两章中将择取典型例证，探索明代藩王陵墓的共性和相应的发展演变规律。

第三章　明代藩王陵园制度研究

根据考古调查勘探或发掘资料分析，散处各地的明代藩王陵墓不但存在着明显的地域性和个性化差异，而且也具有以突出的等级特征为表象的共性。本章重点研究明代亲王陵墓的地面部分——陵园结构及其制度特征。

第一节　明代藩王陵墓的卜选规则与分布规律

明代亲王墓地一般都卜选在封藩所在地附近的适宜地区，具体墓址的选择通常会遵从一定的风水理论。自太祖至神宗，先后共有50位皇子以亲王身份驻藩京外，包括后来升为帝系的2府（燕、兴）、始封而被废黜者4藩（潭、齐、谷、汉）、成化以后始封无后而还葬京师者7藩（秀、歧、雍、寿、汝、泾、景）、未及承袭而遭逢易代者2藩（瑞、惠），其余35藩在封国建有陵墓。35藩中，有始封而无后者4藩（湘、安、郢、梁），福王仅一代建有亲王陵墓，桂王一支王位承袭已到南明，剩下的29府均有2代或以上亲王传承。这29藩的历代亲王陵墓（有时也包括若干同府郡王或其他宗室成员的墓葬）可以分为“同藩诸王同兆域”和“同藩诸王异兆域”两种不同的分布形态。

一、明代藩王陵墓的选址

明代各地亲王、郡王等人墓葬的选址通常要遵循一定的规则，主要受到地理区位因素的限制和某些风水理论的影响，有时可能还会受到朝廷政策或各王府势力强弱及其他一些特殊情况的影响。

1. 地理区位因素对明代宗藩陵墓位置选择的限制

地理区位因素对于明代宗藩墓址选择的限制，主要是指各藩王陵墓应建在各自所分封的府州附近，这是中国历代王朝的习惯。先秦时期，天子葬王畿，各大小封君皆葬于封国之都。秦汉以来，历代皇帝基本都卜兆于京畿，汉代诸侯王分封各地，其所葬亦近王都。明代恢复了分封建藩制，亲王陵墓选址也继承了这一传统。各藩亲王葬地一般都在藩封所在府州的城外（个别路途较远，但一般也不出所封府州的辖境），因地之宜而方位、远近不同。如秦藩王府在西安，即以府城以南长安县境内的土塬上为其历代亲王、郡王的墓址所在；又如历代楚王葬在武昌府南武昌县龙泉山，蜀王葬于成都北部天隳山和东部正觉山等。鲁藩封国在兖州，诸王园寝虽分布在邹县、泗水、滕县、费县多地，但此四县在明代俱属兖州府，而且鲁国诸王世次越靠前，葬地靠兖州也越近（这是分别以某区域始葬之王墓为考察对象，后世嗣王再有祔葬者另当别论）。

明代一些藩王陵墓距离藩府较远，往往都有特殊原因。如周藩王府在开封，周定王等王墓在禹州，相距100余公里，这是因为开封府城所在为平原地貌，周围地势低、水位高，不利于按照明皇室宗奉的风水理论卜选营造陵墓。不过要特别指出的是，禹州在明代也属于开封府管辖，周藩选墓并未出境。又如庆藩开府宁夏（今宁夏银川），而王墓则在银川以南近200公里的韦州（今宁夏同心县韦州镇），这是因为韦州也是朝廷许可的庆藩驻地之一。明初宁夏地近边塞，庆靖王朱㮵始封宁夏，以藩府未建，曾暂驻古韦州城直到洪武末，永乐时虽然已经在银川建成王府，但“成祖善之，令岁一至韦州度夏”，宣德（1426—1435年）时仍“岁一往来，如成祖时”[①]。韦州地方深为始封庆王所喜爱，银川周围水土不佳，北部的贺兰山虽然气度宏伟，但其东坡下早已建有西夏王陵，其他地方难得觅见如韦州蠡山王陵区的适宜山势，于是庆藩诸王依次建墓于此。另外，和周藩相似，从行政归属来看，明代的宁夏与韦州两地都隶属于宁夏镇之宁夏卫，庆藩卜兆于韦州，也不能算越界。

就明代而言，地理因素（分封藩府所在）是各地王墓选址的决定性因素，不能越界是最高原则。景泰元年（1450年）三月，岷庄王朱楩死于驻地湖南武冈，其妃袁氏先卒于出藩之前，因而葬于南京；朱楩的封地先在岷州（今甘肃岷县），后改云南（今云南昆明），以诸多不法又被迁驻武冈。至此，景帝虽然“遣官谕祭、命有司营葬”如制，但却坚决不准其舍武冈而葬。景泰二年（1451年）五月，“镇南王徽煠奏：‘父岷王薨逝，蒙遣官营葬，然所择山地，实苗贼出没之处，乞赐葬于腹里郡邑，或旧封云南故地。’诏就本地安葬”[②]。朱楩之子朱徽煠后来嗣立为岷恭王，也曾以“武冈水土浅薄”为言，欲营葬他处，同样被皇帝断然拒绝。

明中期以后，洪武所封边塞诸王的墓葬时常受到边患的骚扰甚至破坏，如成化十三年（1477年）三月，“代王成鍊奏：曾祖简王坟于正统十四年（1449年）被虏烧

---

① 清·张廷玉等：《明史》卷一一七，《诸王传·庆靖王㮵》，点校本，第12册，第3588页。

② 明·孙继宗等：《明英宗实录》卷二〇四《废帝郕戾王附录》第二十二，景泰二年五月戊申，校印本《明实录》，第18册，第4363页。

毁，今二十余年，未能修造"[①]。在这种情况下，边塞藩王陵墓在道德、威仪、军事、财政等诸多方面构成了朝廷的多重压力。正德元年（1506年）九月，总制陕西都御史杨一清上言："韦州乃虏寇出没之所，兵备废弛，不任保障，况近螺山，庆府坟茔在焉。连年大虏入寇，辄驻其地。而庆恭王［弘治十一年（1498年）薨］坟近被人开掘，深可痛虑。今议增军守之，宜于宁夏中护卫挑选千人，委官总领，屯驻韦州，与群牧千户所官军操备防御，既可护卫王坟，又可保障城池，亦一策也。"[②]逋葬数年的亲藩之墓惨遭盗掠之后，仅以增兵了之，实在是不得已的选择。

和宗藩边塞诸王不同的是，世代镇守云南的历代黔国公殁后皆得归葬南京。明太祖义子沐英（薨于洪武二十五年，1392年）原封西平侯，追赠黔宁王，其子孙世袭黔国公，镇守云南；历代黔国公殁后皆归葬南京祖茔，在江宁观音山曾发现过沐英、沐晟、沐昌祚、沐睿等人的墓葬[③]。

明朝强制亲藩葬于封地，既与世守藩封的理念相吻合，也与宣德以后进一步抑制藩王的政策相表里。

2. 风水理论对于明代宗藩墓址选择的影响

"风水"二字源出伪托东晋郭璞所纂之《葬书》："《经》曰：气乘风则散，界水则止，……古人聚之使不散，行之使有止，故谓之'风水'。"[④]对明代皇室墓葬选址影响最大的堪舆术正是以《葬书》为代表的理论，这也是当时社会上（特别是东南地区）比较流行的一种观念。时人信奉《葬书》所谓"骸骨得气而子孙受荫之说，指某山为发源，指某山为过峡，至某山而凝结为穴；某山为龙，某山为虎，龙昂而虎伏；某山为掌，某山为案，掌欲有力，案欲有情；必如是乃延福泽，不然则否。于是贪求吉地，不独愚昧细民，即缙绅士大夫亦惑于此。未葬，谋求不遗余力，甚至搆讼结仇；各谋利己，暴露迟久，迁徙再三"[⑤]。有人甚至认为"博风水以求福荫子孙"是

---

① 明·刘吉等：《明宪宗实录》卷一六四，成化十三年三月戊辰，校印本《明实录》，第25册，第2978页。

② 明·杨廷和等：《明武宗实录》卷一七，正德元年九月戊戌，校印本《明实录》，第33册，第523页。

③ 南京市文物保管委员会：《南京江宁县明沐晟墓清理简报》（附载沐英墓），《考古》1960年第9期；南京市博物馆：《江苏南京市明黔国公沐昌祚、沐睿墓》，《考古》1999年第10期。

④ 晋·郭璞：《葬书》内篇，影印文渊阁《四库全书》本，台湾商务印书馆1985年版，第808册，第14页。按，《葬书》旧题晋郭璞撰，《四库全书》之"子部·术数类"收入，《〈四库全书〉总目提要》认为"其书自宋始出，其后方技之家竞相粉饰"。现代研究者中也有人认为此书成于南北朝或唐代，见何晓昕《风水探源》，东南大学出版社1990年版，第34页。笔者认为此书成书年代当以《〈四库全书〉总目提要》说为是。

⑤ 明·张瀚：《松窗梦语》卷五，"堪舆纪"，盛冬铃点校本，中华书局1985年版，第92页。

和“耕田而求食，买地而求种，架屋而求安，读书而求科第，居官而求尊显”一样的日常追求[①]，也就是说，追求风水和饮食安居等事同样重要。但事实上，风水理论绝非明朝政治思想和社会意识的主流，运用堪舆术卜选阳宅墓地，其利通常止于实用。“盖不过远水患，处原避湿，得土之宜，而无浸淫之虞也，然皆为建都谋。至卜其宅兆，则葬埋以安亲体魄。孝子慈孙之心，惟欲得善地，永无崩蚀侵损患害是已。”[②]对于风水理论，明代有人认为其荒诞不足凭，“人之一身，岁不能无休戚，阖门百口，岁不能无盛衰，此必然之理也，而谓生者之命脉其权尽制于死者之朽骨，不亦可笑之甚耶”[③]；因而推崇“住场好不如肚肠好，坟地好不如心地好”之说[④]。但也有人趋之若鹜，为求子孙富贵而不惜迁葬已死多年的先祖于所谓“吉地”。传闻正德丁丑科状元舒芬即因迁建祖坟而得鼎甲魁元：“舒芬之父得一葬地，形家曰：‘此地当发鼎元，然必四世之后。’舒父曰：‘我不能待也。’时芬童年，曰：‘父无患，若地果胜，请移三世祖骸葬于此，儿即应矣。’父从之，芬果大魁。”[⑤]总体来看，明朝宗藩对于风水之说特别迷信者应该是少数，大多只是利用其说辞法术卜选茔地以求子孙昌盛、福寿绵长而已。为追求风水吉地，明朝规定各王府的坟地都要由钦天监差派“阴阳人”卜看，“若陵寝及各王府安葬选择吉地奏用，其差委官生，各有次第，不许紊乱”[⑥]。当阴阳生不敷用时，有时也会以天文生充任。天顺五年（1461年）四月，“太常寺少卿掌钦天监事汤序差天文生充阴阳人往各王府择坟地，校尉觉之。序陈阴阳人精地理者少，故自正统以来，间使天文生代往”[⑦]。有些王府有自养的阴阳人，山西榆次孟家井古瓷窑遗址上嘉靖二十六年（1547年）所立“重修伯灵庙记”碑就有捐助人“晋府阴阳人金善、男金廷成”等记载（图3-1）。

明代皇陵的选址一般遵从《葬书》的形胜理论。明成祖长陵是几近完美的风水绝胜之地，时人蒋一葵论其风水云：“皇陵形胜，自其近而观之，前有凤凰山如朱雀，后有黄花镇如玄武，左蟒山即青龙，右虎峪即白虎。且东、西山口两大水会流于朝宗河，环抱如玉带三十余里，实为天造地设之区。自其远而观之，山虽起自昆仑，然而

---

① 明·李贽：《焚书》卷一，《答耿司寇》，点校本，中华书局1975年版，第30页。

② 明·张瀚：《松窗梦语》卷五，“堪舆纪”，盛冬铃点校本，中华书局1985年版，第92页。

③ 明·谢肇淛：《五杂俎》卷六，“人部二”，点校本，上海书店出版社2001年版，第115—116页。

④ 明·李诩：《戒庵老人漫笔》卷六，“论堪舆”，魏连科点校本，中华书局1982年版，第244页。

⑤ 明·焦竑：《玉堂丛语》卷七，“夙惠”，点校本，中华书局1981年版，第249页。

⑥ 明·申时行等：《大明会典》卷二二三，“钦天监”，影印本，第5册，第2958—2959页。

⑦ 明·孙继宗等：《明英宗实录》卷三二七，天顺五年四月辛巳，校印本《明实录》，第21册，第6739页。

图3-1　山西榆次孟家井“重修伯灵庙记”碑

太行、华岳连亘数千里于西，山海以达医无间，逶迤千里于东，唯此天寿山本同一脉，迺奠居至北正中之处。此固第一大形胜，为天下之主也。我列圣遗弓并妥于此，斯不独天限华夷，有自然之屏障，而王气所钟，真永保国祚于亿万年，镇压沙漠于千百世矣。”[①]（图3-2）《葬书》主张“夫葬，以左为青龙，右为白虎，前为朱雀，后为玄武”，这是指墓穴周围的山势环境而言，具体要求是“玄武垂头，垂头言自主峰渐渐而下如欲受人之葬也”；“朱雀翔舞，前山耸拔端特，活动秀丽，朝揖而有情也；青龙蜿蜒，左山活软宽净，展掌而情意婉顺也”；“白虎驯頫，驯善也，如人家蓄犬驯扰而不致有噬主之患也”[②]。除山势形局要全以外，还要得水，如《葬书》所云：“风水之法，得水为上，藏风次之。”陵园背靠为玄武山，要求山形雄伟高大；左、右两翼山体略小而呈环抱状，分别为青龙山、白虎山；陵园正前方有一孤耸秀丽的小山相对，是为朱雀山，亦称“案山”。陵墓靠近玄武山而建，玄武山前蜿蜒出一小山包，是为玄武垂头处，亦即《葬书》之所谓“百尺为形”处，此小山之前即是所卜葬之吉穴。穴之左、右须各有小砂山一道，有时亦可权作“青龙”“白虎”。两砂山之内须有小股水流过，此小水沟既有“得水”和“界水而止”的风水视觉效果，又具有将山水排走不使之侵染墓穴的实用功效。

明代多数亲王陵墓卜选的风水标准与皇陵相同。如鲁荒王朱檀墓位于山东邹城市东北部的九龙山，形似卧龙，九峰自北蜿蜒而南，从曲阜进入邹城，其龙身处（在曲阜界内）曾发掘过西汉鲁王墓[③]，传说汉景帝之子鲁恭王刘余即葬于此山。明鲁荒王墓则卜建于山南侧第一峰龙头处，其地今属邹城中心店镇尚寨村。陵园建于山坡至山脚

① 明·蒋一葵：《长安客话》卷四，《郊垧杂记·天寿山》，点校本，北京古籍出版社1980年版，第82—83页。

② 晋·郭璞：《葬书》外篇，影印文渊阁《四库全书》本，台湾商务印书馆1985年版，第808册，第29页。

③ 山东省博物馆：《曲阜九龙山汉墓发掘简报》，《文物》1972年第5期。

图3-2　明成祖长陵形胜（自景陵西望）

处，坐北朝南，背靠九龙山，东望卧虎山和凤山，西临亭山和玉皇山，南面为开阔的平原，陵宫门前有白马泉即白马河之源头，为冠带水，正南方有一座小山与陵宫遥遥相对，为朝案，名曰“朱山”（一名朱雀山）①。又如湖北钟祥的郢靖王朱栋墓建于低丘陵地带，陵园坐北朝南，三面环山，背靠大洪山余脉的“祖山”，东为略显高峻的青龙山，西为稍趋平俯的白虎山，左右环抱，三岔河自东而西从陵园前流过，可谓“来龙有序”“去脉清晰”②。再如河南禹州的周定王陵，背靠明山，墓穴开于玄武垂头的半山腰上，左右砂前伸环护，在陵园前端形成阙口，如《禹州志》所称“明山九沟相合”③，前有小案山，其山水形胜和明成祖长陵更为相近，只是格局小而已（图3-3）。江西新建缑岭下的宁献王墓选址也完全符合明代皇室风水标准，山水形胜甚佳（图3-4）。山东长清的德藩诸王陵墓群，背靠东西绵延二三公里的青崖山为玄武山，东西两侧凤凰山、滚粟山夹峙环抱，南面正对九顶莲花山为朝案，墓葬区南侧有大沙河自东南而西北从九顶莲花山下流过，7座王墓各倚青崖一脉而建④（图3-5）。江西南城益端王朱祐槟墓卜建于洪门金华山，山南麓有一座小丘陵，丘陵南端为一小山包，

① 山东省博物馆等：《鲁荒王墓》，文物出版社2014年版，第3—4页。

② 湖北省文物考古研究所等：《郢靖王墓》，文物出版社2016年版，第13页。

③ 清·邵大业修，孙广生等纂：《禹州志》卷一，“山川志”，清乾隆十二年刻本，第15页。

④ 济南市文化局文物处等：《山东长清县明德王墓群发掘简报》，《考古学集刊》第11辑，中国大百科全书出版社1997年版；调查资料。

图3-3　河南禹州明周定王陵园墓室前外望

图3-4　江西新建明宁献王墓及背靠山（房屋门为墓室入口，房后为封土）

图3-5　山东长清明德庄王墓室及玄武山

益端王的墓室即建于这个小山包之中，而在小丘陵及小山包的东西两侧，各有一支余脉向南延伸环抱，陵园即建于这个范围之内[①]。益庄王朱厚烨的陵园位于南城县洪门长塘村殿后山，其形势与端王如出一辙，背靠山的南麓有一座小土丘，高出地表7.8米，土丘左右各有一条支脉向南延伸环拱，形成“城山”，墓室建在小土丘之下，陵宫建于环拱的两条支脉之间[②]。

上述诸王墓都是比较典型的按《葬书》理论卜选墓址的明代亲王陵墓实例。但在实际操作中，并不是各地所有藩封附近都能够选择到“四神”俱全的风水宝地，特别是那些“同藩诸亲王同兆域”者（详后），但一般来说多是青龙、白虎、朱雀三山或

① 江西省博物馆：《江西南城明益王朱祐槟墓发掘报告》，《文物》1973年第3期。

② 陈文华：《江西南城明代朱厚烨墓发掘简报》，见江西省博物馆编《江西考古资料汇编·封建社会部分（下）》，内部刊印1977年版；江西省博物馆等：《江西明代藩王墓》，文物出版社2010年版，第87页。

有缺陷，玄武山都大体符合标准。

明代王墓选址还存在另外一种情况，即据高爽之处平地而葬。大规模王陵区中比较典型的是秦藩，各王陵墓分别建于西安府城以南的鸿固、少陵、韦曲等土塬上（明清时期分属于长安、咸宁两县），北望西安，据地高爽，四顾独尊。秦藩没有按照《葬书》的理论卜择茔地，极可能是受限于西安周围的地理环境，渭北诸山路途遥远，且多被唐朝皇陵占据；终南山在城南，总体上不利于选择好的陵园朝向。或许也有关中地方文化的影响。河南安阳县新丰乡赵简王墓也是据土塬高处而葬，但其地势却如建于山巅。另外，周藩后嗣各王，有些与始祖定王一样近山而葬，也有一些距山较远，卜葬于平地高岗处，并未全守《葬书》之说。因为不受山脉走势的影响，这类墓葬的陵园通常都是有固定的朝向（基本都是朝南），并且神道取直。

《葬书》认为"人受体于父母，本骸得气，遗体受荫"，并进一步解释说"父母骸骨为子孙之本，子孙形体乃父母之枝，一气相荫，由本而达枝也"，"生死殊途，情气相感，自然默与之通"①。这种关于祖先葬地良否能够福祸子孙的认识对于明代皇室也有比较大的影响。该书记载的一种风俗到明初仍有流传："今寻暴骨，以生人刺血滴之而渗入则为亲骨肉，不渗则非气类相感，有如此者，则知枯骨得荫，生人受福，其理显然，不待智者而后知也。"②明太祖本人就曾经用滴血之法检验过其母陈氏遗骨的真伪③，他回忆说："昔遭兵乱，母后之坟为兵所发，朕收遗骸，失一指骨，于坟近地遍求不得，忽得一指骨，然未敢必其是，闻世有以指血验之者，遂啮指滴血其上，果透其中，及以他骨验之，则血不入，乃知亲之气血相感如是，与他人自不同也。"④明朝有些藩王也特别迷信风水之说，注重先人陵墓的选址，甚至借以做帝位之梦。江西南昌市郊梅岭有一处"龙口穴"，为前朝明令禁葬之风水胜地。第四任宁王朱宸濠蓄谋造反夺取皇位，乃于正德十二年（1517年）十月葬其本生母妃冯氏于梅岭，希冀借其"盛气"以助成其非分之想。《明武宗实录》记其事云："西山青岚龙口穴，先朝所禁者，濠复以葬其母。"⑤后来宸濠起兵谋反事败，此事也被列为他的一条罪状。

---

① 晋·郭璞（传）：《葬书》内篇，影印文渊阁《四库全书》本，台湾商务印书馆1985年版，第808册，第13页。

② 晋·郭璞（传）：《葬书》内篇，影印文渊阁《四库全书》本，台湾商务印书馆1985年版，第808册，第13页。

③ 明·胡广等：《明太祖实录》卷四一，洪武二年四月乙亥，校印本《明实录》，第2册，第820—821页。

④ 明·朱元璋：《明太祖宝训》卷一，"孝思"，洪武二年四月乙亥，见张德信等编《洪武御制全书》，黄山书社1995年版，第425页。

⑤ 明·费宏等：《明武宗实录》卷一七五，正德十四年六月丙子，校印本《明实录》，第37册，第3382页。

明世宗以兴王世子入继皇统，其父兴献王原葬于封国安陆（世宗登基后升为承天府，即今湖北钟祥）松林山，“议礼”中荐号曰显陵，并不断按照皇帝陵墓的规制进行改建和扩建（图3-6）。嘉靖十七年（1538年）十二月初四日，世宗之母蒋太后病故，世宗对于迁父柩北来或祔母棺南下及父母合葬与否而几番改变主意，于是有人望风希旨，提出种种建议。巡按直隶御史陈让上言：“臣妄谓陛下：可奉睿宗皇帝遗衣纳之梓宫、饰以衮冕，与皇太后合葬大峪，碑题‘睿宗献皇帝陵’；再以皇太后之遗冠帔纳之梓宫，奉以合葬显陵，碑题‘睿宗献皇帝陵’。此臣之一见也，若陛下必迁显陵以遂孝思，则显陵之在承天者，当为二圣衣冠几杖之藏，以当荆襄旺气。……北陵以配七陵之重也，而近又以慰陛下霜露之思；南陵以收一方之胜也，而远又以留陛下龙潜之迹。”[①]疏入，皇帝以其“二陵用衣冠交葬，从古所无，尤见乖谬”，“诏黜为民”[②]。明世宗虽明斥其言荒诞不经，但最终还是以“峪地空凄，岂如纯德山完美”为由[③]，“决用前议，奉慈驾南祔”[④]，不远千里送蒋太后棺柩南下祔葬于承天显陵，

图3-6　湖北钟祥明显陵龙凤门及远处明楼

① 明·何乔远：《名山藏》卷三四，“开圣记二·献皇后”，影印北京大学图书馆藏明崇祯刊本，北京大学出版社1993年版，第3册，第1938、1939页。

② 明·徐阶等：《明世宗实录》卷二一九，嘉靖十七年十二月壬子，校印本《明实录》，第43册，第4513页。

③ 明·黄凤翔：《嘉靖大政类编》，“章圣南祔”，影印南京图书馆藏明万历刻本，见《续修四库全书》，上海古籍出版社1995年版，第433册，第697页。

④ 明·徐阶等：《明世宗实录》卷二二三，嘉靖十八年四月乙丑，校印本《明实录》，第43册，第4639页。

“以当荆襄旺气”。关于蒋太后葬事，前后四个多月，几经反复，明世宗亲裁独断，其所考虑的焦点，一是要完全使用先朝帝后之礼制，再就是要得风水之宜，核心都是尽人子之孝道①。

实际上，明世宗以藩王之子入继大统不久，就开始有得先人坟墓福荫附会之说行世。“承天府献皇陵寝之地，其南五泉之野古有曰天子墓，今俗呼其地为天子冈。夫荆郢自春秋楚庄称霸以来，代有窃据者，然而未尝埋玉。我朝曾封郢王，及府而薨，今则终于献皇而生今上，岂非其数耶？杭南山邵皇亲坟之原基法因寺也，寺后山壁有湘公篆《易·家人》卦于上，遒劲可观；寺前通衢地名太子湾也。其寺乃五代钱文穆王所建，历世殆五百余年，岂知毁于嘉靖庚子。然而‘家人，利女贞’，五爻聘纳后妃之吉占，又地以太子名，遂成戚里之家，又非其数耶。”②文中“邵皇亲坟”即明世宗本生祖母邵氏母家之祖坟，郎瑛的这段记载，不但认为钟祥显陵之风水祐成帝业，而且还把这种迷信附会到了外亲坟墓。其实杭州“太子湾”之得名，是因为该处在南宋时曾建有庄文太子（宋孝宗之子）、景献太子（宋宁宗养子）等人的“攒所”（暂厝墓地）。因为墓葬选地所宗奉的风水理念不同，对于明朝皇室来说，这里并非“上吉之壤”。

3. 其他因素的影响

地理位置的限定和对风水之说的信奉，是明代各地藩王墓葬选址的主要影响因素。此外，有时还会受到其他因素的左右，其中朝廷相关政策张弛的影响最大，与各王府势力强弱、地方经济条件好坏等也有关联；有时则是由某些特殊的事件所造成，其中最具典型意义的事例是益恭王妃改葬和益藩另卜茔域。

益恭王朱厚炫，益藩始封端王之嫡二子，生于弘治十三年（1500年）七月，因乃兄庄王厚烨无嗣，嘉靖三十六年（1557年）以崇仁郡王晋封。益恭王之妃吴氏卒于万历元年（1573年）五月初八日，次年四月十七日“葬于金华山左资胜山之原”③。万历五年（1577年）闰八月二十八日，恭王薨，益世孙（恭王之孙朱翊鈏，后嗣立，即益宣王）奉旨遵成宪开圹将其与王妃合葬，岂料仅短短三年多的时间，吴妃玄宫内即“水蚁交侵”。益府于是“具书上请，亟图改卜”，将恭王夫妻厝葬浅土10余年，经“恳疏再请”，始于万历二十一年（1593年）正月改葬于“去原穴仅二丈许”的新墓

① 刘毅：《明世宗陵墓礼制思想分析》，《南开学报》2014年第3期。

② 明·郎瑛：《七修类稿》卷四七，《事物类·坟陵有数》，标点本，上海书店出版社2001年版，第495页。

③ 明·佚名：《大明益王妃吴氏圹志》，见陈柏泉编《江西出土墓志选编》，江西教育出版社1991年版，第519页。

穴中[①]。益恭王墓在今南城县洪门镇庄上村南面山上，抗战时期被盗掘破坏，地面现存石像生等，保留了一些改建后的迹象。

在益恭王与吴妃浮厝待葬期间，已经嗣立为益王的朱翊鈏又经历了一次“开圹睹朽”的哀痛。益庄王朱厚烨卒于嘉靖三十五年（1556年）五月二十二日，次年三月十七日“葬于南城县金华山水溅之原”[②]，其元妃王氏先卒于嘉靖二十四年（1545年）。万历十八年（1590年）八月十三日，庄王继妃万氏卒，益王翊鈏“奏奉谕旨，扶柩附葬，开圹睹朽，更敛［殓］易棺，次年辛卯正月五日，重修勒石”[③]。益庄王墓在今南城县洪门长塘村殿后山、洪门水库拦河坝基以南200余米处，1958年因修水库进行了考古发掘[④]，发现益庄王及王妃王氏、继妃万氏的棺柩并置于棺床上，棺四周砌有高1.2米的砖墙，墙内以石灰将三棺之间及棺与墙之间的缝隙填实。这是一种非常奇特的葬法，历年考古发现显示，包括明神宗定陵在内的明代帝王之葬，通常都是将棺椁露陈于棺床之上，而不见这种棺周砌墙并在棺墙缝隙间填充石灰的做法。益庄王墓发掘所见情形，实际上是在不便重新建墓改葬的前提下采取的一种防潮和防虫蚁的措施。另外，在该墓室的前部还发现有装在瓮中的被损原棺残片等物，佐证了《益庄王继妃万氏圹志》中的“更敛［殓］易棺”之说。

正是因为万历年间的这两次“水蚁交侵”“开圹睹朽”的特殊变故，才促使益府亲王卜兆由城南金华山周围改到城北七宝山一带[⑤]；同时墓室结构也由砖石券室改为砖砌石灰椁。也就是说，因为城南兆域的不堪用，益藩才有了城北七宝山新陵址之选和墓室结构的变革。

---

① 明·翰林院撰文：《大明益恭王圹志》，见陈柏泉编《江西出土墓志选编》，江西教育出版社1991年版，第516—517页。

② 明·翰林院撰文：《大明益庄王圹志》，见陈柏泉编《江西出土墓志选编》，江西教育出版社1991年版，第511页。

③ 明·佚名：《益庄王继妃万氏圹志》，见陈柏泉编《江西出土墓志选编》，江西教育出版社1991年版，第511页。

④ 江西省文物管理委员会：《江西南城明益庄王墓出土文物》，《文物》1959年第1期；陈文华：《江西南城明代朱厚烨墓发掘简报》，载江西省博物馆编《江西考古资料汇编·封建社会部分（下）》，内部刊印1977年版；又见江西省博物馆等编《江西明代藩王墓》，文物出版社2010年版。

⑤ 益府北墓区位于南城游家巷村北的女冠山（旧名七宝山），江西省文物工作队在1979年12月到次年3月清理益宣王朱翊鈏与王妃合葬墓时调查认定：明益藩昭、宣、敬、定四王陵园在大约0.25公里的横向范围内自东而西依次毗连，其中昭王墓在宣王墓左侧约50米处，已被破坏。益昭王朱载增，为益恭王长子，原封崇仁王长子，卒于益恭王袭封亲王以前，以其子朱翊鈏袭封亲王而于万历九年（1581年）追加封谥。据《益宣王圹志》记载，朱翊鈏临终前嘱咐“其葬地，当祔我于昭考之侧，庶我得以追欢于地下，且不扰民也”。则七宝山一带最早的亲王墓应该是益昭王园寝，是初葬还是迁葬不得而知，但其陵园按亲王规制改建或添建应不早于万历九年，在益宣王“具书上请，亟图改卜”祖父母恭王及吴妃葬地之后。

二、明代王墓的排布规则

明代各府王墓的排布特点，从大的方面来说，可以分为两种形式，一种是“同藩诸王同兆域”，另一种是“同藩诸王异兆域”。

1. 同藩诸王同兆域

所谓“同藩诸王同兆域”，是指某藩始封亲王及其子孙嗣王若干代毗邻而葬于一个相对独立的自然地理区域范围内，与昌平明十三陵，以及更早的河南巩义北宋皇陵、北京房山金代皇陵等皇陵的“陵区制”基本相同。“陵区制是指那些单座皇陵规模比较小，若干座、甚至整个王朝之历代皇陵同处在一个相对独立的自然地理区域范围内，一般为方圆数里至数十里；并且各陵之间应该有明确的或比较明显的尊卑主从关系。”①这些集中分布的藩王陵墓群，在当地往往也会有“小十三陵”之类的俗称。换言之，“诸王同兆域”就是同藩历代亲王葬于同一陵区。这种形式的藩王陵墓群，通常是始封祖占据了风水或形胜的最佳位置，后代祔葬诸王，有些排列有序，能够看出比较明显的世次尊卑或主从关系，如山东长清德藩诸王陵墓群等；有些则看不出明显的主从关系，如武汉江夏楚藩诸王陵墓群等。

具体到各王府，“同藩诸王同兆域”又可分为亲王同葬而无郡王从葬其间、亲王与部分郡王葬于同一兆域两种略有不同的形式。

只有亲王列葬而没有郡王从葬其间的“同藩诸王同兆域”形式，典型例证有楚藩、唐藩、德藩等。

武汉江夏区龙泉镇龙泉山天马峰下的楚藩诸王陵是最典型的无郡王“诸王同兆域”形式，八代九位亲王葬于同一兆域之中，9座园寝沿山夹沟分布，号称“楚藩九寝”②。龙泉山为东北—西南走向，始封楚昭王陵园建于龙泉山主峰——天马峰之下，已经清理发掘并做了局部复原③。自昭王园寝向西南，为石蓬峰、观音堂山等山，往东北则山势依次下降，分别为龙泉山二、三、四诸峰。龙泉山对面有一道自东北而西南复折向西的小山脉，分别名为玉屏峰、笔架峰、龙帐峰等，与昭王陵园遥遥相对。南北两列山峰之间为谷地，有古河道一条。昭王园寝之左旁天马峰再次峰下为第三代宪

① 刘毅：《中国古代物质文化史·陵墓》，开明出版社2016年版，第220页。

② 清·王庭桢修，彭崧毓纂：《江夏县志》卷二，《疆土志·古迹附》，《中国方志丛书》（华中地方·341）影印清同治八年刊本、光绪七年重刊本，台北成文出版社有限公司1976年版，第1册，第183页。

③ 湖北省文物考古研究所等：《武昌龙泉山明代楚昭王墓发掘简报》，《文物》2003年第2期。

王园寝，坐西北朝东南。其余诸王陵园皆在天马峰对面，与昭王陵园隔古河道相望，自东北而西南依次为第二代庄王陵园、六代七任愍王陵园、七代八任恭王陵园、四代五任靖王陵园、五代六任端王陵园、八代九任末王陵园、三代四任康王陵园（图3-7）。其中庄王陵园朝正西，康王陵园朝东北，其余诸陵园皆大致为坐东南朝西北。诸王陵墓的排列位次看不出明显的辈分、长幼规则。特别是恭王陵园夹在父愍王、曾祖靖王二陵园之间，更是无法按辈分、长幼等规则来解释；其成因或许和龙泉山陵墓区各园寝用地系渐次购自民间有关，也不排除这种排列有今人无法理解的其他意义。

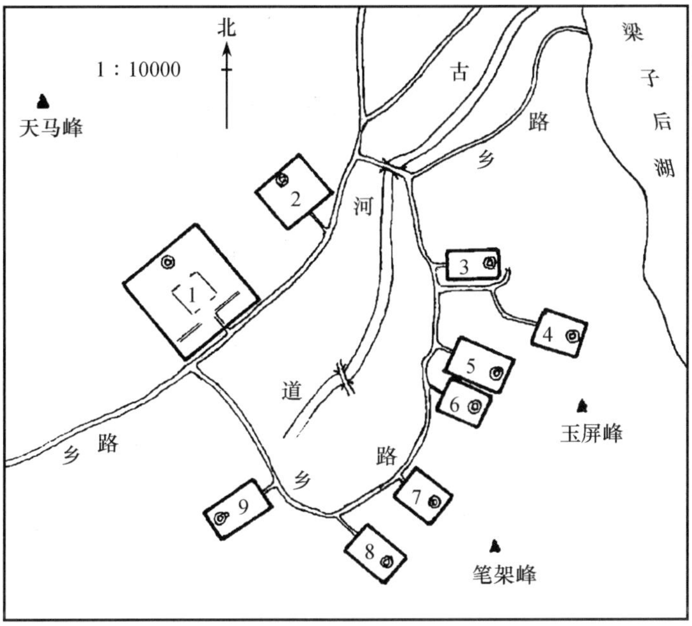

图3-7 明楚藩诸王陵园分布示意图
（据《楚天名胜龙泉山》附图改绘）
1. 昭王陵 2. 宪王陵 3. 庄王陵 4. 愍王陵 5. 恭王陵 6. 靖王陵 7. 端王陵
8. 末王陵（地地称曰“贺王陵”） 9. 康王陵

楚藩郡王墓葬不在亲王陵墓区，在龙泉山西北约10公里处的流芳岭镇等地曾集中发现过一些王妃、郡王，以及将军、中尉等人的墓葬（基本都在今光谷高新区范围内），如佛祖岭村二妃寝湾妃嫔墓葬区①、牌楼舒村人楚王家族墓葬②、通城王朱英熔

① 国家文物局主编：《中国文物地图集·湖北分册》，下册，《二妃寝墓群》，西安地图出版社2002年版，第25页。

② 武汉市文物考古研究所：《武汉市江夏区流芳岭明墓发掘简报》，《江汉考古》2000年第3期。

家族墓[①]、镇国中尉朱显栻墓和辅国中尉朱英𤇿墓[②]等。

河南南阳北郊的唐藩诸亲王陵墓分布与楚藩龙泉山陵墓区相似。唐藩始封为明太祖第二十三子唐定王朱桱，从始封至崇祯末共传九世，十王。据清代所修《南阳县志》记载，“明唐定王、靖王、唐世子，并宪、庄、成、敬、顺、端、裕诸王墓均在紫山……，今山阳荒冢累累，碑碣无存”[③]；紫山诸王园寝现已经没有明显的地面遗迹可寻。以《南阳县志》等方志记载结合紫山一带的地理环境来分析，唐藩的郡王墓应该不在紫山兆域，但大多也都葬在南阳府城附近（如紫山西南的羊山、磨山等），具体墓址多已失考。1971年发掘的唐定王孙女潊水郡主墓[④]、2006年发掘的唐定王之孙承休荣和王朱芝垠墓[⑤]，是为数不多的唐藩宗亲墓葬实例，但都不在唐藩核心墓葬区。

德藩也是典型的诸王同兆域模式，诸王陵墓分布在今山东长清县五峰乡东马村迤东的青崖寨山，东西绵延二三公里，7座王墓在青崖寨山南麓，各倚一支脉而建，自东而西依次编号为M7、M1、M2、M3、M4、M5、M6，其中M4出土圹志两方，可确证为始封德庄王朱见潾及其王妃刘氏墓，俗称“老王林”[⑥]。另外，M1、M3、M6三座陵园地面遗迹保存相对较好，但规模都远远小于庄王陵园（详见本书第二章），现已无法从地面的遗存物确定墓主，只是大体可以看出是以始封王居中，子孙继承者葬在两侧（图3-8）。

有些藩府也是历代亲王葬于同一兆域，但和楚、唐、德等藩明显不同的是，除亲王以外，还有一些郡王也从葬于同兆域中。如辽藩七世，共八王，按袭次先后依次为简王植、废王贵烚、肃王贵煐、靖王豪墭、惠王恩鐕、恭王宠涭、庄王致格、废王宪㸅。《江陵县志》记载：“明辽简王植墓，在城西北八岭山。植，太祖第十三［五］子，薨，谥简。亦曰辽陵。松滋安惠王、益阳安僖王、麻阳悼僖王、应山悼恭王、枝江庄惠王，俱在八岭山。肃王贵煐、靖王豪墭、惠王恩鐕、恭王宠涭、庄王致格，墓俱在八岭山。……辽庶人宪㸅墓，未详所在。万历［隆庆］二年，国除，谪死凤阳。

---

① 武汉市文物考古研究所：《武汉市明通城王朱英炌家族墓地发掘简报》，《江汉考古》2014年第6期。其人及世系、生平等《明史·诸王世表》缺载。

② 武汉市博物馆：《黄家湾明代楚王朱氏墓》，《江汉考古》1998年第4期。

③ 清·潘守廉修，张嘉谋纂：《南阳县志》卷二，《疆域志》，《中国方志丛书》（华北地方·457），影印清光绪三十年刊本，台北成文出版社有限公司1976年版，第226—227页。

④ 刘霞：《南阳明故潊水郡主墓》，《东南文化》2004年第5期；刘霞：《南阳明潊水郡主墓出土的一批金器》，《中原文物》2007年第1期。

⑤ 南阳市文物考古研究所：《南阳明墓》，大象出版社2010年版，第89—93页。

⑥ 鲁波：《济南市五峰山发现明德王墓》，《文物》1994年第5期；济南市文化局文物处等：《山东长清县明德王墓群发掘简报》，《考古学集刊》第11辑，中国大百科全书出版社1997年版。

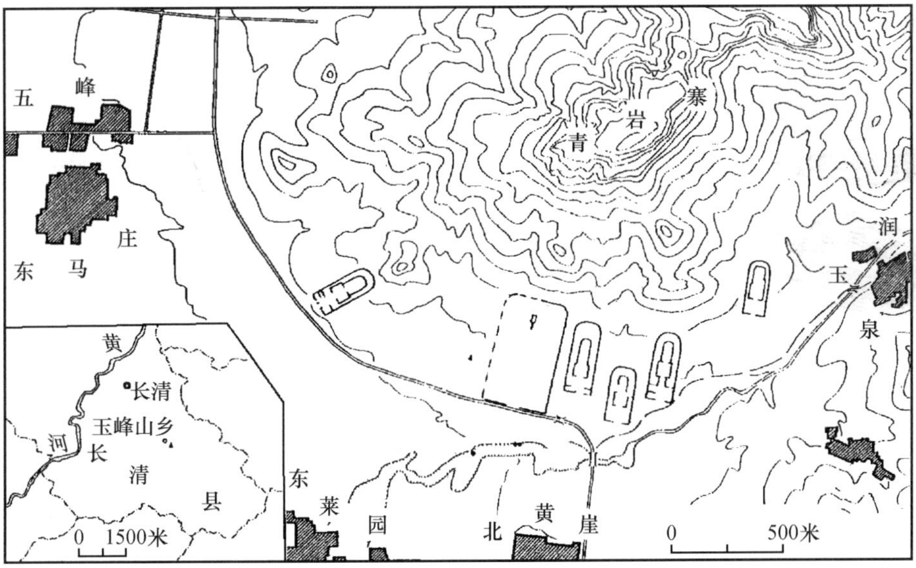

图3-8　明德藩诸王园寝分布图

（引自《考古学辑刊》第11辑，1997年）

后以庶人母妃请，葬于荆。”[①]据此可知，江陵西北八岭山一带不仅葬有辽国6王及2任废王，还有不少郡王从葬其间，其中辽简王墓经过考古发掘[②]，佐证了辽藩墓葬区的地望所在。

庆藩分封于宁夏（今宁夏银川），历代亲王墓均在韦州（今宁夏同心县韦州镇），诸郡王也大多从葬于这片兆域中，只有安塞宣靖王朱秩炅之墓在贺兰山干沟儿孤山之下。嘉靖《宁夏新志》记载：“庆藩之墓俱在韦州。（安塞宣靖）王生时立墓于此（指贺兰山干沟儿孤山）。”[③]根据该《志》卷三中关于韦州庆藩诸陵墓的著录，结合《明史·诸王世表》中“庆藩”条下的有关记载分析[④]，可知凡卒于《宁夏新志》修成的嘉靖十九年（1540年）以前的庆藩历代亲王、郡王，除因过废死等特殊原因外，基本都营葬于韦州蠡山兆域。宁夏回族自治区文物管理委员会20世纪80年代的普查资料表明，明代庆藩墓区在今同心县城东北约90公里的大罗山麓，东距韦州古城5公

① 清·崔龙见、魏耀修，黄义尊纂：《江陵县志》卷二六，“冢墓”，乾隆五十九年尊经阁刻本。

② 荆州地区博物馆等：《江陵八岭山明代辽简王墓发掘简报》，《考古》1995年第8期。

③ 明·胡汝砺纂修，管律重修：《嘉靖宁夏新志》卷二，《宁夏总镇·陵墓》，陈明猷点校本，宁夏人民出版社1982年版，第179页。

④ 明·胡汝砺纂修，管律重修：《嘉靖宁夏新志》卷三，《所属各地·韦州·墓》，陈明猷点校本，宁夏人民出版社1982年版，第217页；清·张廷玉等：《明史》卷一〇二，《诸王世表·庆王》，标点本，第9册，第2715—2727页。

里，墓葬区范围260平方公里，现存土冢34座，多于《宁夏新志》所开列的31座[①]（图3-9）。韦州蠡山最早的园寝——庆靖王墓已于1967年被拆毁，文物部门只征集回一件《大明庆靖王圹志》；二代庆王康王的墓室经过考古发掘[②]。

图3-9　宁夏韦州蠡山明庆王墓葬区

代藩的情况比较特殊，各代亲王墓集中于大同城东马辅山南坡，属于诸王同兆域，但各园寝相对分散，还有一些郡王从葬其间。另外，因人口众多，边地养赡困难，部分代府郡王奉旨徙封山西内地，各郡王墓在整体上比其他藩府墓葬分离得更远。

历代靖江郡王陵墓的分布也和辽、庆等藩相似。靖江王墓群在广西桂林东郊的尧山西麓，兆域中不仅有郡王陵墓，将军、中尉等其他同支宗亲也多从葬其间。历年调查发现，尧山墓葬区有靖江王和王妃合葬墓11座，王次妃墓3座，还有辅国将军、中尉及宗室人等的墓葬，共计320余座[③]。以营造年代最早的悼僖王陵园为中心，九代靖江王、始封王衣冠冢及大部分宗亲墓葬都在尧山西麓南侧的平冈地上，各王墓规模不等，朝向不一，看不出明显的辈分尊卑关系，应该是各依山原之势卜建（图3-10）。第十一任宪定王墓、十二任荣穆王墓分别位于南墓区以北约2公里和4公里处，所在地貌为山之缓坡，或有另辟陵墓区的意图，但从实地勘察来看，可能也是受限于尧山祖墓区地势不得已而为之。

在明代诸藩府中，有些是大多数亲王葬于同一兆域，个别亲王因故别葬他处，

① 宁夏回族自治区文化厅文管会编印：《文物普查资料汇编》，宁夏回族自治区文化厅文管会内部资料，1986年，第114页。

② 许成等：《同心县任庄村明代王陵》，《中国考古学年鉴1984》，文物出版社1984年版，第175—176页。

③ 罗标元等：《靖江王墓群简介》，《广西文物》1987年第1期；广西文物保护与考古研究所等：《桂林靖江昭和王陵考古发掘清理报告》，科学出版社2014年版；广西文物保护与考古研究所等：《桂林靖江王陵考古发掘清理报告集》，科学出版社2017年版。

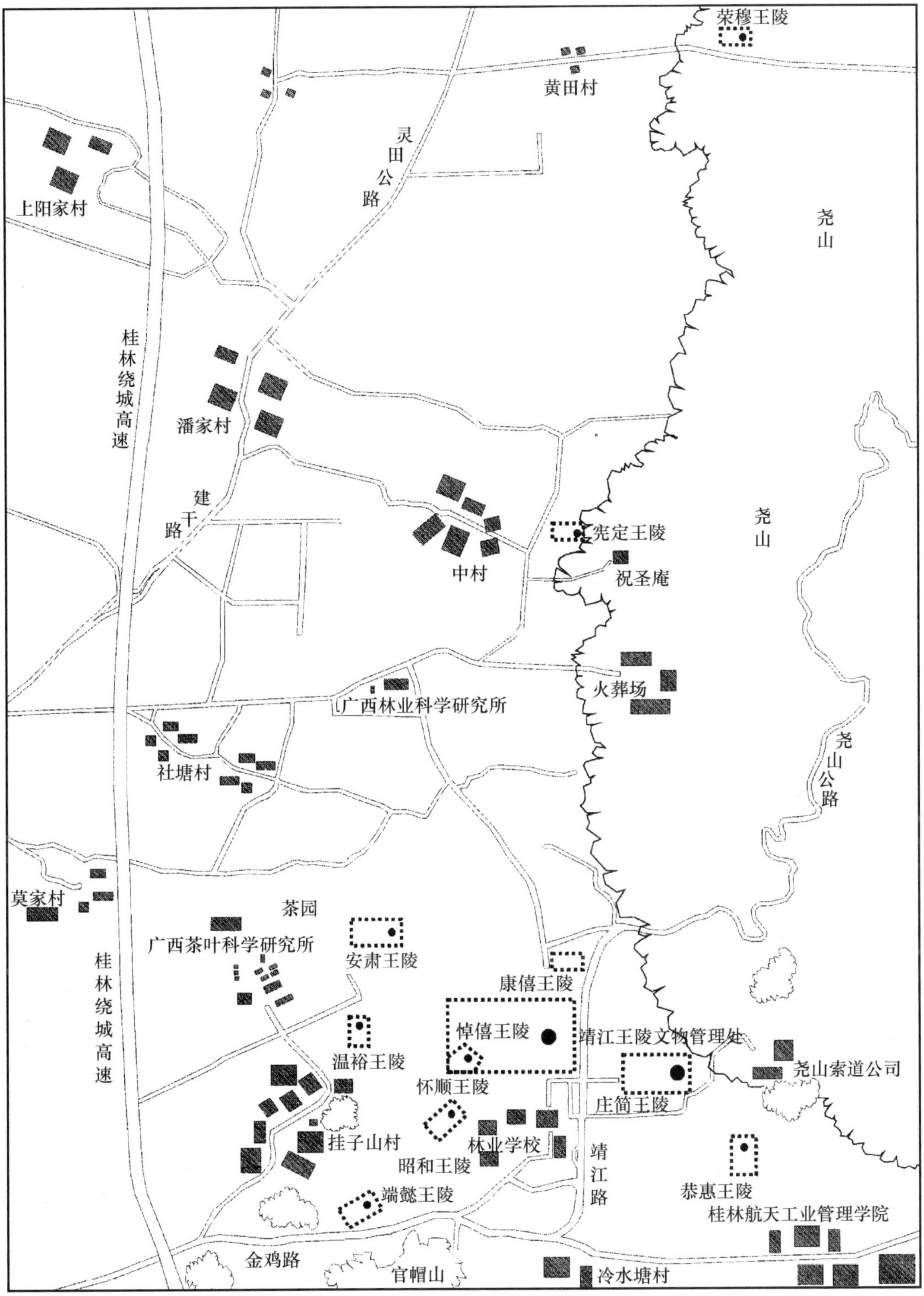

图3-10　广西桂林明靖江王墓分布示意图
（引自《桂林靖江王陵考古发掘清理报告集》）

这种情况仍可视为诸王同兆域，甘肃榆中的肃王陵即属于这种类型。肃藩九世，共九王，另有追封三王，据清代所修兰州地区的府、县方志记载，有九代肃王墓卜建于皋兰县平顶峰，肃宪王薛夫人墓和末代肃王朱识鋐（崇祯十六年冬死于李自成军）墓亦在其中。调查表明，在今甘肃榆中县来紫堡乡黄家庄村平顶峰下共有明肃藩陵园11座[①]（图3-11），与记载相吻合。肃藩有两位亲王葬于榆中陵墓区之外，“安王墓在县西五里圃子湾，宪王墓在县西南二十里周家山”[②]。

图3-11　甘肃渝中明肃藩亲王陵墓区

追封肃安王朱弼柿，为肃恭王世子朱真淤（追封靖王）第四子，卒于原封镇国将军之秩，因其子懿王承袭肃王之爵而得追晋新封谥，故而未得葬于榆中平顶峰。兰州市上西园曾发现过一座明代夫妻合葬墓[③]，墓主身份不详，但从二龙戏珠金簪、金凤钗等随葬品来看，墓主应系肃藩王室贵族无疑。徐苹芳先生认为此墓墓主是“肃王家族中的某郡王”[④]。该墓出土黑漆碗底面有“嘉靖拾陆年四月十七日监造内使”等字，结合墓址所在地望考之，墓主或即追封的肃安王。肃宪王朱绅尧卒于万历四十六年（1618年），其墓在今兰州市七里河区西津坪村，宫墙、封土、墓室等尚存。宫墙、封土、墓室等尚存。今兰州上西园、西津坪一带应该也是明代肃藩的集中墓葬区，位于肃宪王墓东北方向的晏家坪（明代称烟家坪）曾发现过肃藩延长王家族墓[⑤]，出土有“大明延长王长子夫人何氏墓志”等，墓主为始封延长郡王朱真滰（肃恭王第六子，谥庄懿）长子朱弼栋元配何氏。

肃宪王园寝等墓葬所在之形胜格局比诸榆中平顶峰不遑多让，只是受限于山水，各墓朝向多为倒座（坐南朝北），早期可能只是若干郡王府的墓葬区。从肃宪王玄宫营造法式严正来看，应该是生前所造寿墓；而其之所以择地别葬，或有另辟新陵墓区

① 甘肃省博物馆资料；施连山：《明肃王墓考略》，《西北史地》1997年第4期；刘毅：《甘肃榆中明肃庄王陵墓调查》，《中原文物》2012年第3期。

② 清·陈士桢修，涂鸿仪编辑：《兰州府志》卷四，《祠祀志附冢墓》，《中国方志丛书》（华北地方·564），据清道光十三年刊本影印，台北成文出版社有限公司1976年版，第268页。

③ 甘肃省博物馆：《兰州市上西园明墓清理简报》，《考古》1960年第3期。

④ 中国社会科学院考古研究所编：《新中国考古发现与研究》，文物出版社1984年版，第631页。

⑤ 朱亦梅：《兰州晏家坪明肃藩系延长王墓葬发掘记》，《东方收藏》2012年第5期。

的意图，但仅30余年后其子嗣王朱识鋐即死于李自成之手，成为肃藩末代王，藁葬于榆中墓葬区。

2. 同藩诸王异兆域

所谓“同藩诸王异兆域”，是指某藩历代亲王分散葬于若干处或至少两处以上不同自然地理区域中。这种王墓的分布情况比较复杂，大致包括三种具体形式，其一是同藩各王陵完全分散，看不出明显的整体分布规律，如周藩、鲁藩等；其二是同藩各王陵分布于一条山系间或同一个比较大的地理环境中，在大的范围内可能也有某些长幼等排序规则，但各王陵园的实际距离较远，如秦藩、晋藩、伊藩、宁藩、襄藩、吉藩等；其三是同藩历代王陵分别集中分布于二三个不同区域中，即“大分散、小集中”，如蜀藩，以及益藩后期陵墓群等。兹分述如下。

（1）周、鲁二藩亲王陵园分散，相互之间关联性不强，属于最典型的同藩诸王异兆域而葬。

周藩亲王陵墓分布很分散，分别在今河南禹州（万历以前名钧州）、开封、荥阳等地。其中始封定王、六世七任恭王、十世十任端王葬禹州，二世二任宪王葬开封，其余简王、靖王、懿王、惠王、悼王（追封）、康王（追封）、庄王、敬王皆葬荥阳（图3-12）。崇祯十七年（1644年），周王朱恭枵避乱南遁，薨于淮安旅次，葬地不详。禹州周藩三王墓，现在看来是按年代早晚自北向南（自左向右）排列的，但墓主世次间隔较远，应该不是统一规划设计，更可能是因山水自然之势而卜选；至于荥阳的诸亲王墓则看不出明显的世代排列规则。周藩始封郡王前后共有70余位，他们及其后嗣者的葬地分布在今荥阳、郑州、开封、祥符，甚至更远的汝宁府上蔡县等处，如顺阳怀庄王朱有烜墓等[①]。

鲁藩历代亲王也是典型的异兆域而葬，其始封鲁荒王葬于山东邹城九龙山，诸嗣王的陵园则顺次向东、向南排列，分布在今邹城、泗水、滕州、平邑四县之境。根据明人于慎行《兖州府志》中的记载及现代考古调查可知，葬于邹县境内的，除荒王外，还有鲁靖王及钜野、安丘、乐陵、阳信、高密、新蔡、馆陶、滋阳等同藩郡王；泗水县境内，有鲁惠王、端王、恭王，另有钜野、东瓯、东阿等郡王墓；滕州有鲁庄王墓；平邑有鲁怀王、悼王等王墓。此外，还有乐陵、安丘等郡王葬于今峄县境内。鲁藩诸王之葬地基本上没有统一规划，但从亲王陵墓的整体分布上来看，有世次越靠后墓址选择越向东、南的倾向。二世靖王陵园位于一世荒王园寝东偏北之云山，三世惠王陵园位于更东的泗水九奇山（今名二岐山），四世庄王陵园向南在滕州东南的狐

① 孙凯：《明代周藩王陵调查与相关研究》，《中原文物》2011年第3期；孙凯：《明代周藩王陵调查与研究》，中州古籍出版社2014年版，第129—130页。

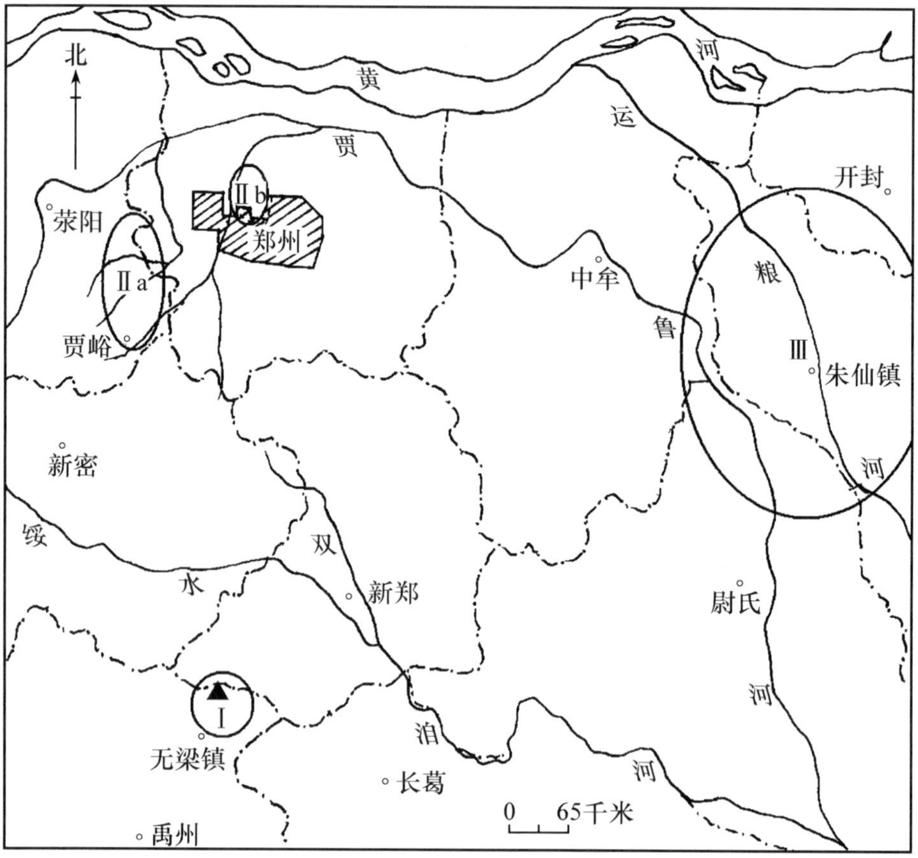

图3-12　周藩王墓分布示意图

（引自《中原文物》2011年第3期）

台山，五世怀王、六世悼王均未嗣位而先卒，其墓均在惠王陵园东南、庄王陵园东偏北的平邑毓秀山。九世敬王陵园在明费县奎山之原（今属平邑县丰阳乡东午门村，有敬王嫡妃墓志出土）[①]。亲王陵园向东南延布是大的走势，但在具体区域内却又有父东子西的布局，如毓秀山陵园即是怀王在东，悼王在西。七世端王、八世恭王复向北葬于二岐山兆域，端王陵园居于在惠王之西，恭王园寝在最西。二岐山三墓尊长在东、卑幼在西的原因，可能与山势走向有关，二岐山大体呈东西走向，五峰并列，东为龙头，西为龙尾，惠园在东起第2个山头偏东，端园在第3个山头偏东，恭园在第5个山头偏东。

（2）秦、晋等藩府的坟墓相距较远，在现代，甚至在明代的行政地理上跨州越县，但诸王陵园在自然地理上属于范围比较大的同一区域，有些则看不出明显的关联

① 王相臣等：《平邑县博物馆藏的三方明代墓志》，《北方文物》2006年第2期；国家文物局主编：《中国文物地图集·山东分册》，下册，《鲁敬王妃墓》，中国地图出版社2007年版，第787页。

关系，如秦藩、伊藩等；有些能大致看出一些关联关系，如晋藩、襄藩。这是一种比较特殊的同藩诸王异兆域而葬的方式。

1）秦藩历代亲王和诸多郡王墓都在王府城南的黄土塬上，但因土塬环境所限分为若干个区域。按照乾隆时所修《西安府志》的记载，结合现代调查资料佐证，秦藩十四位亲王分葬于四处。早期的愍、隐、僖、怀四王，以及中期的昭王葬鸿固原，中期的康王、惠王葬少陵原，简王、定王葬韦曲原，晚期的宣、靖、敬、肃、景五王葬高望原；末王被李自成所掳，葬地不详。秦藩另有追封王五人，为昭王祖父安王、父庄王，宣王曾祖恭王、祖父顺王、父端王，他们均以郡王或将军等原封爵入葬，其中秦安王朱公铭为简王庶七子，原封临潼王，"临潼惠简王公铭墓，《通志》：在韦曲原"[①]。其余诸追封王葬地在方志类文献中语焉不详。秦藩郡王墓的分布应该有一定的规律，似以愍王位下诸子郡封为单位，分府而葬。现长安等地有"大府井""二府井""五府井"等地名，应与不同郡王支派及其位下宗室墓葬分布区域有关。

河南洛阳伊藩王墓的地理环境与秦藩相近，皆分布于洛阳以北广义的邙山上，但互不联属；许多墓址已经失考。清乾隆时修《洛阳县志》记载："明伊厉王墓，在县西五十里邙山，……考得在正北路东老井村"；"伊简王墓，在县西南三十里三山之阳，……考得在西南路老井村"；"伊安王墓，在县东北十里邙山之阳……；伊悼王墓，在县西六十里魏山……；伊定王墓，在县西北十里上店保乾山阳……；伊庄王墓，在上店保乾山阳；伊敬王墓，在县正北路西老井村。"[②]其中伊厉王墓已被确认，在今洛阳谷水西北邙山顶老井村东，与王妃刘氏同坟异穴合葬（图3-13），当地称为"东山头大冢"[③]。另外，邙山地区还曾经发现过一些伊藩郡王、将军的墓葬。由于缺乏比较系统准确的考古资料，加之古今地名、小范围内地理环境变化，伊藩各陵园之间的关系很难判定，仅从《洛阳县志》记载来看，各陵园之间应该没有明显的代际关联。

宁藩献、惠（追封）、靖、康四代亲王皆葬于江西新建的西山。西山因位于南昌府赣江以西而得名，是一条由若干座小山构成的西南—东北走向的山脉。其中宁献王朱权墓在石埠乡潢源村西缑岭，经过考古发掘[④]；宁惠王朱盘烒墓在遐龄峰，宁靖王朱

① 清·舒其绅等修，严长明等纂：《西安府志》卷六五，《古迹志下·陵墓》，《中国方志丛书》（华北地方·313）影印清乾隆四十四年刊本，台北成文出版社有限公司1970年版，第5册，第3306页。

② 清·龚崧林纂修，汪坚总修：《洛阳县志》卷三，"山川"《中国方志丛书》（华北地方·476），据清乾隆十年刊本影印，台北成文出版社有限公司1976年版，第1册，第228—229页。

③ 徐金星等主编：《洛阳市文物志》，《明代伊王朱㰘墓》，洛阳市文化局刊印1985年版，第133—134页。

④ 陈文华：《江西新建明朱权墓发掘》，《考古》1962年第4期。

图3-13　河南新安明伊厉王墓

奠培墓在烟溪双岭，均已被破坏且无详细资料；宁康王朱觐钧墓及其元妃徐氏墓在乌溪乡润溪罗村，1951年冬被农民挖开①。在这一区域中及附近还先后发掘过宁康王次妃冯氏（废王宸濠生母）墓②、宁靖王夫人吴氏墓③。此外，宁藩一些郡王也建墓于西山之原，经过清理发掘的有乐安昭定王朱奠垒墓等④。西山兆域中各亲王、郡王墓在整体上看不出明显的长幼尊卑排序关系。

2）晋藩诸亲王墓也是各兆域不相联属，分布地域包括今太原、临汾、阳曲、榆次等地，属于同藩亲王异兆域式埋葬。但太原和阳曲、榆次相接，晋府大多数亲王都葬在太原以东的山丘地带，基本可以确认的恭、端、简三王陵园，分布于一条圈椅背状的山脊上，经过清理发掘的晋裕王墓则在更东南方的榆次苏村。此外，在恭王墓东北约1公里多的黑驼村原有传说为晋王后裔的"小王墓"，曾出土过耳环和金银首饰等物；距西峰村1公里多的窑子上明墓早年被盗，地表有琉璃构件和砖瓦；还有俗称"三（山）王墓"的郑村墓等⑤，可能都与晋府有关。远离太原的临汾晋王墓的出现则是因

① 王咨臣：《新建县古墓葬调查记》，《南方文物》2003年第4期；孙家骅等主编：《手铲下的文明——江西重大考古发现》，江西人民出版社2004年版，第534页。

② 郭远渭：《南昌明宁康王次妃冯氏墓》，《考古》1964年第4期。

③ 江西省文物考古研究所：《南昌明代宁靖王夫人吴氏墓发掘简报》，《文物》2003年第2期。

④ 徐兴万等：《明乐安昭定王墓清理记实》，《南方文物》1993年第3期。

⑤ 国家文物局主编：《中国文物地图集·山西分册》中，《黑驼明墓》《窑子上明墓》《郑村墓葬》，中国地图出版社2006年版，第6页。

为晋府的一场变故。洪武三十一年（1398年），晋藩始祖恭王朱棡薨，嫡长子朱济熺嗣立，为庶弟济熿所构陷，永乐十二年（1414年）与世子朱美圭俱被废为庶人，出守恭王陵园。朱济熿袭封晋王，“益横暴，至进毒弑嫡母谢氏，逼烝恭王侍儿吉祥，幽济熺父子，蔬食不给。父兄故侍从宫人多为所害，莫敢言”①。废王济熺父子被幽十年，真相渐露，成祖乃封美圭（原晋世子）为平阳王，令其奉父居住平阳（今山西临汾）。仁宗即位，赐济熺王者冠服。宣德二年（1427年）四月，晋王济熿因勾结汉王高煦图谋不轨事发，被废并幽禁于凤阳，晋国除封。宣德十年（1435年），废王济熺卒于平阳。同年，明英宗即位，令朱美圭嗣晋王位，还居太原，朱济熺被追谥为晋定王，但墓园却保留在了临汾。

襄藩诸亲王皆葬于襄阳府城以西的山谷中，这些墓葬所在地自明以来分属谷城、南漳两县。据襄樊市考古队等单位调查，除襄简王墓在隆中外，襄诸亲王墓均在今谷城、南漳交界的一条西北—东南走向的山脉间②。始封宪王墓在谷城县茨河镇承恩寺村殿沟，自宪王而后，诸王陵墓多向东南卜葬。康王墓在宪王墓以西，定王墓在宪王墓以南，庄王墓在定王墓东南，靖王墓在庄王墓以南。虽然各陵墓所凭依的山脉连成一体，但各陵园之间的实际距离却甚远。以第一代宪王陵园为基准点，大体上有年代、辈分越晚，墓葬位置越靠近山外的排列规律（图3-14）。襄藩诸王陵园的排列方式粗线条看有一定的规律可循，和晋府颇为相似；前述鲁藩以兖州王府为基准点，时代越晚，亲王陵墓越向外（南）分散，与襄藩王墓的排列也有异曲同工之妙。另外，河南

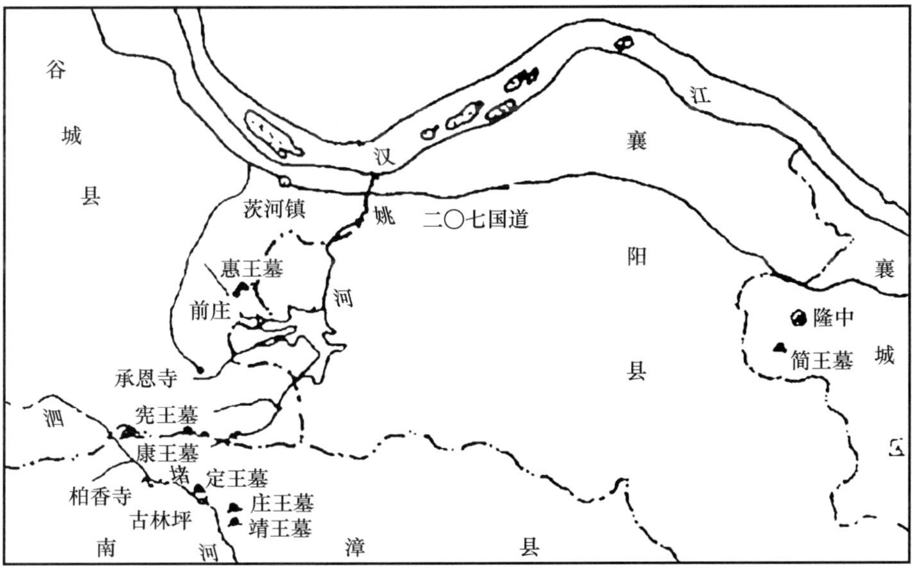

图3-14　湖北襄阳明襄藩诸王墓分布图

（引自《江汉考古》1999年第4期）

① 清·张廷玉等：《明史》卷一一六，《诸王传·晋恭王棡》，点校本，第12册，第3563页。

② 襄樊市考古队等：《明襄阳王墓调查》，《江汉考古》1999年第4期。

禹州的徽藩前二代王墓的排列形式与晋王墓比较接近，二代简王园寝建于始封庄王园寝的右砂上。

与晋、襄二府情形相似的还有位于今河南安阳县的赵藩诸王陵墓，据清乾隆《彰德府志》记载："明赵简王、惠王、悼王、靖王、庄王墓，俱在县西五十里。赵康王墓，在县西寿安山。"①以地方志记载结合现代考古调查结果，可以基本确认：除赵康王葬城西以外，自始封简王以下，赵藩各王陵墓大多分布在彰德府（今河南安阳）西北的一道土山（塬）间。由于缺乏实证资料，各王陵园之间有没有明确的排列位置关系尚不明确。

吉藩七世，共八王，另有追封王或世子，皆葬于长沙府东南跳马山区域，今属长沙县跳马乡。不同的陵园具体分布于跳马村跳马涧组关山、跳马村水库组黄金冲皇坟山、跳马村洞塘水库西皇坟坡、跳马村落金坝组瓦窑冲、复兴村杨家山和细坡子、凤凰山山腰、三仙岭村香草组三仙岭共7处（图3-15）。2009年，长沙市文物考古研究所、长沙县文物管理局对吉藩王墓群进行了初步调查②，共发现墓园7处、王室墓葬18座；认为7处陵园分别对应7任吉王，各陵园分布大体上有从北（早）到南（晚）的趋势。

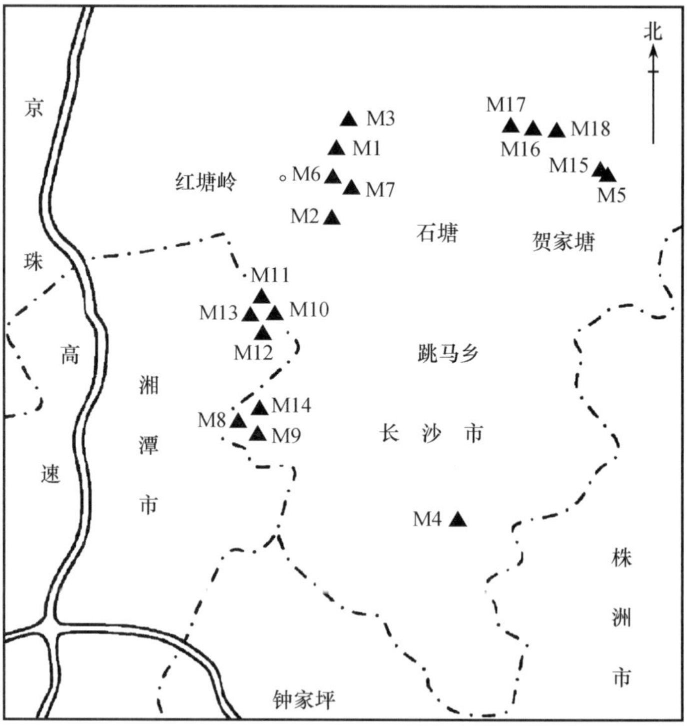

图3-15　湖南长沙明吉藩诸王墓分布示意图

（引自《湖南考古辑刊》第9集，岳麓书社，2011年）

① 清·刘谦等纂：《彰德府志》卷六，"古迹（附陵墓）"，乾隆五年刻本，第13页。

② 长沙市文物考古研究所等：《湖南长沙明代吉王墓群调查报告》，《湖南考古辑刊》第9集，岳麓书社2011年版。

（3）历代蜀王也是分别葬于不同兆域，但与前述两种情况不同的是，蜀藩诸王皆葬于成都附近，只有个别略远（如和王、定王）；而且每片墓葬区域中一般都不止有一座亲王墓园，有些还有郡王从葬其间。分析明清以来地方志记载和近50年来的考古调查发掘资料，蜀献王、悼庄世子、蜀靖王的陵墓在成都市北郊的天隳山一带，其地今属金牛区天回镇。蜀僖王、惠王、昭王等亲王葬于成都市东郊龙泉驿区，这一带包括十陵镇南部、洪河镇北部的黄土陇冈区域，是一个比较集中的蜀藩墓葬区。在成都市区东南还发现过蜀怀王及王妃墓，锦江区琉璃河乡的潘家沟村也有明代蜀王及王妃的墓葬[①]。据清嘉庆修《四川通志》记载，成都府成都县，“明蜀献王、蜀靖王墓俱在县北三十里天回山，悼庄世子墓、崇庆王墓俱在县北十里威凤山”；成都府华阳县，“明蜀端王墓在县东十五里毓灵山，蜀昭王墓在县东二十里东山，黔江悼怀王墓、蜀僖王墓俱在县东北三十里正觉山，蜀怀王墓在县东二十里东景山”。在成都府以外的资州直隶州仁寿县，“明蜀定王墓在县东八十里东溪山”[②]。由此可以看出，明代蜀府王陵的分布总体上呈分散的趋势，其选址大致呈现出从成都府城北（凤凰山）到东（正觉山等地）、再到东南（三圣乡）的轨迹，但在特定范围内亲郡王的陵园却相对集中。有研究者归纳已知考古资料，认为历代蜀藩亲王墓分为成都北郊、成都东南郊、黄龙溪（双流）、仁寿4个墓葬区[③]；也有研究者把能够确定的蜀王墓分为（成都）城北、城东、城南三个陵区[④]。

益藩诸王陵兆域按时代先后分在两处，早期的端、庄、恭三王皆葬建昌城（今江西南城）东南洪门乡丘陵地带，以洪门为中心，但三王陵园并不毗邻；益末王朱慈炱（明亡后被杀于广州，王府太监扶棺还葬）及铜陵恭简王、淳河怀僖王等人祔葬同一区域。晚期的益昭王（追封）、宣王、敬王、定王四代葬城东北岳口乡游家巷村七宝山下，4座陵园东西毗邻相望，连成一片；另有浦阳王等郡王祔葬。益府金华山墓葬区与宁藩西山墓葬区颇为相似，七宝山墓葬区则属于典型的诸王同兆域。

与上述同藩诸王异同兆域而葬两种形式重叠，明代藩王陵墓的分布还存在一种特殊情况，即不同藩封的亲王葬于同一府城甚至州县范围内。

明初周王开府开封，始祖周定王的陵墓卜选于钧州（今河南禹州）明山，后又有六世恭王（薨于嘉靖十七年，1538年）、十世端王（薨于崇祯八年，1635年）葬于其

① 成都市文物考古研究所：《成都市2004年田野考古工作述要》，《成都文物》2005年第1期；成都文物考古研究所：《成都市三圣乡明蜀“怀王”墓》，见成都文物考古研究所编《成都考古发现2005》，科学出版社2007年版，第382—428页。

② 清·常明等修：《四川通志》卷四七，《舆地四十六·陵墓四》，影印清嘉庆刊本，巴蜀书社1984年版，第2册，第1828、1837页。

③ 张南金：《明代蜀藩亲王墓葬的分布及相关问题试析》，《四川文物》2020年第2期。

④ 易立等：《明代蜀王陵墓的发现》，《大众考古》2021年第3期。

南。其间成化十七年（1481年）徽庄王朱见沛出藩钧州，徽藩诸王（包括郡王）亦葬于钧州，于是钧州周围就兼有了周、徽两藩的亲王陵墓。但二藩王墓兆域并不相接，周三王陵园在禹州东北无梁镇始祖山东缘，而徽藩庄、简二王陵园则在禹州西部鸠山镇大鸿寨山东缘，恭王墓位于今禹州市区西南。

周、徽二藩属于明代王墓卜选中的特例，这种不同藩封亲王兆域处于相邻或相近区域者，主要见于前藩被废或绝嗣、后藩继之，即同封地异藩府这种情况。如湖北安陆（今湖北钟祥）曾先后为明太祖第二十四子郢靖王、仁宗第九子梁庄王的封地，二王无嗣，又皆葬于封地。正德十四年（1519年），三度开府安陆的宪宗第四子兴献王（世宗之父）也卜葬于安陆。郢、梁、兴三王的陵墓虽然不在一起，但相距并不远，分别在今钟祥市东郊九里乡三岔河村、东郊长滩镇洪村和市区东北约7.5公里的松林山。

民国《重修汝南县志》记载："崇简王墓，确山九十里，靖、恭、□［昭？］（按，《明史》中崇府无昭王，恭王之后有庄、端二王）诸王同。秀怀王墓，城东北五里。顺阳怀庄王墓，上蔡西南五里□。怀安府庄惠王墓，城东南八里屯；温穆王墓，城东南八里屯。瑞安府恭简王墓，城东南方良屯；庄惠王墓，城东南方良屯。庆元府荣康王墓，城东南董家屯；端穆王墓，城东南董家屯；庄懿王墓，城东南董家屯。归德府庄惠王墓（《明史·诸王世表五》'庄惠'作'端惠'），城西□济屯。"[①]这段文字所涉及的信息比较复杂。秀怀王朱见澍为明英宗第五子，成化八年（1472年）九月薨于封地汝宁（今河南汝南），无嗣，封除。"上（明宪宗）念王乏嗣，不忍遐弃，遣中官奉迎灵柩归葬于京城之西山"[②]，因此汝南的"秀怀王墓"当为空圹（寿穴，建而弃用或曾葬王妃）。崇简王朱见泽为明英宗第六子，成化十年（1474年）就藩汝宁，即秀王故邸为王府，其王爵凡六传至明末，历代亲王皆葬确山。除两藩亲王外，顺阳怀庄王为周藩郡王，其余瑞安、庆元、怀安、归德诸王皆为崇府之郡王，各有封域。

明太祖封第二十五子朱㰘为伊王，伊藩五世六王皆葬洛阳，嘉靖三十四年（1555年），嗣王典楧因过被废，伊藩绝[③]。万历四十二年（1614年），明神宗第三子福王常洵继而开府洛阳，崇祯十四年（1641年）被李自成杀死，亦葬于洛阳邙山。朱常洵圹

---

① 陈伯嘉修，李成钧等纂：《重修汝南县志》卷三，《古迹志·古冢墓》，《中国方志丛书》（华北地方·453），影印民国廿七年石印本，台北成文出版社有限公司1976年版，第198页。

② 明·刘吉等：《明宪宗实录》卷一〇八，成化八年九月乙卯，校印本《明实录》，第24册，第2111页。

③ 伊庶人朱典楧万历十七年（1589年）十二月卒于高墙，其妻、子亦卒，宗人乞赐归葬，神宗许之。事见《明神宗实录》卷二一八，万历十七年十二月丙申条（校印本《明实录》，第56册，第4089页）。

志在河南孟津出土[①]，在洛阳东花坛还发现过福王家族成员墓[②]。大体上说，伊藩亲王墓多在洛阳县（河南府城）西部新安境内，少量在洛阳城东；而福忠王和其他福藩墓葬应该在洛阳县城东。伊、福二藩墓葬区可能有一部分畛域相近者。

3. 同藩诸王兆域异同的优劣分析

明代的同藩诸王同兆域卜吉可以看作是一种特殊的家族墓葬。这种形式具有相对节省陵园用地、减少卜择时日等优点，特别是便于防守和奉祭。明清之际有人分析家族葬与单独葬的利弊，认为：单独葬者"每至寒食、十月朔，子姓奔走十数日犹未得止；族葬则数世之墓一朝而毕祭，不渎不烦"[③]。但诸王同兆域的缺陷也很明显，主要是受相对狭小的地域环境限制，不利于同藩每座王墓都能卜选到适宜的风水吉地。从明代各藩府亲王坟茔分布的诸多案例来看，同藩诸王异兆域明显比诸王同兆域更为多见。这些王陵虽不在一处，但一般都卜选在封地的府城周围，兆域之中或兆域附近有时还会有嗣王或本藩郡王祔葬，前揭鲁藩、蜀藩诸王墓等即为典型例证。

同藩诸王异兆域而葬，各藩王陵相距数里至数十里不等，有些甚至跨越府县，不仅耗费了大量的国家财力、物力，有时还会因不法之徒假借王府坟地的名义侵夺民间田产而发生纠纷。正统初年，秦府即接连发生类似事件。当时秦王府的内使、校尉等人占种西安府咸宁县民田五十亩，田主告状到地方官府，秦康王庇护校尉，而且"诬奏民妄认先王坟地为己业"。英宗诏令陕西布政、按察、都指挥三司衙门复审，正统三年（1438年）五月，"三司奏民言有实，行在户部请以地还民，逮治占种人罪。从之"[④]。正统四年（1439年）闰二月，陕西咸宁县民徐四上告："居近秦愍王坟园，内使占据其地四十余亩。"[⑤]经三司查实，亦令给还之。有时一些亲郡王主动请求墓地附近民田，也被制止，如正统八年（1443年）十月，晋府"庆成王美埥奏：'妃坟茔外民地一十二顷有奇，乞赐为神路以便往来。'事下户部议，以非旧制、且皆民耕种纳税者。上曰：'违制厉民，理所不可，其已之'"[⑥]。在这种情况下，小民生业、朝廷税收，是和王府坟地侵夺相对立的利益一致方。

---

① 李宪奇等：《明福王朱常洵圹志》，《中原文物》1987年第3期。

② 洛阳市文物工作队：《洛阳东花坛三座明代墓葬》，《中原文物》1984年第3期。

③ 清·陈确：《陈确集》，别集卷七，《葬书下·族葬五善》，点校本，下册，中华书局1979年版，第490页。

④ 明·孙继宗等：《明英宗实录》卷四二，正统三年五月丁酉，校印本《明实录》，第14册，第819页。

⑤ 明·孙继宗等：《明英宗实录》卷五二，正统四年闰二月己卯朔，校印本《明实录》，第14册，第991页。

⑥ 明·孙继宗等：《明英宗实录》卷一〇九，正统八年十月戊申，校印本《明实录》，第15册，第2212页。

弘治五年（1492年），明孝宗更定藩府坟茔之制，规定："亲王、郡王、镇国将军，各于始封父祖茔序昭穆葬；郡县等主，于仪宾父祖茔安葬。"①这是一项指令性的节俭措施，用以限制各王府新陵墓区的出现。但从此后各藩宗亲墓葬的实例来考察，该命令似乎并未能完全贯彻执行，各府大多仍依惯例造墓。不过，其中有些王府另辟茔区实在出于不得已，益藩另卜建昌城北七宝山为亲王兆域就是其中一个典型的例证，因为城南金华山一带"水蚁交侵"不堪用，才又有了城北七宝山新陵址之选。

简而言之，同藩诸王同兆域的突出特点是同藩历代亲王陵园建在一个相对独立、甚至基本封闭的自然地理区域内，世次越先，位置越好。各陵园之间，有些可以明显看出或推断出排列规则（如庆藩、德藩等），类似于皇陵的"陵区制"；也有些看不出，甚至可以基本否定互相之间有排列规则（如楚藩）。同藩诸王异兆域而葬的突出特点是分散，有利于近山而葬者卜选吉壤，有些藩府墓在大的范围内也能看出一定的尊卑主从关系（如晋藩、襄藩等）。从地形地貌来看，在高原平地或低矮丘陵地带建陵墓者易分散（如秦藩、伊藩等），背靠山孤耸不相联属者也容易分散（如鲁藩）；地处群山之间且山前明堂形局宽大、左右封闭者，则易于多座墓园并立于同一兆域。因此，各藩亲王墓的分合，在很大程度上可能是受到王府所在地自然环境的影响。

第二节　明代藩王陵园结构分析

不同地区的明代藩王及其他宗室成员的墓葬，并不像府邸、舆服等其他制度那样，因为有比较详尽的明文规定而全国大体上整齐划一、上下等级鲜明；同样是亲王陵墓，不同区域的陵园面貌有时会有很大不同。明代藩王陵园制度带有比较明显的地域性差异，而这些地域性差异通常又以藩府为单位反映出来。因此，本节选择能够反映某藩陵园制度前后变化的案例（除非具有突出学术价值者，每藩至少有二三座以上亲王陵园资料乃列入讨论），以各府分封先后为序，对各藩亲王陵园的特点和变化规律进行归纳分析。

一、秦藩亲王陵园

秦藩始封为明太祖第二子朱樉，王府在陕西西安，前后有十五位亲王，依次为愍王朱樉、隐王尚炳、僖王志堩、怀王志均、康王志𡒉、惠王公锡、简王诚泳、昭王秉欓、定王惟焯、宣王怀埢、靖王敬镕、敬王谊漶、肃王谊漶、景王存机、末代王存枢

---

① 明·申时行等：《大明会典》卷二〇三，《工部·王府坟茔》，影印本，第5册，第2731页。

［极］，另有5位追封亲王，即安王公铭（昭王祖父）、庄王诚溁（昭王之父）、恭王诚润（宣王曾祖）、顺王秉柎（宣王祖父）、端王惟燫（宣王之父）。秦藩诸亲王墓都在西安府城南的少陵塬上，对历代秦王墓园的地面遗存曾做过比较系统的调查，有研究者公布过相应的资料信息[①]。但对于各陵墓遗存所对应的墓主身份、世次等仍存在不同的认识。

秦愍王朱樉（薨于洪武二十八年，1395年）墓在今长安区韦曲街道办（原属杜陵乡）之大府井村东北、东伍村正北。据知情者透露，秦愍王陵园原有宫墙，南北长约200米，东西宽约180米（可能是内城）。陵园内现存一大四小5座封土，雁翅排开。调查发现，其中最大一座封土的正南通神道，推测为秦愍王墓（图3-16），封土半球形，底径51米，高约15米[②]。神道两侧可以看出原有望柱和石像生共8对，自南而北依次为望柱1对、虎1对、羊1对、麒麟1对、仗马2对、幞头公服秉笏石人1对、梁冠朝服拄剑石人1对；其中东列石刻除有局部残缺外大体完好并已复位，西列缺石羊和梁冠朝服拄剑石人。石像生以北为守门石狮1对，蹲姿，东张口、西闭口，应为原陵宫门或中门前的遗存。石狮后明显上升一级台地，应为原陵宫核心建筑区，封土前原有建筑基址，应为享堂所在，目前地表已经看不出明显的建筑遗迹，惟封土前路面可见残破的

图3-16　陕西长安明秦愍王墓神道

① 王翰章：《明秦藩王墓群调查记》，《陕西历史博物馆馆刊》第二辑，三秦出版社1995年版。

② 国家文物局主编：《中国文物地图集·陕西分册》下册，《明秦王朱樉墓》，西安地图出版社1998年版，第109页。

绿釉琉璃瓦、灰砖瓦等。又，石像生西侧麒麟后地势亦升高，对照东侧，应系近代平整土地所致，恐非明代地貌。东侧门狮以北有龟趺座1件，半没于土中，碑已无存。2019年1月调查时见该龟趺座已移至中轴线上，其后还有仿木明式石供桌一件。中轴线上的为秦愍王封土，早先调查时犹可看出明显呈四层递增向上，近年已重新培封。

有研究者根据清代地方志中“秦愍王朱樉墓，《冯志》：在鸿固原，妃邓氏、王氏祔；又隐王尚炳、僖王志堩、怀王志均、昭王秉欆墓俱在左右”[①]的记载，认为秦愍王大冢两侧稍小一些的墓冢属于僖、怀、昭三王。从现在地表遗存来看，这种推论不完全正确。秦愍王封土东偏南依次排列4座封土，靠近秦愍王的3座如雁翅排开，推测其身份应当为祔葬的妃嫔；最靠东南的一座封土已经排到陵宫墙遗迹边缘或范围之外，地势明显低于主墓和陪葬墓所在地坪，在东侧守门石狮之正东，或可推测为祔葬的某位嗣秦王（图3-17）。愍王封土西偏南另有一座稍大的封土（大于东南靠近主墓的3座封土），或许也是祔葬之某嗣王。其西北远处，地当大府井村北有一大冢，应亦为秦藩某王之墓。据早先测绘资料显示，位于主墓东南约40米者底径15米，高约5米，位于主墓东南约50米者底径21米、高约4米，位于主墓东南约70米者底径30米，高约8

图3-17　明秦愍王封土及东侧陪葬墓

① 清·舒其绅等修，严长明等纂：《西安府志》卷六五，《古迹志下·陵墓》，《中国方志丛书》（华北地方·313），影印清乾隆四十四年刊本，台北成文出版社有限公司1970年版，第5册，第3305页。

米；主墓西侧封土底径24米，高约9米[①]。按，僖王志堩和怀王志皆为秦隐王之子、愍王之孙，二王早夭无嗣，有可能从简祔葬于始封王寝园。但从礼制角度考虑，二嗣王之墓应当离主墓稍远，于愍王园墙之外另起一区；作为有正式祭享的嗣王，其陵园规制可以简陋，但直接起坟于祖父寝园之内的可能性不大。

秦愍王陵园以南大兆街道办二府井村中现存东西并列2座封土，位于今航天城以北。西冢偏北（后）、东冢偏南（前），村落已近废弃，西冢的西南堆放现代建筑渣土，原来是否还有另外一座封土已不可知。墓前没有明显的石刻、建筑遗迹。该墓墓主身份不详，从封土的排列方式和形状来看，基本可以肯定是明秦藩王墓，推测墓主或为秦愍王次子永兴王朱尚烈及其后嗣，或为年代稍晚的秦昭王（康王曾孙、简王从子）。据早先的资料，该处原有封土7座，残存者其一底径22米，高8米，其二底径14米，高6米[②]。

秦隐王朱尚炳（薨于永乐十年，1412年）墓在长安区大兆街道办之东伍村，位于秦愍王墓区东北约500米处，向东北可望见汉宣帝杜陵。现存石像生6对，自南而北依次为麒麟1对、仗马2对、幞头公服秉笏石人1对、梁冠朝服拄剑石人1对、仗马1对。石像生以北为杜陵文保所院落，院北为墓葬区。秦隐王墓居中，早先测绘封土高6.9米，周长60米，另一说高约20米，周长约100米[③]（经现场调查确认当以前者为是），其东西两侧略靠南各有一稍小封土，墓主分别为王妃刘氏、王氏；三墓呈“品”字形排列。秦隐王石像生有别于秦藩其他亲王陵园，缺望柱、虎、羊，或许是早年损毁遗失；但在队列最上首又多出一对仗马，为其他诸陵园所不见（图3-18）。

秦康王朱志𡐤（薨于景泰六年，1455年）墓在长安区大兆街道办之康王井村，地面残存部分石刻和封土。据知情者透露，陵园原有宫墙，南北长约280米，东西宽约150米。石像生体量比较小，刀法也比愍、隐二王园寝粗疏，且残缺甚多。其东列尚存仗马1、残石座1、梁冠朝服拄剑石人1；西列尚存仗马2、幞头公服秉笏石人1。其后为门狮1对，蹲姿，东张口、西闭口。东狮东北方有倒伏碑1件，碑额、碑身、趺座等俱全，碑阳侧翻，残存“尚克歆承”等字，应该是谕祭文碑（图3-19）。西狮西北偏后残存另一龟趺座，其下夯土等填筑结构保存尚好，碑已不存，内容不详。神道北（今村内东西向道路以北）为墓葬区，早年曾出土墓志一合，盖篆“大明宗室敕谥秦康王妃陈氏墓志铭”。地表原有3座封土，仅东侧1座尚有残存，中间（康王）墓曾被挖开毁弃。

---

① 国家文物局主编：《中国文物地图集·陕西分册》下，《二府井墓群》，西安地图出版社1998年版，第109页。

② 国家文物局主编：《中国文物地图集·陕西分册》下，《陪葬墓》，西安地图出版社1998年版，第109页。

③ 王翰章：《明秦藩王墓群调查记》，《陕西历史博物馆馆刊》第二辑，三秦出版社1995年版。

图3-18　明秦隐王墓神道东列石像生

图3-19　明秦康王墓前祭文碑

秦惠王朱公锡（薨于成化二十二年，1486年）墓在长安区大兆街道办之庞留井村，石像生、石碑及封土等基本保存完好，为秦藩诸陵园所仅见。其神道石刻自南而北依次为望柱1对、虎1对、羊1对、麒麟1对、仗马2对、东列幞头公服秉笏石人1件（西列此件缺）、梁冠朝服拄剑石人1对。西列石像生以北有石碑一道，竖立于原地，整体完好，碑额篆书“大明宗室秦」惠王神道碑”，碑身文字多泐，但间断可读，所述为墓主生平德业，下为龟趺座。碑前地表有残碎的绿釉琉璃瓦及瓦当，有些带龙纹。此碑后为东西向现代村路一条。再北为墓葬区，今存二圆形土冢，东者偏前（南），西者偏后（图3-20）；早先测绘分别为底径23米，高15米；底径19米，高7米①。西侧封土居于石像生所在的神道中轴线上，其前有石碑一道，圆首，额题“皇明”，双钩楷书，周边纹饰已看不清。碑身两行径尺楷书“秦惠王暨妃」王氏合葬墓”，下部已没入土中。据当地村民介绍，在秦惠王封土西南侧，还有另一座封土，生产队时代取砖挖掉，现在仍然可以看到当年挖成的大坑。

秦简王朱诚泳（薨于弘治十一年，1498年）墓在长安区韦曲街道办之简王井村，占地约1800平方米，现存大部分石像生和封土。其石像生自南向北依次为狮子1对、

图3-20　明秦惠王墓碑及封土

① 国家文物局主编：《中国文物地图集·陕西分册》下，《明秦惠王墓》，西安地图出版社1998年版，第110页。

图3-21　明秦简王墓石像生之文官

麒麟1对、仗马2对、幞头公服秉笏石人1对（图3-21）、梁冠朝服拄剑石人1对。其中狮子为狁形，蹲姿，东张口、西闭口，形体较其他石刻小，排列更靠近神道中线，但二狮为东西向面面相对，明显不同于一般守门狮，应该属于石像生。据知情者透露，秦简王墓原有宫墙，环绕封土和石像生，南北长170—180米，东西宽约100米，其中后墙在封土后约40米。早年调查数据显示，封土底径37米，高约12米[①]，位于中轴线正北，外形已遭破坏。

秦宣王朱怀埢（薨于嘉靖四十五年，1566年）墓在长安区韦曲街道办之三府井村东北，周边现已被开发成住宅区。石像生被围墙圈起，有望柱1对、虎1对、羊1对、仗马（附带控马官）1对、幞头公服秉笏石人1对（图3-22），其北有龟趺座一，再北是残存的封土，已临近航天大道。早年调查资料显示，封土底径29米，高约7米；主墓东西两侧另有2座稍小的陪葬墓[②]。按照乾隆《西安府志》的记载，"秦宣王怀埢墓，《通志》：在高望原，靖王敬镕、敬王宜［谊］漶、肃王宜［谊］漶、景王存机墓俱在焉"[③]。目前除宣王外，其余4座王墓已无地表遗存。只在宣王陵园东南世子井村尚存宣王世子朱敬鎔墓，原有麒麟、马、墓碑等部分石刻，今建为遗址公园，石刻为新仿制品。

以上愍、隐、康、惠、简、宣6座陵园是基本可以确认墓主的明代秦藩亲王墓，2006年被列为第六批全国重点文物保护单位，即使不计5位追封亲王，这一数字距离秦藩总数15位亲王仍相差甚多，还有半数以上的秦藩亲王陵墓没有落实到点位。根据当地民间传说，少陵塬一带曾有明代亲王墓十三、世子墓一、王妃墓十六、郡王墓

① 国家文物局主编：《中国文物地图集·陕西分册》下，《明秦简王墓》，西安地图出版社1998年版，第110页。

② 国家文物局主编：《中国文物地图集·陕西分册》下，《明秦宣王墓》，西安地图出版社1998年版，第110页。

③ 清·舒其绅等修，严长明等纂：《西安府志》卷六五，《古迹志下·陵墓》，《中国方志丛书》（华北地方·313），影印清乾隆四十四年刊本，台北成文出版社有限公司1970年版，第5册，第3305页。

图3-22　明秦宣王墓望柱

三十八，所谓“九井十八寨”，皆为王陵，守陵人居住地后来衍生成村落（这些村落的原始位置通常是在所守墓园的西南方），最初的村名一般与所奉陵墓有关，如秦康王陵园所在“康王井村”等。又如杜陵乡四府井村明代墓葬群，原有封土5座，现存1座，半球形，底径29米，高约9米，早年曾出土过保安怀僖王朱尚煜墓志一合。据墓志记载，兴平恭敬王朱尚炌、庄惠王朱志�墓均在此地[①]。查《明史·诸王世表》：保安怀僖王朱尚煜为秦愍王嫡三子；兴平恭靖王朱尚炌为秦愍王庶四子，庄惠王朱志壈为二代兴平王，“恭靖嫡一子，景泰三年（1452年）袭封。天顺元年（1457年）薨，无子，除”[②]。20世纪50年代在四府井村发掘过兴平安僖王朱公铄之墓[③]，墓主为秦愍王曾孙，卒于成化十二年（1476年）十一月。该墓直接证实了秦愍王四子兴平王一支的墓葬区确实在四府井，而且显示出兴平王爵至少传至第三代（公字辈），《明史·诸王世表》所记应该有误。

① 国家文物局主编：《中国文物地图集·陕西分册》下，《四府井墓群》，西安地图出版社1998年版，第110页。

② 清·张廷玉等：《明史》卷一〇〇，《诸王世表一》，标点本第9册，第2512—2513页。该书记载：秦愍王庶四子朱尚炌为始封兴平王，正统十四年（1449年）薨，谥曰恭靖；其嫡长子庄惠王嗣。从兴平安僖王圹志得知，安僖王以庄惠王之次子袭封，成化十二年（1476年）薨，《明史》记载有误。

③ 陕西省文物管理委员会：《长安四府井村明安僖王墓清理简报》，《考古通讯》1956年第5期。

此外，1957年调查时在大兆乡五府井村发现有圆丘形封土7座，底径5—20米，高1—4米①。康王井村早年尚存圆丘形封土8座，底径5—12米，高2—5米②。推测少陵塬上“二府井”“三府井”“四府井”等村名的由来应与不同支派郡王的兆域划分有关，数字对应的可能是秦愍王诸子始封郡王的齿序，类似情形亦见于晋府。

在秦王墓区域范围内，有一些比较典型的明代封土尚未能指认墓主，除前述二府井者外，在康王井村秦康王墓东南不远处另有一封土，从外形看也属于明代，墓主或为某代亲王（含追封），或为从葬之郡王。从可以确认墓主的愍、隐、康、惠、简、宣6座亲王陵园分布来看，以始祖愍王陵为基准点，向东北到隐王陵，再向南到康、惠二王陵，再转向愍王陵西北，为简、宣等陵，早期或有“携子抱孙”、从北向南的大体线索，但从整体上看不出统一规划的迹象，至少简王以后应该是各就地势所宜。从墓葬位置较近（肉眼可见）的已知父子关系来看，隐（子）位于愍（父）之东北③，惠（子）位于康（父）之东南，宣王世子敬鎵位于宣王东南；父北子南或是明早期以后秦府的排葬特点。

综合起来，秦藩亲王陵园可以归纳出如下几个共同特点。

第一，因为缺乏准确的考古勘探资料，秦藩亲王陵园的结构、规模均不得而知，但其中秦愍王陵园之制见诸明代官修正史，《明太宗实录》云：永乐八年（1410年）十二月，“建秦愍王享堂。命视晋恭王之制，加高一尺，深广称之。乃定为享堂七间，广十丈九尺五寸，高二丈九及［尺］，深四丈三尺五寸。中门三间，广四丈五尺八寸，高二丈一尺，深二丈五尺五寸。外门三间，广四丈一尺九寸，高深视中门。神厨五间，广六丈七尺五寸，高一丈六尺二寸五分，深二丈一尺五寸。神库如之。东西厢及宰牲房各三门［间］，广四丈一尺二寸，高深视神厨。焚帛亭一，方七尺，高一丈一寸。祭器亭一，方八尺，高视焚帛亭。碑亭一，方二丈一尺，高三丈四尺五寸。周围坛［墙］二百九十丈，墙之外为奉祠等房十有二间”④。根据这段相对详细的文字记载，结合地面现存遗迹现象，可以大体复原出秦愍王陵园的基本布局。陵园坐北朝南，主体建筑物自前而后依次为石像生、碑及碑亭、享堂、封土。陵宫整体布局是“前朝后寝”模式，周围环以宫墙，应该有外门（陵宫门）、中门（相当于明成祖长

① 国家文物局主编：《中国文物地图集·陕西分册》下，《五府井墓群》，西安地图出版社1998年版，第109页。

② 国家文物局主编：《中国文物地图集·陕西分册》下，《康王井墓群》，西安地图出版社1998年版，第110页。

③ 也有人认为目前指认的愍王墓、隐王墓应该位次颠倒，即东北者为愍王，西南者为隐王。见陈冰：《西安明秦王墓墓园》，《大众考古》2021年第3期。

④ 明·张辅等：《明太宗实录》卷一一一，永乐八年十二月甲寅，校印本《明实录》，第8册，第1423页。

陵的祾恩门）两道门，七开间享堂，另有东西厢（配殿）以及神厨、神库、宰牲房等设施①。在900余米周长的宫墙之外还有奉祠房等附属建筑②。秦府后嗣诸王的陵园规制应该与之相仿并随着朝廷条令的变化而有所降杀。

第二，秦藩亲王墓石像生之制前后连贯，含望柱共8对应该是定制，神道取直。除隐王外，石人、兽的组合也比较统一，为望柱1对、虎1对、羊1对、麒麟1对、仗马2对、公服和朝服石人共2对；各陵园前现存石像生的数目不等，应该是自然或人为的损毁，并不一定都是原制。瑞兽麒麟为其他藩府所少见，是秦府的特色；除亲王陵园外，秦宣王世子朱敬鎔墓前也有麒麟（现已不在原地）。

第三，秦藩亲王陵园可能有不止一种碑刻。其中秦康王墓前有带龟趺座的祭文碑，秦惠王墓前分别有墓碑一道、龙首龟趺神道碑一道（图3-23），世子朱敬鎔墓前也有螭首龟趺碑一道，额篆“赐嫡子敬珍墓”；现地表均已不见碑亭遗迹（秦惠王神道碑前有少量残碎的绿釉琉璃瓦）。另外，秦愍王陵园中也有一龟趺座，碑已佚，究竟是神道碑还是祭文碑已不得而知。从《明实录》记载来看，秦康王墓前也应该有神道碑，天顺元年（1457年）六月，“秦世子公锡奏：‘父康王薨，坟园碑石，系罪人王文撰文、陈循篆额，不可垂示后人，乞改命儒臣撰、篆立石。’上曰：‘君子不以人废言，姑已之’”③。由此推断，树立铭功颂德性质的神道碑在秦藩可能是一种传统，但碑多已毁坏无存。

图3-23　明秦惠王陵园神道碑

---

① 关于明代亲王陵园建筑物之名称，万历重修《大明会典》卷二〇三《工部·王府坟茔》条下作为亲王陵园之制引用了《明太宗实录》卷一一一中的这段记载（见影印本《大明会典》第5册，第2730页）。按，享堂即享殿，相当于皇陵之享殿即祾恩殿，本书兼用“享堂”“享殿”之名；中门即享殿前之宫门，相当于明成祖长陵之祾恩门，本书一般用“中门”或“享殿前门”称之；外门即陵园宫门。

② 故宫博物院藏明代嘉靖牙尺当今32厘米（矩斋：《古尺考》，《文物参考资料》1957年第3期）；另外，梁方仲《中国历代户口、田地、田赋统计》“附录二”中亦略有考证，见该书第542页，上海人民出版社，1980年。本书明度核算均照明一尺准今0.32米。

③ 明·孙继宗等：《明英宗实录》卷二七九，天顺元年六月壬寅，校印本《明实录》，第20册，第5976页。

第四，秦藩王陵的封土为圆形，从秦愍王封土重新加培前的原状来看，其原形可能是分层的半球状。有些王墓封土的下部呈圆柱状，但明显可以看出人工削剥的痕迹，应该是后代取土或拆解围砌砖石破坏所致。

二、晋藩亲王陵园

晋藩始封王为明太祖第三子恭王朱棡，王府在山西太原，先后共有十一位亲王，即恭王朱棡、定王济熺、废王济熿、宪王美圭、庄王钟铉、端王知烊、简王新典、惠王慎鐳、穆王敏淳、裕王求桂、末代王审烜，另有追封亲王5位，即靖王（端王祖父）、怀王（端王之父）、安王（简王祖父）、康王（简王之父）、敬王（简王之侄、惠王同母兄）。

晋恭王朱棡（薨于洪武三十一年，1398年）墓在今太原市东南小店区北营街道老峰（坟）村。1972年，太原市东郊黄陵村（今属小店区龙城街道）农民取土时在距地表1米余处发现过铸于洪武年间的金锭[①]，佐证了这片区域曾经是晋藩的陵墓区。洪武三十一年（1398年）三月，"晋世子济熺将葬恭王，欲得民地千一百余亩为寝园，遣使入奏。上命以八百亩为限，而以附近官地偿民，仍量地多寡，给钞加赐之"[②]。今实测晋恭王陵园占地面积约48万平方米[③]，折算与《明太祖实录》所载之"八百亩"大体相当。晋恭王陵园地面建筑物基本无存，现存部分封土和陵园宫墙若干段。外宫城平面呈长方形，现存南、北墙各一段；南墙正中还残存有石质构件（图3-24），传说旧有牌坊。从早年的航拍照片来看，内宫城平面大体为椭圆形，现存部分北墙。封土圆形，早先测得底径约9.8米，残高约4米，南侧偏西部已被大面积挖开。封土以南地貌明显呈三级阶梯状，从南向北依次上升。根据文献记载分析，晋恭王墓营造之初即建有享堂，并成为其他藩府营造陵园时的范本，永乐八年（1410年），秦藩奏请修建愍王享堂时，皇帝曾"命视晋恭王制，加高一尺，因定享堂七间，广十丈九尺五寸，高二丈九尺，深四丈三尺五寸"[④]。晋恭王墓前应该没有石像生和神道碑，《明英宗实录》

---

① 胡振祺：《明晋王陵园出土金锭》，《文物》1991年第1期。

② 明·胡广等：《明太祖实录》卷二五六，洪武三十一年三月己未，校印本《明实录》，第5册，第3705页。

③ 国家文物局主编：《中国文物地图集·山西分册》中，《明晋恭王墓》，中国地图出版社2006年版，第6页。

④ 清·张廷玉等：《明史》卷五二，《礼志六·吉礼·王国宗庙》，标点本，第5册，第1340—1341页。按，此段文字写入"王国宗庙"条下，但所记实非王国宗庙之制，而应该是亲藩的陵园规制。可参阅《明太宗实录》卷一一一、《大明会典》卷二〇三等更原始的记录。

图3-24　明晋恭王陵园外城南墙

中有两条记载涉及该陵园未能设置石像生的信息，其一为正统八年（1443年）十一月，“丁丑，宁化王济焕奏：‘臣父晋恭王坟所，尚未蒙赐立碑文及石人、石马，乞敕该部建立，以光荣臣父于九泉，存没不胜感恩之至。’事下工部，称无定例。寝之”①。另一次是天顺七年（1463年）闰七月，“戊午，晋王钟铉奏：‘曾祖晋恭王、曾祖母恭王妃、父晋宪王三坟茔，无翁仲石人。’事下工部，覆奏：‘近年各王府坟，俱无翁仲石人。’乃弗与”②。根据这两条记载推测，晋恭王陵园应该最终没能设置石像生、神道碑，陵园遗址范围内迄今也没有发现这类建置的遗存，这是其地面建筑设施与秦愍王墓园最大的区别。

晋藩二代亲王朱济熿永乐十二年（1414年）时为其弟济熿构陷，废守恭王陵园，后受仁宗命就养于其子平阳王原封晋世子朱美圭。宣德十年（1435年），济熺卒，即葬于平阳，朱美圭袭封后追谥曰定王。晋定王墓在今临汾市尧都区土门镇坟上村西九峰下③，坐西朝东，20世纪60年代初公布保护面积约6600平方米。陵园中轴线顺坡而

---

① 明·孙继宗等：《明英宗实录》卷一一〇，正统八年十一月壬子，校印本《明实录》，第15册，第2225页。

② 明·孙继宗等：《明英宗实录》卷三五五，天顺七年闰七月戊午，校印本《明实录》，第21册，第7102页。

③ 国家文物局主编：《中国文物地图集·山西分册》下，《晋定王墓》，中国地图出版社2006年版，第820页；临汾市文物局：《临汾市文物集萃》（山西省第三次文物普查丛书），三晋出版社2011年版，第185页。

上，前部有神道石刻，现存望柱1对、卧羊1件（北）、立马1件（北）、虎1对（南侧1件完好，北侧1件仅存头部，已移位）、拄剑袍服武官1对、秉笏幞头文官1对，根据石刻间位置关系，推测原制应为望柱1对、石兽3对、石人2对。在今村委会门前还有石狮1对，从形态和体量来看，应该是宫门前的对狮。墓葬区后部有圆形封土3座，中间封土底径约15米，残高约6米，为晋定王墓；左右为陪葬墓，其中南侧封土已基本削平。封土前有享堂原址，复建为面阔五间、进深三间单檐歇山顶建筑，顶覆绿釉琉璃筒板瓦，前出月台。享堂前南北两侧有左右配殿，面阔三间，前部复建宫门（中门）三间。中门、享堂为一组封闭建筑，今供奉玉皇大帝；它们在多大程度上反映了原陵园的规制，已不得而知。在封土的南侧保留一段石块垒砌宫墙的遗迹。和始封祖恭王及后继宪王等卜建于太原的晋藩亲王墓不同，晋定王墓前设置石像生（图3-25），这是其突出特色。

图3-25　明晋定王墓神道石像生

按照地方志记载，晋恭王陵园以南两翼的东峰（坟）村、西峰（坟）村分别有晋端王朱知烊（卒于嘉靖十二年，1533年）、晋简王朱新典（卒于万历三年，1575年）的墓园（图3-26）；三墓坐落于向北凸起的一道倒“U”字形土岭上，恭王陵园在正北部。2019年，山西省考古研究所因配合山西财经大学东山校区基建工程，发现并清理发掘了晋端王墓[①]，墓址位于传说的“晋端王墓”封土以南，陵园平面近“目”字形，为三进院落，地面上东墙保存相对完好，与正中主墓相对处有五开间建筑基址，推测

① 国家文物局主编：《山西太原东山明代晋藩王墓》，《2019中国重要考古发现》，文物出版社2020年版，第170—171页；赵辉：《文物保护与科技考古深度融合——太原东山明代晋端王陵园遗址发掘收获》，“文博中国”（网络），2021年5月13日。

为享殿遗址。其前部原来还有村民称为“中殿”的建筑，曾作为校舍，20世纪70年代初拆毁。根据明代亲王陵园常见规制推断，这个“中殿”应该就是中门，而再往前应该还有陵园宫门（“前殿”？）。陵园遗址中出土有雕饰精美的石质建筑构件和绿釉琉璃砖瓦构件。

图3-26　明晋简王陵园东墙遗迹（夯土部分）

和秦藩一样，晋府亲王陵园营造也始于洪武末年，其陵园的许多制度具有开创性，并进而成为各藩蓝本。晋恭王墓享堂制度为秦愍王墓所模仿，但却始终未能如秦藩之例设置石像生。从晋府申奏的时间来看，彼时昌平陵区已建成的长、献、景3座皇陵，仅太宗长陵的石像生是在英宗初即位后始建，仁宗、宣宗二陵皆无其制，工部以“近年各王府坟俱无翁仲石人”阻之，应该是考虑到皇陵实际，并非有意打压藩府。从晋藩早期陵墓个案可以看出明代亲王陵园规模趋于缩小的变化，始封恭王寝园限以八百亩，二代定王或许因为身世特殊，陵园占地仅及恭王的1/7略多，此后各嗣王的茔地面积也大幅度削减。正统七年（1442年），“以山西阳曲县民地二顷一十亩，给晋宪王营坟园”①，这个地块比定王坟园大得多，但也只有二百余亩，无法望恭园项背。嗣后，正统十三年（1448年）朝廷统一规定：“亲王坟茔，地五十亩。”②晋府陵园的规模也同样受到了限制，但从晋端王墓园范围来看，其面积已远远超过50亩，说明该规定在晋府并没有被严格遵守。

三、周藩亲王陵园

周藩始封王为明太祖第五子定王朱橚，王府在河南开封，先后十二位亲王依次为定王朱橚、宪王有燉、简王有爝、靖王子垕、懿王子埅、惠王同镳、恭王睦㮮、庄王

① 明·孙继宗等：《明英宗实录》卷九七，正统七年十月戊子，校印本《明实录》，第15册，第1941页。

② 明·申时行等：《大明会典》卷二〇三，《工部·王府坟茔》，影印本，第5册，第2731页。

朝坰、敬王在铤、端王肃溱、□王恭枵、末代王绍□（南明嗣位）。另有追加封谥的悼王（恭王之父）、康王（庄王之父）。

周定王朱橚（薨于洪熙元年，1425年）墓在河南禹州市无梁镇申家村西北老官山。早年地表尚残存建筑基石和御祭碑等，陵园前部还有一个青砖拱券门洞①，应该是陵宫外门。该墓山水形胜和明成祖长陵相仿，只是形局较小。墓室系开山而建，主墓西南有王妃、宫人等陪葬墓。墓室前山下有一片平地，残存绿釉琉璃瓦件和青灰砖瓦残件，附近还有被民宅重新利用的大青砖，当系陵园建筑的遗物，传说有“大殿”“二殿”“三殿”等，可能分别对应宫门、中门、享殿等；当地没有关于石像生的传说或相关遗迹现象。

周懿王朱子埅（薨于成化二十一年，1485年）墓在荥阳市贾峪镇鲁庄村，2016年河南省文物考古研究院为配合郑州豫能热电有限公司基建项目而发现并进行了考古发掘②。陵园坐北朝南，范围不甚明确，推测南北长至少190米，东西宽约100米，建筑保存状况不佳。享殿建筑基址位于陵园中部偏南（图3-27），东西面阔约20米，南北残宽8米，北壁尚保留部分砖墙，东西两壁仅见墙体基槽，南壁已被破坏，遗址上有绿釉

图3-27　明周懿王陵园建筑（享殿）遗迹

① 国家文物局主编：《中国文物地图集·河南分册》，《明周定王墓》，中国地图出版社1991年版，第321页；河南省文物局编：《河南文物名胜史迹》，《明周定王墓》，中原农民出版社1994年版，第614页。

② 孙凯：《河南荥阳明代周懿王壁画墓发掘记》，《大众考古》2017年第11期；河南省文物考古研究院等：《河南荥阳明代周懿王墓发掘简报》，《华夏考古》2019年第2期。

琉璃瓦残件发现，推测为五开间，单檐歇山顶。享殿遗址东侧有东配殿的倒塌遗迹，清理发现有大量灰陶瓦件和少量绿釉琉璃瓦件。周懿王墓位于陵园区域北部正中，为墓主与王妃的合葬墓。其墓道的东西两侧各有祔葬墓，相向排列。东侧7座，5座为土坑竖穴墓，2座为带斜坡墓道的土洞壁画墓；西侧5座， 4座为土坑竖穴墓，西北的1座为斜坡墓道砖券墓，坐西向东，营造规格最高，据封门墙上端出土的描金墓志，墓主为周懿王夫人王氏。这种亲王、王妃、夫人等多人合葬及祔葬形式为以往明墓考古发现所未见。

周悼王朱安濻，惠王之子、恭王之父，弘治十二年（1499年）卒于世子之位[①]，追谥曰悼王。其墓在郑州市二七区马寨镇坟上村，墓前残存石刻10件，包括羊、马、武将、文官各2件[②]，据称“文化大革命”以前尚存石虎、石牌坊等。

周藩亲王陵墓普遍破坏比较严重，据调查者发现，各王陵园遗址都可以见到绿釉琉璃砖瓦残件，有些还有石像生或碑刻的残件，多处王陵传闻原有石牌坊[③]，可惜没能留下更具体的资料。

位于河南郑州、荥阳的周藩若干郡王墓前也有石像生或其遗存[④]。周悼王庶九子、南陵庄裕王朱睦樸（薨于隆庆元年，1567年）墓在郑州市金水区沙口路东王府坟村西北，与王妃李氏、继妃宗氏及俟妃樊氏合葬[⑤]。墓园坐北朝南，原有望柱、石羊、石马各1对；石人4件，文东武西，南侧2件为青石质，北侧2件为白石质。神道北部为汉白玉碑2通，东西一字并列，刊刻皇帝钦祭和东宫赐祭文。封土正南为神道碑一道，额篆“明册封南陵庄裕王墓碑”，崇易主人（周端王）撰文，述朱睦樸生平。该墓于1962—1963年被破坏，封土已无存，尚存石羊、石马各2件，石人4件（图3-28），3道碑均移至郑州碧沙岗公园（郑州市文物考古研究院）内保存。

从现有资料来看，历代周藩亲王陵墓的卜选规则有异，陵园建筑规制也不尽相同，甚至石像生之有无也不统一，制度发展变化链条上的空白点甚多，整体上似显无

---

① 明·李东阳等：《明孝宗实录》卷一四七，弘治十二年二月己酉，“周世子安濻薨。世子，惠王庶第二子，母妃杨氏，成化五年生，先封世孙，二十三年进封世子，至是薨，年三十一。讣闻，辍朝一日，赐祭葬如制，谥曰荣悼。弘治十五年追封为周王，谥曰悼”。见校印本《明实录》，第31册，第2588页。弘治十二年为公元1499年，《明史》卷一〇〇《诸王世表一》称周悼王薨于弘治二年（点校本第9册，第2547—2548页），应系误载。

② 郑州市文物考古研究所：《二十世纪郑州考古》，香港国际出版社2004年版，第247页。

③ 孙凯：《明代周藩王陵调查与研究》，中州古籍出版社2014年版，第1—69页。

④ 郑州市文物考古研究所：《二十世纪郑州考古》，香港国际出版社2004年版，第247页；孙凯：《明代周藩王陵调查与研究》，中州古籍出版社2014年版，第70—134页。

⑤ 孙凯：《明代周藩王陵调查与研究》，中州古籍出版社2014年版，第95—96页。

图3-28　明周藩南陵庄裕王墓石像生

序。从定王、懿王二陵园来看，周府王妃、夫人等人祔葬墓的排列方式比较有特色，为其他藩府所罕见。

四、楚藩亲王陵园

楚藩始封王为明太祖第六子朱桢，王府在湖北武昌，其八世九王依袭次先后为：昭王朱桢、庄王孟烷、宪王季埦、康王季埱、靖王均鈋、端王荣滅、愍王显榕、恭王英㷿、末代王华奎。

楚昭王朱桢薨于永乐二十二年（1424年），次年［即洪熙元年（1425年）］三月葬于武昌县（现江夏区）龙泉山，1990年12月进行了考古发掘[①]。其陵宫坐西北朝东南，方向147°，有条石为基、青砖砌成的内外两重宫墙，平面略呈正方形（图3-29）。其中外宫墙基本完好，南北长355米，东西宽335米，北垣设券孔式出水口4个、南垣2个；发掘时宫墙残存最高处3.3米，厚0.9米。外墙南部正中为宫门，石基座，砖砌，拱券结构门三洞，单檐歇山顶覆绿琉璃瓦，1984年即原址修复，东西两侧各有过梁式角门一座，封堵。宫门外有石铺神道，至今村路而止，传说此石路原先一直向下，与各陵园神道连通（图3-30）。宫门外左前方为碑亭一座，平面呈正方形，前、左、右三面各开一门，单檐歇山顶，1990年重建。内有赑屃驮石碑，立于正统十二年（1447年）。

拱券式宫门以内正中为白条石铺砌的神道，神道北端有一字并列的三座单孔石桥。石桥以南有一条与主神道十字交叉的东西向道路，分别通向陵园的东西外宫墙，道路尽头各辟一门，为陵宫外垣的东、西宫门。二门均为砖石拱券结构，券门一洞，单檐歇山顶覆绿琉璃瓦。石桥北为中门基址，也是内宫城的正门，从现存基址上的柱础可以看出原制为面阔五间、进深二间，台基前有月台，三出陛阶，中道有丹陛石，台基环以汉白玉石栏板；中门东西两侧各有角门一座。中门基址以北为享殿，1988年即原址修复，面阔五间、进深三间，总建筑面积451平方米，单檐歇山顶覆绿釉琉璃瓦。殿前有月台，三出陛阶，左右各一出陛阶（图3-31），周围环以汉白玉石栏板。殿前左右为东、西配殿，已复原为面阔三间悬山顶的建筑；东配殿前有焚帛炉一座。

① 湖北省文物考古研究所等：《武昌龙泉山明代楚昭王墓发掘简报》，《文物》2003年第2期。

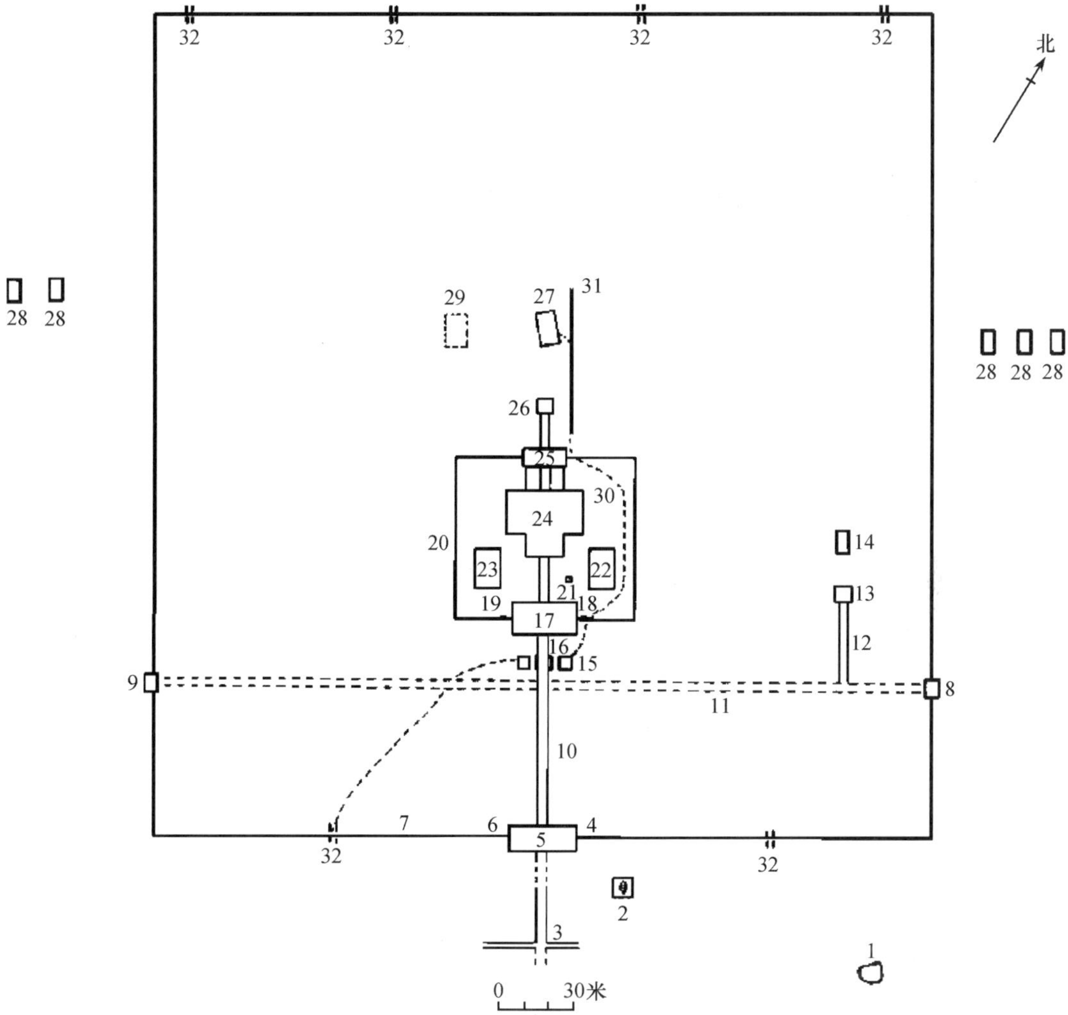

图3-29　明楚昭王陵园平面示意图

（引自《文物》2003年第2期）

1. 荷花池　2. 碑亭　3. 外神道　4. 东角门　5. 园门　6. 西角门　7. 外垣　8. 东侧门　9. 西侧门　10. 内神道　11. 横道　12. 樊哙墓神道　13. 樊哙墓石几筵　14. 樊哙墓　15. 水池　16. 金水桥　17. 殿门　18. 东掖门　19. 西掖门　20. 内垣　21. 神帛炉　22. 东配殿　23. 西配殿　24. 享殿　25. 棂星门　26. 石几筵　27. 昭王墓　28. 夫人墓　29. 王妃墓　30. 排水暗道　31. 自然山沟　32. 泄水口

享殿后为砖石拱券门一座，辟门三洞，单檐庑殿顶覆绿琉璃瓦，前有月台与享殿台基相接。此券门即是内宫城之后门（北门），形制和功能均与南京孝陵、北京长陵之内红门相似。

后券门以北正中为一座低矮的石砌祭台，平面呈正方形。据龙泉山当地流传的《朱氏宗谱》描述，台上原有石条案一，上置石质香炉一、花瓶和烛台各二；现陈设复制品，其制仿北京昌平皇陵之石几筵。由此向北顺山坡而上可达玄宫前，玄宫方

图3-30　明楚昭王陵园神道及复建宫门

图3-31　明楚昭王陵园中门遗址及复建享殿

向137°，比陵宫中轴线更偏向东。其西侧40余米处探出另外一墓，推测墓主是王妃王氏。差不多同一纬度的东墙外并列3座陪葬墓，西墙外有2座陪葬墓。在内宫墙以东、近东宫门的路北还有一座“樊哙墓”，封土底径约10米，残高约2米，前有神道、拜台遗迹。笔者推测，该墓墓主应该也是楚昭王之妃或夫人等。

1998年，武汉市文物考古研究所对楚愍王朱显榕（被世子弑杀于嘉靖二十四年，1545年）陵园进行了清理发掘，此后又经过多年的工作，弄清楚了愍王园寝的基本结构，揭示出明代中晚期楚藩亲王陵宫的重要实例[①]。该陵园位于整个龙泉山陵区的东北角，建于玉屏峰下，坐东南朝西北，中轴线上的宫门、中门、享堂、配殿、后红门等设置及建筑规制等与昭王陵园大致相同（图3-32），但陵宫平面前方后圆，长255米，宽138米。大殿台基环以汉白玉石栏板，从柱础可见原建筑面阔五间，前有月台，正面三出陛阶。封土在后红门之后，西冢长径24米，残高约5米，东冢长径约21米，残高约4米。陵园周围绿色琉璃砖瓦等残件俯拾皆是。

图3-32　明楚愍王陵园后红门遗址

楚藩八代九位亲王皆葬于龙泉山，其陵园制度有比较强的共性。

第一，九座楚王陵园皆建于山脚至山坡处，朝向随山势走向而各异。楚昭王陵园之左旁又次峰下为宪王陵园，坐西北朝东南，其余诸王陵园皆在天马峰对面，与昭、宪二王陵园隔古河道相望，自东北而西南依次为庄王陵园、愍王陵园、恭王陵园、靖王陵园、端王陵园、末代王陵园、康王陵园。除庄王陵园朝正西，康王陵园朝东北，

① 刘永亮：《明代楚藩陵园的规制布局》，《大众考古》2021年第3期。

其余诸陵园皆大致为坐东南朝西北。由此可见，楚藩似并不特别介意陵墓朝向；诸王陵园的排列位次也看不出明显的辈分、长幼规则，这可能和陵园用地逐步扩充有关。

第二，楚藩各王陵园前皆无石像生之设，至少部分陵园前有神道碑亭。诸园皆有外宫墙，其规制高于昌平皇陵区仁宗献陵以后的列帝陵（永、定二陵除外）。各陵园皆有后红门，后红门外是坟冢，封土在内城之外、外城之内是楚藩亲王陵园之制的传统。

第三，神道碑是楚府陵墓区比较突出的特点。在楚昭、庄、端三王陵宫前各有一碑亭，形制基本一致，皆置于宫门前左侧，内有赑屃驮石碑，分别记述三王生平功业及子孙分封等，性质属于神道碑。楚昭王碑亭已修复，边长11.3米，碑文由楚宪王朱季埦（昭王长孙，庄王长子）奉敕亲撰，共1200余字，叙述昭王功德、生平纪事以及妃、子女分封等情况，楚康王（庄王次子）于正统十二年（1447年）三月奉敕立碑；其碑文内容、性质与太祖孝陵、成祖长陵的神功圣德碑相似。楚庄王碑内容与昭王碑相同，只是碑文由翰林院侍讲学士廖道南撰写，末所附四言颂诗为楚宪王亲撰。楚端王碑先立于墓主预营寿域之时，碑文内容与前二碑有所不同。楚端王朱荣㳚正德七年（1512年）袭封，卒于嘉靖十三年（1534年），其陵碑先立于嘉靖十年（1531年），内容主体虽然也是歌功颂德之语，但因系立碑于寿藏之前，故又有"寿以千秋为期，福禄弥隆"等语[①]。楚三王陵碑亭的券门皆三开，为初始制度，应当属于敬避帝陵碑亭门四开的一种降等之制；碑亭置于陵宫门左、屋顶覆绿琉璃瓦等也都有亲王身份的等级标识意义（图3-33）。据武汉测绘院测绘，昭、庄、端三王碑亭的碑座处海拔高度皆为36.82米，三座赑屃之齿部皆在同一水平位置；并且三座碑亭两两之间的直线距离都是860米，呈正三角形排列。这种布局或许有追求风水效果方面的考虑，但据说其他楚王陵园前也发现过赑屃遗存，现存三座园寝神道碑如三足鼎立，或许只是一种巧合。

图3-33　明楚庄王神道碑及碑亭

第四，楚后嗣八王陵宫之制与昭王陵园的平面布局相似，各陵园的宫墙现已基本

① 明·崔桐：《楚端王碑》，见袁家新主编：《楚天名胜龙泉山》，武汉出版社1995年版，第70—72页。引用时标点有所更定。

不存，但建筑夯土基座、柱础、封土等大多仍依稀可辨，中轴线上建筑依次为宫门、中门（享殿前宫门）、享殿、配殿、墓冢等建筑，屋顶、墙檐皆覆绿琉璃瓦。除宪王陵外，其余各陵陵宫平面由正方形变为长方形。自庄王陵园开始，因陵宫整体缩小，封土到享殿的距离比较近；大约从端王园寝开始，后宫墙变成弧圆形（图3-34）。陵冢系封土而成，不包砖，亦无“明楼”一类建筑。昭王以后，楚藩陵墓的规模明显缩小，楚昭王（薨于永乐二十二年，1424年）陵园围墙周长1380米，合431.25明丈，占地面积118925平方米，约合195.68明营造亩，大大超过了永乐八年（1410年）定制；卒于正统四年（1439年）的楚庄王、卒于正统八年（1443年）的楚宪王二人的陵园规模都远逊昭王，享堂之后地势逼仄，直接坟冢。以陵宫面积而论，庄王以后各陵园大体上都不超正统五年（1440年）标准。

图3-34　明楚愍王陵园示意图

（据《大众考古》2021年第3期修改）

1. 明塘　2. 宫门　3. 外宫墙　4. 神道　5. 中门　6. 享殿　7. 内宫墙　8. 后宫门　9. 封土

第五，楚藩各王陵的封土有圆形，也有椭圆形，大小不一。已知者大多是王与王妃异坟异穴合葬；封土一般是左右并列，1到4个不等。

楚藩各亲王陵园地面遗迹相对保存较多，且大多基址范围清楚，其陵园规制、封土规模等前后变化昭然可见，具有重要的研究价值（表3-1）①。

① 本表中楚昭王陵园的数据来自湖北省文物考古研究所等《武昌龙泉山明代楚昭王墓发掘简报》（载《文物》2003年第2期）；其余各园寝数据均出自《中国文物地图集·湖北分册》，见该书下册，第24—25页，“庄园”“宪园”“康园”“靖园”“端园”“愍园”“恭园”“贺园”诸条，西安地图出版社，2002年。陵园面积折算亩数为明营造亩。

表3-1　楚藩各王陵园、封土统计

墓主	陵园规模	封土形状及规模
楚昭王	长355米，宽335米；195.7亩	圆锥体，底径24米，高4—8米
楚庄王	长195米，宽158米；50.7亩	椭圆形，中冢长径30米，残高约5米，左冢长径25米，残高约3米
楚宪王	长152米，宽86米；21.5亩	圆形，底径35米，残高6米
楚康王	长108米，宽78米；13.9亩	椭圆形，中间2个长约13米，残高约2米；两侧2个长约11米，残高约1.5米
楚靖王	长164米，宽78米；21.05亩	圆形，底径30余米，残高约7米
楚端王	不详	椭圆形，长径27米，残高约4米
楚愍王	长255米，宽138米；57.9亩	椭圆形，西冢长径24米，残高约5米；东冢长径约21米，残高约4米
楚恭王	残长139米，宽88米；20.1亩	椭圆形，西冢长径约16米，残高约3米；东冢长径约14米，残高约2.5米
楚末王	长140米，宽118米；24.6亩	圆形，东西并列，底径均为9米，残高约3米

除亲王外，在流芳岭等地清理、发掘的楚藩郡王、将军等墓前也有相应的陵园建筑遗址，但有价值的资料甚少。

五、鲁藩亲王陵园

鲁藩始封王为明太祖第十子荒王朱檀，封国在山东兖州，先后共十一王，依袭次先后为：荒王朱檀、靖王肇煇、惠王泰堪、庄王阳铸、端王观烶、恭王颐坦、敬王寿鏳、宪王寿鋐、肃王寿镛、安王以派[①]、监国嗣王以海（薨于福建金门），另有追谥的怀王当漎（端王祖父）、悼王健杙（端王之父）。

鲁荒王朱檀（薨于洪武二十二年，1389年）墓位于山东邹城中心店镇尚寨村北，邹城、曲阜交界处九龙山的南端“龙头”处（图3-35）。陵园建筑自南而北顺山前缓坡而上，有内外两重宫城，方向186°[②]。外城北部包含了墓室所在的九龙山龙头部分和内城，南至“午门沟”北。除部分石块垒砌的北墙外，宫墙已基本无存，残存部分长约109米，残存最高1.4米，墙厚1.4—1.6米。复原外宫城南北长1220米，东西宽756米，占地92万多平方米。当地传说在外城南部原有三间四柱石牌坊一座，两侧各树一根“华表”（望柱？），已无存。明代地方志等文献中未见有关于鲁荒王陵宫前有石像生的明文记录，地表也未见此类遗存。

① 鲁王朱以派，崇祯十五年（1642年）十二月清兵攻破兖州时自缢身亡，其谥号《明史》缺载，据金门出土监国鲁王朱以海墓志、民国时立鲁安王墓碑等补。

② 山东省博物馆等：《鲁荒王墓》（上册），文物出版社2014年版，第8—12页。

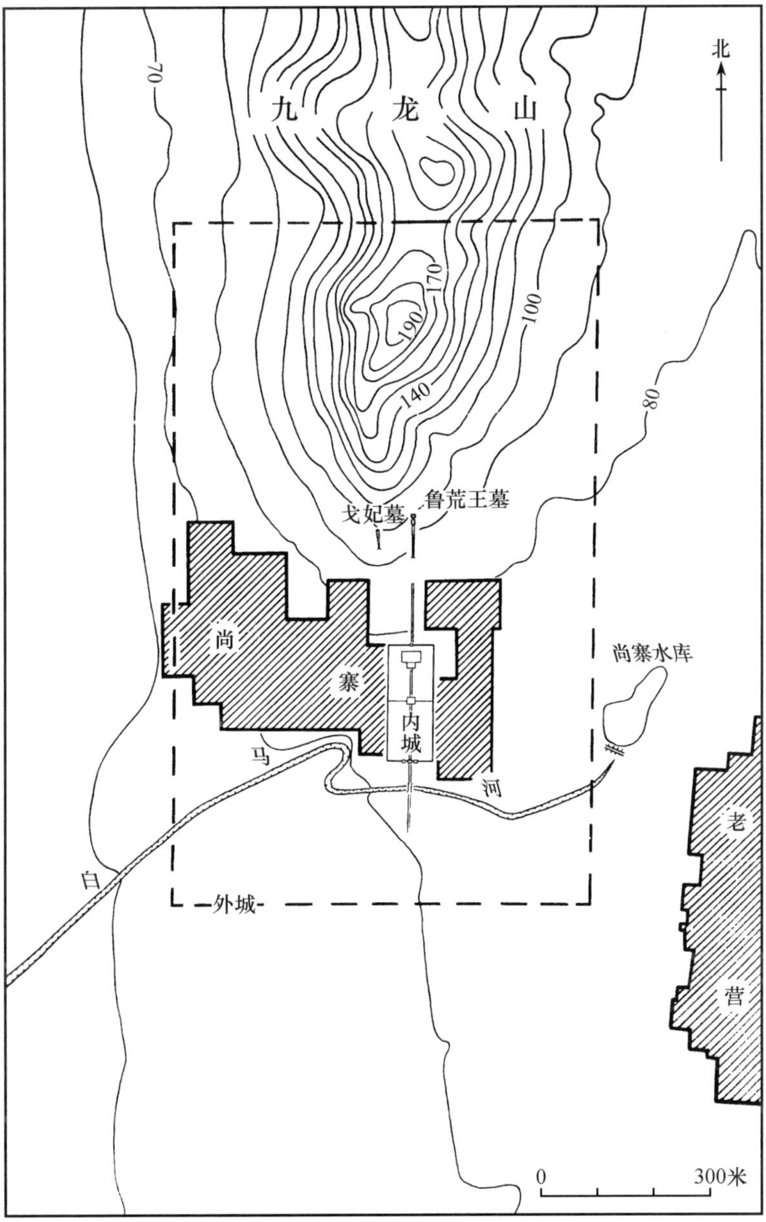

图3-35　明鲁荒王陵园平面示意图
（引自《鲁荒王墓》）

陵宫内城在1970年发掘时尚有部分以青砖砌成的宫墙保存，宫墙南北长206米，东西宽80米，墙体厚0.8米，1988年修复。内城内部分为前、后两进院落，顺山势而建，前院低、后院高，前院进深约108米，后院进深约98米；村间故老相传内城四角原建有“角楼”。内城南墙正中辟宫门（外门），相传原有城门楼，尚存铺砌石面的台基，三座门并列，中间门道宽约3.6米，左右两侧门道各宽约3.2米，台基总长26米，宽7.5

米。已原址复建为三座并列拱券式门楼，单檐歇山顶覆绿琉璃瓦。陵宫门前有单拱石桥一座，桥下为白马河故道，亦即陵园内护城河。

前院北墙中间为中门（享殿前门）及东西角门各1座，中门缺口宽15.2米，两侧门缺口宽约3米；现已复建为三间两进式单檐歇山顶绿琉璃瓦式宫门，复原中门台基东西面阔13.9米，南北进深9.5米。后院的主体建筑为享殿，位于北部正中，台基保存大体完好，又经砌补，东西宽31.4米，南北进深14.4米，前出月台，东西宽15.6米，南北进深10米，整体平面呈倒“凸”字形（图3-36）。20世纪70年代调查时，殿基附近尚有10个柱础、石栏杆（望柱）、角石等遗存，还发现有绿釉龙纹琉璃瓦，据说现所见柱础位置并不是原位。原享殿面阔、进深规制不详①。享殿正北即内陵宫北墙上有一座随墙门通向北部墓室区，一门道，台基东西长5米、南北宽2.7米，门洞宽约2.6米。门外曾自然形成东西走向乡路一条，与通向墓穴的道路垂直，东西两侧未见宫墙遗迹。

内城后门以北约131米处为鲁荒王玄宫，地貌为山前缓坡，北部正中有仿昌平帝陵式“明楼”一座，单檐歇山顶覆绿琉璃瓦，其后有隧道通向玄宫。经多次实地调查访谈核实，此“明楼”原址没有相关的建筑遗迹。发掘前封土尚存，南北长约170米，东西宽64—92米（南宽北窄）。荒王玄宫以西60余米处有荒王次妃戈氏（嗣王肇煇生

图3-36　明鲁荒王陵园享殿遗址及内宫城后门

① 山东省博物馆：《发掘明朱檀墓纪实》，《文物》1972年第5期；路秀闽：《明鲁荒王陵——地下宫殿》，山东友谊书社1988年版，第5页。

母）墓[①]，出土《鲁王妃圹志》一合，记载戈氏生卒事迹。2013年上半年，鲁荒王墓穴东旁十几米处被盗掘（未遂），当地文物工作者推测可能是荒王汤妃墓[②]。

从现存遗迹观察，鲁荒王墓穴建在陵宫内城宫墙以外、外城以内，享殿是陵宫内城的核心建筑，与明初凤阳皇陵、盱眙祖陵的制度一致。和楚昭王陵一样，其所反映的是明代早期的亲王墓陵园制度。

鲁藩诸嗣王的陵墓分布在今邹城、泗水、滕州、平邑等地，曾有过调查资料公布[③]，绝大部分地面建筑已被破坏，甚至荡然无存。笔者2019—2020年调查所见，靖王、惠王、庄王、端王等陵园已基本看不出明显的陵园建筑迹象。

鲁恭王朱颐坦（薨于万历二十二年，1594年）陵园位于泗水县圣水峪镇皇城村二歧山西峰南麓，陵园自平地至山坡逐级增高，村民称为"九级台阶"，地表有残碎柱础石、绿釉琉璃砖瓦和灰陶砖瓦等。早先调查封土长宽各约14米，高4米。近年封土已看不出明显的形状，其背后山体浑圆，系自然山体又经过人工培修，为封土之背衬，与荒王墓情形类同。在封土以南约500米处尚残存一处夯土遗址，长约6米，宽约3米，高近2米（图3-37），当地称为"午朝门"，应为陵宫门遗存。由门址一路上坡（现为村路），直通向封土，原陵园中轴线当叠压在其下。门址向南约300米穿越高速公路涵洞，有南北向石拱桥一座，桥面以下大体保存完好，单孔，白石垒砌，桥东侧南岸的石砌泊岸基本完好。据村民回忆，在桥南约1华里处，原有石牌坊1座，上题"鲁恭王之陵　万历年建"等字，在"文化大革命"期间被砸毁。

鲁荒王墓比较完好地保存了明代最早的藩王陵园形式，以外城论也是明代藩王陵规模最大的一座。此后鲁府历代嗣王陵园的整体规模明显变小，但基本结构多因袭之，各亲王陵园的共性比较明显，主要表现为以下三点。

首先，鲁藩历代亲王皆为近山而葬，墓室建于山坡，封土有梯形、矩形、圆形等不同形式，可能与随山就势有关；也不排除是后代人为或自然破坏所致。

其次，鲁藩各亲王陵宫皆营造于山坡前平缓地带，利用自然地势落差整治成台地，通常都有宫门、中门、享殿等建筑。亲王寝园普遍使用绿釉琉璃砖瓦装饰，一些可以确认的郡王墓前也有残碎的绿釉琉璃砖瓦遗存。荒王以后各陵园是否都有外城，目前不得而知。

最后，已经确认的鲁藩各亲王陵园均未发现石像生的遗迹或遗存，民间走访调

① 山东省博物馆：《发掘明朱檀墓纪实》，《文物》1972年第5期；山东省博物馆等：《鲁荒王墓》，文物出版社2014年版，第184—187页。

② 山东省博物馆等：《鲁荒王墓》，文物出版社2014年版，第213页。

③ 韩善琪等：《明历代鲁王墓葬综述》，见南京大学文化与自然遗产研究所等编《世界遗产论坛（二）世界遗产与城市发展之互动》，科学出版社2006年版；山东省博物馆等：《鲁荒王墓》（上册），文物出版社2014年版，第213—252页。

图3-37　明鲁恭王陵园宫门遗址

查也未闻有这类说法，但多座陵园所在地民间传说原有石牌坊，可能还有华表（望柱）；神道似以取直为主。

六、蜀藩亲王陵园

蜀藩始封王为明太祖第十一子朱椿，封国在四川成都，先后共十三王，依袭次为：献王朱椿、靖王友堉、僖王友壎[①]、和王悦𤏩、定王友垓、怀王申鈘、惠王申鑿、昭王宾瀚、成王让栩、康王承爚、端王宣圻、恭王奉铨、末代王至澍。

最早正式公布的蜀藩陵墓考古资料是蜀献王悼庄世子朱悦燫（薨于永乐七年，1409年）墓[②]，墓室所在山势平缓，陵宫建筑已无存。2007年，成都文物考古研究所和金牛区文物管理所在悼庄世子墓东北直线距离约200米的凤凰山山顶抢救性发掘了1座明代王妃墓[③]，墓主身份和卒年不详，发掘者推测可能是献王妃蓝氏（洪武二十六年

① 清·张廷玉等《明史》卷一一七《诸王传二·蜀献王椿》记蜀僖王名曰“友壏”，圹志云王名曰“友壎”；本书从圹志。

② 中国社会科学院考古研究所等成都明墓发掘队：《成都凤凰山明墓》，《考古》1978年第5期。

③ 成都文物考古研究所等：《成都凤凰山明蜀王妃墓》，见成都文物考古研究所编《成都考古发现2008》，科学出版社2010年版，第489—495页。

“蓝玉案”主角大将军蓝玉之女）。陵园为正南北向，南北长约240米，东西宽约100米，地势呈三级台地状，宫墙及门、殿等建筑已无存，残留建筑构件有青砖、灰瓦和琉璃瓦等，部分地方尚有残存的墙基。墓室位于陵园后部正中，距北墙约40米，墓上有封土，现存最高处距墓室券顶约4米。“蓝玉案”牵连灭族者多达一万五千人，蓝玉本人被剥下人皮送至成都，估计蓝妃之死应该就在洪武二十六年（1393年）二月蓝玉被族诛之后不久。

蜀僖王朱友壎，献王之孙、悼庄世子嫡三子，初封罗江郡王，宣德七年（1432年）继长兄靖王之后袭封蜀王，宣德九年（1434年）六月，薨于“风疾”。宣德十年（1435年）三月，“葬于成都府华阳县积善乡正觉山之原”①，在今成都龙泉驿区十陵镇东南大梁村八组，建于大梁山下，东西两翼有山丘环抱，南面为开阔地带。1979年为配合基本建设清理发掘做了简单的地面调查②，陵园建于土山坡上，朝向西南，方向130°，地面建筑无存。陵宫南低北高，中轴线上早年仍有建筑遗迹，残留绿釉琉璃瓦构件等，多已因修路毁坏。封土凸出于陵园后墙约27米。实地考之，僖王陵园建于小丘陵状的土山坡上，南低北高，北部位置虽高但不到山顶。据村民介绍，现明蜀王陵博物馆新修宫门前约200米处发现过堆积比较厚的香灰和残砖瓦，可能是祭祀建筑基址。2004年，成都市文物考古队对蜀僖王陵园进行了勘探，弄清了宫墙四至的准确位置③。陵园南北长277米，东西宽123米，后部高出前部10—11米，残存墙基距今地表0.15—0.25米，为灰浆铺底，上砌青砖，部分地方还能见到墙外散水遗存。陵园南墙在今明蜀王陵博物馆正前方约150米，东墙位于博物馆东墙外25米。

1978年，在蜀僖王陵南部约400米处清理过罗江王赵妃墓，墓主应为僖王元配。钻探其范围东西长215米，南北宽180米，未见陵园建筑遗迹。僖王陵西北约350米处，发现一座“继妃墓”④，陵园依山而建，坐东北朝西南，平面长方形，占地面积约4500平方米，地表残存风纹琉璃构件，墓主应为僖王继妃⑤。

2012年，成都市文物考古研究所、双流县文物管理所对于黄龙溪镇的3处明代墓葬

---

① 明·佚名：《大明蜀僖王圹志》，见成都市文物考古研究所《成都明代蜀僖王陵发掘简报》，载《文物》2002年第4期。

② 成都市文物考古研究所：《成都明代蜀僖王陵发掘简报》，《文物》2002年第4期。

③ 成都市文物考古研究所：《成都市2004年田野考古工作述要》，《成都文物》2005年第1期。

④ 成都市文物考古研究所：《成都市2004年田野考古工作述要》，《成都文物》2005年第1期。

⑤ 国家文物局主编：《中国文物地图集·四川分册》中，《僖王继妃陵》，文物出版社2009年版，第39页。

进行了调查与试掘①，发现了具有蜀藩陵园特征的建筑遗迹。

皇坟村明墓位于黄龙溪镇皇坟村五组，北依皇坟山，东临府河（岷江），南接今古镇景区。陵园依山而建，坐西北朝东南，方向331°。南北长311.4米，东西平均宽175米，占地面积约54495平方米，残存部分北墙和部分东北拐角。从前向后分为三级台地，逐级升高，每级边缘都以红砂石包砌，采集及出土遗物主要是灰黑陶瓦件，未见琉璃砖瓦件。封土在最后一级台地的中部偏北，现存部分直径7.4—11.8米，高3.2米。

大河村明墓位于黄龙溪镇大河村三组谢家巷子，西距皇坟村明墓约1千米，东依皇坟山，西临府河铁河坎段，北邻石子山。陵园依山而建，坐东朝西，方向81°（图3-38）。东西长170.5米，南北最宽处118.4米，占地面积约18360平方米，自西向东分为二级台地，前低后高，每级边缘都以红砂石包砌。封土在二级平台，东距陵园后墙38.4米，高出现地表8米，部分被破坏，顶部尚存。该陵园的东、西、北三面墙垣保存较完好，残存部分高0.5—0.7米，宽1.5米左右，红砂石垒筑，以三合土勾缝黏合。宫门（外门）位于西墙正中，砖石混筑，四墩台三门道，应为三券门结构，有云纹、莲瓣纹装饰，出土建筑构件有灰黑陶和绿釉琉璃两种，并有“成化”字样的残砖。一级平

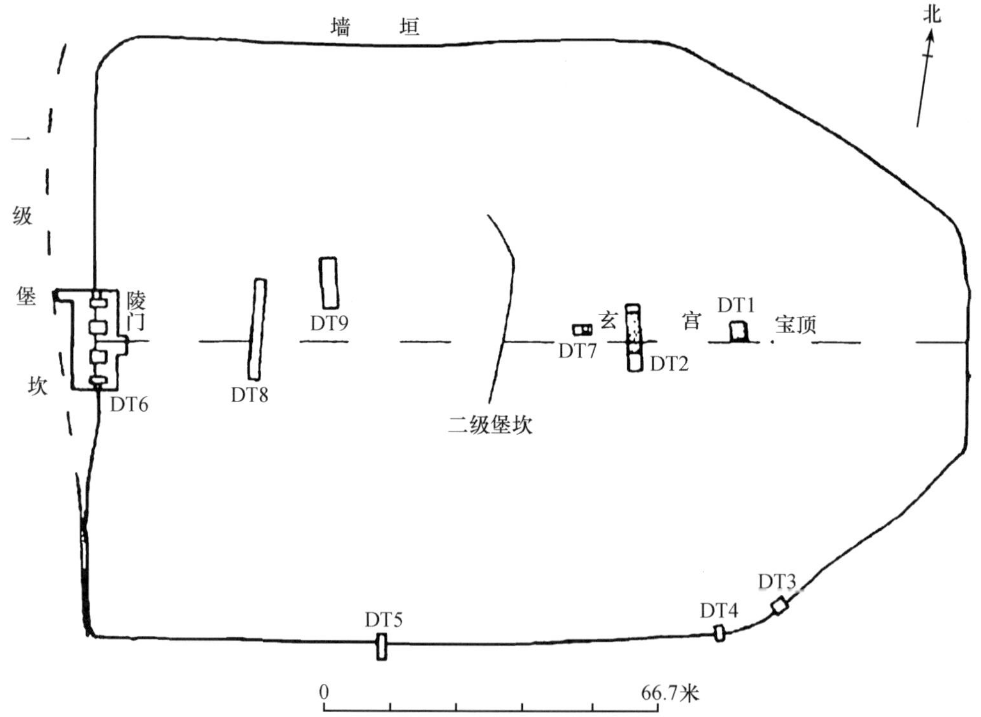

图3-38　双流黄龙溪大河村明墓陵园平面图
（引自《成都考古发现2011》）

① 成都文物考古研究所等：《双流县黄龙溪镇明蜀藩王墓调查与试掘报告》，见成都文物考古研究所编《成都考古发现2011》，科学出版社2013年版，第521—561页。

台上发现有残破的砖铺地面，推测原有建筑。封土现存，位于玄宫之后，黄土等夯筑而成，高于二级平台地表约8米、高于一级平台地表约15米。墓圹在山体原岩上开出，砖券结构，坐东朝西，方向15°。红砂石封门墙至玄宫后壁东西长约31.8米，拱券揭露宽度8.2米，盗毁严重，后部拱券有一段保存较完好，厚1.46米，五券五伏。发掘者推测此墓墓主为蜀和王或蜀定王。

川江村明墓位于黄龙溪镇川江村二组，西距大河村明墓约2.4千米，西北方向为皇坟山和大沟，东北方向为皇坟沟，南为青龙嘴和鹿溪河。陵园已被早年的农田水利改造破坏，形状、规模不明，采集或出土有少量的灰黑陶和绿釉琉璃瓦件。玄宫为岩圹砖券结构，长36.6米，宽14米，方向约45°，“文化大革命”中墓砖被取走他用。地表可见盗洞、残砖、琉璃仿木构件等。封土现存顶部，位于玄宫之后，直径14.2—17.7米，高于地表4.7米。

从上述资料来看，3座明墓皆具有蜀藩王墓陵园特征，其中皇坟村明墓陵园规模最大，约相当于89.67明营造亩，与永乐亲王陵园规制相吻合；大河村明墓、川江村明墓遗址中都有绿釉琉璃瓦遗存，其玄宫长度都与悼庄世子（薨于永乐七年，1409年）、蜀怀王（薨于成化七年，1471年）玄宫大体相当，长于蜀僖王（薨于宣德九年，1434年）玄宫。结合成都府县志等文献记载，这三座墓的墓主极可能是蜀和王朱悦𤟤（薨于天顺五年，1461年）和蜀定王朱友垓（薨于天顺七年，1463年）及其王妃，或时代大体相当的郡王。大河村明墓宫门遗址出土有“成化”款砖，标明了其营造年代在公元1465—1487年之间，与定王之薨年（袭封当年即卒）更为接近。蜀和王初封保宁王，蜀献王第五子、僖王之叔，宣德十年（1435年）嗣立，其墓或营于生前（早于正统令）。当然，黄龙溪三墓墓主身份的最终确定有待于圹志一类文字资料的发现或出土遗物年代排比，以及墓葬区山水主从之势的分析。

蜀定王次妃王氏（惠王生母），卒于弘治七年（1494年），墓营造于弘治九年（1496年），在今成都锦江区琉璃乡潘家沟村十二组，1999年发掘[①]。陵园建于大庆山南面缓坡上，坐北朝南而微偏西，墓向200°，平面呈长方形，长约250米，宽约60米，占地约22亩，自南而北分为三级台地，逐级升高。南部第一级台地未经发掘，调查中发现大量明代建筑垃圾和红砂石铺成的地面，据说在台地的南缘，直到20世纪50年代尚有石雕像，推测可能是守门石狮一类。第二级台地高出第一级台地约1米，发掘出供祭平台、牌楼门和房屋等建筑遗址。第三级台地高出第一级台地约2.5米，为墓室和地表封土所在。

蜀怀王朱申鈙，为蜀定王嫡长子，生于正统十三年（1448年）正月，天顺八年

① 成都市文物考古研究所：《明蜀定王次妃王氏墓》，见成都市文物考古研究所编《成都考古发现1999》，科学出版社2001年版，第295—314页。

（1464年）九月袭封，成化七年（1471年）五月卒，“以次年十二月二十二日葬于东景山之原”[①]。王妃徐氏，成化二年（1466年）十二月封为蜀王妃，十一年（1475年）正月卒，当年八月与怀王合葬。蜀怀王墓位于成都锦江区三圣乡粉坊堰村四组，2004年成都文物考古研究所清理发掘[②]。陵宫建于台地上，南北长277米，东西宽132米，四周垣墙以红条石为基，其上砖砌。南墙正中发现有宫门遗迹，为三门道，其中中门道宽3.14米，发现有绿色琉璃斗拱、屋脊等构件，应该是三洞券门结构。封土位于陵园北部正中，已被破坏，现存南北长约60米，东西宽约40米，顶部距墓室顶2.5米（图3-39）。

蜀昭王朱宾瀚（薨于正德三年，1508年）墓在龙泉驿区洪河镇白鹤村与十陵镇千弓村交界处[③]，1991年4月抢救性发掘清理。陵宫坐北朝南而微偏东，墓向190°。陵宫前有神道遗迹，宽5米，长约50米。陵园墙基南北长约240米，东西宽122米，分为大小相等的前后两进院落，中间建有隔墙。在陵园后部中轴线上曾发掘出一座建筑台基的遗存，面阔约14米，进深约9米，高0.6米，周边砌以条石，中间实以夯土，地面铺小块石板，应该是享殿基址。在享殿基址以北约10米、北距玄宫约14米处，还发掘出一道条石砌墙，附近发现有琉璃建筑构件的残块。石墙后为陵园最高一级台地，高于前面将近2米，与墓室之上的地表连成一片。封土没有叠压在墓室之上，而是凸出陵园北墙约21米，呈馒头形，残高5米余，底径残长22米左右。

蜀昭王陵园发掘时发现了“墓上建筑”的现象。其墓穴开在封土之前，墓圹口的东西两侧各有9个柱洞，洞口直径0.49米，自南起第一个柱洞的中心点至最北端第九个柱洞的中心点间距为24.2米，东西列柱之间的横间距约为14米，完全罩住墓口。在两行柱洞的外侧，各有一条带状石灰浆的铺垫层，宽0.47—0.55米，靠近柱洞一边距柱洞0.8米左右，平面低于柱洞处地表约0.2米，推测此铺垫层是建筑外的散水基址遗迹。关于此处墓上建筑的用途，有研究者认为是“明楼”，并结合蜀藩坟冢在墓室之后的特点进一步认为：“明楼后面垒土筑坟冢（宝顶），这是明蜀王陵的共通形制和统一格局。”[④]蜀昭王墓上这种建筑形式不见于明代其他亲藩王陵，在蜀藩也不是通例，故“明楼”之说尚待更多佐证来支持，就目前已掌握的资料看，尚不能排除这些柱洞是

① 明·佚名：《蜀怀王圹志》，见成都文物考古研究所《成都市三圣乡明蜀“怀王”墓》，见成都文物考古研究所编《成都考古发现2005》，科学出版社2007年版，第426页。

② 成都文物考古研究所：《成都市三圣乡明蜀“怀王”墓》，见成都文物考古研究所编《成都考古发现2005》，科学出版社2007年版，第382—428页。

③ 此墓封土前旧有碑题曰“明蜀惠王陵”，因一直被指为蜀惠王陵。1991年4月发掘时出土的残圹志上有“惠王之长子也，母妃……”，“袭封蜀王，正德三……”等字，可知此墓墓主不是蜀惠王，而应该是蜀惠王嫡长子，即薨于正德三年的蜀昭王。

④ 薛登等：《明蜀王和明蜀王陵》，《四川文物》2000年第5期。

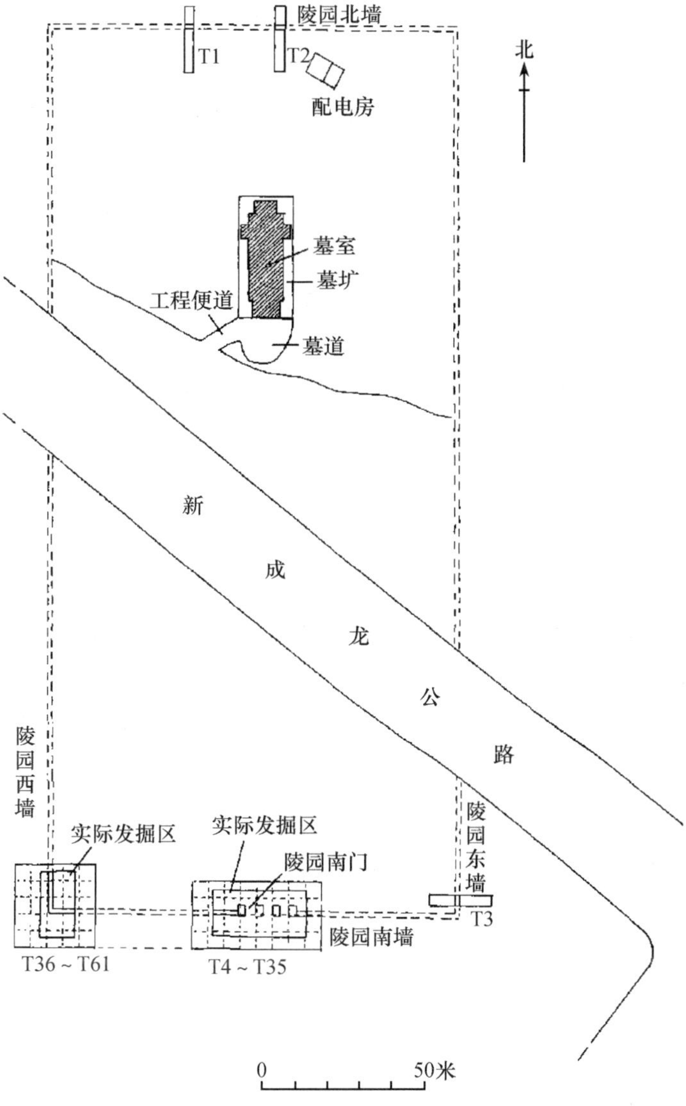

图3-39　明蜀怀王陵园平面图
（引自《成都考古发现2005》）

建造玄宫时所搭盖的工棚之可能性。

蜀成王朱让栩（薨于嘉靖二十六年，1547年）陵园资料来源比较复杂，数据也有些混乱。1995年成都市考古队和龙泉驿区明蜀王陵博物馆对十陵镇青龙村的一座蜀王陵园进行了试掘。该陵园东西长490米，南北宽140米，占地近75亩，“由神道、献殿、明楼、墓室组成，发现享殿的条石基础，柱础及陵园的渗井、散水、排水沟等遗迹”[①]。另一说谓此陵园坐西朝东略偏北，墓向290°。分为三进院落，前、中院各长97

① 王毅等：《成都地区近年考古综述》，《四川文物》1999年第3期。

米，后院长192米余，通宽近150米，占地面积87亩余；在陵园享殿和玄宫之间尚存一座宫门的遗址，面阔约17米，进深约7米，并列三个门道。陵园以外尚有较为明显的神道遗迹，宽约13米，长约90米，当地传说，神道前端原有一座四柱三间的石牌楼，早已倒毁，北侧田土中还埋有残缺的石牌楼构件[①]。关于该墓墓主，有人认为是蜀成王，也有人认为是蜀献王朱椿（薨于永乐二十一年，1423年）[②]。2004年，成都市文物考古队对龙泉驿区青龙村四组的蜀成王陵园进行了勘探[③]，该墓在20世纪50年代修东风渠时已经发现，俗称“皇坟”。陵宫平面为长方形，坐西朝东，东西长317米，南北宽162米，后部高出前部7—8米，墙基为红砂石条，距今地表0.15—0.25米。东墙（前墙）基宽约1.5米，南北两侧墙基宽约2米，残高0.2—0.6米不等，墙外侧散水宽约7米。陵园东南、东北角均有附属建筑。该陵园被东风渠一分为二，其前部（东）约有150米部分在现青龙朋区内。陵园北部的青龙埂是一个大面积的夯土堆，经钻探未发现其下有墓葬。

此外，还有一座“端王陵”的资料可资参照。1987年在洪河镇三桥村廖家湾毓灵山调查认定的蜀端王朱宣圻墓[④]，占地面积约5.6万平方米，朝向东南，地表有琉璃砖瓦残件。残存封土长35米，宽30米，高6米。

蜀藩亲王陵园发现数量较多，但陵园地面建筑遗迹现象比较散乱。简单归纳其共同性的特征如下。

第一，陵园平面为纵向长方形，朝向不一，但大体面南。陵宫分为前后二进或三进院落，前低后高，地坪随建筑物呈阶梯状上升。宫门前有红砂石铺成的地面，宫墙等为砖石混筑。

第二，有的蜀王陵园前仍有一些神道遗迹，但均未见石像生、碑刻或相关遗存；民间传说部分陵园前部有石牌坊。

第三，许多陵园遗址中都还可见建筑基址，应为中门、享殿等遗存，具体进深、开间等规制不详；普遍使用绿釉琉璃砖瓦装饰。

第四，墓室建于陵园后部较高处，已知僖王、昭王等墓都是封土堆筑于墓室之后，二者不是叠压关系，有发掘者认为是“疑冢”。从昭王陵发掘现场所揭示的遗迹现象来看，玄宫之上可能还有地面建筑。在墓室以后的地面上增筑封土，或是出于某

---

① 薛登等：《明蜀王和明蜀王陵》，《四川文物》2000年第5期。

② 王毅等：《成都地区近年考古综述》，《四川文物》1999年第3期；薛登等：《明蜀王和明蜀王陵》，《四川文物》2000年第5期。

③ 成都市文物考古研究所：《成都市2004年田野考古工作述要》，《成都文物》2005年第1期。

④ 国家文物局主编：《中国文物地图集·四川分册》中，《端王陵》，文物出版社2009年版，第39页。

种风水意义考虑而为之，也可能是修筑玄宫开圹所取土的一种处理方式。

第五，关于各陵园规模，根据前揭测绘数据，僖王陵园34071平方米，约合56.1亩（明营造亩，下同）；怀王陵园36564平方米，约合60.16亩；昭王陵园29280平方米，约合48.18亩；黄龙溪皇坟村陵园54495平方米，约合89.67亩；黄龙溪大河村陵园18360平方米，约合30.21亩；龙泉驿青龙村蜀成王陵园51354平方米，约合84.5亩；洪河三桥"端王"陵园56000平方米，约合92.14亩。僖王以后各陵园大体都符合朝廷同期规制，其陵园形制、规模等变化或与卜选墓址所处地理环境差异（山水界止）有关。

七、郢靖王陵园

郢靖王朱栋为明太祖第二十四子，薨于永乐十二年（1414年），其墓在今钟祥市东郊九里乡三岔河村皇城湾。郢藩虽然仅一代而封除，但考古发掘所揭露的郢靖王陵园遗迹相对清晰，而且能够和嘉靖《兴都志》所附的《郢靖王坟图》相对照（图3-40），作为明代早期亲王陵园，具有较高的标型学价值。

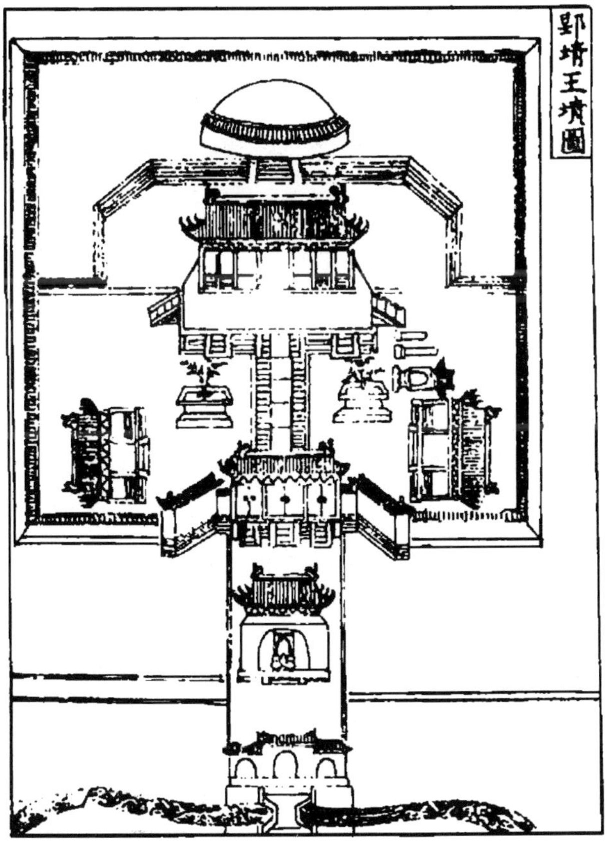

图3-40　明郢靖王坟图
（引自明嘉靖《兴都志》）

明嘉靖所修《兴都志》记郢靖王墓制度："享殿七间，东西厢十间、神厨五间、宰牲房三间、鼓楼一座、碑亭一座、棂星门三间、券门三间，红墙周回一百二十七丈。"①对照该《志》所附《郢靖王坟图》，可知郢靖王陵园中轴线上的建筑依次为并列的拱券门三座（外门，即陵宫门，中间大、两侧门略小）、碑亭、棂星门三间（即中门，殿宇式）及八字墙、单檐歇山顶享殿七间，殿后高坡上为坟冢，半球形，环以壝墙，封土在陵宫墙内。

郢靖王陵园地面建筑无存。陵宫坐北朝南，建于大洪山山前高坡地上，地势自南而北逐渐升高，总占地面积约3.6万平方米。遗址范围内地面上可见绿釉琉璃构件及青砖等残件。封土在陵园后部，建于高坡地上，发掘前封土高出地面6—8米，南北长约43.5米，东西宽约33米。

2005年，湖北省文物考古研究所对郢靖王陵园进行了考古发掘，发现的主要建筑遗址有碑亭、棂星门、享殿、宫墙东北角等②。碑亭位于券门和棂星门之间的中轴线上，平面长方形，东西宽7米，南北长6米，地面铺砖，正中有龟趺座，长1.8米，宽1.35米，碑已折扑于旁。在龟趺座东北约0.15米处还有一个小碑座，碑已佚。从《兴都志》所附《郢靖王坟图》来看，所谓"棂星门"，实即陵宫中门，两侧有八字墙。棂星门建在地势高于碑亭的台基上，仅发掘出中间一个门洞的遗迹和门前神道、散水。享殿平面呈长方形，东西面阔33米，南北进深15米（图3-41），受限于发掘面积，只

图3-41　明郢靖王陵园遗址出土浮雕丹陛石构件

（引自《郢靖王墓》）

① 明·顾璘修：《兴都志》卷七，钟祥方志局重刊，民国二十六年。

② 湖北省文物考古研究所等：《郢靖王墓》，文物出版社2016年版，第10—33页。

发现了五开间，有柱础、铺地砖、后墙基、散水等遗迹。享殿遗址南距碑亭约30米，北距封土约2米。

八、靖江诸王陵园

靖江郡王是明朝皇室的旁系，为明太祖长兄（追封为南昌王）次子朱文正的后裔。洪武三年（1370年），朱文正之子朱守谦受封靖江王，后之藩广西桂林，不久因过被废，谪居凤阳七年；复位后徙封云南，以“暴横如故”，再招还居凤阳，又禁锢京师，直到洪武二十五年（1392年）死去。其子朱赞仪于建文二年（1400年）袭封，永乐元年（1403年）之藩桂林。靖江王爵传十一代十三王，世袭至南明，依次为始封王守谦、悼僖王赞仪、庄简王佐敬、昭和王规裕、端懿王约麒、安肃王经扶、恭惠王邦薴、康僖王任昌、温裕王履焘、宪定王任晟、荣穆王履祐、废王亨嘉、末代王亨歅，还有追谥怀顺王相承（昭和王之父）。

除始封王朱守谦葬南京，最后二代王朱亨嘉、朱亨歅被杀，葬不如礼以外，其余历代靖江嗣王皆葬于广西桂林东北郊尧山西麓。2012年10月至2015年1月，广西文物保护与考古研究所等单位先后对其中的昭和、温裕、安肃、悼僖、怀顺、宪定、荣穆7座王陵陵园进行了考古发掘清理①，比较系统地揭示了有明一代靖江郡王陵园的发展变化过程。

靖江悼僖王朱赞仪（卒于永乐六年，1408年）墓位于桂林市叠彩区大河乡莫家村，处于尧山王陵区的中心，是该墓葬区年代最早也是面积最大的一座郡王墓。陵园坐东朝西，方向276°，内外两重宫墙，中轴线上的建筑依次为陵宫门（外宫城门）、石像生、中门（内宫城门）、享堂、封土②（图3-42）。外宫墙（发掘者推测是后期增建）已不存，勘探发现其东北、西北、西南三个墙基转角的遗存，实测北墙长578.6米，西墙长418.7米，墙围内面积约363.4亩（旧说占地面积315亩）。西墙正中为外宫门所在，当地人称“三券门”，已无遗迹。神道部分现存望柱础石、石羊、石虎、马及控马官、秉笏文官各1对，青黑石灰岩雕成。神道略有弯曲且前窄后宽，北侧之望柱、羊、虎偏置于中间。内宫墙尚存墙体坍塌的遗迹，西墙长65.05米，东墙长65.8米，南墙长106.3米，北墙长106.6米，周长343.75米，墙厚1.28米。中门尚存石阶、地面墁砖、柱础、门砧石等，面阔三间、进深两间；台明面阔15.35米，进深9.68米。享

① 广西文物保护与考古研究所等：《桂林靖江昭和王陵考古发掘清理报告》，科学出版社2014年版；广西文物保护与考古研究所等：《桂林靖江王陵考古发掘清理报告集》，科学出版社2017年版。

② 广西文物保护与考古研究所等：《桂林靖江王陵考古发掘清理报告集》，科学出版社2017年版，第8—15页。

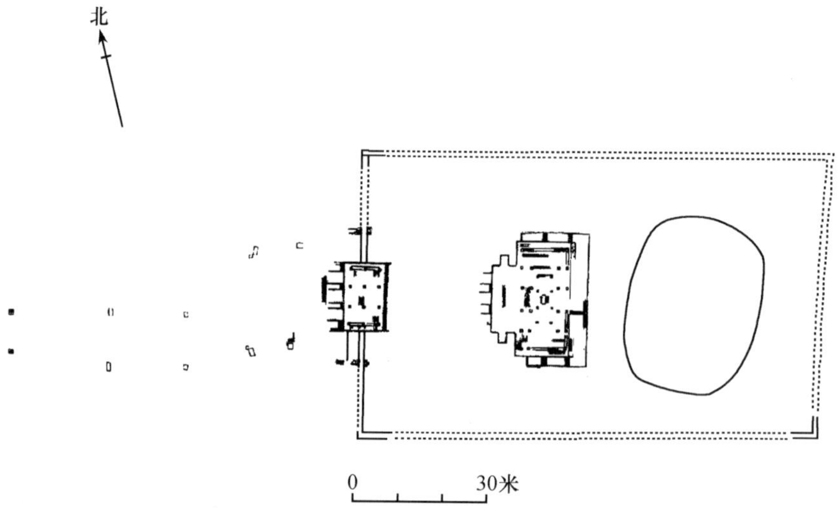

图3-42　明靖江悼僖王陵园平面图
（引自《桂林靖江王陵考古发掘清理报告集》）

堂基址大体保存完好，面阔五间、进深三间；台明面阔25.9米，进深13.5米。前出月台，正面石阶三道，两侧阶（抄手）各一道。从地表遗存推断，中门、享堂、内宫墙顶部等处原覆有绿釉琉璃瓦。

靖江庄简王朱佐敬（卒于成化五年，1469年）墓位于悼僖王墓东北，规模仅次于悼僖王墓，占地面积约87亩，地面遗存较多，主要建筑物已经原址修复。陵园坐东北朝西南，内外两重宫墙。外宫垣南墙正中为砖石拱券式宫门一座，绿琉璃瓦覆顶，辟门三洞，门前左右有守门石狮一对；券门两侧各有一座角门。外宫门内为神道，自前而后依次排列望柱、蹲狻猊、卧羊、蹲虎、卧麒麟、马及控马官、卧象、秉笏文官各1对，青黑石灰岩雕成，刀法朴拙，体量小，线条比较粗疏，羊、象等基本是随石形凿出（图3-43）。在石羊和石虎之间有三座并列的石拱桥，桥下小沟原为本山溪水。石像生之后为内宫墙，正中为中门（内宫门），三间两进式，单檐歇山顶覆绿琉璃瓦。院内后部居中为享堂，面阔五间、进深三间，单檐歇山顶覆绿琉璃瓦。前出月台，无栏板，正面陛阶三出，两侧各出一阶。殿前左右（两庑配殿位置）有石雕宫女、宦官各1对，小半没入土中。殿基后为墓葬封土，再向后即是内宫城之后墙。

追封靖江怀顺王朱相承（卒于天顺二年，1458年）墓位于悼僖王墓外陵宫的西南角，陵园规模较小，仅占地约30亩。地表现存遗迹有陵宫门（外宫门）、石像生、碑亭、中门（内宫门）、享堂、封土等[①]。外陵宫平面呈不规则的五边形，版筑夯土，周长约572.55米，其中南、西两墙即是悼僖王墓外宫墙的一部分。外宫门辟于南墙西端，

① 广西文物保护与考古研究所等：《桂林靖江王陵考古发掘清理报告集》，科学出版社2017年版，第28、33—46页。

图3-43 明靖江庄简王墓石像生

拱券结构单门，面阔5.25米，进深4.46米，门外有守门石狮1对。门内有砖铺神道，两侧有望柱和石像生，依次为望柱、羊、虎、马及控马官、秉笏文官各1对，在虎和马之间神道由南北向转为西南—东北方向，前段长约43.7米，后段长约29米。内陵宫坐东北朝西南，方向250°，平面呈长方形，西墙长41.4米，北墙长83.5米，南墙长79.5米，周长约245.8米；宫墙结构为毛石基础之上青砖包砌杂土。中门外神道南侧有碑亭一座，面阔7.9米，进深8.58米，四面各辟券门一座；内有赑屃驮碑，碑通高2.85米，字已不可读。中门面阔三间、进深二间，台明面阔16.5米，进深8.3米；门前有守门石狮1对。享堂尚存石阶、地面墁砖、部分墙基、柱础、门砧石等，面阔五间、进深三间，台明面阔23.5米，进深11.8米；前出月台，正面石阶三道，两侧各出副阶一道。享堂内明间第二进有神龛遗迹，正方形，边长5.2米，残存墙脚。享堂月台下左前有焚帛炉一座。享堂后为半球形封土，现存高度6米，最大直径27米，下部有石块砌墙环护。

靖江昭和王朱规裕（卒于弘治二年，1489年）墓位于七星区朝阳乡挂子山村东北的缓坡地上，陵园朝向西南，方向225°，内外两重宫墙，平面呈不规则的“回”字形（图3-44）。2012年，为配合靖江王陵国家考古遗址公园建设，广西文物保护与考古研究所等单位进行了清理发掘，揭示出比较详细的资料①。陵园外墙为石基、夯土版筑，外包砖、涂红灰，西南（前）墙长90.72米，东北（后）墙长104米，西北（右）

① 广西文物保护与考古研究所等：《桂林靖江昭和王陵考古发掘清理报告》，科学出版社2014年版，第25—67页。

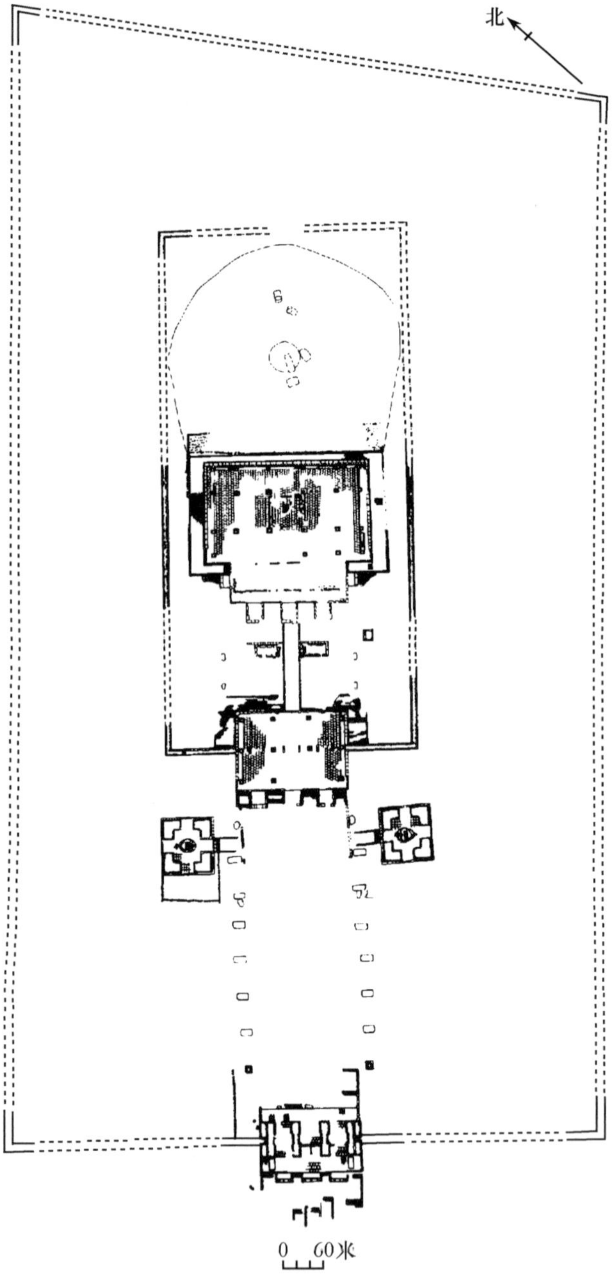

图3-44　明靖江昭和王陵园平面图
（引自《桂林靖江昭和王陵考古发掘清理报告》）

墙长188米，东南（左）墙长167米，残高0.2—0.5米。外宫门为拱券式红宫门，3个门道，其中中门道宽2.88米，门前有月台，宫门左右有蹲坐式石狮1对。外宫门内为神道，原有铺砖，两侧为石像生，自前而后依次是望柱、狮、羊、虎、麒麟、马和控马、象、秉笏文官各1对。石象和石人背后各有1座碑亭，正方形，边长8.8米，内有赑屃驮碑，左碑基本完好，右碑已残。石像生后为内宫门。内宫墙为石基，夯土版筑，外包砖、涂红灰，西南（前）墙长40.1米，东北（后）墙长42.1米，左右两侧墙长88.15米，残高0.1—0.3米。中门（内宫门）台基面阔17.76米，进深12.35米，中门为屋宇式建筑，面阔三间、进深两间，正面三出陛阶。中门内神道两侧为石雕宫女、宦官各1对，东西祭台各一。两祭台对称排列，长方形，石砌，推测是须弥座式，台旁的部分供器和器座等已被靖江王陵博物馆收藏。其后为享堂，台基面阔26.9米，残存墙基、柱础、铺地砖等，面阔五间、进深三间，正中有神龛遗迹；前出月台，正面三出陛阶，两侧各一出阶。享堂月台下左前有焚帛炉一座。享堂后为封土，前沿与享堂后墙平行，其余部分大体呈圆形，最大直径38.4米，现存高度5.1米。封土后为内宫后墙。

靖江安肃王朱经扶（卒于嘉靖五年，1526年）墓位于七星区朝阳乡挂子山村，1962年修建青狮潭水库东干渠时被局部破坏。内外两重宫墙，方向247°，朝向西偏南，除石刻外，陵园遗迹保存情况均不好[①]。外宫墙西墙长91米，南墙长185米，外宫门为券门三洞式，台明面阔12.7米，进深8.2米，门外有守门狮1对。外宫门内神道两侧石刻依次为望柱、狮子、羊、虎、麒麟、马及控马官、象、五梁冠秉笏文官各1对。石像生尽头左右各有碑亭一座，平面正方形，边长7.2米；其制为券门四开，内有赑屃驮碑。左（南侧）碑亭内为“大明靖江安肃王神道碑”，碑阴刻嘉靖五年（1526年）“御祭之文”和“钦赐靖江安肃王圹志”文；右碑亭内碑文已不可读。碑亭后神道正中为中门（内宫门），三间两进式，面阔16.2米，进深11.2米。内宫墙西墙、东墙均长42.3米，南、北墙均被破坏，复原长度约90米。中门内神道两侧各有石雕宫女、宦官各1对。享堂五间三进，面阔24.9米，因水渠破坏，原进深不明；前出月台，正面石阶三道，两侧阶各一道。享堂后为墓葬封土，大致呈覆钵形，最大直径26米，现高4米。坟冢后为内宫东（后）墙。

靖江恭惠王朱邦薴（卒于隆庆六年，1572年）墓在庄简王陵园南面，位于整个靖江王陵区的东南部，建于尧山余峰之下。陵园朝南略偏西，地面建筑遗迹保存相对最多，内外两重宫墙。外宫门前左右两侧有石狮1对（左残，右上有小蹲狮），宫门基座、陛阶等基本完好，可以明显看出3个门道的痕迹。宫门内神道石刻依次为望柱、蹲獬豸、卧羊、蹲虎、蹲麒麟、马及控马官、卧象、秉笏文官各1对（图3-45），石刻刀法细腻，线条流畅，望柱上下两端皆饰以仰覆莲花，柱头上还有一只小蹲狮。石人身后的神道外侧两边各有赑屃承驮石碑一通，原有碑亭，墙裙尚存。石像生之后为中门址，可见为三间两进式，其后为享堂遗址，五间三进式。中门（内宫门）和享堂之间左右两侧（东西庑位置）各有石雕宫人2对，中门和享堂两座建筑的基座保存虽不甚

① 广西文物保护与考古研究所等：《桂林靖江王陵考古发掘清理报告集》，科学出版社2017年版，第71—84页。

图3-45　明靖江恭惠王墓石像生及神道碑

图3-46　明靖江康僖王墓盘龙望柱及神道碑

好，但柱础大体完整，其上还有莲花装饰。享殿之后为坟冢封土。

恭惠王陵园右前方建有其次妃刘氏墓，石像生、宫门、享堂等园寝建置一应俱全，但规制较低。宫门前左侧石狮已缺，神道石刻为望柱、象、獬豸、麒麟、文官各1对。

靖江康僖王朱任昌（卒于万历十年，1582年）墓在悼僖王墓东北、庄简王墓西北，规模比较小，占地面积约9亩。陵园坐东朝西，宫墙及陵宫门做过修复。外宫门拱券结构，辟门三洞，左右还各有一个随墙门（角门）。门前左右除守门石狮1对外，还有马及控马官各1对。宫门内神道两侧为望柱、蹲獬豸、卧羊、蹲麒麟、蹲虎、卧象、执笏文官各1对，石刻刀法娴熟，表现细致入微，其中盘龙望柱尤具特色（图3-46），但石刻的整体风貌刚健不足，人和兽的比例也不甚协调。左列（南侧）文官背后有石碑一通。该陵园石像生以后的建筑遗址均掩没于草木之中，陵园整体地势明显逼仄。

靖江温裕王朱履焘（卒于万历十八年，1590年）墓位于七星区朝阳乡挂子山村、悼僖王陵园以西。陵园内外两重宫墙，坐北朝南，方向195°，外宫门等局部遭到过破坏[①]。外宫墙周长约370米，其中南墙长61.75米，北墙长68米，西墙长120米，东墙长119米，墙基轮廓大体完好。外宫门台基面阔12.6米，进深4.3—4.8米，拱券结构，辟门三洞，门外有守门石狮1对。宫门内神道两侧石刻依次为望柱、马及控马官、獬豸、羊、麒麟、虎、象、秉笏文官各1对。石像生后有左右厢房遗迹，面阔三间。石像生后、厢房北侧靠近神道为左右碑亭各一座，平面正方形，边长6.6米；其制为券门四开，内存龟趺座，碑已不存。中门（内宫门）为三间两进式，明间面阔4.55米，进深9米。内宫墙周长约226米，其中南墙为43.2米，北墙为46米，东、西两墙均长68.6米，墙基轮廓大体完好。中门内神道两侧各有石雕宫女、宦官各1对；两列石人后有左右配殿遗迹。享堂五间三进，台明面阔22.5米，进深13.9米；前出月台，面阔14.6米，进深3.9米，正面石阶三道，两侧阶各一道。享堂后为墓葬封土，大致呈覆钵形，最大直径28.7米，现高6.28米，封土和享堂之间地面墁砖，坟冢后为内宫北墙。

靖江宪定王朱任晟（卒于万历三十六年，1608年）墓在桂林市叠彩区大河乡中村，建于尧山西麓坡地，南距悼僖王等墓葬区约2公里。陵园坐东北朝西南，方向236°，内外两重宫墙，地势前高后低，部分遗迹可辨[②]。外宫墙周长约329米，西墙长46.54米，东墙长41.5米，南墙长120米，北墙长120.8米。外宫门为拱券结构，券门三洞，台明面阔12.64米，进深4.8米，门外有守门狮1对。外宫门内神道两侧石刻依次为望柱、马及控马官、獬豸、羊、麒麟、虎、象、五梁冠秉笏文官各1对。两列石像生后有左右厢房遗迹，面阔三间。厢房北为左右碑亭各一座，其制为券门四开，内有赑屃驮碑。左（南侧）碑亭面阔6.1米，进深6.45米；右（北侧）碑亭面阔6.3米，进深6.45米；碑亭内碑文已不可读。中门（内宫门）为三间两进式。内宫墙周长约220米，西墙长39.6米，东墙长37.5米，南墙长71.7米，北墙长71.2米。中门内神道两侧有石雕宫女、宦官各1对。享堂五间三进，面阔22.35米，进深13.9米；前出月台，面阔13.95米，进深3.9米，正面石阶三道，两侧未见侧阶遗迹（此前各陵园皆有侧阶）。享堂后为墓葬封土，平面大致呈圆形，前有挡土墙。

靖江荣穆王朱履祐（卒于崇祯八年，1635年）墓在叠彩区大河乡阳家村王坟岭，建于尧山西麓山坡，南距宪定王墓约2公里。陵园坐东南朝西北，方向285°，以中门为界分为前后两进院落，前后高差较大[③]（图3-47）。宫墙一道，周长约323.65米，其中

① 广西文物保护与考古研究所等：《桂林靖江王陵考古发掘清理报告集》，科学出版社2017年版，第98—111页。

② 广西文物保护与考古研究所等：《桂林靖江王陵考古发掘清理报告集》，科学出版社2017年版，第123—137页。

③ 广西文物保护与考古研究所等：《桂林靖江王陵考古发掘清理报告集》，科学出版社2017年版，第152—164页。

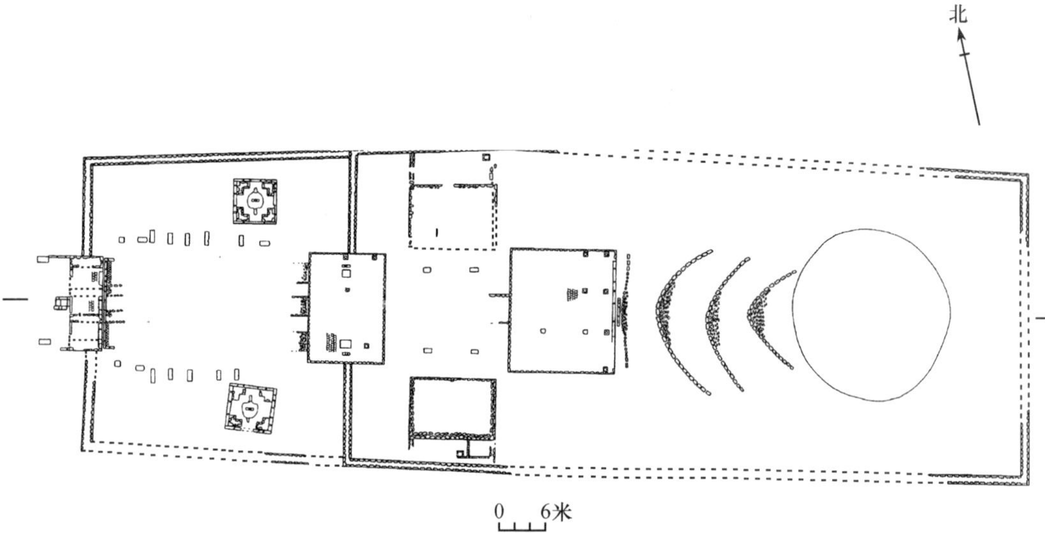

图3-47　明靖江荣穆王陵园平面图
（引自《桂林靖江王陵考古发掘清理报告集》）

西墙长36.85米，东墙长40米，南墙长123.2米，北墙长123.6米。宫门（外门）为拱券结构，券门三洞，台基面阔12.25米，进深4.08米，门外有守门狮1对。外宫门内神道两侧石刻依次为望柱、马及控马官、羊、麒麟、虎、象、秉笏文官各1对，以材质不佳的“槟榔石”雕成。两列文官后侧为左右碑亭各一座，其制为券门四开，内有赑屃驮碑。左（南侧）碑亭面阔6.06米，进深6.23米，右（北侧）碑亭面阔5.82米，进深5.66米；碑亭内残存龟趺座，碑已不存。中门五间两进式（推测应该也是三间两进式），台明残基面阔14.7米，进深9.75米，前出三路踏跺。中门两侧有墙延伸至宫墙，分隔出陵宫内外。中门内神道两侧有石雕宫女、宦官各1对；石人背后各有厢房（配殿），三间二进式。享堂台明面阔16.5米，进深13.9米，破坏较为严重，根据残存柱础推测为三间三进式建筑；前无月台，正面设踏步一道。享堂后以毛石等垒出四级台地，其上为墓葬封土，已坍塌，平面大致呈圆形。

靖江郡王是明朝皇室旁支，封地僻处桂林一隅，但其陵园规制甚至有些超逾内地亲藩；并且各陵园地面遗存和考古勘探发掘资料都相对丰富，前后自成体系，因此研究价值比较高。其陵园制度的基本特征归纳如下。

第一，靖江王虽然爵禄为郡王，但历代承袭者的实际礼制待遇却是介于亲王和郡王之间，“守谦虽封郡王，冠止七旒，禄止二千石，而设内外承奉、长史等官，宫城、庄田、宗社之类，皆与亲王等”[①]。从陵园的平面结构和基本建制来看，尧山诸

① 明·王世贞：《弇山堂别集》卷六，“郡王同亲王”，魏连科点校本，中华书局1985年版，第106页。

墓与内地皇子、亲王的陵园并不存在明显的等级差别，有些建制，如内外两重宫墙、普遍使用绿釉琉璃瓦等，甚至还高于一些驻守西北等边远地区的亲王。不唯如此，靖江王位下一些低爵禄者造墓也出现过严重逾制行为。正统五年（1440年）八月，靖江王朱佐敬与奉国将军朱佐敏互相攻讦，皇帝不得不出面干预，“书谕靖江王佐敬曰：比者，王与奉国将军佐敏交构讦诉，遂逮至所干连之人审问，悉得真情。盖尔兄弟作过，惟均王之过。如于幼女坟前，起造享堂，外筑周垣十余里，建屋五十余间……”① 这个“幼女坟”的规格就远远超过了后来正统十三年（1448年）关于亲王陵墓的限定。从陵园整体发展来看，最早建成的悼僖王陵园处于初创阶段，但已经确立了靖江系陵园的基本框架，庄简王陵园是靖江藩府陵墓制度完全确立的标志，昭和王以后（此前的怀顺王系追谥，最初是葬以郡王长子之礼，其陵园可视为特例），虽然有一些小的变化如石像生位次调整、厢房（配殿）的出现等，但整体上比较统一。陵园规模变小是一个总的发展趋势，时代越晚越明显，到荣穆王陵园更是把外陵宫简化为一个院落，也不再使用琉璃瓦。

第二，尧山墓葬区各陵宫的规格基本一致，除年代最晚的荣穆王陵园外，皆为内外两重宫墙，平面通常都是长方形，时代越晚越规整。各陵园中轴线上的主要建筑依次为陵宫门（外宫门）、望柱及石像生、中门（内宫门）、享堂、封土；封土在内宫墙内，平面通常呈圆形。主体建筑规格一致，宫门为券门三洞，中门三间两进，享堂五间三进、前出月台，主要建筑物顶覆绿釉琉璃瓦（荣穆王陵园用灰瓦）。从追封怀顺王墓开始，各陵园皆有碑亭及石碑或龟趺座遗存，这也是尧山诸墓的一个突出特色（图3-48），从安肃王陵园实物遗存来看，这些碑的内容包括皇帝的“御祭文碑”，也包括歌颂墓主生平的神道碑，甚至还有“圹志文”。

第三，历代靖江王陵园神道石刻自成系统。早期悼僖、怀顺二陵园神道弯折或略有弯曲，两侧石刻有望柱1对和石像生4对（羊、虎、马等兽3、文官1）；庄简王以后各陵园神道均取直，两侧石刻有望柱1对和石像生7对（增加了狮子或獬豸、麒麟、象各1对），所有仗马均配控马官。从康僖王陵园开始，石兽的排列顺序出现了变化，仗马提到了石兽的最前面、麒麟提到了虎前。除郡王外，尧山封域内的次妃墓、辅国将军墓前亦有石像生。从庄简王陵园开始，在中门以内享堂前的神道两侧增加了宫女、宦官各1对（图3-49），但从其所处方位来看，已经不属于石像生范畴；其象征意义与河南巩义北宋皇陵陵宫内的宫人或宦官像相同。这些石刻都以青黑石灰岩甚至更差的“槟榔石”雕成，刀法比较粗疏。

尧山靖江王墓葬区资料比较完备，陵园结构演变脉络清晰，是一处总体保存状况

① 明·孙继宗等：《明英宗实录》卷七〇，正统五年八月庚寅，校印本《明实录》，第14册，第1360页。

图3-48　明靖江恭惠王墓神道碑及碑亭遗址

图3-49　明靖江庄简王墓宫人、宦官石像

相对较好的明代藩王陵墓群，可以作为研究明代藩王陵墓制度形成和发展变化的重要藩封个案资料。

九、德藩亲王陵园

德藩始封王朱见潾为明英宗次子，封国山东济南，其七世七王依次为：庄王见潾、懿王祐榕、恭王载壿、定王翊錧、□［端］（端王谥号《明史》漏载，据清代所修《长清县志》补）王常漷、□王由枢、末代王由栗，另有追谥怀王厚熜（恭王之父）。

历代德王陵墓皆在山东长清五峰乡东马村青崖寨山下，据济南市文化局文物处和长清县文物管理所考古调查发掘的结果①，7座亲王陵园在青崖寨山南麓各倚一条支脉而建，自东而西依次编号为M7、M1、M2、M3、M4、M5、M6。除M5无地面建筑遗存外，其余各王陵园结构大体相同，均为内外两重墙垣，平面前方后圆（图3-50），陵宫内地势自前而后缓坡升高。陵园大多坐北朝南微偏西，唯M6朝正西南。M4陵园规模最大，根据出土圹志确认墓主为德庄王和王妃刘氏；另外，M1、M3、M6三座陵园的地面遗迹保存相对较好。当地传说在墓葬区前端神道两侧原有石像生、碑碣等，已全部毁坏无存。

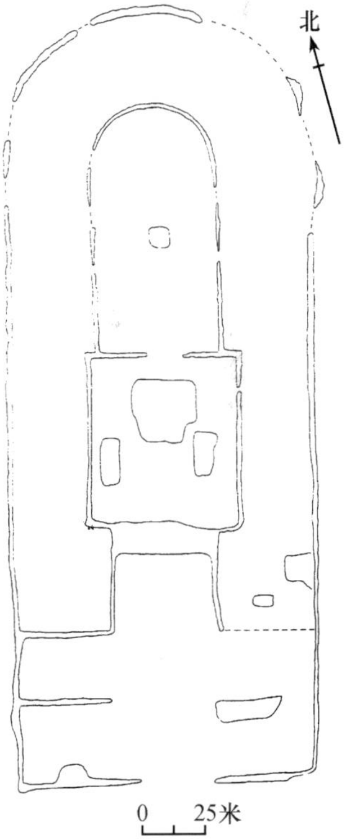

图3-50　明德藩王墓群M1平面图
（引自《考古学辑刊》第11辑，1997年）

德庄王朱见潾（薨于正德十二年，1517年）墓（M4）在当地俗称“老王林”。内外两重宫墙，结构为版筑土墙，内外墙均有部分遗存。外城南北长487.5米，东西宽286.5米，宫门已毁，形制不详，原有单孔石拱神桥1座，1958年拆毁。自宫门至神桥段的神道两侧各有建筑遗迹，东侧2处，其南者东西长65米，南北宽22.5米；其北者东西长60米，南北宽65米。神道以西有建筑遗迹1处，东西宽85米，南北宽32.5米。内宫墙可见宫门（中门）、享殿、配殿遗迹。封土在享殿之后，南北长13米，东西宽19米，高5.8米。

M1位于整个墓群的最东南部，石砌墙垣及建

① 济南市文化局文物处等：《山东长清县明德王墓群发掘简报》，《考古学集刊》第11辑，中国大百科全书出版社1997年版。

筑物仅存遗迹。外陵墙东、西、南三面平直，北垣呈弧形；南北长约303.5米，东西宽约118米。南部正中为陵宫门遗址，门制不详。院落前部呈“凸”字形，东西两侧分别有墙垣、建筑遗迹；北部凸出之处与内陵垣相接。内陵宫内分为两进院落，通长约165米，北壁亦呈弧形。第一进院落东西宽约59米，南北长约68米，南墙处有东西约42米、南北约12米的建筑遗迹，应为内宫墙的宫门（中门）。院内北部正中有倒“凸”字形建筑基址，东西长约25.5米，南北宽约24.5米，应为享殿所在；其前方两侧的东西配殿遗址长约18米，宽约7.5米。第二进院落东西宽约50米，南北长约95米，正中为封土，残存略高于地表，直径约8米。

M3位于庄王陵东旁，当地称“东王林”。陵园北部宫墙尚存（图3-51），其结构为石砌墙面，中间以石块、白灰、黄沙、黏土和糯米汁填筑，高5.11米，厚1.4米，顶部向两侧各伸出宽约5厘米的檐。外宫墙南北长约310.5米，东西宽约117.5米，南部正中辟“八”字形门，为陵宫外门；门北26米处有东西向横隔墙遗迹。内陵宫分为前后两进院落，前院东西宽57米，南北长66米，南部正中为中门即内宫门，院内有享殿及东西配殿遗迹；后院南北长100米，东西宽50米，正中为封土。两进院落之间未见有明显的隔墙遗迹。

M6位于整个陵区的最西部，距其他陵园稍远，朝向正西南，当地称“西王林”。其内外墙垣大体保存完好，外宫墙南北长约276.5米，前部宽约103米，后部宽约114米。南墙正中为“八”字形外宫门（图3-52），门内东侧有东西向墙基一道，西侧有

图3-51　明德藩王墓群M3（东王林）宫墙遗存

图3-52　明德王墓区M6（西王林）"八"字形宫门遗存

东西向墙基二道。内宫墙南北通长约151米，分为前后两进院落。前院南北长约57.8米，东西宽约68.3米，内有享殿及东西配殿遗迹；后院南北长约92米，东西宽约63米，正中为封土，墓道与墓圹已暴露于外。

德藩亲王各陵园集中于明代中后期（正德以后），陵园结构没有明显的早晚变化，共性突出。现存遗迹现象的各陵园均为内外两重宫墙，享堂和封土都建在内宫墙之内，庄王以后各墓的内城分隔为前（享堂）后（墓室）两院；宫墙范围内未见石像生遗存或相关遗迹。关于各陵园的规模，可以确认墓主的德庄王陵园外宫墙范围内占地面积约为230亩（明营造亩，下同），其余M1约为59亩，M3约为60亩，M6约为49亩，相差不多。

十、益藩亲王陵园

益藩始封王为明宪宗第六子朱祐槟，驻藩建昌（今江西南城），其七世七王按袭封先后为：端王祐槟、庄王厚烨、恭王厚炫、宣王翊鈏、敬王常浥、定王由木，末代王慈炱，还有追谥的昭王载增（宣王之父）。

益端王朱祐槟，薨于嘉靖十八年（1539年）八月二十四日，次年八月二十五日葬于南城县东南17公里洪门乡（曾改名红湖公社）外源村金华山下[1]。金华山南麓小丘陵

① 江西省博物馆：《江西南城明益王朱祐槟墓发掘报告》，《文物》1973年第3期。

的南端为一小山包，益端王墓室即建于此小山包之中。在小丘陵及小山包的东西两侧各有一支余脉向南延伸呈环抱状，陵园建于这个半封闭盆地的范围之内（图3-53）。1972年发掘此墓时，在两条小山支脉的内侧发现有墙基和残碎瓦片，应该是陵宫围墙的遗存；在山下水田路边还见有许多绿釉琉璃瓦残片，推测是享堂遗址所在。由此再往南约100米处为红石雕成的神道石刻5对，自南而北依次为望柱、狮、马、武将、文官各1对。神道前左右各有石碑一通，左碑倾倒，碑文已泐；右碑分别刊刻嘉靖十八年（1539年）、十九年（1540年）的御祭文。发掘者估算，陵宫围墙范围内约有水田六七十亩。

图3-53　江西南城明益端王墓址

益庄王朱厚烨，薨于嘉靖三十五年（1556年）五月二十二日，次年三月十七日"葬于南城县金华山水溅之原"[①]，其地今属南城县洪门长塘村殿后山、洪门水库拦河坝基以南200余米，1958年因修水库发掘[②]。山南麓有小土丘，高出地表7.8米，土丘左右各有一条支脉向南延伸环拱如城，因名"城山"。墓室建在小土丘之下，陵宫建于环拱的两条支脉之间。小丘前有方广各丈余的小池，池南左右各有土台，台上有琉璃瓦残片，土台之间有南北向的神道遗迹。石像生已残缺，自南而北依次存西侧石狮

① 明·翰林院撰文：《大明益庄王圹志》，见陈柏泉编《江西出土墓志选编》，江西教育出版社1991年版，第511页。

② 江西省文物管理委员会：《江西南城明益庄王墓出土文物》，《文物》1959年第1期；陈文华：《江西南城明代朱厚烨墓发掘简报》，见江西省博物馆编《江西考古资料汇编·封建社会部分（下）》，内部刊印1977年版。

1只，武将、文官各1对，石像生以南东西各立一通石碑，东碑风化已甚，额篆“敕赐文”，刻王妃祭文4篇，有“嘉靖二十五年”“王妃王氏”等残文；西碑已不存，仅余龟趺座。

图3-54　明益恭王墓神道石像生之文官

益恭王朱厚炫（薨于万历五年，1577年）墓在今南城县洪门镇庄上村南面山上，朝南略偏东，背靠小山，右砂绵长、左砂稍短，前案形如卧狮。现存神道石刻5对，均以红砂岩雕凿。望柱1对，方柱体，浮雕蟠龙，方座，柱头残；石狮1对，蹲姿；望柱以北约50米有仗马、武将、文官各1对，花纹比较细致，但刀法不精，马腿已残缺，4件石人中仅有1件文官头部尚存，但面部残损（图3-54）。石狮与仗马之间距离过长，且有地面高差，中间有残碎砖瓦甚多，但没有绿釉琉璃瓦砖残件；石人后小山包下即墓室所在。该墓神道出现落差，或与曾经改建有关。另据记载，益恭王墓前在清代曾有资圣寺，应系利用恭王陵园建筑改建。

益宣王朱翊鈏（薨于万历三十一年，1603年）墓在南城县城北20公里岳口乡游家巷村，建于村北女冠山（旧名七宝山）南麓小山丘的南坡，据1979—1980年考古发掘调查①，陵园原环以宫墙，已被拆除，尚可见墙基和绿色琉璃瓦碎片；早年有柱础、石像生等物。2009年调查时所见，地面已经看不出明显的建筑遗迹，原石灰椁墓穴亦被村民填盖。

益定王朱由木薨于崇祯七年（1634年）三月，当年十二月下葬。墓在益宣王陵园以西，1982年发掘②。墓上封土残高约3米，墓向为正南偏西8°。墓址所在的东西两侧有山丘向南延伸，中间为长150米、宽100米左右的开阔地（图3-55），陵宫建于其间。考古发掘时尚有围墙，享殿遗址可辨，陵宫基址及其前面残留有绿色琉璃瓦碎片，并有石像生和石碑龟趺座的残余。

---

① 江西省文物工作队：《江西南城明益宣王朱翊鈏夫妇合葬墓》，《文物》1982年第8期。

② 江西省文物工作队：《江西南城明益定王朱由木墓发掘简报》，《文物》1983年第2期。

图3-55　明益定王墓陵园遗址

益府北墓区位于南城以北游家巷村北的女冠山（旧名七宝山），女冠山南麓有一些丘陵支脉延伸而下，高出地面7—8米；再向南，隔村舍有盱江水自东向西流过，山前益藩四王的陵园原是连成一片的。据发掘者介绍，益宣王墓左侧约50米处为益昭王墓址，早年被破坏。宣王墓以西100米、200米处还各有一墓，后者经考古发掘证实为益定王墓。四代益王陵墓的排列顺序应该是自东而西依次为昭、宣、敬、定，4座陵园在大约0.25公里的横向范围内东西毗连（现场观察，四王陵园之间的距离要大于这个距离），分别以陵宫的宫墙和自然小山邱间隔开。昭、宣、敬、定四代亲王属于自东而西的祖孙鱼贯葬，既没有父子左昭右穆之分，也与上古面南以西为尊、“尚右”的礼俗相悖（从已发掘的明代帝王陵墓来看，面南以东为尊、“尚左”应是当时的通行惯例）。

益藩各亲王陵墓资料前后衔接，年代集中于嘉靖以后，特别是墓主身份明确，完整地揭示出一个藩府亲王墓园的发展演化规律。益藩含追封共七世八王，皆与王妃同穴合葬。诸王陵园地面尚有一些遗存，陵宫规模不大，始祖端王陵园占地约合今六七十亩，定王大约只有二三十亩，一重宫墙；宫门、享堂之制不详。石像生或其残余在南北墓葬区都有发现，最多者含望柱共5对，碑刻目前只见有御祭文碑，通常置于神道最前端。

十一、潞简王陵园

潞藩始封于明穆宗第四子朱翊镠，万历四十二年（1614年）五月卒，谥简王，次年八月葬于封国卫辉府城以西之五龙岗，今属河南省新乡市北郊。1978年，河南省博物馆、新乡市博物馆对陵园和玄宫做了调查和测量①。陵园坐北朝南略偏西，背靠海拔高度约200米的凤凰山（本名望虎山或万虎山），建于山南麓的缓坡上，西为峙儿山，东原有金灯寺，前有“老龙潭”（已改建为蓄水池）。

潞简王陵园分为东西两组，东墓区为简王陵园，地面建筑分为神道和陵宫两部分；西墓区为简王次妃赵氏墓园（图3-56）。

潞简王神道南端为仿木结构三阙四柱青石牌坊一座，面阔9.4米，残高6米，梁柱

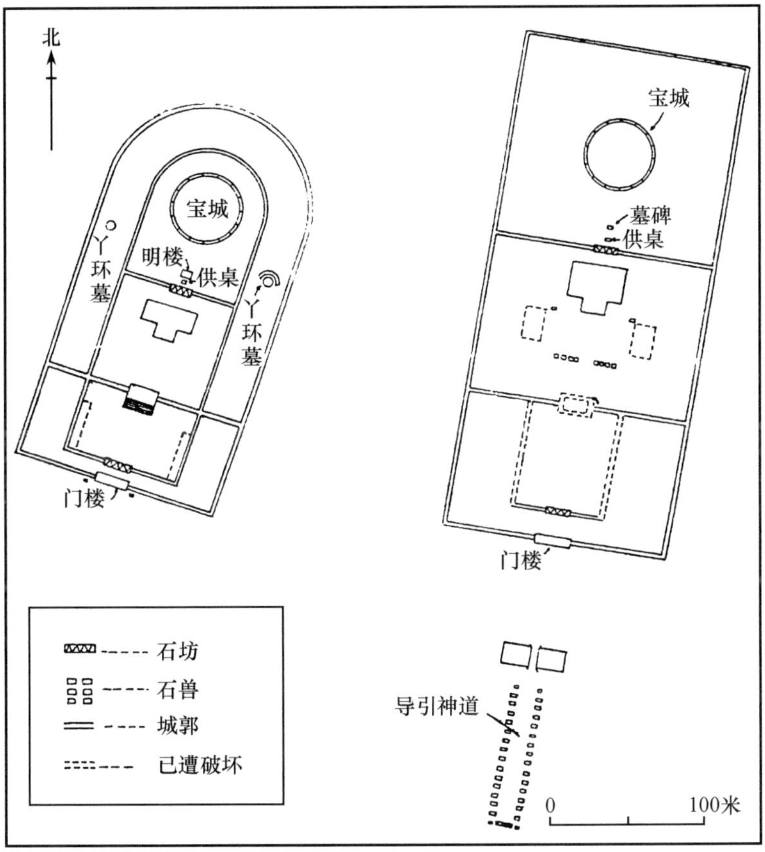

图3-56　明潞简王陵园平面示意图
（引自《文物》1979年第5期）

① 河南省博物馆等：《新乡市郊明潞简王墓及其石刻》，《文物》1979年第5期。

浮雕盘龙纹，额坊镌“潞藩佳城”四字。牌坊的东西两侧各有方柱形青石雕龙纹望柱一根，残高5.5米。望柱以北为神道石像生，多为形象怪异之兽，自南而北依次为狮子、鸟喙带翼有鳞异兽、熊、无鳞羊头狮身异兽、鳄状异兽、有鳞狮状异兽、羊、虎、獬豸、麒麟形狮状异兽、麒麟、骆驼、象、马及控马官各1对，以及文官（东侧）、宦官（西侧）各1件，共计人兽15对；除羊和骆驼为卧姿、象和马为立姿外，其余皆为蹲姿（图3-57）。有人考证这些石兽的名称，自南而北依次应为猰貐（貙）、爰居、貔（罴）、獬豸、豹（貘、程）、狻猊、羊、虎、狮、辟邪、麒麟、骆驼、象、马①，所考虽未必皆允当，但可备一说。石像生全部为青石雕成，身高1.55—2.77米不等，间距4.8米。石像生段神道总长约100米，北接白条石砌成的长方形水塘，其上建有长15米的三孔石拱桥一座，桥北为石墁神道通达陵宫门前。

图3-57　明潞简王陵园牌楼及神道石刻

根据1978年的调查资料，潞简王陵宫原有内外两重墙垣，内宫墙已基本不存。宫墙全部以青条石砌成，南北长324米，东西宽147米，高6米，厚1.5米，分前、中、后三进院落。但从现存遗迹观察，所谓“内宫城”，或许只存在于陵宫前部第一进院落。现存宫城南墙正中为外宫门，面阔22米，进深7.5米，高10.3米，条石砌筑，拱券门三洞，单檐歇山顶覆绿釉琉璃瓦。门内往北18.2米处为仿木结构的四柱三阙石牌楼一座，

① 苏德荣：《潞简王陵石刻群石兽简释》，《中原文物》2003年第2期。

面阔9.3米，高6.9米，额坊横书“维岳降灵”，枋、柱、坤石上均有浮雕，正门两侧刻有楹联一副，曰“龙卧太行绵玉牒”“凤栖瑟水濯银潢”。石牌坊两侧各有石墙向东西延伸，复折而向北接第二进院落宫墙，疑此牌楼为原内宫城南墙的正门。牌坊以北有中门遗址，面阔20米，进深8米，五间两进式，中三间为门道，已复原为单檐歇山顶绿釉琉璃瓦建筑；由此进入陵宫第二进院落。二进院落的核心建筑为享殿，遗址面阔36.5米，进深18米，前出月台面阔16米，进深10.6米。从残存柱础判断，原享殿应为面阔七间、进深三间（图3-58），殿前左右为东西配殿。享殿月台下有石狮一对，其左右分别竖立刊刻皇帝、皇太子遣官致祭的祭文碑。殿前中门至享堂间神道两侧竖立方形雕龙望柱一对，望柱左右又各有石碑4块，亦刊刻皇帝等人的祭文。

图3-58　明潞简王陵享殿遗址

享殿后为条石砌墙一道，正中为单阙石牌坊门一座，高5.35米，面阔5.8米，由此进入第三进院落后寝区。门内落地陈设石质鼎式香炉一、花瓶二、烛台二，其下各承以石座，石五供后为须弥座式条石祭台。祭台北为石砌碑台一座（传说原有“明楼”建筑，早年塌毁），上立石碑一块，龙首方趺，通高7.4米，面宽1.85米，厚0.85米，碑阳楷书径尺大字“敕封潞简王之墓”，碑阴刊刻墓主生卒：“隆庆戊辰（二年，1568年）贰月初伍日寅时降生，万历甲寅（四十二年，1614年）伍月拾伍日辰时薨逝”（图3-59）。碑台之后为坟冢，圆形，条石环砌、内填土，仿帝陵宝城形式，但没有城台、明楼等，直径40米，高9.35米，周长130米；南部正中开一券门，门内西侧有石级可以上达冢顶，墓室在封土之下。

西墓区墓主为简王次妃赵氏，据《潞简王圹志》记载：“次妃赵氏，则孝定皇后

图3-59　明潞简王陵石五供、祭台石、墓碑

钦赐随封侍媵，卒后奏请追封者。”赵氏先卒于万历二十九年（1601年）二月，其墓园结构与潞简王陵园相似，但前部没有石像生①。陵宫坐北朝南，比简王陵园更偏向西，有内外两重石砌宫墙，其中北墙为弧形，外宫墙南北长260米，东西宽137米，高6米，厚1.5米。内宫墙长210米，宽80米，分成前后三进院落。陵宫内建筑布局与简王陵园相似，但体量都比较小，建筑规制稍低，其中轴线上的主要建筑依次为：拱券式三洞宫门（在外宫墙南部正中）、四柱三间石牌楼（内宫墙南部正中）（图3-60）、中门（由此进入第二进院落，图3-61）、享堂、四柱三间石牌楼（左右两间以雕花石板封堵，由此进入第三进院落）、石五供和条石祭台、“明楼”、坟冢（图3-62）。赵氏墓园“明楼”保存较好，上下两层，通高12米，除楼顶为木结构外，全部石砌。上层长宽均为4.9米，高7.95米，四面各开券门，内竖碑，悬山顶覆绿釉琉璃瓦。楼内碑高6米，面宽1.46米，厚0.65米，碑阳楷书径尺“敕封潞藩次妃赵氏墓”，碑阴刻墓主生卒：“隆庆庚午年（四年，1570年）拾壹月初捌日丑时生，万历辛丑年（二十九年，1601年）贰月拾陆日寅时薨。”下层长宽均为6.65米，高5.05米，四面各开券门。

① 河南省博物馆等：《新乡市郊明潞简王墓及其石刻》，《文物》1979年第5期；王峰：《浅谈潞王次妃赵氏墓建筑结构与形式》，《中原文物》2010年第3期。

图3-60 明潞简王赵次妃墓宫门内石牌坊

图3-61 明潞简王赵次妃墓中门遗存

图3-62　明潞简王赵次妃墓“明楼”、坟冢

赵氏坟冢亦用条石包砌，高10米，周长130米。赵氏陵宫内墙外的东西两侧（与“明楼”同一纬度处）各有一座陪葬墓，称为“丫鬟墓”。这2座墓营造考究，推测墓主应该是潞简王媵妾。明世宗最初设计寿陵时拟妃嫔合葬于帝陵陵宫中明楼左右的构想在此墓园中得到了局部实现。

潞简王陵园是明代藩王陵墓中地面建筑保存最完好的一座，石像生、外宫城墙、内外城宫门、中门、享殿、墓碑（“明楼”）、坟冢等一应俱全。中门、享殿的丹陛石雕用龙纹，赵次妃墓亦然，为其他藩府所罕见。另外，在占地面积、石像生数量、建筑规格、次妃单独建墓园别葬等设计营造中，多有超逾定制之处，留下了一个明代晚期亲王陵园规制僭越的标本。

第三节　明代藩王陵园制度的特点

本节以第二节整理归纳的各藩陵园结构的主要特征为基础，结合其他藩府相对保存完好或有现存比较完整遗迹现象的亲王陵园的资料，分析明代亲王陵园的规律性特征。由于各地藩王陵园地面建筑损毁殆尽，相关的考古勘探发掘信息也不充分，资料缺环比较多，因而有些结论只能是相对的。

一、亲王陵园的规制与规模

明代亲王陵园规制仿拟皇帝陵园但又表现出明显的等级差异；不同年代、不同藩府之间亲王陵园的规制不尽相同，与朝廷颁布的相关等级规定也不尽吻合。从前节整理的基本资料来看，明代藩王陵园的平面布局可分如下三大类型。

A型：内外两重宫城，外城套内城，平面呈“回”字形。已知不少亲王陵园都是这种结构，如鲁荒王、晋恭王、楚藩亲王、靖江诸王、德藩诸王等，规模大者主要集中见于明早期（洪武、永乐）。具体又分为以下2种形式（相当于“亚型”）。

a享殿等建筑在内城内，墓室及封土在内城之外，如鲁荒王、楚昭王等。

b享殿、封土等建筑都在内城内，如靖江诸王、德藩诸王等。其中靖江诸王陵园石像生皆在内城之外、外城之内，秦愍王陵园可能也是这种形式。

B型：只有一重城垣，前后三进院落，平面呈“目”字形，实际上就是省略了大部分外城，出现不早于永乐，迄明末皆有。宫门多为券门式，可能也有牌坊式。通常是享殿在第二进院落（中门之内），封土在第三进院落，也有个别是封土在陵宫院落之后（蜀藩）。许多王墓现存遗迹显示，其平面结构都是这种形式，如周府后期、鲁府后期、蜀府（至少一部分）、晋端王、潞简王，以及前节未予讨论的徽府（图3-63）等。

图3-63　明徽庄王墓拱券式宫门

C型：只有一重城垣，前后二进院落，平面呈“日”字形，实际上就是B型省略了前部，直接以中门为陵宫门。享殿、封土分别在前后院落，石像生在宫门外。益府后期亲王陵园可能是这种形式。

上述三种形式的顺序是按目前已知最早出现的时间先后排列，但它们之间并不是此消彼长、新旧交替的关系，不仅A型和B型有较长时间的交错并存，而且C型出现以后和B型一直并存至明末。

明代亲王陵墓营造最早始于洪武时期，鲁荒王朱檀（薨于洪武二十二年，1389年）、秦愍王朱樉（薨于洪武二十八年，1395年）、晋恭王朱棡（薨于洪武三十一年，1398年）三皇子按亲王规制建陵墓[①]，形成了明代亲王陵园制度的最初模式；永乐时期（1403—1424年），在朝廷层面开始形成定制。明代藩王陵园的仿拟对象明显是同期或稍早的皇陵，完成于洪武早期的凤阳皇陵、营造于洪武中叶的南京孝陵、永乐时期建成的北京长陵及后来的景陵、裕陵等，具有重要的参照意义。

凤阳皇陵是明太祖父母之墓，在安徽凤阳明中都城遗址西南5公里的太平乡。陵园坐南朝北，自外而内由土城、砖城和内皇城三重城垣构成。土城平面呈正方形，城周二十八里，四面正中各辟城门，其中北面正中为正红门三间，面向东北，是为陵园正门。砖城结构为夯土胎芯外包青砖，城周六里一百二十八步（明代一步准五尺），四面正中各辟门，上建城楼，北明楼外复有外罩门一道，为红宫门及东、西角门二座，三门并列，亦名“棂星门”。实测凤阳遗址皇陵土城平面为正方形，周长14.4公里；砖城南北长1100米、东西宽750米[②]。砖城内部中央为内皇城，城墙砖砌，外涂朱红。内皇城是皇陵的核心部分，主要建筑是金门五间、正殿九间，正殿即享殿，是内皇城中的主体建筑，又名“皇堂”[③]。从砖城北明楼南到皇城金门的神道两侧夹列石像生和望柱共28对，金门外有东西碑亭各1座，内各有赑屃承托石碑，西为明太祖御制《大明皇陵之碑》，立于洪武十二年（1379年）；东为无字碑，立于嘉靖十七年（1538年），原拟“树皇陵右亭，以配太祖宸翰”[④]，但因明世宗未遑撰文，乃成无字碑。

---

① 其他死于洪武年间的太祖诸子，懿文皇太子朱标薨于洪武二十五年（1392年）四月，以皇太子之礼祔葬于孝陵之东，即“东陵”；潭王朱梓、赵王朱杞、二十六皇子朱楠，或自焚、或早夭，皆未能按亲王之制营造陵园，不在本节讨论。另外，成都北郊凤凰山上的“蜀王妃墓”极可能也属于这一时段，但该墓情况特殊，墓主身份亦无墓志等确证资料，暂不能作为确定案例讨论。

② 徐苹芳：《明皇陵和祖陵》，见《中国大百科全书·考古学》，中国大百科全书出版社1986年版，第334页；周致元：《明代凤阳的皇陵》，《东南文化》1997年第1期。

③ 明·胡广等：《明太祖实录》卷一二五，洪武十二年闰五月丁已，校印本《明实录》第3册，第1997页。

④ 明·徐阶等：《明世宗实录》卷二一一，嘉靖十七年四月乙巳，校印本《明实录》第43册，第4347页。

从平面布局来看，凤阳皇陵规制直接脱胎自唐、宋皇陵，特别是受河南巩义北宋皇陵的影响十分明显，但与之相比又有所变异[①]。一个突出的变化就是陵墓封土不再居于陵园的正中心，从《帝乡纪略》卷首所附万历四十一年（1613年）凤阳知县万嗣达增补的《皇陵总图》来看，凤阳皇陵的陵冢是在内皇城的后红门之南、砖城南明楼之北，亦即内皇城之外、砖城之内（图3-64）。享殿成为陵园中的最核心建筑，这一变革为后来明孝陵等陵园直接继承。

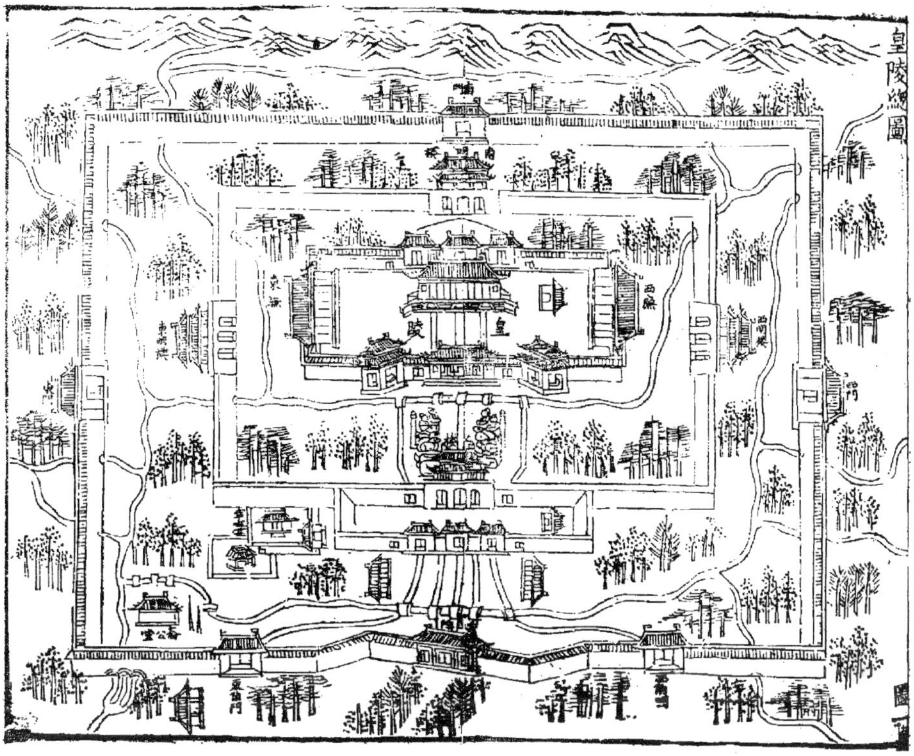

图3-64　明凤阳皇陵平面图
（引自《帝乡纪略》）

明太祖孝陵在江苏南京东郊钟山（紫金山）独龙阜下玩珠峰，洪武九年（1376年）和洪武十四年（1381年）分别将陵址原有的南朝宝志和尚塔和蒋山寺迁移，一般认为这是孝陵的始建时间。洪武十五年（1382年）九月，太祖孝慈马皇后入葬，“命所葬山陵曰孝陵”[②]；次年，孝陵享殿建成，孝陵陵宫区主体建筑基本完成。孝陵依山

---

① 刘毅：《嵩山之阴的皇朝记忆》，见郑州中华之源与嵩山文明研究会主编《中华之源与嵩山文明研究》第一辑，科学出版社2013年版，第257—279页。

② 明·胡广等：《明太祖实录》卷一四八，洪武十五年九月庚午，校印本《明实录》，第4册，第2342页。

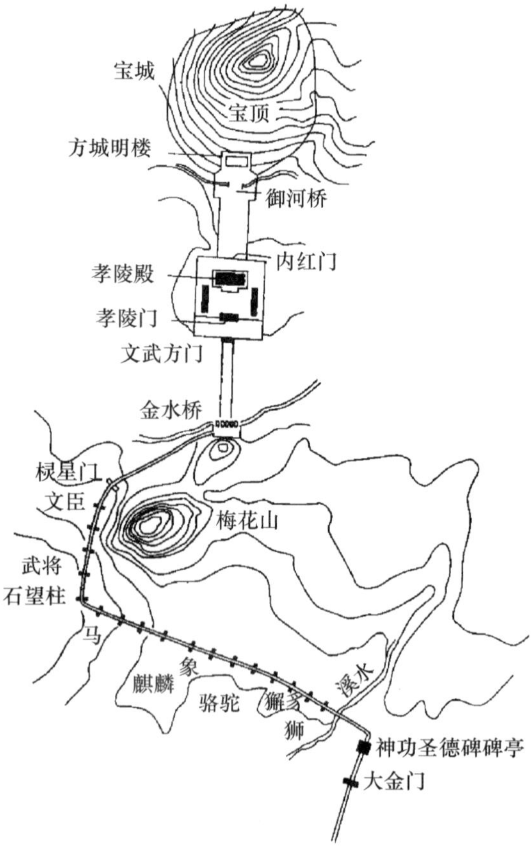

图3-65　明孝陵平面示意图
（引自《中国文物地图集》江苏分册）

而建，主要建筑物坐北朝南，陵园分为神道和陵宫前后两部分（图3-65），环以外郭城，以大金门为正南门。

孝陵神道部分，起自下马坊，止于陵宫前。下马坊是一座两柱冲天式的石牌坊，因坊额上横刻“诸司官员下马”字样而得名。坊西北1.5公里处有一座砖石拱券结构的宫门，名“大金门”，为整个钟山陵园区（外郭城）的大门，原制为红券门三洞，重檐歇山顶。大金门以北为石基砖券结构的碑楼，内有永乐十一年（1413年）所立明成祖御撰“大明孝陵神功圣德碑”，赑屃座。孝陵神道弯曲，碑楼折向西北过御河桥设置石像生，有石兽12对，自前而后依次为蹲坐狮、立狮、蹲坐獬豸、立獬豸、卧骆驼、立骆驼、卧象、立象、蹲坐麒麟、立麒麟、卧马、立马各1对。石兽之后神道折而向北，复有望柱1对、武将2对、文官2对。再向北为棂星门，为三间两垣式牌楼门，门后神道转向东北，过并列神桥（金水桥）三座转向北到陵宫前。

陵宫前后三进，南部正中为陵宫门，砖石拱券结构，黄瓦单檐。1998年，南京市文物研究所和孝陵博物馆清理发掘显示，陵宫门为正门三道，圆券顶，东西二掖门为平顶过梁式①。陵宫门内为中门（即享殿前宫门，相当于昌平各皇陵的祾恩门），一层须弥座式台基，清代将其址改建为面积较小的三开间碑殿。中门北为享殿基址，有白石殿座三重，通高3.03米，享殿原制仿宫中奉天殿，面阔九间、进深五间。享殿前两庑原有东西配殿，各面阔十五间、进深三间，还有焚帛炉、神厨、宰牲亭、井亭、具服

① 南京文研所：《明孝陵陵宫门基址清理发掘获重要成果》，《中国文物报》1999年5月2日第1版；南京市文物研究所等：《明孝陵陵宫门址的发掘收获》，见中山陵园管理局等编《〈明孝陵志〉新编》，黑龙江人民出版社2002年版，第176—182页。

殿等建筑遗迹[①]。享殿基座北面为后红门，砖石拱券结构。后红门往北约200米处为宝城正南之明楼（图3-66），明楼后是即原独龙阜山体修补而成的圆形封土，直径325—400米，周围环砌以石基砖砌的城垣，是为“宝城”。明楼为平面呈长方形的石砌城堡式建筑，下部城台正中辟券门一洞，有石阶自下而上穿过券洞，迎面为13层石条砌成的挡土墙一道，墙后即坟丘。

图3-66　明孝陵明楼

明孝陵开辟了中国古代陵寝制度发展史上的一个新时代，奠定了明朝帝王陵寝制度，特别是陵宫平面结构的基础，对明早期藩王陵园建置有以下3项突出的影响。

第一，孝陵将陵宫平面改为前方后圆，南北以一条纵向弯曲轴线贯穿，陵园建筑由南而北逐级递进，坟丘建于陵园的最北端。在孝陵陵宫中，享殿和坟丘封土各为一个院落中的主体，其中享殿部分模拟皇宫正殿，继承凤阳皇陵占据中间院落的传统，地位比坟丘更加突出。孝陵的这种平面结构应该是模拟宗庙、宫室而来。东汉蔡邕说：“古学以为：人君之居，前有朝，后有寝。终则前制庙以象朝，后制寝以象寝；庙以藏主，列昭穆，寝有衣冠几杖象生之具，总谓之宫。”[②]明朝京师和各王封国的宗

① 贺云翱等：《南京明孝陵及东陵考古获多项发现》，《中国文物报》2000年2月27日第1版；南京市文物研究所等：《明孝陵陵宫内东侧建筑基址勘掘记》，见中山陵园管理局等编《〈明孝陵志〉新编》，黑龙江人民出版社2002年版，第183—197页；孝博源根：《明孝陵考古又添新成果，寝宫全貌重见天日》，《扬子晚报》2002年3月8日。

② 汉·蔡邕：《独断》卷下，《诸子百家丛书》本据《四库全书》影印，上海古籍出版社1990年版，第14页。

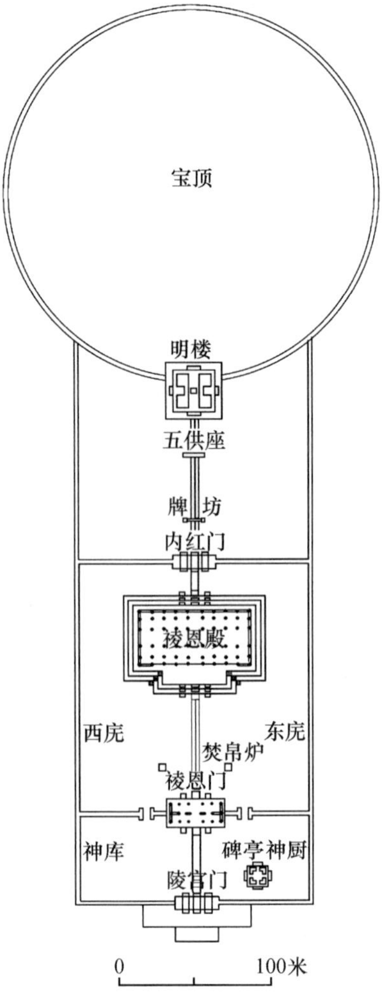

图3-67　明长陵平面图
（引自《刘敦桢文集》二）

庙和宫室皆为前朝（庙或大殿）后寝（寝殿或寝宫）之制，在孝陵陵宫中，享殿即相当于前朝大殿或宗庙大殿，而明楼宝顶及地下玄宫部分亦即皇帝的安眠处则相当于大内正寝或宗庙中的寝殿。明代各地藩王陵园平面结构虽然不尽相同，但总体上也都是这种前朝后寝格局。

第二，现存孝陵陵宫部分为三进封闭式院落，即自陵宫门至中门（碑殿）为第一进；自中门至后红门为第二进；自后红门至宝城为第三进。这个模式演进到昌平的明成祖长陵时格局更加规整（图3-67），陵宫门、祾恩门（中门）、祾恩殿（享殿；图3-68）、后红门、明楼宝城前后连贯，成为各地藩王“目”字形陵园的直接蓝本。此后，仁宗等十二位嗣皇帝先后祔葬于长陵左右，陵园结构和建筑规制都趋于简单，除世宗永陵、神宗定陵外，都取消了拱券式红宫门，直接以祾恩门（中门）为陵宫之门。这是藩王“日”字形陵园的祖形。

第三，明孝陵的封土是圆形。实地考察所见，这是一种特殊的“因山为藏”，玄宫开凿于山体之中，独龙阜本身就相当于封土的一部分，为了外形美观，“独龙阜体表至少60%的地方是经过人工修补、堆填的”①。圆形比方形更接近于山体的原形，便于人工修饰，同时也有利于减少山洪的破坏力，这是孝陵封土由方形改为圆形的最直接原因。长陵以后各皇帝陵，环绕封土的宝山城皆为圆形或椭圆形；有明一代各地藩王陵墓的封土也基本是圆形或接近圆形，只有早期的鲁荒王墓等例外。

明代亲王墓中年代最早的鲁荒王（薨于洪武二十二年，1389年）陵园，与孝陵相比就是具体而微；其坟冢在内宫城之外，与凤阳皇陵、孝陵初制如出一辙。不同时代、不同地区，甚至不同藩系之间亲王陵园的规制不一，有时差别还可能很大，但从明代各层级墓葬的整体面貌来看，皇帝、亲王陵园的规制更为接近，其间差异小于它们与普通墓葬的差异。帝王陵墓之间，一般以营造规制、琉璃瓦色等区分出等级差

① 江苏省地震工程研究院等：《明孝陵地下宫殿勘测记》，见中山陵园管理局等编《〈明孝陵志〉新编》，黑龙江人民出版社2002年版，第204页。

图3-68　明长陵祾恩殿

异。在制度传承方面，皇帝、亲王陵园还有一点也颇为相似，就是开创者和继承者之间往往存在着明显的规格差异，无论是孝陵与懿文太子东陵、长陵与献陵及以后各陵，还是各藩始祖与嗣王的陵墓之间，这种规格上明显的差异普遍存在。

明初地广人稀，对于亲王陵园没有明确的限定，其规模相应比较大。鲁荒王陵园复原外城南北长1220米，东西宽756米，占地面积约922300平方米；内城南北长206米，东西宽80米，占地面积约16500平方米①，分别约相当于1510余明营造亩、27明营造亩。洪武三十一年（1398年）三月，明太祖第三子晋恭王朱棡薨，“晋世子济熺将葬恭王，欲得民地千一百余亩为寝园，遣使入奏。上命以八百亩为限”②。又据《太原县志》记载：“明晋恭王墓在（太原）县东北三十五里许东驼山之阳，洪武三十一年七月造。”③根据这些资料推断，八百亩可能是洪武末藩王陵园的最高额限。今实测晋恭王陵园占地面积约48万平方米④，约合790明营造亩，与《明实录》所载之“八百亩”大体相当。

永乐八年（1410年），因秦藩奏请为愍王营造享堂，朝廷正式规定亲王陵园之制，并最终载入《大明会典》：“亲王坟茔，享堂七间，广十丈九尺五寸，高二丈九

① 山东省博物馆：《发掘明朱檀墓纪实》，《文物》1972年第5期；山东省博物馆等：《鲁荒王墓》，文物出版社2014年版，第9页。

② 明·胡广等：《明太祖实录》卷二五六，洪武三十一年三月己未，校印本《明实录》第5册，第3705页。

③ 清·员佩兰总裁，杨国泰纂修：《太原县志》卷四，《古迹》，《中国方志丛书》影印清道光六年刊本，台北成文出版社有限公司1976年版，第261页。

④ 山西旅游景区志从书编委会：《太原风景名胜志》，山西人民出版社2004年版，第223页。

尺，深四丈三尺五寸。中门三间，广四丈五尺八寸，高二丈一尺，深二丈五尺五寸。外门三间，广四丈一尺九寸，高深与中门同。神厨五间，广六丈七尺五寸，高一丈六尺二寸五分，深二丈一尺五寸，神库同。东西厢及宰牲房各三间，广四丈一尺二寸，高深与神厨同。焚帛亭一，方七尺，高一丈一尺，祭器亭一，方八尺，高与焚帛亭同。碑亭一，方二丈一尺，高三丈四尺五寸。周围墙二百九十丈，墙外为奉祠等房十二间。”①这是有明一代对于亲王墓园建制最详尽的规定，不但有建筑物的名称，还规定了营造尺寸。按照此项规定，亲王坟园应该是一座周长约928米的陵园，中轴线上依次为外门即陵宫门三间、中门即享殿前宫门三间、享堂七间、东西厢房即左右配殿各三间，以及神厨、神库、宰牲房、焚帛亭、祭器亭和碑亭等；还有奉祠房等附属建筑十二间。以永乐八年规定为衡量尺度，郢靖王（薨于永乐十二年，1414年）陵园虽然规模比较小，但基本合乎规制，是一个标准化的陵园建筑群。

永乐以后，朝廷关于亲王等宗室成员的坟园规制在不断地更定和完善，基本出发点都是限制王墓的规模。正统十三年（1448年）规定：“亲王坟茔，地五十亩，房十五间。”②正统年间还规定：“亲王母妃、郡王母妃、将军母夫人坟地房屋，悉如其夫与子之制。”③天顺二年（1458年）奏准：“王或妃有先故者，并造其圹，后葬者止令所在官司起倩夫匠开圹安葬，继妃则附葬其旁，同一享堂，不许另造。”④这就是在明代藩府陵墓制度变化中非常重要的“合葬令”。

此后迄于明末，为了控制各王府造墓的经费支出，朝廷不断修订、颁布减缩开支的诏令。成化十八年（1482年）规定：“王府擅奏重修坟茔者，先将辅导官参奏。”⑤同年又定王府造坟工价：“亲王坟价三千八百两，郡王并妃三百五十两。”⑥嘉靖二十八年（1549年）题准：“亲王并妃造坟开圹，行该省都、布二司派办夫匠、木石砖灰等料，合用冥器、丧仪，一并造完送用。”⑦到了30余年后的万历十年（1582年），索性直接明令免除了皇室中低级成员的造墓供给：“郡王初封系帝孙者，身后坟价照例全给，其余郡王量给一半，开圹合葬者免给。世子坟价与郡王同，将军以下

① 明·申时行等：《大明会典》卷二〇三，《工部·王府坟茔》，影印本，第5册，第2730页。

② 明·申时行等：《大明会典》卷二〇三，《工部·王府坟茔》，影印本，第5册，第2731页。

③ 明·朱勤美：《王国典礼》卷六，《丧礼附谕祭、坟茔》，影印北京图书馆藏明万历四十三年周府刻、天启增修本，见《续修四库全书》，上海古籍出版社1995年版，第824册，第446页。

④ 明·申时行等：《大明会典》卷二〇三，《工部·王府坟茔》，影印本，第5册，第2731页。

⑤ 明·申时行等：《大明会典》卷二〇三，《工部·王府坟茔》，影印本，第5册，第2731页。

⑥ 明·朱勤美：《王国典礼》卷六，《丧礼附谕祭、坟茔》，影印北京图书馆藏明万历四十三年周府刻、天启增修本，见《续修四库全书》第824册，上海古籍出版社1995年版，第446页。

⑦ 明·申时行等：《大明会典》卷二〇三，《工部·王府坟茔》，影印本，第5册，第2732页。

一概停免。”[①]靖江王府例外，是因其爵位虽是郡王，但分藩立国“礼数如亲王”[②]，所以万历十一年（1583年）七月，仍“赐靖江王任昌造坟全料，以靖江分封不宜与他郡王例，特给之”[③]。从这些不同年代的规定可以看出，时间越往后，各藩王陵墓的等制越被压低，世子、郡王以下的宗室成员尤甚。

明太祖手定宗藩条规，待遇优厚，“王爵封及二代，子孙六世尚得为校尉，余有禄，亲亲之恩可谓隆矣”[④]。到了明朝中晚期，亲藩生齿日繁，衍生速度惊人，如世传晋府的庆成郡王竟然生子近百，而且“俱长成，自封长子外，余九十九人并封镇国将军”[⑤]。宗室縻费日多，国家财力相形见绌，于是“宗伯苛为革削，司寇严其条禁”[⑥]。朝廷减省开支，各王府则各种设辞乞请。事实上，这种捉襟见肘的窘迫早在景泰年间已有多例。景泰六年（1455年）十月，“秦世子公锡奏：‘近父王薨逝，禄米一万石例当往［住］支。臣家口浩大，兼无丧葬之费，乞仍旧支用。’从之”[⑦]。景泰七年（1456年）二月，庆府“真宁王秩荧妃张氏奏：‘王卒，府中艰难，无力治葬，乞量给财物助买丧具，以全送终之礼。’帝命给银百两、纻丝十匹、绢二十匹”[⑧]。在这种情况下，郡王以下为了维持墓园的等级体面，有时就不得不自掏腰包。景泰四年（1453年）二月，秦府兴平王朱志埠奏：“臣父兴平恭靖王薨，蒙遣官营葬，拨地三十亩外自买地一顷有余，以作守坟庄。此外无苫坟神道地基，乞每一向赠赐地一二十丈，植木苫护。”[⑨]景泰帝下户部覆奏，诏令从之。因而，除了朝廷政令性限制外，财力限制也是亲王等宗室成员坟园规制一再降低的重要原因。

---

① 明·申时行等：《大明会典》卷二〇三，《工部·王府坟茔》，影印本，第5册，第2732页。

② 明·徐学聚：《国朝典汇》卷一三，《朝端大政十三·宗藩上》，据明天启刊本影印本，北京大学出版社1993年版，第2册，第901—902页。

③ 明·顾秉谦等：《明神宗实录》卷一三九，万历十一年七月庚寅，校印本《明实录》，第54册，第2591页。

④ 明·郎瑛：《七修类稿》卷一二，《国事类·本朝封王》，点校本，上海古籍出版社2001年版，第127页。

⑤ 明·王世贞：《弇山堂别集》卷一，“庆成王百子”，魏连科点校本，中华书局1985年版，第9页。按，此事《明史·诸王传》记为庆成端顺王奇浈，“生子七十人，嘉靖初，尚书王琼闻于朝”。见郑天挺等标点本《明史》，中华书局1974年版，第12册，第3564页。

⑥ 明·王世贞：《弇山堂别集》卷一，“宗室之盛”，魏连科点校本，中华书局1985年版，第6页。

⑦ 明·孙继宗等：《明英宗实录》卷二五九《废帝郕戾王附录》第七十七，景泰六年十月丁未，校印本《明实录》，第20册，第5554页。

⑧ 明·孙继宗等：《明英宗实录》卷二六三《废帝郕戾王附录》第八十一，景泰七年二月甲辰，校印本《明实录》，第20册，第5609页。

⑨ 明·孙继宗等：《明英宗实录》卷二二六《废帝郕戾王附录》第四十四，景泰四年二月乙卯，校印本《明实录》，第19册，第4947页。兴平王志埠，《明史·诸王世表一》“埠”作“㙩”。见点校本《明史》第9册，第3512页。

二、亲王陵园若干建制的讨论

尽管朝廷有明文规定，但各藩王陵园的规制并没有做到整齐划一，不仅营造丈尺有别，建置繁简亦不尽相同。根据目前已知各种资料分析，明代各地亲王陵园制度与永乐八年（1410年）最初的定制及以后历次更定之制不但不完全吻合，有时甚至还有较大出入。从同藩府前后诸王的陵园规制来看，大体上都存在由奢到简的变化规律；但在同时代的各藩诸王之间，却归纳不出完全一致的制度，各藩王陵虽然基本都由神道、陵宫、坟冢等核心建筑物组成，但不同时期、不同地域的亲王陵园制度并不统一。下面以石像生、碑亭、享堂、明楼、封土形式等几种标志性的建筑物为切入点，对明代亲王陵园建制进行讨论。

1. 石像生

关于明代陵墓的石像生制度，《大明会典》卷二〇三中首先记载了皇帝陵中的成祖长陵有石像生18对，又分别记载了洪武元年（1368年）和洪武二十九年（1396年）所规定的公侯、文武品官坟茔前石人石兽制度，唯独不见关于亲王、郡王及其他宗室人等墓前石像生制度的记叙文字。明代其他官私文献，特别是礼制类著述，如《国朝典汇》《皇明典礼志》《王国典礼》等，也不见有相关的记载。就已知考古调查和发掘资料而言，更归纳不出明代亲、郡王陵墓石像生制度的统一规律。

根据确定的考古资料，许多明代亲王陵墓前没有石人、石兽或其孑遗，如晋恭王陵、周定王陵、楚昭王及楚藩诸王陵、鲁荒王陵及鲁藩诸王陵、蜀藩诸王陵、代藩诸王陵、肃庄王及肃藩诸王陵、辽简王陵、庆康王及庆藩诸王陵、郢靖王陵、伊藩诸王陵、襄宪王及襄藩诸王陵等。而秦愍王及秦藩若干王陵、晋定王陵、荥阳若干周王陵、赵康王陵、荣怀王陵、益端王及益藩诸王陵、潞简王陵等亲王陵及广西靖江诸王陵前皆有石像生或其残余。其中秦藩、益藩、靖江诸王陵墓前的神道石刻保存最为完好，自成体系，也有较为系统的调查资料，是研究明代王陵神道石仪制度的重要藩府个案。

秦府亲王石像生之制前后连贯，含望柱8对应该是定制，人兽等组合内容也比较统一，麒麟形象为其他藩府所少见（表3-2）；宣王世子朱敬鋡神道也有麒麟。石人按服饰分为幞头秉笏、梁冠拄剑两种，分别象征文官、武将（图3-69）。由于凤阳皇陵对巩义宋陵石像生制度的误解，导致明初祖、孝二陵石像生中的武将也以甲胄武士的形象来表示，和朝服文官的形象不相匹配，后来在长陵神道上增加了“朝衣冠武像”，乃有所纠正[1]。受帝陵影响，明代藩王、品官墓前的石像生基本都以盔甲武士带剑、袍服官秉笏等象征要素来表现文武官员，而秦藩自始祖愍王陵园开始，分别以幞头秉笏、梁冠拄剑两种人物形象代表文武官员，对照《大明会典》及后来《明史》等文献的描述，其所着冠服应分别为官员的公服和朝服，虽然也没有能够真实地反映官员朝会的服饰制度，但却比皇陵更合乎礼制一些。

表3-2　明秦藩亲王陵园石像生统计表　（单位：件）

墓主	卒年	望柱	狮	虎	羊	麒麟	仗马	幞头秉笏石人	梁冠拄剑石人	仗马
秦愍王	洪武二十八年	2		2	1	2	4	2	1	
秦隐王	永乐十年					2	4	2	2	2
秦康王	景泰六年						3	1	1	
秦惠王	成化二十二年	2		2	2	2	4	1	2	
秦简王	弘治十一年		2			2	4	2	2	
秦宣王	嘉靖四十五年	2		2	2	2	2	2		

图3-69　明秦愍王墓公服秉笏石人像、明秦惠王墓朝服拄剑石人像

江西南城益藩端、庄、恭三王陵园前皆有石像生遗存，发掘清理益宣王、定王墓时发现，陵园前亦皆有石像生残余[2]，但现已无存（表3-3）。根据前三王实例分析，望柱1对、石人兽各2对，可能是益府亲王神道石刻的定制。

① 刘毅：《明凤阳皇陵神道石刻研究》，《文物》2014年第5期。

② 江西省文物工作队：《江西南城明益宣王朱翊鈏夫妇合葬墓》，《文物》1982年第8期；江西省文物工作队：《江西南城明益定王朱由木墓发掘简报》，《文物》1983年第2期。

表3-3　明益藩亲王陵园石像生统计表　　（单位：件）

墓主	卒年	狮	望柱	狮	仗马	武将	文官
益端王	嘉靖十八年		2	2	2	2	2
益庄王	嘉靖三十五年			1		2	2
益恭王	万历五年	2	2		2	2	2
益宣王	万历三十一年	不详					
益定王	崇祯七年	不详					

靖江诸王从庄简王陵园开始，石像生内容基本固定为望柱1对、石兽6对、石人1对，即狮（獬豸、狻猊）羊、虎、麒麟、仗马及控马官、象、秉笏文官各1对；康僖王神道麒麟与虎的位次对调，从温裕王神道开始，石兽的位次调整为仗马及控马官、狮、羊、麒麟、虎、象（表3-4）。尧山封域内的次妃墓、辅国将军墓前也安设石像生，但比诸各府亲王，靖江王府墓葬的石像生都以石灰岩甚至更差的“槟榔石”雕凿而成，刀法比较粗疏。

表3-4　明靖江王陵园石像生统计表　　（单位：件）

墓主	卒年	望柱	狮	羊	虎	麒麟	仗马	象	秉笏文官
靖江悼僖王	永乐六年	2，残		2	2		2		2
靖江庄简王	成化五年	2	2	2	2	2	2	2	2
靖江怀顺王	天顺二年	2		2	2		2		2
靖江昭和王	弘治二年	2	2	2	2	2	2	2	2
靖江安肃王	嘉靖五年	2	2	2	2	2	2	2	2
靖江恭惠王	隆庆六年	2	2	2	2	2	2	2	2
靖江康僖王	万历十年	2	2	2	2	2		2	2
靖江温裕王	万历十八年	2	2	2	2	2	2	2	2
靖江宪定王	万历三十六年	2	2	2	2	2	2	2	2
靖江荣穆王	崇祯八年	2	2	2	2	2	2	2	2

除上述三藩这些系统资料外，明代各藩王陵墓中现存部分神道石刻或存留有比较明显的石刻遗迹的还有：河南郑州市西南刘胡垌乡周悼王墓前残存石刻10件，内含羊、马、武将、文官各2件[①]；河南安阳赵康王墓前现存羊1、象2（一说原有石像生7

① 郑州市文物考古研究所：《二十世纪郑州考古》，香港国际出版社2004年版，第247页。周悼王朱安㶉，周惠王之子，未袭封而薨，初谥曰荣悼世子，其子恭王嗣封，追谥曰悼王。

对）[①]；河南新乡潞简王墓前石像生包括狮、虎、熊、羊、獬豸、麒麟、骆驼、象、马、官员及若干种无名异兽，共15对[②]；位于河南郑州、荥阳的周藩若干郡王墓前也有石像生或其遗存[③]。另外，湖南常德荣藩王墓前也有神道石刻，至少在荣怀王（怀穆世子朱厚熨，嘉靖十一年薨，追谥）陵园前端有青石浮雕云纹望柱遗存（图3-70）。江西新建宁献王的陵园建置具有比较突出的道教色彩，其陵宫前有石望柱1对，上刻道教符箓[④]，应该不属于石像生范畴。据20世纪50年代初调查资料，追封宁惠王陵园前部也有望柱1对，但没有发现石像生[⑤]。

图3-70　明荣怀王墓望柱遗存

从诸藩王陵园石像生内容来分析，石兽多以狮、马、羊为主，獬豸、麒麟等神兽仅见于秦藩诸王陵、潞简王陵和靖江诸王陵等，潞简王陵还有仅见于皇陵（太祖孝陵、成祖长陵、钟祥显陵神道有之）而各藩王墓都不见的骆驼。各陵园石人数目最多者为2对，以手中道具的不同（笏或剑）可称为文官、武将，一般是文、武各1对；靖江诸郡王为文官1对、潞简王为冠饰不同而均秉笏者1对。从石像生数目来看，秦藩诸王陵为7对，赵康王、靖江诸王（第三代以后）陵均为7对，益端王陵为4对。就石像

① 国家文物局主编：《中国文物地图集·河南分册》，《康王墓》，中国地图出版社1991年版，第277页；杨焕成等主编：《河南文物名胜史迹》，《康王墓》，中原农民出版社1994年版，第267页。

② 河南省博物馆等：《新乡市郊明潞简王墓及其石刻》，《文物》1979年第5期。

③ 郑州市文物考古研究所：《二十世纪郑州考古》，香港国际出版社2004年版，第247页。

④ 陈文华：《江西新建明朱权墓发掘》，《考古》1962年第4期；王咨臣：《新建县古墓葬调查记》，《南方文物》2003年第4期。

⑤ 王咨臣：《新建县古墓葬调查记》，《南方文物》2003年第4期。

生的数量、内容和装饰而言，明代藩王相应等制与异姓公侯、品官较为接近，比照帝陵，君臣之间的差别要更大一些；只有潞简王陵园例外，其石像生多达15对，逼近太祖孝陵的16对，超过了钟祥显陵的12对，而且其石兽形象囊括了所有见于天子神道的石兽种类（图3-71）。

参照明代车马仪仗或其他礼仪性器用的通行则例，亲王、郡王墓前的石像生等级应该低于皇帝，高于异姓追赠郡王和公侯。洪武二十九年（1396年）定公侯墓葬碑碣石兽之制："石碑：螭首高三尺二寸，碑身高九尺，阔三尺六寸，龟趺高三尺八寸；石人二、石马二、石羊二、石虎二、石望柱二。"[①]1967年，南京市中央门外小市镇安怀村曾发掘清理追赠蕲国公康茂才之墓，墓主洪武三年（1370年）八月卒于军中，迎丧归葬南京，其墓前有马、羊、虎、翁仲各1对[②]，石像生内容与洪武二十九年定制完全符合，表明这项制度的制定是有实际基础的。此外，南京等地其他明初功臣墓的石像生制度也可资参较：魏国公徐达，卒于洪武十八年（1385年），追赠中山王，"赐葬钟山之阴，御制神道碑文，配享太庙、肖像功臣庙，位皆第一"[③]；其墓在南京市太平门外板仓村，神道有马、羊、虎、武将、文臣各1对，神道碑1通。鄂国公常遇春，卒于洪武二年（1369年），追赠开平王，其墓在南京市太平门外板仓村，神道有羊、

图3-71　明潞简王墓石像生

① 明·佚名：《皇明制书》"稽古定制卷之九"，"碑碣石兽"，影印明镇江府丹徒县刻本，《北京图书馆古籍珍本丛刊》，书目文献出版社1988年版，第46册，第298—230页；明·申时行等：《大明会典》卷二〇三，《工部·职官坟茔》，影印本，第5册，第2733页。

② 南京市博物馆：《江苏南京市明蕲国公康茂才墓》，《考古》1999年第10期。

③ 清·张廷玉等：《明史》卷一二五，《徐达传》，标点本，第12册，第3730页。

马、虎、翁仲各1对，残存石龟趺座1、望柱1。曹国公李文忠，卒于洪武十七年（1384年），追赠岐阳王，墓在南京市太平门外蒋王庙，神道有望柱、马及马夫、羊、虎各1对，翁仲2对，石碑2，残存石龟趺座1。卫国公邓愈，卒于洪武十年（1377年），追赠宁河王，葬于南京市中华门外邓府山，墓前有马、望柱、羊、虎、文臣、武将各1对，有洪武十三年（1380年）所立神道碑①。信国公汤和，卒于洪武二十八年（1395年），追赠东瓯王，葬于安徽蚌埠东郊，墓前有神道碑，高6.35米，神道有马及马夫、羊、狮、文臣、武将各1对②。

徐达、常遇春、李文忠、邓愈和汤和等开国功臣都是生封国公、殁赠郡王，其墓葬的地面建筑规制应该属于非宗室郡王等级。这几座墓葬的石像生内容基本一致，为石马（李文忠墓附带马夫）、石羊、石虎各1对，石翁仲2对（只有年代较早的常遇春墓为石人1对），比公侯多石人1对。显然，徐达等人墓前这种5对石像生组合应该是洪武时期异姓郡王的石像生制度。南京市安德门外石子岗东向花村的渤泥王墓，神道石像生也是石虎、石羊、石马、文臣、武将各1对③，渤泥王于永乐六年（1408年）到南京朝贡时病故，明成祖赐谥曰“恭顺”，敕令葬以王礼。因此，渤泥王墓所用也是异姓郡王石像生制度，但石人位置不同于常见者（图3-72），不知是否被移动过。

《大明会典》等明代礼制规范类文献中之所以没有记录当朝亲王、郡王陵墓前石像生制度，不会是疏漏，唯一可信的解释应该是明朝对于宗室王爵的石像生制度可能根本就没有做过明确的规定。以年代最早的洪武三例亲王墓而言，鲁荒王陵无石像生之制，秦愍王有之，而晋恭王又无之。前揭晋藩宁化王朱济焕奏请为晋恭王立石像生，被工部以“无定例”寝之，但事实上此时晋府追谥定王（二代）在临汾的墓前就有石像生。所以天顺七年（1463年）闰七月，晋府再提为先王陵设置石像生事，“戊午，晋王钟铉奏：‘曾祖晋恭王、曾祖母恭王妃、父晋宪王三坟茔，无翁仲石人。’事下工部，覆奏：‘近年各王府坟，俱无翁仲石人。’乃弗与”④。晋藩之例进一步佐证了明代宗藩陵墓石像生本无定制的事实。是否安设神道石像生，完全视各府自身情

---

① 徐达、常遇春、李文忠、邓愈四人墓前石刻资料，分别引自中共江苏省委研究室编著：《江苏文物》，江苏古籍出版社1987年版，第21—22、25—26页。

② 蚌埠市博物展览馆：《明汤和墓清理简报》，《文物》1977年第2期。

③ 中共江苏省委研究室：《江苏文物》，江苏古籍出版社1987年版，第30—31页。按，南京渤泥王墓前石像生现状（2007年）自前而后依次为仗马、幞头石人、卧羊、蹲虎、甲胄石人各1对，其中幞头石人手执物不是通常文官所见的笏板，而是马鞭。因此，它所表现的究竟是文官还是控马（马夫），还有讨论的余地。目前这5对石刻的纵向间距基本相等，但该墓园环境经过整修，原状不详。

④ 明·孙继宗等：《明英宗实录》卷三五五，天顺七年闰七月戊午，校印本《明实录》，第21册，第7102页。

图3-72　南京明渤泥国王墓石像生

况而定，所以才有今日所见诸王墓前石像生多少、有无不一的现象。至于明朝亲、郡王石像生之制不立的主要原因，应该是因为迄于洪武末年皇帝陵前的石像生制度尚未完全确立，而后仁宗献陵以下诸陵又皆无独立的神道石像生之设，因而对于王墓也就无法做出相应的规定，诸王石像生制度只能由各藩视其始祖陵墓规制斟酌自行。以洪武末秦愍王陵为基准，参考由王墓改制而成的显陵制度，可以基本确定明代亲王墓前石像生最多应该不超过10对，其中石兽5—7种（对），石人2种（对）；潞简王墓是个特殊的例外。

明代亲王陵墓前不设石像生可能与朝廷或墓主主张薄葬有关，也可能与王府所在地的墓葬习俗有关，还有可能是受限于陵园所在的地形地貌。需要说明的是，有些明王陵前的石像生以多种形式毁于明亡以后，或20世纪50—70年代期间为耕作方便而埋于土中，考古调查中对于民间口传“旧有石人石马”（如梁庄王墓、德藩诸王墓、周藩若干亲郡王墓等）一类说法固然应该审慎对待，但不能排除部分传说的真实性。另外，还有一些曾经存在过的石像生，其所属墓葬、墓主身份等也须审慎确认。如河南焦作上白作乡老牛河村北有一墓，碑题“郑府繁昌王柘城县县主之墓”，据介绍，该墓“墓冢已平，墓葬尚存。两边有石人、石狮、石羊各1对，石碑1通”①。据以往公布的资料和笔者调查，郑藩亲王墓前似没有设置石像生的传统，且所云石像生等今已不存，则此墓墓主是否为郑府繁昌郡王或其位下县主尚待考证。

① 国家文物局主编：《中国文物地图集·河南分册》，《明郑府繁昌王墓》，中国地图出版社1991年版，第164页。

晋、周、鲁、蜀、襄等藩府的一些亲王陵园前原有石牌坊，也属于重要的神道石刻，如追谥襄惠王朱祐榰（原封阳山郡王，薨于嘉靖十四年，1535年）陵园前石牌坊，残存“皇明襄惠王神道”坊额，现存于附近的承恩寺。其他多已不存，唯有潞简王石坊或可稍见其制。有些特殊牌坊的兴建可能要经过朝廷批准，如嘉靖十一年（1532年）六月，“代王充燿奏：‘父代懿王先以大同兵变，洁身远害，被奖有忠义可嘉之语。燿今于墓前树立石坊，请揭以“敕赐忠义”四字，仍乞赐碑文表扬，以垂永久。’上许其建坊名额，碑文报罢”[①]。这是允许其建坊并题额，但未准立碑之请。

2. 碑与碑亭

依据永乐八年（1410年）的定制，亲王墓前应该有方广二丈一尺、高三丈四尺五寸（即边长6.72米，高11.04米）的碑亭一座，从各藩王陵园现存遗迹和有关考古发掘资料来看，这种碑亭实际上并非普遍存在。

已知明代各亲王墓前所立石碑均以明朝列帝御祭文碑为主，这种碑通常不建碑亭，有些现有碑屋（即碑侧及碑阴两面或三面包砌青砖，上建屋脊，只留碑阳部分）是否为明代原制尚需进一步考察。按规制，每座亲王陵墓前都应该有御祭文碑多座，如湖北谷城襄宪王陵园前即有成化十四年（1478年）皇帝遣武安侯邓英赐祭襄宪王碑，螭首趺座，额篆“御制”，碑身刊明宪宗赐祭、赐谥文，由嗣襄王朱祁镛刊石（图3-73）；其西20米另存一龟趺座，碑已佚[②]。又如河南新乡潞简王陵园中现存皇帝、皇太子遣官致祭的祭文碑，立于享殿台基前[③]。这种祭文碑在不同陵园中竖立的具体位置不一，有些是在神道前端（如宁献王、益端王等），有些是在陵宫门或中门之侧（如襄宪王、秦康王等），还有些是在享殿前（如赵康王、潞简王等）。至少在成化时，有些王妃的祭文碑须由王府自行出资刊立。成化五年（1469年）二月，“秦王公锡以妃王氏薨，奏欲于坟前立石，镌录谕祭文并妃封册，以昭恩命。礼部覆议：‘宜令王自备王［工］料镌刻，且戒不得生事扰人’。从之”[④]。尽管如此，按照明代亲王的祭葬礼仪，各藩王陵前原有的祭文碑当不在少数，目前仍在各寝园前原地保存的赑屃座，大多是御祭文或赐谥文碑的孑遗，不可能每座祭文碑皆建一碑亭。因此，永乐八年所定的碑亭之制，显然不会是指祭文碑。

现存明代亲王陵园碑亭最有代表性的实例是湖北江夏龙泉山楚藩昭、庄、端三王

① 明·徐阶等：《明世宗实录》卷一三九，嘉靖十一年六月癸卯，校印本《明实录》，第42册，第3261页。

② 襄樊市考古队等：《明襄阳王墓调查》，《江汉考古》1999年第4期。

③ 河南省博物馆等：《新乡市郊明潞简王墓及其石刻》，《文物》1979年第5期。

④ 明·刘吉等：《明宪宗实录》卷六三，成化五年二月甲寅，校印本《明实录》，第23册，第1292页。

图3-73　明襄宪王陵园前御祭文碑

碑。其中楚昭王碑亭边长11.3米，石碑承以赑屃（图3-74）。碑文1200余字，述昭王功德及妃、子女分封等情况，由楚宪王朱季埱（昭王长孙，庄王长子）奉敕亲撰，楚康王朱季埱（庄王次子）于正统十二年（1447年）三月奉敕立碑。其碑文首云："孙楚王季埱奉敕撰：伏唯王祖、王考至德令行，昭园、庄园未有树碑，昕夕靡宁。敬述梗概，上闻于朝，冀于文儒为著，刻辞以贻来世，仰荷玉旨，谓国家先代陵碑皆后圣亲述，用克详也，爰命季埱自述其词。臣季埱俯伏膺命，不敢以不文不勉，谨叙昭王之碑曰……"[①]这段话把楚昭王碑的性质和碑文源起说得很明白，即追述楚昭王功业和生平纪事，其性质与太祖孝陵、成祖长陵的神功圣德碑相似，属于生平纪功碑。楚庄王碑碑文内容与昭王碑文相同，只是碑文由翰林院侍讲学士廖道南撰写，末所附四言颂诗为楚宪王亲作。楚藩为昭、庄二王立碑曾经上奏朝廷，明英宗都有明确谕旨准建。最初是正统七年（1442年）七月，"楚王季埱奏：欲于昭园、庄园立碑，表扬先德。上从之。复书曰：此孝子慈孙当然之义，叔文学迈众，且素得于侍下，目见者最详且实，于自撰述为宜，或授事实于府中儒臣，俾之代述，亦皆宜也"[②]。当年十二月，"礼部尚书胡濙等言：曩者楚王季埱奏，欲立昭、庄二园碑，朝廷令王自述或府

① 明·朱季埱（楚宪王）：《楚昭王碑》，见袁家新主编《楚天名胜龙泉山》，武汉出版社1995年版，第66页。

② 明·孙继宗等：《明英宗实录》卷九四，正统七年七月丙戌，校印本《明实录》，第15册，第1903页。

图3-74　明楚昭王陵园碑亭

中儒臣代王述，今王复言：臣与本府儒官俱学浅才疏，制作不足以表扬先德，乞请名儒撰文。上曰：文令翰林院代撰，碑令王自立"[①]。次年，楚宪王季堄薨，无子。正统九年（1444年），康王朱季埱嗣立，再言二王碑事，八月，明英宗"书复楚王季埱曰：承喻宪王尝请立昭园、庄园碑，已命儒臣代撰文并碑额附去，可量宜砻石镌刻，叔其亮之"[②]。与昭、庄二王相比，楚端王碑则有些怪异，它立于墓主生前预营寿域之时。楚端王朱荣㳦正德七年（1512年）袭封，卒于嘉靖十三年（1534年），其碑先立于嘉靖十年（1531年），碑文主旨与昭、庄二碑相仿，由湖广学政、前翰林院侍读经筵讲官、同修国史崔桐撰文，开宗明义云："楚王在位逾二十年，德与寿增，达昼夜之理，爰命营菟裘于灵泉山。……王以语诸前史官桐，俾为之记。"因系立碑于寿藏之前，故文中有"寿以千秋为期，福禄弥隆"等语[③]，有一定的纪事碑功能。

楚三王陵园碑亭的券门皆三开，保留了当时的制度，应当属于敬避帝陵碑亭门四开的一种降等之制；碑亭置于陵宫门左，不同于帝陵当神道正中，同样也有等级标识意义；至于屋顶覆绿琉璃瓦，则更是亲王身份的明确标志。就碑文内容而言，楚藩三

① 明·孙继宗等：《明英宗实录》卷九九，正统七年十二月甲辰，校印本《明实录》，第15册，第1997页。

② 明·孙继宗等：《明英宗实录》卷一二〇，正统九年八月甲子，校印本《明实录》，第16册，第2427—2428页。

③ 明·崔桐：《楚端王碑》，见袁家新主编《楚天名胜龙泉山》，武汉出版社1995年版，第70—72页。

图3-75　明湘献王神道碑龟趺

碑应属于称颂墓主生平的“神道碑”一类，其功用等同于皇帝陵前的神功圣德碑；结合帝陵制度推断，亲王陵园中也只有这种碑才会相应营造碑亭。

湖北江陵湘献王的衣冠冢前有神道碑一通，原碑立于永乐元年（1403年），翰林学士解缙奉敕撰文，记述墓主生平及“遇害于苫块之间”的凄惨结局；一说“上（明成祖）悯其非辜，诏改今谥（献王），而亲制碑于墓云”①。原碑已毁，现碑为2004年8月修复湘献王墓时据有关记载重刊；龟趺座仍为明朝旧物，但已不在原位（图3-75），初制是否覆以碑亭已不得而知。

郢靖王神道碑亭是为数不多的经过正式考古发掘的明代亲王陵园碑亭实例。该碑亭位于券门（陵宫门）和棂星门（中门）之间的中轴线上②，平面长方形，东西宽7米，南北长6米，地面铺砖，正中有长1.8米、宽1.35米的龟趺座，碑已折扑于旁。在龟趺座东北约0.15米处还有一个小碑座，原碑已佚。郢靖王碑曾见于著录：“龟座碑1通，碑文记墓主生平”③。郢靖王（薨于永乐十二年，1414年）墓的营造年代和地理位置均与前述湘献王墓（永乐元年，1403年）、楚昭王墓（葬于洪熙元年，1425年）接近，其神道碑及碑亭之制当亦相近。

类似内容的石碑还见于秦藩陵前，陕西长安庞留井村秦惠王墓冢前有龙首龟趺碑一通，额篆“大明宗室秦惠王神道碑”；秦宣王世子墓前有螭首龟趺碑一通，额篆“赐嫡子敬鈴墓”④，但现地表均未发现碑亭遗迹（秦惠王神道碑附近见有极破碎的绿釉琉璃砖瓦，但不能确定是碑亭遗物）。根据地方志等文献记载，这种神道碑在秦康王等王墓前可能也有。另外，秦愍王陵前亦见一龟趺座，在陵宫门东侧石狮之北、原陵宫墙以内，由于原碑已佚，究竟是纪功碑还是祭文碑，已不得而知，但从其所处位

① 明·张辅等：《明太宗实录》卷一〇上，洪武三十五年七月丙戌，校印本《明实录》，第6册，第156页。

② 湖北省文物考古研究所等：《郢靖王墓》，文物出版社2016年版，第14—16页。

③ 国家文物局主编：《中国文物地图集·湖北分册》，《郢靖王朱栋［栋］墓》，西安地图出版社2002年版，第399页。

④ 王翰章：《明秦藩王墓群调查记》，《陕西历史博物馆馆刊》第二辑，三秦出版社1995年版。

置来看，似不适宜建造碑亭，疑为祭文碑。

明景帝初葬以王礼，其陵宫宫门内为碑亭，平面正方形，进深、面阔各三间，重檐歇山顶，门四开，两侧环以矮墙（图3-76）。亭内石碑螭首须弥座，碑额篆书“大明”二字，碑身楷书“恭仁康定景皇帝之陵”九字；碑阴刊刻清高宗《题明景帝陵》诗及前“序”后“按”。此碑原立于陵宫门外偏东，“代宗陵庙初用碧瓦，世宗谒陵始命用黄瓦。又以陵碑偏置门左非宜，命建亭于陵门之外、大门之内”[①]。《明世宗实录》记世宗亲祭景帝陵事在嘉靖十五年（1536年）三月，当年十一月，“建恭仁康定景皇帝陵寝碑亭”[②]。此碑及碑亭尚存，但石碑的阴阳面因重修而倒置。

据目前所知比较准确的资料，楚昭王碑立于陵宫门之左，郢靖王碑应该是在陵园中轴线上。从景帝陵碑亭改制可以看出，至少到天顺、成化间（1457—1487年），亲王墓即使立碑，亦不得置于陵园中轴线上，亲王等制应该是“偏置门左”，如楚三王碑亭之制；景帝陵碑亭当初按亲王礼制修造，所以明世宗认为“非宜”。从所刊文字来看，景帝陵碑的性质和昌平各陵明楼内碑（上刊“某宗某皇帝之陵”）相同，应该属于墓碑。明代亲王陵园中这种封土前的墓碑，现存实例不多，除建有“明楼”的潞简王及其次妃墓外，无“僭越之迹”的只有秦惠王一例（图3-77）。

图3-76　明景帝陵碑亭

图3-77　明秦惠王墓碑

① 清·王弘撰：《山志》二集卷一，“大明世系”，何本方点校本，中华书局1999年版，第167页。

② 明·徐阶等：《明世宗实录》卷一九三，嘉靖十五年十一月甲子，校印本《明实录》，第43册，第4080页。

奇怪的是，永乐八年（1410年）明明规定有碑亭之制，楚府立碑也得到明英宗的首肯，但同在正统年间，皇帝也曾多次驳回另外一些藩府的立碑之请。正统二年（1437年）十二月，“书复靖江王佐敬曰：得奏，欲为悼僖王立碑，以彰懿行，具见王之孝诚。因命礼部稽洪武、永乐间例，皆无亲王及郡王立碑者，故不敢从王所请。王其知之”①。正统四年（1439年）四月，“庆世子秩煃奏欲为先王立碑事。下礼部议，洪武、永乐间无亲王及郡王立碑事例。上遣书谕世子知之”②。在楚府立碑过程中的正统八年（1443年），朝廷还先后否决了晋、梁两藩立碑。是年五月，“梁府承奉副阮留奏：梁庄王薨逝，乞赐文立碑，光表亲亲。……上命礼部议。尚书胡濙等言：王无立碑例。……上从之”③。十一月“（晋藩）宁化王济焕奏：‘臣父晋恭王坟所尚未蒙赐立碑文及石人、石马，乞敕该部建立，以光荣臣父于九泉，存没不胜感恩之至。’事下工部，称无定例，寝之”④。可能是因为朝廷自仁宗献陵以后诸帝陵皆无神功圣德碑（昌平陵区中献、景、裕、茂、泰、康诸陵前现存诸碑及碑亭均为嘉靖十六年下诏添补，但其上最终未刊文字）、各藩嗣王坐食俸禄无可称述等原因，亲王陵墓神道碑实例并不多见，藩府偶有立碑请求也被拒绝（另有前揭代王例），因而碑亭也在实际上成了非常设之制。正统间皇帝旨意的不一致，反映出明代亲王墓前是否立碑，在实际操作中是处于一种有章不循的状态。实际上，明英宗否决了为靖江悼僖王立碑之请，但靖江府从追封的怀顺王墓开始，各陵园皆有一或二座碑亭及相应的石碑和龟趺座。从现有遗存或遗迹可以看出，其碑亭之制为券门四开，超过了楚藩三碑亭之制。靖江各陵园之碑大多已毁坏，文字泐不可读，但有些保存完好者，如安肃王墓左侧碑亭，明确可见其碑阳为“大明靖江安肃王神道碑”，碑阴为《御祭之文》和《钦赐靖江安肃王圹志》⑤，这可能是天高皇帝远、实际监管不到所致。

除靖江王外，其他亲王位下的一些郡王墓前也偶见有神道碑，如周藩南陵庄裕王朱睦楧（薨于隆庆元年，1567年）墓在郑州市金水区沙口路东王府坟村西北⑥，其神

---

① 明·孙继宗等：《明英宗实录》卷三七，正统二年十二月乙亥，校印本《明实录》，第14册，第718页。

② 明·孙继宗等：《明英宗实录》卷五四，正统四年四月甲辰，校印本《明实录》，第14册，第1045—1046页。

③ 明·孙继宗等：《明英宗实录》卷一〇四，正统八年五月甲子，校印本《明实录》，第15册，第2103页。

④ 明·孙继宗等：《明英宗实录》卷一一〇，正统八年十一月壬子，校印本《明实录》，第15册，第2225页。

⑤ 广西文物保护与考古研究所等：《桂林靖江王陵考古发掘清理报告集》，科学出版社2017年版，第74—76页。

⑥ 孙凯：《明代周藩王陵调查与研究》，中州古籍出版社2014年版，第96页。

道北部有汉白玉碑2通，东西并列，刊刻皇帝和皇太子赐祭文。封土正南有神道碑一道，额篆“明册封南陵庄裕王墓碑”，述朱睦楧生平，由周端王（崇易主人）撰文，碑青石质，方趺圆额，高2.73米，宽0.94米，厚0.27米。此碑连同祭文碑和残存石像生等现已移至郑州市文物考古研究院所在的碧沙岗公园保存。还有一些藩府亲王陵墓有无碑刻，其制不详，但某些郡王墓前可能有墓碑一类，如河南博爱县上庄乡乔村北一座残墓前有“大明怀简王之墓”碑①。据地望并结合《明史》记载，可推知此碑主应为郑藩河阳怀简王朱见沩，为郑简王庶五子，成化十二年（1476年）封，十五年（1479年）薨，无子封除②。

襄藩各亲王陵园保存情况皆差，各王墓前石碑内容据已知者判断多为御祭文碑。但在襄庄王、襄靖王陵园前的西南方还各保留有青石下马碑，其中庄王陵园下马碑之一高3.2米，宽0.8米，厚0.35米，圆首方座，上阴刻楷书“官员人等至此下马”八字（图3-78）。这种碑在其他藩王陵园遗址中似乎未见保存者。

图3-78　明襄庄王陵园前下马碑

综上所述，明代各藩王陵园前之碑多为祭文碑，少量为神道碑（纪功碑），墓碑和下马碑亦偶见现存实例。各种碑中惟神道碑应该如制建造碑亭。

3. 享堂

据《明太宗实录》《大明会典》表述，亲王坟冢前的祭享建筑应名“享堂”。从鲁荒王、楚藩诸王、蜀藩诸王、襄宪王、益藩诸王、潞简王等陵园建筑遗存来看，明代诸王（包括京师夭折皇子）墓园的主体建筑应该用绿琉璃瓦覆顶。按照永乐八年（1410年）定制推算，亲王享堂应为面阔35.04米，进深13.92米，高9.2米，七开间，享堂前的中门应为面阔约14.66米，进深8.16米，高6.72米，三开间。以此标准来衡量，洪武间鲁荒王陵享殿遗址东西面阔31.4米，南北进深14.4米，月台部分东西面阔15.6米，

① 国家文物局主编：《中国文物地图集·河南分册》，《怀简王墓》，中国地图出版社1991年版，第188页。

② 清·张廷玉等：《明史》卷一〇三，《诸王世表·郑》，点校本，第10册，第2861—2862页。

南北进深10米[①]，基本符合这一规制。可见，永乐八年定制与洪武间亲王陵园的实际制度应该是相差无多的。属于此定制颁布以后的郢靖王（薨于永乐十二年，1414年）享殿平面呈长方形，东西面阔33米，南北进深15米，也与规定基本吻合。受限于发掘面积，该建筑遗址只发现了五开间[②]，但从《兴都志》所附《郢靖王坟图》来看，原建筑应该是七开间，单檐歇山顶。楚昭王（薨于永乐二十二年，1424年）陵享堂面积为451平方米，面阔五间，略逊于定制（约为493平方米），配殿三间符合定制，但其中门为五开间、建筑面积350平方米却明显超逾三开间、约120平方米建筑面积的定制。可以看出，这一制度具体执行起来并不十分严格。正统十三年（1448年）重新规定“亲王坟茔地五十亩，房十五间”[③]，如果这十五间房中包含了享堂、配殿、中门等主体建筑，那么这些建筑的间架等制也应该相应降低，享堂最多不能超过面阔五间，否则无法分配其余建筑。

根据《大明会典》等官私文献记载，结合现存建筑或遗址勘察情况，可知明代帝陵享殿（祾恩殿）的规制并不统一，孝陵、长陵为面阔九间、进深五间，永陵、定陵为面阔七间、进深三间，其余献、景、裕、茂、泰、康、昭、庆、德九陵均为面阔五间、进深三间，其中献陵门殿营造之制见于《明宣宗实录》：洪熙元年（1425年）八月乙亥，“命行在工部建仁宗昭皇帝陵寝殿五间，左右庑各五间，门楼三间，神厨五间并祭器”[④]。从礼制等级角度考虑，结合昌平仁宗献陵以后诸陵陵宫绝大多数为祾恩门（即“中门”，兼作陵宫门）五间三道、祾恩殿（献殿）面阔五间分析，洪熙以后诸藩王陵墓的享堂一般不应该超过五开间之制。宁献王朱权卒于正统十三年（1448年）九月十五日，据墓中出土圹志记载，他是“豫营坟园于其国西山之原，比薨，以正统拾肆年贰月贰拾壹日葬焉”。其墓之建当正统重新厘定王陵规制前后，封土前有建筑遗迹，“地面有柱础六列，分布整齐”[⑤]，这里应是“南极长生宫”（即普通王墓的享殿所在），亦为五开间。根据这些线索推测，正统十三年亲王陵园房十五间之制的分配方案应该是：享堂五间、宫门或中门三间、左右配殿各三间、神厨或神库一间。新乡潞简王享堂前的中门宽20米，进深8米，享堂面阔36.5米，进深18米，分别为面阔五间、面阔七间，在开间制度上超过了正统定制，也明显超逾了昌平长、永、定以外诸皇陵的祾恩殿之制；在建筑尺寸上，享堂的进深和面阔、中门的面阔也都超

---

① 山东省博物馆等：《鲁荒王墓》，文物出版社2014年版，第11页。

② 湖北省文物考古研究所等：《郢靖王墓》，文物出版社2016年版，第14—16页。

③ 明·申时行等：《大明会典》卷二〇三，《工部·王府坟茔》，影印本，第5册，第2731页。

④ 明·张辅等：《明宣宗实录》卷七，洪熙元年八月乙亥，校印本《明实录》，第10册，第196页。

⑤ 陈文华：《江西新建明朱权墓发掘》，《考古》1962年第4期；王咨臣：《新建县古墓葬调查记》，《南方文物》2003年第4期。

过了永乐之制（享堂七间，广十丈九尺五寸，高二丈九尺，深四丈三尺五寸；中门三间，广四丈五尺八寸，高二丈一尺，深二丈五尺五寸），其中中门面阔竟超逾永乐定制一丈六尺以上（图3-79），而其年代处于反复压杀亲王陵墓等级的明代晚期，属于明显的僭越。

洪武二十六年（1393年）“诏：自今凡功臣故，不建享堂。其坟茔、葬具，皆令自备；惟殁于战阵者官给”；如遇公侯伯等死于战阵或任所等特殊情况，“旨许令祖坟或就任所安葬及造享堂者，临期定夺施行”[①]。由此来看，无论五间还是七间，一般情况下，享堂都应该只是宗王陵园所专有，属于等级身份的象征。

图3-79　明潞简王园寝复建的中门

4. 明楼

“明楼”之名见于陵墓建筑，应该是始于凤阳皇陵，皇陵砖城四面正门各名曰“明楼”，前冠以方位。从南京太祖孝陵开始，城堡形式的明楼建筑成为明代皇陵封土前的标识性建筑。楚昭王陵、鲁荒王陵坟冢前各有“明楼”建筑，均为现代为适应旅游需要而添建，并非原制。明蜀藩诸王陵玄宫上有些有建筑遗迹，有人认为应该是“明楼”，甚至认为“明楼后面垒土筑坟冢（宝顶），这是明蜀王陵的共通形制和统一格局”[②]，但此说尚有待更多资料来支持。

从有关文献记载来分析，明代亲王陵墓封土前应该没有“明楼”建制。明景帝陵

① 明·申时行等：《大明会典》卷二〇三，《工部·职官坟茔》，影印本，第5册，第2734页。

② 薛登等：《明蜀王和明蜀王陵》，《四川文物》2000年第5期。

和钟祥显陵这两座由亲王陵园改造而成的皇帝陵，在由“王”追尊为“帝”的等制变化中，都涉及了明楼问题。明景帝初葬以王礼，后来虽然追尊帝号，但其陵园之制却不同于诸帝，清初梁份说：“景皇帝陵在帝与王之间也”，“陵冢无宝城、无明楼、无穹碑”[①]。明世宗之父兴献王本以亲王之礼下葬，被追尊为皇帝后增饰陵寝，添建项目中就有明楼一项（图3-80）。嘉靖三年（1524年）八月，显陵司香太监杨保上言：“陵殿门墙规模狭小，乞照天寿山诸陵制更造。”工部尚书赵璜因上奏：“陵至当与山水相称，恐难概同。今殿墙已易黄瓦，但宜添设明楼、石碑，及改司香衙门为神宫监、设置护卫曰显陵卫，其余未备房屋应创新者另为添造，应仍旧者止加修饬，不必大为改作。”[②]次年三月，“工部奏请盖造恭穆献皇帝陵寝明楼，树碑镌题如制”[③]。这些事涉陵园改制的记载都可以佐证“明楼”之制原非亲王陵墓所当有。从建筑功能来看，明代帝陵明楼连同底座部分实际上是起到宝城入口（下层）、陵碑（即明楼碑，也叫“圣号碑”）之碑亭（上层）的作用，王墓既无宝城和陵碑等相应建置，则明楼亦成为无本之木。

明代王墓的“明楼”实例，目前只见有潞简王次妃墓一处（据说潞简王陵“敕封潞简王之墓”石碑处原亦有“明楼”，但已经倒毁，现仅存台基），其“明楼”在坟冢前，与坟冢并不相联属，通高12米，上下两层，用石砌成，上层悬山顶覆绿

图3-80　湖北钟祥明显陵祾恩殿遗址、明楼

① 清·梁份：《帝陵图说》卷三，清汪鱼亭传抄本，北京十三陵特区影印本，第83页。

② 明·徐阶等：《明世宗实录》卷四二，嘉靖三年八月丙午，校印本《明实录》，第39册，第1095—1096页。

③ 明·徐阶等：《明世宗实录》卷四九，嘉靖四年三月甲戌，校印本《明实录》，第39册，第1239页。

琉璃瓦，上下两层四面各辟拱门（图3-81）。上层立墓碑，碑阳楷书“敕封潞藩次妃赵氏墓”，碑阴刻墓主生卒年月日时：“隆庆庚午年拾壹月初捌日丑时生，万历辛丑年贰月拾陆日寅时薨。”①显而易见，此“明楼”虽然在外形上与帝陵明楼有相似之处，但功用却有很大的不同，明楼与宝顶不相联属，实际上只相当于一种特殊的封土前碑亭。因此可以确认，明代诸王陵封土前不建明楼应为通例，而潞简王次妃墓之“明楼”既有乖等制，又不伦不类。

图3-81　明潞简王赵次妃墓明楼

5. 封土

明代亲王陵墓分为有明显封土和无明显封土两种形态，这里的封土是指高出地表、由人工堆筑且有一定形状的坟冢，而不是指墓穴的回填土部分。按理说，明代王陵既不实行“潜埋”“阴葬”，就应该起有坟冢。但实际上有不少王墓定穴于山坡，封土本来就不特别突出，如果常年失于维护，很容易就与山坡浑然一体；楚昭王坟冢高度有不同的测绘数据，大概就是因为测绘标准（基准点）不一致。另外，如益端王玄宫建在山前的一个小山包中，即此为封土，这类墓葬也很难用一般标准去衡量其封土的尺寸、形状。有些陵墓是建于平地高岗或定穴于山前平岗地，这种墓葬的封土一般比较明显，如辽简王墓冢呈圆形，高约4.5米，直径约60米；赵简王墓封土高约3米，周长约40米；庆康王墓封土高20.5米，底径52米；益庄王墓封土高约7.8米；成都锦江区琉璃乡潘家沟蜀某王之墓封土高约5米，直径约60米等；秦藩王各王墓封土亦大多明显易识别。个别王墓封土环砌以砖、石（如襄宪王、潞简王），形状比较明显。各王陵封土高和直径有较大差别，除兴建时即规模不同外，主要是由于明亡以后自然或人为因素而导致的完毁程度不一，如河南禹州徽庄王墓，曾有记载说其“墓冢现存1米多高，周长10米”②，这显

① 河南省博物馆等：《新乡市郊明潞简王墓及其石刻》，《文物》1979年第5期。

② 国家文物局主编：《中国文物地图集·河南分册》，《明徽庄王墓》，中国地图出版社1991年版，第321页。

然不会是本初面貌。近年调查时发现，徽庄王陵园后寝宫门遗迹尚可看出，但墓室盗洞封堵，已看不出有明显的封土遗存（图3-82）。从洪武二十九年（1396年）规定公侯“坟高二丈”①来看，明代亲王土冢高度虽然未必有统一限定，但不应该低于公侯，基本都应该在今6.4米以上。庆康王墓冢高达20.5米②（约相当于明6.4丈），经实地查勘颇疑有测绘或梓行误差。从已经公开发表的文字及笔者所掌握的其他资料来看，明代藩王陵墓封土基本都是圆形或椭圆形，在地表以上略呈半球体，基部或有环砌砖石以固土，但一般没有如皇陵宝顶般通体外侧包砌砖石之制；仅见襄宪王坟冢以砖石包砌（图3-83），其封土下部呈圆柱状，底径约50米，高约15米③。潞简王墓坟冢高9.35米，直径40米，周长130米，封土全部环砌以石条，并且有梯道可以上达冢顶，实为模拟帝陵宝城之制的特例。

图3-82　明徽庄王墓后寝宫门遗存

一般来说，封土应该叠压在墓室之上，起保护和标识墓穴的作用，但明代亲王墓封土却存在一种特殊情况，即土冢不在墓室之上，而是在墓室之后。蜀藩一些王墓即是此种形式，如僖王陵、昭王陵等都是墓冢在墓室之后。发掘者认为，蜀昭王陵墓室

① 明·申时行等：《大明会典》卷二〇三，《工部·职官坟茔》，影印本，第5册，第2732页。

② 许成等：《同心县任庄村明代王陵》，《中国考古学年鉴1984》，文物出版社1984年版，第175—176页。

③ 襄樊市考古队等：《明襄阳王墓调查》，《江汉考古》1999年第4期。以实地调查所见，襄宪王坟冢测绘数据可能有误。

处原地表呈坡状，墓室后的封土是“疑冢”。除外藩王墓外，北京海淀金山口熹宗妃墓（董四墓村一号墓）也是封土与墓室错位（图3-84）。据介绍，此墓封土“高约4米，上径4.8米，下径6米”，“位于主室之后，并不直接压在地下墓室建筑之上”[①]。从明代帝王陵墓整体设计营造观念分析，这种墓冢不叠压玄宫的设计也可能有工程方面的原因，不一定是设置“疑冢”。

图3-83　明襄宪王墓封土包砖

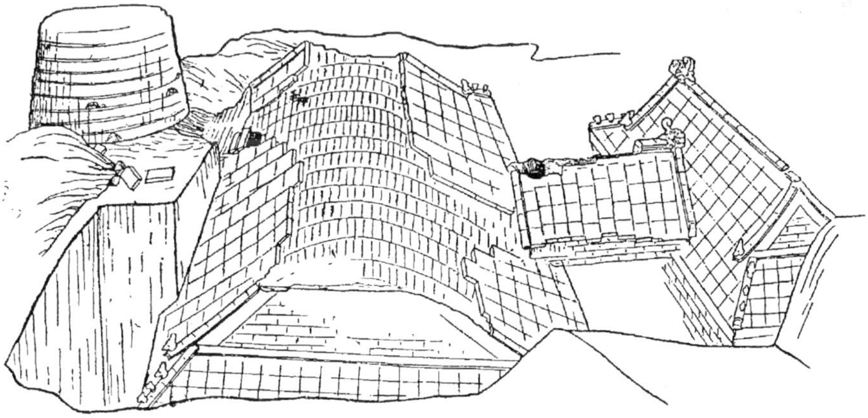

图3-84　明熹宗妃墓室及封土结构图
（引自《文物参考资料》1952年第2期）

① 考古研究所通讯组：《北京西郊董四墓村明墓发掘记——第一号墓》，《文物参考资料》1952年第2期。

三、关于明代王陵陵园规制的“逾制”问题

《大明会典》中记载的永乐八年（1410年）、正统十三年（1448年）、天顺二年（1458年）、成化十八年（1482年）、弘治五年（1492年）、嘉靖二十八年（1549年）、嘉靖四十四年（1565年）、万历十年（1582年）等若干条不同时期的政策性规定，已经基本勾勒出了明朝亲王陵园规制变化的主线，即从早到晚有一个规模不断变小、营葬越来越简单的过程。但本章的个案分析、纵横比较，以及部分第二章著录的资料都显示，在上述这个变化过程中，各王府陵园并没有都完全按照朝廷的规定执行，而且对上述“制”的破坏行为决非个别现象，而是大范围存在。

如前所述，洪武年间王陵的规模比较大，实测鲁荒王陵园外宫城占地面积约合1500明亩，晋恭王墓则以800亩为限，按永乐八年（1410年）的规定，明代亲王坟园的占地面积应该不超过90营造亩①，远远小于这两个数据。据调查，卒于永乐二十二年（1424年）正月的辽简王之陵园占地面积约80亩②，约合87.76明营造亩③，正在规定范围之内。韩恭王卒于正统五年（1440年），其陵园占地规模比较大，正统七年（1442年）正月，“除韩王冲烒坟茔所用平凉府泾州长寿里民田二顷七十亩该征租税二十二石八斗有奇”④。虽然是在正统限地令以前，但这个数据还是远远大于永乐之制，或许免租赋之地不止陵园范围。正统定制亲王陵园占地降为50亩，而且这50亩不仅仅是陵宫部分，还应该包括神道、碑亭等附属建筑。同藩府而不同时代的王陵规模变化是最能够证明王陵陵园面积缩小的例证，以宁夏同心庆藩陵园为例，根据宁夏回族自治区的调查资料，卒于正统三年（1438年）的庆靖王陵园为长方形，长200米，宽100米，面积为2万平方米，约合32.9明营造亩，陵宫墙周长约合明187.5丈。卒于成化五年（1469年）的庆康王陵园长140米，宽84米，面积为11760平方米，约合19.35明营造亩，陵宫墙周长约合明140丈（图3-85）。如果只考虑陵宫面积，这两组数据都低于当时的定制，清晰地反映出正统十三年（1448年）限令颁布前后王墓等制降低的趋势。另外，嗣王陵墓的规模一般也都小于始封王。如卒于永乐二十二年（1424年）的楚昭王陵陵围墙周长达1380米，合明431.25丈，占地面积118925平方米，约合195.68明

---

① 按明代一市尺准今0.32米推算，永乐定制亲王陵围墙周长290丈约合今928米。明代王陵陵园平面有正方形、长方形两种形式，周长相同，以正方形面积为最大，约为53824平方米；另按照陈梦家先生推算的明代一营造亩约合今607.7440平方米，则永乐定制亲王陵最大面积约为88.56明营造亩。

② 荆州地区博物馆等：《江陵八岭山明代辽简王墓发掘简报》，《考古》1995年第8期。

③ 按1市亩折合666.67平方米计算，辽简王陵占地约53333.6平方米。

④ 明·孙继宗等：《明英宗实录》卷八八，正统七年正月丙子，校印本《明实录》，第15册，第1763页。

图3-85　明庆康王陵园北侧宫墙遗迹

营造亩，建筑规模庞大，远远超过了永乐八年定制。而卒于正统四年（1439年）的楚庄王、卒于正统八年（1443年）的楚宪王二人的陵园规模都远远小于昭王陵寝，享堂之后地势逼仄，直接坟冢；如果仅算陵宫面积，楚后嗣诸王陵寝只有个别超过50亩。再如德藩诸王陵的占地面积，作为始封祖的德庄王陵园（4号墓）占地约139600平方米，约折合230明营造亩，大大超逾永乐、正统之制；而其余诸嗣王陵园占地，1号墓约35800平方米，2号墓约27100平方米，3号墓约36400平方米，6号墓约28400平方米，7号墓约24800平方米[①]，分别约合明营造亩59亩、45亩、60亩、47亩、41亩，大体与“正统令”相吻合。伊藩一些王墓到清代乾隆时期仍能知道其明确的封域范围，在龚崧林主持修纂的《洛阳县志》中有明文记载：“明伊厉王墓，……墓周九十三弓，高八丈五尺，墓三亩，地十亩九分七厘五毫”；“伊简王墓，……墓周四十二弓，高五丈，墓六分一厘二毫，地九亩三分四毫”；“伊敬王墓，……墓周七十九弓，高五丈五尺，墓二亩一分六厘六毫，地十亩六分四毫。”[②]根据上述记载，伊藩诸亲王陵园占地大约只有10亩左右，远远小于“正统令”；不过，这些数字所指或许是易代之后仅存的陵园核心区域中的封土、享堂等建筑遗址范围，并非明代陵园全部的原貌。

① 济南市文化局文物处等：《山东长清县明德王墓群发掘简报》，《考古学集刊》第11辑，中国大百科全书出版社1997年版。

② 清·龚崧林纂修，汪坚总修：《洛阳县志》卷三，“山川”，《中国方志丛书》（华北地方·476），据清乾隆十年刊本影印，台北成文出版社有限公司1976年版，第1册，第228—229页。

除了降低陵园规制外，实行王与王妃同穴合葬更是节省营造王陵工程开支的一个重要举措。从考古调查发掘资料实例来看，天顺二年（1458年）合葬令颁布以前，诸王陵大多为单人葬，如鲁荒王、蜀悼庄世子、辽简王、楚昭王、赵简王、伊厉王、蜀僖王、宁献王等，王妃应当是另建墓室于王陵玄宫附近，如鲁荒王妃戈氏葬王陵玄宫西旁，其东旁近年还发现了另一座墓的线索，推测墓主为王妃汤氏[①]。但同期也有周定王与王妃及宫嫔等人合葬，梁庄王与继妃魏氏（卒于景泰二年，1451年）合葬，王妃纪氏别葬；庆靖王等墓则情况不明。可见，在天顺二年（1458年）以前，王与王妃分葬应是主流。在合葬令颁布以后，庆康王、蜀昭王、德庄王、郑懿王、益端王、益庄王、益宣王、益定王等陵园皆为二人或二人以上同穴合葬；晋裕王为单人葬。德藩诸王全部都是王与王妃合葬，甚至在德庄王墓室中还合葬有王子一人。由此可以判定：天顺二年以后王与王妃合葬基本成为定制，晋裕王为单人葬，但他薨于崇祯三年（1630年），王妃是否卒于明亡以前很难确定（根据山西省考古研究所的资料，晋端王的墓室中也有王妃合葬，但另有继妃、夫人祔葬于两侧）。其间也有个别藩府破例者，如成化二十二年（1486年）二月，“蜀王申凿以继妃梁氏薨，乞别择寿圹地并继妃圹同造，诏可。先年王妃陆氏薨，已预造王寿圹，盖王例与妃合葬，而继妃则祔葬其傍，兹特因王请，从之”[②]。蜀惠王舍元妃而与继妃合葬，应该与梁氏诞育王子宾瀚（后嗣为蜀昭王）有关[③]。有时元妃之子嗣立，因涉嫡庶之争，继妃的合葬也被阻挠，嘉靖三十三年（1554年）淮府即有一例。“淮庄王元妃吴氏生嗣王厚焘，继妃周氏生绍兴王厚爀。周氏后庄王十岁薨，别葬青山渡原。厚爀长，以母妃不祔葬归怨厚焘，因讦其阴事，厚焘亦摘厚爀诸不法状。上以继妃别葬非礼令，即迁周氏祔葬王坟，仍谕焘、爀改行亲睦，毋得再行奏扰。”[④]关于合葬令，有一个明显超逾规制的例子，即潞简王次妃之别葬，她不但别起坟园，而且公然违反了天顺二年“同一享堂，不许另造”的敕令[⑤]，独建与王等制相埒的享堂，坟园占地面积达35620平方米，约合58.6明营造亩，其坟墙周长约合248.1明丈。而潞简王陵园外宫墙周长约合294.38明丈，占地78.39明营造亩（神道部分占地面积尚未计入），均已远远超过了正统之制。

---

① 山东省博物馆等：《鲁荒王墓》，文物出版社2014年版，第12页。

② 明·刘吉等：《明宪宗实录》卷二七五，成化二十二年二月己亥，校印本《明实录》，第27册，第4633页。

③ 明·费宏等：《明武宗实录》卷三八，正德三年五月庚戌：蜀王宾瀚，“惠王第二子也，母妃梁氏。成化十六年十月二十七日生，弘治四年十二月封世子，弘治七年十二月袭封蜀王，至是薨”。见校印本《明实录》第34册，第900页。

④ 明·徐阶等：《明世宗实录》卷四〇七，嘉靖三十三年二月癸酉，校印本《明实录》，第46册，第7107页。

⑤ 明·申时行等：《大明会典》卷二〇三，《工部·王府坟茔》，影印本，第5册，第2731页。

弘治五年（1492年）同藩列王同兆域序昭穆而葬之令的颁布，是进一步节约王陵营造开支、节约耕地的重要举措，但此后仍有一些嗣王另择葬地。就已知资料而言，在同兆域内，有些看不出明显的昭穆关系，以楚藩诸陵为例，靖王（卒于正德五年，1510年）陵园左为端王（卒于嘉靖十三年，1534年）、右为愍王（卒于嘉靖二十四年，1545年）似符合祖孙三代昭穆制度，但靖王并不是楚藩始封祖（以东安恭定王之子入继宪王、康王），而且后来在靖王与愍王之间又葬有卒于隆庆五年（1571年）的楚恭王。也有一些同兆域而葬的亲王墓可以看出某种排列规则，如益藩后来的城北墓葬区昭、宣、敬、定四代王同葬于一处，属于自东而西的祖孙鱼贯葬，既没有父子左昭右穆之分，又与上古以西为尊、“尚右”的礼俗相异。从已发掘的明代帝王陵墓来看，以东为尊、“尚左”（以墓主本身定位）应当是通行惯例。可见弘治令中“序昭穆葬”只是一种祖孙、父子排序的说法，并不一定是要在亲王墓葬分布上恢复上古的昭穆制度。通常情况下，同藩诸王同兆域中的始祖墓穴所占位置最优，而且一般不会在墓葬区的最边缘。

综上所述，明代亲王陵宫规制并不划一，如果鲁荒王陵园在一定程度上体现出洪武时期的亲王陵园制度，那么可以认定永乐八年（1410年）定制比洪武之制更加规范，局部略有扩张，但整体规模压缩。正统十三年（1448年）明令缩减亲王陵寝规制，其后天顺二年（1458年）的王妃合葬令、弘治五年（1492年）的子孙从葬令都体现了不断降低王陵规制以减省开支的基本原则。不同时期的王墓规模与朝廷明令典制并不完全一致，有不及者亦不乏超越者，这表明亲王陵园制度执行起来并不十分严格，其主要原因应该与不同藩府、不同时期的藩王政治地位和经济实力有关。万历十四年（1586年）六月，“秦王宜漎薨逝，给封内郡县无碍钱粮三千八百两，与伊妃坟一并造葬”[①]；这是沿用成化之制。至于潞简王陵园严重逾制，甚至超越了永乐以来的所有定制，应该是出自皇帝的格外特许或默许，《御祭潞王碑》引述的追封赵次妃之诰即可以说明问题，该诰文中有云：“奉天承运皇帝制曰：国家定制惟王正配得册为妃，至于侍媵，例靳不封，而效有勤劳、情有可恤者亦得推恩而追录焉。尔赵氏系圣母钦赐，随封之国，难拘常例，特允王请追封尔为次妃，以彰朝廷笃念亲王之意。”[②]潞简王与明神宗同出于慈圣李太后，太后对少子甚至还有些偏爱，万历八年（1580年）十一月，“一日，神庙偶醉，佩剑夜游，将一内官头发斫下，又杖二内官几毙。慈圣老娘娘知之，翌晨易青布袍，屏簪珥，声言欲特召阁部大臣谒告太庙，

① 明·顾秉谦等：《明神宗实录》卷一七五，万历十四年六月癸酉，校印本《明实录》，第55册，第3219页。

② 河南省博物馆等：《新乡市郊明潞简王墓及其石刻》，《文物》1979年第5期。

将废神庙立潞王。且先令喧传于宫中，神庙恐惧滋甚，跪泣久之始解”[①]。潞简王死后，世子常淓年幼，暂由王妃李氏代理藩事，章奏直达神宗御前而不必经由通政司等衙门，“时福王奏请，辄取中旨，帝于王妃奏亦从中下，示无异同”[②]。身为皇帝同母弟的潞简王于在世时，这种“难拘常例”“直取中旨”的行为只会更加突出，超逾常规的潞简王及其次妃的陵墓就是在此背景下出现的。

另外要特别说明的是，即使是在晚明纲纪败坏以前，亲郡王陵墓逾制也不会有什么大的处罚。属于宗室远支的靖江王朱佐敬“于幼女坟前，起造享堂，外筑周垣十余里，建屋五十余间……”，事在正统五年（1440年）八月以前，远远超过了正统十三年（1448年）关于亲王陵墓的限定，特别是不低于永乐亲王陵墓之制。结果包括此项在内的诸多过错，皇帝最终只是警告了之：“以亲亲之故，姑置不问。王自今宜深思速改，修德务善，整肃宫闱，亲睦同气，去暴戒利。庶几祖宗鉴佑，富贵可保。不然，悔无及矣，王其省之。”[③]既然僭越的成本不高，在朝廷监督不严、王府财力允许的情况下，出现某些方面超逾常规的王墓之例也就不足为怪了。

总体来看，明代各地藩王陵园的规制并不划一，朝廷历年的规定并没有形成真正严格统一的制度规范。但在已知实例和文献记载中，如新乡潞简王墓一般多项指标严重逾常制者实在很少见，大多数情况只是在某一方面超过了限定。最明显的是在各藩始封王中，这种“超标”的现象比较多见，特别是占地问题，可能有始祖立兆圈地等因素的影响。从各藩实例观察，有些陵园的逾制行为应该是所在藩府陵墓规制特点的一种习惯性延续，不一定都是故意违背朝廷规章。

在本章的最后，把明代藩王陵园地面建筑共同具有的标志性特征简单归纳如下。

第一，明代亲王陵园普遍有地面建筑，和皇帝陵墓一样，也是前朝后寝式的一组宫院，分别以享堂和封土为主要标志物；郡王陵园应该大体相似。

第二，各藩亲王陵园的规模不等，通常为两进或三进院落，有些还有外宫城。主要建筑物上一般加覆绿釉琉璃瓦，但在大同东坟代府、甘肃榆中肃府等亲王陵园中没有发现使用琉璃瓦的迹象（兰州七里河肃宪王墓园地面有琉璃砖瓦残片）。而同属边塞的宁夏同心庆藩墓葬区，“规模较大的墓葬多有长方形陵园，地面散布琉璃砖瓦；规模小的墓葬周围则散布灰陶砖瓦，而且有琉璃瓦件”[④]；琉璃砖瓦有无对应墓葬规模

① 明·刘若愚：《酌中志》卷五，“三朝典礼之臣纪略”，点校本，北京古籍出版社1994年版，第27页。

② 清·张廷玉等：《明史》卷一二〇，《诸王传·潞简王翊镠》，标点本，第12册，第3648页。

③ 明·孙继宗等：《明英宗实录》卷七〇，正统五年八月庚寅，校印本《明实录》，第14册，第1360、1362页。

④ 宁夏回族自治区文化厅文管会编印：《文物普查资料汇编》，宁夏回族自治区文化厅文管会内部资料，1986年12月，第114页。

大小，应该是墓主本人不同等级身份（亲王、郡王，或镇国将军以下）的一种显示。此外，甘肃泾川韩恭王墓前亦有绿釉琉璃瓦发现。

第三，亲王陵园享堂开间有七间、五间等不同规制，目前所知者以面阔五间居多，享堂是宗王的身份象征。宫门之制一般都是三开间（中门）或三券门（外门）。

第四，部分王墓的前端有望柱和石像生，有些是石牌坊（如鲁府、蜀府等）。少数王陵前部有神道碑及碑亭。

第五，明代王墓的营造通常是就近取材，取用砖石往往与地之所利有关。其中石像生最有代表性意义，如秦藩亲王石像生基本都是青白石，益府端王、恭王等陵园用红砂岩，历代靖江王则多用本地石灰岩甚至更差的“槟榔石”等。

第四章　明代藩王玄宫制度研究

历年考古发掘的明代墓葬，以墓主身份等级而论，亲王组群的数量占有很高的比例；因而明代亲王陵墓的研究在整个明代墓葬的研究中自然占据突出的位置。明代亲王陵墓是明代帝王陵墓制度的重要组成部分，也是明代皇帝陵墓制度研究的主要参照系；由于明代皇陵玄宫的考古发掘资料仅有神宗定陵一例，因而同朝代亲王墓葬玄宫制度研究的重要性益发凸显①。另外，相对于各地藩王墓地面建筑保存状况普遍不佳而言，作为陵墓建筑的核心部分，墓室保存情况相对好一些，可以看作是明代藩王陵墓分类、分期等专题研究的一个最好的切入点。

第一节　明代各藩府不同的玄宫形态

和陵园制度一样，不同地区明代宗室成员的墓室结构，并不像舆服等其他制度那样因为有明文规定而整齐划一、等级鲜明，同时代的亲王墓，可能会因所在地区的不同而有很大的差异。明代藩王玄宫显现出很强的地域性特征，而这些地域性特征往往又以藩府为单位反映出来；其差异程度，甚至比陵园制度更加明显。本节选择那些能够反映同一藩府玄宫制度前后变化的案例（每藩亲王位下至少有二三座墓室的正式考古资料）作为基本研究对象，同时，择取那些经过考古发掘并有考古报告或简报公布的仅传袭一代的王墓资料（如湘献王、郢靖王等），以分封先后为序，对各藩王陵玄宫的基本特征进行归纳分析。

---

① 古代帝王陵墓的墓室部分一般称为“玄宫”，明代皇陵墓室则有“玄宫”“皇堂”“地中宫殿”等多种称谓。明代亲王王府外朝部分的主体建筑依次为承运殿、圆殿、存心殿，因而其墓室之称亦从天子，主室可称前殿、后殿等，耳室相应可称为配殿。为求便捷统一，本书一般以“玄宫”称谓亲王墓室，郡王及以下宗室成员墓志中也有以“玄宫”称本主墓室者，本书一般用“墓室”名之。具体分析则按照墓葬考古学研究的习惯，分别以主室、耳室等表述。

一、晋藩亲王玄宫

晋恭王朱棡（薨于洪武三十一年，1398年）墓在今太原市区东北小店区的老峰（坟）村，早年被盗，墓室入口暴露。据介绍，晋恭王玄宫“分前、中、后三室，前、中室两侧各有耳室6间，各室间有石雕圆柱，顶部出小檐，墙壁石砌，砖券顶，后室有石雕桌椅，随葬品无存”①。还有资料显示，该墓“墓室建筑有彩绘，地下墓室多次盗扰，破坏严重”②。据此，晋恭王玄宫应该是一座3主室12耳室的多室墓，其平面结构之繁复为已知明代藩王墓所仅见。

晋端王朱知烊（薨于嘉靖十二年，1533年）墓位于晋恭王陵园东南的东峰（坟）村，早年被盗，墓室的后部又经生产队取砖拆毁。山西省考古研究所2019年清理发掘的结果显示③，该墓墓室为前、中、后三个主室，平面呈“目”字形，墓圹南北长24米，东西宽8米（图4-1）。祔葬端王左右的继妃王氏墓、夫人院氏墓也都是前中后三室结构，为已知同期藩王墓玄宫等制最高者。

图4-1　明晋端王玄宫

晋裕王朱求桂薨于崇祯三年（1630年）十一月，五年（1632年）八月葬，其墓在今山西榆次北苏村④。1955年清理时，地面还有琉璃砖瓦、脊兽等残件。其玄宫结构为并联于一条纵轴线上的前、中、后三室，各室间以甬道相连，后室最大，中室次之，前室最小，平面呈“目”字形。墓室门为仿木结构，有砖石雕饰，门顶有蓝绿釉琉璃瓦当、滴水、脊兽装饰。门洞高约2米，安设石门。门左右为八字墙，墙中部嵌蓝绿釉琉璃团龙。三个墓室内墓壁全部用白粉涂底，其上彩绘云雾，后、中两室用红、

① 国家文物局主编：《中国文物地图集·山西分册》中，《明晋恭王墓》，中国地图出版社2006年版，第6页。

② 山西旅游景区志丛书编委会：《太原风景名胜志》，山西人民出版社2004年版，第223页。

③ 国家文物局主编：《山西太原东山明代晋藩王墓》，《2019中国重要考古发现》，文物出版社2020年版，第170—171页；赵辉：《文物保护与科技考古深度融合——太原东山明代晋端王陵园遗址发掘收获》，“文博中国”（网络），2021年5月13日。

④ 郭勇等：《明晋裕王墓的清理工作》，《文物参考资料》1956年第6期；安瑞军等：《山西榆次明代晋裕王墓清理简报》，《中国国家博物馆馆刊》2018年第2期。

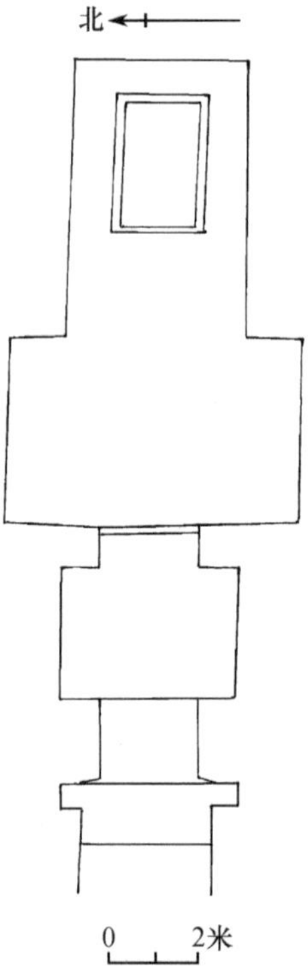

图4-2　明晋藩广昌悼平王墓室平面图
（引自《考古》1961年第2期）

黄、淡墨三色，前室增加了绿色，墓门及外墙均涂朱。

晋藩郡王墓葬中，曾经发掘过广昌悼平王朱济熇及王妃之墓[①]。墓主为晋恭王第七子，卒于宣德二年（1427年）十月，次年六月葬，其墓在今山西太原北郊七府坟村（现已属市区）。玄宫砖筑，拱券结构，坐东朝西，墓道长18米，前后两室通长13.1米。前室南北长3.7米，东西宽2.7米，高3.95米；后室东西长9.74米，南北宽3.6—6.1米，高3.95—4.95米，南北和西壁各有一壁龛（图4-2）。石砌棺床，单人葬。悼平王妃杨氏卒于天顺二年（1458年）五月，同年九月葬，墓为单室，长6.8米，宽4.25米，高4.5米。嗣王（广昌安僖王）生母刘氏卒于成化八年（1472年），墓为两室，前后通长近10米，其中前室长4米，宽3.7米，高3.35米，南北各有一个壁龛，后室长4.5米，宽4.9米，高4.25米，东壁开一个壁龛。

2000年曾在太原市太钢第一炼钢厂发现晋藩宁化府奉国将军朱表榜（卒于万历元年，1573年）墓[②]，墓道长8.6米，宽1.6米，墓底距地表8.3米。砖券结构，三券三伏。甬道长约1米，前室长3.6米，宽2.6米，后室长5.8米，宽4米。

从不同时期晋王墓室的实例对比可以看出，历代晋王玄宫的规模呈缩小趋势，从第一代恭王的3主室12耳室，到最后一代正式以亲王礼入葬的晋裕王3主室，玄宫结构也明显简化，但始终保持了多室形式。以2019年山西省考古研究所新发现的晋端王墓作为一个中间证据，有理由相信晋藩亲王自始至终都使用三主室玄宫，甚至继妃、夫人等人亦然；为数不多的郡王及以下宗藩成员多室墓的实例，也可以作为晋王玄宫制度的旁证。但由于缺乏更多的中间过渡资料，晋藩亲王玄宫的耳室究竟是在哪一代、何时裁减掉的，具体节点不详。

二、周藩亲王玄宫

周定王朱橚墓在今禹州无梁镇，始建于永乐二年（1404年），十二年（1414年）竣工；其西南之王妃陪葬墓始建于永乐八年（1410年）。

据20世纪80年代文物普查资料介绍，周定王墓室距地表约10米，由墓道、墓门、

① 山西省文物管理委员会：《山西太原七府坟明墓清理简报》，《考古》1961年第2期。
② 孟耀虎：《万历初年朱表榜墓》，《文物世界》2000年第6期。

甬道及前、后、中、左、右五组殿堂构成①。另据《河南文物名胜史迹》记载②，周定王玄宫为劈山凿洞，砖石砌券，结构为墓道、墓门、甬道及前、后、中、左、右五室组成，墓室总面积1970平方米③。前室之后通过台阶和石门进入寝殿，正中有棺床，其后壁并排4个棺室，各有石门，中间2室曾出土“故次妃穆氏”“故次妃杨氏”墓志。

从现场调查来看，周定王玄宫宽敞高大，结构复杂，应该是前后2个主室各附带4个耳室的平面结构，为隔室多人葬。其墓道系劈山开出，斜坡下行，长约20米，宽5米。通过券门进入甬道，甬道长6.55米，宽6.44米。墓室为石基砖壁的拱券结构。前室墓门为砖石仿木结构（图4-3），门墙厚2.55米，石门两扇，各高3.17米，宽1.6米，厚0.2米。前室长12.33米，宽9.58米，左右各有2个相同的配室，有石门相通，配室深10.23—10.25米，宽3.7—3.71米（图4-4）。后室地面比前室地面高1.4米，以7级石台阶相通，门制略同前室。后室前部为横向通券，面宽25.7米，进深9.57米，据说室内正中原有周定王汉白玉棺床，棺床后有壁龛。后室后壁另辟有4个耳室，各有石门，中间两个稍大且略向前凸出，门额上镶嵌仿木结构琉璃斗拱等装饰（图4-5）。以其出土过次妃穆氏、杨氏等圹志，可知4个耳室应为隔室祔葬。周定王玄宫规模宏大，做工、装饰也比较考究。包括甬道券门在内，所有墓室门上都有绿釉、黑釉琉璃砖瓦装饰的仿砖木结构门楼，檐椽等处还残存红、蓝等色彩绘；主室和各耳室均为双扇对开石门。

王妃墓在定王玄宫右前方约400米处。墓室朝向东南，斜坡墓道长28米，宽1.2米，末端为封门墙，然后是墓门、甬道，墓门上做出仿木结构的门楼，甬道长3.6米，宽2.86米，高3米。墓室整体为圆形，砖砌拱券结构，面积800多平方米。中心为直径11.4米的圆形实柱，其外是圆圈形拱券甬道一周，宽4.1米，其外呈放射状分布有17个独立的墓室，各有拱券门（图4-6）。每个墓室内原有棺床，还有绿琉璃砖砌的外椁，正中偏后为“金井”，开口较大，棺落其上。在封门后有墓志一合，棺床前有一件小牌位式器物，书某妃位号，大多已毁。据当地传说，共发现13合墓志（含残毁），靠近甬道门的4个墓室为空墓。出土的妃、夫人圹志上多有“葬于钧州明山之原”等语，可知周定王墓所在当时即名明山。

① 河南省文物普查办公室：《河南省文物普查大观》，《中原文物》1986年第3期。

② 河南省文物局编：《河南文物名胜史迹》，《明周定王墓》，中原农民出版社1994年版，第614—616页。

③ 这个记录可能有误，实测周定王玄宫墙内面积（自甬道至后室，含各配室，不计墓道部分）大约700平方米，比1970平方米相差甚多。即使如此，这也是目前已知明代亲王陵墓玄宫面积的最大数据。

图4-3　明周定王玄宫前室门

图4-4　明周定王玄宫前室左侧配室

图4-5　明周定王玄宫后室及后耳室

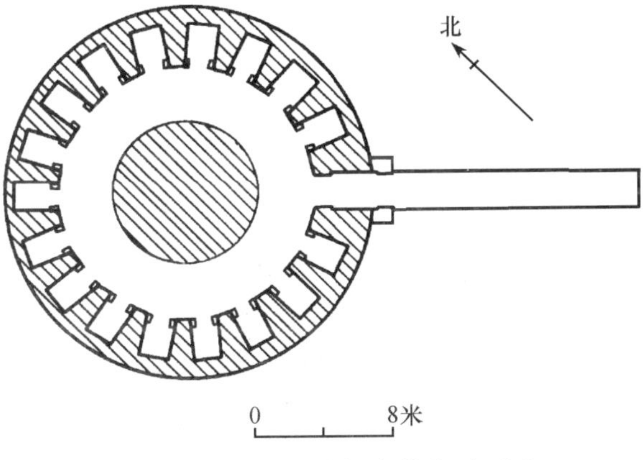

图4-6　明周定王诸妃合葬墓平面图
（引自《明代周藩王陵调查与研究》）

周定王诸妃墓平面结构极其特殊，为历代墓葬所罕见，近似窟龛葬。类似建筑形式在中亚及以西地区不乏例证，甚至远到南欧的佛罗伦萨圣母百花大教堂（Florence Cathedral）的后部也有异曲同工之妙，且二者营造年代大体相当。明早期有不少色目人留居中原，其间亦有效力于宫廷者，只是目前尚未在明初其他帝王陵墓中发现类似例证。

迄今为止，经过正式考古发掘的周藩亲郡王墓，只有周懿王墓和原武温穆王墓等数例。其他周藩陵墓做过比较全面的考古调查，但玄宫部分大多已遭破坏，已知者平面结构多种多样。

周简王朱有爋（薨于景泰三年，1452年）墓在荥阳贾峪镇小寨村西南，坐北朝南，墓道方向180°。由斜坡墓道、两座并列的主室、东西向甬道和祔葬墓室组成①。斜坡墓道长20.8米，南端宽2.5米，北端宽4米。两座并列主室位于墓圹北部，青砖拱券结构。其中东室葬周简王，室内南北长约10米，东西宽约3米，南部券门上方有绿釉琉璃瓦装饰的仿木门楼，室内北部正中有一副重棺，外髹红漆。西室葬王妃徐氏，室内大小与东室相当，唯以砖垛界分成为前后两室，前室东西两壁各有一个壁龛；室内北部正中有一个金井，内填黄土。二主室前西南部的横向甬道向西通向祔葬墓的墓室，甬道东西长10.6米，南北宽1.6米，墓室系在甬道南壁生土中掏挖而成，已塌陷。

周懿王朱子埅（薨于成化二十一年，1485年）及王妃等墓在荥阳市贾峪镇鲁庄村，2016年河南省文物考古研究院进行了抢救性考古发掘②。懿王主墓坐落于墓葬区北部正中，坐北朝南，由墓道和砖券墓室组成。斜坡墓道长35.5米，底部宽2.5—3米，深8.18米，方向175°。墓室建于土圹之中，东西向起券，三券三伏，单室，方向173°。墓室前部有琉璃瓦覆顶的单檐仿木门楼，檐下枋上有四个砖雕花形门簪，东西两侧有

图4-7 明周懿王玄宫

① 孙凯：《明代周藩王陵调查与研究》，中州古籍出版社2014年版，第21—22页。

② 河南省文物考古研究院等：《河南荥阳明代周懿王墓发掘简报》，《华夏考古》2019年第2期。

砖雕垂花柱，下部有砖砌须弥座，门楼两侧为土坯墙，顶端覆以灰瓦（图4-7）。墓门以青砖封堵，分内外两层，外层封门砖较为散乱，并向南部弧凸，底部正中有方形凹槽，其内竖置汉白玉描金“周懿王圹志”一合。内侧封门砖垒砌规整，并以白灰勾缝。墓室内长7.40米，宽5.70米，高4.90米，东西两壁的底部距南壁1.90米处各有一个拱形壁龛。墓室中后部有2个东西并列的棺床，砖砌，平面呈梯形。其中东侧棺床保存较好，底部距墓室北壁1.05米，南北长2.38米，北端宽1.2米，南端宽0.9米；上部南北长2.19米，北端宽1.16米，南端宽0.93米，高0.72米，床面上有两段宽深各0.1米的横向沟槽。墓室北壁下中央（两棺床中间位置）有三层灰砖摆砌的“凸”字形台，长1.03米，宽0.16米，高0.18米。墓室底部四角均有朱砂点画的痕迹。墓室内壁有彩色壁画，顶部和北壁保存较好，“画面整体表现的应是西方极乐世界的庄严圣境”。顶部以云气、牡丹莲菊等花卉、乐器为主要内容；东西两壁画面基本对称，下部为栏杆、荷花，中部为3棵菩提树；北壁上部为宫殿楼阁，其下为3棵菩提树，间以云气纹。色彩以黑、红两色为主，间有青、绿、黄、白等色。

周惠王朱同镳（薨于弘治十一年，1498年）墓在荥阳市贾峪镇楚村东，1958年大雨暴露出墓室后清理，是周惠王与王妃谭氏及夫人宋氏、张氏的合葬墓①。墓室已被村民掘毁，据知情者回忆，该墓墓室坐北朝南，青砖拱券结构，东西并列3个墓室，各有朝南券门，中间1个稍大，两侧略小②。

周庄王朱朝堈（薨于嘉靖三十年，1551年）墓位于荥阳市贾峪镇槐林村东③，其玄宫坐北朝南，青砖拱券结构，单室，南北长约5米，东西宽约4米，南有对开石门两扇，东西两壁近墓门处各有1个壁龛，后壁淤土，有无壁龛不详。有石质棺床，其南有墓志两合，东侧者为周庄王所有。另据介绍，该墓有壁画，内容为日月星辰、海水人物等。

周藩的一些郡王墓也经过考古发掘或调查，其中不乏颇有参考价值的资料。

顺阳怀庄王朱有烜（薨于永乐十三年，1415年），周定王庶三子，墓在今驻马店市上蔡县邵店乡金井吴村，王妃吴氏合葬④。墓室坐北朝南，南北通长15.8米，东西最宽处11.1米，为五室结构（图4-8）。墓道平面长约14米，宽约3米，方向180°。拱券式墓门，原有门楼装饰，已毁，对开木门2扇，已朽；其外以6层石条封堵。前室东西面阔4.5米，南北进深3.75米，高4.5米。中室东西面阔2.6米，南北进深2.9米，高4.1米；北部地面置《故顺阳王之墓》圹志一合，内有“迁已故妃吴氏之柩，同葬于汝宁府上

① 郑州市文物考古研究所：《二十世纪郑州考古》，香港国际出版社2004年版，第247页。

② 孙凯：《明代周藩王陵调查与研究》，中州古籍出版社2014年版，第30—31页。

③ 孙凯：《明代周藩王陵调查与研究》，中州古籍出版社2014年版，第53页。

④ 孙凯：《明代周藩王陵调查与研究》，中州古籍出版社2014年版，第129—130页。

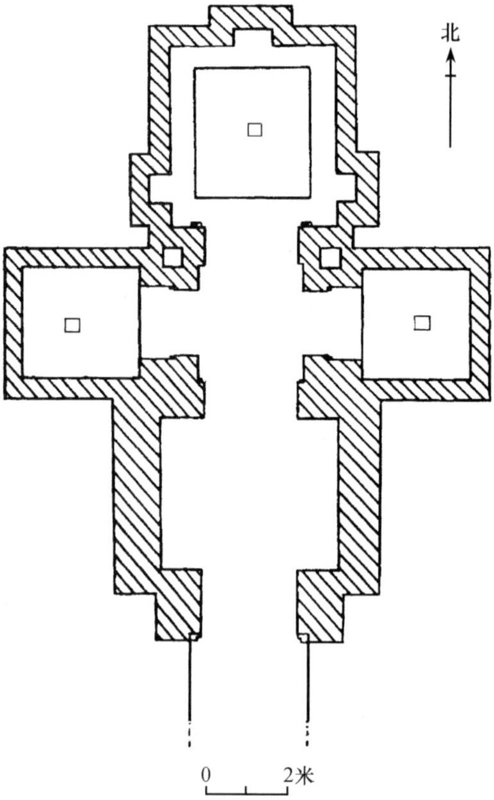

图4-8　明周藩顺阳怀庄王墓室平面图
（引自《明代周藩王陵调查与研究》）

蔡县朱贤保之原”等语。中室东西两侧为配室，间以木门，室内南北面阔2.8米，东西进深2.9米，高4.1米，有高于地面约0.2米的棺床，正中为方形金井。后室东西面阔4米，南北进深4.5米，高4.5米，东西两壁靠近墓门处各有1个壁龛，面阔0.7米，高0.87米，进深0.5米，后壁正中有一个壁龛，面阔1米，高1.1米，进深0.5米。后室正中有青石包边砖砌棺床，南北长3.1米，东西宽2.7米，高0.6米，正中有方形金井。

罗山悼惠王朱有爌（薨于宣德四年，1429年）[①]，周定王庶十二子，墓在今开封县范村乡百亩岗村之西岗村一个干涸鱼塘的底部，王妃张氏（自经殉死）合葬[②]。墓室坐北朝南，前后两室，砖券结构，顶部已被破坏。残存墓室距地表1.5米，南北长12.8米，东西宽7.2米，残高2.9米。墓道形式不详，墓门开于南端，青砖封堵，外部结构不详。前室室内边长4.55米，北墙有券门通向后室，上部做出仿木结构门楼，中间主楼饰以绿釉琉璃瓦，两侧次楼饰以灰瓦；早年曾在此门南侧出土《罗山王圹志》一合。后室内边长5.5米，北壁有方形壁龛2个，砖砌棺床，原制不详。后室淤泥中出土瓦形铁券一个，锈蚀严重。

南陵庄裕王朱睦楧（薨于隆庆元年，1567年），周悼王庶九子，墓在郑州市金水区沙口路东王府坟村西北，与王妃李氏、继妃宗氏及侯妃樊氏合葬[③]。2003年发掘清理，墓室坐北朝南，方向180°，斜坡墓道长2.9米，坡底宽1.72米，北端深1.2米。墓室位于墓道北部，东、中、西三个圹室并列，墓底距地表2.14—2.2米，东、中两室被破

① 清·张廷玉等《明史》卷一〇〇《诸王世表一》记朱有爌谥曰悼恭（点校本，第9册，第2555页），本书从墓志说；《明宣宗实录》卷五五，宣德四年六月戊戌条同（校印本《明实录》，第11册，第1319页）。

② 开封市文物工作队：《开封考古发现与研究》，中州古籍出版社1998年版，第209—210页；孙凯：《明代周藩王陵调查与研究》，中州古籍出版社2014年版，第120—121页。

③ 孙凯：《明代周藩王陵调查与研究》，中州古籍出版社2014年版，第95—97页；郭磊等：《郑州明代南陵庄裕王墓石刻调查简报》，《中原文物》2020年第3期。

坏得只剩墓圹，东室底部南北长3.1米，北端宽1.6米，南端宽1.3米，中室底部南北长3.6米，北端宽2.24米，南端宽2米。两室底部均铺有一层厚约2厘米的炭灰混合物。圹内原有青石外棺一口（20世纪60年代已被移出），内有木棺，已朽不辨形；出土散乱人骨2具，性别不详。西圹室年代晚于东圹室，发掘时尚存砖椁木棺，砖椁建于竖穴土圹中，南北长3.42米，北端宽1.66米，南端宽1.44米，残高1.09米，木棺髹朱漆，棺下为黄土，无铺地砖。

原武温穆王朱朝堉（薨于万历三十五年，1607年），周简王裔孙、六世原武王，其墓在荥阳二十里铺乡瓦屋孙村[①]，是朱朝堉与王妃张氏的合葬墓。早年封土直径约28米，高约6米。墓室距地面7米，坐北朝南，小砖砌成，拱券结构（图4-9）。斜坡阶梯式墓道，砖券结构，共有46级台阶，水平长度为16.58米。墓室前部为一个罩门券，东西面阔5.27米，高5.60米，券顶高于墓室券，罩住墓门上檐，拱券进深3.14米，地面宽度为1米。墓门以琉璃砖瓦脊兽等装饰，两侧有八字墙，石门对开，券门洞宽1.13米，高2.25米。墓室内南北长5.09米，东西宽4.07米，高3.43米。东西两壁前部距南壁0.95米处各有一个壁龛，分别放置墓志，北壁有一壁龛。墓室内北部有青石砌棺床，正方形，边长2.9米。棺床前有石供桌，已残为数段。除前壁外，墓室内壁均有彩绘壁画，主题是佛教信仰，有释迦牟尼佛、菩萨、罗汉、供养帝王、妙音鸟、麒麟、白象，还有星辰、云鹤、各种乐器等。

不同时期的周藩亲王玄宫之制存在着非常突出的形态差异，明显反映出从繁到简的变化过程。周定王玄宫结构复杂，其面积超逾所有已知明代藩王之例；作为郡王的顺阳怀庄王玄宫五室，相当于其他藩府的亲王制度，其平面结构与早一年（永乐十二年，1414年）的郢靖王玄宫相似[②]，仅营造尺寸略小些，显示出周藩早期陵墓规制颇高的事实。始封祖定王以后不久，周府亲王玄宫之制可能即趋于简化，由王与王妃各为单室墓单人葬（如周简王），改为王与王妃单室墓合葬（如周懿王），单室玄宫成为周藩主流。至于宣德（1426—1435年）以后的周府郡王墓室，经历了由两室到单室的变化，隆庆元年（1567年）的南陵庄裕王与其3位王妃的合葬墓，就已保存部分而言，很难称之为“墓室”，只是一种和江西等地的灰隔葬相似的墓葬结构，但目前来看，这似乎仅是周藩王室墓葬的一个个案。处于万历后期的原武温穆王墓营造考究，显示明代中期以后周府亲郡王之间墓室的等级差异可能并不突出。

---

① 郑州市博物馆：《荥阳二十里铺明代原武温穆王壁画墓》，《中原文物》1984年第4期；杜卓等：《原武温穆王墓墓室建筑与设计手法探析》，《中原文物》2017年第4期。

② 湖北省文物考古研究所等：《郢靖王墓》，文物出版社2016年版，第44—47页。

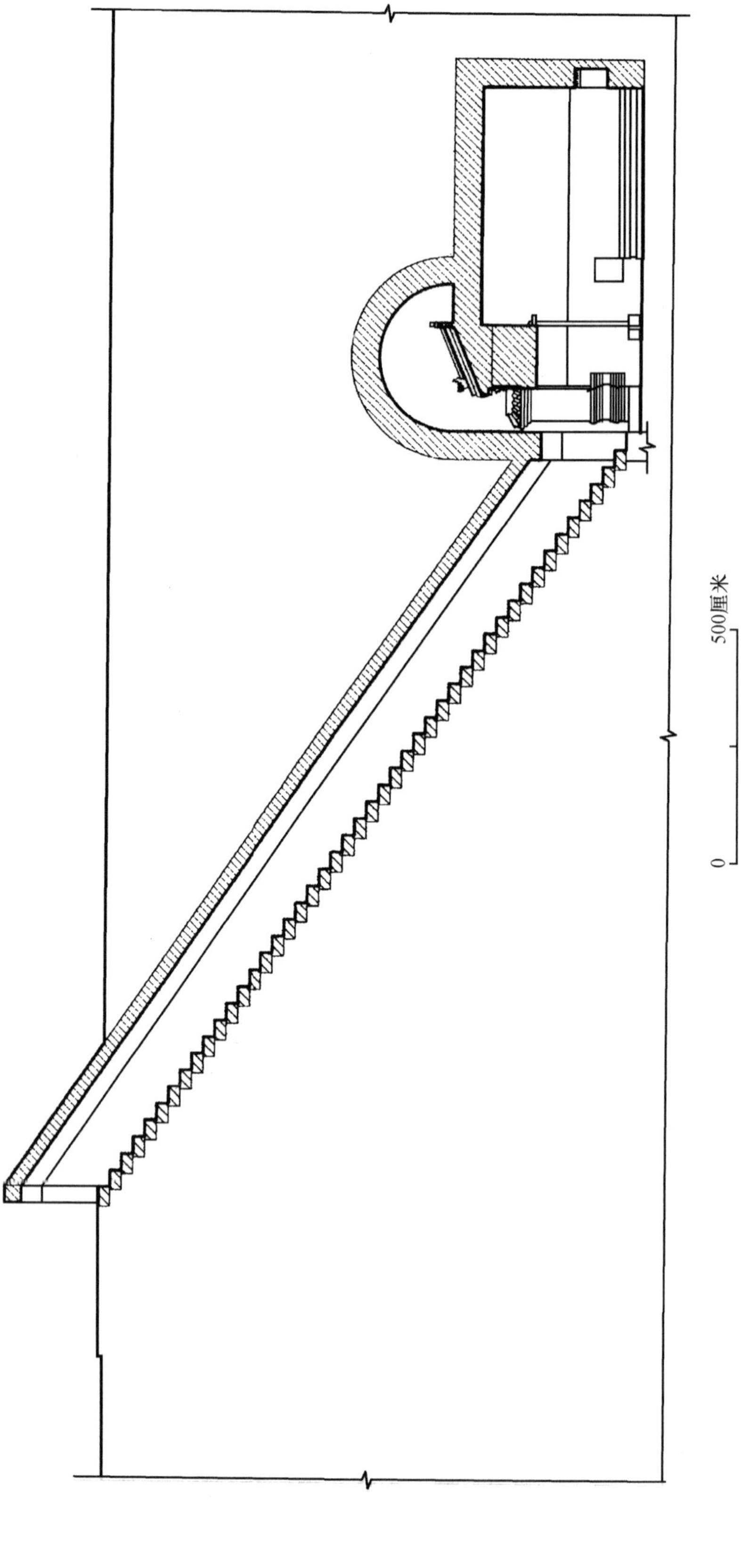

图4-9 明周藩原武温穆王墓室剖面图
（引自《中原文物》2017年第4期）

三、楚藩亲王玄宫

楚藩亲王陵园在武汉江夏龙泉山，属于诸王同兆域，八世九位亲王的玄宫结构也基本没有变化。

楚昭王朱桢，永乐二十二年（1424年）二月薨，次年即洪熙元年（1425年）三月落葬，其玄宫结构为砖砌单券式单室，南北进深13.84米，东西面阔5.78米，高4.78米，玄宫南壁并列三座双扇小石门，每门均由门楣、立颊、门槛组成，每扇石门上有81颗门钉，但门甚小，最大的中门仅高1.15米，宽0.8米，左右门高1.09米，宽0.76米，仅容蹲伏出入[①]。墓室的左、右、后三壁各有1耳室，内陈设明器和“灵牌”（符箓石牌），后耳室最大，面阔与主室相同[②]。玄宫正中为石砌棺床，上置昭王棺椁，棺床前有仿木几式石供案一，其上陈设供器及谥册匣、谥宝匣等，复前为碑碣形圹志（图4-10）。楚昭王玄宫结构虽然简单，但墓室的面积却大于明代一般亲王单室墓，大约相当于基本同期建成的辽简王墓5室玄宫总面积的一半。

图4-10　明楚昭王玄宫

根据武汉市文物考古研究所等单位的调查勘探资料，龙泉山陵区历代楚藩亲王陵墓玄宫的结构皆与楚昭王玄宫形式相同，均为单室单人葬，前后变化不大[③]。楚庄王

① 梁柱、魏航空：《武昌县龙泉山明代楚昭王墓》，《中国考古学年鉴1991》，文物出版社1992年版，第249页；傅守平：《明代楚昭王朱桢墓发掘简讯》，《江汉考古》1992年第1期；湖北省文物考古研究所等：《武昌龙泉山明代楚昭王墓发掘简报》，《文物》2003年第2期。

② 湖北省文物考古研究所等《武昌龙泉山明代楚昭王墓发掘简报》称这3个耳室为“壁龛”（见《文物》2003年第2期第7页），一般来说，明代藩王陵墓中壁龛落地者并不多见，而且壁龛口和内部的高与面阔应该相等或相差不多。楚昭王玄宫这3个落地“壁龛”明显口小膛大，开门处以条石装饰，特别是后壁龛，从“发掘简报”所附墓室平面图来看，其宽与主室相等，性质上归为耳室应更准确一些。只是这些“耳室”都没有单独起券，甚至左右耳室就是借墓室拱券的左右壁上开出，工程做法和壁龛一样，故而楚昭王玄宫仍归入单室类。

③ 国家文物局主编：《中国文物地图集·湖北分册》下册，《庄园》《宪园》《康园》《恭园》《贺园》，西安地图出版社2002年版，第24—25页。

（薨于正统四年，1439年）陵园后部中轴线上现存椭圆形封土，长径约30米，残高约5米，其下玄宫包括主室、左侧室、后壁龛和右壁龛。主室内有石供桌和石棺床，玄宫左壁的“壁龛”比较大，形成侧室，内有石棺床，葬一具女性尸骨。楚宪王（薨于正统八年，1443年）封土圆形，底径35米，残高6米，玄宫已被破坏，原为双室，残存两个石棺床。楚康王（薨于天顺六年，1462年）陵园后部现存4座椭圆形封土，中间2个稍大，长约13米，残高约2米；两侧2个稍小，长约11米，残高约1.5米。中间封土下玄宫为青砖砌单室，略有损毁，内设石供桌、棺床，有后龛和左右龛。楚恭王（薨于隆庆六年，1572年）陵园后部并列2座椭圆形封土，西侧长径约16米，残高约3米，东侧长径约14米，残高约2.5米。玄宫为青砖砌单室，略有损毁，内设石供桌、棺床，有后龛和左右龛。楚末王（崇祯十六年，1643年被张献忠沉于长江）陵园（当地称为“贺王陵”）朝向西北，后部有2座圆形封土，东西并列，底径均为9米，残高约3米（一说坟冢区有三座封土，呈“品”字形排列）。大约在20世纪90年代中期被盗掘挖开，其侧者可见盗洞。文物工作者曾进入墓室调查清理，为砖券单室结构，出土《楚八代国君继妃张氏墓志》一方，称墓主张氏“偕予在宫五十一载”，“妃生于隆庆六年（1572年）十月十六日，薨于崇祯五年（1632年）九月二十三日。奉诏葬于崇祯十年（1637年）十二月初八日，合圹于灵泉之长寿山”。从志文所见世次、年代、撰文语气和在王位五十年以上等几方面因素考察，可证此墓志应系楚藩末代王华奎亲撰。据此可知，楚藩亲王单室单人葬的习惯一直持续到了明末。

武汉江夏区也发现过一些郡王及将军、中尉等中低等级楚藩宗室成员的墓葬，其中有些具有比较重要的研究价值。如景陵顺靖王朱孟炤墓[①]、江夏区流芳岭寺王村明墓（有人推测墓主为楚藩江夏康靖王等）[②]、流芳岭四股山明墓（推测墓主为楚藩某郡王，约落葬于崇祯十六年，1643年）[③]，还有楚藩镇国中尉朱显杖墓和辅国中尉朱英㷿墓[④]、崇阳靖简王位下镇国将军朱季墋墓和辅国将军朱均钵墓[⑤]、楚藩“岳阳奉国将

① 武汉市文物考古研究所等：《武汉江夏二妃山明景陵王朱孟炤夫妻墓发掘简报》，《江汉考古》2010年第2期。

② 武汉市文物考古研究所等：《武汉市江夏区流芳岭明墓发掘简报》，《江汉考古》2000年第3期；祁金刚：《江夏明代楚藩郡王墓群》，《武汉文史资料》2016年第9期。

③ 武汉市文物考古研究所等：《武汉江夏流芳四股山明墓发掘简报》，《武汉文博》2010年第4期。

④ 武汉市博物馆：《黄家湾明代楚王朱氏墓》，《江汉考古》1998年第4期。

⑤ 武汉市文物考古研究所等：《武汉江夏流芳四股山明墓发掘简报》，《武汉文博》2010年第4期。

军勤健堂”墓[①]、通城王朱英熔家族墓[②]等。这些墓葬的规制大多比较简单，有砖券单室墓，也有些是以砖或三合土砌成墓圹，实际仅是棺室或椁室。2007年，在流芳街道清理了崇阳简靖王朱孟炜后裔的墓葬群[③]，墓主身份多为镇国将军、辅国将军、奉国将军几个等级，年代从天顺到崇祯，多为夫妻合葬双砖室墓。武汉洪山区洪山乡黄家湾发现的楚藩镇国中尉朱显栻和其妻恭人赵氏合葬墓，是以粗质青瓷碗砌筑的棺室[④]，结构奇特。根据出土墓志，墓主朱显栻卒于嘉靖三十四年（1555年）二月，隆庆二年（1568年）十一月葬；其妻赵氏卒于嘉靖七年（1528年）四月，十一年四月葬，二墓异圹毗邻。

整体来看，楚王宗族的墓葬结构比较简单，相比其他藩府，墓室结构的前后变化也不明显，单人单室（穴）葬贯穿始终，惟庄王稍有例外。

四、鲁藩亲王玄宫

鲁荒王朱檀（薨于洪武二十二年，1389年）墓在邹城北部九龙山南麓。20世纪70年代初发掘前封土尚存，南北长约170米，东西宽64—92米（南宽北窄），高20余米，“厚度在门楼上部17米、墓室上部约20多米”[⑤]。此墓封土与山坡原体浑然相称，而没有筑成标志明显的半球或覆斗形。

鲁荒王玄宫系凿山开圹挖出，平面呈“甲”字形，前有斜坡墓道，长56.3米，上口宽3—5.6米，下底宽2.4—3.9米，两侧凿山石为壁，涂朱；墓道内有3道挡土墙。墓道末端为大砖砌成的封门墙一道，高8.2米，宽5.35米，上部做出屋脊门楼，覆绿釉琉璃瓦。墙内为隧道券，隧道门即开于封门墙的下部。其后为墓室，砖砌拱券结构，前后两室，地表铺砖。前甬道位于封门墙与前室之间，前段进深1.5米，面阔2.3米，高2.35米；后段进深1.35米，面阔2.75米，高2.5米。前室南北长8.05米，东西宽5.25米，高4米，东西纵向筒券。后甬道联结前室和后室，前段进深0.75米，面阔2.25米，高2.35—2.4米；中段进深1.55米，面阔3.1米，高2.45—4米；后段进深1.95米，面阔2.25米，高1.9米。后室南北长5.45米，东西宽8.2米，高5.05米，南北横向筒券。后室中央为棺床，南北长3.85米，东西宽3.1米，高0.5米，须弥座式，砖砌磨光。前后甬道中各安设双扇对开枢轴式石门一道（图4-11），门涂朱，雕出81颗门钉，上贴金，各有铺首

① 富士康发掘分队：《武汉江夏富士康工业园区墓葬发掘》，《武汉文博》2010年第4期。

② 武汉市文物考古研究所：《武汉市明通城王朱英熔家族墓地发掘简报》，《江汉考古》2014年第6期。其人及世系、生平等《明史·诸王世表》缺载。

③ 武汉市文物考古研究所：《武汉流芳明代墓葬发掘》，《武汉文博》2011年第4期。

④ 武汉市博物馆：《黄家湾明代楚王朱氏墓》，《江汉考古》1998年第4期。

⑤ 山东省博物馆：《发掘明朱檀墓纪实》，《文物》1972年第5期；山东省博物馆等：《鲁荒王墓》，文物出版社2014年版，第13—17页。

图4-11　明鲁荒王玄宫前室门

衔环，亦贴金。玄宫前后通长20.6米，最宽处8.2米，最高处5.05米，总面积约104.3平方米。

鲁荒王次妃戈氏，嗣王肇煇生母，卒于正统五年（1440年）十月，祔葬于鲁荒王玄宫以西60余米处①。墓室距地表约8米，凿山开圹，砖石拱券结构，前后两室，通长15.2米，方向177°（图4-12）。发掘时墓道未做清理，结构不详。墓道尽头为青砖砌封门墙一道，下部即是进入墓室的券洞门，门上做出门楼屋檐，券门高2.4米，面宽2.14米。前甬道位于封门墙与前室之间，进深1.8米，面阔2.65米，高3.5米，安设双扇对开枢轴式石门一道，门上涂朱漆，有铺首，无门钉；墓门前有《鲁王妃圹志》一合。前室南北长3.95米，东西宽4.35米，高4.3米；东西墙上各有一个壁龛，高1.2米，面阔0.95米，进深约0.8米。后甬道联结前室和后室，进深0.8米，面阔2.75米，高3.21米。甬道后为二道门，门已不存，门上原应有木质管扇，插入后室两壁之间，已朽，只留穿孔，下设墩石。后室南北进深7.5米，东西面阔4.35米，高4.3米，东、西、北三面墙各有一个壁龛。东西壁龛规格与前室同，北壁龛位于后壁下部正中，高1.3米，面阔1.1米，进深约0.94米。棺床在后室中央偏北，仅余遗迹，长约3.1米，宽约2.17米。

鲁藩第二代靖王及以后的亲王陵墓大多毁于20世纪六七十年代，曾经有过一些调

① 山东省博物馆：《发掘明朱檀墓纪实》，《文物》1972年第5期；山东省博物馆等：《鲁荒王墓》，文物出版社2014年版，第184—187页。

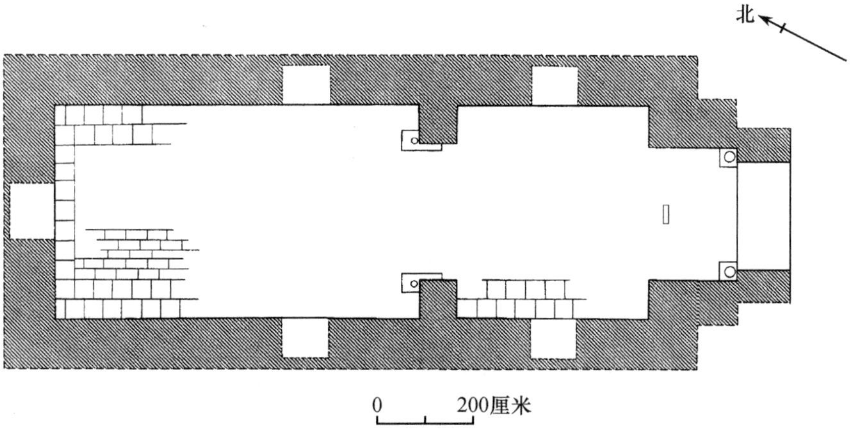

图4-12 明鲁荒王次妃墓室平面图

（引自《鲁荒王墓》）

查资料公布[①]。

鲁靖王朱肇煇（薨于成化二年，1466年）墓在邹城市东北云山之阳，1967年被掘开，现已封闭。相传墓室是砖砌拱券结构，前后2室，青砖起券，条石铺地。现存封土形状不规则，高约3米，直径约5米。

鲁庄王朱阳铸（薨于嘉靖二年，1523年）葬于滕州东南南沙镇上营村狐山（又名狐台山、壶山）南麓。2007年前后，鲁庄王墓被当地农民开山时再次挖开，为二墓并列，同穴但不同室。传闻西侧墓道中出土有庄王圹志、东侧墓道中出土有王妃张氏圹志。西侧墓室内的淤土已被清理，砖拱券门外有八字墙，石墓门尚存，上雕铺首衔环，墓门朝南（图4-13）。西组墓室为前后两室，以条石为基，以大砖砌墓壁并起券，实测通长12.88米（不计壁龛），室内面积约36.37平方米。起券部分挂灰，现存呈灰黄色，看不出曾有彩画的痕迹。前室券洞进深（厚）0.96米，面宽（券门宽度）1.86米，原以大砖封堵。券洞内为对开石门两扇，无门钉，有铺首；门宽98.5厘米，下部埋于淤土中。石门所在为券洞式甬道，进深1.14米，面阔2.16米。甬道内为前室，南北进深2.13米，东西面阔3.16米，地面残存有顶门条石和残碎砖石。后室门洞券进深（厚）0.97米，面宽（券门宽度）2.02米。券门内为后甬道，进深1.38米，面阔2.55米，地面有石枢臼和门槛，现存石管扇（没有门楹），插入甬道东西两壁之间；后室门已无存。后甬道内为后室，南北进深6.30米，东西面阔3.16米，自地面淤土至券顶高约3.20米（淤土厚10—20厘米不等，有些残碎砖石堆积处应高于30厘米）。后室西、北两侧

① 韩善琪等：《明历代鲁王墓葬综述》，见南京大学文化与自然遗产研究所等编《世界遗产论坛（二）世界遗产与城市发展之互动》，科学出版社2006年版；山东省博物馆等：《鲁荒王墓》，文物出版社2014年版，第213—252页。

各有1个壁龛，东侧有2个壁龛（图4-14）。东墙南侧的壁龛与西墙壁龛左右对称；东墙北侧的壁龛实际上是一个过洞，长1.73米，与东组玄宫相通。北墙上的壁龛位于后室北壁下部正中，保存最为完好，上圆下方券门形，龛底至券顶高1.08米，面阔0.725米，进深0.73米。后室北部中央有砖石质棺床，南北长3.58米，东西宽1.91米，根据现存遗迹分析，床面中间应该有“金井”或沟槽。

图4-13　明鲁庄王玄宫门及封门情况

图4-14　明鲁庄王墓西组玄宫后室

鲁敬王朱寿鏳（薨于万历二十八年，1600年）墓在平邑丰阳乡东午门村奎山南麓，因王妃程氏墓志出土而确认[①]。现存封土直径8米，高约5米。墓室先后于清末和1972年两次被盗掘，前后两室，青砖起券，条石铺地。

鲁藩诸亲王陵玄宫规制前后变化并不大，都是前后2室，但庄王玄宫单组墓室的面积大约只相当于荒王玄宫的1/3略多，表明后期在营造规制上有所简化。从墓室结构来看，鲁荒王玄宫是前后室各起券，而庄王为前后室券筒相联，中间以券门和门道间隔，营造工艺明显简化；这种形式在鲁荒王妃戈氏墓中已出现。另外，荒王及王妃都是单人葬，为同陵园而异坟（封土）异穴（玄宫）；庄王改为两组墓室并列的隔室合葬，属于同坟而异穴。由于缺乏相应的资料，只能大致推定这种变化出现的时间为天顺二年（1458年）合葬令颁布以后。据说，平邑白彦镇毓秀山鲁怀王、悼王墓"墓室为长方形砖石砌筑，券顶，左右附耳室"[②]。按，鲁怀王朱当漇弘治十八年（1505年）卒于鲁世子之位，鲁悼王朱健杙正德十五年（1520年）卒于世孙之位，二人丧葬之礼皆应为亲王或稍低等制，但墓室附带耳室，形制特异，因缺乏准确资料，待考。

鲁藩郡王墓大多已被破坏，位于邹城东北凤翥村北凰山阳坡的钜野僖顺王墓室主体保存尚好，依山凿石开圹，现存封土高3米，直径约15米[③]，墓室结构基本与鲁庄王相仿，但为左中右三组墓室并列，应为僖顺王与其元妃蔡氏、继妃李氏的合葬墓。出土墓志显示，钜野僖顺王朱泰墱，鲁靖王嫡四子，卒于成化三年（1467年）正月初三日[④]。东组墓室前后两室（图4-15），前室内长宽各约4米，东西两壁上各有1个壁龛。前后室间隔以一道券门，有明显的安装过石门或木门的迹象，现存石质枢臼。后室南北进深约7米，东西宽约4米，东西两壁南部、后壁正中各有1个壁龛。东壁北部有一个券门，券内有砖砌门柱和石门额、门楹，其外即为原山之岩石。中组墓室前后两室，结构与东组相同，后室东西两壁各有2个壁龛，北壁正中有1个壁龛。其东壁北侧壁龛与东组墓室西壁所凿之洞相通（这个洞可能是后来凿的，而不是墓室原制）；西壁北侧壁龛与西组墓室相通，实为过洞。前室石门仅存东扇，后室门已无，现存石枢臼等。西组墓室前后两室，结构与中组相同。后室东壁有南北2个壁龛，北侧者与中室相通；西墙有1个壁龛，与东墙南侧壁龛对称。前室石门仅存西扇，且已残断倒伏，后室

① 王相臣等：《平邑县博物馆藏的三方明代墓志》，《北方文物》2006年第2期。

② 国家文物局主编：《中国文物地图集·山东分册》，下册，《鲁怀王、悼王墓》，中国地图出版社2007年版，第787页。

③ 国家文物局主编：《中国文物地图集·山东分册》，下册，《朱泰墱墓》，中国地图出版社2007年版，第436页。

④ 明·佚名：《钜野王圹志》，见山东博物馆等编《鲁荒王墓》上册，文物出版社2014年版，第218页。《明史》卷一〇一《诸王世表二》谓朱泰墱为鲁靖王嫡二子，卒于天顺八年（见点校本《明史》，第9册，第2627—2628页）；此从墓志说。

图4-15　明巨野僖顺王墓东组墓室之前室、后室

墓门已不存，现存石枢臼和东西墓壁上原安插管扇之孔洞等。

曲阜市吴村镇王林村有安丘王家族墓，封土于1958年被破坏。墓系凿山开圹，南北长11米，东西宽8.80米，圹内以青砖拱券砌成墓室，前后两室，前有斜坡墓道，后室分为东西两室。出土“鲁府安丘王［三］镇国将军圹志铭”一合，志盖大体完好，志文残缺较甚。该墓前东西两侧各有一封土，一座平面呈圆形，高约20米，直径80米，另一座平面呈椭圆形，高约14米，南北长约40米，东西宽约24米，三墓呈“品”字形排列①。据残损墓志分析，墓主为安丘郡王位下镇国将军朱当沿②。邹城张庄镇大彦村有镇国将军夫人陈氏墓，1966年破坏，土坑竖穴式，东西长12米，南北宽6米，深约8米，南有石门和斜坡墓道③。陈氏为邹平恭懿王次子镇国将军朱当□之继室，墓志载其卒于嘉靖十年（1531年）。该墓详细结构不明，但从石门和墓室规模上看，并不明显逊色于郡王墓。这几个不同身份等级的墓葬资料显示，鲁藩宗室不同封爵之间墓葬的

① 国家文物局主编：《中国文物地图集·山东分册》，下册，《安丘王墓群》，中国地图出版社2007年版，第396—397页。

② 山东博物馆等：《鲁荒王墓》，图版三四二，文物出版社2014年版，第263—264页。

③ 国家文物局主编：《中国文物地图集·山东分册》，下册，《镇国将军夫人陈氏墓》，中国地图出版社2007年版，第436页。

差异似不甚大。如果上述关于朱当沿墓室的描述无误，说明鲁府在明代中叶可能也有类似于德藩亲王式的玄宫结构，年代也大体相当①。

五、蜀藩亲王玄宫

蜀藩诸王玄宫的建筑布局和装饰特色鲜明，具有突出的地方性特征。

蜀藩始封献王之子、悼庄世子朱悦燫卒于永乐七年（1409年）六月，次年四月下葬，墓在成都北郊凤凰山西南麓。玄宫方向为南偏西55°，由3个砖筑纵列筒式拱券前后并连而成，全长33米（含大门外的八字墙长34.7米），墓室内最宽处为10.5米，券顶距发掘时地表约2米②。前面的拱券比较矮小，长4.7米，中高5.06米，前有石门，发掘简报称之为“前庭”，石门外两侧为八字墙。中券规模最大，长21米，中高6.2米，拱跨7.66米，拱券下的空间以并排的3座宫门分为前、后两部分，前面相当于其他玄宫的前室，后面相当于其他玄宫的中室。悼庄世子玄宫内部装饰比较特殊，在前、中两室的两侧壁前均搭出硬山顶厢房各五间，中室的正中偏前还有石构正方形“圜殿”一座，形如小亭，其内陈设石桌三件（图4-16）。另在中室厢房之后左右壁各有一1.27米×1.30米的小耳室，亦安设石门，昆（毗）卢帽。后券在中券之后，长7.6米，中高6.08米，这部分墓室相当于一般王墓玄宫的后室。但此墓却在同一拱券下将空间分隔为左、中、右三室，每室前各有格子门前通中庭（图4-17）。中间一室大于两侧，长7.6米，宽3.26米，顶以石板砌成盝顶，地表比中庭高出22厘米，中设棺床，两旁有壶门形窗与左右两室相望。棺床后壁正中有壁龛痕迹，已被盗墓者破坏。

蜀悼庄世子玄宫后室以前部分不同于明代藩王墓常见的普通券室形式，其内部装饰颇似庭院，发掘者认为这种布局是“模拟王府的规制”③，应该是比较合理的解释；但将连接“正庭”与“中庭”的三座宫门（前后檐柱间进深为1.58米）名为“正殿”，则显然不甚妥。悼庄世子墓室平面布局不同于同时期其他藩王多室玄宫的常见形式，特别是墓室内部建筑装饰效果突出，开启了特异性明显的蜀藩玄宫制度，可称为“蜀藩型玄宫”。

---

① 根据《鲁荒王墓》披露朱当沿墓志，墓主为始封安丘靖恭王之孙、追谥安丘庄简王之嫡三子，生于天顺五年（1461年），成化二十二年（1486年）封镇国将军，卒年等处文字残缺。但志文中有“……安厝。届期适因行人彰德张士隆奉朝命，为鲁府世子薨修圹公务来兖一日，是府遣官持……请铭……”等语，推测其卒年当与鲁世子朱当漇（鲁怀王）卒年相近，亦即弘治十八年（1505年）前后。德藩始封祖为庄王朱见潾，卒于正德十二年（1517年）；其妃刘氏先卒于弘治六年（1493年）十二月。

② 成都明墓发掘队：《成都凤凰山明墓》，《考古》1978年第5期。

③ 成都明墓发掘队：《成都凤凰山明墓》，《考古》1978年第5期。

图4-16　明蜀悼庄世子玄宫“圜殿”

图4-17　明蜀悼庄世子墓后室

成都北郊凤凰山明代王妃墓（发掘者推测墓主可能是蜀献王妃蓝氏，则其年代为洪武二十六年或稍后）[①]，墓室坐北朝南，方向187°，砖石拱券结构，五券五伏，厚1.44米，外券总长24米。斜坡墓道长15米，坡度约13°，宽2.3—5.86米，墓门处深约6.8米。玄宫主体分为前、中、后三室。墓门外有砖砌封门墙，两侧为八字墙。前室（《发掘简报》称为“前庭”）前有石门框及双扇对开石门，门高2.4米，宽1.38米，厚0.18米，每扇门上均雕出纵横各九路门钉，涂金，原有顶门石。室内东西面阔7.6米，南北进深3.72米，高5.65米，东西两壁各有一面仿砖木结构的影壁，承以须弥座，顶部饰以绿釉琉璃瓦，室内北部正中有一个石质香炉。中室（发掘报告称为“中庭”）前有双扇石门，各高2.43米，宽0.81米，厚0.14米，门外做出仿砖木结构的门楼，有琉璃砖瓦和斗拱等装饰。门内为一面阔4米、进深1.34米的甬道。室内东西面阔最宽处8.64米，南北进深9.9米，高6.56米，东西两壁各有3个耳室（《发掘简报》称为“厢房”），石构仿砖木结构，中间的最大，面阔2.22米，进深1.32米，高1.6米，有琉璃砖瓦和斗拱等装饰。中室正中并排放置3个直径1.07米、高0.76米的铁缸，缸底部有小铁管相连通（图4-18）。缸后有一个青石碑座，长0.54米，宽0.35米，高0.29米。后室即棺室，分隔为互不相通的3个室，各自单独起券，券厚0.68米，内券与外券之间实

图4-18 成都凤凰山明蜀王妃墓中室

（引自《大众考古》2021年第3期）

① 成都文物考古研究所等：《成都凤凰山明蜀王妃墓》，见成都文物考古研究所编《成都考古发现2008》，科学出版社2010年版，第489—495页；易立等：《明代蜀王陵墓的发现》，《大众考古》2021年第3期。

以泥土。主棺室前为四扇石质仿木门，上部饰钱形纹，两侧门柱间距为3.24米，中间2扇门可以开合，各宽0.75米，高2.38米，厚0.16米，室内南北进深7.28米，东西面阔3.28米，高4.82米，后壁装饰有5个钱形孔，呈梅花状排列。室内后部正中为石砌须弥座式棺床，长4.44米（底部），宽1.96米，高0.38米，床面铺砖石，中间留有长3.48米、宽0.24米的“金沟”。棺床前有一石供桌，桌上残留铜瓶和铜鼎式炉等。两侧东西室内各长2.13米，宽1.4米，高3.66米，前为双扇对开石门，装饰同主棺室，门略窄而薄。玄宫三室内均为方砖墁地，其中中室正中以石条铺成宽0.9米的主道。

蜀僖王朱友壎，卒于宣德九年（1434年）六月，次年三月葬。玄宫为砖石混筑，拱券结构，通长27.8米，最宽处6.14米①。《发掘简报》将该墓玄宫各部分分别称为“大门”“前庭”“前殿”“正庭”“正殿”“中庭”“后殿”。整个玄宫由两筒拱券组成，前庭自用一券，其余三室共用一券。中室内无“圜殿”之设，而代以雕龙纹红砂石宝座一副；中室后部的两个小耳室平面呈长方形，面阔2.08米，进深0.66米，无石门（图4-19）。后室亦分为三室，中室长6.71米，宽2.9米，高3.17米，长方形盝顶，上有曼荼罗及莲花、八吉祥等图案，室中央设石棺床，单人葬；两个配室面积狭小，各有小门与后室主室相通。墓室券内宫门和廊楹等处继承了早期蜀藩玄宫的装饰特色，檐顶等处亦装饰绿琉璃砖瓦，有些因久被水蚀而变黑。

图4-19　明蜀僖王玄宫“中庭”及后室

① 成都市文物考古研究所：《成都明代蜀僖王陵发掘简报》，《文物》2002年第4期。

2002年9月底至10月，为解决漏水问题，长久保护僖王陵玄宫，曾将玄宫揭顶加施防水材料，四周安设排水管道。由此了解到其工程作法是先在土山中挖出墓圹，然后以砖砌成拱券式墓室，最后再回填土；在拱券顶上没有发现屋脊式装饰或其他建筑构件。

和悼庄世子玄宫相比，僖王玄宫不仅规模比较小，建筑结构和装饰也明显简化。从平面布局来看，有两点变化值得注意：其一是八字墙以内的前庭部分占玄宫总面积的比重加大，悼庄世子陵前庭长4米，中部最宽处5.67米，僖王陵前庭长3.74米，中部最宽处5.56米，二者相差无几，但从总面积来看，僖王玄宫却仅相当于悼庄世子玄宫的一半左右。其二是后室部分变小，僖王墓后室之中室仅足容棺，两个配室更是缩小到几乎只有象征意义。这两个变化为后来蜀王玄宫前庭演变为前室，后室缩减为仅足容棺的棺室开了先河。

1978年在蜀僖王陵南部约1000米处清理过僖王原配赵妃墓①，出土《罗江王妃赵氏圹志》，赵氏卒于宣德三年（1428年，时僖王尚为罗江郡王）。其墓室长14米，宽5米，高5米，内部也是仿砖木建筑结构。

蜀怀王朱申鈘，成化七年（1471年）五月卒，次年十二月葬。王妃徐氏，成化十一年（1475年）正月卒，八月与怀王合葬②。玄宫坐北朝南，方向2°，台阶式墓道长12.8米，开口呈梯形。墓室由两个纵列式拱券前后串联组成，五券五伏，主体可分为前室、前中室、后中室和后室四部分。墓门外有砖砌封门墙，两侧为八字墙。前室（《发掘报告》称为“前庭”）前有石门框及双扇对开石门，门高2.32米，宽0.97米，厚0.11米，每扇门上均雕出纵横各九路门钉，门额上原有仿木结构琉璃砖瓦屋檐，只留少量残件。室内东西面阔4.78米，南北进深3.17米，高5.28米，东西两侧各有一间硬山式仿砖木结构的厢房，面阔1.28米，进深0.49米，高1.6米，额枋饰以绿釉琉璃瓦。室内后部有两块残损的圹志，东为《蜀怀王圹志》，西为《蜀怀王妃徐氏圹志》。前中室（《发掘报告》称为“正庭”）前双扇石门各高2.33米，宽0.96米，厚0.11米，素面涂朱，门外做出仿砖木结构的门楼，有琉璃砖瓦和斗拱等装饰。室内东西面阔最宽处6.1米，南北进深7.5米，高5.89米，东西两壁各有4个象征性的耳室（《发掘报告》称为“厢房”），石构仿砖木结构，中间两间大一些，面阔1.28米，进深0.4米，高1.6米，有琉璃砖瓦和斗拱等装饰。室内正中放置石供桌1个，长1.74米，宽0.81米，高0.76米，前有石雕圆形香炉1个，最大直径0.67米。后中室（发掘报告称为“中庭”）前双扇石门各高2.33米，宽0.96米，厚0.12米，素面涂朱，门外做出仿砖木结构的门楼，有琉璃砖瓦和斗拱等装饰。室内东西面阔最宽处6.13米，南北进深11.32米，高6.21米，东西两

① 国家文物局主编：《中国文物地图集·四川分册》中，《罗江王妃赵氏墓》，文物出版社2009年版，第38—39页。

② 成都文物考古研究所：《成都市三圣乡明蜀“怀王”墓》，见成都文物考古研究所编《成都考古发现2005》，科学出版社2007年版，第382—428页。

壁各有5个象征性的耳室（《发掘报告》称为“厢房”），南面4对结构相同，石构仿砖木结构，中间两间大一些，面阔1.23米，进深0.47米，高1.6米，有琉璃砖瓦和斗拱等装饰。北面1对与前4间相隔0.3米，面阔1.3米，进深0.4米，高1.6米。室内正中为“圜殿”一座，方形石基，长3.47米，宽3.25米，高出地面0.08米，四角原各有立柱，仅残存西北柱，殿顶残。后室即棺室（《发掘报告》称为“后庭和耳室”），主室分隔为互不相通的2室，结构、大小相同，前各安单石门。其中东室内南北进深6.8米，东西面阔2.44米，高3.23米，后壁饰琉璃砖影壁，顶部用大石条封盖。室内后部正中为石砌棺床，底部长4.5米，宽2.22米，高0.78米。床面铺石板，中间留有长2米、宽0.5米的“金井”。两侧的东西耳室各有甬道与主室相通，室内各长1.98米，宽0.86米，高1.56米（图4-20）。

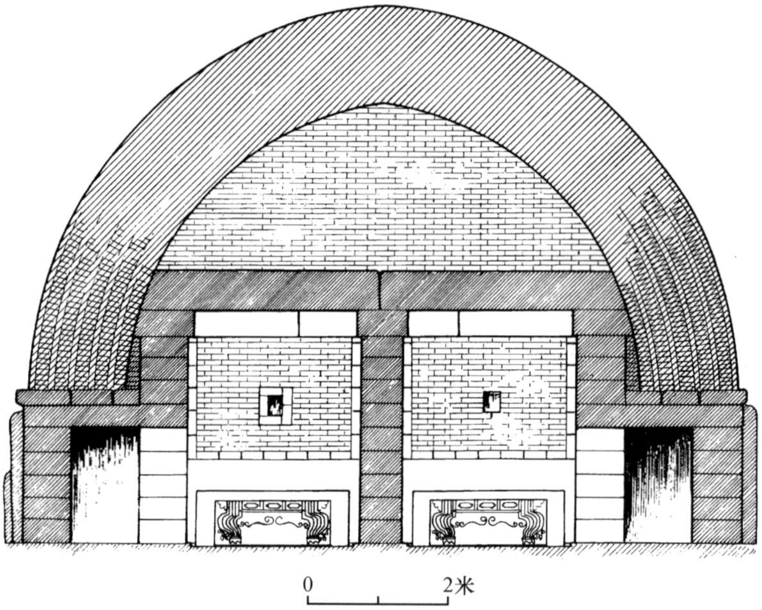

图4-20　明蜀怀王玄宫后室横剖面图

（引自《成都考古发现2005》）

由于蜀和王（薨于天顺五年，1461年）、蜀定王（薨于天顺七年，1463年）二墓尚未见确凿的考古发掘资料，蜀怀王墓成为天顺合葬令后最早的一座蜀王玄宫实例，其墓室结构的变化反映了蜀藩由单人葬到夫妻合葬的变化。发掘者发现蜀怀王墓室的后部有二次添建或改建的迹象，这应该与蜀藩亲王由单独葬改为王与王妃合葬有关，即最初设计可能只是怀王单人葬，后来改造玄宫后部的棺室，加葬王妃。

蜀定王次妃王氏，蜀惠王生母，卒于弘治七年（1494年），墓建于弘治九年（1496年）。王氏墓玄宫从八字墙开始，由四道石门把玄宫分隔为四部分，即前室、中室、后室和棺室[1]。前室长2.58米，宽2.6米，高3.44米，内置圹志，空间甚逼仄。中室长3.86米，宽2.6米，高3.44米。后室长2.32米，宽2.12米，盝顶，彩绘金凤和红日祥云。两侧厢房、廊庑简化作壁龛状（图4-21），廊庑亦为石构，唯不饰雕镂，但加施彩绘，多有剥落。棺室长4.68米，宽2.12米，棺床石砌，长3.5米，宽1.52米，高0.56米，内实以黄土，"床面由5块石板铺成，中轴线上等距离地透雕5个方孔圆钱形穿孔"[2]。蜀定王次妃玄宫共两券，前室、中室共一券，后室、棺室共一券。该墓做工考究，营造级别也等同于亲王，四道石门门钉纵横各九路，门身涂朱，门钉涂金。

图4-21　明蜀定王次妃墓中室

蜀昭王朱宾瀚卒于正德三年（1508年），其陵墓原在今龙泉驿区洪河镇白鹤村与十陵镇千弓村交界处[3]，旧传为"蜀惠王陵"。1991年4月发掘清理，后将玄宫残体迁至蜀僖王陵侧重建保护。蜀昭王陵园于明末被张献忠捣毁，玄宫上半部亦残毁，顶部

① 成都市文物考古研究所：《明蜀定王次妃王氏墓》，见成都市文物考古研究所编《成都考古发现1999》，科学出版社2001年版，第295—314页。

② 成都市文物考古研究所：《明蜀定王次妃王氏墓》，见成都市文物考古研究所编《成都考古发现1999》，科学出版社2001年版，第304页。

③ 王毅等：《成都地区近年考古综述》，《四川文物》1999年第3期；薛登等：《明蜀王和明蜀王陵》，《四川文物》2000年第5期。

结构不详。玄宫砖砌拱券结构，券内以砖石砌筑出墓室，自墓道起总长41米余，券室内落空进深16.5米，宽4.7—5米。该墓为夫妻合葬，八字墙后隧道券以内分为前、中、后三室，前室、中室两侧各以枋柱表示两厢；后室为棺室，以墙体分隔为左右两室，每室各置一棺。前、中两室虽未以墙隔开，但也和后室一样，辟左右两门，中间隔以雕团龙石门柱，三室双门各自前中后相对（图4-22）。在后室的“两个棺室之间，纵隔厢房的壁面下部，镌刻一座庑室式房屋图形，面阔约0.65米、高0.54米。檐下壁面，雕成两扇门扉，呈现略推开之状。因而在棺室之间，形成一条相通的竖缝，表示夫妻二人魂灵便于随时过往相从”[①]（图4-23）。这种图案实际上是宋元以来“妇人启门”墓饰的一种延续和变体。

1997年成都锦江区琉璃乡发掘的蜀王陵为三室玄宫的另外一种形式[②]。在一座直径约60米的大封土堆下并列三座墓室，东、中两墓结构和大小完全一致，根据东墓出土墓志推断，分别为王妃史氏和某位蜀王的玄宫。在八字墙以内，玄宫以石门分隔为前、中、后三部分，各宽1.95米，前段长3.4米，高2.3米；中段长2.55米，高2.2米；后段长2.5米，高2.05米。因为前段最为高大，所以发掘者径称为“前室”，其后依次为

图4-22　明蜀昭王玄宫后室左室残存

① 薛登等：《明蜀王和明蜀王陵》，《四川文物》2000年第5期。

② 谢涛：《成都发掘锦江区琉璃乡潘家沟村明蜀王及王妃墓》，《中国文物报》1998年2月22日第1版。

图4-23　明蜀昭王玄宫后室隔墙上的假门

“中室”“后室”[①]。在后室之后另有一室，相当于蜀僖王陵的后室，地表高出前面0.5米，进深3.6米，宽1.2米，后壁另有一宽1.2米、进深0.8米、高0.9米的壁龛，以其窄小，发掘者称为“棺室”。这种玄宫结构可以视为前、中、后三室的一种扩张和变通之例。这座王陵玄宫西旁另有一组墓室，规模比较小，宽1.8米，全长8.9米，八字墙以后分为前、后两室，后另有棺室，墓主身份显然比蜀王与王妃略低，应为继妃、次妃等。

此墓中室圹志缺失，不知墓主为哪代蜀王。发掘者曾推测为蜀定王朱友垓（卒于天顺七年，1463年）或康王朱承爚（卒于嘉靖三十七年，1558年）；后又把墓主推断为端王朱宣圻（卒于万历四十年，1612年）；也有人认为墓主是清朝康熙初年由四川地方官改葬的蜀末王朱至澍（张献忠入据成都时投井自尽）。此墓的平面结构与蜀定王次妃墓接近，比蜀怀王、昭王玄宫更趋于简化，墓室面积约相当于蜀僖王玄宫的七分之一。综合这些因素考虑，该墓所属时代肯定晚于天顺二年（1458年）合葬令，而且也应该晚于昭王墓。结合王妃姓氏分析，墓主当以蜀端王为是（详见本书第二章）。

蜀府僻处西南，其玄宫模式在明代藩王墓葬中自成体系，模仿王府建筑格局是其突出特点，悼庄世子玄宫面积最大也最为典型，推测墓主是蜀献王妃蓝氏的“王妃

① 谢涛：《成都发掘锦江区琉璃乡潘家沟村明蜀王及王妃墓》，《中国文物报》1998年2月22日第1版；谢涛：《成都市潘家沟村明蜀王、王妃墓》，《中国考古学年鉴1998》，文物出版社2000年版，第224—225页。

墓”的发现，进一步佐证了明早期蜀藩玄宫的基本模式。和其他藩王的多室玄宫相比，蜀式玄宫内部装饰精细，显然耗费财力更大。天顺二年（1458年）合葬令颁布以后，蜀式玄宫的后室部分也出现了相应的变化（如蜀怀王墓）；弘治、正德以后，玄宫两侧壁的廊庑式建筑装饰出现了简化处理的趋势（如定王次妃墓、昭王墓），由自身“庭院”模式向各藩的“殿堂”模式靠近，趋于同质化。从悼庄世子到琉璃乡端王墓，蜀式玄宫最突出的变化在其后室（棺室）部分，由模拟王府后寝而不断缩减规制，最后成为实际意义上的“棺室”。

蜀藩中下层宗室成员墓葬资料公布的不多，1956年四川东山灌溉渠工程中曾发现蜀府汶川王（始封懿简王朱友壃为蜀献王之孙、蜀和王庶五子）位下镇国将军、辅国将军墓①，年代约为正德、嘉靖年间（1506—1566年）。其中14号墓（墓主可能是“汶川第二镇国将军”或其家人）为石砌砖拱，前后两室，通长5.63米，宽1.76米，高1.8米，室内也有屋脊、檐廊等装饰，并加彩画。

六、湘献王玄宫

明太祖第十二子湘献王朱柏，洪武十八年（1385年）之藩荆州（今湖北江陵）。建文初因被告发而阖宫自焚，明成祖即位后，于洪武三十五年（即建文四年，1402年），将其改谥献王，并在荆州城西太晖观西侧为其依王制建衣冠冢。

1998年清理发掘显示②，湘献王墓室为砖石拱券结构，总面积109平方米，方向180°。玄宫穴地为室，砖券顶，其上有屋脊结构，硬山顶覆灰瓦，墓门上方亦安灰瓦，有螭吻，为明初帝王玄宫之上加覆屋脊瓦顶之实例（图4-24）。门叠涩式，上有石梁，其余部分为砖砌。前室内宽3.14米，进深2.86米，高2.98米，中室内宽3.1米，进深2.86米，高3米，后室内宽3.1米，进深3.15米，高3米；4个耳室的形制大小相同，长3米，宽1.9米，高3米。后室北壁正中有石门二，但下部有0.15米埋于地下，不起实际开关作用，可能仅具象征意义。

湘献王墓玄宫虽然面积并不大，但平面布局等级很高，在前中后3个主室中，前后两主室各出1个耳室，三主四配总计7个墓室的结构为已知明代亲王墓玄宫所仅见。这是目前已知明代亲王陵玄宫平面结构的最高等级，具有比较高的考古学价值。

① 四川省博物馆：《四川东山灌溉渠宋代遗址及古墓清理简报》，《考古》1959年第8期。

② 丁家元：《荆州堪明湘王府城遗址》，《中国文物报》1998年6月17日第1版；荆州博物馆：《湖北荆州明湘献王墓发掘简报》，《文物》2009年第4期。

图4-24　明湘献王玄宫顶部

七、肃藩亲王玄宫

肃藩始封为明太祖第十四子朱楧，亲王爵传九世，共九王，按袭封世次先后为庄王朱楧、康王瞻焰、简王禄埤、恭王贡錝、定王弼桄、怀王绅堵、懿王缙熿、宪王绅尧、末代王识鋐；另有追封的靖王真淤（定王之父）、昭王缙炯（怀王之父）、安王弼柿（懿王之父）三王。

肃藩诸王陵在今甘肃榆中县来紫堡乡黄家庄村平顶峰前，调查共发现11座亲王陵墓[①]。肃庄王朱楧卒于永乐十七年（1419年），墓在平顶峰南坡，位于整个墓葬群的中心部位，地理形势最好。墓室为大青砖砌成，拱券结构，坐北朝南，分为前、中、后、左、右5个墓室，墓门方向169.5°。

墓道终端、墓室门前为砖砌封门墙，顶部大约与地表同水平，其上叠压封土。封门墙下端正中为两券三伏式券门一座，厚0.385米，通入墓室。券门两侧向外各有一墙垛，厚1.165米，与封门墙连为一体，整个封门墙平面呈倒置“凹”字形；淤土接近券顶，看不出墙垛及封门墙券门洞的原始封堵方式。东门垛上方与封门墙相接处有盗洞1

① 施连山：《明肃王墓考略》，《西北史地》1997年第4期；刘毅：《甘肃榆中明肃庄王陵墓调查》，《中原文物》2012年第3期。

图4-25　明肃庄王墓封门墙及玄宫券门上部

个，自门洞券上方通入玄宫前室（图4-25）。前室南北向起拱，室内南北长4.77米，东西宽约4.40米，淤积大量黄土，推测原高度大约为5米。前室前部为门洞券，由券洞、石门框、券门等部分组成。自前室南墙到石门柱长1.37米，石门柱厚0.42米，石门仅存东侧一扇，为整块青石凿成，门轴一端厚0.23米，边缘一端厚0.13米。石门框外的拱券门厚0.34米，高度和宽度都小于封门墙上券门的相应尺寸。

中室东西向起拱，室内东西宽3.47米，南北长6.17米。中室前部的门洞券南北长1.52米，东西宽2.77米，券门厚0.88米，三券三伏。门柱、门梁等已佚失，据说原有木门，亦不存；券门内两侧墙壁上安装管扇的孔洞仍然清晰，可据以判定其原先结构。中室东西两壁正中各有一条甬道分别向外通向左右侧室（图4-26），两甬道及侧室结构相同，左右对

图4-26　明肃庄王玄宫中室

称。以东侧为例，甬道为拱券结构，未安设石门或木门，券洞部分东西长1.91米，门洞宽1.45米，券门三券三伏。东侧室东西向起拱，室内东西宽3.11米，南北长6.24米（图4-27）。西侧室结构、规模同东侧室。

图4-27　明肃庄王玄宫东侧室内

后室南北向起拱，室内南北长5.62米，东西宽6.23米。后室前部的门洞券南北进深1.29米，前部为青石门及其梁柱结构，东侧石门完好，西侧石门倒伏于东门之上，为青石质涂朱砂，石门柱厚0.44米。石门框外有一道券门，券厚0.79米，三券三伏（图4-28）。2003年8月调查时所见，后室内西壁前有一处清除淤土至地面，可见淤土厚约0.3米，地表铺以细料方砖；推测后室地面至拱顶的高度大约为6米。后室的东、西、北三壁正中各有一个拱券结构壁龛，北壁龛南北进深1.065米，东西面阔1.127米，内高1.245米，龛门做成如意云形；东西两壁龛结构相同，其中西壁龛东西进深0.953米，南北面阔0.948米，内高0.947米，龛门亦做成如意云形。

该墓自后室北墙起（不计壁龛）向南至头道石门之外的砖券门（不计封门墙上所开券门）南北通长24.51米，东西最宽处为西侧室西墙至东侧室东墙的间距，为13.51米。

肃康王朱瞻焰，永乐二十二年（1424年）袭封，天顺八年（1464年）薨，玄宫为砖券单室[1]。肃怀王朱绅堵（薨于嘉靖四十三年，1564年）墓在平顶山陵区中部偏东南

① 甘肃省博物馆资料；施连山：《明肃王墓考略》，《西北史地》1997年第4期。

处（7号墓），与妃王氏合葬，1977年发掘清理时尚存部分封土，玄宫为单室结构，内壁墙面为磨砖对缝，出土肃怀王及其妃王氏圹志各1合。

在平顶山墓葬区调查时得知，其他一些早年打开过的王墓玄宫基本都是单室，如肃庄王墓西南尚存部分封土的2号墓（图4-29）等。

图4-28　明肃庄王玄宫后室

图4-29　甘肃渝中明肃王墓群2号墓残存封土

根据上述资料，肃藩亲王五室玄宫之制可能只使用了一代，自二代肃王开始，单室玄宫结构成为主流。

甘肃兰州市上西园曾发掘过一座肃藩郡王墓[①]，根据墓中出土黑漆碗底面上“嘉靖拾陆年四月十七日监造内使”等字判断，该墓年代应为嘉靖十六年（1537年）四月以后。墓室由石门、甬道、主室、耳室组成。甬道长2.25米，宽1.18米，高2.48米。主室东西长7.45米，南北宽5.46米，自底至顶高3.46米，墓门朝向正北。东西两壁各有一耳室，与主室联以进深0.7米的券门，耳室南北长1.5米，东西宽1.3米，高2.1米。四壁各砌高0.37米、宽0.55米、深0.55米的小壁龛2个。夫妻合葬，男棺在东，女棺在西。墓中未发现能佐证墓主身份的资料，但从二龙戏珠金簪、金凤钗等随葬品来看，墓主应系明朝王室贵族无疑。徐苹芳先生推断墓主是“肃王家族中的某郡王”[②]。笔者曾通过多种渠道在甘肃文物部门查询此墓的详细发掘资料，但因历年久远且“文化大革命”中资料散失，均未得结果。以该墓地望所在结合地方志有关记载推论，墓主或应为肃府镇国将军朱弼柿，以其子朱缙熿承袭王爵（懿王），被追加封谥为肃安王。

到万历年间，榆中来子堡一带已葬肃藩八代九王（含追封的靖王、昭王），大约是因为佳穴难觅，肃宪王朱绅尧（薨于万历四十六年，1618年）将园寝卜定于兰州府城西南的周家山，近祖父安王而葬。肃宪王墓在今七里河区西津坪村，玄宫以大砖砌成，除封门和部分壁龛被破坏外，整体保存完好。前后两室，石门两道，共有13个壁龛。其规模虽逊于庄王玄宫，但营造工法却比较考究，砖缝细钩而接近磨砖对缝，转角石规制整齐（图4-30）。

八、辽藩亲王玄宫

辽藩始封王为明太祖第十五子朱植，包括废王在内前后共有8位亲王，依次为简王朱植、废王贵烚、肃王贵煖、靖王豪墭、惠王恩鐕、恭王宠涭、庄王致格、废王宪㸅。

辽简王朱植薨于永乐二十二年（1424年）正月初八日，其墓位于湖北江陵城西北八岭山南麓，1987年清理发掘[③]。封土圆形，高约4.5米，直径约60米。墓道位于封土南端，斜坡形，南端宽5.6米，北端宽5.47米，坡度18°。墓道尽头为封门墙两层，外层青砖砌成，高3.6米，面阔3.68米，厚0.2米；内层条石砌成，高3.16米，面阔3.64米，厚0.14米。玄宫门前墓道平缓处安放墓志一合。玄宫砖券结构，全部为细料砖砌，靠近下部的砖呈白色，为水浸痕迹。为五室结构，前、中、后三室依次排列（图4-31），纵

① 甘肃省博物馆：《兰州市上西园明墓清理简报》，《考古》1960年第3期。

② 徐苹芳：《明代陵墓的发掘》，见中国社会科学院考古研究所编《新中国考古发现和研究》，第六章，文物出版社1984年版，第631页。

③ 荆州地区博物馆等：《江陵八岭山明代辽简王墓发掘简报》，《考古》1995年第8期。

图4-30　明肃宪王玄宫后室

长21.8米，中室左右两侧各有一配室，两配室之间最宽处10.6米，方向211°。内（北）高外（南）低，前后室高差0.2米。

前室甬道长2.48米，宽1.88米，高3.28米。前室南北进深3.48米，东西面阔5.88米，高5.76米；前部双扇石门宽1.22米，厚0.16米，上部已毁，现存五行石钉，每行九颗，铜轴。中室甬道长2.48米，宽2.08米，高3.12米。中室南北进深6.28米，东西面阔3.28米，高4.48米；前有木门一道，已残腐。中室东西两侧各有一耳室，大小相等，对称并列，长6.28米，宽2.28米，高4.34米，与中室连以甬道，无门；甬道长1.4米，宽1.54米，高2.07米。后室甬道进深2米，宽2.48米，高3.02米。后室南北进深5.28米，东西面阔5.84米，高6.88米；前有木门一道，已残腐（图4-32）。后室北、东、西三壁正中各有一壁龛，其中北壁龛大于其他两侧壁龛，进深0.96米，宽1.12米，高1.2米。棺床位于后室中央偏后，石包边，长3.08米，宽1.6米，高0.4米，须弥座式；中空为金井，长2.06米，宽0.72米，深0.4米，内填黄土，上置重棺。

据荆州地方志等文献记载，辽藩诸王多葬于八岭山一带，包括前后两代废王。其中前废王朱贵烚之妃曹氏墓经过清理发掘[①]，根据墓志残文，曹妃卒或葬于成化六年（1470年）十一月，其墓单室，砖砌，长5.2米，宽3.3米，高2.4米。墓门在东壁，南、北、西三壁各有一壁龛，进深0.3米。

① 荆州地区博物馆等：《江陵八岭山明王妃墓清理简报》，《江汉考古》1988年第4期。

图4-31　明辽简王玄宫前室门

图4-32　明辽简王玄宫后室门内

九、宁藩亲王玄宫

宁藩始封王为明太祖第十七子朱权，先后共有4位亲王，依次为献王朱权、靖王奠培、康王觐钧、废王宸濠，另有追封惠王磐烒（靖王之父）。

宁献王朱权，薨于正统十三年（1448年），其墓在江西南昌西山（属新建）山脉之梦山缑岭东麓，即今新建县石埠乡璜源村[①]。玄宫为砖石拱券结构，底部为石基，墓壁砖砌，砖券起拱，为三主室二配室的五室形式。自礓礤前端至后室壁龛后墙止，全长31.7米，若不计礓礤部分，则全长为27.7米，两配室后墙之间即墓室最宽处，为21.45米。礓礤末端有封门墙两层，其后为门槽，插石板三块，插板式封门以内为隧道券。宁献王玄宫在前室之前还另有一室，安设插板式石门，发掘报告将之称为“前室”，而把前室称为“次前室”。实际上，这个“前室”仅相当于明代皇陵（如定陵）及部分王陵玄宫前的隧道券或罩门券，不应把它单独列为一室[②]。罩门券之后的平面布局为

① 陈文华：《江西新建明朱权墓发掘》，《考古》1962年第4期；江西省博物馆等：《江西明代藩王墓》，文物出版社2010年版，第9页。

② 发掘者之说见陈文华《江西新建明朱权墓发掘》（载《考古》1962年第4期）。实际上，插板式石门就是一道封门墙。为统一讨论标准，本书把带有双扇对开石门或木门，或者至少有券门洞连接的券室空间认定为“墓室”，而只有插板式石门（封门）者视为甬道，不作为墓室统计。主室两侧及后壁上的外拓空间，凡开口和内部的高与面阔相等或相差不多者称为“壁龛”，壁龛开口下端通常都不落地。那些开口落地、口小膛大、以券门或甬道相通，无论是否安装石门或木门，一般都认定为“耳室”（配室或配殿）。

前、中、后三室依次排列，中室左右两侧各有一个配室，平面呈“十”字形。前室、中室前各有枢轴式双扇石门，门上有铺首，其中前室之石门后有顶门石；后室及两配室无门。后室及两配室均有棺床。前室（即原发掘报告中的“次前室”）面阔3.5米，进深4.3米，高4.5米（图4-33）。中室面阔4.6米，进深5.9米，高4.5米，中室门前有石阶3级。后室面阔4.58米，进深10.18米，高4.3米。后室后壁和左右两壁各有一壁龛，其中后壁龛较大，并以红石做出单阙牌坊式的门楼（图4-34）。后室正中偏后为砖砌棺床，内实以黄土。

宁献王嫡长子朱磐烒，先卒于正统二年（1437年），初谥曰庄惠世子，以其子奠培袭封，追谥宁惠王。其墓在宁献王墓以南约0.5华里处的另一处山坡上①，已毁。其玄宫结构，一说有3道石门，一说同宁康王②。

宁康王朱觐钧，薨于弘治十年（1497年），其墓在新建乌溪乡润溪罗村。墓室为砖砌拱券结构，七券七伏，长5.6米，宽3.92米，高3.67米。朱漆棺置于圹室中央，套以外棺，其外复包以青石板的盖、墙、底；石板与圹室间以石灰、沙土拌糯米浆填实③（图4-35）。王妃徐氏墓位于土阜右侧边缘，即王墓的南侧偏西（后方），二墓相距约6.2米。墓室构造同王墓，但拱券为5层。此二墓虽有墓室，但室内满填石灰，可以看作是石灰椁墓制的源头之一。

宁康王次妃（嗣王宸濠生母）冯氏，卒于正德十一年（1516年）十一月，其墓经过考古发掘（南梅M2）④。墓室拱券结构，前后两室，前室长6.75米，宽3.05米，高3.35米；后室长8.52米，宽3.09米，高4.2米，左右两壁各有壁龛2个，后壁有壁龛1个。在冯氏墓以西约2500米处，还有另外一墓（南梅M1），方向130°，长9.64米，高4.6米，后室有3个壁龛，墓主身份不详。

宁靖王夫人吴氏卒于弘治十五年（1502年），其墓在新建，2001年发掘⑤。墓室结构为砖砌拱券式，券洞两端无墙，室内满填松香，结构奇特。该墓也可以看作是由券室墓向无墓室之石灰椁墓过渡的例证。

乐安昭定王墓提供了宁藩比较典型的郡王墓室资料。乐安昭定王朱奠垒，宁献王之孙、追封宁惠王之子，卒于弘治元年（1488年）十一月，次年八月葬，其墓在江西新建望城乡幸福花坑山⑥。其墓室以红石和青砖砌成，拱券结构，坐北朝南，前后两室，自封门墙至后室通长19.83米。前室长5.37米，宽3.49米，高3.27米；后室长7.95

---

① 江西省博物馆等：《江西明代藩王墓》，文物出版社2010年版，第6页。

② 江西省博物馆等：《江西明代藩王墓》，文物出版社2010年版，第6、16页。

③ 王咨臣：《新建县古墓葬调查记》，《南方文物》2003年第4期；孙家骅等：《手铲下的文明——江西重大考古发现》，江西人民出版社2004年版，第534页。

④ 郭远渭：《南昌明宁康王次妃冯氏墓》，《考古》1964年第4期。

⑤ 江西省文物考古研究所：《南昌明代宁靖王夫人吴氏墓发掘简报》，《文物》2003年第2期。

⑥ 徐兴万等：《明乐安昭定王墓清理纪实》，《南方文物》1993年第3期。

图4-33　明宁献王玄宫前室门外

图4-34　明宁献王玄宫后室后壁龛

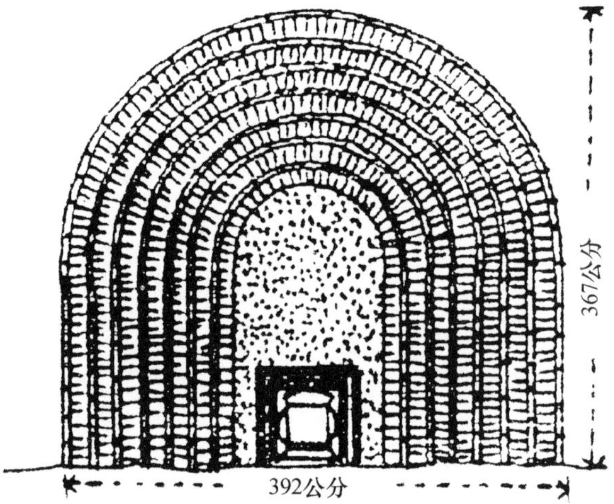

图4-35　明宁康王墓室剖面图
（引自《南方文物》2003年第4期）

米，宽5.35米，高4.13米，左、右、后壁各有一壁龛（图4-36）。棺床在后室，以红石砌成，长2.78米，宽3.05米，高0.33米，内实三合土。王妃宋氏先卒于成化九年（1473年），原葬别处，后迁与王合葬。

宜春宣和王夫人刘氏（卒于弘治十年，1497年）墓在新建县第八区乌溪乡九房村侧厚宝山麓，抗日战争时期被盗掘，前后两室，出土《镇国将军母刘氏之墓》圹志1合。宜春宣和王朱奠坫，安简王朱磐烑之子，二代宜春郡王，弘治八年（1495年）袭封，次年卒。

此外，宁藩还有一些将军等级宗室成员的墓葬经过清理发掘，或有比较详细的调查资料，也可以作为宁王一系墓室变化研究的参照。其中20世纪50年代初被农民掘开、墓主身份明确的墓葬有[①]以下几例。

瑞昌荣安王位下镇国将军松鹤主人暨夫人墓，位于新建第八区青城乡二联闵村冷水坑雷家山。墓室由7层青砖砌成，坐西朝东，东西进深4.3米，南北面阔4.2米，南北西三壁各有一壁龛，其中后壁龛最大，面宽1.2米。圹室门残存石柱二、横梁一，门道宽1.6米。墓室前部疑似还有一室（调查者称为"享堂、羡道"），已毁。

奉国将军叶山主人妣淑人刘氏、妣太恭人万氏墓，位于新建第八区青城乡三联村朱家嘴山，崇祯八年（1635年）葬。二墓并列，间距约2米，朝向西南。其中左墓用7层青灰砖砌成，已全毁。右墓用10层砖（五竖五平）砌成，大体完好。前室（"享堂、羡道"）面阔2.8米，进深3.8米，门道宽1.7米。后室面阔3.2米，进深4.3米。二室之间以0.9米长的墙垛分隔（图4-37）。

① 王咨臣：《新建县古墓葬调查记》，《南方文物》2003年第4期。

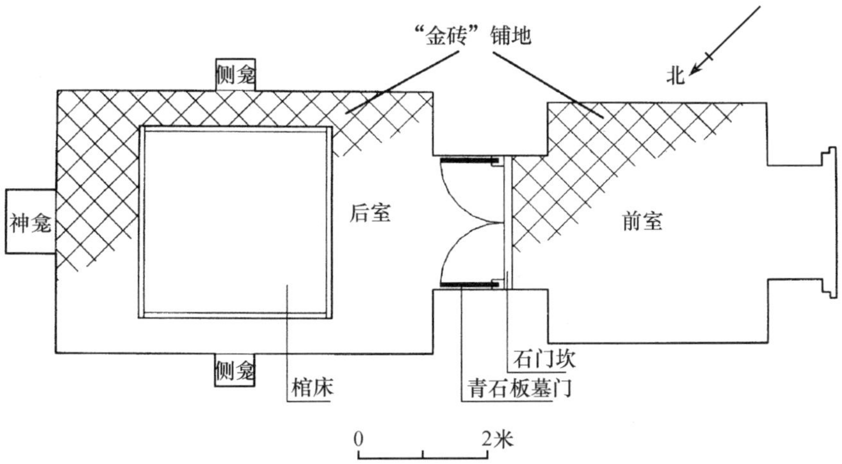

图4-36　明宁藩乐安昭定王墓室平面图
（引自《江西明代藩王墓》）

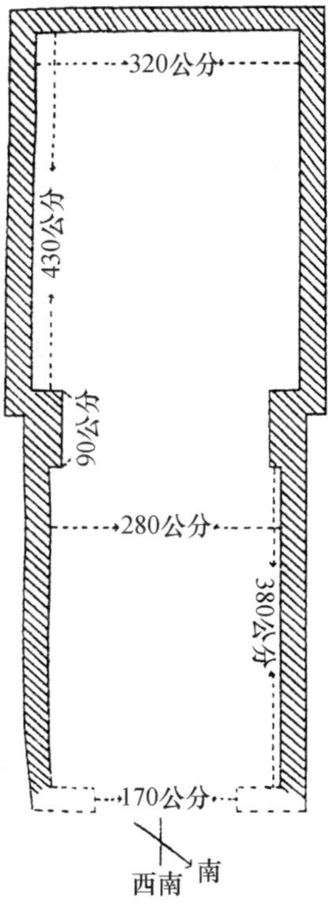

图4-37　明宁藩奉国将军叶山主人墓室平面图
（引自《南方文物》2003年第4期）

辅国将军锄芸墓，位于新建第八区乌溪乡下曹村公路左侧，石灰椁式。

宜春府奉国将军朱宸洁（宜春安简王磐烑曾孙）暨奉国淑人刘氏合葬墓，位于新建第八区长垓乡龙虎山，葬于正德年间（1506—1521年）。朱宸洁夫妇墓各为一砖拱，内宽1.1米，高1.2米，二小拱之外另有一半圆形大拱，内宽3.6米，拱券（外）顶至底高2.5米。

1992年，在新建县望城乡发现了宁献王玄孙、宜春安简王曾孙奉国将军朱宸涪夫妇合葬墓①，朱宸涪卒于嘉靖三十九年（1560年），其嫡妻淑人陈氏、次室恭人张氏均卒于嘉靖三十八年（1559年）。其墓为砖砌周壁、券顶，无墓门、无甬道，室内长3米，宽4米，并置三棺。三木棺均用糯米浆拌三合土浇铸覆顶，后用黄土夯实，再砌券顶，其上堆筑封土。

通过以上诸例可以看出，宁藩亲王、郡王及其他宗室成员的墓室有五室、二室、单室、无墓室石灰椁葬等多种形式。弘治（1488—1505年）、正德（1506—1521年）时期，宁府墓室制度处在一个摇摆过渡时期，既有传统砖砌拱券结构的墓室葬（如乐安昭定王、宜春宣和王夫人

① 万为民：《江西新建朱宸涪夫妇合葬墓》，《南方文物》1992年第3期。

刘氏、宁康王次妃冯氏等），又有券室内密封葬（如宁康王、宁靖王夫人吴氏、奉国将军朱宸浯等），还有个别石灰椁葬，三十年间交替反复；甚至直到明末仍见有券室墓形式。如果追封宁惠王墓确实是券室内密封葬，则该种墓葬形式在正统早期就已经出现。

十、郢靖王玄宫

郢靖王朱栋，薨于永乐十二年（1414年）十二月，墓在今湖北钟祥九里乡，发掘前封土高出地面6—8米，平面椭圆形，南北长径约43.5米，东西短径约33米，由开掘墓圹的土石等夯筑而成。

2005年湖北省文物考古研究所的发掘资料显示[①]，该墓墓圹开凿于原山砂岩中，长14.5米，深4.8米，坡度30°，方向220°，有人工修整出的宽窄不规则的阶梯23级，墓道北端距地表9.8米。墓门前有3块青石板加青砖封堵，外部嵌圹志。玄宫为砖券结构，三主二配，共5个墓室（图4-38）。墓门砖砌拱券式，高2.5米，宽2.04米，内有对开

图4-38　明郢靖王玄宫
（引自《郢靖王墓》）

① 湖北省文物考古研究所等：《郢靖王墓》，文物出版社2016年版，第34—48页。

石门。石门通高2.44米（门面高1.78米），宽0.98米，厚0.22米，涂朱，无门钉，有铺首，上挂铁锁一副。前室东西长6.32米，南北宽2.84米，高3.85米。中室南北长5.6米，东西宽2.94米，高3.85米，左右两侧各有1个耳室，结构和大小相同，均为南北长4.32米，东西宽3.28米，高3.65米，与中室连以甬道；甬道长1.6米，宽1.6米，高2.2米。中室和后室之前均有对开木门一道，已朽坏。后室木门后甬道长3米，宽1.32米，高3.85米。后室东西长6米，南北宽5.6米，高4.44米，东西两壁南端各有1个壁龛，进深1.12米，面宽1.06米，高1.09米。后室中部偏北为须弥座式棺床，砖石砌筑，长3.52米，宽3.2米，高0.35米；上层为褐红色黏土夹碎石，下层为红色沙土夹碎石并掺石灰中填土。王棺在东，王妃棺在西。

十一、靖江诸王玄宫

广西桂林尧山的历代靖江王陵陵园遗迹保存相对完好，但墓室考古清理发掘者并不多，而且其年代集中于明代中后期的嘉靖、万历（1522—1620年）时期。

靖江安肃王朱经扶（薨于嘉靖四年，1525年）墓1972年发掘①，封土大致呈覆钵形，最大直径26米，存高4米。安肃王与王妃徐氏为同坟异室合葬，玄宫为结构和规模相同的2组并列墓室，砖券结构，前后两室（图4-39）。共用封门墙高3米，面阔9.3米，上部为冰盘檐，顶覆绿釉琉璃瓦。墙下部有2个并列的券门为墓室入口，每个券洞面阔1.67米，高1.95米，进深1.1米，相当于甬道；券内有门枢石，门已失，有顶门石及石槽。前室面阔2.57米，进深1.92米，高3.13米。前室之后为后甬道及后室门，结构、尺寸均同前室甬道。后室面阔2.77米，进深5米，高2.48米，两侧壁离地面0.3米处各有4个壁龛，后壁正中离地面0.4米处有1个壁龛。壁龛均为拱券式，宽0.68米，高0.94米。棺床在后室后部，青砖包砌，中实土，已毁。

靖江恭惠王朱邦苧次妃刘氏（卒于万历五年，1577年）墓1961年发掘②，墓室结构与安肃王玄宫（单体）大致相同，但规模略小（图4-40）。

靖江康僖王朱任昌（薨于万历十年，1582年）墓1982年发掘③，为康僖王与王妃同坟异室合葬墓。玄宫坐东朝西，为2个结构和规模相同的墓室南北并列，砖券结构，全长8.96米（不含后壁龛）。共用封门墙面阔8.16米，地面至正脊高3.68米，顶部饰绿釉

---

① 广西文物保护与考古研究所等：《桂林靖江王陵考古发掘清理报告集》，科学出版社2017年版，第79—80页。

② 罗标元等：《靖江王墓群简介》，《广西文物》1987年第1期。

③ 广西文物保护与考古研究所等：《桂林靖江昭和王陵考古发掘清理报告》，科学出版社2014年版，第69—72页。

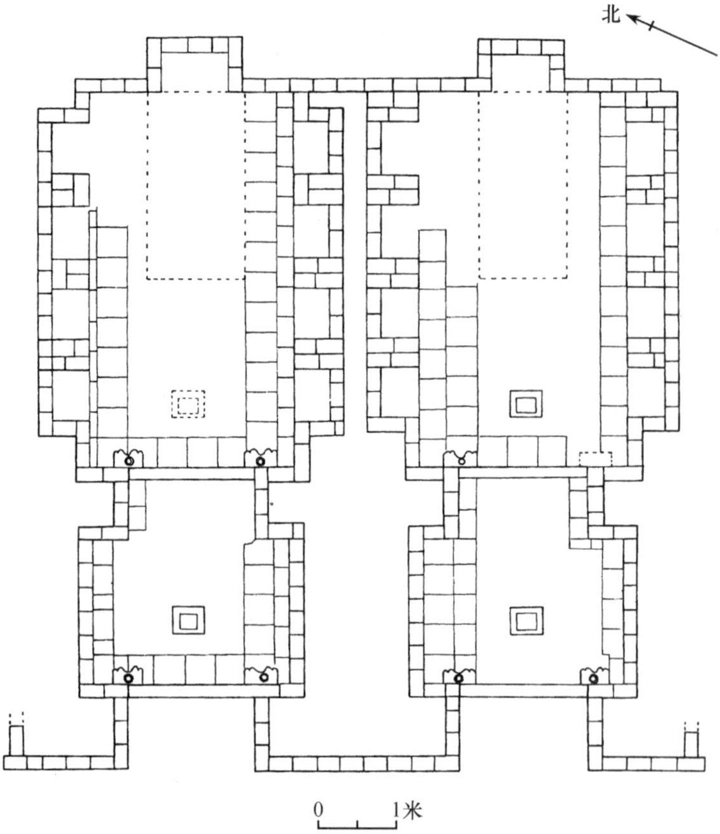

图4-39　明靖江安肃王墓室平面图
（引自《桂林靖江王陵考古发掘清理报告集》）

图4-40　明靖江恭惠王次妃刘氏墓前室及后室门

饰琉璃瓦件，下部开有2个可以分别进入左右墓室的券门，墓门外原以乱石封堵。券门后为一条长0.9米、宽1.6米、高1.76米的甬道（门洞券），甬道末端为一道双扇对开木门。木门后的前室长1.94米（含第二道门洞券），最宽处1.92米，高2.56米，其后为第二道对开式木门。门内为后室，室内长5.8米，宽2.6米，高2.56米，左右两壁各有4个大小一样的壁龛，面阔0.86米，进深0.5米，高0.9米，后壁正中有一壁龛，面阔0.86米，进深0.5米，高0.9米，室内后部中央为砖砌外批灰须弥座式棺床，高0.54米，床面长2.5米，宽1.16米，局部有纹样装饰。棺床中段和后段的中间各开一个宽0.4、深0.3米的长槽。康僖王玄宫若干年前经过修复，部分原始信息已不存。

靖江宪定王朱任晟（薨于万历三十八年，1610年）墓1972年发掘①，结构与安肃、康僖王玄宫相似，左右两墓并列（图4-41）。共用封门墙高4.44米，下部开券洞门分别

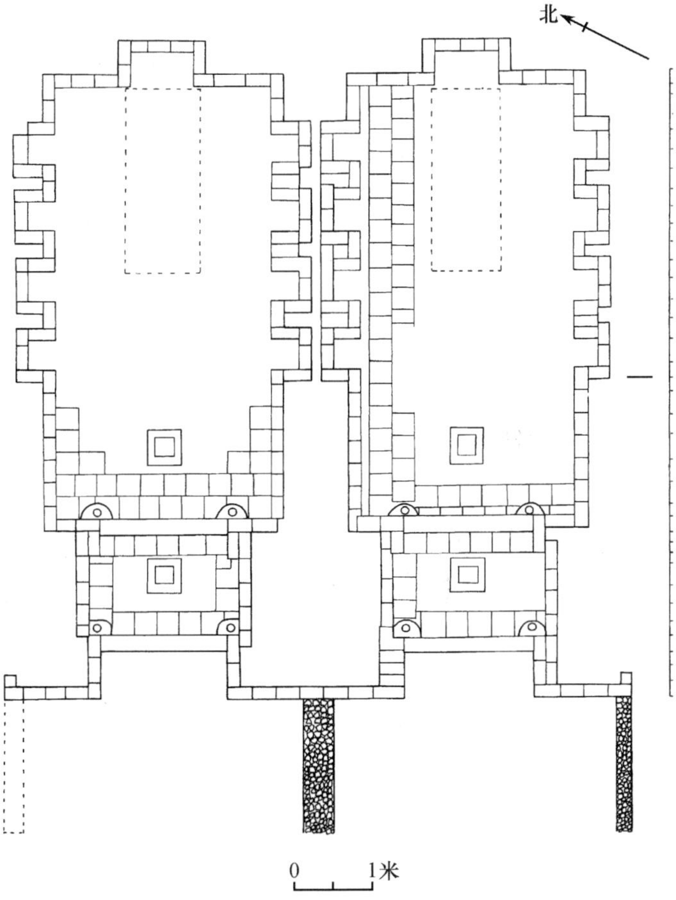

图4-41　明靖江宪定王墓室平面图
（引自《桂林靖江王陵考古发掘清理报告集》）

① 广西文物保护与考古研究所等：《桂林靖江王陵考古发掘清理报告集》，科学出版社2017年版，第130—132页。

进入墓室，依次为前甬道、前室、后甬道、后室，后室两侧壁各有4个壁龛，后壁有1个壁龛。棺床在后室后部，砖砌外批灰，长2.5米，宽0.5米，高0.56米，正面镶以薄花砖，中段和后段的中央都开有一个长槽，宽0.2米，深约0.3米。根据清理发掘的原始资料，这种“长槽”在前述安肃王和康僖王墓中同样存在，实际上就是《葬书》中所载便于墓主“乘生气”的金井。

根据以上4例分析，至少明代中晚期靖江诸王玄宫应为砖石或青砖拱券结构，一般是五券五伏。单体为前后两室，但前室面积窄小（约四五平方米），通常在后室左右两壁上各有4个壁龛，后壁有1个壁龛。王与王妃墓室并连，2组墓室结构、规格完全相同，王与妃各为单人葬，墓室隔墙毗邻，有些是两墓隔墙共用，但互不相通。综合墓志等资料确认，墓主的排列方式为王左妃右（以墓主本身定向），次妃按常例别葬于王陵园近处，另起墓园，墓室结构与靖江王玄宫相仿。根据安肃王、康僖王、宪定王3座王墓资料，可以看出从嘉靖到万历间靖江王墓室的面积也略有缩小。

十二、襄藩亲王玄宫

襄藩始封王为明仁宗第五子朱瞻墡，共八世九王，依承袭世次先后为：宪王瞻墡、定王祁镛、简王见淑、怀王祐材、康王祐櫍、庄王厚颎、靖王载尧、忠王翊铭、末代王常澄，还有追封的恭王见滂（庄王祖父）、惠王祐枵（庄王之父）。

历代襄王墓分布在今湖北襄阳以西谷城、南漳两县界内的山谷中，有数座墓主身份清楚的襄王玄宫经过考古钻探或清理发掘①，揭示出襄藩一系墓室发展变化的大致轨迹，具有重要的研究价值。

襄宪王朱瞻墡，薨于成化十四年（1478年），墓在谷城茨河镇承恩寺村殿沟。封土底径约50米，高约15米，环砌条石。玄宫为条石砌筑单室结构，墓顶以方形石块横行起券1层，厚0.25米。前有甬道，平面呈“凸”字形，甬道内前后部分别以青砖乱石块封砌，尺寸不详。墓室内长6.4米，宽4.8米，高3.8米，墓室后部有石棺床。墓门石质，高1.8米，宽1.3米，厚0.185米。

襄简王朱见淑，薨于弘治三年（1490年），墓在今襄阳襄城区隆中座山。现存封土底径约30米，高约7米（图4-42）。勘探得知其玄宫为单室砖券结构，平面呈“凸”字形，墓室内长6.2米，宽2.4米。

襄康王朱祐櫍，薨于嘉靖二十九年（1550年），墓在今南漳县龙门镇柏香寺村墩子寨东腰。玄宫前后两室，方向90°，条石砌拱券结构，砖砌封门墙。前甬道长1.6米，

---

① 叶植：《襄樊市文物史迹普查实录》，“双泉明墓”，今日中国出版社1995年版，第631—632页；襄樊市考古队等：《明襄阳王墓调查》，《江汉考古》1999年第4期。

图4-42　明襄简王墓封土现状

宽2.15米，高2.88米，石门已失，门槛犹存。前室长2.55米，宽3.45米，高3.8米，壁厚1.15米，顶厚0.50米。后甬道长0.93米，宽2.3米，高2.88米，残存石门一，饰铺首衔环。后室长5.65米，宽4.75米，高4.1米，壁厚1.15米，顶厚0.5米。文物部门征集到墓志盖一方，佐证了墓主身份。志盖边长62厘米，厚15厘米，阴刻篆书“皇帝御制襄康王圹志文”，边饰线刻龙纹。

襄庄王朱厚颎，薨于嘉靖四十五年（1566年），其墓在今南漳县龙门镇古林坪村遇事湾东北箕形山地东部。现存封土底径约25米，高约4米。玄宫坐东朝西，砖石拱券结构，前后两室，平面呈“土”字形。前甬道砖壁石券，长2米，宽1.4米，高2.2米，外开口为墓门，门外八字墙保存大体完好（图4-43）。券内有门限石，石门两扇对开，饰铺首衔环。前室砖壁石券，长2.5米，宽4米，高3.2米。后甬道砖壁石券，长4.5米，宽1.4米，高2.2米，门制同前室。后室石券，壁面砖石混用，长4.5米，宽5.7米，高4.5米（图4-44），棺床在后室后部中央，长5米，宽2米，高0.18米，石边框，须弥座式，床面已被破坏。

此外，调查中还发现一些零星的襄藩亲王玄宫资料，如襄定王朱祁镛（薨于弘治元年，1488年）墓，位于龙门镇古林坪村莲花寨，曾被盗，据说玄宫为砖砌，前后两室，前室有石祭台，后室为2室并列（如此传闻无误，则襄藩并列后室式玄宫的出现年

图4-43　明襄庄王玄宫门及八字墙

图4-44　明襄庄王玄宫后室外望

代比德藩还要再早些，但没有后续发展）。襄靖王朱载尧（薨于万历二十三年，1595年）墓，位于古林坪村遇事湾东，盗掘未遂，据了解大致为石室结构。

根据上述资料，襄藩亲王玄宫始封王是单室，二代及以后改为前后两室，尽管前室通常比较小。这与明朝藩王玄宫从繁到简的整体演化趋势相反，或与襄宪王恭谨自抑有关。从宪、定、惠、庄等王陵园现存遗迹观察，襄藩亲王封土通常都在半山腰，基本都是圆形，墓穴开凿于山间，其前部坡地为享殿等陵园建筑。宪王玄宫全为石结构，工料考究，以后各王多为砖石混用，如庄王之砖壁石券形式，在明代其他藩王玄宫中少见（通常是墙基为条石，以上至券皆用砖），可能有防盗意图。

十三、荆藩亲王墓室

荆藩始封为明仁宗第六子朱瞻堈，荆王爵迄崇祯末传十世，共十王，按承袭先后依次为：宪王瞻堈、靖王祁镐、废王见潚、和王祐橺、端王厚烇、恭王翊钜、敬王常泩、康王常䛧、定王由樊、□王慈煃（烓），另有追谥庄王载墭（恭王之父）。荆藩亲王诸陵园集中分布在今湖北黄冈市蕲春县蕲州镇大泉山和缺齿山。

1956年在蕲春县管窑镇刘娘井村清理过荆端王次妃刘氏（薨于嘉靖三十九年，1560年）墓，为一简单的椁室，四壁和底部以三合土筑成，没有墓门和墓道，东西长5.1米，南北宽2.8米，通高2.35米。“墓顶两檐用青砖斜铺，中间用瓦堆成屋脊”[①]。这座墓形制特殊，可以看作是由券室墓向无墓室之石灰椁墓过渡的例证。

此外，1986年在蕲春县西驿镇曾发掘过荆藩樊山郡王位下镇国将军朱怡仙（卒于嘉靖五年，1526年）墓、辅国将军朱东溟（卒于嘉靖十五年，1536年）墓[②]，二墓为灰隔葬，坑壁用石灰糯米浇浆。

历代荆王墓葬破坏严重，根据蕲春县文物部门的勘察结果，可以大体确认的几座荆王墓中有些保留了墓室部分的资料[③]。

荆宪王朱瞻堈，薨于景泰四年（1453年），墓在蕲春县蕲州镇磬石村石八盘水库东北山腰。封土长约9米，宽约8米。玄宫前后两室，青砖券顶，基座有6层石条。

荆靖王朱祁镐，薨于天顺五年（1461年），墓在蕲春县蕲州镇塘湾村王坟垴。封土长约20米，宽约15米。青砖券顶墓室，已毁。

荆和王朱祐橺，薨于弘治十七年（1504年），墓在蕲春县蕲州镇银山村银山垄

---

① 小屯：《刘娘井明墓的清理》，《文物参考资料》1958年第5期。

② 李从喜：《湖北蕲春县西驿明代墓葬》，《考古》1995年第9期。

③ 浙江省博物馆：《金玉默守——湖北蕲春明荆藩王墓珍宝（图录）》，中国书店2016年版，第9页。

凤凰山南面山腰。1989年调查记录墓室为青砖券顶，长6.5米，宽4.5米，原有素面青石门。

荆恭王朱翊钜，薨于隆庆四年（1570年），墓在蕲春县横车镇西驿村汤湾王坟山西南山脚。封土底径约10米，残高约4米。墓室为石灰椁结构，并列二椁室，东室为荆恭王，西室为王妃胡氏，单室内长3.25米，宽1.25米，高1.4米。2009年调查时发现胡妃买地券碑，因而确认了墓主的准确身份[①]，胡氏先卒于嘉靖四十三年（1564年）。

荆敬王朱常泩，薨于万历四年（1576年），墓在蕲春县横车镇火炉铺村刘凹后山。封土残宽约5米，长约5米，高约0.8米。墓室为石灰椁结构，顶铺青砖。

荆康王朱常㳅，薨于万历二十五年（1597年），墓在蕲春县横车镇盘石桥村磨盘山西南山脚。封土椭圆形，南北长约40米，东西宽约20米，高约8米。墓室为石灰椁（三合土）结构，前有汉白玉门框。

根据上述资料，荆藩亲王玄宫早期为砖石结构的券室墓，可能在成化、弘治（1465—1505年）间有二室到一室的变化。再往后流行石灰椁墓（图4-45），这一转变发生的时间大约是在嘉靖年间（1522—1566年）。

图4-45　湖北蕲春蕲州镇红石头村“王坟圈”明荆王家族墓遗存

① 王宏彬等：《“朱常泩墓”所葬荆王考》，《武汉文博》2009年第2期；蕲春县文物局等：《湖北蕲春荆王府》，湖北科学技术出版社2014年版。

十四、梁庄王玄宫

梁庄王朱瞻垍，为明仁宗第九子，薨于正统六年（1441年）正月，谥曰庄王，无子封除。其墓在今湖北钟祥长滩镇大洪村二组，现存封土近圆锥形，底径约25米，高约9米，是用凿山开圹的部分原坑土堆筑而成。

梁庄王玄宫为凿山开圹，砖券结构①。斜坡墓道，水平长10.6米，东西最宽处4.3米，北端底距地表7米。墓道尽头为凿岩而成的横穴式隧洞，洞内以青砖砌成墓室，以石灰浆料黏合。墓室总长15.4米，最宽处7.88米，高5.3米，朝南偏东，分为前后两室，各有一条甬道和双扇墓门。前甬道南北长1.25米，东西宽2.35米，高2.35米，前半部作为墓室门封堵。甬道后为前室石门，只剩东扇，高2.4米，宽1.3米，厚0.13米，无铺首、门钉等装饰；西扇为二次葬时所配木门，已朽塌（图4-46）。前室南北长5.34米，东西宽7.88米，高5.3米。后甬道南北长2.25米，前部宽2米，高2米；后部宽2.7米，高3.35米。甬道内安后室墓门，为木质髹漆，已朽塌，仅余石门槛。后室南北长6.6米，东西宽4.7米，高5.3米，左右壁前部、后壁正中各有1个壁龛，均为进深1.12米，宽0.86米，高1.2米。后室正中偏后有石砌棺床，长3.55米，宽1.8米，高0.45米，石条包边，

图4-46　明梁庄王玄宫前室石门

① 湖北省文物考古研究所等：《梁庄王墓》，文物出版社2007年版，第9—20页。

内芯为预留的原生红赭岩。其西侧（右位）另有一略小棺床，长3.17米，宽1.44米，高0.35米，砖砌边缘，内实黄土，土下为墓室地面。因该墓曾经积水，人骨架及棺椁全部腐朽，位置凌乱。根据出土墓志等资料分析，后室正中石砌棺床所葬应为梁庄王，其西侧砖砌棺床则应为梁庄王继妃魏氏合葬时所补砌。魏氏卒于景泰二年（1451年）三月，同年九月落葬[①]。

梁庄王玄宫为时代比较早的明代亲王二室玄宫之实例，采集有详细的考古学数据，其结构、工程做法等都具有一定的典型意义。同样分封在钟祥，郢靖王和梁庄王都是一代而除藩（二人都是只有女儿而没有男性后人），两墓年代相差27年，玄宫结构即已出现了很大差异，后者墓室面积也大为缩小，这是一个值得关注的现象。另外，梁庄王墓虽然因为进水而出现部分遗物漂移错位，但整体保存完整，特别是魏妃合葬现象等具有比较高的研究价值。此外，尽管年代是在天顺八年（1464年）废止宫嫔殉葬诏以前，但梁庄王墓中却没有发现人殉迹象。

十五、德藩亲王玄宫

历代德藩亲王墓皆在山东长清五峰乡东马村青崖山，其玄宫之制自成一格[②]。

德庄王朱见潾（薨于正德十二年，1517年）玄宫地表距地面约13米，砖石拱券结构，由墓道、甬道、前室、东西后甬道、后东室、后西室等部分组成，平面近“凹”字形，朝向与陵园方向一致，均为197.5°。斜坡式墓道，南宽北窄，全长46.1米（图4-47）。墓道尽处为封门墙一道，顶为仿瓦木结构，顶檐之正脊、正吻、额枋等处为青砖瓦，垂脊为绿釉琉璃瓦。封门墙下部正中为墓门，石质须弥座式，砖砌拱券，高4.76米，宽2.9米。券洞内1.46米处有双扇石门一道，门高2.54米，宽1.02米，厚0.21米，雕出81颗门钉和铺首衔环。门外以乱石、砖块等封堵，其上有德庄王及王妃刘氏的圹志各一合。玄宫内通长17.02米，通宽11.9米，墙基及甬道两端的券脸、门框、室门为石质，其余墙壁和券顶均为青砖砌成。前室东西面阔11.9米，南北进深5.36米，高6.58米，殿内正中有两个小石台，西壁下偏南有一石砌须弥座式棺床，长2.83米，宽1.42米，高0.54米，正中为长方形金井。前室北壁东西各有 甬道，间以双扇石门，分别通向后东室和后西室，两后室建筑规模、结构完全相同。其中甬道长3.03米，石门高2.3米，宽1.03米，厚0.17米；室内南北长5.51米，东西宽4.14米，高4.8米，墓室中央为

① 明·佚名：《大明梁庄王妃圹志文》，见湖北省文物考古研究所等《梁庄王墓》，文物出版社2007年版，第203—204页。

② 济南市文化局文物处等：《山东长清县明德王墓群发掘简报》，《考古学集刊》第11辑，中国大百科全书出版社1997年版。

图4-47　明德庄王玄宫门

石砌须弥座式棺床，长2.77米，宽1.45米，高0.48米，正中为长方形金井。两室之间开一窗形隧道相通，面宽0.5米，高0.66米，长3.22米（两后室壁间距），隧道距玄宫地面1.9米。

德庄王卒于正德十二年（1517年）八月，次年四月葬玄宫后东室。王妃刘氏先卒于弘治六年（1493年）十二月，葬于弘治九年（1496年）九月，在后西室。玄宫前室西壁前另有一棺，推测所葬为庄王庶三子济宁安僖王朱祐樗，卒于正德七年（1512年）。发掘墓道时发现，该墓有多次葬的迹象，与“开圹合葬”的事实相符。

长清青崖山其他一些德藩亲王的玄宫早年被挖开，亦可见其大致结构。如2号墓前室为砖石结构，券顶，已被破坏，后室分为左、中、右三室；6号墓前室东西长约7米、南北宽约4米，后室亦分为三个小室。

德藩玄宫形制特殊，是标准式前后二室玄宫的一种变相，即后室分隔为并列的左右二室或三室，自成一格，可称为“德藩型二室玄宫”①。这种玄宫是为方便夫妻开圹合葬而又不使先葬者棺柩再次暴露而出现的一种变革形式，和前述薨于正德三年（1508年）的蜀昭王陵玄宫异曲同工。它们都是在天顺二年（1458年）颁定“合葬令”后应运而生的新样式，在相同材质、规模的前提下，“德藩型二室玄宫”显然要比鲁藩、蜀藩等二组墓室并联的玄宫结构节省工料。

① 这种后室并列二室或三室的玄宫形式可能并非创自德府，传闻中更早的例证有韩宪王（永乐五年，南京）、襄定王（弘治元年，湖北南漳），但都缺乏准确的考古资料，而且前者或有南京地区传统（沐英等开国功臣墓）。前揭周定王玄宫与德藩式二室玄宫在平面上极为相近，但其并列墓室前既有墓主棺床，则后部的并列墓室只能视为祔葬耳室。在已知诸藩中，惟德府前后皆用这种并列后室的玄宫形式，不仅年代偏早而且自成系统，故本书用“德藩型二室玄宫”表述。德藩并列后室式玄宫的最早营造年代可能是庄王妃刘氏卒葬之间的弘治七年到九年（1494—1496年），后嗣诸王玄宫模仿继承之。

十六、益藩亲王玄宫

益藩八位亲王和若干郡王分葬于今江西南城东南洪门乡和城北岳口乡两片区域，其墓室考古资料系统连贯，具有较高的研究价值。

益端王朱祐槟（薨于嘉靖十八年，1539年）玄宫凿山而建，以红条石为墙基，青砖砌墙及拱券，通长8.2米，前设石门两道，平面呈“甲”字形[①]。斜坡墓道长4.92米，宽3.1米。其后为甬道，宽1.62米，进深2.33米，高2.12米，中为插板式石门，地铺条石。石门以内即原《发掘报告》所名之“前室”，与“甬道”部分共发一券，插板石门即从自此券正中插下。墓室自为一券，前设对开式石门，室内宽3.62米，进深5.2米，高2.97米，地铺方砖，左右两壁各有一高0.62米、宽0.8米、深0.38米的壁龛，内各放4个小木盒；后壁并列二壁龛，分别高1.1米，宽1.02米，进深0.3米，内各置一副圹志。墓室内正中以红石砌棺床，长2.66米，宽2.33米，高0.6米，其上并置二棺，益端王居左，王妃彭氏居右，头向朝里（与墓门相反）。

益庄王朱厚烨（薨于嘉靖三十五年，1556年）玄宫结构与益端王玄宫结构相似，但规模略大，全长8.94米，方向215°[②]。其甬道部分进深1.53米，宽2.13米，高2.45米，地铺方砖。墓室内宽4.66米，进深5.48米，高3.35米，左右壁各有一壁龛，后壁原并列三壁龛，但后来又被封堵。棺床上并列益庄王及王妃王氏、继妃万氏三棺，三棺四周加砌高1.2米的墙，以石灰将三棺之间及棺与墙之间的空隙填实。据发掘《简报》介绍，棺床前分别放置圹志三副，“中为益庄王朱厚烨之志，右为王妃王氏、左为继妃万氏之志”，由此可推知合葬的位次是以益庄王居中，元妃王氏居于王左，继妃万氏居于王右。

益恭王朱厚炫（薨于万历五年，1577年）墓在南城资圣山，其玄宫结构与益端王、庄王玄宫结构相同，抗战期间被破坏，尚有残石构件等遗留。玄宫单室，砖石拱券结构，对开石门，前部甬道中有插板式石门一道（图4-48），墓室后部并列二棺。

益宣王朱翊鈏（薨于万历三十一年，1603年）墓是在墓穴中以青砖砌成长方形大椁室[③]，室内以砖墙隔成三室，每室内长2.4米，宽1.04米，高1.2米，在椁室前墙外复砌出一个面宽3.4米、进深0.5米、高1.1米的空间，内置圹志。每座椁室内葬楠木棺具，中为益宣王，左为王妃李氏，右为继妃孙氏，三个椁室之上各盖一块长3米、宽1.5

① 江西省博物馆：《江西南城明益王朱祐槟墓发掘报告》，《文物》1973年第3期。

② 江西省文物管理委员会：《江西南城明益庄王墓出土文物》，《文物》1959年第1期；陈文华：《江西南城明代朱厚烨墓发掘简报》，见江西省博物馆编《江西考古资料汇编·封建社会部分（下）》，1977年内部刊印；又见江西省博物馆等《江西明代藩王墓》，文物出版社2010年版，第86—131页。

③ 江西省文物工作队：《江西南城明益宣王朱翊鈏夫妇合葬墓》，《文物》1982年第8期。

图4-48 明益恭王玄宫残迹

米、厚0.27米的绿色大石板，石板凿出边槽搭合缝，棺椁之间空隙处以石灰填实。大石板之上再以石灰糯米汁浇筑，形成一个长5.7米、宽3.6米、厚0.8米的覆斗状盖顶。

益定王朱由木（薨于崇祯七年，1634年）的棺室结构与宣王墓相似[①]，亦为三人合葬，圹志在椁室前，但没有另砌出墓志椁圹。墓圹口石盖板上的石灰糯米汁厚0.2米，整个盖顶长4.7米，宽3.2米。益定王陵发掘前曾遭到局部破坏，但一圹三椁室的结构仍保存完好，根据圹志位置等信息判断，中间棺室墓主为益定王，左棺室墓主为益定王元妃黄氏，右棺室墓主为次妃王氏。

此外，经过考古发掘的江西南城的益藩罗川郡王墓[②]，也是砖砌墓、椁填充石灰的结构。椁室长方形，长2.9米，宽3.3米，壁厚0.4米，中间以青砖墙分隔为2个棺室，其上各盖以长3.15米、宽1.2米、厚0.25米的大石板。左室空无一物。右室内有一具描金棺，长2.25米，宽0.75—0.85米，棺与椁壁之间平砌青砖，使棺与三合土分开。根据残留痕迹判断，墓志应在椁前，已失。

益藩亲王玄宫前后形式不同，经历了一个由凿山建砖石券室，到简易的砖砌墓圹石灰椁葬的变化。导致这一变革的直接原因，是万历年间益恭王吴妃落葬后仅三年多玄宫即遭“水蚁交侵”[③]，而益庄王继妃奉旨祔葬时又“开圹睹朽”[④]，这些在本书第

① 江西省文物工作队：《江西南城明益定王朱由木墓发掘简报》，《文物》1983年第2期。

② 薛尧：《江西南城明墓出土文物》，《考古》1865年第6期。

③ 明·佚名：《益恭王圹志》，见陈柏泉编《江西出土墓志选编》，江西教育出版社1991年版，第516页。

④ 明·佚名：《益庄王继妃万氏圹志》，见陈柏泉编《江西出土墓志选编》，江西教育出版社1991年版，第511页。

三章中已有讨论，此处不再重复。需要特别说明的是，无论是作为补救措施的益庄王及王妃重葬后棺隙之间填充石灰，还是宣王以后益府诸王改用灰隔葬（图4-49），都是取石灰防潮防蚁之功效，而非因节俭；益藩后期亲、郡王墓室结构简陋的最根本原因是要避免再出现“水蚁交侵”，以安先人体魄。

图4-49　江西南城岳口乡游家巷村北女冠山明益府家族墓灰隔葬遗迹

十七、潞藩亲王玄宫

潞简王朱翊镠（薨于万历四十二年，1614年）封土仿帝陵宝顶形式[①]，圆形，环砌以条石，高9.35米，直径40米，周长130米，内填以土，南部正中开一券门，券门内西侧有石级可以上达坟冢顶部（图4-50）。墓室在封土之下，朝南偏西，由甬道、前室、左右配室、后室共五部分组成，石砌拱券结构。甬道长7.62米，宽2.62米；前室长宽各4.8米，高4.95米，左右配室结构、大小相同，南北面阔4.8米，东西进深3.82米，高4.95米；后室东西面阔15.63米，南北进深6.1米，高6米（图4-51）。各室之间有拱券门相通，原有石门，已失。前室中间陈设石几筵，为石台案一，上置香炉、花瓶、烛台一副。圹志置于后室门外，志盖已失。后室正中偏后设置棺床，石砌，东西面阔7.95米，南北进深4.25米，高0.4米。玄宫距地表深3.8米，墓室总面积为185平方米。

西墓区墓主为潞简王次妃赵氏（卒于万历二十九年，1601年），坟冢亦用条石包砌，周长130米，高10米。墓室在封土之下，朝向比简王玄宫更偏西一些，砖石拱券

① 河南省博物馆等：《新乡市郊明潞简王墓及其石刻》，《文物》1979年第5期。

图4-50　明潞简王陵封土

图4-51　明潞简王玄宫后室

图4-52　明潞简王赵次妃墓后室东壁被破坏部分

结构；从其后室东壁被凿开的断面来看，石壁只有一层，其外为砖墙，可能是砖券内再镶砌石壁（图4-52）。由甬道、前室、左右配室、后室共五部分组成，甬道长约16米，宽3.6米；前室南北进深8米，东西面阔5.48米，高4米，中置石五供一副和须弥座式石祭台（图4-53）；左右配室的结构、大小相同，南北面阔5.4米，东西进深3米，高4米；后室东西面阔16.28米，南北进深6.7米，高5.5米。后室正中偏后为石砌棺床，东西面阔4.12米，南北进深2.88米，高0.4米。各室前均安设双扇对开石门，雕饰门钉和铺首，门钉纵横各八路。赵次妃墓室布局与潞简王玄宫相似，其高度虽然稍逊于简王玄宫，但其前后两室均大于王陵，总面积达到230平方米，特别是甬道宽敞且进深加长，其前另起隧道券，平面布局近似明神宗定陵五室玄宫。赵次妃陵宫内墙外东西两侧（与“明楼”同一纬度处）各有一座陪葬墓，称为“丫鬟墓”。地表有白石包砌的圆形墓冢，下为石砌墓穴，结构为1个主室和左右2个小耳室。主室面阔8米，进深4.35米，高3.7米，内置棺床，通宽8米，进深2.7米，高0.35米（图4-54）。墓主或是潞简王媵妾。

2006年，潞简王陵园东南约200米处清理发掘了一座明墓（老道井M101）[①]，为斜坡墓道的石室墓，由墓道、封门、甬道、2个耳室、主室组成，总长26.8米，其墓葬形制、规格和使用材料，均与潞简王玄宫相似，但规模小，规制也比较低[②]（图4-55）。墓中没有发现关于墓主身份的信息，当地民间相传为“太子坟”，发掘者推测是潞简王早殇的长子。另外，在潞简王陵园的西侧也有1座规格较高的墓葬，两墓大体等距离分布于简王陵园左右，墓主可能都是简王的夭折之子，或者是身份稍低的媵嫔。

① 郑州大学历史学院考古系：《河南新乡市老道井明代101墓发掘简报》，《华夏考古》2009年第3期；河南省文物局主编：《新乡老道井墓地》（南水北调中线工程文物保护项目河南省考古发掘报告第4号），科学出版社2011年版。

② 新乡老道井101号墓的发掘简报和报告均认为该墓室由墓道、封门、前室、耳室、后室等几部分组成，但其“前室”的前部并没有和其他3个墓室一样安设对开石门，只有条石封门，故而这部分应该看作是连通墓道和3个墓室的甬道，而不是墓室。

图4-53 明潞简王赵次妃墓前室

图4-54 明潞简王赵次妃墓东侧陪葬墓

卫辉城北狮豹头乡砂掌村有一座“明潞王蔡妃墓”。有介绍说：该墓主室面阔五间，左、右耳室各一间，面积317平方米，青石砌筑，拱券顶①。据笔者调查，此墓室为石券结构，有前后两个主室，前室两侧各出一个耳室，结构与潞简王玄宫相同，但规模似更大一些（图4-56）。推测墓主是嗣潞王朱常淓之妃，可能也是二代潞王的寿藏。

潞藩受封已到明朝晚朝，但其墓室的规模、结构、营造技法等都不逊于早期诸王。

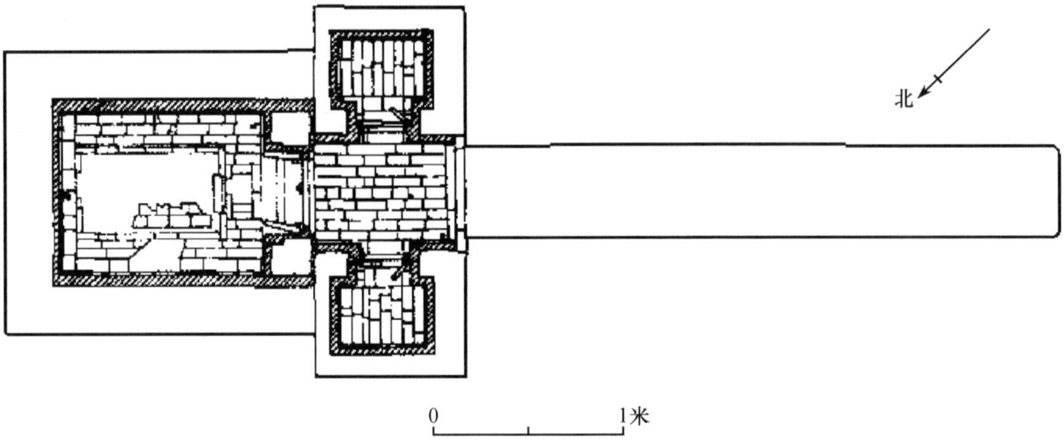

图4-55　河南新乡老道井M101平面图
（引自《华夏考古》2009年第3期）

图4-56　明潞王蔡妃墓前室及后室门、侧室门

① 国家文物局主编：《中国文物地图集·河南分册》，《明潞王蔡妃墓》，中国地图出版社1991年版，第256页。

第二节 明代藩王玄宫的考古类型学分析

根据明代亲王陵墓的考古调查发掘资料，笔者曾经把明代王陵不同形式的玄宫分为七室、五室、三室、十室、四室、二室、单室和石灰椁墓（无玄宫）8种形态[①]，后来又做过型式分析[②]，其顺序排列原则都是以主室多少为第一考察指标，配室或耳室为次要指标，壁龛不计；而营造尺寸、材质等亦不在此处考虑。根据前节摭举的各藩府玄宫资料，参考第二章中其他明代王墓的墓室资料，本节利用型式分析的方法进一步揭示明代亲王玄宫发展演变的规律（已知玄宫大体结构的案例仅作为研究参照，凡无确切年代和基本测绘数据者，皆不作为型式分析的案例）。

一、明代亲王玄宫结构的型式分析

按照主室结构的不同，明代王陵玄宫可分为以下五型。

A型 主室为纵向串联的前、中、后三室，按照耳室的有无和多少分为三式。

Ⅰ式 3主室4耳室共7个墓室，以湘献王玄宫为例。

湘献王衣冠冢位于湖北江陵城西太晖观[③]，砖石拱券结构，平面呈“工”字形，前、中、后3个主室依次排列，前、后两室的左右两侧各有1个耳室（图4-57）。

淮靖王朱瞻㙉，卒于正统十一年（1446年），其墓在江西波阳城北站李乡韩山南麓，玄宫主室及东西耳室等共7室，墓穴长29米，宽12米[④]，其墓室久毁，具体形式不详。此外，这种3个主室多个耳室（超过2个）的玄宫形式，还见于山西太原晋恭王（卒于洪武三十一年，1398年）墓。

Ⅱ式 3主室2耳室共5个墓室。其平面布局为前、中、后三室依次纵向排列，中室左右两侧各有1个耳室，平面呈“十”字形（或“亞”字形），后室的后壁和左右两壁一般还各有1个壁龛。这种玄宫形式在明代早期亲王陵墓中比较多见，属于这种结构的玄宫实例依墓主卒年之先后有以下7座。

---

① 刘毅：《明代帝王陵墓制度研究》，人民出版社2006年版，第284—317页。

② 刘毅：《明代亲王陵墓玄宫制度研究》，《华夏考古》2010年第3期。

③ 荆州博物馆：《湖北荆州明湘献王墓发掘简报》，《文物》2009年第4期。

④ 许智范：《江西明代藩王墓考古收获》，《中国历史文物》2003年第4期；孙家骅等主编：《手铲下的文明——江西重大考古发现》，江西人民出版社2004年版，第522—523页。

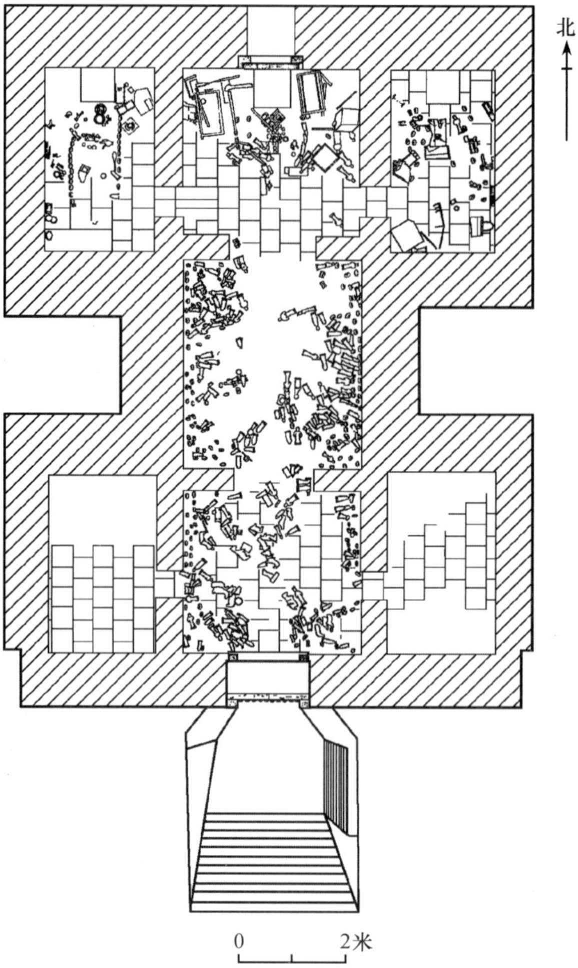

图4-57　明湘献王玄宫平面图
（引自《文物》2009年第4期）

伊厉王朱㰘，薨于永乐十二年（1414年）九月，墓在河南新安县磁涧乡老井村[①]。玄宫以大砖拱券砌成，全长34.1米。

郢靖王朱栋，薨于永乐十二年（1414年）十一月，葬湖北钟祥[②]。其玄宫坐北朝南，砖券结构；前后通长约19.1米，东西最宽处12.5米（图4-58）。

① 徐金星等主编：《洛阳市文物志》，《明代伊王朱㰘墓》，洛阳市文化局内部刊印1985年版，第133—134页；国家文物局主编：《中国文物地图集·河南分册》，《朱㰘墓》，中国地图出版社1991年版，第112页。

② 院文清等：《湖北省钟祥市明代郢靖王墓发掘收获重大》，《江汉考古》2007年第3期；湖北省文物考古研究所等：《郢靖王墓》，文物出版社2016年版，第44—47页。

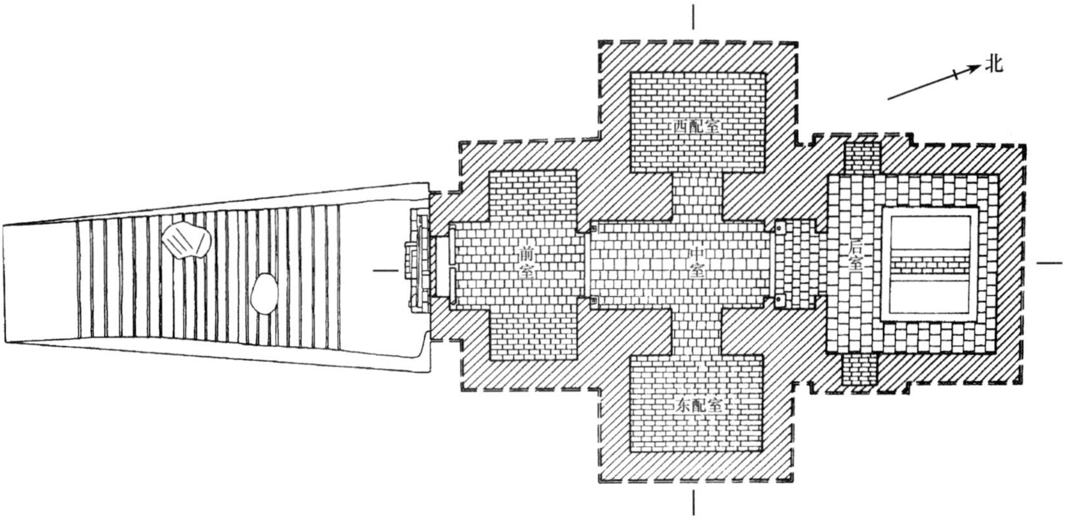

图4-58　明郢靖王玄宫平面图
（引自《郢靖王墓》）

肃庄王朱楧，薨于永乐十七年（1419年），葬甘肃榆中[①]。三主室通长24米，室内最宽处（即两耳室后墙之间）13.1米（图4-59）。

辽简王朱植，薨于永乐二十二年（1424年），葬湖北江陵[②]。其玄宫纵长21.8米，室内最宽处（即两耳室后墙之间）10.6米（图4-60）。

韩恭王朱冲烒，韩藩始封宪王之子，出藩平凉之第一代亲王，薨于正统五年（1440年），墓在甘肃泾川王坟镇完颜村西沟梅花山。玄宫前部已被破坏，从遗迹观察应为五室玄宫[③]，南北通长约23.7米，最室内宽处约11.5米（图4-61）。墓道尽头是以条石垒砌的封门墙，墙内壁至石门柱进深约1.8米，为甬道，现存石门2扇，没有门钉、铺首等装饰，在门梁处测得墓室朝向为199°。原墓前室已被拆毁，中室和两侧室大部分保存，后室基本保存完好（图4-62），墓室营造方式是以条石为基，青砖筑壁起券。中室和两侧室都是东西向起券，中室东西面阔3.49米，西壁残长最长处9.3米，东西两壁各有券门通向左右侧室；东侧室北墙面宽2.85米，东墙残长8.08米，券门已毁，仅残留南部一小段拱券；西侧室保存状况稍好，其北墙面阔2.92米，与中室连通券门的上部保存完好。后室南北向起拱，北（后）壁东西面宽6.19米，东墙南北长5.55米，西墙南北长5.57米，南壁东段宽1.33米，西段宽1.31米；东西北三面室壁的正中各

① 施连山：《明肃王墓考略》，《西北史地》1997年第4期；林健：《兰州明肃王府遗迹、遗物调查研究》，《陇右文博》2005年第1期；刘毅：《甘肃榆中明肃庄王陵墓调查》，《中原文物》2012年第3期。

② 荆州地区博物馆等：《江陵八岭山明代辽简王墓发掘简报》，《考古》1995年第8期。

③ 刘毅等：《明代郑韩两座藩王墓遗存的调查》，《中原文物》2020年第3期。

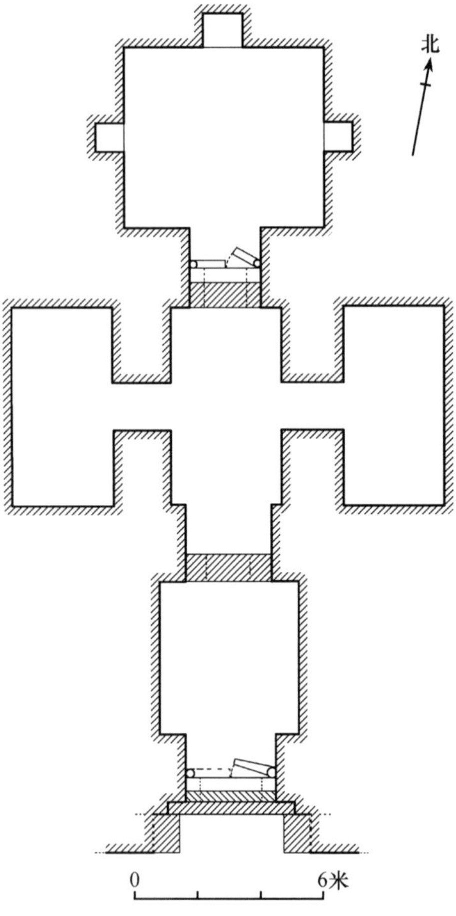

图4-59　明肃庄王玄宫平面图
（引自《中原文物》2012年第3期）

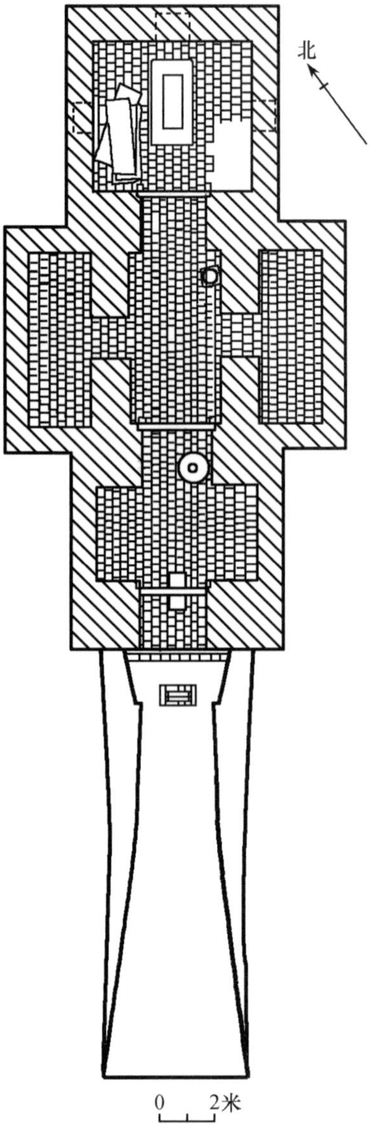

图4-60　明辽简王玄宫平面图
（引自《考古》1995年第8期）

有壁龛一个，其中北壁龛面宽1.16米，进深0.76米，西壁龛面宽1米，进深0.82米。后室南壁正中开口，宽3.49米，与中室相通。

宁献王朱权，薨于正统十三年（1448年），葬江西新建①。玄宫不计礓礤部分通长27.7米，室内最宽处（即两耳室后墙之间）21.45米（图4-63）。

庆康王朱秩煃，庆靖王之子，庆藩二代亲王，薨于成化五年（1469年），其墓在

① 陈文华：《江西新建明朱权墓发掘》，《考古》1962年第4期。

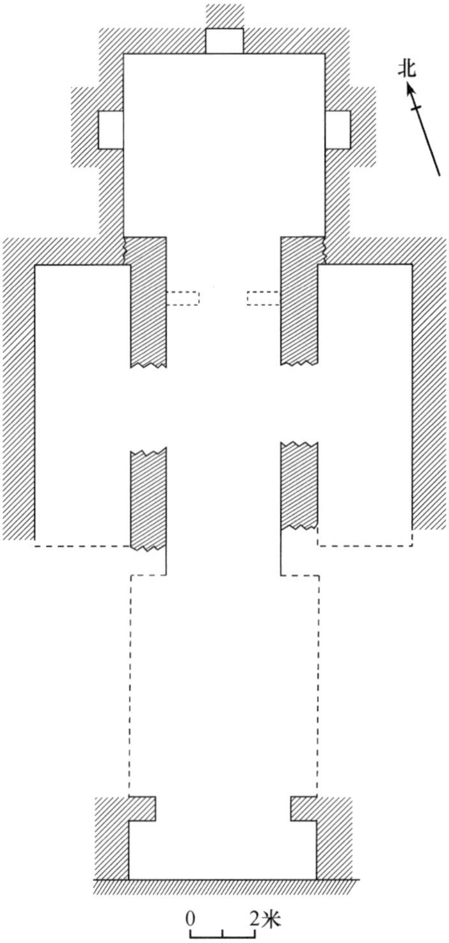

图4-61　明韩恭王玄宫平面图
（引自《中原文物》2020年第3期）

图4-62　明韩恭王玄宫遗存

今宁夏同心韦州镇任庄西[①]。封土东侧已被解剖式挖开，封门墙下部为砖砌券门。玄宫为砖室拱券结构，自封门墙后为前、中、后三室（图4-64），前后两室横向起拱，中室纵向起拱，中室南北西侧各出一配室（图4-65）。三主室连前甬道通长18.1米，两配室之间最宽处为13.5米。室门已无，室内积土，门限遗迹不清，曾出土门饰铜泡。后室三面各有一壁龛，西北顶可通过盗洞见光。壁龛已遭破坏，棺床被掘毁，原先形式不明。

上述7座亲王陵玄宫的平面结构虽然相似，但规模不一，营造法式也不尽相同。其共同点是，每个墓室皆各发一筒拱券，即五室五筒拱券，而且纵横十字交错，以宁献王玄宫最为考究。纵深长度最大者为伊厉王玄宫，其次是宁献王玄宫，郢、肃、辽、

① 许成等：《同心县任庄村明代王陵》，《中国考古学年鉴1984》，文物出版社1984年版，第175—176页。

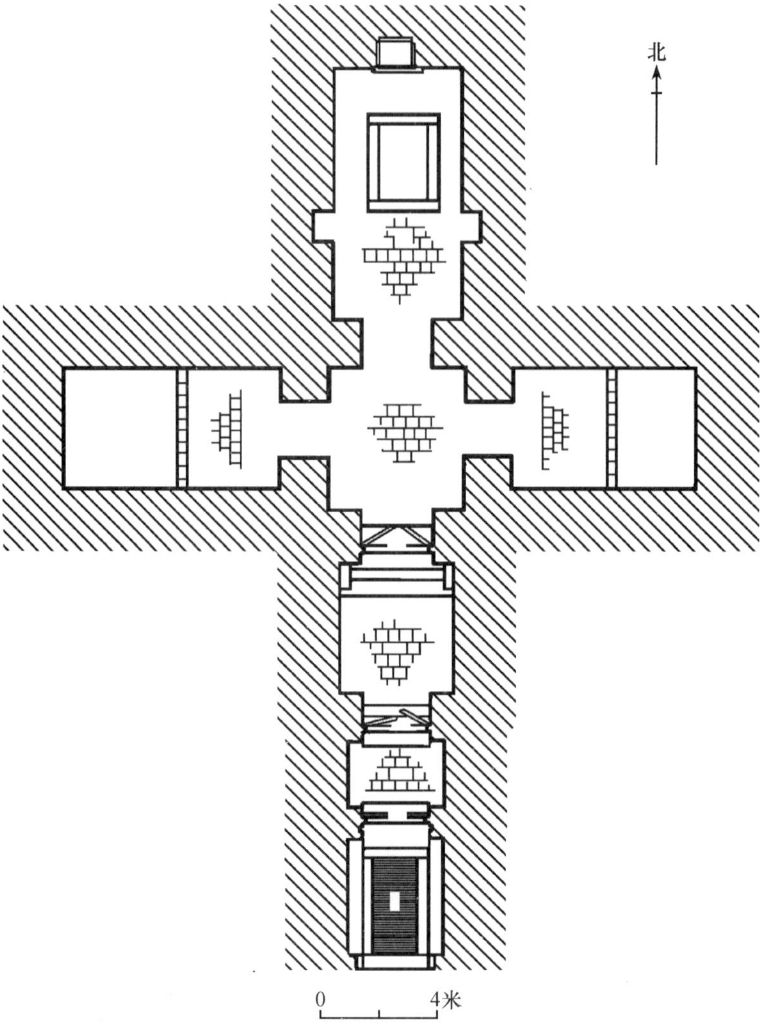

图4-63　明宁献王玄宫平面图
（引自《考古》1962年第4期）

韩、庆5墓数据相差不多。辽简王、宁献王、伊厉王皆为单人葬，郢靖王系夫妻妾多人合葬（有殉葬），庆康王玄宫中发现有四对肱骨，应为夫妻合葬，韩恭王情况不详。其墓主身份，伊、郢、肃、辽、宁五王均为太祖之子、各藩始封王，韩恭王、庆康王为太祖之孙，本藩二代王。除亲王外，周藩顺阳怀庄王朱有烜（薨于永乐十三年，1415年）墓也是五室玄宫结构，但规模稍小，前后通长只有15.8米。

Ⅲ式　只有3个主室而无耳室。是A型Ⅱ式玄宫最直接的简化形式，即保留并连于纵轴线上的前、中、后三个主室，省略掉左、右耳室，平面呈“目”字形。

晋端王朱知烊，薨于嘉靖十二年（1533年），其墓位于晋恭王陵园东南的东峰

图4-64　明庆康王玄宫中室、后室

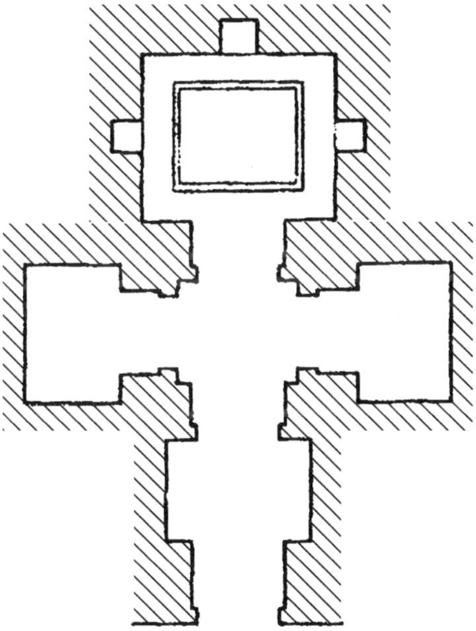

图4-65　明庆康王玄宫平面示意图
（引自《中国建筑艺术全集7明代陵墓建筑》）

（坟）村，山西省考古研究所2019年清理发掘[①]，玄宫为前、中、后三个主室。

晋裕王朱求桂，薨于崇祯三年（1630年）十一月，其墓在山西榆次北苏村，也是典型的三室玄宫，分前、中、后三室[②]。

三室玄宫实例目前仅见于晋藩，结合明清皇陵来看，也应该是每室各为一券，而且通常是前室和后室横列券筒（与墓室轴线垂直），中室纵列券筒。

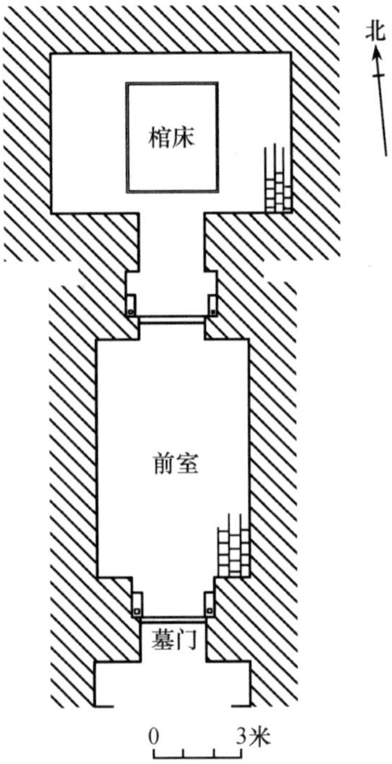

图4-66　明鲁荒王玄宫平面图
（引自《文物》1972年第5期）

B型　主室为串联的前后2室，按照耳室的有无和分布形态分为两亚型。

Ba型　主室为纵向串联的前后2室，无耳室；按照后室变化分为二式。

Ⅰ式　2个主室串联在纵轴线上，平面呈“干”字形、“土”字形或“日”字形等[③]。这种玄宫形式在明代亲王等级墓葬中也比较多见，而且年代贯通早晚。其实例依墓主卒年之先后有以下诸墓。

鲁荒王朱檀，薨于洪武二十二年（1389年）十二月，葬山东邹城[④]。玄宫通长20.6米，最宽处8.2米，共有石门两道（图4-66）。

梁庄王朱瞻垍，薨于正统六年（1441年）正月，葬于今湖北钟祥瑜坪山[⑤]。墓室凿山开圹，青砖拱券结构，前后两室（图4-67）；通长15.4米，最宽处7.88米。

郑懿王朱祐檡，薨于正德十六年（1521年），其墓在今河南沁阳西万乡校尉营村。玄宫砖砌，穹隆顶，面阔5.8米，进深8.3米，前室出土多尊彩绘泥俑，后室并置郑懿王及王妃阎氏、赵氏三棺[⑥]。

---

① 国家文物局主编：《山西太原东山明代晋藩王墓》，《2019中国重要考古发现》，文物出版社2020年版，第170—171页。

② 郭勇等：《明晋裕王墓的清理工作》，《文物参考资料》1956年第6期。

③ 这只是为了分类研究而做的一个极简化的大致划分，不同藩府、不同时代二室玄宫前后室结构不同、纵横比例不同，鲁府还有从“干”字形向“日”字形转变的例证（前述五室玄宫也有这种现象，这也从另外一个角度补充证明了各藩玄宫的规制和平面图不会是出自同一个设计蓝本）。另外，和A型玄宫不同的是，二室玄宫存在着前后两室各发一券和两室共用一券两种不同情况，从使用者身份来看，很难说有等级差异，但在营造法式上确实有高下之分（详后）。

④ 山东省博物馆：《发掘明朱檀墓纪实》，《文物》1972年第5期；山东省博物馆等：《鲁荒王墓》，文物出版社2014年版，第13—17页。

⑤ 湖北省文物考古研究所等：《湖北钟祥明代梁庄王墓发掘简报》，《文物》2003年第5期；湖北省文物考古研究所等：《梁庄王墓》，文物出版社2007年版。

⑥ 国家文物局主编：《中国文物地图集·河南分册》，《郑懿王墓》，中国地图出版社1991年版，第205页。

鲁庄王朱阳铸，薨于嘉靖二年（1523年），葬滕州东南南沙镇上营村狐山南麓。玄宫为2组独立的墓室东西并列，各为前后2室，单体通长12.88米，最宽处3.16米①；后室隔墙上有一个通道，连通两侧墓室（图4-68）。已知鲁藩历代亲王陵玄宫之例都是前后2室，除荒、庄二王外，还有鲁靖王朱肇煇（薨于成化二年，1466年）墓、鲁敬王朱寿鏳（薨于万历二十八年，1600年）墓②等。

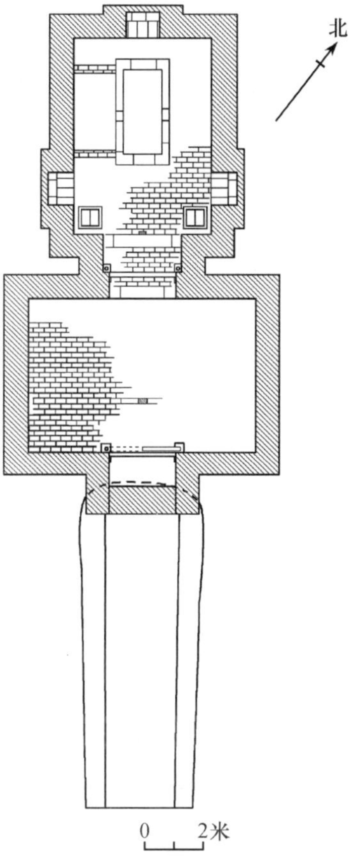

图4-67　明梁庄王玄宫平面图
（引自《梁庄王墓》，文物出版社2007年版）

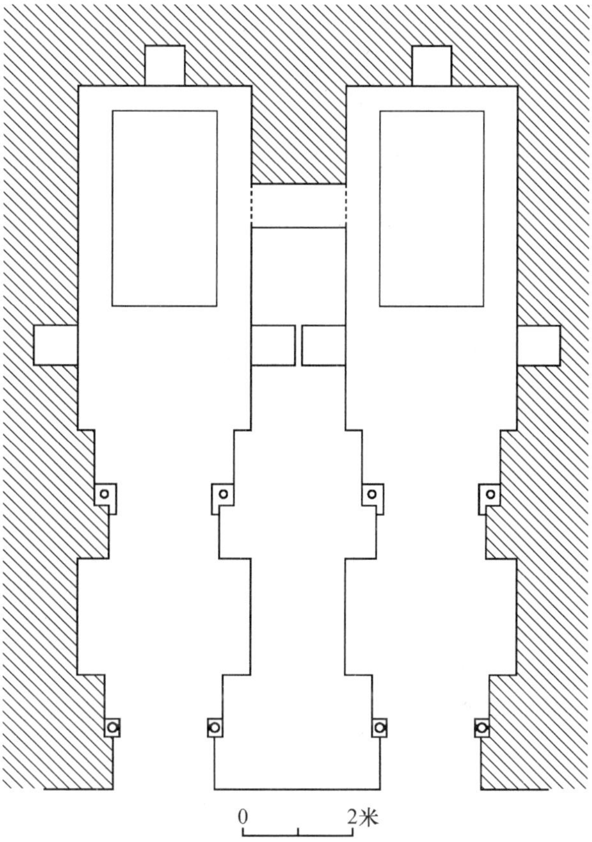

图4-68　明鲁庄王玄宫平面图

襄康王朱祐櫍，卒于嘉靖二十九年（1550年），墓在湖北谷城③，玄宫以条石砌成，前后两室（图4-69）。

襄庄王朱厚颎，卒于嘉靖四十五年（1566年），葬湖北南漳④，玄宫砖石拱券结构，前后两室，平面呈“土”字形（图4-70）。

① 笔者测绘资料，尚未详细公布。
② 山东省博物馆等：《鲁荒王墓》，文物出版社2014年版，第213—252页。
③ 襄樊市考古队等：《明襄阳王墓调查》，《江汉考古》1999年第4期。
④ 襄樊市考古队等：《明襄阳王墓调查》，《江汉考古》1999年第4期。

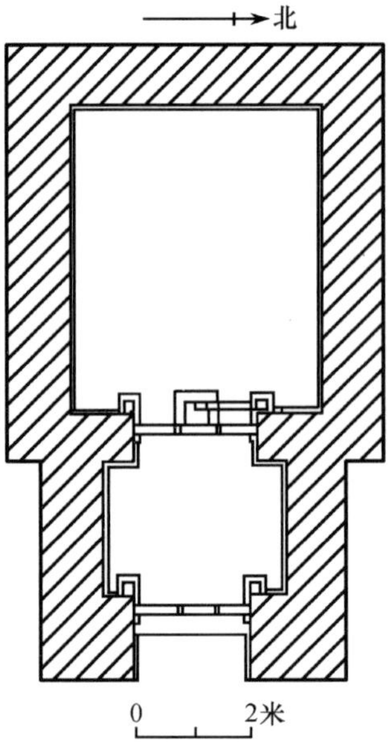

图4-69　明襄康王玄宫平面图
（引自《江汉考古》1999年第4期）

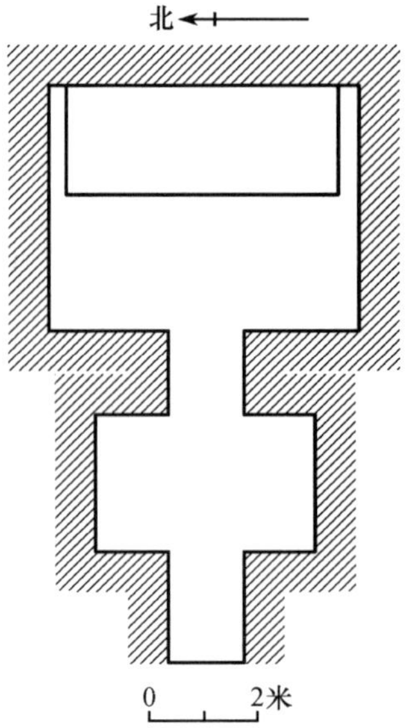

图4-70　明襄庄王玄宫平面图
（引自《江汉考古》1999年第4期）

经过考古发掘的靖江安肃王朱经扶（薨于嘉靖四年，1525年）、恭惠王次妃刘氏（卒于万历五年，1577年）、康僖王朱任昌（薨于万历十年，1582年）、宪定王朱任晟（薨于万历三十八年，1610年）玄宫结构基本相同，但规模大小不一。以年代居中的康僖王为例①，该墓为砖券结构，两组结构和规模相同的墓室南北并列（图4-71），王与王妃合葬墓。

这种前后2个主室的玄宫形式，还见于湖北蕲春荆宪王（卒于景泰四年，1453年）、河南安阳赵康王（卒于嘉靖三十九年，1560年）、甘肃兰州肃宪王（卒于万历四十六年，1618年）、山东青州衡宪王（卒于天启七年，1627年）等亲王墓，还有墓主身份和年代待考的河南沁阳站郑藩某王墓②。该墓结构为一个三券三伏的券筒（图4-72），南北长（进深）9.6米，东西宽（面阔）5.0米，自券内后墙向外5.3米处的东西两壁上有砖墙印一道，原本应该有一道东西向的隔墙，把整个券筒分为前后两室；后室的东西北三壁上各有一个壁龛（图4-73）。二室玄宫在秦、晋、周、鲁、宁、赵等藩府的郡王墓中更为多见，其中鲁藩钜野僖顺王朱泰墱墓为左中右三组墓室并列（图4-74）。另外，南京地区的公主墓（太祖诸女）、开国军功公侯墓，北京地区的皇子墓（宪宗长子、次子等）等也多为前后二室结构，其详细信息见于第二章，此处

① 广西文物保护与考古研究所等：《桂林靖江昭和王陵考古发掘清理报告》，科学出版社2014年版，第69—72页。

② 刘毅等：《明代郑韩两座藩王墓遗存的调查》，《中原文物》2020年第3期。

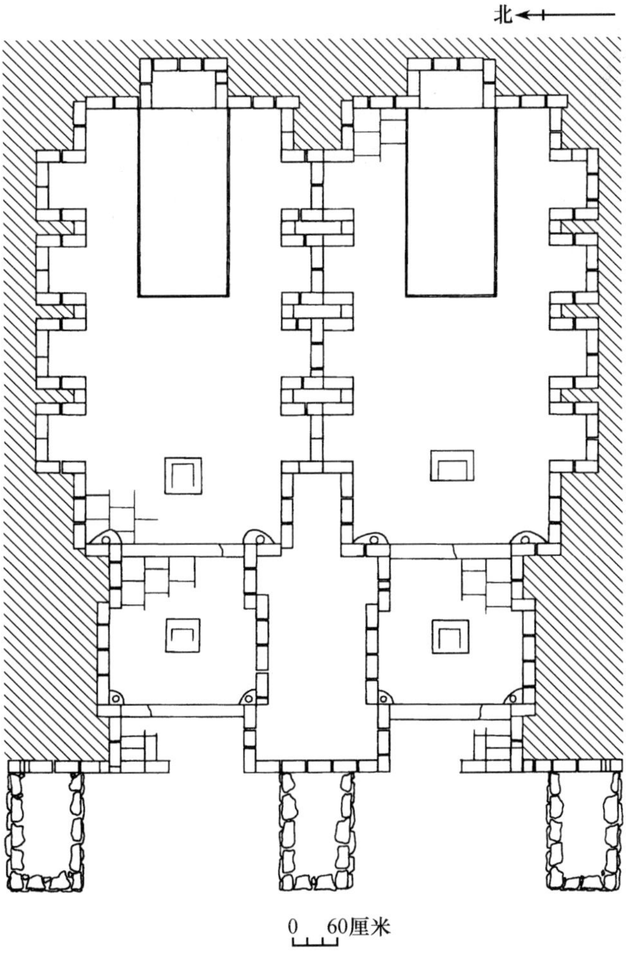

图4-71 明靖江康僖王墓室平面图

（引自《桂林靖江昭和王陵考古发掘清理报告》）

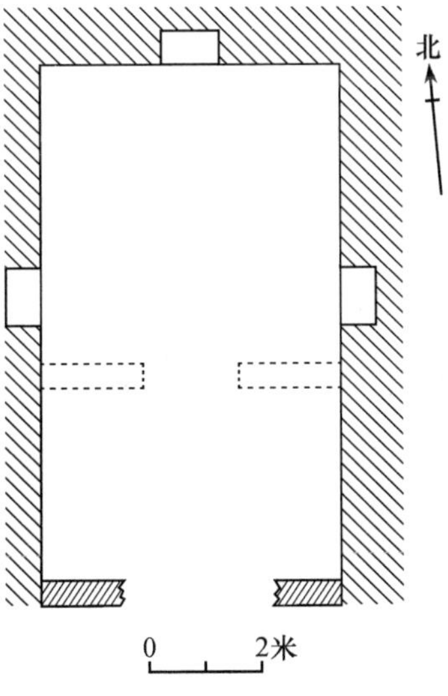

图4-72 河南沁阳火车站明郑藩某王墓平面图

（引自：《中原文物》2020年第3期）

图4-73　河南沁阳火车站明郑藩某王墓室内

图4-74　明鲁藩钜野僖顺王墓室并列券门

专论藩王墓，不展开讨论。这些二室玄宫只是墓室数相同，平面结构变化比较大，营造法式也大不相同：有些是前后两室纵横交错起券，具体又包括前室纵列券筒、后室横列券筒（如鲁荒王），或者反之（如梁庄王）两种不同情况；有些是前后皆为纵列券筒，即前后室及门券（甬道）皆横向起拱，与墓室轴线相重叠；还有些只发一筒拱券，前后室内部以砖砌墙隔开。各墓的前室部分变化明显，自嘉靖朝开始普遍比较小。已知者壁龛0—13个不等。

Ⅱ式　2个主室前后纵向串联，但后室分隔为两个或三个棺室；是Ba型Ⅰ式玄宫的一种变相。主要见于德藩、荣藩等藩府。

德庄王朱见潾，卒于正德十二年（1517年）八月，次年四月葬于山东长清五峰山①。玄宫砖石拱券结构，平面呈“凹”字形，通长17.02米，通宽11.9米（图4-75）。

五峰山德藩王陵另外一些玄宫早年被挖开，亦可见其大致结构。如2号墓前室为砖石结构，后室分为左、中、右三室。6号墓前室东西长约7米，南北宽约4米，后室亦分隔为三室②。

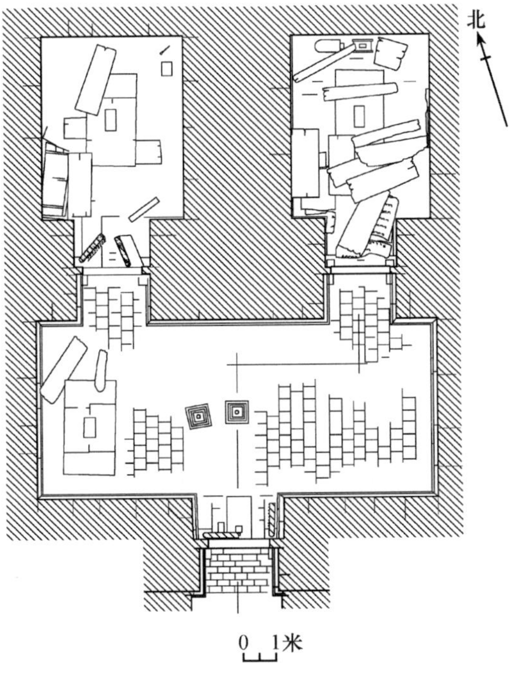

图4-75　明德庄王玄宫平面图
（引自《考古学辑刊》第11辑，1997年）

① 鲁波：《济南市五峰山发现明德王墓》，《文物》1994年第5期；济南市文化局文物处等：《山东长清县明德王墓群发掘简报》，《考古学集刊》第11辑，中国大百科全书出版社1997年版。

② 济南市文化局文物处等：《山东长清县明德王墓群发掘简报》，《考古学集刊》第11辑，中国大百科全书出版社1997年版。

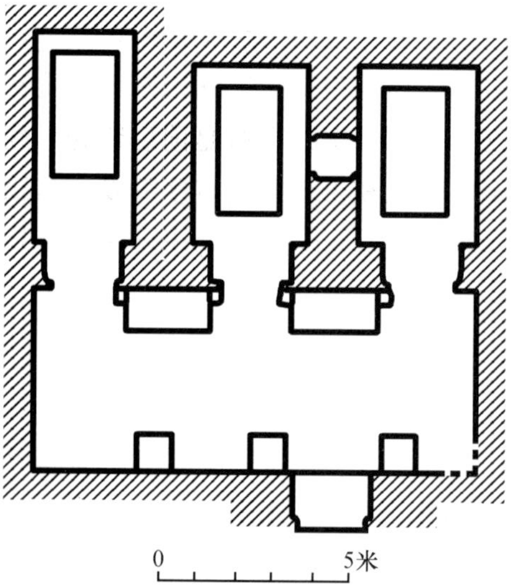

图4-76　明荣定王玄宫平面示意图
（引自《中国建筑艺术全集7明代陵墓建筑》）

山东临沂泾简王妃曹氏（卒于嘉靖十年，1531年）墓与德藩玄宫类似，墓室为砖石拱券结构，长宽皆12米，前后两室，后室又分为东西两室①。此墓很可能也是泾王朱祐橓的寿穴，他卒于嘉靖十六年（1537年），以无子封除，还葬北京西郊。

荣定王朱翊鈖，卒于万历四十年（1612年），墓在湖南常德市德山②。玄宫通长17米，宽13米，前、后两室，后室分隔为3个棺室（图4-76），荣定王与王妃李氏、杨氏合葬。墓室砖券结构，前后各室皆有过梁式石门及门框，各设对开式石门一道，素面无纹饰。前室内陈设石几，后室3座门之间有2座石祭台（图4-77），3个后室内各有1座须弥座式石棺床，其中左室与中室之间有窗道相通。

图4-77　明荣定王玄宫前室

① 国家文物局主编：《中国文物地图集·山东分册》，下册，《明泾王妃墓》，中国地图出版社2007年版，第772页。

② 国家文物事业管理局主编：《中国名胜词典》，《明荣定王墓》，上海辞书出版社1981年版，第799页；国家文物局主编：《中国文物地图集·湖南分册》，《荣定王墓》，湖南地图出版社1997年版，第183页。

Bb型　前后2主室串联，各附4个耳室，共10个墓室。目前只见一例，即周定王玄宫。

周定王朱橚，卒于洪熙元年（1425年）闰七月，其墓在河南禹州后营老官山，墓室纵长约40米，宽34米，总面积1970平方米[①]（实测大约700平方米）。从平面结构来看，周定王玄宫的后室及后耳室部分与Ba型Ⅱ式玄宫颇为近似，但其主室部分有墓主的棺床，因而不能视为“中室”。该墓应该是2个主室各附带4个耳室的10室结构（图4-78）。

Bc型　2个主室纵向串联，前室两侧各出1个耳室；可以看作是在Ba型Ⅰ式玄宫的基础上增加了2个耳室，也可以看作是在A型Ⅱ式玄宫的基础上省略前主室。潞简王墓为这种结构。

潞简王朱翊镠，卒于万历四十二年（1614年），葬河南新乡北郊[②]。玄宫为石砌拱券结构，总面积185平方米，由甬道、前室、左右耳室、后室五部分组成（图4-79），

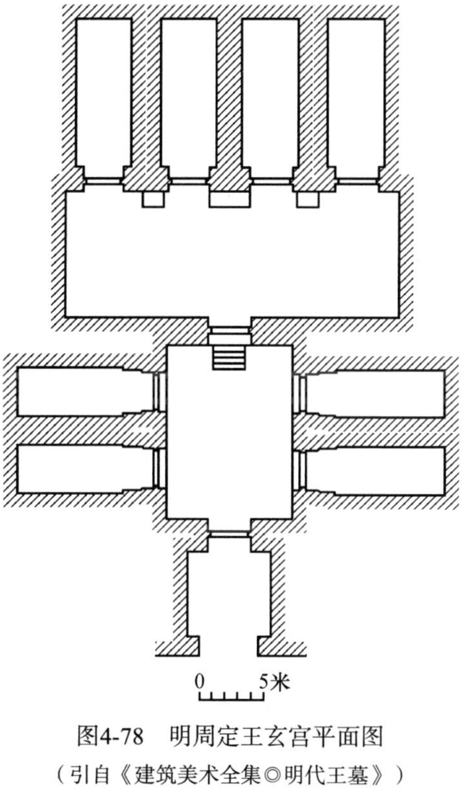

图4-78　明周定王玄宫平面图

（引自《建筑美术全集◎明代王墓》）

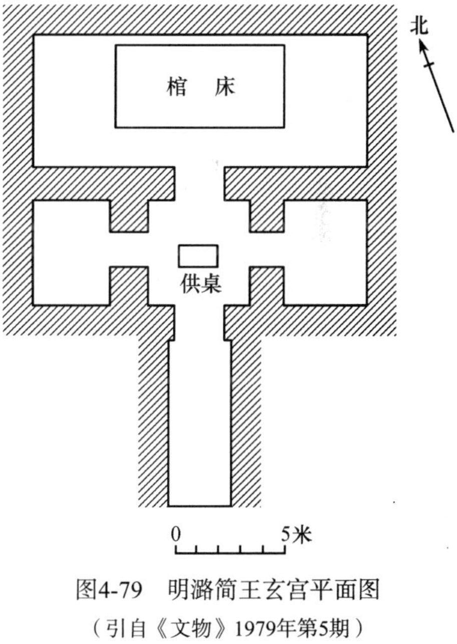

图4-79　明潞简王玄宫平面图

（引自《文物》1979年第5期）

① 国家文物局主编：《中国文物地图集·河南分册》，《明周定王墓》，中国地图出版社1991年版，第321页；河南省文物局编：《河南文物名胜史迹》，《明周定王墓》，中原农民出版社1994年版，第614—616页。

② 河南省博物馆等：《新乡市郊明潞简王墓及其石刻》，《文物》1979年第5期。

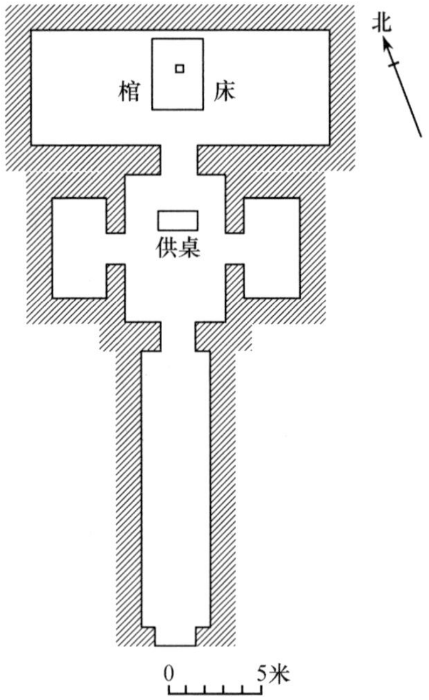

图4-80　明潞简王次妃赵氏墓室平面图
（引自《文物》1979年第5期）

各室之间有拱券门相通。

卒于万历二十九年（1601年）的潞简王次妃赵氏墓室布局与潞简王玄宫相似（图4-80），前后两室面积均大于王陵，总面积达230平方米①。

卫辉狮豹头乡潞藩蔡妃墓，总面积317平方米②，现场观察也属于Bc型结构。

新乡老道井101号明墓③，墓主为潞简王家族成员。平面结构与Bc型相似，但没有真正意义上的前室，只有一个四面辟门的甬道，前为插板式石门通向墓道。

另外，位于河南安阳县新丰乡李家坡村的赵简王朱高燧（卒于宣德六年，1431年）墓玄宫，据介绍是由前后室加2个耳室组成，也是四室玄宫结构④。但该墓1971年时被生产队取砖拆毁，仅存墓坑。现场观察遗迹判断，此墓玄宫似为前后（南北）2个主室、后室东西各出1个耳室，和潞简王及赵妃玄宫之制不尽相同。迄今为止，Bc型亲王玄宫仅见潞藩3个实例，具有多大程度的代表性意义（特别是在明代晚期）尚待其他资料佐证。

C型　单室玄宫，只有1个主室，按照有无耳室或甬道分为三个亚型。

Ca型　单室附带左右后3个小耳室。楚昭王玄宫为此制。

楚昭王朱桢，卒于永乐二十二年（1424年），葬湖北武昌龙泉山⑤。其玄宫结构为砖砌单券单室，南北进深13.84米，东西面阔5.78米，左、右、后壁各有1个小耳室（图4-81）。

---

① 河南省博物馆等：《新乡市郊明潞简王墓及其石刻》，《文物》1979年第5期。

② 国家文物局主编：《中国文物地图集·河南分册》，《明潞王蔡妃墓》，中国地图出版社1991年版，第256页。

③ 郑州大学历史学院考古系：《河南新乡市老道井明代101墓发掘简报》，《华夏考古》2009年第3期。

④ 国家文物局主编：《中国文物地图集·河南分册》，《赵简王墓》，中国地图出版社1991年版，第277页；杨焕成等主编：《河南文物名胜史迹》，《赵简王墓》，中原农民出版社1994年版，第267页。

⑤ 梁柱等：《武昌县龙泉山明代楚昭王墓》，《中国考古学年鉴1991》，文物出版社1992年版，第249页；湖北省文物考古研究所等：《武昌龙泉山明代楚昭王墓发掘简报》，《文物》2003年第2期。

甘肃兰州上西园肃藩宗室（可能是追封之肃安王朱弼柿）墓[①]，虽然也是单室带耳室结构，但其耳室在左右两壁（图4-82），平面布局和楚昭王玄宫迥异，属于另一类型。主室东西面阔7.45米，南北进深5.46米。前有券门甬道，东西两壁各有一耳室，与主室联以券门。

Cb型　单室玄宫，只有1个主室，前有甬道，平面呈“甲”字形，属于这种结构的明代亲王玄宫依墓主卒年之先后有以下诸墓。

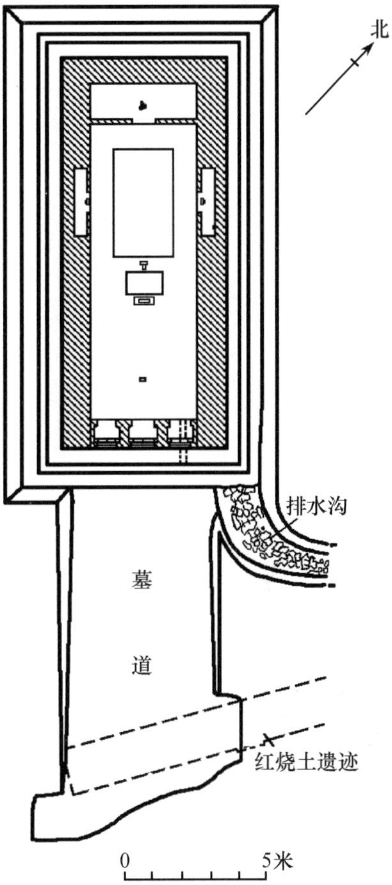

图4-81　明楚昭王玄宫平面图
（引自《文物》2003年第5期）

襄宪王朱瞻墡，薨于成化十四年（1478年）。其玄宫为条石砌筑单室，前有甬道，平面呈“甲”字形[②]，墓室内长6.4米，宽4.8米，高3.8米。

襄简王朱见淑，薨于弘治三年（1490年），葬襄樊市襄城区隆中座山。其玄宫平面呈“甲”字形，墓室内长6.2米，宽2.4米[③]。

代懿王朱俊杖，薨于嘉靖六年（1527年）。玄宫由墓道、甬道、墓室组成（图4-83），单室，南北长8.2米，东西宽5.6米[④]。

益端王朱祐槟，薨于嘉靖十八年（1539年）八月。墓室凿山而建，通长8.2米，平面呈“甲”字形[⑤]（图4-84）。

益庄王朱厚烨，薨于嘉靖三十五年（1556年）五月，其玄宫结构与益端王玄宫相似，但规模略大[⑥]。

① 甘肃省博物馆：《兰州市上西园明墓清理简报》，《考古》1960年第3期。

② 襄樊市考古队等：《明襄阳王墓调查》，《江汉考古》1999年第4期。

③ 襄樊市考古队等：《明襄阳王墓调查》，《江汉考古》1999年第4期。

④ 李白军等：《大同明代懿王夫妇合葬墓墓志考》，《文物世界》2001年第5期。

⑤ 江西省博物馆：《江西南城明益王朱祐槟墓发掘报告》，《文物》1973年第3期。按照原《发掘报告》介绍，明益端王、庄王两墓皆为二室玄宫，但从建筑结构来看，其“前室”甚小，并且与“甬道”部分共发一纵券，插板石门即自此券正中插下，实际上是石封门，封门前后都是甬道，因此该二陵玄宫都应该是单室。笔者在拙著《明代帝王陵墓制度研究》中提出此观点，见该书第310—312页（人民出版社，2006年）。后来也有其他人沿用这一说法，如孟凡人《明代藩王坟的形制布局》（载《故宫学刊》2009年第1期）。

⑥ 江西省文物管理委员会：《江西南城明益庄王墓出土文物》，《文物》1959年第1期；陈文华：《江西南城明代朱厚烨墓发掘简报》，见江西省博物馆编《江西考古资料汇编·封建社会部分（下）》，内部刊印1977年版。

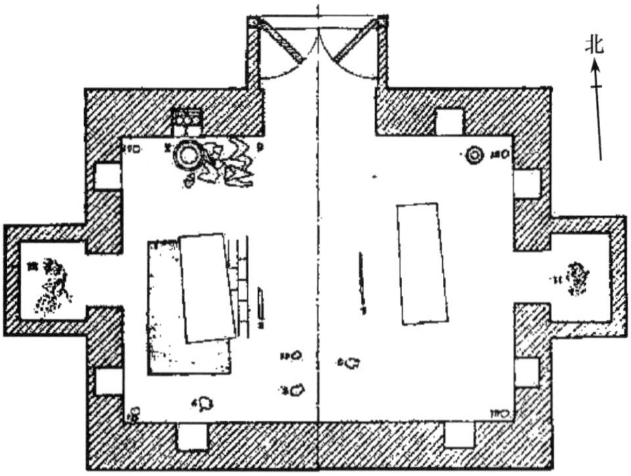

图4-82　甘肃兰州上西园明肃藩宗室墓平面图
（引自《考古》1960年第3期）

图4-83　明代懿王墓室清理现场
（引自《文物世界》2001年第5期）

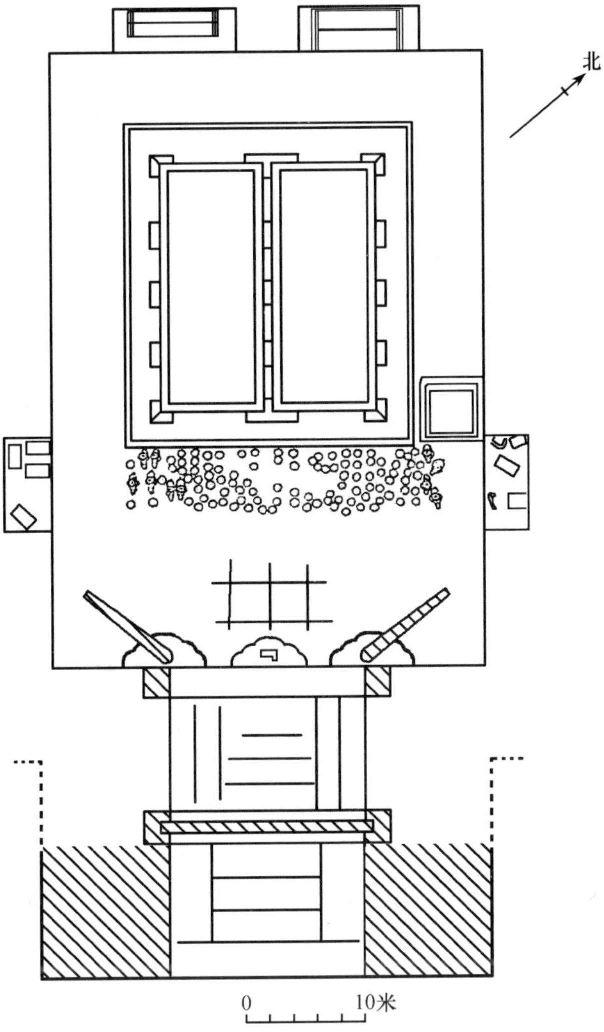

图4-84　明益端王玄宫平面图
（引自《文物》1973年第3期）

益恭王朱厚炫，薨于万历五年（1577年），墓在南城资圣山，其玄宫结构与端、庄二王同。

此外，肃怀王朱绅堵，薨于嘉靖四十三年（1564年），葬在甘肃榆中，1977年发掘发现其玄宫为单室，王妃王氏合葬[1]。具体结构不详，从有关资料分析，应该属于Cb型。

一些独葬的王妃玄宫也用Cb型玄宫，如湖北江陵辽前废王朱贵烚妃曹氏墓[2]，约

① 甘肃省博物馆资料；调查资料。一说同墓区中的肃康王朱瞻焰（薨于天顺八年）墓玄宫亦为单室。

② 荆州地区博物馆等：《江陵八岭山明王妃墓清理简报》，《江汉考古》1988年第4期。

卒或葬于成化六年（1470年）十一月。玄宫长5.2米，宽3.3米，高2.4米，墓门朝东，南、北、西三壁各有一壁龛。河南卫辉汝安王朱祐梈次妃晋氏墓[①]，卒于嘉靖三十年（1551年）三月二十六日，其玄宫长4.15米，宽2.7米，后墙有壁龛。另外，明中期以后，许多藩封郡王的墓室也是单室形式。

Cc型　单室玄宫，只有1个主室，没有券洞式甬道，墓门开于墓室南壁上，有时会在门前形成一个与墓室、墓道垂直的横向的空间，平面呈"旦"字形，实例如周懿王玄宫，原武温穆王墓也是这种类型；可能是周藩王墓的传统。

周懿王朱子埅，薨于成化二十一年（1485年），墓在荥阳市贾峪镇鲁庄村[②]。玄宫单室，长7.4米，宽5.7米，高4.9米，东西两壁前部各有1个拱形壁龛（图4-85）。该墓直接在门墙上做出一个券门，而没有做出专门的墓门（甬道）券洞，仿木结构门楼

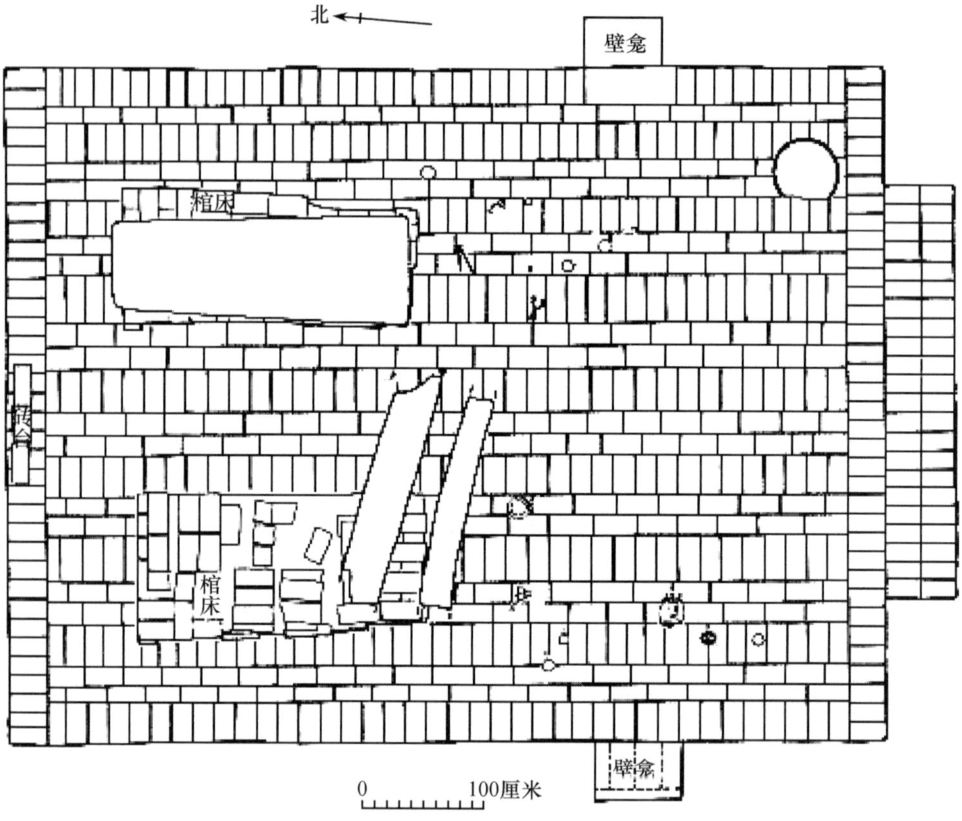

图4-85　明周懿王墓玄宫平面图
（引自《华夏考古》2019年第2期）

---

① 李波涛：《卫辉清理一明亲王次妃墓》，《中国文物报》1991年5月5日第1版；张志清主编：《中原文化大典·文物典：陵寝墓葬》，下册，中州古籍出版社2008年版，第650页。

② 河南省文物考古研究院等：《河南荥阳明代周懿王墓发掘简报》，《华夏考古》2019年第2期。

饰单檐绿釉琉璃瓦。同陵园中的懿王夫人王氏墓结构大体相同，但没有门楼装饰（图4-86）。

D型　蜀藩式玄宫，特点是玄宫内前部装饰为庭院式，按照棺室、耳室等变化分为五式。

Ⅰ式　前、中、后三室及棺室纵向串联，原《发掘报告》分别名为“前庭”“正庭”“中庭”和“后殿”，后室和棺室各有左右耳室。实例为蜀悼庄世子墓[①]。

蜀悼庄世子朱悦燫，卒于永乐七年（1409年）六月，次年四月葬于成都北郊凤凰山。其玄宫由3个砖筑纵列拱券并连而成，全长33米，室内最宽处10.5米（图4-87）。中券规模最大，分为“正庭”“中庭”，两“庭”的两侧壁前均搭出硬山顶厢房各5间；“中庭”的正中偏前还有一座石构的“圜殿”。后券内分隔为左、中、右三室，中间较大，设棺床。

图4-86　明周懿王夫人王氏墓墓道及墓室门

① 中国社会科学院考古研究所、四川省博物馆成都明墓发掘队：《成都凤凰山明墓》，《考古》1978年第5期。

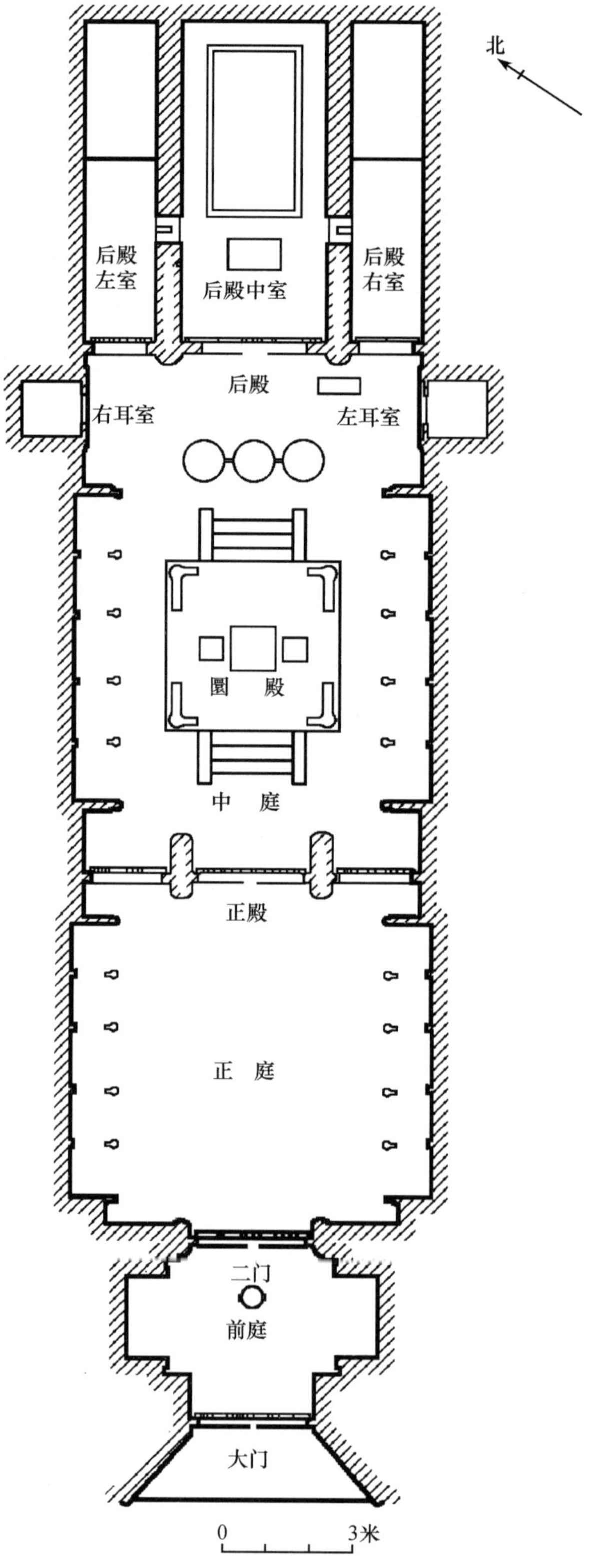

图4-87　明蜀悼庄世子玄宫平面图

（引自《考古》1978年第5期）

Ⅱ式　“前庭”“正庭”“中庭”和“后室”纵向串联，“后室”即棺室的左右耳室变小，“中庭”的左右耳室也仅具其形，是D型Ⅰ式玄宫的简化形式。实例为蜀僖王墓[①]。

蜀僖王朱友壎（薨于宣德九年，1434年）墓玄宫砖石混筑，通长27.8米，最宽处6.14米（图4-88）。整个玄宫由两筒拱券组成，《发掘简报》将该玄宫各部分分别称之为“前庭”“前殿”“正庭”“正殿”“中庭”“后殿”。

Ⅲ式　“前庭”“正庭”“中庭”和“后室”纵向串联，“后室”变为并列相隔的两个棺室（夫妻合葬），是D型Ⅱ式玄宫的变体。实例为蜀怀王墓[②]。

蜀怀王朱申鈘，卒于成化七年（1471）五月，其墓在成都市区东南三圣乡。玄宫结构与僖王陵玄宫相似，惟“后室”变为并列的两个棺室，王妃徐氏（卒于成化十一年正月）合葬，外券总长34.6米。规模最大的“中庭”中有“圜殿”（图4-89）。

Ⅳ式　D型Ⅲ式玄宫的变体，“后室”为并列相隔的两个棺室，取消了耳室；其纵向串联的“正庭”和“中庭”两室也和后室一样，并列左右两对石门，中间隔以雕团龙石门柱，但前两室内部并未以墙体实际隔开。实例为蜀昭王墓。

蜀昭王朱宾瀚，卒于正德三年（1508年），其墓在今龙泉驿区洪河镇白鹤村与十陵镇千弓村交界处。玄宫在明末已遭破坏，券内落空进深16.5米，宽4.7—5米。后室为棺室，以墙体分隔为左右两室，每室各置一棺[③]（图4-90）。

Ⅴ式　D型Ⅳ式玄宫的进一步变化，仍为前后4个主室纵向串联，但玄宫规模变小，“前庭”“正庭”“中庭”的装饰趋向简化，后室仅容一棺，夫妻合葬各用一套墓室，左右并列。以蜀端王墓为例。

蜀端王朱宣圻，卒于万历四十年（1612年），其墓1997年在成都锦江区琉璃乡被发现[④]。玄宫为三套墓室横向并列，M1（东）、M2（中）两墓结构和大小完全一致，以石门分隔为纵向串联的“前室”“中室”“后室”和“棺室”。M3（西）规模比较小。

---

① 成都市文物考古研究所：《成都明代蜀僖王陵发掘简报》，《文物》2002年第4期。

② 成都文物考古研究所：《成都市三圣乡明蜀“怀王”墓》，见《成都考古发现2005》，科学出版社2007年版。

③ 成都市博物馆考古队：《1991年成都市田野考古工作纪要》，《成都文物》1992年第1期；王毅等：《成都地区近年考古综述》，《四川文物》1999年第3期；薛登等：《明蜀王和明蜀王陵》，《四川文物》2000年第5期。

④ 谢涛：《成都发掘锦江区琉璃乡潘家沟村明蜀王及王妃墓》，《中国文物报》1998年2月22日第1版；谢涛：《成都市潘家沟村明蜀王、王妃墓》，《中国考古学年鉴1998》，文物出版社2000年版，第224—225页。此墓之蜀王入葬时赠谥未行，主墓之墓主身份不详。根据玄宫形式特点及王妃姓史氏的线索，推定墓主为蜀端王及王妃，详见前说。

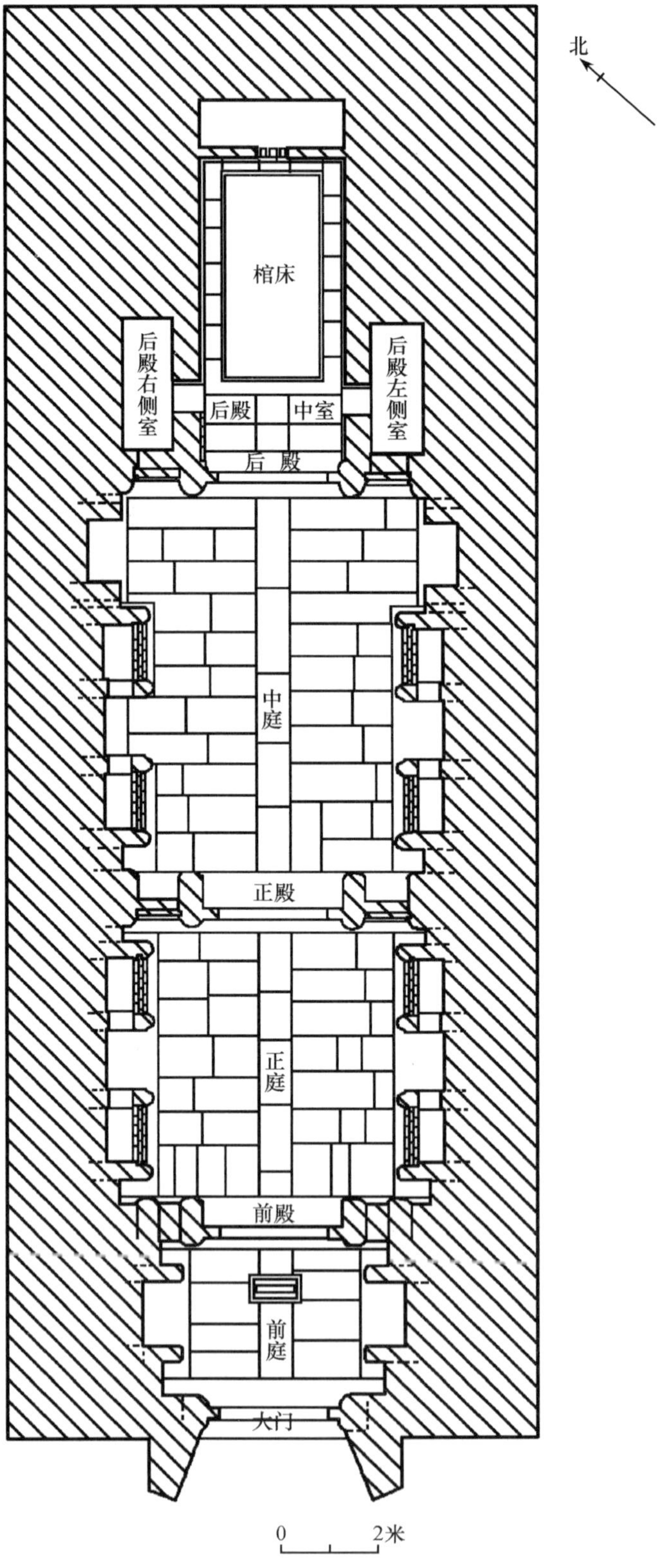

图4-88　明蜀僖王玄宫平面图
（引自《文物》2002年第4期）

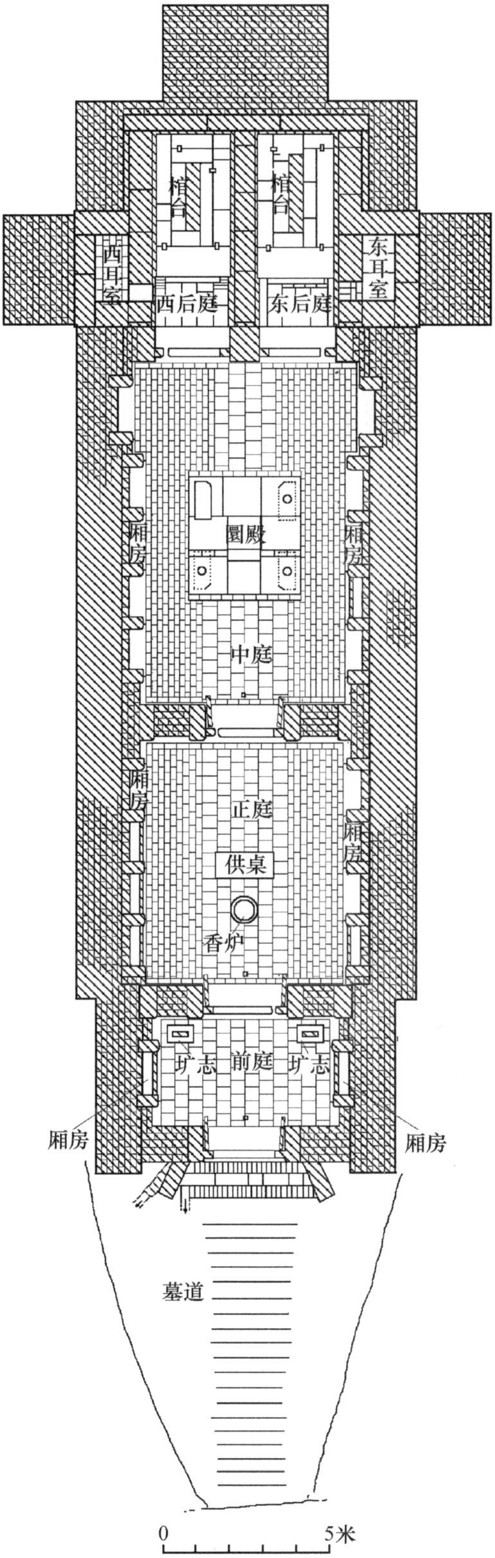

图4-89　明蜀怀王玄宫平面图
（引自《成都考古发现2005》）

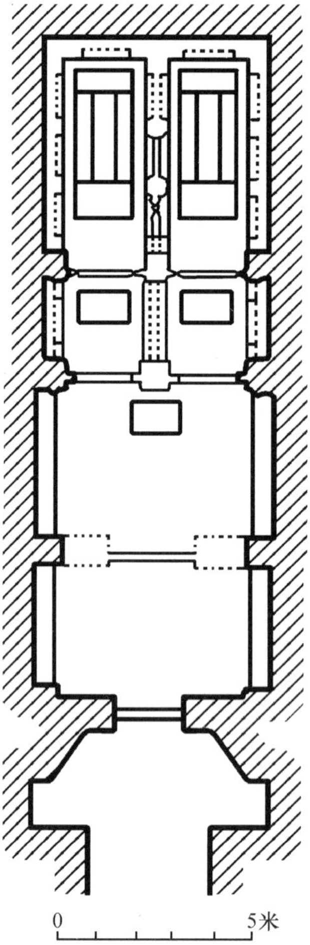

图4-90　明蜀昭王玄宫平面示意图
（引自《中国建筑艺术全集7明代陵墓建筑》）

蜀府王妃墓前后亦有变化。2007年在成都凤凰山抢救发掘的明代王妃墓，玄宫主体分为前、中、后三室，外券总长24米①，由“前庭”“中庭”“厢房”和后室（棺室和2个耳室）几部分组成（图4-91），平面布局比悼庄世子玄宫和僖王玄宫省略掉“正庭”，耳室做了简化处理，平面上更接近僖王玄宫。卒于弘治七年（1494年）的蜀定王次妃王氏墓玄宫规模和结构都相形见绌。王氏墓由四道石门把玄宫分为前室、中室、后室和棺室四部分，前室、中室共一券，后室、棺室共一券②（图4-92）。这也是

① 成都文物考古研究所等：《成都凤凰山明蜀王妃墓》，见成都文物考古研究所编《成都考古发现2008》，科学出版社2010年版，第489—495页。

② 成都市文物考古研究所：《明蜀定王次妃王氏墓》，《成都考古发现1999》，科学出版社2001年版。

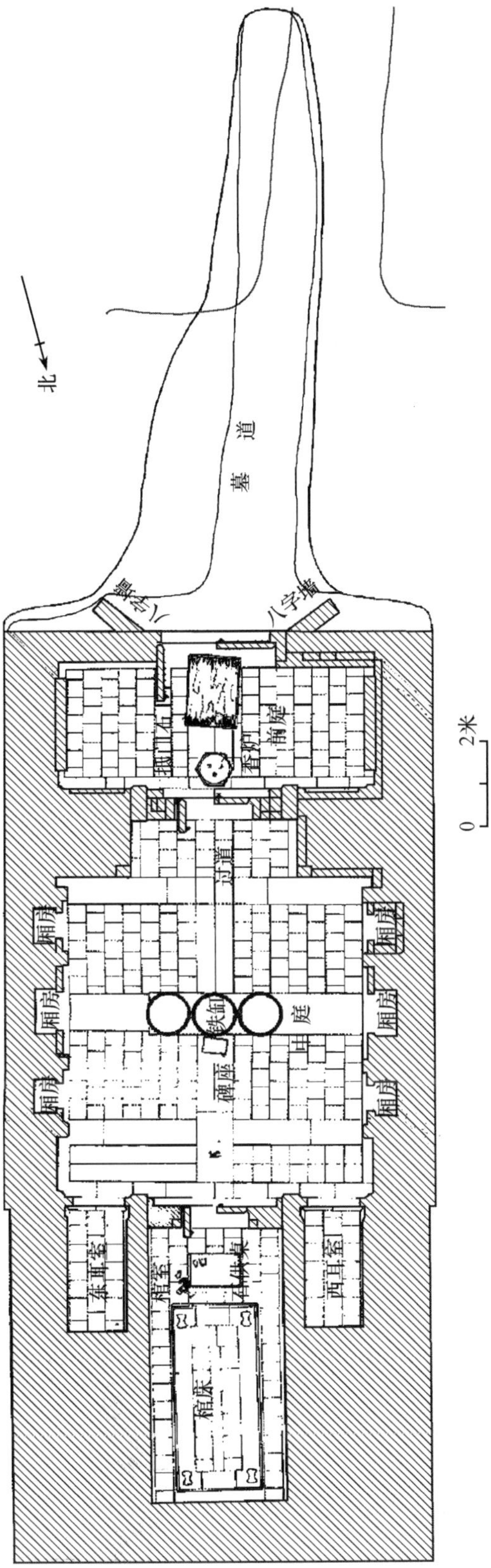

图4-91　成都凤凰山明蜀王妃墓室平面图
（引自《成都考古发现2008》）

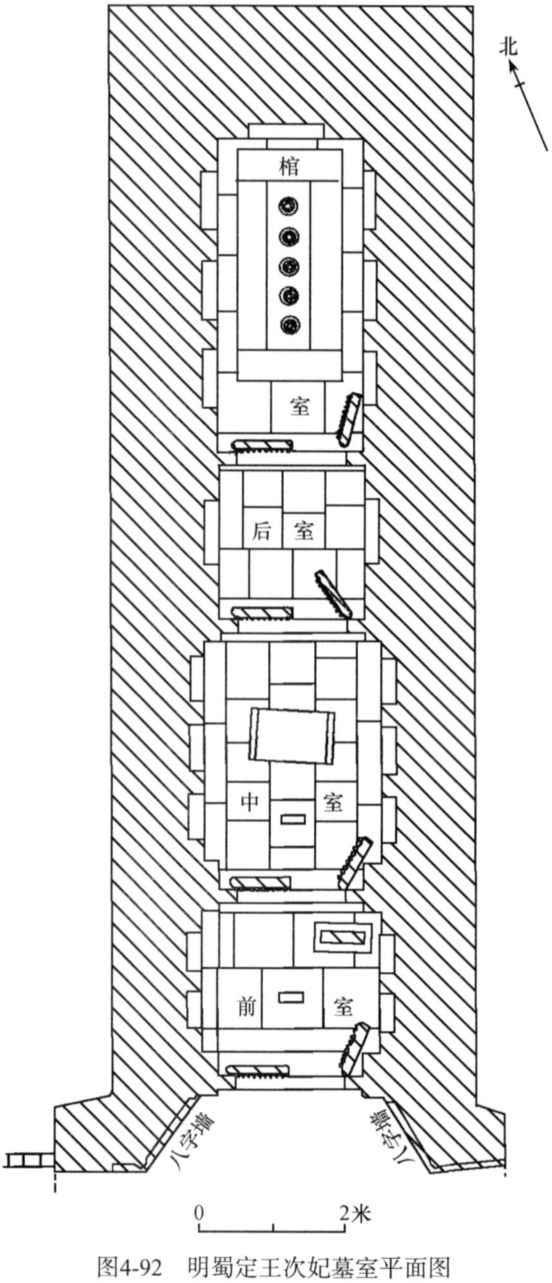

图4-92　明蜀定王次妃墓室平面图
（引自《成都考古发现1999》）

蜀王玄宫的降等形式，属于D型V式玄宫的单体形式。

E型　无玄宫亲王墓。其做法是以砖或条石砌成一个椁室，没有墓道和墓门等设施，大多于落葬后把棺与椁之间以石灰填实，一般称为“石灰椁墓”或“灰隔葬”，主要流行于江西、湖北等南方地区。这种葬法见于淮、荆、益等藩府，经过正式考古发掘的实例有益宣王墓和益定王墓等。

益宣王朱翊鈏，卒于万历三十一年（1603年）二月，墓在今江西南城岳口乡游家巷村[①]。该墓是在墓穴中以青砖砌成长方形大椁室，室内以砖墙分隔成三室。每座椁室内葬楠木棺一具，棺椁之间空隙处以石灰填实。

益定王朱由木，卒于崇祯七年（1634年）二月，其墓室结构与宣王墓相似[②]。

经过考古发掘的砖椁填石灰形式的明代藩王墓实例还有江西南城益藩罗川某郡王墓[③]；据说江西鄱阳淮藩诸王“墓葬大多为石灰椁墓结构”[④]，但具体内涵不详。湖北蕲春蕲州镇荆藩晚期王陵也是灰隔葬法。

另外，周藩、楚藩、宁藩等若干藩府的一些亲王或郡王及其王妃、夫人的合葬墓，也有将墓室简化为棺室（椁室）之例，还有其他宗藩成员用砖、石，甚至瓷碗垒出一个“椁”，不设墓道、墓门，内置木棺。这种墓葬在功能上不同于用石灰防蚁防潮的灰隔葬，但平面结构相同，都应该算作无玄宫一类。

明光宗次子、追封简怀王朱由�星（卒时身份为皇太子第二子），夭折于万历三十七年（1609年）十月，次年四月初十日葬京西翠微山。为东西向长方形竖穴圹砖室墓[⑤]，内置棺，无墓道、无石门，也属于无玄宫墓，但同样不属于灰隔葬。

综合本节以上分析，将明代亲王玄宫型式发展变化列为下表（表4-1）。

二、明代亲王玄宫制度发展变化分析

从以上型式分析及其对应的年代来看，明代亲王玄宫存在多种模式，既有时代早晚的变化，也有同时期不同地域、不同藩封多种不同形态共存。这表明朝廷礼部、工部等对于亲王墓葬制度的规定或规范化管理并不十分严格，而其实际发展变化也并不具有特别突出的统一性或系统性。

在上述五型玄宫中，A型三主室玄宫，使用时间从明初洪武到明末崇祯，涉及晋、湘、肃、辽、庆、宁、郢、韩、伊共9藩亲王及周藩郡王，地域包括今山西太原和榆次，河南上蔡和新安，湖北江陵和钟祥，江西新建，甘肃榆中和平凉，宁夏同心，推测平凉的安惠王玄宫、江西波阳淮藩早期亲王玄宫可能也是3个主室。A型玄宫分布的时空范围最广，应该是明代亲王墓室各种结构中最具“主流色彩”的一种形式，很可能是直接简化自皇帝玄宫规制，最接近实际上可能并不一定真正存在过的亲王玄宫

① 江西省文物工作队：《江西南城明益宣王朱翊鈏夫妇合葬墓》，《文物》1982年第8期。

② 江西省文物工作队：《江西南城明益定王朱由木墓发掘简报》，《文物》1983年第2期。

③ 薛尧：《江西南城明墓出土文物》，《考古》1865年第6期。

④ 孙家骅等：《手铲下的文明——江西重大考古发现》，江西人民出版社2004年版，第522页。

⑤ 北京市文物研究所：《明代朱由榤墓发掘简报》，《文物春秋》2015年第3期。

表4-1　明代亲王陵墓玄宫结构型式分析表

A型		B型						C型						D型		E型	
		Ba型		Bb型		Bc型		Ca型		Cb型		Cc型					
时代、墓主	地点	时代、墓主	地点	时代、墓主	地点	时代、墓主	地点	时代、墓主	地点	时代、墓主	地点	时代、墓主	地点	时代、墓主	地点	时代、墓主	地点
		Ⅰ式：洪武二十二年，鲁荒王	山东邹城														
Ⅰ式：建文四年，湘献王	湖北江陵																
														Ⅰ式：永乐七年，蜀悼庄世子	四川成都		
Ⅱ式：永乐十二年，伊厉王	河南洛阳																
Ⅱ式：永乐十二年，郢靖王	湖北钟祥																
Ⅱ式：永乐十七年，肃庄王	甘肃榆中																
Ⅱ式：永乐二十二年，辽简王	湖北江陵							永乐二十二年，楚昭王	湖北武昌								
				洪熙元年，周定王	河南禹州												
														Ⅱ式：宣德九年，蜀僖王	四川成都		
Ⅱ式：正统五年，韩恭王	甘肃平凉	Ⅰ式：正统六年，梁庄王	湖北钟祥														
Ⅱ式：正统十三年，宁献王	江西新建																
Ⅱ式：成化五年，庆康王	宁夏同心													Ⅲ式：成化七年，蜀怀王	四川成都		
										成化十四年，襄宪王	湖北谷城	成化二十一年，周懿王	河南荥阳				
										弘治三年，襄简王	湖北襄阳						

续表

A型		B型						C型						D型		E型	
		Ba型		Bb型		Bc型		Ca型		Cb型		Cc型					
时代、墓主	地点	时代、墓主	地点	时代、墓主	地点	时代、墓主	地点	时代、墓主	地点	时代、墓主	地点	时代、墓主	地点	时代、墓主	地点	时代、墓主	地点
		Ⅱ式：正德十二年，德庄王	山东长清											Ⅳ式：正德三年，蜀昭王	四川成都		
		Ⅰ式：正德十六年，郑懿王	河南沁阳														
Ⅲ式：嘉靖十二年，晋端王	山西太原	Ⅰ式：嘉靖二年，鲁庄王	山东滕州							嘉靖十八年，益端王	江西南城						
		Ⅰ式：嘉靖二十九年，襄康王	湖北谷城							嘉靖三十五年，益庄王	江西南城						
		Ⅰ式：嘉靖四十五年，襄庄王	湖北南漳							嘉靖四十三年，肃怀王	甘肃榆中						
		Ⅱ式：万历四十年，荣定王	湖南常德			万历四十二年，潞简王	河南新乡			万历五年，益恭王	江西南城			Ⅴ式：万历四十年，蜀端王	四川成都	万历三十一年，益宣王	江西南城
		Ⅰ式：万历四十六年，肃宪王	甘肃兰州														
Ⅲ式：崇祯五年，晋裕王	山西榆次	Ⅰ式：天启七年，衡宪王	山东青州													崇祯七年，益定王	江西南城

图4-93　明鲁荒王妃戈氏墓室

"统一模式"。

B型二主室玄宫，使用时间从明初洪武到明晚期万历，其中Ba型Ⅰ式玄宫使用时间较长，涉及鲁、肃、赵、郑、襄、梁、荆、衡等藩亲王，地域包括今山东邹城泗水、滕州、平邑、临朐，甘肃兰州，河南安阳、沁阳，湖北谷城、南漳、钟祥、蕲春。除亲王外，亲王妃亦有用Ba型Ⅰ式玄宫者，如鲁荒王次妃戈氏，卒于正统五年（1440年）十月，祔葬荒王玄宫西旁，玄宫前后两室通长15.2米[①]（图4-93）。宁康王次妃冯氏，卒于正德十一年（1516年）十一月，葬江西新建，玄宫前室长6.75米，后室长8.52米[②]。礼仪等级介于亲王与郡王之间的历代靖江王的墓室可能也都是这种形式，已知明中后期诸实例皆前室甚小。至于各藩郡王玄宫，所见更多为Ba型Ⅰ式。

Ba型Ⅱ式玄宫主要见于明中晚期，集中于德、荣两藩，地域包括山东长清、湖南常德等地。这是为方便夫妻开圹合葬而又不使先葬者棺柩再次暴露而出现的一种变通形式，在南京明初功臣墓中已见，如沐英（卒于洪武二十五年，1392年）墓有3个并列后室（图4-94）、沐晟（卒于正统四年，1439年）墓有2个并列后室等[③]；据说韩宪王玄宫的后室也是并列双室[④]。这种隔室葬法还见于安徽嘉山县曹国公李贞［卒于洪武十一年（1378年），追赠陇西王，曹国公李文忠之父］、孝亲公主朱氏（明太祖次姊，卒于明朝开国前）夫妻合葬墓等明初皇亲墓葬中[⑤]。亲王使用这种玄宫结构，应该是执行天顺二年（1458年）颁定的合葬令："王或妃有先故者，并造其圹，后葬者止令所在官司起倩夫匠开圹安葬。"[⑥]所以，成化、弘治间多样化的合葬式墓室大量出

① 山东省博物馆：《发掘明朱檀墓纪实》，《文物》1972年第5期。

② 郭远渭：《南昌明宁康王次妃冯氏墓》，《考古》1964年第4期。

③ 南京市文物保管委员会：《南京江宁县明沐晟墓清理简报》（附沐英墓），《考古》1960年第9期。

④ 邵磊等：《南京出土明代皇族墓志考》，《中国国家博物馆馆刊》2013年第3期。

⑤ 吴兴汉：《嘉山县明代李贞夫妇墓及有关问题的推论》，《文物研究》总第4期，黄山书社1988年版。

⑥ 明·申时行等：《大明会典》卷二〇三，《工部·王府坟茔》，影印本，第5册，第2731页。

现，鲁藩王与王妃玄宫比邻并列并以壁龛作通道连通，D型蜀式玄宫Ⅱ式到Ⅳ式的变化（怀王前后），都是为了遵从合葬令而做的一种设计改革。

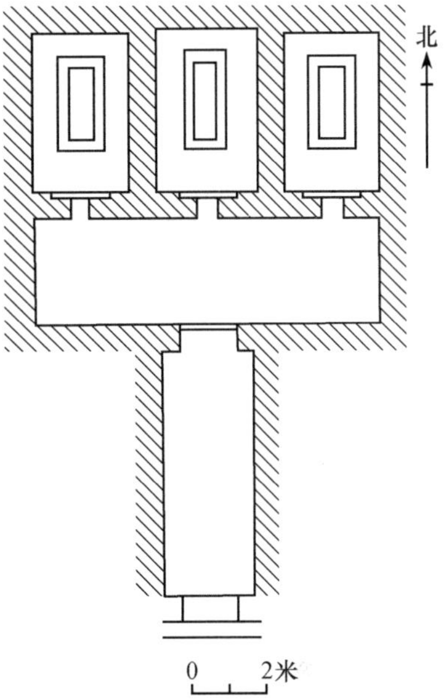

图4-94 明沐英墓墓室平面图
（据《考古》1960年第9期摹绘）

Bb型玄宫目前已知仅为个案，即河南禹州洪熙元年（1425年）周定王墓。其后室之后的4个耳室不同于明朝中后期的Ba型Ⅱ式后室隔室葬，因墓主周定王葬于前面的主室之中，后耳室是用于葬王妃，甚至可能是殉葬的王妃。

Bc型玄宫确切考古实证资料只见于潞藩，除新乡潞简王和赵次妃外，还有卫辉嗣潞王蔡妃墓。

C型一主室玄宫中，Ca型经正式考古发掘者仅一例，即楚昭王墓，据武汉市考古研究所的调查资料，龙泉山陵区诸楚王陵玄宫结构皆与昭王玄宫相同，为单室单人葬，个别陵墓（楚庄王）的左侧耳室较大，内有女性骸骨。

Cb型玄宫的使用时间集中在明朝中晚期，主要涉及肃、襄、益三藩，地域包括湖北谷城、襄阳，江西南城，甘肃榆中；亦见于代藩（山西大同）；另有辽（湖北江陵）、汝（河南卫辉）等藩王妃墓。

Cc型玄宫主要见于周藩。

D型玄宫，只见于蜀府一藩，自成体系，风格迥异于其他藩封。从已知墓主确切身份诸例判断，其使用时间从明早期的永乐到晚期的万历，不但特色突出，而且发展演变的轨迹在诸藩中也最为明晰。

E型无玄宫亲王墓，主要分布于今江西、湖北等地，除多见于益藩外，还见于淮藩、荆藩，宁藩亦有类似形式，时间主要集中在万历到崇祯时期。长江流域气候潮湿，地下水位较高，故常有“水蚁交侵”之患，而石灰则有防虫防水之功效，这是明代皇族石灰椁墓出现的主要原因。这种墓葬结构在明末清初成书的一些著述中被称为“灰葬”或“灰隔葬”，而券室墓则对举为“砖葬”。时人陈确认为：“祸莫速于浅葬，莫酷于中空。空则畜水穴虫，兼忧覆坠，浅露必不能久存。二者之祸，其理易见。砖葬者皆将不免，灰葬则实而能深，千秋之计，无以易此，非徒惜费之谓也。”①益庄王玄宫棺床上四周加砌砖墙，复以石灰填实空隙，正是因万继妃合葬时“开圹睹

① 清·陈确：《陈确集》，别集卷七，《葬书下·砖灰椁解惑说》，点校本，中华书局1979年版，下册，第498页。

朽”[①]而采取的一种补救措施，成为券室内部的灰隔葬。如前所述，宁、淮、荆、益等藩府亲王由砖石券室墓到石灰椁墓的变化，是一个渐变式并且有起伏反复的发展过程。2001年在新建发掘的宁靖王夫人吴氏（卒于弘治十五年，1502年）墓，为砖砌拱券墓室，两端无墙，室内满填松香[②]；1956年在湖北蕲春清理的荆端王次妃刘氏（卒于嘉靖三十九年，1560年）墓，也是仅有简单的椁室，四壁和底部以三合土筑成，无墓门和墓道[③]；这两座墓都可以看作是由券室墓向石灰椁墓过渡的例证。

根据前揭材料分析，大体上可以看出明代亲王陵玄宫制度经历了一个由简到繁，复由繁归于简的发展历程。鲁荒王玄宫是明朝年代最早的亲王玄宫实例，其结构和相应的规模颇逊于其他各藩始封祖之墓。明太祖虽然对这个曾“饵金食药，毒发伤目”[④]并最终致死的儿子十分厌恶，给赐恶谥，但从其陵园规模之大、墓室之深、工程之巨及随葬品之丰厚来看，他的丧葬之礼没有减等。也就是说，鲁荒王用二室玄宫是正常的，而不是“降等”的结果。洪武到永乐初期，二室玄宫亦多用于异姓公侯。如南京中央门外小市镇追赠蕲国公康茂才（卒于洪武三年，1370年）墓，前后两室通长8.64米，宽2.95米，高2.12米[⑤]。南京中央门外小市镇东胜侯汪兴祖（卒于洪武四年，1371年）墓，前后两室通长8.39米，宽2.9米，券内高4.51米[⑥]。安徽蚌埠东郊信国公追封东瓯王汤和（卒于洪武二十八年，1395年，其两女先后聘为鲁荒王妃）墓，前室宽3.87米，进深2.59米，高3.6米，后室宽3.96米，进深6.2米，高3.6米，西侧有一侧室，东西北三面各有一壁龛[⑦]。南京中华门外西宁侯宋晟（卒于永乐五年，1407年）墓，前后两室通长9.87米，宽3.48米，券内高3.92米等[⑧]。这种“等威不明”，应该是明初亲王陵墓尚未定制的结果。南京江宁观音山明太祖义子西平侯追封黔宁王沐英（卒于洪武

---

① 明·佚名：《益庄王继妃万氏圹志》，引自陈柏泉《江西出土墓志选编》，江西教育出版社1991年版，第511页。

② 樊昌生等：《明代王妃饰物：工艺精湛、金碧辉煌——南昌明宁靖王夫人吴氏墓出土大批金银玉器及保存完好的丝织品》，《中国文物报》2002年1月9日第1版；樊昌生等：《南昌发掘明宁靖王夫人吴氏墓》，《中国文物报》2002年1月18日第1版；樊昌生等：《宁靖王妃盛装出土》，《文物天地》2002年第3期；江西省文物考古研究所：《南昌明代宁靖王夫人吴氏墓发掘简报》，《文物》2003年第2期。

③ 小屯：《刘娘井明墓的清理》，《文物参考资料》1958年第5期。

④ 清·张廷玉等：《明史》卷一一六，《诸王传·鲁荒王檀》，点校本，第12册，第3575页。

⑤ 南京市博物馆：《江苏南京市明蕲国公康茂才墓》，《考古》1999年第10期。

⑥ 南京市博物馆：《南京汪兴祖墓清理简报》，《考古》1972年第4期。

⑦ 蚌埠市博物展览馆：《明汤和墓清理简报》，《文物》1977年第2期。

⑧ 南京市文物保管委员会：《南京中华门外明墓清理简报》，《考古》1962年第9期。

二十五年，1392年）墓室规格更高，分为甬道、前室、中室、三个并列后室等部分[①]，后室之中室最大，葬沐英，左右两室略小，分别葬沐英元配冯氏、继配耿氏，隔墙各有小券洞与中室相通。但需要说明的是，除沐英墓外，上述公侯墓室的规模都明显小于鲁荒王墓玄宫。

薨于洪武二十八年（1395年）的秦愍王玄宫结构不详，但既有王妃殉葬，为多室墓的可能性更大一些。薨于洪武三十一年（1398年）的晋恭王玄宫为三主室六耳室（配殿）的结构，这是一个重要的标志。事实上，很可能在为晋恭王朱棡营造陵园时，明代亲王陵以及宗室人等的墓葬规制才真正着手建立。《明实录》中的记载佐证了这一推论：洪武三十一年（1398年）三月，“晋世子济熺将葬恭王，欲得民地千一百余亩为寝园，遣使入奏。上命以八百亩为限，而以附近官地偿民，仍量地多寡给钞加赐之”[②]。这是已知关于亲王陵园规模的最早明文限定，而享堂等陵园内部建置可能也肇始于晋藩，秦愍王虽然薨逝较晋恭王早二三年，但其享堂却是到了永乐八年（1410年）岁末才仿晋国之制兴建，并由此确立了明代亲王的陵园之制：“建秦愍王享堂。命视晋恭王之制，加高一尺，深广称之。乃定为享堂七间，广十丈九尺五寸、高二丈九及［尺］、深四丈三尺五寸。中门三间，广四丈五尺八寸、高二丈一尺、深二丈五尺五寸。外门三间，广四丈一尺九寸，高深视中间［门］。神厨五间，广六丈七尺五寸、高一丈六尺二寸五分、深二丈一尺五寸。神库如之。东、西厢及宰牲房，各三门［间］，广四丈一尺二寸，高深视神厨。焚帛亭一，方七尺、高一丈一寸。祭器亭一，方八尺，高视焚帛亭。碑亭一，方二丈一尺、高三丈四尺五寸。周围坛［墙］二百九十丈，墙之外为奉祠等房十有二间。”[③]晋恭王陵墓是在他死后才兴建，太原地方志明确记载：“明晋恭王墓在（太原）县东北三十五里许东驼山之阳，洪武三十一年七月造。”[④]因此，洪武三十一年（1398年）应该是明代王墓发展史上很重要的一年。

永乐、宣德、正统时期，虽然间有单室、二室、三室玄宫，但已知亲王玄宫实例以A型Ⅱ式（五室玄宫）最为多见，这种玄宫形式目前已知下限到成化时期（庆康王）；景泰时期亲王陵墓有2例，但均非正式考古发掘，一是薨于景泰三年（1452年）的周简王朱有爝墓，有两座并列主室和1个祔葬墓室组成，二是薨于景泰四年（1453

---

① 南京市文物保管委员会：《南京江宁县明沐晟墓清理简报》（附载沐英墓），《考古》1960年第9期。

② 明·胡广等：《明太祖实录》卷二五六，洪武三十一年三月己未，校印本《明实录》，第5册，第3705页。

③ 明·张辅等：《明太宗实录》卷一一一，永乐八年十二月甲寅，校印本《明实录》，第8册，第1423页。

④ 清·员佩兰总裁，杨国泰纂修：《太原县志》卷四，《古迹》，《中国方志丛书》影印清道光六年刊本，台北成文出版社有限公司1976年版，第261页。

年）的荆宪王朱瞻堈墓，前后2室。弘治、正德时期有两室玄宫等不同制度。嘉靖以后除晋府等个别例外，亲王陵玄宫基本都是2个主室或单室。还有一个值得注意的现象是，同为Ba型Ⅰ式玄宫，前后串联2室，但具体工程做法却有所不同，一种是每个墓室各为一券，如鲁荒王玄宫、梁庄王玄宫等；另一种是在同一个大券筒之下，内部以墙门界分出前后，如鲁庄王等。需要特别说明的是，前种通常是两室交替使用纵向拱券、横向拱券，垂直交错，A型玄宫通常也都是这种做法。这种纵横交错起券的工程做法在明代文献中叫“丁字大券”，可能具有比较突出的等级意义。嘉靖三十六年（1557年）二月，“掌锦衣卫事都督陆炳劾奏司礼监太监李彬，侵盗帝真工所物料及内府钱粮以数十万计，私役军丁造坟于黑山，会起丁字大券，循拟山陵，大不道，宜寘诸法”①。由此可知，“丁字大券”可能是王墓玄宫营造中具有等级身份表达意义的一种作法（明早期异姓功臣殁追赠郡王者亦有用此券制者，如沐英墓等）。

从明代亲王玄宫规模来看，嘉靖前后存在着明显的变化。嘉靖以前王陵玄宫的通长一般在二三十米左右，楚昭王单室玄宫的长度也达到了13.84米；甚至卒于弘治十三年（1500年），历侍成祖至孝宗七朝的司礼监太监牛玉之墓也用二室结构，而且其通长达到了16.8米②。而卒于正德十六年（1521年）的郑懿王二室玄宫总进深只有8.3米，卒于嘉靖十八年（1539年）的益端王墓甬道及玄宫的通长只有8.2米，卒于嘉靖二十九年（1550年）的襄康王和卒于嘉靖四十五年（1566年）的襄庄王两座王墓的二室玄宫通长分别为10.73米、13.5米。从等级次于亲王的亲王次妃墓和郡王墓也可以看出同样的变化。因此，嘉靖改元前后应该是明代王陵玄宫结构繁简变化的一个突出转折点。

三、明代亲王玄宫制度分期

20世纪80年代初期，徐苹芳先生依据此前30年间的考古发掘资料认为，“明初洪武时期的亲王墓制，较永乐三年（1405年）改制后的规模要小”；蜀悼庄世子陵、宁献王陵等“代表了明朝前期（永乐至弘治）亲王的陵墓制度”；“弘治以后的亲王陵墓制度，较明朝前期有所改变”③。这是一种在考古资料甚少的背景下做出的二分或三分法的论断。稍后，霍巍对于明代后期江西地区藩王墓由砖室葬到石灰椁葬的演变进

---

① 明·徐阶等：《明世宗实录》卷四四四，嘉靖三十六年二月戊子，校印本《明实录》，第47册，第7575页。

② 保定地区博物馆：《明两京司礼监太监牛玉墓发掘简报》，《文物》1983年第2期。

③ 中国社会科学院考古研究所：《新中国的考古发现和研究》，文物出版社1984年版，第631—632页。

行了研究[①]。2000年以后又出现了一些新的成果：王纪潮认为，“明代亲王墓室的大小、多寡和墓道的长短、方向等，各个时期都不相同，所以，仅以墓葬数据的变化来说明明代亲王墓葬制度的变化，还缺乏材料支持”；“各地亲王墓葬的形制大小往往有其偶然性，决定明代亲王葬制的仍是地上陵园规模、享堂、碑碣等”[②]。董新林把明代各类王墓的结构分为“类屋式”“类椁式”“土坑竖穴式”“上下双层楼阁式”四种，并“将明代诸侯王墓分为三期：早期，从洪武元年到洪熙元年；中期，从宣德元年到嘉靖四十五年；晚期，从隆庆元年到崇祯十七年”[③]。笔者在先后两次不同的研究中都把明代亲王玄宫制度分为了四期，“明代亲王陵墓制度的分期（主要是玄宫分期）可以概述为：初始期：洪武、建文（1368—1402年）；确立期：永乐、洪熙、宣德、正统、景泰（1403—1456年）；过渡期：天顺、成化、弘治、正德（1457—1521年）；简略期：嘉靖、隆庆、万历、泰昌、天启、崇祯（1522—1644年）”[④]。杨爱国认为明代亲王陵墓应分为三期，宣德以前为早期，中期始于正统元年，晚期则为隆庆至崇祯[⑤]。

从历年公布的明代亲王墓的考古资料来看，玄宫制度的变化比地面陵园建筑规制的变化更明显，再考虑到明代王陵地面建筑的保存状况普遍不佳，可以认为玄宫的分期应该是明代藩王墓分期研究的一个最好的切入点。根据已知考古资料的分析和前面的类型学研究，借鉴先前的研究成果，本书把明代亲王陵墓玄宫制度分为四期，具体说明如下。

第一期：洪武三十年以前（1368—1397年）。洪武亲王玄宫经正式考古发掘者目前仅有Ba型Ⅰ式鲁荒王一例，夫妻分葬；卒于洪武二十八年（1395年）的秦愍王玄宫结构不详。结合有关秦愍王丧葬的文献记载，参照陵园地面建筑的变化，可以推知多室带耳室的玄宫模式可能在洪武末就已经出现。此期是明代亲王玄宫制度的创始期。

第二期：洪武三十一年至正统时期（1398—1449年）。A型（三主室）玄宫开始出现，除了资料不尽翔实的晋恭王之例外，建文末亲王玄宫有A型Ⅰ式湘献王衣冠冢一例（成祖即位后由朝廷主持修建，实际上永乐时代已经开启）。永乐以后A型Ⅱ式玄宫成为主流，多见夫妻分葬，以郢靖王、肃庄王、伊厉王、辽简王、韩恭王、宁献王诸王墓为代表；根据笔者在平凉调查时获得的信息分析，初封平凉的安惠王（朱楹，明

① 霍魏：《论江西明代后期藩王墓葬的形制演变》，《东南文化》1991年第1期。

② 王纪潮：《明代亲王葬制的几个问题》，《文物》2003年第2期。

③ 董新林：《明代诸侯王陵墓初步研究》，《中国历史文物》2003年第4期。

④ 刘毅：《明代帝王陵墓制度研究》，人民出版社2006年版，第325页；刘毅：《明代亲王陵墓玄宫制度研究》，《华夏考古》2010年第3期。

⑤ 杨爱国：《明代亲王陵墓的考古学研究》，《考古与文物》2007年增刊（汉唐考古）。

太祖二十二子，薨于永乐十五年）玄宫应该也是A型Ⅱ式。同期也可见其他玄宫形式，如Ba型Ⅰ式梁庄王玄宫、Bb型周定王玄宫、Ca型楚昭王玄宫、D型Ⅰ式蜀悼庄世子玄宫、D型Ⅱ式蜀僖王玄宫等。在此期间的永乐八年（1410年）和正统十三年（1448年），朝廷先后两度颁定亲王陵园规制①。就整个明代而言，此期亲王玄宫制度多样化，但也是墓室规格统一色彩最浓烈的时期，本期为明代王陵玄宫制度的确立期。

第三期：成化至正德时期（1465—1521年）。亲王玄宫制度多样化，既有A型Ⅱ式庆康王玄宫，也有Ba型Ⅰ式郑懿王玄宫，新出现了Ba型Ⅱ式德庄王玄宫，还有Cb型襄宪王玄宫、Cc型周懿王玄宫、D型Ⅲ式蜀怀王玄宫和D型Ⅳ式蜀昭王玄宫等多种不同形式，多见夫妻合葬。这是明代亲王玄宫制度的多样化过渡期，或曰平稳期。

第四期：嘉靖至明末（1522—1644年）。亲王玄宫制度依然多样化，但出现了明显的共同趋于简化的态势，有A型Ⅲ式晋端王和晋裕王玄宫、Ba型Ⅰ式肃宪王玄宫和衡宪王玄宫、Ba型Ⅱ式德藩诸嗣王玄宫、Bc型潞简王玄宫、Cb型益藩和襄藩亲王玄宫、D型Ⅴ式蜀端王玄宫等多种不同形式，新出现了以益藩为代表的E型墓。一般都是夫妻合葬。此期是明代亲王玄宫制度的简略期。

目前尚未发现天顺、泰昌、天启3个纪元的亲王玄宫实例，其中泰昌、天启夹在万历崇祯之间，自应属于第四期。而天顺二年（1458年）颁布的王与王妃“合葬令”是明代亲王玄宫制度分期的重要界标，应该作为一个新分期的开始，故将景泰朝划入第二期之末。最后，明代亲王玄宫制度的分期修正表述如下。

第一期：洪武元年至三十年（1368—1397年）；

第二期：洪武末、建文、永乐、洪熙、宣德、正统、景泰（1398—1456年）；

第三期：天顺、成化、弘治、正德（1457—1521年）；

第四期：嘉靖、隆庆、万历、泰昌、天启、崇祯（1522—1644年）。

第三节　明代藩王玄宫特点研究

根据上述各实例的基本信息分析，明代亲王陵墓玄宫制度绝不是统一设定的一种模式，而是缺乏系统、严格的规范，其发展变化也少见特别突出的规律性。下面从三个方面来讨论明代王陵玄宫制度的基本特征。

① 明·申时行等：《大明会典》卷二〇三，《工部·王府坟茔》，影印本，第5册，第2730—2731页。

一、明代亲王玄宫形态的纵横比较分析

通过本章第一节列举分析的17个藩府亲王玄宫的例证和第二节所做的类型学研究可以看出，明代各藩王陵玄宫结构的纵向继承发展关系远远大于各藩府之间的横向同时代共性关系；或者说，各藩王陵玄宫自成体系的倾向颇为明显，这在晋、楚、鲁、蜀、靖江、德、益、潞诸藩王陵中都有突出的表现。各府始封祖的玄宫之制对于后世嗣王玄宫之制的影响是决定性的，从那些资料相对比较多的藩系能够清楚地看出其自身的发展变化趋势，基本都是由始封王既定之制逐步或一步走向简化。如晋藩可能自始至终皆为三主室玄宫；楚藩诸王玄宫皆为单室附耳室，从始封王开始，玄宫规制普遍简单；鲁藩诸王玄宫皆为二室，也是受始封王玄宫之制影响，始终未见多室的亲王玄宫之制；德藩玄宫前后两室，后室均为两或三室并列的隔室葬；益藩端、庄、恭三王为单室玄宫，而昭王以后四王则改为石灰椁葬，仅有椁室而没有玄宫。周定王玄宫之制在已知诸例中最为复杂，但周藩三任二代之简王墓已经简化为由两座并列主室和一个祔葬墓室组成的特殊玄宫结构，而后进一步演变为王与王妃合葬的单室墓（如周懿王），其余妃妾依序祔葬或从葬，玄宫装饰壁画等逐渐固化，诸如此类，一并形成传统。与其他藩府相比，历代蜀王陵墓玄宫的地方特色最为突出，悼庄世子、僖王、怀王、昭王、端王5个案例具有明显的纵向继承和发展变化关系，其玄宫门前八字墙、前部庭院式的布局和装饰、后室（棺室）相对狭小等都属于鲜明的个性化特征。这些构造和装饰具有强烈的地方性特色，20世纪50年代以来，成都地区墓主身份不同，而造型和装饰相似的墓室形式多有发现，如白马寺第六号明墓等①，昭示出这种墓葬结构及装饰具有共同的地方属性。

与各王府间玄宫制度自成体系相反，时代相同但不同藩府之间的王陵玄宫制度的时代共性却不是十分突出，也就是说各府王陵制度的横向关联并不大。一个极具典型意义的对比例证，是同在永乐二十二年（1424年）和洪熙元年（1425年）之间薨逝的三位亲王采用了截然不同的3种玄宫制度：辽简王为标准五室玄宫（A型Ⅱ式，湖北江陵），楚昭王为单室玄宫（Ca型，湖北武昌），周定王则为两主八配十室玄宫（Bb型，河南禹州）。这三位墓主都是明太祖之子、本藩始封王，但玄宫平面布局却各具法相，玄宫面积也相差悬殊，周定王玄宫约700平方米，辽简王玄宫约120平方米，而楚昭王玄宫却只有85平方米，周定王玄宫面积达到楚昭王玄宫的8倍之多。周定王是明

① 四川省文物管理委员会：《成都白马寺第六号明墓清理简报》，《文物参考资料》1956年第10期。

成祖的同母弟[①]，其陵墓规模宏大尚有可解；而辽简王却因“靖难”之役站在建文帝一边而被明成祖“嫌之”[②]，纵使朝廷对待亲藩厚薄判若云泥，也不会主导楚昭王玄宫之制逊于辽简王。且看《明太宗实录》对二人的盖棺之论：“楚王桢讣闻，王……恭慎畏事，执守礼法，始终一心。在国四十余年，不非理取于民”；“辽王植讣闻，王……建文中，上举兵靖难，王弃国还京师。上即位，改国荆州，后以过罢护卫”[③]。楚昭王无论齿序、声誉、战功都在辽简王之上，二人藩封又同属湖广行省，唯一可信的解释，就是这3座亲王墓不会全部都是按照朝廷确定的规则来营造的。

另外，卒于永乐七年（1409年）的蜀悼庄世子（D型Ⅰ式，四川成都）和先后卒于永乐十二年（1414年）的郢靖王（A型Ⅱ式，湖北钟祥）、伊厉王（A型Ⅱ式，河南洛阳）3座玄宫，也是营造年代相近但墓室规制明显不同的例证。同属于明代晚期的万历三十一年（1603年）益宣王墓（E型，江西南城）、万历四十年（1612年）蜀端王墓（D型Ⅴ式，四川成都）和荣定王墓（Ba型Ⅱ式，湖南常德）、万历四十二年（1614年）潞简王墓（Bc型，河南新乡）、万历四十六年（1618年）肃宪王墓（Ba型Ⅰ式，甘肃兰州）5座亲王墓的玄宫结构同样差别甚大。至于卒于万历二十九年（1601年）的潞简王次妃赵氏使用石砌4室玄宫，而卒于万历三十一年（1603年）的益宣王却只用砖砌石灰椁室，更是对比强烈的例证。以玄宫建筑材质而言，明代大部分亲王墓室是用大砖或砖石并用（条石为基、大砖砌壁及券）构筑，完全石构者仅见于襄藩和潞藩。从这些并非孤证的实例来看，很难认为明代亲王玄宫制度有全国划一的统一模式，藩府地域性特色应该是超越时代特征之上的一级分类指标。可以推断，明朝中央政府可能并没有给各王府或设藩行省的三司衙门颁发过统一的关于王陵玄宫营造规制的“工部图示”一类文件。换言之，明代亲王玄宫形式并没有法条式的明文规则可循，这种地下建筑的差异性比陵园的差别更大。按期段考察，除5室玄宫（A型Ⅱ式）、2室玄宫（Ba型Ⅰ式）带有一定的普遍性外（如果有朝廷统一的亲王玄宫范式，应该也不出这两种之外），其他玄宫形式五花八门。之所以如此，主要是因为各藩府陵园的设计和营造可能实际是由地方政府主导，朝廷派遣的官员主要起礼仪和督

---

① 按照《明太宗实录》等官方文献记载，包括明成祖在内的明太祖前五子都是孝慈马皇后所生嫡子，永乐以后的官修史书大都沿袭这一说法。但《革除遗事》《天潢玉牒》《南京太常寺志》以及《弇山堂别集》《七修类稿》《三垣笔记》《陶庵梦忆》等多部明人著述，都记载只有周定王与成祖（燕王）是同母兄弟，《南京太常寺志》则直接记载成祖为碽妃所生。20世纪30年代，吴晗先生曾撰《明成祖生母考》一文专门考证，载《清华学报》第10卷，第3期，1935年7月；又收入《吴晗史学论著选集》第一卷，人民出版社1984年版。

② 清·张廷玉等：《明史》卷一一七，《诸王传·辽简王植》，点校本，第12册，第3587页。

③ 明·张辅等：《明太宗实录》卷二六九，永乐二十二年三月癸巳；卷二七二，永乐二十二年六月壬子，校印本《明实录》，第9册，第2438—2439、2461页。

导作用，而王府的财力可能也是一种影响因素。或许始封王出藩越早（年龄小、王府官员来自地方），各种规章仪范中来自朝廷具体的影响也就越小。自第二期以后，B型或C型玄宫越来越多见，和朝廷夭折皇子及妃嫔墓葬形式多为前后2室的规制相一致，反映出部分藩府（特别是当时新封诸藩）对朝廷的依赖性整体上有所加强。

明代亲王玄宫在建筑形式上具有较强烈的以藩府为限的地域性特征，这种差异性表现得比陵园地面建筑更为明显。从各藩王陵纵向关系来分析，始封王玄宫规格一般都高于后世嗣王，已知诸例唯襄藩略有例外。另从晋裕王朱求桂在明末（卒于崇祯三年，1630年）依然使用三主室玄宫来看，太祖所封诸王以始封王地位较高等因，尽管嗣王依例降等，但其玄宫规格可能始终高于后世列帝所封的其他藩王。这一规律在南京地区明初异姓王公及其后裔墓葬规制的演变中也可以得到间接的验证。以资料最为丰富的沐氏家族墓为例，明太祖义子西平侯沐英，洪武二十五年（1392年）薨，追封黔宁王，谥昭靖，葬南京江宁观音山。墓室坐北朝南，分为甬道、前室、中室、三个并列后室等部分[①]。前室南北长8.24米，东西宽3.14米，高3.1米。中室南北宽3.58米，东西长11.8米，高3.95米。后室为分三室，中室最大，葬沐英，南北长5.5米，东西宽3.5米，高3.9米；左右两室略小，分别葬沐英元配冯氏、继配耿氏，隔墙各有小券洞与中室相通。沐英之子沐晟，正统四年（1439年）薨，追封定远王，谥忠敬，葬南京江宁沐英墓西旁，二墓相距约200米[②]。沐晟墓墓室结构与沐英墓相似，分为甬道、前室、中室、两个并列后室等部分，但建筑规模略小。前室南北长2.8米，东西宽2.35米，高2.35米。中室南北宽2.68米，东西长7.15米，高3.27米。后室东室长4.56米，宽2.71米，高2.74米，葬沐晟；西室长4.66米，宽2.4米，高2.56米，葬沐晟妻程氏。沐晟子孙以黔国公世袭，世守云南，殁后则还葬南京。其家族墓室规制有很突出的传承性，如明末的八世黔国公沐昌祚，天启五年（1625年）薨，归葬江宁祖茔，其墓1979年发掘[③]，墓室结构仿沐晟墓，但只有前后两室，甬道偏在东侧。前室南北宽2.5米，东西长4.75米，高3.13米。后室东室长4.2米，宽2.42米，高2.46米，葬沐昌祚；西室与东室等大，葬沐昌祚妻。沐昌祚墓室虽然小于沐英、沐晟墓，但其规模仍很可观，平面规制甚至超过了某些时代相近的亲王玄宫，这应该是沐氏家族墓室规制世代相承的结果。类似规律在南京徐达家族墓等延续时代比较长的墓葬群中也同样存在。

---

① 南京市文物保管委员会：《南京江宁县明沐晟墓清理简报》（附载沐英墓），《考古》1960年第9期。

② 南京市文物保管委员会：《南京江宁县明沐晟墓清理简报》，《考古》1960年第9期。

③ 南京市博物馆：《江苏南京市明黔国公沐昌祚、沐睿墓》，《考古》1999年第10期。

二、明代藩王玄宫平面布局的象征意义

从整体上说，明代亲郡王墓的研究资料不够充分，经过正式考古发掘且发掘时玄宫保存基本完好的例证并不多，因而王墓玄宫布局及其装饰特点等问题长期未被关注。最初引起研究者关注明代藩王玄宫平面布局象征意义的是极具装饰效果的蜀悼庄世子玄宫，《成都凤凰山明墓》（发掘简报）认为这种布局是“模拟王府的规制”[①]。这是一个非常有见地的认识，揭开了关于明代藩王玄宫平面布局的来源或象征意义研究的序幕。

和王墓一样，明朝关于王府制度的规定也是逐步完善的。洪武四年（1371年）规定：“王城高二丈九尺，下阔六丈、上阔二丈，女墙高五尺五寸。城河阔十五丈，深三丈。正殿，基高六尺九寸，月台高五尺九寸。正门，台高四尺九寸五分，廊房地高二尺五寸。王宫门，地高三尺二寸五分。后宫，地高三尺二寸五分。正门、前后殿、四门城楼，饰以青绿点金，廊房饰以青黑。四门正门以红漆，金涂铜钉。宫殿窠拱、攒顶，中画蟠螭，饰以金边，画八吉祥花。前后殿座用红漆金蟠螭，帐用红销金蟠螭，座后壁则画蟠螭彩云（后改蟠螭为龙）。”“七年（1374年）定：亲王所居，前殿名承运、中曰圆殿、后曰存心；四城门，南曰端礼、北曰广智、东曰体仁、西曰遵义。九年（1376年）定：亲王宫殿、门、庑，及城门楼，皆覆以青色琉璃瓦。”[②]根据这段文字，结合弘治八年（1495年）更定的王府之制[③]，以及后来《明史》中归纳的“亲王府制”[④]，可以把明代亲王府的结构和规模大致勾勒如下。

王城，城周三里三百九步五寸，东西一百五十丈二寸五分，南北一百九十七丈二寸五分，城门四开。王宫（王府）是其中的核心部分，其他还有王国宗庙、山川社稷坛等重要建筑。王城中轴线上的主要建筑，自南墙上的端礼门开始，往北依次是承运门（王宫门）、承运殿七间、圆殿、存心殿；然后是后宫，有宫门、前寝宫五间、穿堂七间、后寝宫五间。正常情况下，王府和王城的主要建筑物顶部覆以绿釉琉璃瓦，王府宫殿等处饰以青绿点金，可用龙纹。

再来看特色突出的蜀藩玄宫，以规制最全的悼庄世子墓为例，该墓的“发掘简报”将其分为“大门”“前庭”“二门”“正庭”“正殿”“中庭”“圜殿”“后

---

① 中国社会科学院考古研究所等成都明墓发掘队：《成都凤凰山明墓》，《考古》1978年第5期，第313页。

② 明·申时行等：《大明会典》卷一八一，《工部·亲王府制》，影印本，第5册，第2484页。

③ 明·申时行等：《大明会典》卷一八一，《工部·亲王府制》，影印本，第5册，第2484—2485页。

④ 清·张廷玉等：《明史》卷六八，《舆服志四·亲王府制》，点校本，第6册，第1670页。

殿”等部分，并认为“墓室大门象征王城的正门。二门代表王府宫殿的正门。二门之内正殿之前为广阔的正庭，左右两厢表示正殿两庑的左右二殿。正殿为重檐庑殿式建筑，最为华丽。正殿之后为中庭，中建圜殿，两庑亦有左右二殿。后殿表示寝殿，放置棺椁的中室，上为盝顶平闇，左右后三壁环砌须弥座，说明中室是模拟寝殿中的帐”[①]。此说把玄宫各部分完全与王宫结构类比，虽然有一定的道理，但却并不完全准确。玄宫头道门有门楼式建筑，外有八字墙，就建筑形式而言，与其说是“象征王城的正门”，不如说更接近王府的正门，而将连接“正庭”与“中庭”的第三道并联三座宫门（前后檐柱间进深为1.58米，实际上就是一道门）名为“正殿”（图4-95），尤为不妥（后来蜀僖王墓《发掘简报》更进一步把连接“前庭”与“正庭”的第二道宫门名为“前殿”）。至于后殿，则是把前中后三组寝宫变成了左中右纵式并列。因此，蜀悼庄世子玄宫确实是模拟王府的规制，但只是一种象征，并非逐一照搬或等比例明器化缩小。

图4-95　明蜀悼庄世子玄宫第三道宫门之中门（“正殿”）及其后面的圜殿

无论如何，蜀藩王陵（特别是早期）模仿王府布局是一个不争的事实。那么少有内部装饰的三个主室形式（A型）玄宫象征什么呢？笔者认为，它们应该是帝陵玄宫的简化版。明世宗在预拟寿陵规制时曾经说：“地中宫殿器物等旧仿九重法宫为之。”[②]可知帝陵玄宫是仿“九重法宫”之制，经过考古发掘的明神宗定陵就是其中的一种模式，为前、中、后三个主室，中室左右各出一个耳室的五室玄宫[③]；此外可能还会有七室、九室等不同形式。关于明代帝陵玄宫与九重法

① 中国社会科学院考古研究所等成都明墓发掘队：《成都凤凰山明墓》，《考古》1978年第5期，第313页。

② 明·徐阶等：《明世宗实录》卷一八七，嘉靖十五年五月辛未，校印本《明实录》，第42册，第3958—3959页。

③ 中国社会科学院考古研究所等：《定陵》，文物出版社1990年版，第17—21页。

宫的关系问题，曾经有过专门讨论①，因其与王墓的直接关联不大，在此不重复。明代王墓中的三主四配七室玄宫（A型Ⅰ式）、三主二配五室玄宫（A型Ⅱ式）、三主室玄宫（A型Ⅲ式）实际上都是“九宫格”式的九宫（图4-96）减去了不同的部分，但其核心的三部分，即明堂太庙、太庙太室、玄堂太庙，全都保留了下来。从前面对于王府布局的探讨中可以看出，明代的王府和皇宫（紫禁城）一样，中轴线上也分为前朝（殿）与后寝（宫），前朝三重殿，后寝三重宫。因此，玄宫前、中、后三室并列，无论其长宽比例如何变换，和王府前朝后寝各三重宫殿一样，都是亲王的身份象征。迄今为止，明代宗室郡王墓室超过2个主室的仅见有周藩顺阳怀庄王（永乐十三年，1415年，河南上蔡）一例，另有异姓追赠郡王沐英、沐晟例；但后两例均无耳室。

明堂左个 清阳右个 巽四	明堂太庙 离九	明堂右个 总章左个 坤二
清阳太庙 震三	太庙太室 中五	总章太庙 兑七
清阳左个 玄堂右个 艮八	玄堂太庙 坎一	总章右个 玄堂左个 乾六

图4-96　“九宫格”式九宫布局

A型玄宫三个主室左右的耳室，无论是2个、4个，抑或更多，除了身份等级的标识以外，在明英宗遗诏明令禁止宫妃殉葬以前，可能还有安置殉葬者棺柩的实际功用。湖北钟祥的郢靖王墓发掘时保存了完好的殉葬迹象，其玄宫左右配室中各有3具棺柩遗存，遗骨鉴定皆系少女，应为从殉者。据《郢王圹志》中“王薨未几，妃以十二月二十九日亦薨”等语②，与朱栋合葬于后室的王妃郭氏也应该是自殉而死。所以后来成书的《明史》直接记载：“王妃郭氏，武定侯英女。王薨逾月，……遂自经。”③除A型玄宫外，Bb型周定王玄宫（洪熙元年，1425年，河南禹州）前后室各出4个耳室，可能也是用于埋葬从殉之宫嫔。明代帝王妃嫔殉葬制度应该是始于洪武末年，据《明太祖实录》《大明会典》等文献记载，洪武二十八年（1395年）三月，秦愍王薨，两名王妃殉葬；洪武三十一年（1398年）三月，晋恭王薨，亦用人殉；而明太祖

① 胡汉生：《明定陵玄宫制度考》，《故宫博物院院刊》1989年第4期；胡汉生：《明十三陵》，中国青年出版社1998年版，第95页；刘毅：《明代帝王陵墓制度研究》，人民出版社2006年版，第138—152页。

② 湖北省文物考古研究所等：《郢靖王墓》，文物出版社2016年版，第64、75、211、39页。

③ 清·张廷玉等：《明史》卷一一八，《诸王传·郢靖王栋》，点校本，第12册，第3610页。

本人"孝陵四十妃嫔，惟二妃葬陵之东西，余俱从葬"[①]。年代稍早的鲁荒王（薨于洪武二十二年，1389年）死后未见相关记载，其墓室范围内也未见殉人迹象，间接证明此虐政当时尚未出台。天顺八年（1464年）正月，明英宗弥留之际口授遗诏，其中有"殉葬非古礼，仁者所不忍，众妃不要殉葬。……以后诸妃次第祔葬"[②]等语，残忍的殉人制度至此才被废止。亲王玄宫耳室最终消失不见，有朝廷或藩府财力所限的原因，也与废止殉人制度直接相关。随着时间的推移，耳室曾经的埋葬殉人的实用意义已不为世人所知。万历二十五年（1597年）三月，明神宗敬妃李氏病故，神宗传旨追封为皇贵妃，并令"葬于寿宫右穴"，命议葬仪。这里的"寿宫右穴"显然是指预建完成的神宗寿宫之右配殿（图4-97），但大学士张位、沈一贯却提出了异议："窃惟寿宫，乃国家万年储祥吉壤，灵气萃钟，似不宜轻有动泄。在祖宗时亦未尝有妃嫔预入之例。是以礼臣守礼，只拟于天寿山悼灵［陵］左右相择言［吉］地。……今奉圣谕，命臣等议拟，臣等再三商量，玄堂之傍制设左、右侧穴，推原初意，或者以待各

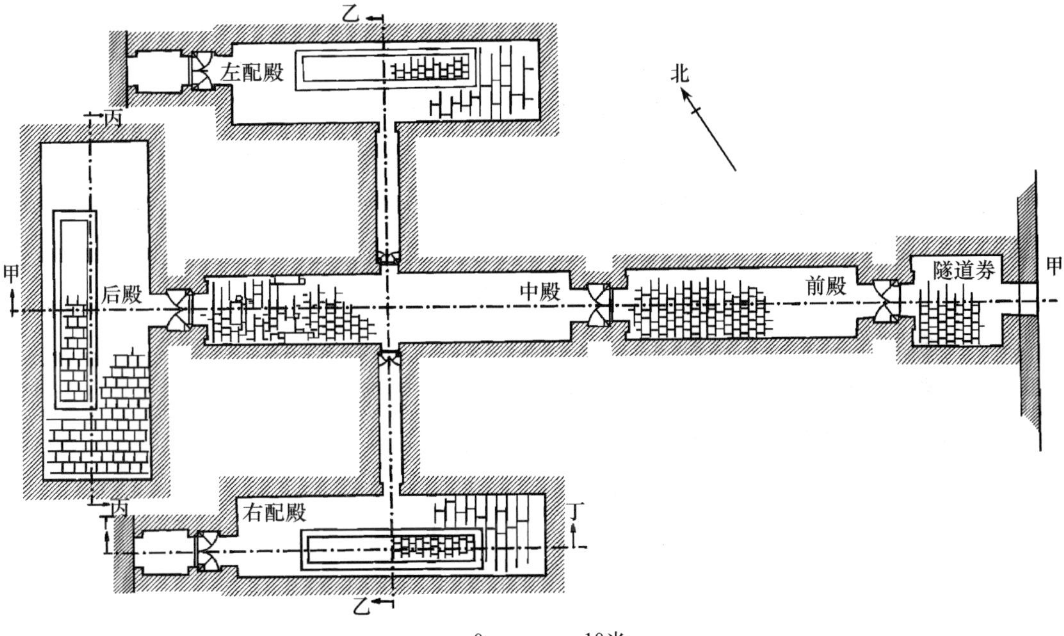

图4-97　明神宗定陵玄宫平面图
（引自《定陵》）

① 明·申时行等：《大明会典》卷九〇，《礼部·坟陵等祀》，影印本，第3册，第1423页。

② 明·孙继宗等：《明英宗实录》卷三六一，天顺八年正月己巳，校印本《明实录》，第21册，第7172页。

妃，但从来未经附［祔］葬，臣下不敢轻议。”[①]可见，在当时人的认知层面上，皇陵玄宫中的耳室（配殿）已经不再具有实际使用意义。

前后两主室的玄宫之制互见于明代亲王、郡王墓葬，第三、第四两期更多见于亲王墓，其象征意义就是简单的王宫或王国宗庙之“前朝后寝”，或者是对应陵园地面的享堂与封土墓穴。至于两室带耳室的玄宫之制，第二期见于赵简王墓（宣德六年，1431年，河南安阳），详情已不可知；第四期见于潞简王墓（万历四十二年，1614年，河南新乡）及其次妃赵氏墓，既非当时礼制，更无关于殉葬，应该是仿拟皇陵玄宫的一种僭越行为。

单室玄宫、石灰椁墓只是埋葬方式，应该没有象征意义。这两种墓葬形式品官、庶民都可以应用，其间差别，只在规模、材质或有不同而已。

三、明代藩王玄宫装饰特点分析

明神宗定陵玄宫五室全部以青白石砌成，不施朱垩，其主室宫门以汉白玉制作，门楼、檐、枋、脊兽、石门等均雕凿精美，但也没有任何色彩装饰。整个地宫全部为建材本色，惟封门墙（自名为“金刚墙”，石基砖砌）的上部屋顶式装饰部分覆黄釉琉璃瓦[②]。这种简约的玄宫装饰方式，并没有成为各地藩王陵墓的统一范式（或许皇陵玄宫装饰早晚亦有不同）。已知明代亲郡王陵墓的墓室部分，有些和定陵一样，没有什么附加装饰，但也有一些带有自具特色的装饰。和玄宫制度一样，这些墓室装饰也具有各藩府自相传承的特点。

绿釉琉璃砖瓦件在藩王陵墓中普遍使用，主要装饰于封门墙上檐或墓口门楣等处，也有些用于玄宫内部门墙等处装饰，如周定王陵。周藩郡王玄宫门上也有用绿釉琉璃装饰之例，如罗山悼惠王墓等。蜀藩王陵玄宫内部装饰最为考究，以悼庄世子玄宫为例，其前、中两室的两侧壁前均搭出硬山顶厢房各五间（图4-98），中室的正中偏前还有石构正方形圜殿一座，形如小亭，其内陈设石桌三件；另在中室厢房之后左右壁各有一1.27米×1.30米的小耳室，亦安设石门[③]。蜀式玄宫内部屋、廊等模拟建筑物的顶部多有绿釉琉璃装饰，其他砖石构件也涂以黑、红、蓝等不同颜色，如蜀

---

① 明·佚名：《万历起居注》，万历二十五年三月二十九日己未，《中国公共图书馆古籍文献珍本汇刊》（史部）据天津市图书馆藏明抄本影印本，全国图书馆文献缩微复制中心2001年版，第9册，第83—85页。

② 中国社会科学院考古研究所等：《定陵》，文物出版社1990年版，第17—21页。

③ 中国社会科学院考古研究所等成都明墓发掘队：《成都凤凰山明墓》，《考古》1978年第5期。

图4-98 明蜀悼庄世子玄宫前室右厢

怀王玄宫[①]。

明代各王墓至少有一道对开石门，有一些素面无纹饰，但大多雕饰出门钉、铺首等装饰，门钉一般为纵横各九路，有不少在石门上涂朱砂（秦藩郡王汧阳端懿王朱公鐟的墓门是施红漆），门钉涂金。秦、晋等府的高级墓葬通常在墓室门外做出琉璃瓦装饰的门楼和"八字墙"（图4-99），仿王府宫门形式。伊藩方城郡王府镇国将军朱訏洌及夫人赵氏墓的双扇对开石门上彩绘有执金瓜站立门神像[②]，是比较罕见的一例；其所反映的是民俗而非礼制。有些王陵玄宫的内壁挂灰涂朱，有些残留批灰，但已看不出本来颜色。晋恭王朱棡玄宫室门等处的檐、枋、柱等仿木结构处还有青、绿、红等色的彩绘装饰。这些门、墙等处的装饰，实际上都是对生界王府实际状况的模拟，是一种写实。

考古发掘中所见保存有比较清晰壁画的明代王墓实例并不多见。山西榆次晋裕王朱求桂（薨于崇祯三年，1630年）玄宫三室墙上全部用白粉涂底，其上彩绘云雾，后、中两室用红、黄、淡墨三色，前室增加了绿色，墓门及外墙涂红色[③]。结合晋恭王玄宫色彩装饰推测，晋藩应该有在墓室内装饰彩绘的传统，但是否都有壁画，还

① 成都文物考古研究所：《成都市三圣乡明蜀"怀王"墓》，《成都考古发现2005》，科学出版社2007年版。

② 洛阳市文物工作队：《洛阳三座伊藩家族墓发掘简报》，《中国国家博物馆馆刊》2012年第4期。

③ 郭勇等：《明晋裕王墓的清理工作》，《文物参考资料》1956年第6期。

图4-99　明晋端王墓门装饰

需要有更多的资料才能进行分析。仅就目前所知，周藩应该有在墓室中彩绘壁画的传统。周懿王（薨于成化二十一年，1485年）墓室内壁满绘彩色壁画[①]，以云气、花卉、乐器为主要内容，花卉有菩提、牡丹、菊花、莲花等，乐器种类有鼓、钹、笙、快板、笛、手鼓、琴、腰鼓等。色彩以黑、红两色为主，间有青、黄二色。周庄王朱朝堈（薨于嘉靖三十年，1551年）玄宫中有壁画，内容为日月星辰、海水人物等[②]。此外，周藩一些郡王墓中也发现有壁画。如原武温穆王朱朝埨（薨于万历三十五年，1607年）墓室内除前壁外，画满佛教题材彩绘壁画，有释迦牟尼佛、菩萨、罗汉、帝王、妙音鸟、麒麟、白象，还有星辰、云鹤、各种乐器等[③]。沁阳火车站北郑藩某王玄宫的两侧壁上应该也绘满壁画，但仅残存很少一部分，可以看出庭园、人物等（图4-100）。

① 河南省文物考古研究院：《明代周懿王壁画墓发掘简况》，内部资料，2016年10月。

② 孙凯：《明代周藩王陵调查与研究》，中州古籍出版社2014年版，第53页。

③ 郑州市博物馆：《荥阳二十里铺明代原武温穆王壁画墓》，《中原文物》1984年第4期。

图4-100　河南沁阳火车站明郑藩某王墓后室东壁残存壁画

这些壁画的内容，有些反映的是升天或仙界，如日月星辰、云气、海水人物、云鹤等；有些是反映世俗生活，如花卉、庭园、仕女、乐器等，其中乐器或许还是卤簿仪仗的代表物或象征物；原武温穆王墓壁画所反映的可能是墓主对佛教的笃诚信仰。

从考古发现的普遍角度来看，壁画或砖雕装饰在明代藩王墓葬中似乎并不是主流，大量的考古发掘资料（包括明神宗定陵）可以佐证这一判断。这和更早的宋金时期流行在墓室内装饰世俗性的生活起居等图样截然不同，当时包括后妃、宗室等人的墓室内都有大量的砖雕世俗生活场面的装饰，如陪葬宋太宗永熙陵的元德李皇后陵①、宋真宗次子悼献太子赵祐墓（图4-101）②，以及陪葬英宗永厚陵的魏王赵頵墓③等。明代宅居以素壁为贵，这在反映宫廷生活题材的绘画中多有反映，同时也是当时文人的风尚，明末文震亨议论居宅装饰云："古人最重题壁，今即使顾陆点染、钟王濡笔，俱不如素壁为佳。"④墓葬的装饰风格应该来自同期或稍早的现实世界，明代王墓中常见的壁画题材中，花卉庭园可能象征日常起居，乐器类则是反映世俗娱乐或是卤簿仪

① 河南省文物研究所等：《宋太宗元德李后陵发掘报告》，《华夏考古》1988年第3期。

② 国家文物局主编：《宋周王墓》，《2019中国重要考古发现》，文物出版社2020年版，第166—169页。

③ 游清汉：《河南巩县孝义镇发现宋益王墓》，《考古》1961年第9期；周到：《宋魏王赵頵夫妻合葬墓》，《考古》1964年第7期。

④ 明·文震亨：《长物志》卷一，《室庐·海论》，李瑞豪编著《中华生活经典》本，中华书局2012年版，第30页。

图4-101　宋真宗次子悼献太子墓室东壁砖雕装饰

仗的象征物，也有些内容是反映墓主的信仰；还有一些如日月、云气、云鹤等，是表达了传统的升仙企愿；尽管如此，可能“素壁”仍是明代藩王玄宫装饰的主流（包括砖石壁和墙面挂灰）。

第五章　明代藩王的埋葬制度与随葬品研究

明代处于中国传统社会晚期，周汉以来载于典籍的丧葬古礼虽然一直被朝廷作为制定皇室相关仪注的蓝本，但在实行层面，明代藩王宗室的丧葬之礼既有对前代典制的连续性继承，更有许多在传承过程中出现的变异，这在葬式、棺制及礼制类随葬品和明器中有明显的表现。同时，明代藩王的丧葬活动还引入了不少民俗性的行为，其中有些也是源远流长，同样存在着传承与变异交互出现的现象。同样地，藩王及其子孙的合葬、祔葬与从葬，既有对于传统礼制的继承，也有不少是缘事设例而出现的新创之制；在基本固定的制度框架下，有时还会因人而异、因事而异。

第一节　明代宗藩的殓服与葬式

明代官方文献中关于藩王等人冠服之制的记载很多，但却缺乏关于亲王、郡王等皇室成员的殓服与葬式的明确记录。最近六七十年来的考古工作，发掘出若干保存完好或基本完好的明代宗藩成员殓葬现象的资料，尽管为数不多，但还是揭露出冰山一角。

一、殓　　服

明代冠服制度是宗藩贵族殓服之制的基础，也是研究殓服之制的切入点。洪武初定制：亲王陪侍天子参与重大祭祀活动、拜谒宗庙、朝贺、受册封、纳妃等，服衮冕服；朔望朝会、降诏、降香、进表、四夷朝贡、朝觐，着皮弁服；平常燕居则穿戴常服。嘉靖七年（1528年），又增加“保和冠服”为藩王燕居服。亲王妃冠服则分为礼服、常服两种[1]。

---

① 明·申时行等：《大明会典》卷六〇，《礼部十八·冠服一》，影印本，第2册，第1041—1047页；清·张廷玉等：《明史》卷六六，《舆服志二》，标点本，第6册，第1625—1628页。

衮冕服：洪武元年（1368年）十一月定亲王衮冕之制，冕冠九旒，每旒玉珠九颗，用金簪。玉圭九寸二分五厘。冕服九章，青衣五章，画龙、山、华虫、火、宗彝；纁裳四章，绣藻、粉米、黼、黻。白纱中单，黼纹饰领。蔽膝纁色，织火、山二章；其余带、绶等与皇帝冕服之制略同[①]。洪武二十六年（1393年）改定青衣纁裳章纹具用织，亲王冕服制同皇太子。永乐三年（1405年）更定亲王冕冠为玄表朱里，綖板前弧圆后方，九旒贯五彩玉珠九颗，以赤、白、青、黄、黑相次，用玉衡金簪。衮服九章，玄衣织五章，龙在肩，山在背，火、华虫、宗彝在袖，纁裳前三幅后四幅，不相属但共腰，织藻、粉米、黼、黻四章。纁色蔽膝亦织藻、粉米、黼、黻四章。另配中单及各式玉佩，余与皇帝冕服略同。玉圭九寸二分五厘，下有锦韬囊。

皮弁服：永乐三年（1405年）定亲王皮弁服之制同皇太子，弁冠，皮质敷以乌纱，前后各九缝，每缝缀五彩玉珠九枚，冠缝等处饰金；金簪朱缨。皮弁服为绛纱袍，红裳如冕服之裳制，但无章纹；中单以素纱为之，深衣制，蔽膝红色，余略同冕服。圭同冕服之玉圭。

常服：洪武时定以乌纱折上巾为冠。永乐三年（1405年）定亲王常服与皇太子同，冠为乌纱折上巾，即“翼善冠”。服为赤色袍，盘领窄袖，前后及两肩各织金盘龙一团，带饰玉[②]。

根据这些规定，无论是至尊至贵的衮冕服，还是等而次之的皮弁服，都雍容华贵但穿戴繁琐，实际上只用于重大典礼场合。这类衣冠穿戴时坐、立尚可，叩拜已有不便，更不适合“躺”的功能。从装殓现象保存比较好的几座藩王墓实例来看，大多数明代亲王、王妃应该是身着常服下葬。如鲁荒王“身着龙袍，系玉带，戴圆顶小帽；发髻完好，贯金簪；两腋下各有一小金粒”，“头向北，仰身直肢，两腋下各有一小金块。整个尸骨层层裹在绵被和袍服里，最上为一层绵被，其下有多层袍服。外层为妆金缎四团龙袍，腰系白玉带，头两侧枕丝带，发髻完好，贯金簪。身下铺被褥，其下有19枚‘洪武通宝’金质方孔圜钱”[③]。益宣王“尸体完好，身着龙袍，腰系玉带，项挂念珠，足穿黄锦高筒靴”，二妃皆身着袍服，系玉带[④]。对照前揭明朝冠服制度，这两例穿戴都属于常服。目前所知，只有江西新建正统十三年（1448年）宁献王的殓

---

① 明·胡广等：《明太祖实录》卷三六下，洪武元年十一月甲子，校印本《明实录》，第2册，第686页。

② 明·申时行等：《大明会典》卷六〇，《礼部十八·冠服一》，影印本，第2册，第1041—1043页。

③ 山东省博物馆：《发掘明朱檀墓纪实》，《文物》1972年第5期；山东省博物馆等：《鲁荒王墓》，文物出版社2014年版，第18页。

④ 江西省文物考古研究所：《南昌明代宁靖王夫人吴氏墓发掘简报》，《文物》2003年第2期。

服比较特殊，墓主发插金簪，头戴漆制道冠，腰系玉带，胸部还有两顶道冠，“身穿金线云纹道袍”①。朱权晚年崇信道教，或许因此而身着道士衣冠入殓。

以礼服入殓，目前仅知有宁靖王夫人吴氏一例。据吴氏墓发掘简报介绍，“墓主头戴凤冠”，“身穿5套共12件衣物”②。在两套裙、袄、裤的外面，墓主的外三层殓服依次为：妆金团凤纹鞠衣一件、花卉云凤纹裙一件；织金云凤纹冠服一件、披戴霞帔一件，胸口置谷纹玉圭一件；最外为素缎大衫一件，大衫背后两侧各挂一组玉佩。戴金耳坠，口内含金、银珠各一枚。左手戴镶宝石金戒指3枚，右手戴镶宝石金戒指2枚。比照永乐三年（1405年）所定郡王妃礼服用七翟冠，霞帔以深青为质、金绣云霞翟纹，“大衫、霞帔、燕居佩服之饰具同亲王妃，第绣云霞翟纹，不用盘凤纹”等制度③，吴氏殓装的等级明显有所超逾，其服制逼拟亲王妃。按明朝制度，亲王夫人虽然受封，但仍为媵妾之属，位于王妃、继妃、次妃之下，并且通常不止一位。吴氏服用级别较高，从残破墓志所透露的信息来看，一是因为她曾生育宁靖王庶四子，即建安简定王朱觐鍊，依制诰封夫人；再则是因为宁靖王“甚贤之”。

亲王及王妃的衮冕服、礼服虽然由于穿戴不便一般不用作殓装，但作为身份等级的象征，大多随葬于陵墓中。鲁荒王墓中出土了保存较为完好的九旒冕、皮弁冠（图5-1）和翼善冠④，与洪武早年所定亲王三种冠服之制相吻合。郢靖王墓、梁庄王墓中也都出土了可以大体复原的九旒冕、皮弁冠等⑤；益宣王棺内头部亦随葬有九旒冕。益藩罗川瑞懿王墓出土的随葬品清单中开列有“旒冠一顶、皮弁冠一顶、金簪二根、翼善冠一顶……冕服一袋”⑥。据此推知，明代亲王、郡王一般是以常服为殓服，以衮冕服等礼服随葬。但令人费解的是，在鲁荒王、益宣王等墓中只出土有冕，而均未见有上衣下裳式的衮服。究其原因，一是可能已朽坏无法辨识，二是所

图5-1 明鲁荒王墓出土的皮弁冠

① 陈文华：《江西新建明末权墓发掘》，《考古》1962年第4期。

② 江西省文物工作队：《江西南城明益宣王朱翊鈏夫妇合葬墓》，《文物》1982年第8期。

③ 明·申时行等：《大明会典》卷六〇，《礼部十八·冠服一》，影印本，第2册，第1050—1051页；清·张廷玉等：《明史》卷六六，《舆服志二》，标点本，第6册，第1629—1630页。

④ 山东省博物馆等：《鲁荒王墓》，文物出版社2014年版，第68—70页。

⑤ 湖北省文物考古研究所等：《郢靖王墓》，文物出版社2016年版，第110—118页；湖北省文物考古研究所等：《梁庄王墓》，文物出版社2007年版，第138—144页。

⑥ 薛尧：《江西南城明墓出土文物》，《考古》1965年第6期。

出土者相对于文献记载的制度或有所变异。如明神宗以常服入殓，其定陵中曾出土过2件缂丝十二章配十二团龙纹服，随带墨书绢标签自题名曰“衮服”①。其制为袍形，黄色，盘领大袖，右衽，地纹织“卍”字、“寿”字、蝙蝠和如意云纹，饰十二团龙和十二章。十二章纹的排列是左肩日，右肩月，背部为星辰、山，两袖饰华虫，宗彝、藻、火、粉米、黼、黻分别列于前后片中间三团龙的两侧，两两对称。十二团龙均为侧面行龙，左右肩日月之下各一团，前后片上中下竖排各三团，左右两侧边各两团。这种自名为“衮服”的十二章纹袍服，与《大明会典》等文献中所记载的上衣下裳之制的衮服明显不同，也不能与文献记载中的其他服制建立吻合的对应关系。从制式和章纹判断，应该是介于衮服与常服之间的一种变通之制，而不是正规的衮冕之服。故宫南薰殿等处所藏明代皇帝画像，英宗及以后列帝多是身着此种袍服，头戴翼善冠；而翼善冠属于常服之首服，也可以佐证所配袍服并非衮服。据此推测，亲王“衮服”之制或许也有类似的变通，并不适宜穿戴的上衣下裳式的衮冕之服可能在明代中期已经被束之高阁。这些内容已超出本书研究范畴，不再展开。无论如何，明代帝王陵墓中出土的衣冠实例，足以补典志记载中的服饰之缺。

据《大明会典》记载，明代官员大殓时，有“实生时所落发、齿及所剪爪于棺角”的礼俗②。帝王及其他皇室成员是否也有此仪俗，《会典》缺载，考古发掘所见的实际例证也很少。北京昌平定陵明神宗棺内有3个棉纸本，分别放在墓主头部和左右两侧，其间夹存小绺头发和剪下的指甲，推测是皇帝生前所遗③。宁靖王夫人吴氏头部左侧有一个褐色丝袋，“内装11颗墓主生前脱落的牙齿”④。不少官私记载都讲到，明代民间有保留落发、落齿及剪下的指甲最终随葬的做法，结合地跨南北的皇帝和亲王夫人两例判断，各王府中可能也多有此种习俗。

二、葬式与“饭含”

明代藩王墓被严重破坏者居多，考古发掘时能够见到完整殓葬迹象的例证很少，因而关于藩王葬式的资料比较零散。在各地已经清理发掘的明代亲王陵墓中，墓室部分未经盗扰破坏者，依墓主卒年之先后依次有鲁荒王陵、郢靖王陵、楚昭王陵、宁献王陵、益端王陵、益庄王陵、益宣王陵、益定王陵等，各墓墓主葬式现象保存程度不一。

① 中国社会科学院考古研究所等：《定陵》，文物出版社1990年版，第24、147页。
② 明·申时行等：《大明会典》卷九九，《礼部·丧礼四》，影印本，第3册，第1538页。
③ 中国社会科学院考古研究所等：《定陵》，文物出版社1990年版，第233页。
④ 江西省文物工作队：《江西南城明益宣王朱翊鈏夫妇合葬墓》，《文物》1982年第8期。

鲁荒王朱檀，卒于洪武二十二年（1389年）十二月，其墓室坐北朝南，室内曾积水，内棺已自外棺中脱出，被水浮至墓室后室西南角，“棺内存一具尸骨，头向北，仰身直肢，两腋下各有一小金块”①。

郢靖王朱栋，卒于永乐十二年（1414年）十一月，其墓室朝南偏东，郢王及王妃郭氏在后室东西并列而葬，头向与墓门方向相反。中室两侧的东西配室中各有三棺痕迹，所葬为殉葬之嫔妾，东配室“棺内人头骨向东”，西配室“棺内人头骨向西”②，即头向分别与所在配室门的方向相反。

楚昭王朱桢，卒于永乐二十二年（1424年）二月，墓室坐北朝南而略偏西，曾经积水，但并未发生大的位移，“墓主位于棺床东侧，骨架已朽。仰身直肢，头朝北”③，即头向与墓向相反。

宁献王朱权，卒于正统十三年（1448年）九月，墓室坐西朝东，墓主头向未见说明，从墓室结构判断应该是头西脚东（图5-2）。单人葬，“尸体腐而未溃，手足伸直，仰身而卧。口内含一小金钱”，“右手扶一手杖”④。口含金钱，是古人装敛时的“饭含”之礼的一种变相。“饭含”现象在新石器时代墓葬中已有发现，《礼记》等典籍中也有记载，但比较简略，汉儒阐释稍详。如《春秋公羊传》“文公五年”条下有“春王正月，王使荣叔归含且赗。含者何？口实也”一段文字，东汉何休注曰：“孝子所以实亲口也，缘生以事死，不忍虚其口。天子以珠、诸侯以玉、大夫以碧、士以贝，春秋之制也。文家加饭以稻米。”⑤班固等人的解释相近：“所以有饭含何？缘生食，今死不欲虚其口，故含。用珠宝物何也？有益死者形体。故天子饭以玉、诸侯以珠、大夫以米、士以贝也。”⑥汉代帝王通常是“饭唅珠玉”⑦，至于饭含以钱之例，在汉唐间一般墓葬中多有发现，1966—1975年，中国科学院考古研究所安阳工作

---

① 山东省博物馆：《发掘明朱檀墓纪实》，《文物》1972年第5期；山东省博物馆等：《鲁荒王墓》，文物出版社2014年版，第18页。

② 院文清等：《湖北钟祥市明代郢靖王墓发掘收获重大》，《江汉考古》2007年第3期；湖北省文物考古研究所等：《郢靖王墓》，文物出版社2016年版，第45、212页。

③ 湖北省文物考古研究所等：《武昌龙泉山明代楚昭王墓发掘简报》，《文物》2003年第2期。

④ 陈文华：《江西新建明朱权墓发掘》，《考古》1962年第4期。

⑤ 《春秋公羊传·文公五年》，影印清阮元辑刻《十三经注疏》本《春秋公羊传注疏》卷十三，中华书局1980年版，第2268页。

⑥ 汉·班固：《白虎通德论》卷一〇，“崩薨”，影印江安傅氏双鉴楼藏元刊本，上海古籍出版社1990年版，第82页。

⑦ 晋·司马彪：《后汉书志·仪礼下》，“大丧”，见宋云彬等点校本《后汉书》，中华书局1965年版，第11册，第3141页。

图5-2　明宁献王玄宫棺床

队在安阳发掘了29座隋墓，其中10座墓中有口含五铢钱的现象①。宁献王尸体保留了清晰的“饭含”现象，虽不尽合古帝王诸侯之礼，但证明了此种习俗在明代宗藩中仍有沿袭。

益端王朱祐槟，卒于嘉靖十八年（1539年）八月，与王妃彭氏合葬，“俱为直肢仰身葬，头向均与墓门方向相反”②。

益庄王朱厚烨，卒于嘉靖三十五年（1556年）五月，与元妃王氏、继妃万氏合葬，“俱为直肢仰身葬，以万氏的骸骨保存较好，头向均与墓向相反”③。

益宣王朱翊鈏，卒于万历三十一年（1603年）二月，其墓为青砖砌成的一圹三椁室，与王妃合葬④。墓向朝南略偏西，益宣王尸体完好，但墓主头向未见说明，通读发掘简报全文判断，应该是头北脚南。

益定王朱由木，卒于崇祯七年（1634年）二月，其墓结构与益宣王相同，“中棺

① 中国社会科学院考古研究所安阳工作队：《安阳隋墓发掘报告》，《考古学报》1981年第3期。

② 江西省博物馆：《江西南城明益王朱祐槟墓发掘报告》，《文物》1973年第3期。

③ 陈文华：《江西南城明代朱厚烨墓发掘简报》，见江西省博物馆编《江西考古资料汇编·封建社会部分（下）》，内部刊印1977年版；江西省博物馆等：《江西明代藩王墓》，文物出版社2010年版，第88页。

④ 江西省文物工作队：《江西南城明益宣王朱翊鈏夫妇合葬墓》，《文物》1982年第8期。

死者为益定王朱由木，左棺为元妃黄氏，右棺为次妃王氏”[①]。墓向南略偏西，墓主头向未见说明，结合圹志位次等相关资料判断，也应该是头北脚南。

已发掘明代郡王墓中尸骨大多保存不好，葬式不明。其中秦府兴平安僖王朱公鉌，卒于成化十二年（1476年）十一月，其墓室大致坐北朝南，墓主“部分下肢骨发现在棺床的南段，未遭严重的扰乱。头骨是发现在棺床北的墙壁下，而死者头上的部分饰物也散落在棺床北部”[②]，由此可以大体确认，此墓墓主之葬为头北脚南，即头向与墓门方向相反。

还有更多的明代藩王墓，由于多年的人为及自然破坏，发掘时已无法考察葬式现象，但明代帝王的棺柩（特别是内棺）通常是头大尾小，因此，根据棺的遗存状况也能判断出墓主的头向。此外，根据现有的考古资料，明代宗藩成员的棺床有砖砌、石砌或者土台等不同形式（详见下节），多做成须弥座式，床面为矩形（图5-3）；也有一些与墓室等宽（特别是一些小墓，如伊藩方城郡王位下镇国将军朱訏洌及夫人赵氏墓[③]）。其中有一些棺床和棺一样分出大小头，可据以判断墓主的头向。如秦府汧阳

图5-3　明蜀悼庄世子玄宫后室棺床

① 江西省文物工作队：《江西南城明益定王朱由木墓发掘简报》，《文物》1983年第2期。

② 陕西省文物管理委员会：《长安四府井村明安僖王墓清理简报》，《考古通讯》1956年第5期。

③ 洛阳市文物工作队：《洛阳三座伊藩家族墓发掘简报》，《中国国家博物馆馆刊》2012年第4期。

端懿王朱公鐕墓[①]，棺床在后室北部正中，砖砌，长2.64米，北端宽1.6米，南端宽1.4米，高0.62米，床面上铺有0.1米厚的磨光青石；南面砖雕有二龙戏珠图案，四面砖雕兽足。明显可以看出头端朝北，而该墓坐北朝南，方向175°，墓主头向应该与墓门方向相反。河南荥阳周懿王及王妃墓棺床也分出大小头[②]，2个东西并列的棺床位于墓室的中后部，砖砌，平面呈梯形。其中东侧棺床保存较好，底部距墓室北壁1.05米，南北长2.38米，北端宽1.2米，南端宽0.9米；上部南北长2.19米，北端宽1.16米，南端宽0.93米，高0.72米，床面上有两段宽深各0.1米的横向沟槽。

从上述诸例可知，明代藩王之葬式是以仰身直肢为主，也有些略为随意。已知各例墓主的头向均与墓向相反，即取面朝墓门之向。

第二节　明代宗藩的棺制

如果以汉以前古制为标准，除个别砖砌椁室内葬一棺外，明代藩王之葬并无椁制。历年考古发掘资料显示，明代亲、郡王及王妃之葬有重棺和单棺两种形式，其中重棺在相关发掘报告或简报中多写作“一棺一椁”。

一、重　　棺

根据考古发掘报告或简报介绍，明代亲王使用重棺的实例有鲁荒王、蜀悼庄世子、辽简王、楚昭王、蜀僖王、梁庄王、周简王、周懿王、蜀昭王及王妃、衡宪王、晋裕王等，兹按各王卒年先后具列如下。

鲁荒王朱檀，卒于洪武二十二年（1389年），其内外棺皆“系楠木做成”[③]。其中内棺为楠木外裹麻布、涂朱漆，长2.56米，前端高1.3米，壁厚0.18—0.2米，合盖后，做槽加榫固定。外棺楠木涂朱漆，长3.21米，宽1.52米，高1.25米，壁厚0.14米[④]；板材为长条形木料凿孔、中部穿鐄联结而成，四边接头为榫卯结构。

蜀悼庄世子朱悦燫，卒于永乐七年（1409年），其墓后室之中室内有石砌须弥座式棺床，高0.61米，床面长3.97米，宽2.06米，中为一长2.94米、宽0.3米的金井，棺置

① 西安市文物保护考古所：《西安南郊皇明宗室汧阳端懿王朱公鐕墓清理简报》，《考古与文物》2001年第6期。

② 河南省文物考古研究院等：《河南荥阳明代周懿王墓发掘简报》，《华夏考古》2019年第2期。

③ 山东省博物馆：《发掘明朱檀墓纪实》，《文物》1972年第5期。

④ 山东省博物馆等：《鲁荒王墓》，文物出版社2014年版，第18页。

其上。内棺以楠木制成，头端宽0.98米，高1.18米，脚端宽0.8米，高0.92米，长2.72米，棺板厚0.08—0.14米，外髹朱漆。外棺长3.8米，宽1.87米，高1.6米，板厚0.07米，亦髹朱漆①。棺床四角和前面正中部位的地面上各有一面铜镜，斜立于石镜台上，正照着棺床。

辽简王朱植，卒于永乐二十二年（1424年），其玄宫后室中央偏后有石棺床，长3.08米，宽1.6米，高0.4米；中间空，内填黄土。内棺长2.22米，宽0.98米，高0.72米，盖、底、墙板各为整板，挡板与墙板子母口套接，盖、底板与四周墙板用铁钉拴接，并用糯米浆灌缝。外棺之制比较特殊，长3.08米，宽1.28米，高1.22米，盖板为整木，墙板由三块板拼接，无底板，四周墙板落在长方形棺座上，棺座两侧各安三个蹄形足。"内棺直接置于棺床上"②，重棺实际相当于一个木质棺罩（图5-4）。内外棺的材质未见介绍。

楚昭王朱桢，卒于永乐二十二年（1424年），其"棺椁漆木质，已朽"③，材质、尺寸未见著录。

图5-4　明辽简王外棺及棺床

① 成都明墓发掘队：《成都凤凰山明墓》，《考古》1978年第5期。

② 荆州地区博物馆等：《江陵八岭山明代辽简王墓发掘简报》，《考古》1995年第8期。

③ 湖北省文物考古研究所等：《武昌龙泉山明代楚昭王墓发掘简报》，《文物》2003年第2期。

蜀僖王朱友壎，卒于宣德九年（1434年），其墓后室之中室中间有须弥座式石棺床，长4.23米，宽1.98米，高0.65米。其棺为“楠木朱漆”[①]，内棺长2.89米，宽1.05—1.17米，高8.6米（原文如此，疑为0.86米）；外棺长3.5米，宽1.43米。

梁庄王朱瞻垍，卒于正统六年（1441年），继妃魏氏，卒于景泰二年（1451年），葬于王棺床西侧。“漆木棺椁、门屏、箱盒等也都或垮或朽。”[②]“棺椁为漆木质，原置于棺床上，后均移位垮朽。从棺椁的残片及附件分析，梁庄王为一椁一棺，王妃可能为单棺。”[③]

周简王朱有爝，卒于景泰三年（1452年），墓为2座并列主室，其中东室葬周简王，室内北部正中有一副重棺，外髹红漆[④]。

周懿王朱子埅，卒于成化二十一年（1485年），墓室多次被盗，室内淤土深达4米，淤土内发现大量棺椁残片。发掘者根据残存遗物推断，墓主使用重棺，杉木质，内棺外壁以红漆髹饰，通体沥金，内壁贴素绢[⑤]。

蜀昭王朱宾瀚，卒于正德三年（1508年），其玄宫后室分隔为2个棺室，其内各有一座石棺床，长3.85米，宽1.43米，高0.4米。昭王与王妃刘氏合葬，“棺床之上，各置一具长方形木椁套棺”[⑥]。

衡宪王朱常㴶，卒于天启七年（1627年），其墓后室有青砖砌筑的棺床3个，衡宪王用重棺，位于中间棺床上，外棺已严重朽烂，内棺的外表髹有红漆，完好如新，但漆下木质也已朽烂严重。两侧棺床上分别葬宪王元妃王氏和姓氏失考某妃，二人只有单棺[⑦]。

晋裕王朱求桂，卒于崇祯三年（1630年），用重棺，但未见详细说明[⑧]。2019年发掘的晋端王朱知烊（卒于嘉靖十二年，1533年）及王妃等人墓可能也是重棺，详细资料尚待披露和进一步分析。

江西宁藩亲王中有2例特殊的重棺之制，其外棺颇类汉以前之“椁”。

追封宁惠王朱磐烒（宁献王世子），先献王而卒于正统二年（1437年），墓早年被盗。20世纪50年代调查时墓地残存遗迹绘图显示，其墓室为七券七伏的拱券结构，

---

① 成都市文物考古研究所：《成都明代蜀僖王陵发掘简报》，《文物》2002年第4期。

② 湖北省文物考古研究所等：《湖北钟祥明代梁庄王墓发掘简报》，《文物》2003年第5期。

③ 湖北省文物考古研究所等：《梁庄王墓》，文物出版社2007年版，第21页。

④ 孙凯：《明代周藩王陵调查与研究》，中州古籍出版社2014年版，第21—22页。

⑤ 河南省文物考古研究院等：《河南荥阳明代周懿王墓发掘简报》，《华夏考古》2019年第2期。

⑥ 薛登等：《明蜀王和明蜀王陵》，《四川文物》2000年第5期。

⑦ 临朐县政协编：《临朐县文物专辑》，1997年3月印行。

⑧ 郭勇等：《明晋裕王墓的清理工作》，《文物参考资料》1956年第6期。

墓室较小，棺与墓壁之间以填充物（石灰或三合土）填满①（图5-5）。棺与填充物之间有两层间隔物，其形类外棺，材质及尺寸不详。

宁康王朱觐钧，卒于弘治十年（1497年），拱券墓室，七券七伏，圹室中央有一个青石板制成的“椁”，由盖、墙、底几部分组成。“内置厚6.6厘米的木椁，椁中为棺”，棺髹朱漆。石板与圹室间以石灰、砂土拌糯米浆填实②。此墓虽有墓室，但室内满填石灰，可以看作是后来石灰椁墓制的滥觞，其石板略相当于前世的椁，石板以内为重棺。由此反观宁惠王墓，其棺制可能与康王相同。

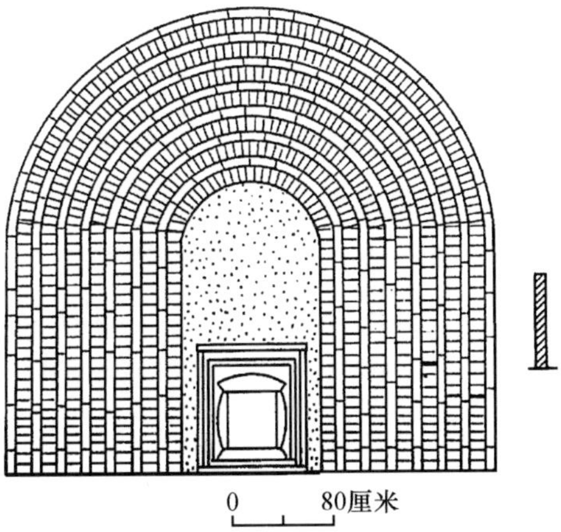

图5-5　明追封宁惠王墓室及棺制
（引自《江西明代藩王墓》）

二、单　　棺

明代亲王使用单棺之例有郢靖王、宁献王、益端王及王妃、益庄王及王妃、益宣王及王妃、益定王及王妃等。

郢靖王朱栋，卒于永乐十二年（1414年），其玄宫后室棺床上东西并列王及王妃木棺各一具③，已朽不辨形，残存木板、漆皮等。其东西配室各为三具棺位，亦仅存漆皮等；东配室三棺两端横垫木的痕迹清晰可辨，可推测中间一具棺较长，两侧的棺较短④。

宁献王朱权，卒于正统十三年（1448年），发掘时其棺“已腐朽溃裂，仅可看出两头用大红朱漆，颜色鲜艳。棺盖、底和两侧的末端刻有折曲，即俗称荷叶头的图案”⑤。

益端王朱祐槟，卒于嘉靖十八年（1539年），墓室正中为红石棺床，长2.66米，

① 江西省博物馆等：《江西明代藩王墓》，文物出版社2010年版，第16页。

② 王咨臣：《新建县古墓葬调查记》，《南方文物》2003年第4期；江西省博物馆等：《江西明代藩王墓》，文物出版社2010年版，第25页。

③ 院文清等：《湖北钟祥市明代郢靖王墓发掘收获重大》，《江汉考古》2007年第3期；单棺即从此文之说。湖北省文物考古研究所等《郢靖王墓》第三章云：“宝床东放置郢靖王棺椁，宝床西放置王妃棺椁，均已腐朽”（文物出版社2016年版，第45页）。郢靖王及王妃葬具已朽不辨形，根据遗迹遗物分布现象推测是单棺。

④ 湖北省文物考古研究所等：《郢靖王墓》，文物出版社2016年版，第64、66页。

⑤ 陈文华：《江西新建明朱权墓发掘》，《考古》1962年第4期。

宽2.33米，高0.6米；床面铺砖，砖上为垫石三行，“垫石上搁置两具红漆棺木”[①]。二棺均已朽，只剩一层红漆皮保持外形，其中益端王棺长2.1米，宽0.86—0.92米，高0.93米；彭妃棺长2.1米，宽0.83—0.89米，高0.71米。

益庄王朱厚烨，卒于嘉靖三十五年（1556年），墓室正中为棺床，进深2.61米，面宽3.1米，高0.8米，四侧有间柱的须弥座，并有雕刻。棺床面上铺砖，四周绕以1.2米高的墙，墙内满填石灰，“三具棺木均在石灰之中”，“三具棺柩均腐朽”。在墓的前室中还发现有改殓易棺时所遗的碎棺木屑漆片盛于陶瓮中[②]。

益宣王朱翊鈏，卒于万历三十一年（1603年），其墓一圹三椁室，与王妃、继妃合葬。“三副棺均为大红髹漆棺，楠木质，榫合，保存完好，棺之周围与椁墙空隙处用石灰填塞。”[③]三棺尺寸未见披露，其石灰椁室内空均为长2.4米，宽1.04米，高1.2米。

益定王朱由木，卒于崇祯七年（1634年），其墓一圹三椁室，中为益定王朱由木，左为其元妃黄氏，右为次妃王氏。“棺木为柏木质，髹朱红漆。”[④]其中益定王棺内空长1.74米，宽0.42米，高0.44米，棺盖阴面有凹槽与棺体凸边合缝。棺底中部有一圆形腰坑（“金井”），直径0.2米，深0.15米，内置铜镜一面。

明代独葬之亲王妃妾人等一般使用单棺，并且大多保存不好，仅知湖北蕲春荆端王次妃刘氏（卒于嘉靖三十九年，1560年）为单棺，保存完整，通长2.3米，高0.7—0.8米，棺的东头置一块方形石质买地券（该墓坐东朝西）[⑤]。地位次于妃的宁靖王夫人吴氏（卒于弘治十五年，1502年）亦为单棺，长2.14米，宽0.66—0.76米，高0.6—0.7米，“楠木棺系用整木加工而成，棺内外壁先贴上棉纱布，再髹红漆。棺两侧各有一对铁质铺首衔环。棺盖与棺以榫卯相套，并用4个木钉将其钉牢。棺外墓室内浇满松香”[⑥]。

综合以上资料推知，明代亲王按礼制可以用重棺，所见嘉靖纪元以前亲王诸墓重棺之例居多，宁献王等例外；以后亦间有重棺例。益藩历代亲王皆为单棺，但其墓葬年代皆在嘉靖纪元以后，由于缺乏其他王府的对比材料，无法判定是否有制度规范或王府传承上的变化。

---

① 江西省博物馆：《江西南城明益王朱祐槟墓发掘报告》，《文物》1973年第3期。

② 陈文华：《江西南城明代朱厚烨墓发掘简报》，见江西省博物馆编《江西考古资料汇编·封建社会部分（下）》，内部刊印1977年版；江西省博物馆等：《江西明代藩王墓》，文物出版社2010年版，第87—88页。

③ 江西省文物工作队：《江西南城明益宣王朱翊鈏夫妇合葬墓》，《文物》1982年第8期。

④ 江西省文物工作队：《江西南城明益定王朱由木墓发掘简报》，《文物》1983年第2期。

⑤ 小屯：《刘娘井明墓的清理》，《文物参考资料》1958年第5期。

⑥ 江西省文物考古研究所：《南昌明代宁靖王夫人吴氏墓发掘简报》，《文物》2003年第2期。

三、铭旌与翣

铭旌，古籍中亦写作“旐”“旒”等，是竖立在棺前标识死者名氏身份的幡，通常以丝帛为之。大殓后，以竹杠悬之棺右，下葬时覆盖于棺盖之上。铭旌可能不晚于东周已出现。《周礼·春官宗伯》：“大丧，共铭旌，建廞车之旌；及葬，亦如之。”[①]《仪礼·士丧礼》：“为铭，各以其物。亡则以缁长半幅，赪末，长终幅，广三寸。书铭于末曰：‘某氏某之柩。’竹杠长三尺，置于宇西阶上。”[②]《礼记·檀弓下》：“铭，明旌也。以死者为不可别已，故以其旗识之；爱之斯录之矣，敬之斯尽其道焉耳。”[③]汉代的铭旌实例在山东、湖南等地的汉墓中有所发现，如马王堆一号墓中出土的覆棺帛画即是，该物呈“T”字形，通长2.05米，上宽0.92米，出土时顶部裹有一竹竿，系棕色丝带，用于张举悬挂；中部和下部的两个下角还分别缀有青色细麻线织成的筒状绦带。同墓出土竹简称之为“非衣”[④]。汉以后铭旌的使用大体沿古制，民间亦多见。《朱子家礼·立铭旌》云：“以绛帛为铭旌，广终幅，三品以上九尺，五品以上八尺，六品以下七尺。书曰某官某公之柩，无官即随其生时所称。以竹为杠，如其长，倚于灵座之右。”[⑤]也有一些铭旌所书内容比较奇特，据南宋陆游记载：“赵元镇丞相谪朱崖，病亟，自书铭旌云：‘身骑箕尾归天上，气作山河壮本朝。’”[⑥]明代帝王丧礼中应该普遍有铭旌之用。在明定陵埋葬的3具内棺上各有铭旌1件[⑦]，神宗皇帝和孝端皇后的保存稍好。其制，上下为雕饰龙纹的木牌，中间为已朽坏的黄色素缎，其上分别以金粉书写“大行皇帝梓宫”“大行皇后王氏梓宫”。另外，还发现明神宗和孝端皇后外棺上有丝织龙幢残片，孝靖皇后外棺上有各种幡的残片。

明代藩王墓中的铭旌大都保存不好，仅有少量遗存。楚昭王棺床东侧下有掉落的

---

① 《周礼·春官宗伯·司常》，影印清阮元辑刻《十三经注疏》本《周礼注疏》卷二七，中华书局1980年版，第827页。

② 《仪礼·士丧礼》，影印清阮元辑刻《十三经注疏》本《仪礼注疏》卷三五，中华书局1980年版，第1130页。

③ 《礼记·檀弓下》，影印清阮元辑刻《十三经注疏》本《礼记正义》卷九，中华书局1980年版，第1301页。

④ 湖南省博物馆等：《长沙马王堆一号汉墓》，上集，文物出版社1973年版，第39页。

⑤ 宋·朱熹：《家礼》卷四，《丧礼·铭旌》，王燕均等校点《朱子全书》本，上海古籍出版社2002年版，第905页。

⑥ 宋·陆游：《老学庵笔记》卷一，李剑雄等点校本，中华书局1979年版，第2页。

⑦ 中国社会科学院考古研究所等：《定陵》，上册，文物出版社1990年版，第219页。

铭旌头一件，覆置荷叶状，木质，涂绿色，叶脉涂黄色①。宁献王墓中亦出土铭旌头一件②。益藩亲王墓考古发掘时有2个现象值得关注：益端王棺盖上写有“大明益端王”五个白字，王妃棺上置一素面铜镜③；益宣王及王妃、继妃三副棺的“棺盖上书写正楷金字，由于石灰浆沾蚀，已模糊不清”④。发掘者认为均是书谥号于棺。这两例究竟是直接书谥号于棺盖，还是铭旌贴附的遗存已难确考，但即使是在亲王棺盖上书谥，也完全可以看作是铭旌加覆于棺盖之礼的一种变异。

郢靖王墓后室前端有一块漆木板残件，据《郢靖王墓》介绍，“在朱红色的漆皮上，隐约可以见到黄色漆楷书，其中有一‘王’字较为清楚”，发掘者推测它是木门的漆皮或“随葬‘王’字牌位”⑤。考明代及年代稍前帝王人等墓葬，并没有在墓室门上漆书“□□王”的习惯；又根据同书图五九显示⑥，该残件出土时位于棺床南侧中线以东、后室门内，长度约为2.5米（图5-6），显然和通常高一尺略多的神主牌位有很大差异，并且神主奉于宗庙，亦无置于玄宫之理。笔者认为它可能是郢靖王棺盖的残块，漆书“□王”同上揭益端王、宣王等人棺盖书金字例。

翣，也是一种传自上古的葬仪用具，通常作牌形，撑以木杠或竹杠，用于出殡发引时遮饰棺柩。《礼记》记载：“孔子之丧，公西赤为志焉。饰棺墙，置翣。设披，周也；设崇，殷也；绸练设旐，夏也。”⑦翣按其装饰分为三种：“饰棺，君龙帷，……黼翣二、黻翣二、画翣二。”⑧和铭旌一样，明代亲王墓中保留下来的翣的实例并不多，鲁荒王和宁献王墓中各出土有可以辨识的木翣⑨。鲁荒王墓出土木翣3组6件，出土时位于后室东西两壁。翣首呈圭首式，下边中间有凹槽以安柄。木翣正反两面的四周边沿用黑白二色绘画卷云纹，中部分别绘出斧纹、黻纹（图5-7）、一朵三合卷云纹⑩，应该分别对应黼翣、黻翣和画翣。宁献王墓出土翣6件（发掘报告称之为

---

① 湖北省文物考古研究所等：《武昌龙泉山明代楚昭王墓发掘简报》，《文物》2003年第2期。

② 陈文华：《江西新建明朱权墓发掘》，《考古》1962年第4期。

③ 江西省博物馆：《江西南城明益王朱祐槟墓发掘报告》，《文物》1973年第3期。

④ 江西省文物工作队：《江西南城明益宣王朱翊鈏夫妇合葬墓》，《文物》1982年第8期。

⑤ 湖北省文物考古研究所等：《郢靖王墓》，文物出版社2016年版，第60页、彩版三七。

⑥ 湖北省文物考古研究所等：《郢靖王墓》，文物出版社2016年版，第84—85页。

⑦ 《礼记·檀弓上》，影印清阮元辑刻《十三经注疏》本《礼记正义》卷七，中华书局1980年版，第1284页。

⑧ 《礼记·丧服大记》，影印清阮元辑刻《十三经注疏》本《礼记正义》卷四五，中华书局1980年版，第1583、1584页。

⑨ 山东省博物馆：《发掘明朱檀墓纪实》，《文物》1972年第5期；陈文华：《江西新建明朱权墓发掘》，《考古》1962年第4期。

⑩ 山东省博物馆等：《鲁荒王墓》，文物出版社2014年版，第132页。

图5-6　明郢靖王墓中“王字牌位”
（疑为棺盖漆皮，引自《郢靖王墓》）

图5-7　明鲁荒王墓出土黻纹翣

“木牌匾”[①]），柄直径约4.5厘米，长约118厘米，其中有2件的柄已缺失，上端有木板，长40厘米，宽28厘米，厚1.3厘米，两下角呈圆形，上缘呈三尖状。其上分别绘云纹、黻纹和斧纹，对应的也是画翣、黻翣和黼翣。

四、郡王、将军等人的棺制

明代皇族中郡王及以下的将军、中尉人等的人口基数远远大于皇帝、亲王，但经过考古清理发掘的墓葬资料却少于亲王，且棺柩大多被盗毁，棺制保存基本完好者屈指可数。

目前所知经过正式考古发掘的明代郡王用重棺葬制者，在秦藩有数例[②]。汧阳端懿王朱公鐕（卒于弘治八年，1495年）墓[③]，其两重棺均已朽坏，原高度不详，根据遗迹判断，外棺长2.2米，宽0.9—1.2米，内棺长1.9米，宽0.7—0.84米，板厚均为0.12米。内

① 陈文华：《江西新建明朱权墓发掘》，《考古》1962年第4期。

② 西安市文物保护考古所：《西安南郊皇明宗室汧阳端懿王朱公鐕墓清理简报》，《考古与文物》2001年第6期。

③ 西安市文物保护考古所：《西安南郊皇明宗室汧阳端懿王朱公鐕墓清理简报》，《考古与文物》2001年第6期。

外棺皆为松木，外表以厚约2毫米的生漆、麻布做底，再施朱漆，其上以金粉绘龙凤团花图案。

郃阳安僖王朱秉櫢（卒于正德三年，1508年）和王妃刘氏（卒于嘉靖十八年，1539年）合葬墓①，后室北部正中并列二座棺床，东侧为5层砖砌，长2.53米，宽1.79米，高0.43米，外棺已被破坏，内棺朱漆饰金彩，长2米，口宽0.48—0.68米，底宽0.6—0.8米，高0.56—0.74米，对照墓志，所葬为安僖王。西棺床葬王妃，为2层木垒，长2.56米，上宽1.02米，下宽1.14米，高0.2米，下层已朽，外棺已残，长2.5米，底板宽1.08—1.12米，厚0.1米，西侧残板厚0.16米，内棺已被破坏，形制不明。

郃阳惠恭王朱公鏜（卒于成化七年，1471年）墓，后室北部正中有砖芯包石棺床，长2.64米，宽2米，高0.4米，其上并列两个棺位。其墓早已被盗一空，棺制不详。但毗邻的王夫人钱氏（卒于成化二十年，1484年；嗣王诚泓生母）、雍氏（卒于正德四年，1509年），均为重棺②，基本可以肯定郃阳惠恭王本人也是重棺。

兴平安僖王朱公铄（第三代兴平王），卒于成化十二年（1476年）十一月，其棺床形式与汧阳端懿王墓相似③，南北长3.25米，南宽2.6米，高0.55米；北宽3.1米，高0.54米。棺已被盗墓者破坏而散乱，棺制未见介绍。该墓为单人葬，从棺床大小对比来看，可能也是重棺。

晋藩广昌悼平王朱济熇，晋藩始封恭王之子，卒于宣德二年（1427年）十月，夫妻三人异穴合葬④。朱济熇墓中有须弥座式石棺床，东西长2.8米，南北宽1.94米，高0.65—0.75米（墓门朝西），其木棺被盗砸毁。王妃杨氏（卒于天顺二年，1458年）、嗣王（广昌安僖王）生母刘氏（卒于成化八年，1472年）二人皆为木棺，亦被破坏。因被盗破坏，三墓棺制不详，根据棺床尺寸判断，疑为单棺。

甘肃兰州上西园肃藩某郡王墓［年代及墓主身份失考，据出土物推测应该在嘉靖十六年（1537年）四月以后，或为追封的肃安王］，夫妻合葬，俱用单棺，均已腐朽，棺盖塌下，两棺之下各有板凳抬架的痕迹。其中男棺长2.27米，前宽0.9米，后宽0.8米；女棺长2米，前宽0.92米，后宽0.85米。两棺皆髹朱漆加彩绘，“所绘花相同，均用红漆绘地，两侧绘二龙戏珠花纹，龙身施金，棺前后两端亦绘赤金盘龙宝珠”⑤。

---

① 西安市文物保护考古所：《西安财政管理干部培训中心明墓发掘简报》，《文博》2002年第6期。

② 西安市文物保护考古所：《西安财政管理干部培训中心明墓发掘简报》，《文博》2002年第6期。

③ 陕西省文物管理委员会：《长安四府井明安僖王墓清理简报》，《考古通讯》1956年第5期。

④ 山西省文物管理委员会：《山西太原七府坟明墓清理简报》，《考古》1961年第2期。

⑤ 甘肃省博物馆：《兰州市上西园明墓清理简报》，《考古》1960年第3期。

周藩南陵庄裕王朱睦楧，卒于隆庆元年（1567年），与王妃李氏、继妃宗氏及侯妃樊氏合葬[①]。东圹室内原有青石外棺一具，榫卯结构，长2.84米，厚0.14米，头端宽1.26米，高1.24米；脚端宽1米，高1.12米。石棺内有木棺，已朽不辨形，内出土人骨2具。西圹室为砖椁木棺，砖椁建于竖穴土圹中，南北长3.42米，北端宽1.66米，南端宽1.44米，残高1.09米。木棺髹朱漆，长2.1米，头端宽0.62米，残高0.52米；脚端宽0.46米，残高0.4米。

1964年在江西南城株良公社发现一座益藩宗室石灰椁墓，其左室空置，“右室内置一描金棺木，长2.25米、宽0.75—0.85米”[②]。该墓墓志已失，墓主身份不详，因在该墓旁3米处出土益府罗川端懿王副宫夫人张氏圹志，发掘者推测是罗川郡王家族成员[③]。墓葬年代应为万历年间（1573—1620年）。

宁藩奉国将军朱宸涪（卒于嘉靖三十九年，1560年）夫妻合葬墓，位于江西新建望城乡小桥村之梁家村西[④]。朱宸涪棺制不详，淑人陈氏、恭人张氏棺制相同，均长2米，头部宽0.8米，高1米，脚部宽0.6米，高0.8米，木质。二人俱卒于嘉靖三十八年（1559年）。

河南洛阳伊藩辅国将军朱褒焌（方城昭和王之孙，卒于嘉靖三十二年，1553年）及其夫人王氏（卒于嘉靖二十一年，1542年）、潘氏（卒于万历二十八年，1600年）墓中的土台棺床上陈木棺3具，其中3号棺保存较为完整，棺内骨架仰身直肢[⑤]。棺为柏木制成，长2.1米，头端宽0.64米，高0.78米，尾端宽0.45米，高0.56米，盖板、两侧和前后挡板均施彩绘。棺盖上绘双凤穿牡丹，以深红为底，凤头紫色、身金色，15朵牡丹有深绿、桃红等色。两侧绘龙穿牡丹，龙金色，五爪、两角，周边有行龙、牡丹、菊花、荷花等。前挡绘龙纹，后挡绘镇墓兽。

2004年，陕西西安南郊韦曲发现4座明代秦藩家族墓葬，墓主为秦康王曾孙辅国将军朱秉橘（M14，卒于正德十二年，1517年）等人。墓葬均为带墓道的单室结构，坐北朝南，其中3座（M14、M24、M26）为竖穴土坑砖券洞室墓，1座（M25）为土洞墓，葬式均为仰身直肢，葬具皆为重棺。外棺外壁装饰简单，部分素面，内侧不髹漆，无纹饰；内棺内外两侧皆髹红漆，外壁有纹饰[⑥]。

---

① 孙凯：《明代周藩王陵调查与研究》，中州古籍出版社2014年版，第95—97页。

② 薛尧：《江西南城明墓出土文物》，《考古》1965年第6期。

③ 该墓旁3米处出土益府罗川端懿王副宫夫人张氏圹志（载江西省博物馆等编《江西明代藩王墓》，文物出版社2010年版，第154页），推断此墓墓主应该是益宣王第九子罗川瑞懿王朱常湑；详见本书第二章。

④ 江西省博物馆等：《江西明代藩王墓》，文物出版社2010年版，第34页。

⑤ 洛阳市文物工作队：《洛阳三座伊藩家族墓发掘简报》，《中国国家博物馆馆刊》2012年第4期。

⑥ 肖健一等：《西安发现明代秦王家族墓葬》，《中国文物报》2004年9月22日第1版；陕西省考古研究所等：《西安明代秦藩辅国将军朱秉橘家族墓》，《文物》2007年第2期。

图5-8　明秦藩奉国将军朱惟熠内棺
（引自《文物》2007年第2期）

根据墓门上方出土的墓志记载，M26墓主为奉国将军朱惟熠（郃阳安僖王朱秉檄之侄，卒于万历十三年，1585年）及其妻淑人赵氏（卒于嘉靖十年，1531年）、仲氏（卒于嘉靖三十一年，1552年）。该墓为单室石门，室内北部为砖砌棺床，其上并陈三棺。中间一副保存完整，外棺长2.84米、宽0.9—1.08米，高约1米，板厚0.06—0.08米，外壁髹红漆，前挡板绘黑色荷花、兰草等，其余部分纹饰不清。内棺长2.42米，宽0.59—0.65米，高0.79—0.86米，板厚0.05—0.06米，外壁髹红漆，头挡板绘海水江牙升龙纹，两侧板绘戏珠云龙纹，脚挡板描金彩绘荷花、兰草等（图5-8）。东西两侧的2副葬具保存状况不佳，但可知西外棺为素面，2副内棺上应该也有描金龙凤花卉纹。东侧外棺长2.4米，宽0.9—1.08米，残高0.52米，板厚0.08—0.1米；内棺长2.1米，宽0.52—0.7米，残高0.38米，板厚0.08—0.1米。西侧外棺长2.22米，宽0.68—0.84米，残高0.74—0.78米，板厚0.08—0.1米；内棺长2.02米，宽0.42—0.54米，残高0.6米，板厚0.05—0.07米。

M24内发现一副葬具，外棺残长2.4米，残宽0.7—0.8米，残高0.95米，板厚0.1米。内棺除盖板外基本完好，长2.22米，残宽0.6—0.7米，残高0.7米，板厚0.04—0.06米。内棺的内外壁均髹红漆，侧板外壁彩画凤凰与牡丹，从完整的一侧观察，共有7只凤凰、11朵牡丹，凤凰描金，牡丹以金钩边（图5-9）。头挡板描金彩绘端坐莲花的佛祖和执旌侍立的2个童子，脚挡板描金彩绘荷花、兰草、双穗嘉禾等。该墓没有发现墓志，根据出土铜钱、内棺纹饰和人骨性别判断，可能是朱惟熠第三任夫人刘氏。

楚藩郡王、将军等宗室成员的墓葬资料公布得也相对比较多，这些墓葬集中于今武汉市江夏区流芳岭一带，有不少尚存石砌棺床。如寺王村明墓，砖砌墓室，石砌棺床，墓主推测为明代中晚期的某位郡王或王妃[①]；四股山明墓，砖砌墓室，石砌棺床，墓主推测为葬于明末崇祯十六年（1643年）的某位郡王[②]；二妃山崇阳靖简王家族墓，包括镇国将军朱季墋夫妻合葬墓（葬于成化七年，1471年）、辅国将军朱均钵

① 武汉市文物考古研究所等：《武汉市江夏区流芳岭明墓发掘简报》，《江汉考古》2000年第3期。

② 武汉市文物考古研究所等：《武汉江夏流芳四股山明墓发掘简报》，《武汉文博》2010年第4期。

图5-9　陕西西安韦曲明秦藩家族墓M24内棺侧板彩绘局部
（引自《文物》2007年第2期）

墓（葬于正德四年，1509年）[①]；富士康工业园M4，墓主为楚昭王玄孙，卒于嘉靖三年（1524年）九月，出土有“岳阳奉国将军勤健堂墓志铭”[②]，可证出自楚昭王第九子岳阳郡王一系。

流芳岭二妃山景陵顺靖王朱孟炤（楚昭王庶八子，卒于正统十二年，1447年）、王妃贲氏墓（M1、M2）为并列土坑砖室墓，其中M2保留了基本完好的棺制，棺床由5块条石雕凿而成，长2.5米，宽1.25米，高0.25米；棺头大尾小，长2.42米，宽0.9—1.1米，高0.95—1.29米。在棺床的东北角有1件铭旌顶，正反面刻叶脉纹；另有4件圆柱状的木轴，残宽64.8厘米，残高14厘米[③]，应该是铭旌或翣的残存。

① 武汉市文物考古研究所等：《武汉江夏流芳四股山明墓发掘简报》，《武汉文博》2010年第4期。

② 富士康发掘分队：《武汉江夏富士康工业园区墓葬发掘》，《武汉文博》2010年第4期。

③ 武汉市文物考古研究所等：《武汉江夏二妃山明景陵王朱孟炤夫妻墓发掘简报》，《江汉考古》2010年第2期。

2010年抢救发掘的通城王朱英熔家族墓地，位于武汉市东湖高新经济技术开发区朱鲁湾村，推测是朱英熔及其妃妾的异穴合葬墓。5座墓葬有不同程度的破坏，发现有砖砌棺床和少许木棺残留[①]。

武汉市洪山区洪山乡的黄家湾也清理发掘过楚系王室成员墓，墓主分别为镇国中尉朱显杙（M2）及其妻恭人赵氏（M1）、朱显杙次子辅国中尉朱英㷉（M3）及其妻宜人袁氏（M4）[②]，均为男左女右、东西两穴并列的夫妻合葬墓。其中M3、M4为土坑竖穴木棺墓，朱英㷉[嘉靖二十七年（1548年）卒，乙卯（三十四年，1555年）葬]棺长2.04米，宽0.65米，棺内遗骨残骸长1.70米；袁氏（生卒年不详，落葬晚于朱英㷉）棺长2.1米，宽0.7米，棺内遗骨残骸长1.56米。朱显杙夫妻是比较特殊的土坑竖穴碗棺墓，其做法是以瓷碗叠套砌成长方形圆角棺室，内钉以木板作为护墙板，其中朱显杙[嘉靖三十四年（1555年）卒，隆庆二年（1568年）与赵氏合葬]碗棺外廓长2.5米，宽1.1米，室内宽0.54米；赵氏[嘉靖七年（1528年）卒，十一年葬]碗棺外廓长2.7米，宽1.3米，室内长2.1米，宽0.7米。

五、棺制分析

棺椁制度是中国上古时期墓葬等级的最主要标识之一，《荀子》谓："天子棺椁十重，诸侯五重，大夫三重，士再重；然后皆有衣衾多少厚薄之数，皆有翣蒌文章之等，以敬饰之，使生死终始若一。"[③]《庄子》云："古之丧礼，贵贱有仪、上下有等，天子棺椁七重，诸侯五重，大夫三重，士再重。"[④]在商周及以前的木椁墓中，椁的实际功用相当于后代的墓室，"椁之为言廓，所以开廓辟土，无令迫棺也"[⑤]。西汉晚期以后，砖石结构的墓室或者土洞墓逐渐大行于世，上古椁制遂不复存在。如果以三《礼》及先秦诸子所言制度为标准，明代帝后、藩王和其他皇室贵族皆无椁制（益、荆等府的灰隔葬，周藩个别砖"椁"，楚府中尉的"碗棺"等虽然有"椁"的功能，但实际都是墓室的省略型式，不等同于上古意义的椁）。而棺作为亲身葬具，

① 武汉市文物考古研究所：《武汉市明通城王朱英熔家族墓地发掘简报》，《江汉考古》2014年第6期。

② 武汉市博物馆：《黄家湾明代楚王朱氏墓》，《江汉考古》1998年第4期。

③ 《荀子》卷一三，《礼论》，影印浙江书局光绪刊《二十二子》本，上海古籍出版社1985年版，第335页。

④ 《庄子》卷一〇，《天下》，影印浙江书局光绪刊《二十二子》本，上海古籍出版社1985年版，第85页。

⑤ 汉·班固：《白虎通德论》卷一〇，《崩薨》，影印江安傅氏双鉴楼藏元刊本，上海古籍出版社1990年版，第82页。

在上古礼制的规定中并不止一重。《礼记》记载："（周）天子之棺四重，水兕革棺被之，其厚三寸，杝棺一，梓棺二。"[①]因此，包括明代在内的后世所谓之"椁"，按照上古棺椁之制的准确表述，实际上都是棺，亦即上古之重棺，也就是《礼记》所云"君大棺八寸、属六寸，椑四寸"之"大棺"[②]。至于后世之"棺"，则略当于上古的"椑"，《礼记·檀弓上》："君即位而为椑，岁壹漆之，藏焉。"汉郑玄注曰："椑，谓杝棺亲尸者。椑，坚著之言也。"[③]东汉以来，包括帝王在内的棺制相应大为简化；据历年考古发现所见，唐以后，重棺（含屋宇式石外棺）差不多已经是最高等级。

根据已知资料分析，明代帝王及其他皇族成员的棺制存在一定的差异，具体表现为以下几点。

（1）层数。如前揭各例所示，明代帝王及其他皇族成员之葬有重棺和单棺两种不同形式，其中皇帝、皇后、妃嫔都应该是葬用重棺。从已发掘实例可以推知，各地亲王按礼制也应该使用重棺，嘉靖以前惟郢靖王（损毁严重）、宁献王例外；益藩诸王皆为单棺，其墓葬年代尽在嘉靖纪元以后。郡王多为单棺，秦藩有重棺之例，甚至正德至万历（1506—1620年）间的郡王以及镇国、辅国将军和年代稍早的县主都有使用重棺之例；周藩南陵庄裕王朱睦楧也可以看作是重棺。因为实例比较少，无法判断皇族棺制是否有时代或地域上的变化，但就目前已知考古发掘诸例来看，郡王以下至将军、中尉等大多是用单棺。衡宪王墓中并存两种棺制，王用重棺，2位王妃为单棺，应该有等级方面的考虑。

（2）材质与装饰。就已揭示的资料而言，除郑州市金水区周藩南陵庄裕王朱睦楧用青石外棺、砖椁，楚藩中尉朱显杙夫妻墓用碗棺外，其他所有皇室成员无论身份高低皆用木棺。棺用榫合，间有再用钉加固者；封棺多用铁钉或木钉加于棺盖。亲王之棺的材质，内棺一般都是楠木，卒于弘治十五年（1502年）的宁靖王夫人吴氏棺亦用楠木。至于鲁荒王（薨于洪武二十二年，1389年；山东邹城）内外棺皆用楠木、周懿王（薨于成化二十一年，河南荥阳）棺用杉木、衡宪王（薨于天启七年，1627年；山东临朐）夫妻棺制不同、益定王（薨于崇祯七年，1634年；江西南城）棺用松木，可能与不同藩府、不同时期的财力有关。明定陵中孝靖皇后（神宗王恭妃、光宗生母）内棺用松木，可能因为她生前受明神宗虐待，被有意压低殓葬等级。郡王及以下爵禄者棺之材质少见有介绍，确切可知者秦藩汧阳王朱公鐕内外棺皆为松木。

① 《礼记·檀弓上》，影印清阮元辑刻《十三经注疏》本《礼记正义》卷八，中华书局1980年版，第1293页。

② 《礼记·丧大记》，影印清阮元辑刻《十三经注疏》本《礼记正义》卷四五，中华书局1980年版，第1583页。

③ 《礼记·檀弓上》，影印清阮元辑刻《十三经注疏》本《礼记正义》卷八，中华书局1980年版，第1292页。

不同材质的内棺、重棺通常皆髹朱漆，有些漆皮很厚。朱漆棺上加金色彩绘装饰，可能是某些藩府的葬制传统，实例见于秦藩郡王、将军及其夫人墓中；周懿王墓室淤土内发现大量棺椁残片，发掘者判断内棺外壁以红漆髹饰，并沥金粉，内壁贴麻布①。当地传说安阳赵康王石棺内原有木棺，朱漆描金龙凤，晋藩亦有用金彩饰棺之例；另在肃藩、益藩郡王，伊藩辅国将军墓中也各有1例金彩饰棺。山东兖州曾发现一具朱漆描金云凤纹彩棺，棺头题“鲁宫侍姬张氏柩”，现陈列于鲁荒王戈妃墓室中，由此可知鲁藩亦有彩绘棺之例，不过墓主身份较低，棺之漆皮也比较薄（图5-10）。总体上，明代皇帝、后妃、亲王之棺少有朱漆加施金彩之例，如果以定陵为标准，佐以大量的亲王棺制实例，可以认为明代皇族棺制在整体上是以朱漆素面为贵，棺上加彩目前只见于少数藩府的亲王、郡王及将军等，一些特殊纹样反映了墓主的某些喜好或风俗，郡王以下人等葬具的自由度似乎也相对更大一些。

图5-10　明鲁府宫人彩棺

（3）尺寸。尺寸应该也是衡量棺制等级的一个重要标准。历年来，关于明代帝王、皇族的墓葬考古资料披露不少，间或有涉及棺木尺寸者，但显然不敷采样之用。考虑到这些材料的年代分布，结合笔者先前的研究②，选取2个层面作为讨论的切入点，一是以嘉靖至明末（1522—1644年）自皇帝、亲王下至中尉，不同身份者的棺制作为分析对象，在百余年的时空范围内看等级差异；另一个是以所有已知亲王之棺的

① 河南省文物考古研究院等：《河南荥阳明代周懿王墓发掘简报》，《华夏考古》2019年第2期。

② 刘毅：《明代皇族棺制研究》，《南方文物》2017年第3期。

尺寸为研究对象，看身份相同者前后棺制的变化。以嘉靖改元为节点，也与明代亲王玄宫制度的分期相对应（见本书第四章第二节）。兹将有关材料列表（表5-1、表5-2）如下（同一种尺寸数据有超过1个者，如棺头棺尾宽高不一致等，皆以最大者为准）。

表5-1 明嘉靖（1522年）以后皇帝、亲王及其他皇族成员棺制和棺尺寸表[①]

墓主	卒年	内棺（单位：米）	外棺（单位：米）
神宗皇帝	万历四十八年（1620年）七月	长3.34、宽1.7、高1.42、板厚0.22	长3.9、宽1.8、高1.82
孝端皇后	万历四十八年（1620年）四月	长2.76、宽1.38、高1.26、板厚0.16	长3.48、高1.76
孝靖皇后（光宗生母，初葬以皇贵妃礼）	万历三十九年（1611年）九月	长2.76、宽1.38、高1.26、板厚0.16	不详
益端王朱祐槟	嘉靖十八年（1539年）八月	长2.1、宽0.92、高0.93	无
益端王妃彭氏	嘉靖十六年（1537年）十一月	长2.1、宽0.89、高0.71	无
荆端王次妃刘氏	嘉靖三十九年（1560年）八月	长2.3、高0.8	无
益宣王朱翊鈏	万历三十一年（1603年）二月	（石灰椁室长2.4、宽1.04、高1.2）	无
衡宪王朱常澬	天启七年（1627年）七月	尺寸不详	尺寸不详
晋裕王朱求桂	崇祯三年（1630年）十一月	尺寸不详	尺寸不详
益定王朱由木	崇祯七年（1634年）二月	棺内空长1.74、宽0.42、高0.44	无
郃阳惠恭王朱公镗夫人钱氏（嗣王生母）	成化二十年（1484年）	长2.4、宽0.52—0.68、高0.64—0.68	复原长2.62、宽1.16—1.28、高0.8—0.88
郃阳安僖王朱秉檄	正德三年（1508年）	长2.6、口宽0.48—0.68、底宽0.6—0.8、高0.56—0.74	残片厚0.2
郃阳惠恭王朱公镗夫人雍氏	正德四年（1509年）	长2.08、宽0.56—0.76、高0.56—0.72	长2.28、宽0.88—1.04、高0.82—0.9
肃藩某郡王	嘉靖十六年（1537年）四月以后	长2.27、前宽0.9、后宽0.8	无
肃藩某郡王妃	嘉靖十六年（1537年）四月以后	长2、前宽0.92、后宽0.85	无

① 据《南方文物》2017年第3期改制。

续表

墓主	卒年	内棺（单位：米）	外棺（单位：米）
郃阳安僖王朱秉檄妃刘氏	嘉靖十八年（1539年）	已被破坏	残底长2.5、厚0.1—0.16
周藩南陵庄裕王朱睦楧	隆庆元年（1567年）	朽不辨形	长2.84、宽1.26、高1.24（石）
周藩南陵庄裕王朱睦楧某妃	不详，推测晚于朱睦楧	长2.1、宽0.62、残高0.52	砖椁（棺池）
益藩罗川王	万历年间（1573—1620年）	长2.25、宽0.85	无
伊藩辅国将军朱褒焌及其夫人王氏、潘氏（其中2棺已毁，1棺完好，所属棺主不详）	朱褒焌嘉靖三十二年（1553年）、王氏嘉靖二十一年（1542年）、潘氏万历二十八年（1600年）	长2.1、宽0.64、高0.78	无
秦藩奉国将军朱惟熠夫人赵氏	嘉靖十年（1531年）	长2.1、宽0.7、残高0.38、板厚0.1	长2.4、宽1.08、残高0.52、板厚0.08—0.1
秦藩奉国将军朱惟熠夫人仲氏	嘉靖三十一年（1552年）	长2.02、宽0.42—0.54、残高0.6米、板厚0.07	长2.22、宽0.84、残高0.78、板厚0.1
宁藩奉国将军朱宸涪淑人陈氏、恭人张氏	嘉靖三十八年、三十九年（1559年、1560年）	均长2、宽0.8、高1	无
秦藩奉国将军朱惟熠	万历十三年（1585年）	长2.42、宽0.65、高0.86、板厚0.06	长2.84、宽1.08、高约1、板厚0.08
秦藩奉国将军朱惟熠夫人刘氏	万历年间（1573—1620年）	长2.22、残宽0.7、残高0.7、板厚0.06	残长2.4、残宽0.8、残高0.95、板厚0.1
楚藩镇国中尉朱显栻	嘉靖三十四年（1555年）	碗棺外廓长2.5、宽1.1，室内宽0.54	无
楚藩镇国中尉朱显栻妻恭人赵氏	嘉靖七年（1528年）	碗棺外廓长2.7、宽1.3，室内长2.1、宽0.7	无
楚藩辅国中尉朱英烱	嘉靖二十七年（1548年）	长2.04、宽0.65	无
楚藩辅国中尉朱英烱妻袁氏	生卒不详，落葬晚于朱英烱	长2.1、宽0.7	无

表5-2　明代亲王棺尺寸表

墓主	卒年	内棺（单位：米）	外棺（单位：米）
鲁荒王朱檀	洪武二十二年（1389年）十二月	长2.56、高1.30、板厚0.18—0.20	长3.21、宽1.52、高1.25、板厚0.14
蜀悼庄世子朱悦燫	永乐七年（1409年）六月	长2.72、宽0.98、高1.18、板厚0.08—0.14	外棺长3.8、宽1.87、高1.6、板厚0.07

续表

墓主	卒年	内棺（单位：米）	外棺（单位：米）
辽简王朱植	永乐二十二年（1424年）正月	长2.22、宽0.98、高0.72	长3.08、宽1.28、高1.22
蜀僖王朱友壎	宣德九年（1434年）六月	长2.89、宽1.05—1.17、高0.86（？）	长3.5、宽1.43
宁康王朱觐钧	弘治十年（1497年）	不详	厚0.066
益端王朱祐槟	嘉靖十八年（1539年）八月	长2.10、宽0.86—0.92、高0.93	无
益宣王朱翊鈏	万历三十一年（1603年）二月	（石灰椁室长2.4、宽1.04、高1.2）	无
益定王朱由木	崇祯七年（1634年）二月	棺内空长1.74、宽0.42、高0.44	无
荆端王次妃刘氏（参考）	嘉靖三十九年（1560年）	长2.30、高0.7—0.8	无
宁靖王夫人吴氏（参考）	弘治十五年（1502年）	长2.14、宽0.66—0.76、高0.6—0.7	无

根据定陵的发掘资料，明神宗帝后皆为重棺①。明神宗内棺楠木材质，头挡通高1.42米，足挡通高1.35米；平板棺盖，长3.34米，头端宽1.48米，厚0.22米，足端宽1.35米，厚0.19米；底板长3.33米，头端宽1.7米，厚0.22米，足端宽1.5米，厚0.21米，四周出缘。棺内另有重底，厚0.05米。重棺松木质，头端通高1.82米，宽1.8米，足端通高1.74米，宽1.66米，盖、底均长3.9米。以今0.32米准1明尺（嘉靖牙尺）推算，则神宗之内棺长近10尺5寸，厚约7寸；两位皇后之内棺长约8尺6寸，厚约5寸。可以看出明神宗之棺远远大且厚于后妃、亲王之棺。亲王、郡王及以下等级者的棺长看不出明显的尺寸级差，一般都在6—7明尺之间，只有镇国中尉朱显栻夫妻的碗棺略长一些，但所谓“碗棺”实际上略相当于椁，而并非真正的棺。根据表5-2，早期亲王（含世子）棺略长一些，其中辽简王最短为7明尺，鲁荒王、蜀悼庄世子超过8明尺，蜀僖王更长于9明尺。根据这些数据可以大致推论，嘉靖元年（1522年）至明末百余年间，皇帝、皇后与亲王及其以下人等的内棺尺寸之间存在着明显的区别，亲王及其以下人等之棺在尺寸上的区别则不是特别明显。就亲王一个等级而言，嘉靖前后（或者更早）或有一个棺制缩小的变化。

需要说明的是，上述结论所依据的资料是被动式“抽样”所取得，因而其准确性也只能是相对的。除帝后梓宫外，其他皇族成员的棺制可能没有太多限制，如同属蜀藩，悼庄世子（父）的内棺小于僖王（子），但其外棺却大于僖王。就男女差别而

① 中国社会科学院考古研究所等：《定陵》，文物出版社1990年版，第22—23页。

言，帝后可以看出明显差别，但却只有定陵一个孤证。至于亲王以下，一般来说，夫妻棺的层数、材质相同，通常女棺的尺寸都小于或略小于男棺；武汉洪山黄家湾2座中尉墓都是女棺长于男棺，可能有民间习俗或地域因素的影响。秦藩奉国将军朱惟熠先卒2位夫人的内棺板均厚于朱惟熠本人内棺板，不知是否有年代或其他因素的影响。

第三节　明代宗藩的礼制类葬仪用品

明代藩王墓葬中出土有数量不等的属于国家礼制层面的葬仪类随葬品，其中最主要的就是谥册、谥宝和圹志。册（策）、宝、墓志各自的功用不尽相同，但都是古代帝王陵墓内标识墓主身份的重要物品，也都是古代帝王丧葬大典中的重要礼仪用品。

一、谥册和谥宝

帝王随葬之册，汉唐间一般写作“策”，通常包括“哀策”和“谥策”两种。哀策文字性质接近诔文，重点在于称述逝者功德、表达哀慕之情；谥册的核心则是记录对墓主一生最基本的评价——庙号、谥号。谥宝的出现可能稍晚，1968年在汉高祖长陵附近发现可能是出自吕后陵中的“皇后之玺”应为实用品，各地汉墓中出土的标志墓主身份的玺印也大都是实用品。晋人司马彪《后汉书仪礼志》中没有关于汉天子葬用谥宝的记载，推测东汉时期尚无此制，但同书中又有“诸侯王、列侯、始封贵人、公主薨，皆令赠印玺，玉柙银缕”等语[①]，唯其所记印玺铭刻文字不详，无法确定是否为谥宝。又据《晋书·礼志》记载，曹丕称帝后追尊曹操为太祖武皇帝，“刻金玺、追加尊号，不敢开埏，乃为石室，藏玺埏首，以示陵中无金银诸物也”[②]。曹丕所进之金玺，如果镌刻有“武帝”等庙谥文字，应该是皇帝谥宝之制的滥觞。根据目前掌握的资料判断，不晚于中唐，谥册、谥宝并用之制已经定型[③]。明代已无哀册之制，但在各地亲王陵墓中仍多见谥册和谥宝。据《大明会典》和明朝历代《实录》等文献记载，明朝帝后大葬，梓宫入玄宫安奉毕，依制陈设谥册、谥宝。如《明仁宗实录》记载太宗（成祖）葬礼：“奉迁梓宫入皇堂安奉讫，内侍捧谥册、宝置于前，陈列明器

---

① 晋·司马彪：《后汉书志·仪礼下》，“诸侯王列侯始封贵人公主薨”，见宋云彬等点校本《后汉书》，中华书局1965年版，第11册，第3152页。

② 唐·房玄龄等：《晋书》卷二〇，《礼志中》，吴则虞等点校本，中华书局1974年版，第3册，第632页。

③ 刘毅：《帝王陵墓之册宝志探析》，《东南文化》2012年第5期。

等毕，行赠礼。”[①]谥册是记载墓主尊谥号的册文，谥宝是刻有墓主谥号的宝玺，它们是古代帝王带到“阴间”的身份证明物件。

明代规定：“宗室本支蕃衍，每有丧礼，所用谥宝册、铭旌、明器俱下工部委所司制造。”成化五年（1469年）六月礼部奏上省简新例，明器等不再由工部统一制作颁送，但“凡亲王、郡王谥宝册仍下工部所司促办”[②]。因此，从理论上说，明代藩王陵墓中应该皆有谥册、谥宝等随葬。洪武二十八年（1395年）三月二十日，明太祖次子秦王樉薨，二十九日“礼部制秦愍王金册、金宝成。其制：浑金沥粉册盝一，里用红纻丝贴衬，联贯册叶红丝绦一，红绒锦藉册一，红织金纻丝垫册褥一，盖覆盝红罗销江夹袱一，裹册红罗销金夹袱一，嵌金铁锁钥一副。木贴金宝池匣一副，红绶绦一，内外木匣二，俱沥粉浑金，里用红纻丝贴衬。浑金沥粉木贴金宝匣一，并木贴金宝座一，四角蟠螭金匣，里用红纻丝贴衬，红绒锦宝座褥一，红织金纻丝用宝褥一，红织金纻丝垫宝褥一，裹宝红罗销金夹袱一，盖覆宝匣红罗销金夹袱二，宝匣嵌金铁锁钥二副。朱红油宝案卓一，木贴金宝池莲池座一，俱用沥粉浑金”[③]。这是明代最早的关于谥册、谥宝之制的记载，规定甚详。但从几个考古发掘前未经盗扰的王陵出土品来看，各个墓的册、宝制度并不统一。

鲁荒王墓中出土有木质贴金的“鲁王之宝”，龟纽，通高7.4厘米，座长10.5厘米，宽10厘米，高2.8厘米（图5-11），贮以沥粉贴金云龙纹木匣，置于玄宫前室后部的红漆案上[④]。该墓中未见谥册。

楚昭王墓中出土有铜册和谥宝[⑤]。鎏金铜册二副，其中一副是永乐二十二年（1424年）的谥册，共两页，对折；另一副是洪武三年（1370年）分封墓主为楚王时的实用封册。二册形制、大小相同，册页长24.7厘米，宽10.15厘米，厚0.5厘米，共置于一个木盒中，封册在下，谥册在上。册盒置于刻龙纹的石函中，放在棺床前的石几案上。同墓中还出土木质贴金“楚昭王宝”一方，龟纽，通高7.5厘米，长宽各10.5厘米（图5-12），置于石函前的盝顶木匣中。

---

① 明·张辅等：《明仁宗实录》卷五上，永乐二十二年十二月壬子，校印本《明实录》，第9册，第171页。

② 明·刘吉等：《明宪宗实录》卷六八，成化五年六月乙卯，校印本《明实录》，第23册，第1351—1352页。

③ 明·胡广等：《明太祖实录》卷二三七，洪武二十八年三月壬戌，校印本《明实录》，第5册，第3465页。

④ 山东省博物馆等：《鲁荒王墓》，文物出版社2014年版，第167—168页。

⑤ 湖北省文物考古研究所等：《武昌龙泉山明代楚昭王墓发掘简报》，《文物》2003年第2期。

图5-11　明鲁荒王木质“鲁王之宝”

图5-12　明楚昭王谥宝
（引自《文物》2003年第2期）

梁庄王墓中出土有镀金银册一副①，册页长23厘米，宽9.1厘米，厚0.4厘米，共两页。从册文内容来看，应该是宣德八年（1433年）册封魏氏为王妃时的实用封册。该墓墓室范围内未发现二位墓主的谥册和谥宝。

益端王墓中出土木质谥册一副，阴刻谥文，烫以金粉，已残朽，上有“谥曰端”等字，知为益端王所有。该残册出土时置于棺床东侧（益端王棺所在一侧）的小石座上，谥册储于涂金小木匣中，外复盛以红漆小木箱②。

在发掘前已被盗扰的明代诸王墓中，偶尔也会有谥册、谥宝出土。

湖北荆州湘献王衣冠冢中出土有木质谥宝一方，文曰“湘献王宝”③。此宝因朝廷改赐谥号而制，洪武三十五年（即建文四年，1402年）七月，“改谥故湘王曰献，妃吴氏曰献妃，遣官赍谥册及宝祭于荆州坟园”④。

蜀悼庄世子墓中出土木质谥册宝各一件，谥册两片，各长24.2厘米，宽10厘米，厚1厘米（图5-13）；谥宝龟纽，边长10.8厘米，通高7.9厘米，印面阳文篆刻“蜀悼庄世子宝”⑤。

这种谥宝在郡王墓中也有所发现，但其文则依制称为“印”。秦藩汧阳端懿王

① 湖北省文物考古研究所等：《梁庄王墓》，文物出版社2007年版，第200—202、205页。湖北省文物考古研究所等《湖北钟祥明代梁庄王墓发掘简报》（载《文物》2003年第5期）中原作“鎏金铜册”。

② 江西省博物馆：《江西南城明益王朱祐槟墓发掘报告》，《文物》1973年第3期。

③ 荆州博物馆：《湖北荆州明湘献王墓发掘简报》，《文物》2009年第4期。

④ 明·张辅等：《明太宗实录》卷一〇上，洪武三十五年七月丙戌，校印本《明实录》，第6册，第155页。

⑤ 成都明墓发掘队：《成都凤凰山明墓》，《考古》1978年第5期。

朱公鐕墓后壁龛中前部偏西出土有“木印”1件[①]，边长10厘米，厚2.5厘米，印背上有印纽的痕迹，印面四周为1.5厘米宽的边框，框内刻阳文篆体“汧阳端懿王印”6字。印木胎包金，从印文看应该是谥印。赵藩汝源端僖王朱厚焆墓中出土木谥印1件，扁方体，木质涂金，纽残失，印面阳刻篆书“端僖王印”，长11.1厘米，宽10.9厘米，厚3.6厘米[②]。

图5-13　明蜀悼庄世子谥册

明制：亲王之册金质，二片；“其宝用金，龟钮，依周尺方五寸二分，厚一寸五分，文曰某王之宝”；“郡王，镀金银册、镀金银印”[③]。四川彭山江口古战场遗址中曾发现过明代楚、蜀、荣等藩的封册、宝玺或其残件[④]，是明代藩王册宝的重要实物佐证（图5-14）。从上述几座明代亲王陵墓出土的谥册和谥宝来看，基本都符合这一定制，唯册文内容不同、宝文用谥号。

关于谥册、谥宝在墓室中的陈设位置，在未经盗扰的鲁荒王墓中是在玄宫前室的案上，楚昭王墓中是在棺床前石几案上，益端王墓中是在棺床侧旁的小石台上；似乎没有统一规范。

据冯汉骥先生考证，谥册（策）之制始于汉，至唐初始以玉册葬入陵中[⑤]。东汉皇帝大葬礼中有“太尉读谥策，藏金匮；皇帝次科藏于庙，太史奉哀策苇箧诣陵”；太史令“读哀策”，“司徒、太史令奉谥哀策、东园武士执事下明器”等仪式[⑥]，可知当时谥册、哀册制度完备。西晋时“有人于嵩高山下得竹简一枚，上两行科斗书，传以

① 西安市文物保护考古所：《西安南郊皇明宗室汧阳端懿王朱公鐕墓清理简报》，《考古与文物》2001年第6期。

② 中国社会科学院考古研究所安阳工作队：《河南安阳市明代墓葬发掘简报》，《考古》2016年第5期。

③ 清·张廷玉等：《明史》卷六八，《舆服志四·亲王册宝》，标点本，第6册，第1660页。

④ 四川省文物考古研究院等：《江口沉宝——四川彭山江口明末战场遗址出水文物选粹》，文物出版社2008年版，第12—25页；王春法主编：《江口沉银——四川彭山江口古战场遗址考古成果》（中国国家博物馆全国考古发现系列丛书），北京时代华文书局2008年版，第103—127页。

⑤ 冯汉骥：《论南唐二陵中的玉册》，《考古通讯》1958年第9期。

⑥ 宋·郑樵：《通志》卷四五，《礼略第四·凶礼·大丧及山陵制》，影印商务印书馆《万有文库》“十通”本，浙江古籍出版社1988年版，第1册，第598页。

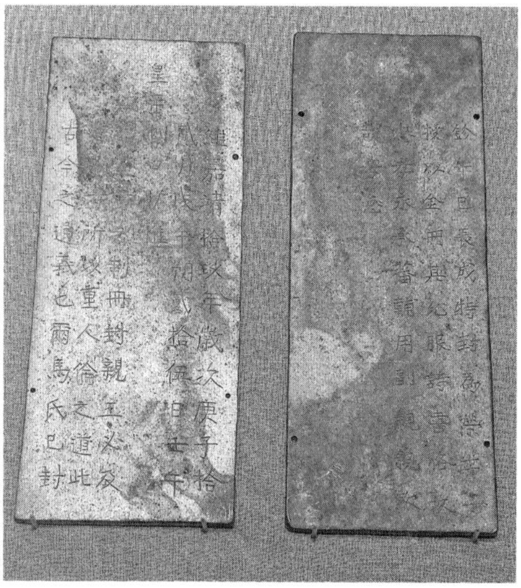

图5-14　四川彭山江口古战场遗址出土明嘉靖荣藩金质封册

相示，莫有知者。司空张华以问（束）皙，皙曰：‘此汉明帝显节陵中策文也。’检验果然”[①]。可知东汉是以竹册随入山陵。汉以后谥册宝之制趋于完善，五代后周礼仪使奏：“魏、晋郊庙祝文书于册；唐初悉用祝版，惟陵庙用玉册”[②]，据此可以推定唐代帝陵中应随葬有玉册。《通典》引《大唐元陵仪注》记载：“梓宫降自羡道，……龙輴既出，礼仪官分赞太尉、礼仪使奉宝、册、玉币，并降自羡道至元宫。太尉奉宝绶，入跪奠于宝帐内神座之西，俯伏，兴。礼仪使以谥册跪奠于宝绶之西，又以哀册跪奠于谥册之西，又奉玉币跪奠于神座之东，并退出复位。礼生引将作监、少府监入陈明器、白幰弩、素信幡、翣等，分树倚于墙，大幡［旐］置于户内。陈布讫，并内官以下并出羡道就位。”[③]据此可知唐代皇帝之葬皆兼有谥宝和谥册。陕西乾县唐僖宗靖陵中出土的汉白玉质哀册残片[④]，直接证实了唐代帝陵中确实有玉册随葬。四川成都前蜀高祖王建永陵中出土了白色大理石质的哀册和谥册，册匣遗痕尚可辨识，同时还出土有一枚白玉质蹲龙纽的谥宝，提供了册、宝俱全的实证[⑤]。

明代藩王陵墓中随葬谥册、谥宝，应该是继承发展了汉唐以来的制度。明朝帝后有谥册、谥宝随葬，除《明实录》《大明会典》等明代官方文献中的有关记载外，更有神宗定陵中出土的实证资料[⑥]。至于各地藩王，按典制也应该都有谥册和谥宝随葬，但郢靖王、梁庄王、宁献王、益庄王、益宣王这几座发掘前未经盗扰的陵墓中却并未发现谥册、谥宝；鲁荒王陵中未见谥册，所随葬之宝文曰“鲁王之宝”，并不是“谥宝”，而是亲王宝玺的明器；楚昭王陵中兼以实用受封册随葬，亦属不多见之例。上

① 唐·房玄龄等：《晋书》卷五一，《束皙传》，吴则虞等点校本，中华书局1974年版，第5册，第1433页。

② 宋·薛居正等：《旧五代史》卷一四三，《礼志下》，朱东润等点校本，中华书局1976年版，第6册，第1910页。

③ 唐·杜佑：《通典》卷八六，《礼四六·丧制之四·葬仪》，影印商务印书馆《万有文库》“十通”本，浙江古籍出版社1988年版，第469页。

④ 刘向阳：《唐代帝王陵墓》，三秦出版社2003年版，第326页。

⑤ 冯汉骥：《前蜀王建墓发掘报告》，文物出版社2002年版，第76页。

⑥ 中国社会科学院考古研究所等：《定陵》，上册，文物出版社1990年版，第229—230页。

述诸王陵中的木质随葬品大多保存不好，有木质谥册、谥宝已经朽坏无存这种可能。另外还有一种可能，如果到墓主下葬时朝廷赠谥未行，那么以铭载谥号为核心的谥册、谥宝就无法制作，江西南城益定王墓大概就属于这种情况。益定王的圹志虽然题由“翰林院奉敕撰文”，但首行谥号处却空缺一字，作“大明益□王圹志”，志盖上亦仅写作“大明益国王圹志”，而无谥号，定王次妃圹志也作“益□王待追封次妃王氏圹志铭”[①]；可知直到益定王及王氏次妃下葬时，朝廷尚未赐定王之谥，王氏次妃也尚未追封。这种情况在历年发现的明代藩府墓志中非止一例。另外，谥册、谥宝的制作耗时废工，有时“累月不成，比成，遣官赍送或已不及葬期”[②]。在这些情况下，各藩王陵墓中显然也不可能都有谥册、谥宝随葬。

二、圹　志

圹志，亦即墓志、墓志铭，起源于东汉，两晋已比较多见。圹志的出现原本是因为“素族无名策，故以纪行述耳”，为了“将以千载之后陵谷迁变，欲后人有所闻知”[③]。南北朝时期圹志基本定型，一般为方形，上盖下身，盖书志名，多用篆体；志文记墓主姓氏爵里、世系履历、嘉行懿德、功业政绩、生卒年月、葬地方位等，有些还有四言押韵颂辞，称为“铭”，字体一般用楷书。到唐代，墓志已经是“贵贱通为之”了[④]。从已发掘清理的明代亲王墓来看，有一些发掘时保存完好的王陵中未发现圹志，如鲁荒王墓门前或墓室中未见圹志，1986年开掘墓道亦未见墓志[⑤]。但更多的王墓、宗室墓中都有墓志，圹志在明代宗藩墓中应该是普遍存在的。

郢靖王墓中出土石质长方形圹志一合，位于墓道终端、墓室封门石前加砌出的一道砖墙上，竖立嵌入墙面留出的龛中。志盖长37厘米，宽25.6厘米，厚4.6厘米，正面中间有篆书“郢靖王墓”四字，双钩阴刻，周边饰龙凤祥云海水；志身长37厘米，宽25.6厘米，厚4.6厘米，阴刻志文，周边饰云龙海水[⑥]。郢靖王夫妻合用墓志，可能是因为王妃殉死，与王同时下葬。

---

① 江西省文物工作队：《江西南城明益定王朱由木墓发掘简报》，《文物》1983年第2期。

② 明·刘吉等：《明宪宗实录》卷六八，成化五年六月乙卯，校印本《明实录》，第23册，第1351页。

③ 唐·封演：《封氏闻见记》卷六，“石志”，影印文渊阁《四库全书》本，台湾商务印书馆1985年版，第862册，第444—445页。

④ 唐·封演：《封氏闻见记》卷六，“石志”，影印文渊阁《四库全书》本，台湾商务印书馆1985年版，第862册，第445页。

⑤ 山东省博物馆等：《鲁荒王墓》，文物出版社2014年版，第212页。

⑥ 湖北省文物考古研究所等：《郢靖王墓》，文物出版社2016年版，第35—39页。

图5-15 明楚昭王圹志及其安置方式

楚昭王墓棺床前的石几案前竖立圹志石一方，碑碣形，上圆下方，连座通高100厘米，宽51.5厘米，厚10.3厘米。碑身刻志文填朱，额篆“大明楚王圹志”，周边线刻龙纹（图5-15）①。

梁庄王墓有石质圹志两方，在墓道终端、墓室门的上方，东西并列竖立嵌入砖墙之中。其中梁庄王志盖长73厘米，宽72.7厘米，厚10.6厘米，楷书“梁庄王墓”四字，阴刻填朱；志身长72.5厘米，宽72.5厘米，厚10.2厘米，志文阴刻填朱。王妃志盖长58厘米，宽57厘米，厚10.5厘米，楷书“大明梁庄王妃圹志文”九字，阴刻填朱；志身长58厘米，宽58厘米，厚10.5厘米，志文阴刻填朱②。

宁献王墓室门前的砖台上平置一方圹志，长宽均为91厘米，志盖篆书“故宁献王圹志”，志身楷书志文，周边线刻龙纹③。

益端王墓有圹志两方，放置于墓室后壁的两个壁龛中，分别与墓主棺位相对应。益端王圹志盖及身长76.5厘米，宽76.2厘米，厚17.5厘米，皤石质，志盖篆书“大明益端王圹志”，志身阴刻楷书志文。王妃彭氏圹志盖及身长76.1厘米，宽76.3厘米，厚10.7厘米，形式同端王志④。

益庄王棺床前放置圹志三方，皤石质，各一合，套以铜箍。排列位置对应墓主棺位，中为益庄王，东为王妃王氏，西为继妃万氏。三志形式相同，志盖篆书，志文楷书，庄王志石边框有线刻龙纹，王妃志石线刻凤纹。益庄王圹志边长67厘米，王氏圹志边长70厘米，万氏圹志边长72厘米，厚皆为10.5厘米⑤。

① 湖北省文物考古研究所等：《武昌龙泉山明代楚昭王墓发掘简报》，《文物》2003年第2期。

② 湖北省文物考古研究所等：《梁庄王墓》，文物出版社2007年版，第198—202页。

③ 陈文华：《江西新建明朱权墓发掘》，《考古》1962年第4期。

④ 江西省博物馆：《江西南城明益王朱祐槟墓发掘报告》，《文物》1973年第3期。

⑤ 陈文华：《江西南城明代朱厚烨墓发掘简报》，见江西省博物馆编《江西考古资料汇编·封建社会部分（下）》，内部刊印1977年版；江西省博物馆等：《江西明代藩王墓》，文物出版社2010年版，第121—123页。

图5-16　明辽简王圹志及其安置方式

益宣王椁室前墙外有砖砌的圹志室，内放置圹志三方，白矾石质，中为益宣王，东为元妃李氏，西为继妃孙氏。三志形式相同，志盖篆书，志文楷书，边框有线刻云龙纹。益宣王圹志长100厘米，宽93厘米，厚17厘米，二妃圹志大小一样，边长90厘米，厚17厘米[①]。

在一些发掘前已被盗扰的诸王墓中也多有圹志发现。

辽简王墓室门前正中的长方形石座内竖立石圹志一方，志盖阴刻楷书“故辽简王之墓”，描黄；志身楷书志文，周边有线刻龙纹（图5-16）。志盖及身大小相等，均为长80厘米，宽78厘米，厚2.8厘米[②]。

蜀悼庄世子墓室后室前左檐柱下竖立圹志一方，石质，碑碣形，额篆“故蜀悼庄世子圹志”，边饰龙纹，志文楷书，志石高104厘米，底座高46厘米[③]。蜀僖王墓室第一道门内竖立圹志一方，石质，碑碣形，额篆“大明蜀僖王圹志”，边饰龙纹，志文楷书，志石高148厘米，宽80厘米，厚13厘米，底座高44厘米[④]。蜀怀王墓室第一道门内左右对称各竖立圹志一方，石质，碑碣形，额篆分别为“蜀怀王圹志”“蜀怀王妃徐氏圹志”[⑤]。1991年发掘的蜀昭王陵中也有王及王妃残碎圹志出土[⑥]，从而确认了墓主身份，纠正了此墓旧传为蜀惠王陵之误。

德庄王及王妃刘氏墓志均为石灰岩质，正方形，出土时各以两道铁箍套束，位于墓门内封堵墙上。德王墓志边长70厘米，志盖厚12厘米，边框阴线刻二龙戏珠纹，中阴刻篆书“德庄王圹志铭”；志石厚13厘米，边框阴线刻二龙戏珠纹，中阴刻楷书志文。刘妃墓志志盖边长47.7厘米，厚9厘米，边框阴刻云凤纹，中朱书篆体“大明宗室

① 江西省文物工作队：《江西南城明益宣王朱翊鈏夫妇合葬墓》，《文物》1982年第8期。

② 荆州地区博物馆等：《江陵八岭山明代辽简王墓发掘简报》，《考古》1995年第8期。

③ 成都明墓发掘队：《成都凤凰山明墓》，《考古》1978年第5期。

④ 成都市文物考古研究所：《成都明代蜀僖王陵发掘简报》，《文物》2002年第4期。

⑤ 成都文物考古研究所：《成都市三圣乡明蜀“怀王”墓》，见成都文物考古研究所编《成都考古发现2005》，科学出版社2007年版，第382—428页。

⑥ 王毅等：《成都地区近年考古综述》，《四川文物》1999年第3期。

德王妃刘氏之墓”；志石边长48.5厘米，厚9.5厘米，边框阴刻云凤纹，中朱书“宗室德王妃刘氏圹志文”并阴刻志文，皆楷书①。

湖北襄阳的襄藩诸王陵墓早年基本全被盗空，有些曾征集到墓志。其中谷城出土的襄康王朱祐櫍（卒于嘉靖二十九年，1550年）志盖边长62厘米，厚15厘米，线刻龙纹边饰，中阴铭篆书“皇帝御制襄康王圹志文”；南漳出土的襄庄王朱厚颎（卒于嘉靖四十五年，1566年）圹志边长61厘米，厚24厘米，四周线刻二龙戏珠纹，志盖篆书“皇帝御制襄庄王圹志文”②。

潞简王（卒于万历四十二年，1614年）墓已被盗一空，清理发掘时在玄宫后室的石门外残存潞简王圹志一合，志盖已失，志身边长87厘米，厚17厘米③。

山西榆次晋裕王朱求桂（卒于崇祯七年，1634年）墓中也有圹志出土④，近年披露详情⑤。墓志青石质，边长95厘米，厚15厘米，边饰四爪龙纹。

益定王陵三座椁室的前墙外各竖青石圹志一方，盖、身对合，各长96厘米，宽76厘米，厚2厘米，志盖分别篆书“大明益国王圹志”“大明册封益王元妃黄氏圹志”“大明益王次妃王氏圹志铭”，志身楷书志文，边框饰以线刻龙纹⑥。

周懿王墓志比较特殊，为汉白玉质，束以两道铁箍，并有6个楔形铁垫加固，竖立于外层封门底部的砖砌龛内。志盖48.3厘米×48.5厘米，厚6厘米，志石47.8厘米×48.5厘米，厚5.7厘米。志盖篆“周懿王圹志”，字口内先填朱砂再涂金；志文楷书，字口内填朱砂。志、盖周边均饰卷草纹，填朱砂。周懿王圹志有改镌痕迹，将志盖顺时针旋转90°，可见现刻字下有“周王妃王氏圹志铭”残迹，志文下亦有“王斌之女”等原王妃圹志文残迹。发掘者认定懿王圹志系由王妃圹志改制而成⑦。王氏先薨于成化二十年（1484年）九月，原卜于次年六月葬，但六月初九日周懿王亦薨，“周世子同鑣奏：成化二十年九月母妃王氏薨，已蒙遣官营葬，未及发引而父王继薨。乞移文原遣官员，量加工料，如例造坟合葬。上（明宪宗）允之”⑧。因夫妻同时落葬，故将原妃志废去改镌周王圹志文，或因简省而然。

---

① 济南市文化局文物处等：《山东长清县明德王墓群发掘简报》，《考古学集刊》第11辑，中国大百科全书出版社1997年版。

② 襄樊市考古队等：《明襄阳王墓调查》，《江汉考古》1999年第4期。

③ 河南省博物馆等：《新乡市郊明潞简王墓及其石刻》，《文物》1979年第5期。

④ 郭勇等：《明晋裕王墓的清理工作》，《文物参考资料》1956年第6期。

⑤ 安瑞军等：《山西榆次明代晋裕王墓清理简报》，《中国国家博物馆馆刊》2018年第2期。

⑥ 江西省文物工作队：《江西南城明益定王朱由木墓发掘简报》，《文物》1983年第2期。

⑦ 河南省文物考古研究院等：《河南荥阳明代周懿王墓发掘简报》，《华夏考古》2019年第2期。

⑧ 明·刘吉等：《明宪宗实录》卷二六八，成化二十一年七月丁丑，校印本《明实录》，第27册，第4539页。

明代王与王妃甚至夫人合葬，通常各有墓志，除前揭亲王诸例外，不少郡王亦然。如赵藩汝源端僖王朱厚焆（卒于嘉靖二十八年，1549年）墓中出土墓志2方，1方出土时立置于封门外，盖篆“明赵府汝源端僖王墓”，志盖长71厘米，宽70.2厘米，厚17.8厘米，志石长71厘米，宽70厘米，厚18厘米。李夫人墓志出土时立置于前室东壁龛侧，盖篆“明故夫人李氏圹志铭”，志盖长58厘米，宽57.6厘米，厚14厘米；志石长58厘米，宽57.2厘米，厚13.5厘米[①]。

还有不少陵墓已毁或久失基址所在而志石尚存者，见诸文字披露的有庆靖王[②]，鲁靖王及鲁藩若干亲郡王[③]，宁康王[④]，淮靖王、淮康王、淮恭王[⑤]，益恭王[⑥]，福忠王[⑦]等。西安长安区大兆街道办康王井村秦康王墓，早年曾出土墓志一合，边长95厘米，盖篆“大明宗室敕谥秦康王妃陈氏墓志铭”[⑧]。另据笔者调查所知，在河南郑州文物考古研究院、禹州市文物保管所，甘肃平凉崆峒区博物馆、泾川博物馆，河南南阳博物馆、沁阳朱载堉纪念馆，湖南长沙市博物馆等文博单位还收藏有周、韩、唐、郑、吉等藩的亲郡王墓志多方（图5-17）。

明代亲王圹志的制式并不统一，已知诸例可分为以下二型。

A型　两块石板相合，按石板形状又可分为二亚型。

Aa型　两块正方形石板相合，这是标准的墓志形式。实例有辽简王、宁献王、梁庄王、德庄王、襄庄王、襄康王、益端王、益恭王、潞简王等。郡王以下墓中这种形式的圹志也最为多见。

---

① 中国社会科学院考古研究所安阳工作队：《河南安阳市明代墓葬发掘简报》，《考古》2016年第5期。

② 许成等：《同心县任庄村明代王陵》，《中国考古学年鉴1984》，文物出版社1984年版，第175页；志文未见披露。

③ 鲁靖王圹志现藏山东邹县文物保管所，志文著录于山东省博物馆：《发掘明朱檀墓纪实》（附录），载《文物》1972年第5期。鲁靖王等鲁藩若干亲王、郡王圹志文著录于山东博物馆等编著：《鲁荒王墓》第七章，文物出版社2014年版。

④ 宁康王圹志现藏江西省博物馆，志文著录于陈柏泉：《江西出土墓志选编》，江西教育出版社1991年版，第454页。

⑤ 淮藩靖王、康王、恭王三方墓志现藏江西省博物馆，志文著录于陈柏泉：《江西出土墓志选编》，江西教育出版社1991年版，第503—508页。

⑥ 益恭王圹志现藏江西省南城县博物馆，志文著录于陈柏泉：《江西出土墓志选编》，江西教育出版社1991年版，第516—517页。

⑦ 福忠王圹志由河南孟津县文物管理委员会征集，志文著录于李宪奇等：《明福王朱常洵圹志》，《中原文物》1987年第3期。

⑧ 国家文物局主编：《中国文物地图集·陕西分册》下，“陪葬墓”，西安地图出版社1998年版，第109页。

图5-17　明韩藩镇国将军墓志一合

（现藏于平凉市崆峒区博物馆）

Ab型　两块长方形石板相合，实例有郢靖王、淮康王、益定王等。在郡王、将军等人墓中也有发现。

B型　碑碣形，上两角一般是圆角，下有座。主要见于楚、蜀等藩陵墓中，如楚昭王、蜀悼庄世子、蜀僖王、蜀怀王等。沁阳朱载堉纪念馆收藏的多方郑藩王妃、郡王、将军等人的墓志也是碑碣形。

太原晋藩广昌悼平王及王妃合葬墓中同时出土A、B两型圹志，悼平王（卒于宣德二年，1427年）圹志为Aa型，王妃杨氏（卒于天顺二年，1458年）、嗣王生母刘氏（卒于成化八年，1472年）二志为B型[①]。就此墓而言，广昌王等级高于二妃。但从各藩亲王陵墓来看，A、B两型志石应该没有等级上的差异；楚藩小件碑碣形圹志明显简朴。和墓葬结构一样，明代各藩府圹志的形式也是自成一格，楚藩自永乐至崇祯诸王圹志皆为B型。同类圹志尺寸大小不一，应该不关乎等制，但卒于崇祯七年（1634年）的益定王圹志仅厚2厘米，远逊于同藩前辈端、庄、恭、宣诸王，既与随葬品衰退的整体趋势相契合，也是国势寖弱的一种反映。

圹志放置的位置，晋唐以来大都是在墓室或墓穴的前面，置于墓道的靠近终端处。明代亲王圹志放置的位置不一。郢靖王、辽简王、宁献王、梁庄王、德庄王等圹志放置于墓室门外墓道内或墓室封门的上方，整体上合乎古制。蜀悼庄世子、潞简王圹志是在墓后室（棺室）门前；后来蜀藩诸王皆改为放置在墓室第一道门内。益端王及王妃圹志在墓室后壁壁龛中，楚昭王、益庄王及王妃圹志在棺床前，益宣王、益定王及王妃圹志是在砖砌椁室的前面（棺尾侧）。还有一种更特别的形式，秦藩汧阳端懿王朱公鐕的墓志紧贴墓门门楼，立放于门楼最上一块石条之上的中间部位[②]，奉国将

① 山西省文物管理委员会：《山西太原七府坟明墓清理简报》，《考古》1961年第2期。

② 西安市文物保护考古所：《西安南郊皇明宗室汧阳端懿王朱公鐕墓清理简报》，《考古与文物》2001年第6期。

军朱惟熠夫妻合葬墓中，三合墓志也放置在门楼上方的墓室顶部[①]；这可能是秦藩宗室墓葬的又一个特点。另外，晋藩王墓也有类似的做法。就圹志放置的位置而言，明代各藩王陵墓并没有统一规则。

第四节　明代宗藩墓中的祭器与明器

明朝宗室成员墓葬中通常会有大量的随葬品，而一些未经盗扰的亲王陵墓中出土的文物在质和量上都更是蔚为大观，如鲁荒王墓、梁庄王墓等，不仅足够支撑起一个特色展厅，而且通常会成为所在博物馆的突出亮点。1964年3月，江西南城发掘的益藩罗川郡王墓（墓主可能是罗川瑞懿王朱常湑）中出土有保存完好的随葬品清单一份，纸质、墨书，长68厘米，宽27厘米。其上文字为："正」典服所今将成造敛衣数目开具于后」旒冠一顶　皮弁冠一顶　金簪二根」翼善冠一顶　金冠一顶　天青纻丝寿巾一顶香枕一个」红六云纻丝鸡鸣枕一个　红六云纻丝引带一个」大红五彩织金纻丝四团龙圆领一件　冕服一袋」绿六云改机细衬摆一件　素玉带一条　玉佩一件」大红六云织金纻丝过肩一件　白云布道袍一件」蓝丝细长棉袄一件　蓝斗细长夹袄一件」□云六纻丝过河中一件　白西洋布衫一件」白西洋布单中衣一件　蓝六云纻丝棉中衣一件」白湖细夹中衣一件　白洋布单裙一条」蓝六云纻丝棉夹裙两条　西洋布暑袜一双」白湖细肩褥一个脚褥三个五彩锦棉被二床　棉褥一床」蓝六云纻丝棉褥一床」青纻丝寿靴一双」白梭布大夹衾一件　小夹衾一件」木梳一付　寿簟一床　金扇一把　宝钱七文」宝钞七　手巾脚巾大明皇历」冥途路引一张」万历二十一年六月　日」。"[②]这件清单是一份十分难得的文件，它提供了明代郡王随葬品个案的详尽资料。

按照功能属性，明代王墓中的随葬品可以大略分为三类，分别是实用器、祭器、明器。实用器就是各种生活用品和日常用具，涉及面非常广泛，包括冠服佩饰，金银、漆木、瓷、玉等不同质地的容器或玩器，物品箱等盛装类家具。祭器是在墓内陈设的祭祀墓主的器用，如"五供"等。明器则是专门用于随葬制作的器物，如房屋和家具模型、各种俑、车轿和卤簿仪仗模型等，其核心特征是不具备实用功能。实用器所对应的是现实中的日常生活，五花八门，与生时无异，分属于不同的学术领域，有很多相应的研究成果；祭器，有些具有专门性，也有很多就是日常实用器，特别是在那些埋葬实境已经被破坏的墓葬中，认证难度比较大；明器则是丧葬制度的核心内

① 肖健一等：《西安发现明代秦王家族墓葬》，《中国文物报》2004年9月22日第1版；陕西省考古研究所等：《西安明代秦藩辅国将军朱秉橘家族墓》，《文物》2007年第2期。

② 薛尧：《江西南城明墓出土文物》，《考古》1965年第6期。

容。因此，从墓葬研究的视角出发，本节的研究重点是明器，其次是可以确认无疑的祭器；具有特殊葬俗意义的实用器也将在第五节专门讨论，而那些不能与陵墓建立专门或必然对应关系的实用品则不在本书研究的范畴之内。

一、祭　　器

明代一些王墓的墓室中有木几供案或石雕砖砌祭台一类，大多做工精致。如楚昭王玄宫正中石砌棺床之前有石供桌1件，仿木几案式，桌面上自内（靠近棺柩）而外依次为石质线刻云龙纹封谥册匣1件；木质涂金谥宝匣1件，两侧分别为铜质双耳瓶各1件，瓶内插铜鎏金荷花及荷叶；谥宝匣前为铜质三足鼎式香炉1件，两侧分别为铜质烛台各1件，烛台上插木质涂红漆的象征性蜡烛（图5-18）①。香炉1尊、烛台1对、花瓶或花觚1对，这种组合通常称为“五供”或“五具足”，元至明代逐渐形成定制。

在历年考古发掘工作中，像楚昭王墓这样保存有完整清晰的供祭现象的王墓并不多。鲁荒王因被水泡，供祭现象大部分已被破坏，其玄宫前室门内有1个大陶缸做成的万年灯，前室后部中央有1件朱漆高翘头木供桌，因被水冲倒向东北，桌西侧有盛放“鲁王之宝”的三重宝匣，推测原置于供桌之上②。梁庄王墓部分随葬品也有漂移，供祭现象不完整，其前室“西壁下的中段，冥器列前，放置一件漆木案，案面两侧各有一件泥金龙纹瓷锺”（图5-19）③。至于那些经过盗扰的墓葬，祭器通常不易辨识，但往往能够看出若干设祭的迹象，如蜀怀王墓第二进墓室（“正庭”）内正中放置石供桌1个，由石板和条柱拼成，正面挡板线刻出仿木形式，长1.74米，宽0.81米，高0.76米；前有石雕圆形香炉1个，高0.6米，最大直径0.67米，上有镂空的龙纹和花卉纹；该墓中还出土有陶质的香炉、花瓶等供器④，应该与墓中“设供”现象有关。其他经过清理发掘的历代蜀藩王墓中往往可见石供案、香炉一类陈设，如悼庄世子墓出土雕工精湛的鼎式香炉（图5-20），蜀昭王玄宫中室和两后室的棺床前皆有石雕供案（图5-21）。

河南新乡北郊的潞简王墓直接在玄宫内把封土前的石质的五供复制了一份，其玄宫前室中间偏后、后室门前正中位置陈设须弥座式石台案一，上置香炉　，花瓶、烛

---

① 湖北省文物考古研究所等：《武昌龙泉山明代楚昭王墓发掘简报》，《文物》2003年第2期。

② 山东省博物馆等：《鲁荒王墓》，文物出版社2014年版，第18页。

③ 湖北省文物考古研究所等：《梁庄王墓》，文物出版社2007年版，第21页。

④ 成都文物考古研究所：《成都市三圣乡明蜀“怀王”墓》，见成都文物考古研究所编《成都考古发现2005》，科学出版社2007年版，第382—428页。

图5-18　明楚昭王册宝、五供、圹志
（引自《文物》2003年第2期）

图5-19　明梁庄王墓出土白釉贴金瓷锺

图5-20　明蜀悼庄世子墓出土石雕香炉

图5-21　明蜀昭王玄宫中室石供案及后室左右室棺床前供案

台各一对（图5-22）[①]。这套五供的陈设形式完全模仿北京昌平各皇帝陵明楼前的石几筵形式，五供置于祭台之上，不知是否为原制。目前所知各亲王寝园石五供的标准陈设形式，是5件石供器在前（通常各承以圆形小石几）、石台案在后，即供器和台案分离排列，潞简王封土前石几筵也是这种安置形式。

有一些等级稍低的宗室墓葬，祭台以砖垒砌，其中也不乏精心装饰者。如赵藩汝源端僖王朱厚焆墓后室北侧为黄土夯筑的棺床，前脸以青石雕仰覆莲花须弥座包边，床面铺青砖。棺床前正中有砖砌祭台，长1.12米，宽0.16米，高0.35米[②]。又如秦藩奉国将军朱惟熠墓室内前部有一个砖砌祭台，须弥座式，高0.8米，台面长1.15米，宽0.8米，底部长1.18米，宽0.82米。腰部内束，南、北、西三面有砖雕的二龙戏珠、飞凤、海水天马等纹样（该墓方向178°，东面未有雕饰）[③]。祭台上有木质残留物，损坏严重，已无法判断原先的器形。

此外，“长明灯”及相应的油缸、灯台等也是明代藩王陵墓中常见的供设物。鲁

① 河南省博物馆等：《新乡市郊明潞简王墓及其石刻》，《文物》1979年第5期。

② 中国社会科学院考古研究所安阳工作队：《河南安阳市明代墓葬发掘简报》，《考古》2016年第5期。

③ 肖健一等：《西安发现明代秦王家族墓葬》，《中国文物报》2004年9月22日第1版；陕西省考古研究所等：《西安明代秦藩辅国将军朱秉橘家族墓》，《文物》2007年第2期。

图5-22　明潞简王玄宫前室中的石祭台和五供

荒王玄宫前室出土的灯油缸，高1米，口径1.1米，酱色釉，内有铁质灯芯座以及植物与纸做的灯芯[①]（图5-23）。长明灯陈设现象在郢靖王、梁庄王墓中也有比较好的保留。

2005年湖北省文物考古研究所的考古发掘资料显示[②]，郢靖王朱栋（薨于永乐十二年，1414年）玄宫后室的东南、西南两个角上各有1只陶缸，架在呈半圆弧状摆放的楔形砖上，其中东南角者仍是原位，口径92厘米，底径35厘米，高76厘米，通体施深褐色釉，上腹外侧刻有“酒四号”字样。缸内底部还有锡质灯1件，通高11.5厘米，可以飘浮于油上，应是在缸中作长明灯用。原在西南角的陶缸出土时已漂移至东配室的东北角，缸内底部也有锡质灯1件。

梁庄王朱瞻垍（薨于正统六年，1441年）玄宫后室前部左右两角处各有2座砖砌灯台，均为长0.72米，宽0.72米，高0.6米。2个灯油缸已漂移，一件在后室，口径83.5厘米，底径34厘米，高72厘米；另一件在前甬道，口径80厘米，底径36厘米，高65厘米。均为圆唇、敞口、弧壁内收，施黄绿釉；缸底都有1件管状铁灯架[③]。

周懿王朱子垕（薨于成化二十一年，1485年）墓出土铅质香炉、烛台、灯台各1

① 山东省博物馆等：《鲁荒王墓》，文物出版社2014年版，第18页。

② 湖北省文物考古研究所等：《郢靖王墓》，文物出版社2016年版，第45、75、147—148页。

③ 湖北省文物考古研究所等：《梁庄王墓》，文物出版社2007年版，第20、68—72页。

图5-23　明鲁荒王墓灯油缸

件，铅长明灯油缸1件，口径53.6厘米，底径26.4厘米，高40厘米[①]。

嘉靖年间的兰州上西园肃藩宗室墓，主室门内东西两侧各有1件黑釉瓷缸。其中西侧者高90厘米，口径60厘米，缸内有油渍及猪头一个，有木板残迹及铁管，管内有灯芯痕迹，发掘者“推测缸口盖有木板，板上安铁管，管内置灯芯，系一长明灯”[②]。缸旁有铁犁10件。东侧的瓷缸较小，内有油渍。

赵藩汝源端僖王朱厚焆（卒于嘉靖二十八年，1549年）墓中出土酱釉缸2件[③]，其中1件口径36厘米，底径17.5厘米，高63厘米，口部露胎，内外施酱釉；推测是盛放灯油的油缸。

这类长明灯的油缸形体硕大，多为陶质，造型不一，而且胎釉的质地大都不精，一般也没有装饰。它们在各地宗藩墓葬中大量出现，甚至一些残毁的墓葬中亦有遗存，如四川双流黄龙溪镇大河村明蜀藩残墓玄宫的后部即见一石缸，高0.76米[④]，应该也是作长明灯用；可见这种习俗或信仰具有广泛的社会基础。郢靖王墓“酒四号”缸显示，长明灯油缸可能是利用了原来的贮酒器盛灯油，而不是专门烧造的特殊器型。

以五供、长明灯设祭的现象在明神宗定陵中亦有发现。定陵玄宫中殿依次安设神宗皇帝、孝端皇后、孝靖皇后的汉白玉宝座，每个神座前各有黄釉琉璃五供1份（香炉1件，烛台、香瓶各2件），各承以圆形汉白玉须弥座。五供前为嘉靖款青花大龙缸1件，龙缸内贮有油脂，表层为蜂蜡，下面为植物油，油面有鎏金铜漂子1个，中心有灯芯[⑤]（图5-24）。

---

① 河南省文物考古研究院等：《河南荥阳明代周懿王墓发掘简报》，《华夏考古》2019年第2期。

② 甘肃省博物馆：《兰州市上西园明墓清理简报》，《考古》1960年第3期。

③ 中国社会科学院考古研究所安阳工作队：《河南安阳市明代墓葬发掘简报》，《考古》2016年第5期。

④ 成都文物考古研究所等：《双流县黄龙溪镇明蜀藩王墓调查与试掘报告》，见成都文物考古研究所编《成都考古发现2011》，科学出版社2013年版，第535页。

⑤ 中国社会科学院考古研究所等：《定陵》，文物出版社1990年版，第19—20、175、184页。

图5-24　明神宗定陵玄宫中孝靖皇太后宝座及五供、万年灯陈设
（为方便开放，做过移动，不是原始位置）

二、明　　器

明器在《明实录》《大明会典》等文献中也被写作“冥器”，是专门制作、仅用于为死者殉葬的器物。明器与一般的生活用器不同，制作粗率，甚至仅具其形而已，通常没有实用价值。孔子对明器的特性有过十分清晰的阐释：“之死而致死之，不仁而不可为也；之死而致生之，不知而不可为也。是故竹不成用，瓦不成味，木不成斫，琴瑟张而不平，竽笙备而不和，有钟磬而无簨虡。其曰明器，神明之也。”[①]“孔子谓为明器者，知丧道矣，备物而不可用也。”[②]所以《盐铁论》说：“古者明器有形无实，示民不用也。”[③]也就是说，明器不是实用器。同时，明器也不同于祭器，因为祭器在使用功能上也属于实用器。《礼记》中的一段对话，把祭器和明器区分得很清楚：“仲宪言于曾子曰：‘夏后氏用明器，示民无知也；殷人用祭器，示民有知也；周人兼用之，示民疑也。’曾子曰：‘其不然乎！其不然乎！夫明器，鬼器也；祭

① 《礼记·檀弓上》，影印清阮元辑刻《十三经注疏》本《礼记正义》卷八，中华书局1980年版，第1289页。

② 《礼记·檀弓下》，影印清阮元辑刻《十三经注疏》本《礼记正义》卷九，中华书局1980年版，第1303页。

③ 汉·桓宽：《盐铁论》卷七，“散不足”，影印文渊阁《四库全书》本，上海古籍出版社1990年版，第102页。

器，人器也。夫古之人胡为而死其亲乎。’”[①]历代明器的种类很多，有人俑、兽俑、镇墓俑，也有日常衣冠、餐饮器、炊器、兵器、工具，还有家具、车船、房舍、楼台亭阁等模型，明器的体量一般比所模拟的真物要小得多。

明代藩王陵墓出土的随葬品中虽然兼有“人器”（实用器、祭器）和“鬼器”（明器），但从它们各自所占的比重来看，显然是以实用器为主；在随葬品的陈设、安放次序上，二者也对比悬殊。尽管如此，近年披露出的一些详细考古发掘资料显示，鲁荒王、郢靖王、梁庄王等藩王陵墓中还是有大量的陶、铜、铅、锡质或木质，甚至纸质明器出土[②]，表明以明器随葬的古礼不但载在明代宗藩的丧葬礼仪中，并且在相应的墓葬中也保留了真实执行的例证。从各地藩王陵墓出土的随葬器物来分析，随葬实用器与明器的大致分工情况是：冠服佩饰一般都为实际穿戴之物，个别见有纸质明器；日用器皿（包括容器和用具）中大部分是实用器，其质地包括玉、金、银、铜、漆等，也有一些是明器；卤簿仪仗和车轿等基本上都是明器；除盛放陪葬品的箱笼外，其余家具、房屋等也几乎全为明器。关于亲王、郡王等宗室成员葬礼所用明器的制作，在成化五年（1469年）以前，应该是“每有丧礼，所用谥宝册、铭旌、明器俱下工部委所司制造”，当年六月礼部奏请“其明器宜令工部具例品式，下所在有司，就彼制造给用”[③]，以节省道路供亿之费，减少对民间的烦扰。此后，各藩明器皆由所在省之布政司、都指挥司等衙门安排成造。嘉靖四十四年（1565年）定：“郡王、将军、中尉，郡县主君，坟价一概免给”，但郡王及郡王妃、郡主之“合用冥器、丧仪等项，行该省照依递减事例，给银自造”[④]。中央政府减轻了财政负担，皇族成员明器的统一规范却因而进一步缺失，各藩府明器使用的实际情况随之也就更加复杂。

分析各地墓葬中出土的实物可知，明代藩王墓中明器的质地分别为锡、铜、陶、木，按器型和功用主要可以分为器用模型和俑两大类。

1. 器用模型

历代器用模型类明器模拟的范围非常广泛，有日用器皿、仪仗、家具，还有建

---

① 《礼记·檀弓上》，影印清阮元辑刻《十三经注疏》本《礼记正义》卷八，中华书局1980年版，第1290页。

② 山东省博物馆等：《鲁荒王墓》，第四章，文物出版社2014年版；湖北省文物考古研究所等：《郢靖王墓》，第四章，文物出版社2016年版；湖北省文物考古研究所等：《梁庄王墓》，第四章，文物出版社2007年版。

③ 明·刘吉等：《明宪宗实录》卷六八，成化五年六月乙卯，校印本《明实录》，第23册，第1351—1352页。

④ 明·申时行等：《大明会典》卷二〇三，《工部二十三·王府坟茔》，影印本，第5册，第2732页。

筑模型等诸多门类。在历年发掘的明代亲王墓葬中有不少陶、铜、锡、铁质的模型明器，器型有生活器皿，但更多的是家具模型和仪仗器具。

洪武六年（1373年）定亲王仪仗之制：宫门外设方色旗二，青色白泽旗二，执旗人穿戎服，服色随旗色。殿下设绛引幡、戟氅、戈氅、仪锽氅各二，由校尉擎执。殿前设班剑、吾杖、立瓜、卧瓜、仪刀、镫杖、骨朵、斧各二，响节八，由校尉擎执。殿门设交椅、脚踏、水罐、水盆各一，团扇四，盖二，由校尉擎执。殿上设拂尘二，香炉、香合、唾壶、唾盂各一。洪武十六年（1383年）诏令：亲王仪仗内交椅、盆、罐用银者，俱改为金。建文四年（1402年）又增设红油绢销金雨伞一，红纱灯笼、红油纸灯笼各四，魫灯二，大小铜角四[①]。亲王乘象辂，王妃所乘车则有凤轿、小轿，亦有行障、坐障等[②]。

在鲁荒王玄宫前室长明灯与供桌之间，排列着380余个木雕彩绘人俑、24件马俑、2件车的模型及诸多小附件，还有近100件俑因积水漂浮并粘连在墓室顶部。人俑中“有捧剑，执戟、矛、金瓜、钺斧、朝天镫、响节、伞、扇、灯笼，捧笏，肩杖的仪仗队；有吹笛、箫、笙，佩长鼓，持鼓槌，击拍板的乐队；有拱手而立的文职官吏和身材魁梧的侍卫”[③]。在仪仗中有散乱的木交椅、脚踏、盾牌、弓箭、铁盔、甲片、带鞘铁佩刀、木鼓、铜锣等。前室中间部位有一具朱漆木象辂（图5-25）。对比前述规定，这些显然是一组比较完整的亲王卤簿。在此墓玄宫后室出土了大量的生活模型类明器，木质的有床、箱、桌、凳、衣架、盆架、巾架、盆、桶、盘、碗、坛等（图5-26）；竹制的有箱、篓、筐等；还有铜盆、暖锅、锡质酒器等，多已朽坏。

楚昭王墓室的东、西、北三面壁龛中的随葬品全部为明器，其中东、西龛中主要是已朽的木质箱、匣等，仅剩金属附件，另有铜炉、铁炉等；北龛内放置铜、铁、锡明器，其中铜器有炭炉、熨斗、香炉、双耳瓶、烛台等，锡器有执壶、瓶、匕箸瓶、罐、坛、爵、杯、匜、盘、碟、温锅、盏托、匕、箸、勺、鼎、香炉、圆盒、烛台、灯台等，多为素面，个别的有花纹，有的器表残存涂饰金粉[④]。

梁庄王墓中出土了铅锡明器50余件（套），可辨识的器型有壶、瓶、匕箸瓶、鼎、炉、杯、盒、盘、碟、灯台、烛台等，大多出自玄宫后室，也有些是出自前室[⑤]。

---

① 清·张廷玉等：《明史》卷六四，《仪卫志》，标点本，第6册，第1593—1594页。

② 清·张廷玉等：《明史》卷六五，《舆服志一》，标点本，第6册，第1610—1611页。

③ 山东省博物馆：《发掘明朱檀墓纪实》，《文物》1972年第5期；山东省博物馆等：《鲁荒王墓》，文物出版社2014年版，第18—21页。

④ 湖北省文物考古研究所等：《武昌龙泉山明代楚昭王墓发掘简报》，《文物》2003年第2期。

⑤ 湖北省文物考古研究所等：《湖北钟祥明代梁庄王墓发掘简报》，《文物》2003年第5期；湖北省文物考古研究所等：《梁庄王墓》，文物出版社2007年版。

图5-25　明鲁荒王墓出土木俑、象辂

图5-26　明鲁荒王墓出土木质家具明器

宁献王墓中出土铜明器22件，形体甚小，外观有如玩具，器表多鎏金，有马镫、盘、剪刀、锣、斗形器等；出土锡明器43件，高度和直径多在5厘米以内，最大不超过10厘米，外表均鎏金，器型有鼎、壶、带托茶杯、高足杯、爵、碗、盘、筷子、勺、茶杯、瓶、盆、烛台、灯台等[①]。

益庄王墓中出土20件陶明器，有香几、案、条凳、椅、床、宝座、脸盆架、脚盆、箱、灯等家具，还有大轿、王妃凤轿各1件。在后室东壁龛内有铜钱数串、瓷坛3个；西壁龛内有锡明器一套，共10种39件，多已朽坏[②]。

除了这些发掘时保存基本完整的王墓，在曾经被盗王陵中也有一些明器发现。如辽简王墓出土铜质提梁炉和锡质的钵、瓶、盘、罐、壶、鼎等[③]。蜀悼庄世子墓后室之左室中出土陶椅、陶屏、陶案、陶暖砚，右室中出土陶凳、陶案、陶盆等明器模型；中室之左耳室中有陶仓1件，右耳室中有陶库1件，陶库的两边有20余件绿釉或黄褐釉的陶瓶、罐、注子、唾壶、灯盏、盘、匜、碗、碟、高足杯等；在中室的左右两厢还出土陶象辂各1件[④]。蜀僖王墓中有陶床、箱、桌、凳、仓、笔、笔架，以及象辂、轿等明器，计30余件，陶胎表面涂朱，还有黄或绿色釉陶碗、罐、灯、盒、瓶、桶、盆、灶等[⑤]。蜀昭王墓出土的釉陶明器碎片，拼对复原可见有房屋、箱笼、桌案、罐等[⑥]。蜀定王次妃王氏墓中出土彩绘陶桌、椅、床、轿等[⑦]。益定王墓一圹三穴，位于左位的元妃黄氏墓中出土锡明器10余件，可辨器型有高足杯、碗、盅等[⑧]。湖北江陵辽废王曹妃墓南、北2个壁龛内各有陶房1件[⑨]。

2. 俑

俑和器用类明器的基本性质一样，都是专门用于随葬的器具，也有人认为俑就是

---

① 陈文华：《江西新建明朱权墓发掘》，《考古》1962年第4期。

② 陈文华：《江西南城明代朱厚烨墓发掘简报》，见江西省博物馆编《江西考古资料汇编·封建社会部分（下）》，内部刊印1977年版；江西省博物馆等：《江西明代藩王墓》，文物出版社2010年版，第100、118页。

③ 荆州地区博物馆等：《江陵八岭山明代辽简王墓发掘简报》，《考古》1995年第8期。

④ 成都明墓发掘队：《成都凤凰山明墓》，《考古》1978年第5期。

⑤ 成都市文物考古研究所：《成都明代蜀僖王陵发掘简报》，《文物》2002年第4期。

⑥ 薛登等：《明蜀王和明蜀王陵》，《四川文物》2000年第5期；调查资料。

⑦ 成都市文物考古研究所：《明蜀定王次妃王氏墓》，见成都市文物考古研究所编《成都考古发现1999》，科学出版社2001年版。

⑧ 江西省文物工作队：《江西南城明益定王朱由木墓发掘简报》，《文物》1983年第2期。

⑨ 荆州地区博物馆等：《江陵八岭山明王妃墓清理简报》，《江汉考古》1988年第4期。

明器之一种。《礼记》所谓“涂车刍灵，自古有之，明器之道也”①。俑是人或动物殉葬的代替物，模拟人或动物的形象。一般认为，最早的俑是用茅草扎束而略具人形，谓之“刍灵”。从考古发掘等实物来看，俑在春秋战国以后多见，秦汉至隋唐极为盛行，质地以陶、木为主，也有瓷俑、石俑、金属俑，个别还有纸俑等。俑的形式有文官、武将、仪仗、侍从、伎乐等人物形象，以及马或骆驼等兽形俑、镇墓俑等。北宋以后，纸明器日益流行，墓中随葬俑的数量较前代少见，并且所见多是一些与风水法术有关的厌胜物，如“墓龙”“蒿里老公”“伏听”“仰观”“仪鱼”等。元明以后，俑在一般人的墓葬中已经不多见，但在明代藩王陵墓中仍有比较普遍的发现，种类以人物仪仗俑、侍俑居多；动物俑很少，而且几乎都是马俑，与车配套；基本未见镇墓兽和厌胜用的墓仪神煞类俑。

因藩属不同，各地明代王墓中出土俑的材质、外貌特征和组合等也不完全相同，如鲁藩多见彩绘木俑、秦藩多见彩绘陶俑，而蜀藩则基本都是彩釉陶俑。但这只是整体规律，也有一些例外者，如秦藩保安庄简王嫡长女上洛县主墓中就出土过木俑②。考古发现所见各藩府墓葬中的俑类质地以木、陶为主，蜀府将军墓中曾出土过铜俑③，是比较少见的例证。下面择取不同藩封的几个基本完整的典型，以见亲王随葬俑组合的全豹。

鲁荒王陵中出土基本完整的木雕彩绘人俑400余件，其中有2件武士俑，放置在玄宫前室门前两侧，头戴盔，身佩甲，手执金瓜，通高分别为28.2厘米、26.6厘米，应该是“镇墓将军”一类。在玄宫前室共有近400个仪仗俑，手持各种乐器或仪仗器具，还有一组牵马扛凳俑（图5-27），配以象辂马车各1件、马俑24个，组成一组比较完整的亲王卤簿。后室中另有24个头戴无脚（翅）幞头、身着长袍、拱手而立的内侍俑④。

蜀悼庄世子墓中出土有500余件釉陶俑，种类有人俑、马俑，还有象辂。人俑陶胎，施琉璃釉，最大的一件武士俑高84厘米，一般武士俑高51厘米，其他乐俑、侍俑、仪仗俑高31—32厘米（图5-28）。陶马一般高24厘米，长30厘米，下附底盘，马身施黑釉或褐釉，也有不施釉者（引者按，疑为釉层剥落）。象辂在中庭的左右厢各有1件，高70厘米，长78厘米，宽34厘米，陶质，无釉，涂深褐色漆，辕之头尾饰以金色龙头、龙尾，辂亭之前左右三面装格扇，开门，内置座椅和脚踏。“除少数被移动

① 《礼记·檀弓下》，影印清阮元辑刻《十三经注疏》本《礼记正义》卷九，中华书局1980年版，第1303页。

② 陕西省考古研究院：《西安南郊明上洛县主墓发掘简报》，《考古与文物》2009年第4期。

③ 四川省博物馆：《四川东山灌溉渠宋代遗址及古墓清理简报》，《考古》1959年第8期。

④ 山东省博物馆：《发掘明朱檀墓纪实》，《文物》1972年第5期；山东省博物馆等：《鲁荒王墓》，文物出版社2014年版，第18—21、131—146页。

图5-27 明鲁荒王墓出土牵马扛凳木俑

图5-28 明蜀悼庄世子墓出土釉陶仪仗俑

破坏外，绝大部分俑的位置均未移动，保存完整。”[①]因而，这是一批研究明代亲王卤簿仪仗内容、排列方式及随葬俑制度的珍贵资料。

据原发掘简报介绍，蜀悼庄世子墓中俑的排列次序如下所述。

大门内前庭（前室前）左右两厢中，各置2件武士俑和3件陶马（右厢缺一马）。武士俑头戴兜鍪，系项巾，身披铠甲，铠甲及披膊皆为黄褐色，腿部裙下露出草绿色战袍，足穿黑靴。带弓箭，执矛。

正庭（前室）的左右两厢各有三排仪仗俑，左厢61件、右厢71件。其中第一排为牵马俑；第二排俑分别击锣鼓、捧画角和手执各种仪仗；第三排俑分别执刀盾、弓箭。这部分仪仗俑全部头戴六瓣小帽。

正庭的正殿（中室门）门前列两行武士俑，每行5件（其中有一行缺1件）。

中庭（中室）左右两厢排列以象辂为中心的仪仗俑，左厢157件、右厢154件。象辂前有6件马和9件牵马俑，牵马俑头戴六瓣小帽。象辂两边各置三排俑，第一排除牵马俑外，皆手执乐器，有笛、鼓、箫、笙、琴、瑟、拍板等。这些乐俑头戴黑色金鹅帽，额前束黄褐色绦带，结垂于脑后；身穿盘领窄袖黄褐色长衫，腰系绦带。第二、三排为仪仗俑，分别执戈氅、戟氅、仪锽氅、仪刀、班剑、立瓜、卧瓜、骨朵、金钺、金镫、稍等仪仗。仪仗俑头戴黑色无梁冠，身穿黑色或草绿色的盘领窄袖长衫，腰系带，长衫前襟折三叠系于腰带内，以便行走。

中庭正殿（中室门）后，有4件俑抬着一架大鼓，1俑击鼓。这几件俑的装束与乐俑相同。

后室前的台阶上，有4件拱手侍立的俑。后室中室的左、右、后壁，面向棺床排列叉手或拱手的侍立俑48件。侍立俑头戴黑色乌沙帽或头裹方披巾，身穿盘领窄袖长衫，腰系带。

另外，在中庭（中室）中的圜殿附近，还发现头部残缺的文官俑，身穿褐色右衽宽袖长袍，项挂牙牌，腰系革带，系玉佩，穿云头履，叉手侍立。这几件俑的原位置不详。

悼庄世子墓前室前（“前庭”）出土的大件武士俑应该具备守门的功能，和北宋元德李皇后玄宫石门上的线刻武士[②]是相同的寓意，守卫墓主不受侵扰。前述鲁荒王玄宫门前一对盔甲武士俑也一样，只是和其他俑的大小差别不甚大。后来伊藩方城郡王府镇国将军朱訏洌（卒于嘉靖十年，1531年）及夫人赵氏（卒于嘉靖二十四年，1545年）墓的双扇对开石门上彩绘有执金瓜站立门神像[③]，也是同样的用途。其他形体小一

① 成都明墓发掘队：《成都凤凰山明墓》，《考古》1978年第5期。

② 河南省文物研究所等：《宋太宗元德李后陵发掘报告》，《华夏考古》1988年第3期。

③ 洛阳市文物工作队：《洛阳三座伊藩家族墓发掘简报》，《中国国家博物馆馆刊》2012年第4期。

些的各式俑，则或是擎持仪仗的校尉，或是王府属官，或是侍隶仆从。

蜀僖王墓中出土陶明器约500件，其中釉陶人俑426件（《发掘简报》原文为425件），其余为马俑、象辂等。人俑为模制，陶胎，施琉璃釉，种类有将军俑、文官俑、仪仗俑、侍俑等，高度19.6—22.6厘米不等①，排列方式与悼庄世子墓俑大体相似，俑的形象更为生动，只是保存状态不如后者。

将军俑6件。头戴盔，身着绿色窄袖长袍，肩系披肩，腰束革带并扎缠腰，袍下露出甲衣，足穿长靴；手握板斧或方天画戟。

仪仗俑398件（《发掘简报》原文为407件）。A型：头戴瓜皮小帽，身穿右衽交领窄袖长袍，腰系带，足穿靴；有的腰挎刀、手执盾，有的拱手执矛。B型：头戴黑色高冠，身穿圆领或交领窄袖长袍，袍有黄、绿、黑等色，腰系带，足穿靴；手执盾、矛或刀，也有的拱手站立。C型：头戴圆顶笠帽，腰束带，足穿靴，一种身穿姜黄色右衽交领窄袖长袍，拱手执矛；另一种身穿姜黄色圆领窄袖长袍，拱手而立。D型：头戴平巾帻，脑后有飘带，身穿圆领窄袖长袍，衣色有绿、黄和绛青色等，腰系带，足穿靴，拱手站立。E型：头戴黑色平顶冠，身着黄色圆领窄袖长衫，前襟折于腰带内，足穿靴，拱手站立。F型：头戴黑色矮檐帽，身穿绿色圆领窄袖长衣，腰束带，腰后有飘带，足着靴，拱手站立。

文官俑8件。A型：头戴黑色高冠，上饰一朵两叶花，身穿圆领窄袖长袍，腰束革带，足穿靴，拱手站立，有的有须，有的无须。B型：束发，头戴莲花状束发冠，蓄短须，身穿绿色或银白色圆领窄袖长袍，腰束革带，拱手站立。C型：头戴幞头，帽后有短筒状插翅管，身穿黄色圆领窄袖长袍，腰束革带，足穿靴，拱手而立，有的留长须。

侍俑14件。A型：头戴幞头，帽后有短筒状插翅管，身穿圆领窄袖长袍，腰束革带，足穿靴，双手搭红巾捧物，站立，一种留长须，袍黄色，手捧圆盒；另一种黑幞头、黑袍，手捧花瓣形镜。B型：均为女性，头梳螺髻，身穿黄色或绿色圆领窄袖长袍，有的腰束革带，足着靴，有的无带、尖足；多数双手搭巾，捧物站立。C型：均为女性，头梳中分短发辫，身穿绿色圆领窄袖长袍，腰束革带，足穿靴；有的拱手站立，有的捧巾站立。

陶马俑38件。长17厘米，高18厘米，陶胎，釉色有黄、白、绿、黑之分。多数带马鞍、脚镫，为仪仗马；少数马无鞍，马背上驮包袱、布匹、箱子等，为载重马。

蜀昭王墓中出土的釉陶俑碎片，经拼对复原，可见有仪仗俑、乐俑、侍俑、太监俑、侍女俑以及马俑、轿和轿夫等②，功能应该和悼庄世子、蜀僖王者相同。

---

① 成都市文物考古研究所：《成都明代蜀僖王陵发掘简报》，《文物》2002年第4期。

② 薛登等：《明蜀王和明蜀王陵》，《四川文物》2000年第5期；调查资料。

江西南城益端王墓棺床前排列6行陶俑，共110件。俑为灰色陶胎，肩部以下模制成型，并刻划出衣纹束带，头部多为手制，与身体粘合；烧成后再加彩绘，脸部涂白粉，绘出须眉眼，口唇涂朱，衣服多为红色，但出土时彩色大多已经剥落。俑的高度20—25.2厘米不等①。其中，骑马乐俑10件，头戴尖顶圆帽，穿长衣，腰束带，足着靴，手作各种姿势，手中器物已朽没。仪仗俑27件，身穿长袍，腰束带，头上分别戴无梁黑冠、五梁冠、风帽、老人巾，手皆作执物状，手中器物已朽没不存。官吏俑14件，头戴乌纱帽，身穿红袍，腰束带，胸前背后绘有凤、虎等图案，袖手拱于胸前。男女乐队俑30件，其中女俑12件，头梳云髻，身穿短衣，下着长裙，手中乐器多腐蚀，仅能辨认出琵琶、三弦、洞箫、拍板、小鼓等数种。男乐俑18件，其中6件鼓手，头戴红色尖顶圆帽，身穿长衫，腰束带；12件头戴平顶帽，帽前簪花一朵，身穿长袍，腰束带，手执琵琶、三弦、洞箫、拍板等乐器。轿夫俑16件，头戴风帽，身穿长衣，腰束带，八人合抬一木质轿（已腐），另八人一手扶杠、另一手扶带。侍俑13件，男俑7件，2件头戴乌纱帽，身穿长袍，腰束带，手捧水罐，5件头戴尖顶圆帽，身着长衣，腰束带，手中物已失；女俑6件，头梳云髻，身着长衣，腰束带，双手拱于胸前，手中物件已失。

益庄王墓中出土陶俑204件，其中41件放置在墓室门外的墙顶上，其余全在二门后即玄宫主室前端的两角。陶俑的大小和制作风格不一致，应该是为益庄王和两位王妃先后下葬而分别制造的，由于墓葬是二次改葬，次序被扰乱，“出土时混乱地堆在一起，毫无规律可循”②。根据俑的性别、服制、造型等，发掘者把它们分为10大类、19组，计有大型骑马乐俑一组13件、小型骑马乐俑一组21件、步行乐俑一组24件、仪仗俑一组11件、轿夫俑三组28件、男管弦乐俑二组25件、女管弦乐俑二组22件（图5-29）、官吏俑四组32件、女侍俑三组18件，职掌不明女俑一组10件。

除了这些成组出土并且保存情况也比较好的俑以外，还有一些藩王墓中出土过零散但却比较有特色的俑。湖北荆州辽简王墓中出土残木雕车、马各1件，木雕人俑80余件。人俑大多已经残腐，较为完整的6件原有彩绘也已全部脱落。它们身高不足20厘米，立于木座之上，头戴高冠或圆帽，身穿圆领或右衽窄袖长袍，拱手或双手交叉于胸前③。发掘江西新建宁献王玄宫时，在中室地面上发现有小木俑的残迹，均已朽烂如泥，不知数目；其旁散落有铁匕首、小马镫、小铁环和小宫灯等，可判断为木俑手中

---

① 江西省博物馆：《江西南城明益王朱祐槟墓发掘报告》，《文物》1973年第3期；江西省博物馆等：《江西明代藩王墓》，文物出版社2010年版，第70—75、77—86页。

② 陈文华：《江西南城明代朱厚烨墓发掘简报》，见江西省博物馆编《江西考古资料汇编·封建社会部分（下）》，内部刊印1977年版；江西省博物馆等：《江西明代藩王墓》，文物出版社2010年版，第89—118页。

③ 荆州地区博物馆等：《江陵八岭山明代辽简王墓发掘简报》，《考古》1995年第8期。

图5-29　明益庄王墓出土彩绘陶伎乐俑

图5-30　明秦简王墓出土彩绘陶坐俑

所执[①]，因而推测这些木制品是仪仗俑。宁夏同心庆康王墓中残存有文官形象木俑1件[②]。山西榆次晋裕王墓中室甬道的两侧发现男像小泥人头6个[③]，应该也是俑的残体。

卒于弘治十一年（1498年）的秦简王朱诚泳之墓于1989年11月被盗，出土了300余件陶俑，人俑高23—24.5厘米不等，陶马高20厘米。人俑座下标识文字70余种，其中有“清道旗”“金鼓旗”“戟”“笛”等，应该是指俑所执物。因身份不同，它们的服饰也各异[④]。这应该是一套基本完整的仪仗俑，反映了明代亲王的卤簿制度，其中有1件身躯较其他俑高大，服红袍，头戴翼善冠，呈端坐姿，应为王府高级官员，甚至秦简王本人（图5-30）。

明代独葬亲王妃墓和郡王墓中也有葬俑的实例。四川成都蜀定王次妃王氏墓中出土有模制釉陶俑约300件，分为武士俑、骑马俑、乐俑和侍俑几类，还有彩绘陶轿等[⑤]。山西太原晋藩广昌悼平王墓中出土木俑15件，俑身施彩绘，有的还手执仪仗，分布于墓后室的南北两侧（此墓玄宫门朝西）[⑥]。陕西长安秦藩兴平安僖王墓中出土木俑40件，其中35件在前室，5件分别在后室的三个壁龛内和棺床前，有女乐俑、侍俑、骑马俑等几类[⑦]。上述三墓都曾经被盗，所出釉陶俑或木俑均系盗扰后的孑遗。

值得注意的是，楚昭王墓中随葬品以明器为主，但没有发现俑；梁庄王、益宣王

---

① 陈文华：《江西新建明朱权墓发掘》，《考古》1962年第4期。

② 许成等：《同心县仕庄村明代王陵》，《中国考古学年鉴·1984年》，文物出版社1984年版，第176页。

③ 郭勇等：《明晋裕王墓的清理工作》，《文物参考资料》1956年第6期。

④ 国家文物局主编：《中国文物地图集·陕西分册》，《明秦简王墓》，西安地图出版社1998年版，第110页。

⑤ 成都市文物考古研究所：《明蜀定王次妃王氏墓》，见成都市文物考古研究所编《成都考古发现1999》，科学出版社2001年版。

⑥ 山西省文物管理委员会：《山西太原七府坟明墓清理简报》，《考古》1961年第2期。

⑦ 陕西省文物管理委员会：《长安四府井明安僖王墓清理简报》，《考古通讯》1956年第5期。

这两座发掘时保存完整的王陵中也未见有俑随葬，在益宣王墓椁范围内甚至没有发现明器。如果能排除这三座墓发掘简报介绍遗漏的可能，那么关于这种现象可以有两种推测：其一是随葬的俑为木、纸等易朽坏质地，出土时已看不出痕迹，如明神宗定陵中发现的绝大部分木质人俑和马俑已经“腐朽特甚”“触之如泥”了①，辽简王、宁献王墓中也都有类似情况；再如甘肃兰州上西园肃藩宗室墓的壁龛中亦有朽木器痕迹，是俑还是其他明器模型已经无法辨认②。其二是这几座王陵中根本就没有用俑类随葬，俑或其他明器皆为纸质，在墓主下葬时已经焚化于墓前。

纸明器中最常见的纸钱，在唐代就已经很多见。“其纸钱，魏晋以来始有其事，今自王公逮于匹庶，通行之矣。凡鬼神之物其象似，亦犹涂车刍灵之类。古埋币（帛），今纸钱则皆烧之，所以示不知神之所为也。”③北宋中叶纸钱普遍使用，当时人记载，宋仁宗驾崩，遗诏传到洛阳，“城中军民以至妇人孺子，朝夕东向号泣，纸烟蔽空，天日无光”，而“京师罢市巷哭，数日不绝，虽乞丐者与小儿皆焚纸钱，哭于大内之前。又有周长孺都官赴剑州普安知县，行乱山中，见汲水妇人，亦载白纸行哭”④。纸明器在明代应该更为多见，但因其全部都在葬礼后期焚化于墓前，遗留的资料十分有限。明神宗定陵玄宫前殿地面残留的黄松木护地板上有零星的纸钱痕迹，直径3.8厘米，钱中方孔边长0.4厘米；孝靖王皇后的棺内也有纸钱随葬⑤。鲁荒王陵随葬的一个小木箱中装有纸制的冕、袍、玉带、靴等⑥，是一批难得的明代早期纸质明器实物。纸俑可能更适合益宣王墓这类灰隔葬，这类王墓没有砖石玄宫，仅用砖石砌出椁室，而且棺椁之间复填以石灰，没有容纳明器的空间，包括俑在内的各种明器只能焚于墓所。益定王墓也是一圹三穴，形制与益宣王同，位于左穴的元妃黄氏［卒于天启五年（1625年）五月］墓出土锡明器10余件，此墓严重被盗；而部分被盗的中穴益定王［卒于崇祯七年（1634年）三月⑦］墓和保存完好的右穴次妃王氏［卒于崇祯七年

---

① 中国社会科学院考古研究所等：《定陵》，上册，文物出版社1990年版，第213—215页。

② 甘肃省博物馆：《兰州市上西园明墓清理简报》，《考古》1960年第3期。

③ 唐·封演：《封氏闻见记》卷六，“纸钱”，影印文渊阁《四库全书》本，台北商务印书馆1985年版，第862册，第446页。

④ 宋·邵伯温：《邵氏闻见录》卷二，李剑雄等点校本，中华书局1983年版，第16页。

⑤ 中国社会科学院考古研究所等：《定陵》，文物出版社1990年版，第19、233页。

⑥ 山东省博物馆：《发掘明朱檀墓纪实》，《文物》1972年第5期；山东省博物馆等：《鲁荒王墓》，文物出版社2014年版。

⑦ 据《益□王圹志》记载：益定王生于万历十六年六月二十三日，卒于崇祯某年（志文残缺），某年十二月二十一日合葬。另据出土时保存完好的王妃墓志记载，她在益定王死后“过乎哀”，“遂于今崇祯七年甲戌十月初八日寅时，后先王二百六日而薨”。据此志文推算，益定王卒于崇祯七年三月，以陈垣先生《二十史朔闰表》核准，当为三月初十日。

（1634年）十月］墓中均未发现明器[①]。一圹三墓而明器制度不同，这个现象耐人寻味，或许反映出明代晚期藩王墓中已没有严格的明器制度。

明代藩王的丧葬仪轨虽然在形式上保留了一些上古之礼，但在内容上却有不少改造和创新。明末人谢肇淛认为："古礼之尚行于今者，丧得十七，昏得十五，至于祭则苟然而已，冠则绝不复举矣。"[②]事实上，周汉以来，帝王丧葬之礼一直处在程度不同的传承与变革之中，总体来看，随葬品和相应仪式环节减省是一个大的趋势。"古者天子诸侯葬礼粗备，汉世又多变革，魏晋已下世有改变，大体同汉之制。……汉礼明器甚多，自是（曹魏）皆省矣。"[③]明代帝王丧葬礼仪的制定，大多是对汉代以来有关制度的因革损益。如果以《周礼》《仪礼》《礼记》等有关记载为参照系，明代藩王的丧葬礼俗应该是大有变异，达不到保留十分之七的比例。

第五节　明代宗藩墓中的民俗类葬仪用品

在典章制度所规定的礼仪化丧葬程序之外，明代藩王和宗室贵族还沿袭了不少传承自唐宋，甚至更早的民俗类葬俗，这些在今人看来或许是荒诞不经、愚昧迷信的东西，在当时却有着深厚的社会基础。其中和墓葬制度最为密切相关的内容一项是以谷物、酒醴等随葬，另一项则是放置买地券等墓内"镇物"。

一、谷仓与梅瓶

中国历来有用谷物随葬的习俗，秦汉时期人们普遍认为"鬼犹求食"，"谓死如生，闵死独葬，魂孤无副，丘墓闭藏，谷物乏匮。故作偶人以侍尸柩，多藏食物以歆精魂"[④]，因而明器也就相应地多见食器、酒器以及谷仓等物。唐宋时期人们认为谷物能引魂，敦煌文书中有一份晚唐写本《杂抄》中说：伯夷叔齐兄弟义不食周粟，最后饿死在首阳山，"载尸还乡时，恐魂灵饥，即设熟食瓶、五谷袋引魂，今葬用之

① 江西省文物工作队：《江西南城明益定王朱由木墓发掘简报》，《文物》1983年第2期。

② 明·谢肇淛：《五杂俎》卷一四，"事部二"，点校本，上海书店出版社2001年版，第293页。

③ 唐·房玄龄等：《晋书》卷二〇，《礼志中》，吴则虞等点校本，中华书局1974年版，第3册，第632页。

④ 汉·王充：《论衡》卷二三，"薄葬"，影印明通津草堂刊本，上海古籍出版社1990年版，第221页。

礼”[①]。伯夷、叔齐之说或出附会，但这个传说至少道出了唐人的一般信仰和习俗。为了招引亡魂，汉晋间的五联罐、谷仓罐（魂瓶），唐宋金元时期的粮罂瓶、多角瓶、多管瓶、皈依瓶特别多。这类器物有不少在出土时还盛有稻、粟等谷物。约成书于金元时期的《大汉原陵秘葬经》主张：公侯卿相以至庶人的墓葬中都应该安放“五谷仓”，其高度在一尺二寸至二尺二寸间不等[②]；这既是当时社会风俗的一种记录，同时又促进了它的更广泛传播。

墓中葬谷的习俗在明代仍有余风，当时人亦认为此礼是沿袭自商周之际，“今包筲谓之粮罂瓶者，因夷齐饿死后，人恐其魂饥而设五谷之囊，故《礼记》曰：‘重生道’也，起于商”[③]。《大明会典》记载公、侯、伯人等的随葬明器中有“五谷仓一、凉浆瓶二”[④]。但从历年来明墓的考古发掘资料来看，这类东西似乎并不是很普遍。与之相反，尽管在《大明会典》中不见记载，但明代帝王陵墓中却时有葬谷的现象发现，特别是那些发掘前未经盗扰、考古工作流程严格、遗迹现象记录详细的墓葬。如万历四十八年（1620年）落葬的明神宗定陵中虽未见有谷仓类器物，却发现3位墓主原本都有谷、稻随葬的迹象。从《定陵》所附墓室后殿《随葬器物分布图》来看，神宗的谷、稻在外棺的中部偏下南侧，大约相当于墓主腿部的位置，其中稻在外棺板上，谷在外棺之侧；孝端皇后的稻、谷均在外棺板上头部位置偏南侧；孝靖皇后的谷在外棺头外的棺床下，稻子分别在棺头上和外棺头外的棺床下发现[⑤]。这些谷、稻原本都是装在丝布质的小袋中，袋均已腐朽。它们当时应该都是放置于外棺之上，后来可能是因外棺板及其上的仪仗明器等朽塌而掉落。就已清理发掘的明代藩王墓保存的完好程度而言，如果都是和神宗定陵一样的放置方式，随葬谷物或其遗痕无疑很难保留下来，因而类似资料比较少。山东临朐衡宪王朱常澿（卒于天启七年，1627年）墓中间棺床尸骨的头部发现有大量腐朽的谷米、黑豆、高粱米皮壳[⑥]，应该是随葬谷物的遗存。

江西新建宁康王朱觐钧（卒于弘治十年，1497年）墓室前3.3米处有一道厚8.4厘

---

① 唐·佚名：《杂抄一卷并序》，法Pel.chin.2721，见上海古籍出版社等编《法国国家图书馆藏敦煌西域文献》，上海古籍出版社2001年版，第17册，第358页。

② 《大汉原陵秘葬经》是一部堪舆术著作，原书已佚。《永乐大典》卷八一九九，“十九庚”条“陵”字部下有收录。据徐苹芳先生考证，此书的成书年代当在金元间，作者为“地理阴阳人张景文”，书中所记明器、葬仪制度在宋金元墓葬中多能找到实例印证。见徐苹芳：《唐宋墓葬中的“明器神煞”与“墓仪”制度——读〈大汉原陵秘葬经〉札记》，《考古》1963年第2期。

③ 明·郎瑛：《七修类稿》卷二五，“辩证类·面帛粮罂看果纸钱始”，点校本，上海书店出版社2001年版，第261页。

④ 明·申时行等：《大明会典》卷二〇三，《工部二十三·坟茔》，影印本，第5册，第2735页。

⑤ 中国社会科学院考古研究所等：《定陵》，文物出版社1990年版，第28—30页。

⑥ 临朐县政协编：《临朐县文物专辑》，1997年3月印行。

米的照面墙，墙上有并列的长方形砖龛2个，内置皈依瓶1对，挖墓取砖的农民称之为“衣饭瓶”，但瓶中是否有谷物并未见说明①，这是比较罕见的明代亲王墓用皈依瓶随葬之实例。同在江西的益定王及王妃［益定王卒于崇祯七年（1634年）、元妃黄氏卒于天启五年（1625年）、次妃王氏卒于崇祯七年］合葬墓中发现了保存基本完好的随葬谷物现象。该墓3个砖砌椁室的前墙外各竖青石圹志一方。中间益定王棺椁与圹志间的上方两角各有1件豆青釉瓷瓶，其内装满黍粒；左侧元妃黄氏圹志内侧靠椁底处埋2件青花瓷瓶，内盛黍；右侧次妃王氏圹志与椁尾相间处上方两角各有1件青花瓷瓶，内盛黍②。明代帝王陵墓考古发掘资料中，确切以谷物盛瓶随葬者，目前所知仅此一例，瓷瓶的造型与明末天启、崇祯间普通瓷瓶相同（图5-31），并不是特制的明器。

兰州上西园肃藩宗室墓墓室的东耳室内有汉唐宋铜钱900余枚，西耳室“内有小米、小麦的痕迹甚多”③，这是明代郡王或以下墓葬中随葬谷物的实例。

成都蜀悼庄世子墓中室的左耳室中放置陶仓1件，右耳室中有陶库1件④，蜀僖王墓中出土有陶仓，为陶胎表面涂朱⑤；这些可能也都与葬谷有关。鲁荒王玄宫后室棺床北和墙壁间有一件荷叶形盖的青白釉暗花云龙纹罐，内积水，出土有梨、枣、肉、大米、鸡蛋、茶叶等，该墓中还有朱漆木仓1件⑥。楚昭王棺床前石供案下圹志旁边的白釉瓷坛中发现果品17个（图5-32），计有核桃7、板栗4、枣1、枣核2、白果1、荔枝核1、不明品属1⑦。这两座王陵发掘时未见有随葬谷物的现象，这些果品、饭菜等是否为替代品或与葬谷有相同意义，尚待进一步考证；但显然应属同一类葬俗，其贮物之坛罐或是《大汉原陵秘葬经》中的“熟食瓶”之类。另外，湖北武昌流芳岭二妃山楚昭王庶八子景陵顺靖王朱孟炤（卒于正统十二年，1447年）及王妃贲氏墓中也出土过和楚昭王墓白釉瓷坛造型相同的器物⑧，这可能是楚藩流行的一种葬俗。类似葬俗在河南地区藩王墓葬中也有发现，赵府汝源端僖王朱厚焆（卒于嘉靖二十八年，1549年）墓中出土的1件青白釉红绿彩鱼藻纹碗内有核桃7枚，1件锡盘内尚存果核多枚，外皮保存

---

① 王咨臣：《新建县古墓葬调查记》，《南方文物》2003年第4期；孙家骅等：《手铲下的文明——江西重大考古发现》，江西人民出版社2004年版，第534页。

② 江西省文物工作队：《江西南城明益定王朱由木墓发掘简报》，《文物》1983年第2期。

③ 甘肃省博物馆：《兰州市上西园明墓清理简报》，《考古》1960年第3期。

④ 成都明墓发掘队：《成都凤凰山明墓》，《考古》1978年第5期。

⑤ 成都市文物考古研究所：《成都明代蜀僖王陵发掘简报》，《文物》2002年第4期。

⑥ 山东省博物馆等：《鲁荒王墓》，文物出版社2014年版，第21页。

⑦ 湖北省文物考古研究所等：《武昌龙泉山明代楚昭王墓发掘简报》，《文物》2003年第2期。

⑧ 武汉市文物考古研究所等：《武汉江夏二妃山明景陵王朱孟炤夫妻墓发掘简报》，《江汉考古》2010年第2期。

图5-31　明益定王墓出土盛黍青花瓷瓶

图5-32　明楚昭王墓出土白釉带盖瓷坛

较好，果仁炭化，似为银杏①。

至迟到宋金时期，酒醴之葬已经成为固定的葬俗。各种盛贮酒醴的罐或瓶虽然形式各异、装饰不同，显示了不同的时代和地域风貌，并且具体安放的位置、使用方法也不尽相同，但它们的基本功用却是一致的，都是为了招引、安顿墓主灵魂②。《大汉原陵秘葬经》主张，公侯卿相至士庶人的墓室中都应安放“五谷仓”和“仪瓶”、“浆水瓶”等，“棺南安仪瓶，高一尺九寸；正南偏西安立谷仓，高二尺二寸”，“三浆水安棺后”③。考古发掘中所见明代藩王陵墓中随葬酒醴的实证并不多。鲁荒王墓棺床西北侧有1件青白釉云龙纹梅瓶，“启盖后闻有酒味”④。广西桂林明靖江温裕王朱履焘墓中随葬的青花双龙戏珠纹梅瓶，“出土时尚有滋补药酒，其中有三只未长毛之乳鼠及滋补中药材若干”⑤。宁献王墓的“后室左壁龛中放有5个白瓷罐，内有

① 中国社会科学院考古研究所安阳工作队：《河南安阳市明代墓葬发掘简报》，《考古》2016年第5期。

② 刘毅：《瓷明器述略》，《东南文化》1994年增刊，第1号。

③ 《永乐大典》卷八一九九，十九庚条“陵”，《大汉原陵秘葬经·盟器神煞篇·公侯卿相盟器神煞法》，影印明抄本《永乐大典》，中华书局1986年版，第4册，第3829页。

④ 山东省博物馆等：《鲁荒王墓》，文物出版社2014年版，第21、179—180页。

⑤ 葛华主编：《靖江藩王遗粹——桂林博物馆珍藏明代梅瓶》，上海人民美术出版社2000年版，第124页。

图5-33　明宁献王墓出土白釉瓷盖罐

黄棕色液体，似为油类”①（图5-33）。笔者推测，鲁荒王墓中的梅瓶应该是《大汉原陵秘葬经》中的“仪瓶”，而宁献王墓中的5个白瓷罐则可能是该书中的“浆水瓶”或《大明会典》中的“凉浆瓶”之类。

瓶、坛、罐一类器物在明代藩王陵墓中并不少见，但关于其中是否盛物的资料却披露不多。据徐苹芳先生考证，《大汉原陵秘葬经》中盛放三浆水的器物就是宋金时期南北窑场中比较多见的经瓶，即梅瓶②；事实上，仪瓶可能也是梅瓶。在郢靖王和王妃棺柩头前的地面上（棺床下），分别放置青花龙纹梅瓶和青花“四爱图”梅瓶1件（图5-34）。同墓中室之东西耳室内6具殉葬者的棺柩前端也各有放置瓷瓶的痕迹，与清理发现的已经水漂位移的6件瓷瓶（龙泉青瓷瓶4件，青瓷、白瓷梅瓶各1件）相吻合③。梁庄王墓中出土4件青花梅瓶（图5-35），其中3件并列于后龛内，另1件出自前室西壁下的中段；该墓部分随葬品有漂移，发掘者认为“后龛和沿前室西部的墙下”应该是这些梅瓶的“原葬位置”④。明代藩王陵墓中梅瓶随葬应该具有葬仪的意义，它们是宋元时期“仪瓶”类器物的赓续。

根据上述资料，未经盗扰的鲁荒王墓中出土有“内盛酒”⑤的梅瓶，宁献王墓中出土有疑为油类的白瓷罐，但这两座王墓中均未见有完整的“墓仪”和“明器神煞”，表明这种宋元时期曾经流行一时的葬俗到明早期已经趋于衰微。明末益定王墓中随葬谷物盛放于普通瓷瓶中，神宗定陵中的稻谷盛以袋直接放置于外棺之上，而不是贮于明器仓或瓶中，特别是定陵中随葬梅瓶空而无物，更进一步表明这种繁琐的葬俗已走到了终点。

---

① 陈文华：《江西新建明朱权墓发掘》，《考古》1962年第4期。

② 徐苹芳：《唐宋墓葬中的“明器神煞”与“墓仪”制度——读〈大汉原陵秘葬经〉札记》，《考古》1963年第2期。

③ 湖北省文物考古研究所等：《郢靖王墓》，文物出版社2016年版，第45、67、73—78、82—83、212页。

④ 湖北省文物考古研究所等：《梁庄王墓》，文物出版社2007年版，第29页。

⑤ 山东省博物馆：《发掘明朱檀墓纪实》，《文物》1972年第5期。

图5-34　明郢靖王墓出土青花“四爱图”瓷梅瓶

图5-35　明梁庄王墓出土青花缠枝莲纹瓷梅瓶

二、买　地　券

为了保证墓主不受侵扰，中国古代墓葬中还常常以“买地券”的形式宣布墓主对于墓地的所有权。买地券又称“墓别”或“地券”，系由人世间真实买地契约演变而来，最早见于东汉时期。历代买地券的内容和格式都在不断的变化，南北朝以后，迷信的内容占据了券文的绝大部分。券文大都申明，当墓主购买茔地后，便不会受鬼神的侵犯，不少券文中有明显的道教的烙印，有的还画有符箓。这类器物在宋金时期很流行，“今人造墓，必用买地券，以梓木为之，朱书云：‘用钱九万九千九百九十九文，买到某地’云云，此村巫风俗如此”[①]。明代是墓葬中使用买地券葬俗的末叶，这类器物已经不是特别多见，但在皇族墓葬中还是时有发现，见诸披露的主要有如下几例。

荆端王次妃刘氏（卒于嘉靖三十九年，1560年）墓中有一块方形石质买地券，置于棺的东头（此墓坐东朝西），文字已经全部脱落，仅余朱色残迹[②]。湖北蕲春县文物局调查荆王墓时曾发现荆恭王胡妃（卒于嘉靖四十三年，1564年）的买地券碑，因而确认了墓主的准确身份[③]。山东临沂泾简王妃曹氏墓中出土有嘉靖十年（1531年）青石

① 宋·周密：《癸辛杂识》别集下，“买地券”，吴企明点校本，中华书局1988年版，第277页。

② 小屯：《刘娘井明墓的清理》，《文物参考资料》1958年第5期。

③ 王宏彬等：《“朱常涫墓”所葬荆王考》，《武汉文博》2009年第2期；蕲春县文物局等：《湖北蕲春荆王府》，湖北科学技术出版社2014年版。

买地券一方[①]，题"薨妃曹氏收执为照"，记述嘉靖十年十月二十日曹氏葬于此地，用钱十万贯，买地一方，南北长120步、东西宽81步。兰州上西园肃藩宗室墓中发现一块方砖式买地券，涂黑底，朱书，大部分字迹已经脱落，尚可辨识者有"□府……东至……西至……"等[②]。除王与王妃外，江西新建还出土过一方宁藩庐陵郡主的买地券，砖质，券文写刻，稍残，其文曰："太上高皇帝敕、大明江西宁府奏敕：庐陵郡主朱氏，原命生于前丁亥年四月二十五日未时，不幸终于丙申年（成化十二年，1476年）七月初十日酉时。因往南山采药，路逢仙人，辞酒一杯，醉而不返。就将银钱九百九十九贯于东王公、西王母名下，买到阴地一穴，坐落南昌府南昌县仪凤乡四十七都，地名赤岸山。午向，东至青龙、西至白虎、南至朱雀、北至玄武、上至青天、下至黄泉，五方四至为界安葬田。郡主朱氏在上：万万于年，主贵富于千年，佑儿孙于万代，人兴财旺，物畜丰肥；阴倡阳和，家安人乐。"[③]推算墓主所生之"前丁亥年"应为永乐五年（1407年），从年代上看，当为宁献王十四女之一。

山东青州博物馆收藏有多件益都、临朐等地衡藩亲郡王墓葬中出土的买地券[④]。衡宪王墓的前室北壁中间设有专门放置买地券的龛室，买地券边长0.6米，朱书其文云："维大明崇祯二年，岁次己巳，夏四月丙戌朔，越十二日丁酉，衡藩达孝世子由榔伏缘册封显考王、显妣元妃王氏薨逝，未卜茔地，夙夜忧思，不遑寝处。恭承上命，差钦天监博士徐祖健，相择青州府临朐县香炉山之麓，堪为陵园。系卯脉入首，作甲山庚向，筮龟叶吉，易占允藏。谨凭百鹤仙师，置金银钱帛九万九千九百九十九贯，处诚致敬，于开元皇君位下，买到本山：东至青龙，西至白虎，南至朱雀，北至玄武，上止青天，下止黄泉，中止亡灵吉穴。内方勾陈，分掌四域，丘丞墓伯，恪守封界，道路将军，齐肃阡陌；万年千载，藩潢巩固。若辄干犯诃禁，将军即行款付河伯，令以牲牢酒礼，共盟信誓，财地两相交付。谨择于己巳年四月十八癸卯日午时，天地开通，日吉时良，斩苇立穴，破土安茔，用工修建。工程毕后，另择天地和宁、玉犬金鸡、鸣吠歌吼，吉辰封柩安葬。山川钟灵，神祇保佑，永锡洪庥。若违斯约，地府主吏，自当厥咎。神其掌握内外，存亡永叶贞吉。急急奉太上五帝律令敕。知见，岁直符功曹、月直符使者。代保，日直符功曹、时直符使者。左邻南极老人、右邻北斗星君。验地，百鹤仙翁。书契，青鸟羽士。"背面篆书："故□伏尸，永不侵争。"[⑤]

① 国家文物局主编：《中国文物地图集·山东分册》，下册，《曹氏墓买地券》，中国地图出版社2007年版，第772页。

② 甘肃省博物馆：《兰州市上西园明墓清理简报》，《考古》1960年第3期。

③ 此券已佚。券文著录于陈柏泉《江西出土墓志选编》，江西教育出版社1991年版，第587—588页。

④ 青州博物馆：《青州博物馆》，文物出版社2003年版，第261—268页。

⑤ 临朐县政协编：《临朐县文物专辑》，1997年3月印行；青州博物馆：《青州博物馆》，文物出版社2003年版，第264页。

和墓志一样，这种买地券在中低级别的宗室成员墓葬中也有发现。如2007年武汉流芳清理的一座奉国将军墓（M3），墓主为仰身直肢葬，头部有一个熟土台，其上放置陶买地券1件，正方形①。

除买地券外，明代宗藩成员墓中还有一些和镇墓有关的其他物件。

图5-36　明楚昭王墓出土符箓牌

楚昭王墓主室前部中门与圹志之间、供桌与棺床之间，以及左、右、后三个耳室的门槛正中，各有1件符箓碑，发掘者称为"灵牌"②。其制为石座砖碑，如牌位状，左耳室门前1件通高33.9厘米，碑宽11.2厘米，厚4.8厘米。砖碑为弧形顶，下端插于石座榫口内，正面刻道教符箓，涂朱，背面刻云龙纹（图5-36）。各碑皆正面朝外，龙头的朝向和符字有别。这种符箓纹具有明显的道教镇压意义，似称为"符箓牌"较妥。河南荥阳周藩原武温穆王墓室北壁龛中也发现过类似的碑形符牌③，详情不明。

益庄王墓中继妃万氏棺内有金钱、银钱各7枚，金钱上分别为"魖""魁""魓"等字，银钱上分别为篆体"文""武""以""廉""破""贪""禄"等字④；前者应该与星宿神祇有关，后者可能与风水对应星象有关。江西南城益府罗川王墓中出土银钱7枚，其上各有一篆文星宿名⑤，可识有"牛""女""危""室"等，推测是代表二十八宿中的玄武七宿。

甘肃兰州市上西园肃藩宗室墓墓室的中央和四角各有一块镇墓石，其上分别朱书"镇星居中""岁星居左"等字⑥。

河南洛阳伊藩方城府辅国将军朱褒焌夫妻合葬墓中出土有3件带有镇墓意义的陶瓦，其中1件长22厘米，宽14—16厘米，上有朱书文字3行，自右至左分别为"亡人安宁""敕令斩鬼""生者福寿"（图5-37），另2件无文字⑦。根据出土墓志，墓主朱褒

① 武汉市文物考古研究所：《武汉流芳明代墓葬发掘》，《武汉文博》2011年第4期。

② 湖北省文物考古研究所等：《武昌龙泉山明代楚昭王墓发掘简报》，《文物》2003年第2期。

③ 郑州市博物馆：《荥阳二十里铺明代原武温穆王壁画墓》，《中原文物》1984年第4期。

④ 陈文华：《江西南城明代朱厚烨墓发掘简报》，载江西省博物馆编《江西考古资料汇编·封建社会部分（下）》，内部刊印1977年版。

⑤ 薛尧：《江西南城明墓出土文物》，《考古》1965年第6期。

⑥ 甘肃省博物馆：《兰州市上西园明墓清理简报》，《考古》1960年第3期。

⑦ 洛阳市文物工作队：《洛阳三座伊藩家族墓发掘简报》，《中国国家博物馆馆刊》2012年第4期。

熜卒于嘉靖癸丑三十二年（1553年），万历壬寅三十年（1602年）与夫人王氏、潘氏合葬于邙山。

益宣王墓元妃李氏棺内出土“冥途路引”1件（图5-38），绵纸质，木板印刷，其上印有太上老君画像和“太乙救苦天尊”“三天扶教辅元体道大法天师张□证盟”等字，留空处墨书填写死者姓名、籍贯、出生年月、填发路引日期等内容，并加盖带有道教符号和篆文的印章。出土时路引放在一个毛边纸的封套中，其上墨书“封”字，并加盖朱印；封套和烧纸灰一起放在一个葛布袋中，葛布袋放于墓主盖被之上[①]。据随葬品清单记载，江西南城益府罗川王墓中也有1张“冥途路引”随葬[②]。随葬“冥途路引”可能是益藩宗室中多见的一种葬俗，颇有江西地方特色。

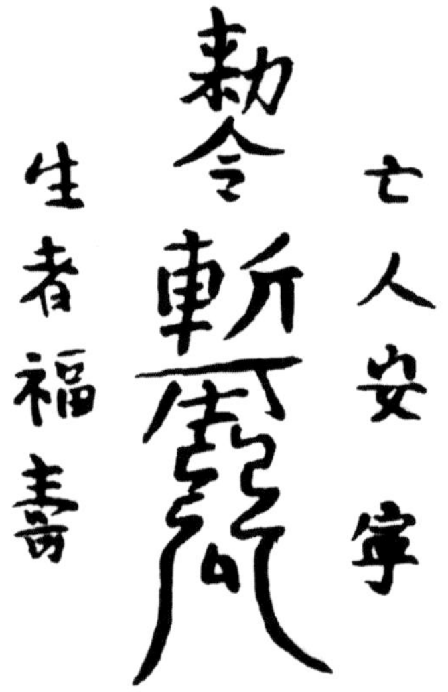

图5-37　伊藩方城府辅国将军朱褒熜墓出土陶瓦镇墓文
（引自《中国国家博物馆馆刊》2012年第4期）

图5-38　明益宣王墓元妃李氏棺中出土之“冥途路引”
（引自《文物》1982年第8期）

晋裕王墓玄宫后室中，外棺的南头、在大约10厘米深的土中埋有6块小河光石，其上墨书“离”“丙”“箕”“景”“财”“田宅”等字[③]；寓意不明，推测与风水方位有关，是唐宋时期镇墓石一类的遗绪。

对于上述物品及其摆设的象征意义，今人很难一一做出完全合乎当时实际的阐释，但推究它们的核心思想和使用目的，无疑都应该是希望保护墓主灵魂和遗魄的安宁，不受精怪侵扰，在冥间道途光明，早登彼岸。常见的买地券和“冥途路引”，也

---

① 江西省文物工作队：《江西南城明益宣王朱翊鈏夫妇合葬墓》，《文物》1982年第8期。
② 薛尧：《江西南城明墓出土文物》，《考古》1965年第6期。
③ 郭勇等：《明晋裕王墓的清理工作》，《文物参考资料》1956年第6期。

都属于民间迷信或民俗信仰用品范畴，相关制度不载于国家典章，其来源多和藩府所在地方的民俗信仰有关。

古人认为朱砂具有避恶祛邪的功效，甚至把这种迷信引申到了红色。多例明代藩王玄宫的门、壁等多处可见朱砂或其他红色（粉、漆等）装饰，就是这种社会信仰的一种反映。周懿王墓室北壁下中央（两棺床中间位置）有三层灰砖摆砌的“凸”字形台，长1.03米，宽0.16米，高0.18米，墓室底部四角均有朱砂点画的痕迹[①]；这两个遗迹现象可能都有辟邪驱魅等民间信仰的意义。

第六节　明代藩王的合葬、祔葬与从葬

根据已经清理发掘的明代藩王墓葬所揭示的实例，明代藩王及王族成员有单人葬、夫妻合葬，妃妾、子孙祔葬与从葬等不同的埋葬形式。

一、亲王及其妃妾的埋葬之制

明代藩王及王妃的葬制比较复杂，既有亲王及王妃同墓室合葬，又有同墓室中隔室合葬、并列墓室合葬、同坟园异墓室合葬，还有异区域分葬等多种形式；天顺以前各王府还不乏宫嫔殉葬之例。

明代亲王及其妃妾的墓葬形式大体分为三种：第一种是单人葬，第二种是王与王妃合葬，第三种是夫妻妾多人合葬。

1. 单人葬

亲王单人葬者，经考古发掘之例有鲁荒王（洪武二十二年，1389年薨）[②]、蜀悼庄世子（永乐七年，1409年薨）[③]、辽简王（永乐二十二年，1424年薨）[④]、楚昭王（永乐二十二年，1424年薨）[⑤]、蜀僖王（宣德九年，1434年薨）[⑥]、宁献王（正统十三

① 河南省文物考古研究院等：《河南荥阳明代周懿王墓发掘简报》，《华夏考古》2019年第2期。

② 山东省博物馆等：《鲁荒王墓》，文物出版社2014年版，第18页。

③ 中国社会科学院考古研究所等：《成都凤凰山明墓》，《考古》1978年第5期。

④ 荆州地区博物馆等：《江陵八岭山明代辽简王墓发掘简报》，《考古》1995年第8期。

⑤ 湖北省文物考古研究所等：《武昌龙泉山明代楚昭王墓发掘简报》，《文物》2003年第2期。

⑥ 薛文：《明僖王陵及明蜀藩王墓群简介》，《成都文物》1986年第4期；成都市文物考古研究所：《成都明代蜀僖王陵发掘简报》，《文物》2002年第4期。

图5-39　明楚昭王陵园西墙外嫔妃墓

年，1448年薨）[①]等。这种单人葬的亲王陵园内或附近一般都有王妃墓，如鲁荒王妃戈氏即于王墓西旁（右位）另墓室而葬，王墓东旁（左位）可能还有汤氏王妃之墓。楚昭王玄宫右侧并列位置发现有王妃墓1座，其外陵垣东西两侧也分别发现王妃或夫人墓2或3座（图5-39）。发掘江西新建宁献王朱权墓过程中，曾在其封土的北坡（左位）内探出另一座砖券墓，已被盗一空，根据结构和墓砖判定为明代墓葬[②]，从位置来看墓主应该是宁献王之妃。晋藩亲王早期应该也是单人葬，晋恭王妃谢氏先卒于洪武九年（1376年）五月，这是明朝最早的王妃之丧，明太祖因命礼部、翰林院议王妃丧服之制[③]。八十余年后的天顺七年（1463年），晋王钟铉奏："曾祖晋恭王、曾祖母恭王妃、父晋宪王三坟茔，无翁仲石人。"[④]太原地方志中还有关于王妃享堂所在的记载。可知晋恭王殁后，先故王妃并未迁入王墓合葬。

2. 王与王妃合葬

明天顺（1457—1464年）以前王与王妃夫妻合葬于同一墓室之例有湘献王（建文初自尽）[⑤]、肃庄王（永乐十七年，1419年薨）[⑥]、梁庄王（正统六年，1441年薨）[⑦]

① 陈文华：《江西新建明朱权墓发掘》，《考古》1962年第4期。

② 陈文华：《江西新建明朱权墓发掘》，《考古》1962年第4期；江西省博物馆等编：《江西明代藩王墓》，文物出版社2010年版，第6页。

③ 明·胡广等：《明太祖实录》卷一〇六，洪武九年五月癸亥，校印本《明实录》，第3册，第1765页。

④ 明·孙继宗等：《明英宗实录》卷三五五，天顺七年闰七月戊午，校印本《明实录》，第21册，第7102页。

⑤ 张昌平：《五十年来湖北省文物考古工作》，见《新中国考古五十年》，文物出版社1999年版，第291页；荆州博物馆：《湖北荆州明湘献王墓发掘简报》，《文物》2009年第4期。

⑥ 甘肃省博物馆资料；施连山：《明肃王墓考略》，《西北史地》1997年第4期；刘毅：《甘肃榆中明肃庄王陵墓调查》，《中原文物》2012年第3期。

⑦ 湖北省文物考古研究所等：《湖北钟祥明代梁庄王墓发掘简报》，《文物》2003年第5期；湖北省文物考古研究所等：《梁庄王墓》，文物出版社2007年版。

等，但都有其特殊性。其中湘献王朱柏因被人告发谋反，建文帝初立时阖宫自焚而死，成祖即位后的洪武三十五年（即建文四年，1402年）招魂葬衣冠，除湘王及王妃吴氏外，并葬湘王之女郡主的衣冠，该墓共有7个墓室，是一个家庭的合葬衣冠冢。肃庄王墓早年被盗，其圹志残片上有“妃……薨于永乐”等语，因推定王妃合葬，但具体葬制不详。

梁庄王（卒于正统六年，1441年）墓的情况更为复杂，考古发掘时发现，其玄宫后室后部居中石砌棺床上为梁庄王之棺，其西侧紧接一座砖砌的棺床，合葬者为卒于景泰二年（1451年）三月的庄王继妃魏氏。砖棺床添修接砌的迹象十分明显（图5-40），“说明该墓原是按单人葬而非双人合葬的设计修筑的”[①]。梁庄王元配王妃纪氏显然并没有合葬于庄王玄宫，在同一陵园的范围内也没发现纪妃墓迹象。在魏妃

图5-40　明梁庄王玄宫后室棺床

（引自《梁庄王墓》）

① 湖北省文物考古研究所等：《梁庄王墓》，文物出版社2007年版，第20页。

亡故的当月，官方有这样一条值得关注的记载："盗发梁王妃坟，命工部遣官安厝之。"[①]按照当时的丧葬习俗和礼仪规范，这个"梁王妃坟"的墓主显然不会是三月十七日故去的魏妃。事实上，按照魏妃圹志所载，她入葬梁庄王玄宫是在当年的九月初七日，故这次被盗的应该是卒于宣德八年（1433年）以前的纪妃。在梁庄王陵园东北约500米的长滩镇大洪村二组有一座"娘娘坟"，据调查[②]，封土茔园等基址尚存，规模比庄王墓略小，2000年春被盗，有墓道和砖砌墓室，结构和梁王玄宫相类。根据正统间定制，"亲王母妃、郡王母妃、将军母夫人坟地房屋，悉如其夫与子之制"[③]，可推知单葬王妃墓园之制应当与亲王基本相同，因此，这座"娘娘坟"极可能就是纪妃之墓。但乾隆《钟祥县志》中还有另一种说法：梁庄王"有妃纪氏，未之国，薨"[④]。因此，确定纪妃是否葬于封国，还需要有更确凿无疑的资料。

天顺二年（1458年）奏准："王或妃有先故者，并造其圹，后葬者止令所在官司起倩夫匠开圹安葬；继妃则附葬其旁，同一享堂，不许另造。"[⑤]这个合葬令的颁布，是节省营造王陵开支的一个重要举措。此后，王与王妃合葬基本成为定制，但有个别破例者。成化二十二年（1486年）二月，"蜀王申凿以继妃梁氏薨，乞别择寿圹地并继妃圹同造，诏可。先年王妃陆氏薨，已预造王寿圹，盖王例与妃合葬，而继妃则祔葬其傍[旁]，兹特因王请，从之"[⑥]。万历时潞简王次妃赵氏之别葬也是明显超逾规制，她不仅独起坟园，而且公然另建与王等制相埒的享堂[⑦]，属于明代晚期的仅见之例。

藩王与王妃同墓合葬目前已知有以下3种不同的形式。

第一种是夫妻二棺或三棺并列而葬于玄宫主室，有的是同一棺床不同棺位（下各有金井），有的是每棺各建一棺床，2或3个棺床并列。前者如郢靖王（薨于永乐

① 明·孙继宗等：《明英宗实录》卷二〇二，《废帝郕戾王附录》第二十，景泰二年三月癸亥，校印本《明实录》，第18册，第4331页。

② 周玳玮：《钟祥明代藩王墓概况》，见湖北省文物考古研究所等编《梁庄王墓》，"附录八"，文物出版社2007年版。

③ 明·朱勤美：《王国典礼》卷六，《丧礼附谕祭、坟茔》，影印北京图书馆藏明万历四十三年周府刻、天启增修本，见《续修四库全书》，上海古籍出版社1995年版，第824册，第446页。

④ 清·高世荣修，李莲纂：《钟祥县志》卷二，"陵墓"，国家图书馆藏清乾隆六年刻本，第76页。

⑤ 明·申时行等：《大明会典》卷二〇三，《工部·王府坟茔》，影印本，第5册，第2731页。

⑥ 明·刘吉等：《明宪宗实录》卷二七五，成化二十二年二月己亥，校印本《明实录》，第27册，第4633页。

⑦ 河南省博物馆等：《新乡市郊明潞简王墓及其石刻》，《文物》1979年第5期。